圖書在版編目(CIP)數據

國家圖書館藏敦煌遺書·第六十五册/中國國家圖書館編;任繼愈主編.—北京:北京圖書館出版社,2007.9

ISBN 978-7-5013-3217-5

Ⅰ.國… Ⅱ.①中…②任… Ⅲ.敦煌學—文獻 Ⅳ.K870.6

中國版本圖書館CIP數據核字(2007)第117629號

書　名　國家圖書館藏敦煌遺書·第六十五册

著　者　中國國家圖書館編　任繼愈主編

責任編輯　徐　蜀　孫　彦

封面設計　李　璀

出　版　北京圖書館出版社　(100034　北京西城區文津街7號)

發　行　010-66139745　66151313　66175620　66126153
66174391(傳真)　66126156(門市部)

E-mail　cbs@nlc.gov.cn(投稿)　btsfxb@nlc.gov.cn(郵購)

Website　www.nlcpress.com

經　銷　新華書店

印　刷　北京文津閣印務有限責任公司

開　本　八開

印　張　55.5

版　次　2007年9月第1版第1次印刷

印　數　1-250册(套)

書　號　ISBN 978-7-5013-3217-5/K·1444

定　價　990.00圓

編輯委員會

主　　編　任繼愈

常務副主編　方廣錩

副 主 編　李際寧　張志清

編委（按姓氏筆畫排列）　王克芬　王姿怡　吴玉梅　胡新英　陳　穎　黄　霞（常務）　劉玉芬

出版委員會

主　任　詹福瑞

副主任　陳　力

委　員（按姓氏筆畫排列）　李　健　姜　紅　郭又陵　徐　蜀　孫　彦

攝製人員（按姓氏筆畫排列）

于向洋　王富生　王遂新　谷韶軍　張　軍　張紅兵　張　陽　曹　宏　郭春紅　楊　勇　嚴　平

原件修整人員（按姓氏筆畫排列）

朱振彬　杜偉生　李　英　胡玉清　胡秀菊　張　平　劉建明

目録

北敦〇四八五〇號　大般若波羅蜜多經卷五五〇……一
北敦〇四八五一號　金剛般若波羅蜜經……一二
北敦〇四八五二號　大般若波羅蜜多經卷二七五……一五
北敦〇四八五三號　大般若波羅蜜多經卷五三一……二四
北敦〇四八五四號　大般若波羅蜜多經卷一六七……二七
北敦〇四八五五號　妙法蓮華經卷二……三〇
北敦〇四八五六號　佛名經（十六卷本　兌廢稿）卷四……三七
北敦〇四八五七號　維摩詰所説經卷下……三八
北敦〇四八五八號　金剛般若波羅蜜經……四〇
北敦〇四八五九號　大般若波羅蜜多經卷五三一……四八
北敦〇四八六〇號　佛名經（十二卷本）卷五……四九
北敦〇四八六一號　大般若波羅蜜多經卷九一……五四
北敦〇四八六二號　金剛般若波羅蜜經……五七

北敦〇四八六三號　妙法蓮華經卷六……六三
北敦〇四八六三號背　施諸餓鬼飲食及水法並手印（擬）……六八
北敦〇四八六四號　金剛般若波羅蜜經……六九
北敦〇四八六五號　佛名經（十六卷本）卷三……七六
北敦〇四八六六號　妙法蓮華經卷一……八八
北敦〇四八六七號　大般若波羅蜜多經卷一六……九七
北敦〇四八六八號　金光明最勝王經卷六……九九
北敦〇四八六九號　大般若波羅蜜多經卷七七……一〇五
北敦〇四八七〇號　大般若波羅蜜多經卷三三一……一〇七
北敦〇四八七一號　維摩詰所說經卷上……一〇九
北敦〇四八七二號　妙法蓮華經卷七……一一〇
北敦〇四八七三號　金光明最勝王經卷七……一一二
北敦〇四八七四號　金光明最勝王經卷三……一一八
北敦〇四八七五號　妙法蓮華經卷六……一二〇
北敦〇四八七六號　大般若波羅蜜多經卷一三……一三〇
北敦〇四八七七號　大般若波羅蜜多經卷二八〇……一三三
北敦〇四八七八號　妙法蓮華經卷五……一四二
北敦〇四八七九號　大般若波羅蜜多經卷二五九……一五六
北敦〇四八八〇號　金剛般若波羅蜜經……一五九
北敦〇四八八一號　妙法蓮華經卷一……一六二

北敦〇四八八二號　金剛般若波羅蜜經……一七一
北敦〇四八八三號　大般若波羅蜜多經卷二七四……一七四
北敦〇四八八四號　大般若波羅蜜多經卷二九三……一七七
北敦〇四八八五號　金剛般若波羅蜜經……一七九
北敦〇四八八六號　金剛般若波羅蜜經……一八六
北敦〇四八八七號　大般若波羅蜜多經（兑廢稿）卷三五九……一八七
北敦〇四八八八號　觀世音經……一八八
北敦〇四八八九號　金剛般若波羅蜜經……一九一
北敦〇四八九〇號　金光明最勝王經卷八……一九六
北敦〇四八九一號　無量壽宗要經……二〇八
北敦〇四八九二號　大般若波羅蜜多經（兑廢稿）卷三二五……二一二
北敦〇四八九三號　大般若波羅蜜多經卷八……二一三
北敦〇四八九四號　金剛般若波羅蜜經……二二四
北敦〇四八九五號　大般若波羅蜜多經卷三五〇……二二五
北敦〇四八九六號　無量壽宗要經……二三五
北敦〇四八九七號　大般涅槃經（北本）卷二四……二三七
北敦〇四八九八號　大般若波羅蜜多經卷三六一……二五〇
北敦〇四八九九號　金剛般若波羅蜜經……二五八
北敦〇四九〇〇號　金光明最勝王經卷一……二五九
北敦〇四九〇一號　妙法蓮華經卷七……二六七

北敦〇四九〇二號　無量壽宗要經……二六九
北敦〇四九〇三號　金光明最勝王經卷三……二七〇
北敦〇四九〇四號　維摩詰所説經卷上……二七六
北敦〇四九〇五號　金光明最勝王經卷六……二七九
北敦〇四九〇五號背　倉司某年破除計會歷（擬）……二九八
北敦〇四九〇六號　無量壽宗要經……二九九
北敦〇四九〇七號　金光明最勝王經卷五……三〇〇
北敦〇四九〇八號　金剛般若波羅蜜經……三〇二
北敦〇四九〇九號　般若心經疏（智詵疏）……三〇六
北敦〇四九一〇號　無量壽宗要經……三〇八
北敦〇四九一一號　金光明最勝王經卷一……三〇九
北敦〇四九一二號　妙法蓮華經卷七……三一一
北敦〇四九一三號　維摩詰所説經卷上……三一八
北敦〇四九一四號　大般若波羅蜜多經卷六七……三二二
北敦〇四九一五號　佛名經（十六卷本）卷一……三三四
北敦〇四九一六號　大般若波羅蜜多經卷一四一……三三六
北敦〇四九一七號　佛名經（十六卷本）卷六……三四六
北敦〇四九一八號　金光明最勝王經卷九……三四八
北敦〇四九一九號　大般若波羅蜜多經卷五九……三四九
北敦〇四九二〇號　灌頂章句拔除過罪生死得度經……三六一

北敦〇四九二一號　大般若波羅蜜多經（兌廢稿）卷一四四……三六二
北敦〇四九二二號　佛名經（十六卷本）卷一一……三六三
北敦〇四九二三號　大般若波羅蜜多經卷二五九……三六五
北敦〇四九二四號　妙法蓮華經卷三……三六七
北敦〇四九二五號　大般涅槃經（北本　宮本）卷三二……三七〇
北敦〇四九二六號　大般若波羅蜜多經卷一四三……三八三
北敦〇四九二七號　妙法蓮華經卷一……三八六
北敦〇四九二八號　妙法蓮華經卷三……三九七
北敦〇四九二九號一　賢劫千佛名經（異本）……四〇〇
北敦〇四九二九號二　馬頭羅刹懺悔文……四一〇
著錄凡例……一
條記目錄……三
新舊編號對照表……一九

有情不知見覺故我今者復作是問佛告善
現非但色受想行識空我說諸法无不皆空
具壽善現復白佛言无量无邊是何增語佛
告善現无量无邊是空无相无願增語具壽
善現復白佛言无量无邊爲但是空无相无
願爲更有餘義耶佛告善現於意云何我豈
不說一切法門无不皆空善現答言如來常
說一切法門无不皆空佛告善現空即无盡
空即无量空即无邊空即餘義是故善現一
切法門雖有種種言說差別而義无異善現
當知諸法空理皆不可說如來方便說爲无
盡或說无量或說无邊或說爲空或說无相
或說无願或說无作或說无生或說无滅或
說非有或說寂靜或說離染或說涅槃諸如
是等无量法門義實无異皆是如來應正等
覺爲諸有情方便演說尒時善現便白佛言
世尊甚奇方便善巧諸法實性不可宣說而
爲有情方便顯示如我解佛所說義者諸法
實性皆不可說佛告善現如是如是諸法實
性皆不可說所以者何一切法性皆畢竟空
无能宣說畢竟空者具壽善現復白佛言不

覺爲諸有情方便演說尒時善現便白佛言
世尊甚奇方便善巧諸法實性不可宣說而
爲有情方便顯示如我解佛所說義者諸法
實性皆不可說佛告善現如是如是諸法實
性皆不可說所以者何一切法性皆畢竟空
无能宣說畢竟空者具壽善現復白佛言不
可說義有增減不佛告善現不可說義无增
无減具壽善現復白佛言若不可說義无增
无減者則應布施乃至般若波羅蜜多亦无
增減若此六種波羅蜜多亦无增減則應六
種波羅蜜多皆无所有若此六種波羅蜜多
皆无所有云何菩薩摩訶薩脩行布施乃至
般若波羅蜜多求證无上正等菩提能近无
上正等菩提佛告善現如是如是布施等
六波羅蜜多皆无增減亦无所有然諸菩薩摩
訶薩脩行般若波羅蜜多時方便善巧不作
是念如是布施乃至般若波羅蜜多有增有
減但作是念唯有名想謂爲布施乃至般若
波羅蜜多是菩薩摩訶薩脩行布施乃至般
若波羅蜜多時持此布施乃至般若波羅蜜
多俱行作意并依此起心及善根與諸有情
平等共有迴向无上正等菩提如佛无上正
等菩提微妙甚深而起迴向由此迴向方便
善巧增上勢力能證无上正等菩提尒時善現
便白佛言何謂无上正等菩提佛告善現諸
法真如是謂无上正等菩提善現當知諸

平等共有迴向无上正等菩提如佛无上正
等菩提微妙甚深而起迴向由此迴向方便
善巧增上勢力能證无上正等菩提尒時善現
便白佛言何謂无上正等菩提佛告善現諸
法真如是謂无上正等菩提善現當知諸
法真如无增減故諸佛无上正等菩提亦无
增減若菩薩摩訶薩數多安住如是真如相
應作意便近无上正等菩提如是善現不可
說義雖无增減而不退失真如作意波羅蜜
多雖无增減而不退失所有无上正等菩提
若菩薩摩訶薩安住如是真如作意脩行布
施乃至般若波羅蜜多便近无上正等菩提
第四分深功德品第十九
尒時善現便白佛言是菩薩摩訶薩為初心
起能證无上正等菩提為後心起能證无上
正等菩提若初心起能證无上正等菩提
初心起時後心未起无和合義若後心起能證
无上正等菩提後心起時前心已滅无和合
義如是前後心心所法進退推徵无和合義
如何可得積集善根若諸善根不可積集云
何菩薩善根圓滿能證无上正等菩提佛告
善現於意云何如然燈時為初焰能燋炷為
後焰能燋炷善現荅言如我意解非初焰能
燋炷亦不離初焰非後焰能燋炷亦不離後
焰佛告善現於意云何炷為燋不善現荅言
世間現見其炷實燋佛告善現諸菩薩摩訶
薩亦復如是非初心起能證无上正等菩提

善現於意云何如然燈時為初焰能燋炷為
後焰能燋炷善現荅言如我意解非初焰能
燋炷亦不離初焰非後焰能燋炷亦不離後
焰佛告善現於意云何炷為燋不善現荅言
世間現見其炷實燋佛告善現諸菩薩摩訶
薩亦復如是非初心起能證无上正等菩提
亦不離初心非後心起能證无上正等菩提
亦不離後心而諸菩薩摩訶薩行深般若波
羅蜜多方便善巧令諸善根增長圓滿能證
无上正等菩提具壽善現便白佛言如是緣
起理趣甚深謂諸菩薩摩訶薩非初心起能
證无上正等菩提亦不離初心非後心起能
證无上正等菩提亦不離後心非即如是諸
心起故能證无上正等菩提非離如是諸心起
故能證无上正等菩提而諸菩薩摩訶
薩能證无上正等菩提佛告善現於意云何若
心滅已更可生不善現對曰不也世尊是心
已滅不可更生佛告善現於意云何若心已
生有滅法不善現對曰是世尊若心已生
定有滅法佛告善現於意云何有滅法心非
當滅不善現對曰不也世尊有滅法心決定
當滅佛告善現於意云何无滅法心為可生
不善現對曰不也世尊无滅法心无可生義
佛告善現於意云何无生法心為可滅不善
現對曰不也世尊无生法心无可滅義佛告
善現於意云何无生滅法心為可生滅不善
現對曰不也世尊无生滅法心无可生滅義

不善現對曰不也世尊无滅法心无可生義
佛告善現於意云何无生法心為可滅不善
現對曰不也世尊无生法心无可滅義佛告
善現於意云何无生滅法心為可生滅不善
現對曰不也世尊无生滅法心无可生滅義
佛告善現於意云何若法已滅更可滅不善
現對曰不也世尊若法已滅不可更滅佛告
善現於意云何若法已生更可生不善現對
曰不也世尊若法已生不可更生佛告善現
於意云何諸法實性有生滅不善現對曰不
也世尊諸法實性无生无滅佛告善現於意
云何心住為如心真如不善現對曰如是世尊
如心真如心如是住佛告善現於意云何若
心住如真如是心為如真如實際性常住
不善現對曰不也世尊是心非如真如實際
其性常住佛告善現於意云何諸法真如甚
甚深不善現對曰如是世尊諸法真如甚為
甚深佛告善現於意云何即真如是心不善
現對曰不也世尊佛告善現於意云何離真
如有心不善現對曰不也世尊佛告善現於
意云何即心是真如不善現對曰不也世尊
佛告善現於意云何離心有真如不善現對
曰不也世尊佛告善現於意云何真如為能
見真如不善現對曰不也世尊佛告善現於
意云何汝為見有實真如不善現對曰不也
世尊佛告善現於意云何若菩薩摩訶薩能
如是行是行深般若波羅蜜多不善現對

BD04850號　大般若波羅蜜多經卷五五〇

（22–5）

曰不也世尊佛告善現於意云何真如為能
見真如不善現對曰不也世尊佛告善現於
意云何汝為見有實真如不善現對曰不也
世尊佛告善現於意云何若菩薩摩訶薩能
如是行是行深般若波羅蜜多不善現對
曰是世尊若菩薩摩訶薩能如是行是行
深般若波羅蜜多佛告善現於意云何若菩
薩摩訶薩能如是行為行何處善現對曰若
菩薩摩訶薩能如是行都无行處所以者何
若菩薩摩訶薩能如是行都不見有能行所
行行時行處諸現行法皆不轉故佛告善現
於意云何若菩薩摩訶薩行深般若波羅蜜多
時為何所行善現對曰若菩薩摩訶薩行深
般若波羅蜜多時行勝義諦此中一切分別
无故佛告善現於意云何若菩薩摩訶薩行
深般若波羅蜜多時於勝義諦為取相不善
現對曰不也世尊佛告善現於意云何若菩
薩摩訶薩行深般若波羅蜜多時於勝義
諦雖不取相而行相不善現對曰不也世尊佛
告善現於意云何是菩薩摩訶薩於勝義諦
為壞相不善現對曰不也世尊佛告善現於
意云何是菩薩摩訶薩於勝義諦為遣相不
善現對曰不也世尊佛告善現是菩薩摩訶
薩行深般若波羅蜜多時於勝義諦若不壞
相亦不遣相云何能斷取相之想善現答言
是菩薩摩訶薩行深般若波羅蜜多時不作
是念我今壞相我今遣相斷取相想亦不脩

BD04850號　大般若波羅蜜多經卷五五〇

（22–6）

意云何是菩薩摩訶薩於勝義諦為遣相不
善現對曰不也世尊佛告善現是菩薩摩訶
薩行深般若波羅蜜多時於勝義諦若不壞
相亦不遣相云何能斷取相之想善現答言
是菩薩摩訶薩行深般若波羅蜜多時不作
是念我今壞相我今遣相斷取相想亦不修
學斷相想道若菩薩摩訶薩精勤修學菩
薩行時修斷想道尒時一切佛法未滿應墮聲
聞或獨學地世尊是菩薩摩訶薩成就殊勝
方便善巧雖於諸相及取相想深知過失而
不壞斷速證无相何以故一切佛法未圓滿故
佛告善現如是如是如汝所說
尒時舍利子問具壽善現言若菩薩摩訶薩
夢中修空无相无願三解脫門於深般若波
羅蜜多有增益不善現答言若菩薩摩訶薩
覺時修此三解脫門於深般若波羅蜜多有
增益者彼夢中修亦有增益何以故佛說夢
覺无差別故舍利子若菩薩摩訶薩已得般
若波羅蜜多覺時修行甚深般若波羅蜜多
既名安住甚深般若波羅蜜多是菩薩摩訶
薩夢中修行甚深般若波羅蜜多亦名安住
甚深般若波羅蜜多三解脫門於深般若波
羅蜜多能為增益亦復如是若夢若覺義
无缺減時舍利子問善現言若善男子善女人
等夢中造業為有增益或損減不善現答言
佛說一切法皆如夢所見若夢造業无增減
者覺時所造業亦應无增減然於夢中所造

[illegible]
无缺減時舍利子問善現言若善男子善女人
等夢中造業為有增益或損減不善現答言
佛說一切法皆如夢所見若夢造業无增減
者覺時所造業亦應无增減然於夢中所造
諸業无勝增減要至覺時憶想分別夢中所
造乃令彼業成勝增減如人夢中斷他命已
後至覺時憶想分別深自慶快其業便增若
深悔愧其業便減時舍利子謂善現言有人
覺時斷他命已後至夢中或自慶快或深悔
愧令覺時業有增減不善現報言亦有增減
然彼增減不及覺時明了心中所作勝故時
舍利子問善現言无所緣事若思若業俱不
得生要有所緣思業方起夢中思業緣何而
生善現答言如是如是若夢若覺无所緣事
思業不生要有所緣思業方起何以故舍利
子要於見聞覺知法中有覺慧轉由斯起染
或復起淨若无見聞覺知諸法无覺慧轉亦
无染淨由此故知若夢若覺有所緣事思業
乃生无所緣事思業不起時舍利子問善現
言佛說所緣皆離自性如何可說有所緣事
思業乃生无所緣事思業不起善現答言雖
諸思業及所緣事皆離自性而由自心取相
分別世俗施設說有所緣由此所緣起諸思
業如說无明為緣生行行為緣生識　菩　皆
由自心取相分別說有所緣非實有性時舍
利子謂善現言若菩薩摩訶薩夢中行施施

業如說无明為緣生行行為緣生識　菩皆
由自心取相分別說有所緣非實有性時舍
利子謂善現言若菩薩摩訶薩夢中行施施
已迴向无上菩提是菩薩摩訶薩為實以施
迴向无上佛菩提不善現報言慈氏菩薩久
已受得大菩提記一生所繫定當作佛善能酬
答一切難問現在此會宜請問之補處慈尊
定當為答時舍利子如善現言恭敬請問慈
氏菩薩時慈氏菩薩還詰善現言尊者所
言慈氏菩薩能答此義何等名為慈氏菩薩為
名能答為色能答為受想行識能答為顯能
答為形能答為色空能答為受想行識空能
答耶耳慈氏名不能答色亦不能答受想行
識亦不能答顯亦不能答形亦不能答色空
亦不能答受想行識空亦不能答所以者何
我都不見有法能答有法所答答處答時及
由此答皆亦不見我都不見有法能記有法
所記記處記時及由此記皆亦不見何以故
以一切法本性皆空都无所有无二无別畢
竟推徵不可得故時舍利子問慈氏菩薩言
仁者所說法為如所證不慈氏菩薩摩訶薩
言我所諸法非如所證所以者何我所證法
不可說故又舍利子我都不見有所證法自
性可得如心所思如言所說又舍利子諸法自
性非身能觸非語能表非意能念何以故舍
利子以一切法无自性故時舍利子作是念

不可說故又舍利子我都不見有所證法自
性可得如心所思如言所說又舍利子諸法自
性非身能觸非語能表非意能念何以故舍
利子以一切法无自性故時舍利子作是念
言慈氏菩薩覺慧甚深長夜脩行甚深
般若波羅蜜多能如是說尒時佛告舍利子
言如心所念慈氏菩薩覺惠甚深長夜脩行
甚深般若波羅蜜多能如是說者舍利子如
汝所念又舍利子於意去何汝由是法成阿羅
漢為見此法是可說不舍利子曰不也世尊
佛告舍利子菩薩摩訶薩行深般若波羅
蜜多所證法性亦復如是不可宣說又舍利
子是菩薩摩訶薩不作是念我由此法於佛
无上正等菩提已得受記今得受記當得受
記不作是念我由此法當證无上正等菩提
若菩薩摩訶薩能如是行是行般若波羅蜜
多若菩薩摩訶薩能如是行不生疑惑我於
无上正等菩提為得不得但作是念我勤精
進定得无上正等菩提已於菩提得勝力故
若菩薩摩訶薩能如是得是行般若波羅蜜
多又舍利子諸菩薩摩訶薩行深般若波羅
蜜多聞甚深法不驚不恐不怖不畏不沉不
沒於得无上正等菩提亦无怖畏決定自知
我當證故又舍利子是諸菩薩若在曠野有
惡獸處亦无怖畏所以者何是諸菩薩為欲
饒益諸有情故能捨一切內外所有恒作是

蜜多聞甚深法不驚不怖不畏不沉不
沒於得无上正等菩提亦无怖畏決定自知
我當證故又舍利子是諸菩薩若在曠野有
惡獸處亦无怖畏所以者何是諸菩薩爲欲
饒益諸有情故能捨一切內外所有恒作是
念若有惡鬼及惡獸等欲噉我身我當施與
令其充足由此善根令我布施波羅蜜多速
得圓滿疾近无上正等菩提我當如是勤脩
正行證得无上正等覺時我佛土得无一切
傍生餓鬼又舍利子是諸菩薩若在曠野
有惡賊處亦无怖畏所以者何是諸菩薩爲
欲饒益諸有情故能捨一切內外所有樂脩
諸善於身命財无所顧悋恒作是念若諸有
情競來劫奪我諸資具我當恭敬歡喜施與或
有因斯害我身命我終於彼不生瞋恨亦不發
生身語意惡由此因緣令我布施淨戒安忍
波羅蜜多速得圓滿疾近无上正等菩提我
當如是勤脩正行證得无上正等覺時我佛
土中得无一切劫害怨賊由我佛土極清淨
故亦无隣惡又舍利子是諸菩薩若在曠野
无水之處亦无怖畏所以者何菩薩法尒无
諸怖畏恒作是念我當求學斷諸有情渴
愛之法不應於此而生怖畏設我由此渴之命
終於諸有情必不捨離大悲作意施妙法水
哀哉薄福是諸有情居在如斯无水世界我
當如是勤脩正行證得无上正等覺時我佛
土中得无如是一切燋渴之水曠野我當方

故亦无隣惡又舍利子是諸菩薩若在曠野
无水之處亦无怖畏所以者何菩薩法尒无
諸怖畏恒作是念我當求學斷諸有情渴
愛之法不應於此而生怖畏設我由此渴之命
終於諸有情必不捨離大悲作意施妙法水
哀哉薄福是諸有情居在如斯无水世界我
當如是勤脩正行證得无上正等覺時我佛
土中得无如是一切燋渴之水曠野我當方
便勸諸有情脩勝福業隨所在處皆令具足
八功德水我由如是堅猛精進方便教化一切
有情由此因緣令我精進波羅蜜多速得
圓滿疾近无上正等菩提又舍利子是諸菩
薩在飢饉國亦无怖畏所以者何是諸菩薩
被功德鎧勇猛精進嚴淨佛土作是願言當
證无上正等覺時我佛土中得无如是一切
飢饉諸有情類具足快樂隨意所須應念即
至如諸天上所念皆得我當發起堅猛精進
令諸有情法願滿足一切時處一切有情於一
切種命緣資具无所乏少又舍利子是諸菩
薩遇疾疫時亦无怖畏所以者何是諸菩
薩恒審觀察无法名病亦无有法可名病者
一切皆空不應怖畏我當如是勤脩正行證
得无上正等覺時我佛土中諸有情類得无
一切災橫疾疫精進脩行殊勝正行又舍利子
是諸菩薩若念无上正等菩提經久乃得不
應怖畏所以者何前際劫數雖有无量而
一心須憶念分別積集所成後際劫數應知

得无上正等覺時我佛土中諸有情類得无
一切灾横疾疫精進脩行殊勝正行大舍利子
是諸菩薩若念无上正等菩提經久乃得不
應怖畏所以者何前際劫數雖有无量而
一心頃憶念分別積集所成後際劫數應知
亦尒是故菩薩不應於中生久遠想而謂无
上正等菩提要經長時方乃證得便生怖畏
何以故前際後際劫數長短皆一刹那心相
應故如是舍利子菩薩摩訶薩雖聞經久乃
證无上正等菩提而於其中審諦觀察不
生怖畏又舍利子若諸菩薩於餘一切見聞
覺知可怖畏法不生怖畏應知速證所求无
上正等菩提是故舍利子菩薩摩訶薩欲疾
證得所求无上正等菩提應隨如來真淨空
教被功德鎧精勤脩學於一切法不應怖畏

第四分殑伽天品第二十

尒時會中有一天女名殑伽天從座而起稽首
佛足偏覆左肩右膝著地合掌向佛白言世
尊我於是處亦无怖畏於諸法中亦无疑
惑我未來世亦為有情說无怖畏无疑惑法
尒時世尊即便微笑從面門出金色光明普照
十方无邊世界還來梵世現大神通漸至佛
邊右遶三匝作神變已入佛頂中時殑伽天
覩斯事已歡喜踊躍取妙金花恭敬至誠
散如來上佛神力故令此金花上踊空中繽紛
而住時阿難陀見聞是已從座而起頂禮佛
足偏覆左肩右膝著地合掌恭敬白言世

十方无邊世界還來梵
邊右遶三匝作神變已入佛頂中時殑伽天
覩斯事已歡喜踊躍取妙金花恭敬至誠
散如來上佛神力故令此金花上踊空中繽紛
而住時阿難陀見聞是已從座而起頂禮佛
足偏覆左肩右膝著地合掌恭敬白言世
尊何因何緣現此微笑佛現微笑非无因緣
尒時世尊告慶喜曰今此天女於未來世當
成如來應正等覺劫名星喻佛号金花慶
喜當知今此天女即是最後所受女身捨此身
已便受男身盡未來際不復為女從此歿已
生於東方不動如來可愛世界於彼佛所勤
脩梵行此女彼界便字金花從不動佛世界
歿已復生他方有佛世界從一佛國趣一佛國
常不遠離諸佛世尊如轉輪王從一臺觀
至一臺觀歡娛受樂乃至命終足不履地金
花菩薩亦復如是從一佛土往一佛土乃至无
上正等菩提隨所生處常不離佛時阿難
陀竊作是念金花菩薩當作佛時亦應宣說
甚深般若波羅蜜多彼會菩薩摩訶薩衆其
數多少應如今佛菩薩衆會佛知其念告慶
喜言如是如是如汝所念金花菩薩當作佛
時亦為衆會宣說如是甚深般若波羅蜜多
彼會菩薩摩訶薩衆其數多少亦如今佛菩
薩衆會慶喜當知金花菩薩當作佛時聲聞
弟子得涅槃者其數甚多不可稱計謂不可
數若百若千若俱胝等但可惣說无量无邊
慶喜當知金花菩薩當作佛時其土无有惡

彼會菩薩摩訶薩衆其數多少亦如今佛菩
薩衆會慶喜當知金花菩薩當作佛時聲聞
弟子得涅槃者其數甚多不可稱計謂不可
數若百若千若俱胝等但可惣說无量无邊
慶喜當知金花菩薩當作佛時其土无有惡
獸惡鬼亦无怨賊乏水飢饉疾疫等難慶喜
當知金花菩薩當證无上正等覺時其土有
情无諸怖畏及无種種灾横過失尒時慶喜
復白佛言今此天女先於何佛初發无上正
等覺心種諸善根迴向發願佛告慶喜今此
天女先於過去然燈佛所初發无上正等覺
心重諸善根迴向發願尒時亦以金花散佛
求證无上正等菩提慶喜當知我於過去然
燈佛所以五莖花奉散彼佛迴向發願尒時
便得无生法忍然燈如來應正等覺知我根
熟與我受記汝於未來世當得作佛号曰能寂
界名堪忍劫号為賢天女尒時聞佛受我大
菩提記歡喜踊躍所以金花奉散佛上便發
无上正等覺心種諸善根迴向發願使我来
世於此菩薩當作佛時亦如今佛現前受我
大菩提記故我今者與彼受記尒時慶喜聞
佛所說歡喜踊躍復白佛言今此天女久發
无上正等覺心種諸善根迴向發願今得成
熟是故如來受與彼記佛告慶喜如是如是
如汝所說彼善根熟故我受彼大菩提記

第四分覺魔事品第廿一

尒時善現便白佛言行深般若波羅蜜多諸

无上正等覺心種諸善根迴向發願今得成
熟是故如來受與彼記佛告慶喜如是如是
如汝所說彼善根熟故我受彼大菩提記

第四分覺魔事品第廿一

尒時善現便白佛言行深般若波羅蜜多諸
菩薩摩訶薩云何習空云何現入空三摩地
佛告善現若菩薩摩訶薩行深般若波羅蜜
多應觀色空應觀受想行識空作此觀時不
令心亂若心不亂則不見法若不見法則不作
證尒時善現便白佛言如世尊說諸菩薩摩
訶薩行深般若波羅蜜多應觀法空而不
作證云何菩薩摩訶薩行深般若波羅蜜多
時住空等持而不作證佛告善現諸菩薩摩
訶薩行深般若波羅蜜多觀法空時先作是
念我應觀法諸相皆空不應作證我為學故
觀諸法空不為證故觀諸法空今是學時非
為證時是菩薩摩訶薩未入定時繫心於境
攝受般若波羅蜜多非入定位繫心於境攝
受般若波羅蜜多是菩薩摩訶薩於如是時
不退一切菩提分法不證漏盡所以者何是
菩薩摩訶薩成就如是廣大智慧善住法空
及一切種菩提分法恒作是念今時應學不
應作證善現當知若時菩薩摩訶薩住空三
摩地而不證空是時菩薩摩訶薩亦住无相
三摩地而不證无相所以者何是菩薩摩訶
薩成熟殊勝堅淨善根常作是念今時應學
不應作證今應攝受甚深般若波羅蜜多於

及一切種菩提分法恒作是念今時應學不
應作證善現當知若時菩薩摩訶薩住空三
摩地而不證空是時菩薩摩訶薩亦住无相
三摩地而不證无相所以者何是菩薩摩訶
薩成熟殊勝堅淨善根常作是念今時應學
不應作證今應攝受甚深般若波羅蜜多於
一切法觀空无相圓滿一切菩提分法不應今
時證於實際由此因緣是菩薩摩訶薩不
墮聲聞及獨覺地疾證无上正等菩提善現
譬如有人勇健威猛所立堅固難可動搖形
色端嚴衆人喜見具多分勝功德尸羅聰慧
巧言善能酬對具辯具行知處知時於兵仗
術學至究竟所防堅固能摧多敵一切伎能
皆善成就諸工巧處學至窮盡具念惠行勇
捍儀式於諸經典得无所畏具慧具義有大
勢力支體无缺諸根圓滿眷屬資財无不具
足衆人敬伏悉皆欽仰諸有所為皆能成辦
善事業故切少利多由此因緣富諸財寶善
能給施多品有情應供養者能供養之應恭
敬者能恭敬之應尊重者能尊重之應讚歎
者能讚歎之善現於意云何彼人由此倍增
喜躍深心歎悅自慶慰不善現對曰如是世
尊如是善逝佛告善現彼勇健人成就如是
大興盛事有因緣故將其父母妻子眷屬發
趣他方中路經過險難曠野其中多有惡獸
怨賊怨家潛伏諸怖畏事眷屬小大无不驚
惶其人自恃多諸伎術威猛勇健身意泰然

大興盛事有因緣故將其父母妻子眷屬發
趣他方中路經過險難曠野其中多有惡獸
怨賊怨家潛伏諸怖畏事眷屬小大无不驚
惶其人自恃多諸伎術威猛勇健身意泰然
安慰父母妻子眷屬勿有憂懼必令无苦疾
度曠野至安隱處復次善現於意云何此曠
野中怨害現起彼人既具勇健伎能慈愛尊
親備諸器仗而棄父母妻子眷屬獨運自身
度險難不善現對曰不也世尊所以者何彼
多伎術能於曠野化作兵仗勇捷精銳過諸
怨敵令彼見之自然退散而捨親愛獨運自
身度險曠野无有是處然彼壯士曠野中
惡獸怨賊无加害意所以者何自恃威猛具
諸伎術无怖畏故世尊彼人以善巧術將諸
眷屬度險曠野无所損害必至村城或大王
都安樂之處佛告善現諸菩薩摩訶薩亦復
如是慜生衆苦諸有情類繫念安住慈悲喜
捨攝受般若波羅蜜多殊勝善根方便善巧
如佛所許持諸巧德迴向无上正等菩提雖
具脩空无相无願而於實際无作證心勿墮
聲聞及獨覺地所以者何是諸菩薩具大勢
力精進堅固攝受般若波羅蜜多殊勝善根
方便善巧終不棄捨一切有情由此定能安
隱无難速證无上正等菩提善現當知若時
菩薩慈心慈念一切有情緣諸有情欲施安
樂是時菩薩超煩惱品亦超魔品及三乘地
雖住三摩地而不至漏盡雖善習空而不作

方便善巧曾不棄捨一切有情由此定能安
隱無難速證無上正等菩提善現當知若時
菩薩慈心愍念一切有情緣諸有情敬施安
樂是時菩薩越煩惱品亦越魔品及二乘地
雖住三摩地而不至漏盡雖善習空而不作
證善現當知若時菩薩能善安住空解脫門
是時菩薩於無相定亦能安住而於其中方
便善巧不證無相由此因緣越二乘地必趣
無上正等菩提善現當知如堅猛鳥飛騰虛
空自在翱翔久不墮落雖依空戲而不住空
亦不為空之所拘礙應知菩薩亦復如是雖
習空無相無願解脫門而不住空無相無願
乃至佛法未極圓滿終不依彼永盡諸漏善
現當知如有壯夫善閑射術欲顯己伎仰射
虛空為令空中箭不墮地復以後箭射前箭
括如是展轉經於多時箭箭相承不令其墮
若欲令墮便止後箭爾時諸箭方頓墮落應
知菩薩亦復如是行深般若波羅蜜多攝受
殊勝方便善巧乃至無上正等菩提因行善
根未皆成熟終不中道證於實際若時無上
正等菩提因行善根一切成熟爾時菩薩方
證實際便得無上正等菩提是故善現諸菩
薩摩訶薩行深般若波羅蜜多攝受殊勝方
便善巧皆應如是於深法性審諦觀察若諸
佛法未極圓滿不應作證
爾時善現便白佛言諸菩薩摩訶薩甚為希
有能為難事謂雖行空而不住空雖現入空

BD04850號　大般若波羅蜜多經卷五五〇　　（22–19）

薩摩訶薩行深般若波羅蜜多攝受殊勝方
便善巧皆應如是於深法性審諦觀察若諸
佛法未極圓滿不應作證
爾時善現便白佛言諸菩薩摩訶薩甚為希
有能為難事謂雖行空而不住空雖現入空
定而不證實際佛告善現如是如是如汝所
說所以者何是諸菩薩於有情類不棄捨
謂發如是殊勝妙願若諸有情未得解脫我
終不捨加行善根善現當知是諸菩薩由起
如是廣大心故為欲解脫一切有情雖引發
空無相無願三摩地而由攝受方便善巧不
證實際所以者何是諸菩薩方便善巧所護
持故常作是念我終不捨一切有情而趣
圓寂由起此念方便善巧故於中間不證實
際復次善現若諸菩薩於甚深處或已觀察
或當觀察謂空無相無願等持三解脫門
所行之處是諸菩薩恒作是念有情長夜起有
情想行有所得引生種種邪惡見趣輪迴生
死受苦無窮我為斷彼邪惡見趣應求無上
正等菩提為諸有情說深空法令斷彼執由
生死苦是故雖學空解脫門而於中間不證
實際善現當知是諸菩薩由起此念方便善
巧雖於中間不證實際而不退失四無量定
所以者何是諸菩薩甚深般若波羅蜜多方
便善巧所攝受故倍增白法諸根漸利力學
道支轉復增益復次善現是諸菩薩恒作是
念有情長夜行諸相中起種種執由斯輪轉

BD04850號　大般若波羅蜜多經卷五五〇　　（22–20）

實際善現當知是諸菩薩由起此念方便善
巧雖於中間不證實際而不退失四无量定
所以者何是諸菩薩甚深般若波羅蜜多方
便善巧所攝受故倍增白法諸根漸利力學
道支轉復增益復次善現是諸菩薩恒作是
念有情長夜行諸相中起種種執由斯輪轉
受苦无窮我為斷彼諸相執故應求无上正
等菩提為諸有情說无相法令斷相執出生
死苦由斯數入无相等持善現當知是諸菩
薩由先成就方便善巧及所起念雖雖現入
无相等持而於中間不證實際雖於中間不
證實際而不退失慈悲喜捨及諸餘定所以
者何是諸菩薩甚深若波羅蜜多方便善
巧所攝受故倍增白法諸根漸利力覺道支
轉復增益復次善現是諸菩薩恒作是念有
情長夜其心常起常想樂想我想淨想真
引生顛倒執著輪迴生死受苦无窮我為斷
彼四顛倒故應求无上正等菩提為諸有情
說无倒法謂說生死无常无樂无我无淨唯
有涅槃微妙寂靜具足種種真實功德由斯
數入无願等持善現當知是諸菩薩由先成
就方便善巧及所起念雖數現入无願等持
而諸佛法未極圓滿終不中間證於實際雖
於中間不證實際而不退失慈悲喜捨及諸
餘定所以者何是諸菩薩甚深般若羅蜜
多方便善巧所攝受故倍增白法諸根漸利
力覺道支轉復增益復次善現是諸菩薩恒
作是念有情長夜先已行有所得今亦行有

BD04850號　大般若波羅蜜多經卷五五〇　(22–21)

於中間不證實際而不退失慈悲喜捨及諸
餘定所以者何是諸菩薩甚深般若羅蜜
多方便善巧所攝受故倍增白法諸根漸利
力覺道支轉復增益復次善現是諸菩薩恒
作是念有情長夜先已行有所得今亦行有
所得先已行有相今亦行有相先已得顛倒
今亦得顛倒先已行和合想今亦行和合想
先已得虛妄想今亦行虛妄想先已行邪見
今亦行邪見由斯輪轉受苦无窮我為斷
彼如是過失應求无上正等菩提為諸有情說
甚深法令彼過失皆永斷除不復輪迴受生
死苦速證常樂真淨涅槃善現當知是諸菩
薩由深慈念一切有情成就殊勝方便善巧
甚深般若波羅蜜多所攝受故於深法性常
樂觀察謂空无相无願无作无生无滅无起
无盡无性實際善現知是諸菩薩成就如
是殊勝智見若墮无相无作之法或在三界
俱无是處善現當知是諸菩薩成就如是殊
勝功德捨諸有情而趣圓寂不證无上正等
菩提能盡有情定无是處

大般若波羅蜜多經卷第五百五十

BD04850號　大般若波羅蜜多經卷五五〇　(22–22)

BD04850 號背　勘記　（1–1）

沙有如是等恒河是諸恒河所有沙數佛世界
如是寧為多不甚多世尊佛告須菩提尒
所國土中所有衆生若干種心如来悉知何
以故如来說諸心皆為非心是名為心所以者
何須菩提過去心不可得現在心不可得未
来心不可得須菩提於意云何若有人滿三千
大千世界七寶以用布施是人以是因緣得福
多不如是世尊此人以是因緣得福甚多
須菩提若福德有實如来不說得福德
多以福德无故如来說得福德多
須菩提於意云何佛可以具足色身見不不也
世尊如来不應以具足色身見何以故如来說
具足色身即非具足色身是名具足色身須
菩提於意云何如来可以具足諸相見不不也
世尊如来不應以具足諸相見何以故如来說
諸相具足即非具足是名諸相具足須菩提
汝等勿謂如来作是念我當有所說法莫
作是念何以故若人言如来有所說法即為
謗佛不能解我所說故須菩提說法者
无法可說是名說法

BD04851 號　金剛般若波羅蜜經　（5–1）

世尊如来不應以具足諸相見何以故如来説
諸相具足即非具足是名諸相具足須菩提
汝等勿謂如来作是念我當有所説法莫
作是念何以故若人言如来有所説法即為
謗佛不能解我所説故須菩提説法者
无法可説是名説法須菩提白佛言世尊
佛得阿耨多羅三藐三菩提為无所得耶
如是如是須菩提我於阿耨多羅三藐三菩
提乃至无有少法可得是名阿耨多羅三藐
三菩提復次須菩提是法平等无有高下
是名阿耨多羅三藐三菩提以无我无人无
衆生无壽者脩一切善法則得阿耨多羅三藐
三菩提須菩提所言善法者如来説非善法
是名善法須菩提若三千大千世界中所有諸
須弥山王如是等七寶聚有人持用布施若
人以此般若波羅蜜經乃至四句偈等受持讀
誦為他人説於前福德百分不及一百千万億
分乃至筭數譬喻所不能及
須菩提於意云何汝等勿謂如来作是念我
當度衆生須菩提莫作是念何以故實无
有衆生如来度者若有衆生如来度者
如来則有我人衆生壽者須菩提如来説
有我者則非有我而凡夫之人以為有我
須菩提凡夫者如来説則非凡夫須菩提於
意云何可以三十二相觀如来不須菩提言如

BD04851號　金剛般若波羅蜜經　（5–2）

有衆生如来度者若有衆生如来度者
如来則有我人衆生壽者須菩提如来説
有我者則非有我而凡夫之人以為有我
須菩提凡夫者如来説則非凡夫須菩提於
意云何可以三十二相觀如来不須菩提言如
是如是以三十二相觀如来佛言須菩提若以
三十二相觀如来者轉輪聖王則是如来須菩
提白佛言世尊如我解佛所説義不應以
三十二相觀如来尒時世尊而説偈言
若以色見我　以音聲求我　是人行邪道　不能見如来
須菩提汝作是念如来不以具足相故得阿
耨多羅三藐三菩提須菩提莫作是念如来
不以具足相故得阿耨多羅三藐三菩提須菩提
汝若作是念發阿耨多羅三藐三菩提者説諸
法斷滅相莫作是念何以故發阿耨多羅三
藐三菩提者於法不説斷滅相須菩提若
菩薩以滿恒河沙等世界七寶布施若復
有人知一切法无我得成於忍此菩薩勝前
菩薩所得功德須菩提以諸菩薩不受福
德故須菩提白佛言世尊云何菩薩不受
福德須菩提菩薩所作福德不應貪著
是故説不受福德須菩提若有人言如来
若来若去若坐若卧是人不解我所説義
何以故如来者无所從来亦无所去故名如来
須菩提若善男子善女人以三千大千世界碎為

BD04851號　金剛般若波羅蜜經　（5–3）

福德須菩提菩薩所作福德不應貪著
是故說不受福德須菩提若有人言如來
若來若去若坐若卧是人不解我所說義
何以故如來者无所從來亦无所去故名如來
須菩提若善男子善女人以三千大千世界碎為
微塵於意云何是微塵衆寧為多不甚
多世尊何以故若是微塵衆實有者佛則不
說是微塵衆所以者何佛說微塵衆則非
微塵衆是名微塵衆世尊如來所說三千大
千世界則非世界是名世界何以故若世界
實有者則是一合相如來說一合相則非一
合相是名一合相須菩提一合相者則是不
可說但凡夫之人貪著其事
須菩提若人言佛說我見人見衆生見壽
者見須菩提於意云何是人解我所說義不
不也世尊是人不解如來所說義何以故世
尊說我見人見衆生見壽者見則非我見
人見衆生見壽者見是名我見人見衆生見壽
者見須菩提發阿耨多羅三藐三菩提心者
於一切法應如是知如是見如是信解不生
法相須菩提所言法相者如來說即非法相
是名法相須菩提若有人以滿无量阿僧祇
世界七寶持用布施若有善男子善女人
發菩薩心者持於此經乃至四句偈等受持
讀誦為人演說其福勝彼云何為人演說

BD04851號　金剛般若波羅蜜經　（5–4）

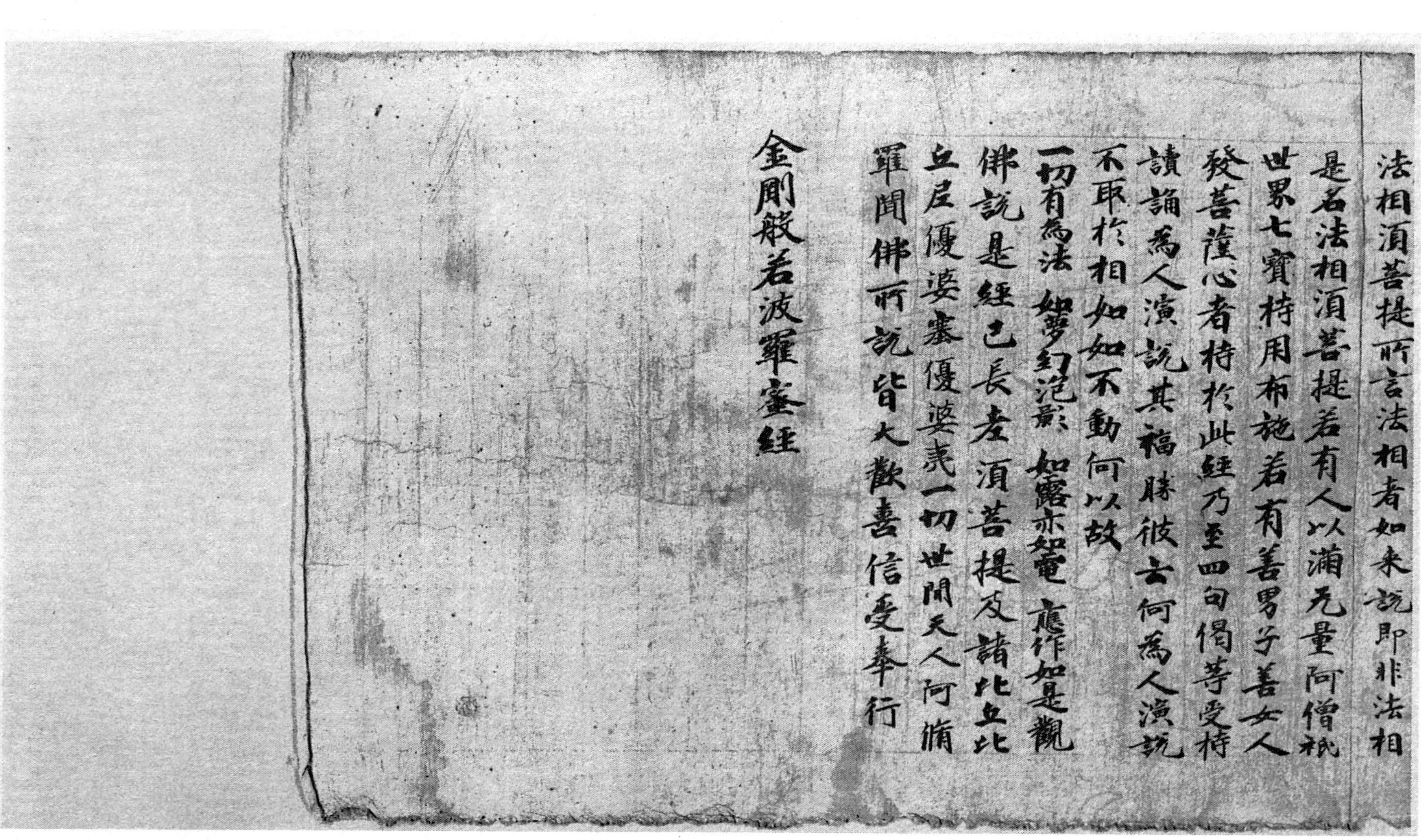
法相須菩提所言法相者如來說即非法相
是名法相須菩提若有人以滿无量阿僧祇
世界七寶持用布施若有善男子善女人
發菩薩心者持於此經乃至四句偈等受持
讀誦為人演說其福勝彼云何為人演說
不取於相如如不動何以故
一切有為法　如夢幻泡影　如露亦如電　應作如是觀
佛說是經已長老須菩提及諸比丘比
丘尼優婆塞優婆夷一切世間天人阿脩
羅聞佛所說皆大歡喜信受奉行

金剛般若波羅蜜經

BD04851號　金剛般若波羅蜜經　（5–5）

□十遍處清淨八勝處九次第定十遍處清
淨故佛十力清淨何以故若一切智智清淨
若八勝處九次第定十遍處清淨若佛十
清淨無二無二分無別無斷故善現一
智清淨故四念住清淨四念住清淨故
力清淨何以故若一切智智清淨若四
清淨若佛十力清淨無二無二分無別
故一切智智清淨故四正斷四神足五根五
力七等覺支八聖道支清淨四正斷乃至
聖道支清淨故佛十力清淨何以故若
智智清淨若四正斷乃至八聖道支清
佛十力清淨無二無二分無別無斷故
一切智智清淨故空解脫門清淨空
清淨故佛十力清淨何以故若一切知
淨若空解脫門清淨若佛十力清淨無
二分無別無斷故一切智智清淨故無

BD04852號　大般若波羅蜜多經卷二七五　（19–1）

佛十力清淨無二無二分無別無斷故
一切智智清淨故空解脫門清淨空
清淨故佛十力清淨何以故若一切知
淨若空解脫門清淨若佛十力清淨無
二分無別無斷故一切智智清淨故無
願解脫門清淨無相無願解脫門清淨
十力清淨何以故若一切智智清淨若
無願解脫門清淨若佛十力清淨無二無
分無別無斷故善現一切智智清淨故菩
十地清淨菩薩十地清淨故佛十力清淨
以故若一切智智清淨若菩薩十地清淨若
佛十力清淨無二無二分無別無斷故
善現一切智智清淨故五眼清淨五眼清
若佛十力清淨何以故若一切智智清淨
五眼清淨若佛十力清淨無二無二分無
無斷故一切智智清淨故六神通清淨六
通清淨故佛十力清淨何以故若一切智
清淨若六神通清淨若佛十力清淨無二
二分無別無斷故善現一切智智清淨故
無所畏清淨四無所畏清淨故佛十力清
何以故若一切智智清淨若四無所畏清
若佛十力清淨無二無二分無別無斷故
切智智清淨故四無礙解大慈大悲大喜大
捨十八佛不共法清淨四無礙解乃至
佛不共法清淨故佛十力清淨何以故
切智智清淨若四無礙解乃至十八佛
法清淨若佛十力清淨無二無二分

BD04852號　大般若波羅蜜多經卷二七五　（19–2）

切智智清淨故四無礙解大慈大悲大喜
捨十八佛不共法清淨四無礙解乃至
佛不共法清淨故佛十力清淨何以故
一切智智清淨若四無礙解乃至十八佛
不共法清淨若佛十力清淨無二無二分
斷故善現一切智智清淨故無忘失法
無忘失法清淨故佛十力清淨何以故若一
切智智清淨若無忘失法清淨若佛十力清
淨無二無二分無別無斷故一切智智清淨
故恒住捨性清淨恒住捨性清淨故佛十力
清淨何以故若一切智智清淨若恒住捨
清淨若佛十力清淨無二無二分無別無斷
故善現一切智智清淨故一切智清淨一切
智清淨故佛十力清淨何以故若一切智智
清淨若一切智清淨若佛十力清淨無二無
二分無別無斷故一切智智清淨故道相智一
切相智清淨道相智一切相智清淨故佛十力
清淨何以故若一切智智清淨若道相智
一切相智清淨若佛十力清淨無二無二分無
別無斷故善現一切智智清淨故一切陁羅
尼門清淨一切陁羅尼門清淨故佛十力清
淨何以故若一切智智清淨若一切陁羅尼
門清淨若佛十力清淨無二無二分無別無
斷故一切智智清淨故一切三摩地門清淨
一切三摩地門清淨故佛十力清淨何以故
若一切智智清淨若一切三摩地門清淨若
佛十力清淨無二無二分無別無斷故

門清淨若佛十力清淨無二無二分無別無
斷故一切智智清淨故一切三摩地門清淨
一切三摩地門清淨故佛十力清淨何以故
若一切智智清淨若一切三摩地門清淨若
佛十力清淨無二無二分無別無斷故
善現一切智智清淨故預流果清淨預流果
清淨故佛十力清淨何以故若一切智智清
淨若預流果清淨若佛十力清淨無二無二分
無別無斷故一切智智清淨故一來不還阿
羅漢果清淨一來不還阿羅漢果清淨故佛十
力清淨何以故若一切智智清淨若一來不
還阿羅漢果清淨若佛十力清淨無二無二
分無別無斷故善現一切智智清淨故獨覺
菩提清淨獨覺菩提清淨故佛十力清淨何以
故若一切智智清淨若獨覺菩提清淨若佛
十力清淨無二無二分無別無斷故善現一
切智智清淨故一切菩薩摩訶薩行清淨一
切菩薩摩訶薩行清淨故佛十力清淨何以
故若一切智智清淨若一切菩薩摩訶薩行
清淨若佛十力清淨無二無二分無別無斷
故善現一切智智清淨故諸佛無上正等菩
提清淨諸佛無上正等菩提清淨故佛十力
清淨何以故若一切智智清淨若諸佛無上
正等菩提清淨若佛十力清淨無二無二分
無別無斷故
復次善現一切智智清淨故色清淨色清淨
故四無所畏清淨何以故若一切智智清淨
若色清淨若四無所畏清淨無二無二分無

提清淨諸佛無上正等菩提清淨故佛十力
清淨何以故若一切智智清淨若諸佛無上
正等菩提清淨若佛十力清淨無二無二分
無別無斷故
復次善現一切智智清淨故色清淨色清淨
故四無所畏清淨何以故若一切智智清淨
若色清淨若四無所畏清淨無二無二分無
別無斷故一切智智清淨故受想行識清淨
受想行識清淨故四無所畏清淨何以故若
一切智智清淨若受想行識清淨若四無所
畏清淨無二無二分無別無斷故善現一切
智智清淨故眼處清淨眼處清淨故四無所
畏清淨何以故若一切智智清淨若眼處清
淨若四無所畏清淨無二無二分無別無斷
故一切智智清淨故耳鼻舌身意處清淨耳
鼻舌身意處清淨故四無所畏清淨何以故
若一切智智清淨若耳鼻舌身意處清淨若
四無所畏清淨無二無二分無別無斷故善
現一切智智清淨故色處清淨色處清淨故
四無所畏清淨何以故若一切智智清淨若
色處清淨若四無所畏清淨無二無二分無
別無斷故一切智智清淨故聲香味觸法處
清淨聲香味觸法處清淨故四無所畏清淨
何以故若一切智智清淨若聲香味觸法處
清淨若四無所畏清淨無二無二分無別無
斷故善現一切智智清淨故眼界清淨眼界
清淨故四無所畏清淨何以故若一切智智
清淨若眼界清淨若四無所畏清淨無二無

BD04852 號　大般若波羅蜜多經卷二七五

（19–5）

別無斷故一切智智清淨故聲香味觸法處
清淨聲香味觸法處清淨故四無所畏清淨
何以故若一切智智清淨若聲香味觸法處
清淨若四無所畏清淨無二無二分無別無
斷故善現一切智智清淨故眼界清淨眼界
清淨故四無所畏清淨何以故若一切智智
清淨若眼界清淨若四無所畏清淨無二無
二分無別無斷故一切智智清淨故色界眼
識界及眼觸眼觸為緣所生諸受清淨色界
乃至眼觸為緣所生諸受清淨故四無所畏
清淨何以故若一切智智清淨若色界乃至
眼觸為緣所生諸受清淨若四無所畏清淨
無二無二分無別無斷故善現一切智智清
淨故耳界清淨耳界清淨故四無所畏清淨
何以故若一切智智清淨若耳界清淨若四
無所畏清淨無二無二分無別無斷故一切
智智清淨故聲界耳識界及耳觸耳觸為緣
所生諸受清淨聲界乃至耳觸為緣所生諸
受清淨故四無所畏清淨何以故若一切智
智清淨若聲界乃至耳觸為緣所生諸受清
淨若四無所畏清淨無二無二分無別無斷
故善現一切智智清淨故鼻界清淨鼻界清
淨故四無所畏清淨何以故若一切智智清
淨若鼻界清淨若四無所畏清淨無二無二
分無別無斷故一切智智清淨故香界鼻識
界及鼻觸鼻觸為緣所生諸受清淨香界乃
至鼻觸為緣所生諸受清淨故四無所畏清

BD04852 號　大般若波羅蜜多經卷二七五

（19–6）

故善現一切[illegible]
淨故四無所畏清淨何以故若一切智智清
淨若鼻界清淨若四無所畏清淨無二無二
分無別無斷故一切智智清淨故香界鼻識
界及鼻觸鼻觸爲緣所生諸受清淨香界乃
至鼻觸爲緣所生諸受清淨故四無所畏清
淨何以故若一切智智清淨若香界乃至鼻
觸爲緣所生諸受清淨若四無所畏清淨無
二無二分無別無斷故善現一切智智清淨
故舌界清淨舌界清淨故四無所畏清淨何
以故若一切智智清淨若舌界清淨若四無
所畏清淨無二無二分無別無斷故一切智智
清淨故味界舌識界及舌觸舌觸爲緣所生
諸受清淨味界乃至舌觸爲緣所生諸受清
淨故四無所畏清淨何以故若一切智智清
淨若味界乃至舌觸爲緣所生諸受清淨若
四無所畏清淨無二無二分無別無斷故善
現一切智智清淨故身界清淨身界清淨故
四無所畏清淨何以故若一切智智清淨若
身界清淨若四無所畏清淨無二無二分無
別無斷故一切智智清淨故觸界身識界及
身觸身觸爲緣所生諸受清淨觸界乃至身
觸爲緣所生諸受清淨故四無所畏清淨何
以故若一切智智清淨若觸界乃至身觸爲
緣所生諸受清淨若四無所畏清淨無二無
二分無別無斷故善現一切智智清淨故意
界清淨意界清淨故四無所畏清淨何以故
若一切智智清淨若意界清淨若四無所畏

BD04852號　大般若波羅蜜多經卷二七五　（19-7）

以故若一切智智清淨若觸界乃至身觸爲
緣所生諸受清淨若四無所畏清淨無二無
二分無別無斷故善現一切智智清淨故意
界清淨意界清淨故四無所畏清淨何以故
若一切智智清淨若意界清淨若四無所畏
清淨無二無二分無別無斷故一切智智清
淨故法界意識界及意觸意觸爲緣所生諸
受清淨法界乃至意觸爲緣所生諸受清淨
故四無所畏清淨何以故若一切智智清淨
若法界乃至意觸爲緣所生諸受清淨若四
無所畏清淨無二無二分無別無斷故善現
一切智智清淨故地界清淨地界清淨故四
無所畏清淨何以故若一切智智清淨若地
界清淨若四無所畏清淨無二無二分無別
無斷故一切智智清淨故水火風空識界清
淨水火風空識界清淨故四無所畏清淨何
以故若一切智智清淨若水火風空識界清淨
若四無所畏清淨無二無二分無別無斷故善
現一切智智清淨故無明清淨無明清淨故
四無所畏清淨何以故若一切智智清淨若
無明清淨若四無所畏清淨無二無二分無
別無斷故一切智智清淨故行識名色六處
觸受愛取有生老死愁歎苦憂惱清淨行乃
至老死愁歎苦憂惱清淨故四無所畏清淨
何以故若一切智智清淨若行乃至老死愁
歎苦憂惱清淨若四無所畏清淨無二無二
分無別無斷故善現一切智智清淨故布施

BD04852號　大般若波羅蜜多經卷二七五　（19-8）

觸受愛取有生老死愁歎苦憂惱清淨行乃
至老死愁歎苦憂惱清淨故四無所畏清淨
何以故若一切智智清淨若行乃至老死愁
歎苦憂惱清淨若四無所畏清淨無二無二
分無別無斷故善現一切智智清淨故布施
波羅蜜多清淨布施波羅蜜多清淨故四無
所畏清淨何以故若一切智智清淨若布施
波羅蜜多清淨若四無所畏清淨無二無二
分無別無斷故一切智智清淨故淨戒安忍
精進靜慮般若波羅蜜多清淨淨戒乃至般
若波羅蜜多清淨故四無所畏清淨何以故
若一切智智清淨若淨戒乃至般若波羅蜜
多清淨若四無所畏清淨無二無二分無別
無斷故善現一切智智清淨故內空清淨內
空清淨故四無所畏清淨何以故若一切智
智清淨若內空清淨若四無所畏清淨無二
無二分無別無斷故一切智智清淨故外空
內外空空空大空勝義空有為空無為空畢
竟空無際空散空無變異空本性空自相空
共相空一切法空不可得空無性空自性空
無性自性空清淨外空乃至無性自性空清
淨故四無所畏清淨何以故若一切智智清
淨若外空乃至無性自性空清淨若四無所
畏清淨無二無二分無別無斷故善現一切
智智清淨故真如清淨真如清淨故四無所
畏清淨何以故若一切智智清淨若真如清
淨若四無所畏清淨無二無二分無別無斷
故一切智智清淨故法界法性不虛妄性不

BD04852號　大般若波羅蜜多經卷二七五　（19–9）

智智清淨故真如清淨真如清淨故四無所
畏清淨何以故若一切智智清淨若真如清
淨若四無所畏清淨無二無二分無別無斷
故一切智智清淨故法界法性不虛妄性不
變異性平等性離生性法定法住實際虛空
界不思議界清淨法界乃至不思議界清淨
故四無所畏清淨何以故若一切智智清淨若
法界乃至不思議界清淨若四無所畏清淨
無二無二分無別無斷故善現一切智智清
淨故苦聖諦清淨苦聖諦清淨故四無所畏
清淨何以故若一切智智清淨若苦聖諦清
淨若四無所畏清淨無二無二分無別無斷
故一切智智清淨故集滅道聖諦清淨集滅
道聖諦清淨故四無所畏清淨何以故若一
切智智清淨若集滅道聖諦清淨若四無所
畏清淨无二无二分无別无斷故善現一切
智智清淨故四靜慮清淨四靜慮清淨故四
无所畏清淨何以故若一切智智清淨若四
靜慮清淨若四无所畏清淨无二无二分无
別无斷故一切智智清淨故四无量四无色
定清淨四無量四无色定清淨故四无所畏
清淨何以故若一切智智清淨若四无量四
无色定清淨若四無所畏清淨无二无二分
无別无斷故善現一切智智清淨故八解脫
清淨八解脫清淨故四无所畏清淨何以故
若一切智智清淨若八解脫清淨若四无所
畏清淨無二無二分無別無斷故一切智智

BD04852號　大般若波羅蜜多經卷二七五　（19–10）

无色定清淨若四無所畏清淨无二无二分
无別无斷故善現一切智智清淨故八解脫
清淨八解脫清淨故四无所畏清淨何以故
若一切智智清淨若八解脫清淨若四无所
畏清淨無二無二分無別無斷故一切智智
清淨故八勝處九次第定十遍處清淨八勝
處九次第定十遍處清淨故四無所畏清淨
何以故若一切智智清淨若八勝處九次第
定十遍處清淨若四無所畏清淨無二無二
分無別無斷故善現一切智智清淨故四念
住清淨四念住清淨故四無所畏清淨何以
故若一切智智清淨若四念住清淨若四
無所畏清淨無二無二分無別無斷故一切
智智清淨故四正斷四神足五根五力七等
覺支八聖道支清淨四正斷乃至八聖道支
清淨故四無所畏清淨何以故若一切智智
清淨若四正斷乃至八聖道支清淨若四無
所畏清淨無二無二分無別無斷故善現一
切智智清淨故空解脫門清淨空解脫門清
淨故四無所畏清淨何以故若一切智智清
淨若空解脫門清淨若四無所畏清淨無二
無二分無別無斷故一切智智清淨故無相無
願解脫門清淨無相無願解脫門清淨故四
無所畏清淨何以故若一切智智清淨若
無相無願解脫門清淨若四無所畏清淨無
二無二分無別無斷故善現一切智智清淨
故菩薩十地清淨菩薩十地清淨故四無所
畏清淨何以故若一切智智清淨若菩薩十

BD04852號　大般若波羅蜜多經卷二七五　（19–11）

願解脫門清淨無相無願解脫門清淨故
無所畏清淨何以故若一切智智清淨若
無相無願解脫門清淨若四無所畏清淨無
二無二分無別無斷故善現一切智智清淨
故菩薩十地清淨菩薩十地清淨故四無所
畏清淨何以故若一切智智清淨若菩薩十
地清淨若四無所畏清淨無二無二分無別無
斷故善現一切智智清淨故五眼清淨五眼
清淨故四無所畏清淨何以故若一切智智清
淨若五眼清淨若四無所畏清淨無二無二
分無別無斷故一切智智清淨故六神通清
淨六神通清淨故四無所畏清淨何以故若
一切智智清淨若六神通清淨若四無所畏清
淨無二無二分無別無斷故善現一切智智
清淨故佛十力清淨佛十力清淨故四無所畏
清淨何以故若一切智智清淨若佛十力清
淨若四無所畏清淨無二無二分無別無斷
故一切智智清淨故四無礙解大慈大悲大
喜大捨十八佛不共法清淨四無礙解乃至
十八佛不共法清淨故四無所畏清淨何以
故若一切智智清淨若四無礙解乃至十八
佛不共法清淨若四無所畏清淨無二無二
分無別無斷故善現一切智智清淨故無忘
失法清淨無忘失法清淨故四無所畏清淨
何以故若一切智智清淨若無忘失法清淨
若四無所畏清淨無二無二分無別無斷故
一切智智清淨故恒住捨性清淨恒住捨性
清淨故四無所畏清淨何以故若一切智智

BD04852號　大般若波羅蜜多經卷二七五　（19–12）

失法清淨無忘法法淨故四無所畏清淨
何以故若一切智智清淨若無忘失法清淨
若四無所畏清淨無二無二分無別無斷故
一切智智清淨故恒住捨性清淨恒住捨性
清淨故四無所畏清淨何以故若一切智智
清淨若恒住捨性清淨若四無所畏清淨無
二無二分無別無斷故善現一切智智清淨
故一切智清淨一切智清淨故四無所畏清
淨何以故若一切智智清淨若一切智清淨
若四無所畏清淨無二無二分無別無斷故
一切智智清淨故道相智一切相智清淨道
相智一切相智清淨故四無所畏清淨何以
故若一切智智清淨若道相智一切相智清
淨若四無所畏清淨無二無二分無別無斷
故善現一切智智清淨故一切陁羅尼門清
淨一切陁羅尼門清淨故四無所畏清淨何
以故若一切智智清淨若一切陁羅尼門清
淨若四無所畏清淨無二無二分無別無斷
故一切智智清淨故一切三摩地門清淨一
切三摩地門清淨四無所畏清淨何以故
若一切智智清淨若一切三摩地門清淨若
四無所畏清淨無二無二分無別無斷故善
現一切智智清淨故預流果清淨預流果清
淨故四無所畏清淨何以故若一切智智清
淨若預流果清淨若四無所畏清淨無二無
二分無別無斷故一切智智清淨故一來不
還阿羅漢果清淨一來不還阿羅漢果清淨

現一切[illegible]
淨故四無所畏清淨何以故若一切智智清
淨若預流果清淨若四無所畏清淨無二無
二分無別無斷故一切智智清淨故一來不
還阿羅漢果清淨一來不還阿羅漢果清淨
故四無所畏清淨何以故若一切智智清淨
若一來不還阿羅漢果清淨若四無所畏清
淨無二無二分無別無斷故善現一切智智
清淨故獨覺菩提清淨獨覺菩提清淨故四
無所畏清淨何以故若一切智智清淨若獨
覺菩提清淨若四無所畏清淨無二無二分
無別無斷故善現一切智智清淨故一切菩
薩摩訶行清淨一切菩薩摩訶薩行清淨
故四無所畏清淨何以故若一切智智清淨
若一切菩薩摩訶薩行清淨若四無所畏清
淨無二無二分無別無斷故善現一切智智
清淨故諸佛無上正等菩提清淨諸佛無上
正等菩提清淨故四無所畏清淨何以故若
一切智智清淨若諸佛無上正等菩提清淨
若四無所畏清淨無二無二分無別無斷故
復次善現一切智智清淨故色清淨色清淨
故四無礙解清淨何以故若一切智智清淨
若色清淨若四無礙解清淨無二無二分無
別無斷故一切智智清淨故受想行識清淨
受想行識清淨故四無礙解清淨何以故若
一切智智清淨若受想行識清淨若四無礙
解清淨無二無二分無別無斷故善現一切
智智清淨故眼處清淨眼處清淨故四無礙

別無斷故一切智智清淨故受想行識清淨
受想行識清淨故四無礙解清淨何以故若
一切智智清淨若受想行識清淨若四無礙
解清淨無二無二分無別無斷故善現一切
智智清淨故眼處清淨眼處清淨故四無礙
解清淨何以故若一切智智清淨若眼處清
淨若四無礙解清淨無二無二分無別無斷
故一切智智清淨故耳鼻舌身意處清淨耳
鼻舌身意處清淨故四無礙解清淨何以故
若一切智智清淨若耳鼻舌身意處清淨若
四無礙解清淨無二無二分無別無斷故善
現一切智智清淨故色處清淨色處清淨故
四無礙解清淨何以故若一切智智清淨若
色處清淨若四無礙解清淨無二無二分無
別無斷故一切智智清淨故聲香味觸法處
清淨聲香味觸法處清淨故四無礙解清淨
何以故若一切智智清淨若聲香味觸法處
清淨若四無礙解清淨無二無二分無別無
斷故善現一切智智清淨故眼界清淨眼界
清淨故四無礙解清淨何以故若一切智智
清淨若眼界清淨若四無礙解清淨無二
無二分無別無斷故一切智智清淨故色界
眼識界及眼觸眼觸為緣所生諸受清淨色
界乃至眼觸為緣所生諸受清淨故四無礙
解清淨何以故若一切智智清淨若色界乃
至眼觸為緣所生諸受清淨若四無礙解清
淨無二無二分無別無斷故善現一切智智

BD04852 號　大般若波羅蜜多經卷二七五　（19–15）

界乃至眼觸為緣所生諸受清淨故四無礙
解清淨何以故若一切智智清淨若色界乃
至眼觸為緣所生諸受清淨若四無礙解清
淨無二無二分無別無斷故善現一切智智
清淨故耳界清淨耳界清淨故四無礙解清
淨何以故若一切智智清淨若耳界清淨若
四無礙解清淨無二無二分無別無斷故一
切智智清淨故聲界耳識界及耳觸耳觸為
緣所生諸受清淨聲界乃至耳觸為緣所生
諸受清淨故四無礙解清淨何以故若一切
智智清淨若聲界乃至耳觸為緣所生諸受
清淨若四無礙解清淨無二無二分無別無
斷故善現一切智智清淨故鼻界清淨鼻界
清淨故四無礙解清淨何以故若一切智智
清淨若鼻界清淨若四無礙解清淨無二無
二分無別無斷故一切智智清淨故香界鼻
識界及鼻觸鼻觸為緣所生諸受清淨香界
乃至鼻觸為緣所生諸受清淨故四無礙解
清淨何以故若一切智智清淨若香界乃至鼻
觸為緣所生諸受清淨若四無礙解清淨
無二無二分無別無斷故
善現一切智智清淨故舌界清淨舌界清淨
故四無礙解清淨何以故若一切智智清淨
若舌界清淨若四無礙解清淨無二無二分
無別無斷故一切智智清淨故味界舌識界
及舌觸舌觸為緣所生諸受清淨味界乃至
舌觸為緣所生諸受清淨故四無礙解清淨

BD04852 號　大般若波羅蜜多經卷二七五　（19–16）

故四無礙解清淨何以故若一切智智清淨
若舌界清淨若四無礙解清淨無二無二分
無別無斷故一切智智清淨故味界舌識界
及舌觸舌觸為緣所生諸受清淨味界乃至
舌觸為緣所生諸受清淨故四無礙解清淨
何以故若一切智智清淨若味界乃至舌觸
為緣所生諸受清淨若四無礙解清淨無二
無二分無別無斷故善現一切智智清淨故
身界清淨身界清淨故四無礙解清淨何以
故若一切智智清淨若身界清淨若四無礙
解清淨無二無二分無別無斷故一切智智
清淨故觸界身識界及身觸身觸為緣所生
諸受清淨觸界乃至身觸為緣所生諸受清
淨故四無礙解清淨何以故若一切智智清
淨若觸界乃至身觸為緣所生諸受清淨若
四無礙解清淨無二無二分無別無斷故善
現一切智智清淨故意界清淨意界清淨故
四無礙解清淨何以故若一切智智清淨若
意界清淨若四無礙解清淨無二無二分無
別無斷故一切智智清淨故法界意識界
及意觸意觸為緣所生諸受清淨法界乃至
意觸為緣所生諸受清淨故四無礙解清淨何
以故若一切智智清淨若法界乃至意觸為
緣所生諸受清淨若四無礙解清淨無二
無二分無別無斷故善現一切智智清淨故
地界清淨地界清淨故四無礙解清淨何以
故若一切智智清淨若地界清淨若四無礙

意觸為緣所生諸受清淨故四無礙解清淨何
以故若一切智智清淨若法界乃至意觸為
緣所生諸受清淨若四無礙解清淨無二
無二分無別無斷故善現一切智智清淨故
地界清淨地界清淨故四無礙解清淨何以
故若一切智智清淨若地界清淨若四無礙
解清淨無二無二分無別無斷故一切智智
清淨故水火風空識界清淨水火風空識界
清淨故四無礙解清淨何以故若一切智智
清淨若水火風空識界清淨若四無礙解清
淨無二無二分無別無斷故善現一切智智
清淨故無明清淨無明清淨故四無礙解清
淨何以故若一切智智清淨若無明清淨若
四無礙解清淨無二無二分無別無斷故一
切智智清淨故行識名色六處觸受愛取有
生老死愁歎若憂惱清淨行乃至老死愁歎
若憂惱清淨故四無礙解清淨何以故若一
切智智清淨若行乃至老死愁歎若憂惱清
淨若四無礙解清淨無二無二分無別無斷
故善現一切智智清淨故布施波羅蜜多清
淨布施波羅蜜多清淨故四無礙解清淨何
以故若一切智智清淨若布施波羅蜜多
清淨若四無礙解清淨無二無二分無別無斷
故一切智智清淨故淨戒安忍精進靜慮般若
波羅蜜多清淨淨戒乃至般若波羅蜜多清淨
故四無礙解清淨何以故若一切智智清淨
若淨戒乃至般若波羅蜜多清淨若四無礙
解清淨無二無二分無別無斷故善現一切

波羅蜜多清淨淨戒乃至若波羅蜜多清淨
故四無礙解清淨何以故若一切智智清淨
若淨戒乃至般若波羅蜜多清淨若四無礙
解清淨無二無二分無別無斷故善現一切
智智清淨故內空清淨內空清淨故四無礙
解清淨何以故若一切智智清淨若內空清
淨若四無礙解清淨無二無二分無別無斷
故一切智智清淨故外空內外空空空大空
勝義空有為空無為空畢竟空無際空散空
無變異空本性空自相空共相空一切法空
不可得空無性空自性空無性自性空清淨
外空乃至無性自性空清淨故四無礙解清
淨何以故若一切智智清淨若外空乃至無
性自性空清淨若四無礙解清淨無二無二
分無別無斷故善現一切智智清淨故真如
清淨真如清淨故四無礙解清淨何以故若
一切智智清淨若真如清淨若四無礙解清
淨無二無二分無別無斷故一切智智清淨
故法界法性不虛妄性不變異性平等性離
生性法定法住實際虛空界不思議界清淨
法界乃至不思議界清淨故四無礙解清淨
何以故若一切智智清淨若法界乃至不思
議界清淨若四無礙解清淨無二無二分無
別無斷故

大般若波羅蜜多經卷第二百七十五

BD04852 號　大般若波羅蜜多經卷二七五　（19–19）

七十二諸佛一音演說正法隨有情類各令得
解是七十三諸佛說法咸依次第必有因緣
言無不善是七十四諸佛等觀諸有情類讚
善毀惡而無愛憎是七十五諸佛所為先觀
後作軌範具足令識善淨是七十六諸佛相
好一切有情無能觀盡是七十七諸佛頂骨
堅實圓滿是七十八諸佛顏容常少不老好
巡舊處是七十九諸佛手足及胸臆前皆有
吉祥喜旋德相文同綺畫色類朱丹是第八
十是名諸佛八十隨好善現如來應正等覺
成就如是諸相好故身光任運能照三千大
千世界無不遍滿若作意時即能普照無量
無邊無數世界然為憐愍諸有情故攝光常
照面各一尋若欲身光即日月等所有光明
皆常不現諸有情類便不能知晝夜半月月
時歲數所作事業有不得成佛聲任運能遍
三千大千世界若作意時即能遍滿無量無
邊無數世界然為饒益諸有情故聲隨眾量
無增無減善現如是功德勝利我先菩薩位
行深般若波羅蜜多時已能成辦故今相好
圓滿莊嚴一切有情見者歡喜皆獲種種廣
大饒益如是善現諸菩薩摩訶薩行深般若

BD04853 號　大般若波羅蜜多經卷五三一　（6–1）

三千大千世界若作意時即能遍滿無量無
邊無數世界然為饒益諸有情故聲隨衆量
無增無減善現如是功德勝利我先菩薩位
行深般若波羅蜜多時已能成辦故今相好
圓滿莊嚴一切有情見者歡喜皆獲種種廣
大饒益如是善現諸菩薩摩訶薩行深般若
波羅蜜多時能以財法二種布施攝諸有情
是為甚奇希有之法善現云何諸菩薩摩訶
薩以愛語事攝諸有情謂菩薩摩訶薩行深
般若波羅蜜多時以柔軟音為有情類先說布
施波羅蜜多次說淨戒波羅蜜多如是乃至
後說般若波羅蜜多方便攝受善現當知諸
菩薩摩訶薩以柔軟音多說六種波羅蜜多
攝有情類所以者何由此六種波羅蜜多普
能攝受一切善法善現云何諸菩薩摩訶薩
以利行事攝諸有情謂菩薩摩訶薩行深般
若波羅蜜多時於長夜中種種方便勸諸有
情勤脩布施乃至般若波羅蜜多及餘種種
微妙善法常無厭倦善現云何諸菩薩摩訶
薩以同事事攝諸有情謂菩薩摩訶薩行深
般若波羅蜜多時以勝神通及大願力現處
地獄傍生鬼界人天等中同彼事業方便攝
受令得饒益善現當知諸菩薩摩訶薩能以
如是四種攝事方便善巧攝諸有情令獲殊
勝利益安樂是為甚奇希有之法
復次善現我以佛眼遍觀十方殑伽沙等諸
佛世界有菩薩摩訶薩行深般若波羅蜜多
教誡教授諸餘菩薩摩訶薩言來善男子汝

BD04853號　大般若波羅蜜多經卷五三一　（6–2）

受令得饒益善現當知諸菩薩摩訶薩能以
如是四種攝事方便善巧攝諸有情令獲殊
勝利益安樂是為甚奇希有之法
復次善現我以佛眼遍觀十方殑伽沙等諸
佛世界有菩薩摩訶薩行深般若波羅蜜多
教誡教授諸餘菩薩摩訶薩言來善男子汝
應善學引發諸字陁羅尼門謂應善學一字
二字乃至善學四十二字引發自在又應善
學一切語言皆入一字或入二字乃至或入
四十二字引發自在又應善學一字能攝四
十二字四十二字能攝一字引發自在復次
善現諸菩薩摩訶薩皆應善學四十二字入
於一字一字亦入四十二字如是學已於諸
字門引發善巧於引發字得善巧已復於無
字引發善巧如諸如來應正等覺於法善巧
於字善巧以於諸法諸字善巧於無字中亦
得善巧由善巧故能為有情說有字法說無
字法為無字法說有字法所以者何離字無
字無別佛法然超諸字名真佛法何以故以
一切法一切有情皆畢竟空無際空故爾時
善現便白佛言若一切法及諸有情皆畢竟
空無際空故超諸字者則一切法及諸有情
自性畢竟皆不可得云何菩薩摩訶薩衆
脩般若乃至布施波羅蜜多若脩行四靜慮
四無量四無色定若脩行三十七菩提分法
若脩行空無相無願三摩地若安住內空乃
至無性自性空若安住真如乃至不思議界
若安住苦集滅道聖諦若脩行八解脫乃至

BD04853號　大般若波羅蜜多經卷五三一　（6–3）

空無際空故超諸字者則一切法及諸相性
自性畢竟皆不可得云何菩薩摩訶薩眾
脩般若乃至布施波羅蜜多若脩行四靜慮
四無量四無色定若脩行三十七菩提分法
若脩行空無相無願三摩地若安住內空乃
至無性自性空若安住真如乃至不思議界
若安住苦集滅道聖諦若脩行八解脫乃至
十遍處若脩行極喜地乃至法雲地若脩行
陁羅尼門三摩地門若脩行五眼六神通若
脩行如來十力乃至十八佛不共法若脩行
大慈大悲大喜大捨若脩行無忘失法恒住
捨性若脩行一切智道相智一切相智若脩
行三十二相八十隨好云何菩薩摩訶薩住
異熟生六到彼岸及諸神通為諸有情宣說
正法復次世尊一切有情皆不可得有情施
設亦不可得一切有情不可得故色乃至識
亦不可得眼處乃至意處亦不可得色處乃
至法處亦不可得眼界乃至意界亦不可得
色界乃至法界亦不可得眼識界乃至意識
界亦不可得眼觸乃至意觸亦不可得眼觸
為緣所生諸受乃至意觸為緣所生諸受亦
不可得地界乃至識界亦不可得因緣乃至
增上緣亦不可得從緣所生諸法亦不可得
無明乃至老死亦不可得亦波羅蜜多乃至
八十隨好亦不可得如是世尊不可得中無
諸有情及彼施設亦無諸色受想行識及彼
施設乃至亦無八十隨好及彼施設一切有
情法及施設既不可得都無所有云何菩薩
摩訶薩行深般若波羅蜜多時為諸有情宣

BD04853號　大般若波羅蜜多經卷五三一　（6–4）

無明乃至老死亦不可得亦波羅蜜多乃至
八十隨好亦不可得如是世尊不可得中無
諸有情及彼施設亦無諸色受想行識及彼
施設乃至亦無八十隨好及彼施設一切有
情法及施設既不可得都無所有云何菩薩
摩訶薩行深般若波羅蜜多時為諸有情宣
說諸法將無菩薩摩訶薩眾自安住不正法
為諸有情說不正法勸諸有情住不正法以
顛倒法安立有情所以者何諸菩薩摩訶薩
行深般若波羅蜜多時尚不得菩提況得菩
提分法尚不得菩薩況得菩薩法既尓云何
脩菩提道為有情類宣說正法佛告善現如
是如是如汝所說一切有情有情施設及一
切法并彼施設皆不可得不可得故都無所
有無所有故當知內空乃至無性自性亦空
當知真如空乃至不思議界亦空當知苦聖
諦空乃至道聖諦亦空當知色蘊空乃至識
蘊亦空當知眼處空乃至意處亦空當知色
處空乃至法處亦空當知眼界空乃至意界
亦空當知色界空乃至法界亦空當知眼識
界空乃至意識界亦空當知眼觸空乃至意
觸亦空當知眼觸為緣所生諸受空乃至意
觸為緣所生諸受亦空當知地界空乃至識
界亦空當知因緣空乃至增上緣亦空當知
從緣所生諸法無不皆空當知無明空乃至
老死亦空當知我空乃至見者亦空當知布
施波羅蜜多空乃至般若波羅蜜多亦空當
知四靜慮空四無量四無色

BD04853號　大般若波羅蜜多經卷五三一　（6–5）

當知真如空乃至不思議界亦空當知苦聖
諦空乃至道聖諦亦空當知色蘊空乃至識
蘊亦空當知眼處空乃至意處亦空當知色
處空乃至法處亦空當知眼界空乃至意界
亦空當知色界空乃至法界亦空當知眼識
界空乃至意識界亦空當知眼觸空乃至意
觸亦空當知眼觸為緣所生諸受空乃至意
觸為緣所生諸受亦空當知地界空乃至識
界亦空當知因緣空乃至增上緣亦空當知
從緣所生諸法無不皆空當知無明空乃至
老死亦空當知我空乃至見者亦空當知布
施波羅蜜多空乃至般若波羅蜜多亦空當
知四靜慮空四無量四無色

BD04853 號　大般若波羅蜜多經卷五三一　（6–6）

BD04854 號　大般若波羅蜜多經卷一六七　（6–1）

般若波羅蜜多以無量門巧妙文義爲他廣
說宣示開演顯了解釋分別義趣令其易解
復作是言來善男子汝當於此甚深般若波
羅蜜多至心聽聞受持讀誦令善通利如理
思惟隨此般若波羅蜜多所說法門應正信
解若正信解則能脩學如是般若波羅蜜多
若能脩學如是般若波羅蜜多則能證得一
切智法若能證得一切智法則脩般若波羅
蜜多增益圓滿若脩般若波羅蜜多增益圓
滿便證無上正等菩提憍尸迦是善男子善
女人等所獲功德甚多於前何以故憍尸迦
一切不退轉地菩薩摩訶薩皆是般若波羅
蜜多所流出故復次憍尸迦置贍部洲東勝
身洲西牛貨洲諸有情類若善男子善女人
等教贍部洲東勝身洲西牛貨洲北俱盧洲
諸有情類皆住菩薩不退轉地於意云何是
善男子善女人等由此因緣得福多不天帝
釋言甚多世尊甚多善逝佛言憍尸迦若善
男子善女人等於此般若波羅蜜多以無量
門巧妙文義爲他廣說宣示開演顯了解釋
分別義趣令其易解復作是言來善男子汝
當於此甚深般若波羅蜜多至心聽聞受持
讀誦令善通利如理思惟隨此般若波羅蜜
多所說法門應正信解若正信解則能脩學
如是般若波羅蜜多若能脩學如是般若波
羅蜜多則能證得一切智法若能證得一切
智法則脩

BD04854 號　大般若波羅蜜多經卷一六七　（6–2）

讀誦令善通利如理思惟隨此般若波羅蜜
多所說法門應正信解若正信解則能脩學
如是般若波羅蜜多若能脩學如是般若波
羅蜜多則能證得一切智法若能證得一切
智法則脩般若波羅蜜多增益圓滿若脩般
若波羅蜜多增益圓滿便證無上正等菩提
憍尸迦是善男子善女人等所獲功德甚多
於前何以故憍尸迦一切不退轉地菩薩摩
訶薩皆是般若波羅蜜多所流出故復次憍
尸迦置四大洲諸有情類若善男子善女人
等教小千界諸有情類皆住菩薩不退轉地
於意云何是善男子善女人等由此因緣得
福多不天帝釋言甚多世尊甚多善逝佛言
憍尸迦若善男子善女人等於此般若波羅
蜜多以無量門巧妙文義爲他廣說宣示開
演顯了解釋分別義趣令其易解復作是言
來善男子汝當於此甚深般若波羅蜜多至
心聽聞受持讀誦令善通利如理思惟隨此
般若波羅蜜多所說法門應正信解若正信
解則能脩學如是般若波羅蜜多若能脩學
如是般若波羅蜜多則能證得一切智法若
能證得一切智法則脩般若波羅蜜多增益
圓滿若脩般若波羅蜜多增益圓滿便證無
上正等菩提憍尸迦是善男子善女人等所
獲功德甚多於前何以故憍尸迦一切不退
轉地菩薩摩訶薩皆是般若波羅蜜多所流
出故復次憍尸迦置小千界諸有情類若善

BD04854 號　大般若波羅蜜多經卷一六七　（6–3）

能證得一切智法則脩般若波羅蜜多增益
圓滿若脩般若波羅蜜多增益圓滿便證無
上正等菩提憍尸迦是善男子善女人等所
獲功德甚多於前何以故憍尸迦一切不退
轉地菩薩摩訶薩皆是般若波羅蜜多所流
出故復次憍尸迦置小千界諸有情類若善
男子善女人等教中千界諸有情類皆住菩
薩不退轉地於意云何是善男子善女人等
由此因緣得福多不天帝釋言甚多世尊甚
多善逝佛言憍尸迦若善男子善女人等於
此般若波羅蜜多以無量門巧妙文義為他
廣說宣示開演顯了解釋分別義趣令其易
解復作是言來善男子汝當於此甚深般若
波羅蜜多至心聽聞受持讀誦令善通利如
理思惟隨此般若波羅蜜多所說法門應正
信解若正信解則能脩學如是般若波羅蜜
多若能脩學如是般若波羅蜜多則能證得
一切智法若能證得一切智法則脩般若波
羅蜜多增益圓滿若脩般若波羅蜜多增益
圓滿便證無上正等菩提憍尸迦是善男子
善女人等所獲功德甚多於前何以故憍尸
迦一切不退轉地菩薩摩訶薩皆是般若波
羅蜜多所流出故復次憍尸迦置中千界諸
有情類若善男子善女人等教化三千大千
世界諸有情類皆住菩薩不退轉地於意云
何是善男子善女人等由此因緣得福多不

BD04854號　大般若波羅蜜多經卷一六七　（6–4）

善女人等所獲功德甚多於前何以故憍尸
迦一切不退轉地菩薩摩訶薩皆是般若波
羅蜜多所流出故復次憍尸迦置中千界諸
有情類若善男子善女人等教化三千大千
世界諸有情類皆住菩薩不退轉地於意云
何是善男子善女人等由此因緣得福多不
天帝釋言甚多世尊甚多善逝佛言憍尸迦
若善男子善女人等於此般若波羅蜜多以
無量門巧妙文義為他廣說宣示開演顯了
解釋分別義趣令其易解復作是言來善男
子汝當於此甚深般若波羅蜜多至心聽聞
受持讀誦令善通利如理思惟隨此般若波
羅蜜多所說法門應正信解若正信解則能
脩學如是般若波羅蜜多若能脩學如是般
若波羅蜜多則能證得一切智法若能證得
一切智法則脩般若波羅蜜多增益圓滿若
脩般若波羅蜜多增益圓滿便證無上正等
菩提憍尸迦是善男子善女人等所獲功德
甚多於前何以故憍尸迦一切不退轉地菩
薩摩訶薩皆是般若波羅蜜多所流出故復
次憍尸迦置此三千大千世界諸有情類若
善男子善女人等教化十方各如殑伽沙等
世界諸有情類皆住菩薩不退轉地於意云
何是善男子善女人等由此因緣得福多不
天帝釋言甚多世尊甚多善逝佛言憍尸迦
若善男子善女人等於此般若波羅蜜多以
無量門巧妙文義為他廣說宣示開

BD04854號　大般若波羅蜜多經卷一六七　（6–5）

一切智法則脩般若波羅蜜多增益圓滿若
脩般若波羅蜜多增益圓滿便證無上正等
菩提憍尸迦是善男子善女人等所獲功德
甚多於前何以故憍尸迦一切不退轉地菩
薩摩訶薩皆是般若波羅蜜多所流出故復
次憍尸迦置此三千大千世界諸有情類若
善男子善女人等教化十方各如殑伽沙等
世界諸有情類皆住菩薩不退轉地於意云
何是善男子善女人等由此因緣得福多不
天帝釋言甚多世尊甚多善逝佛言憍尸迦
若善男子善女人等於此般若波羅蜜多以
無量門巧妙文義為他廣說宣示開演顯了
解釋分別義趣令其易解復作是言來善男
子汝當於此甚深般若波羅蜜多至心聽聞
受持讀誦令善通利如理思惟隨此教若
羅蜜多所說法門應正信解若正信解則能
脩學如是般若波羅蜜多若能脩學如是般
若波羅蜜多則能證得一切智法若能證得

BD04854號　大般若波羅蜜多經卷一六七　（6–6）

若他反逆　抄劫竊盜　如是等罪　橫羅其殃
如斯罪人　永不見佛　衆聖之王　說法教化
如斯罪人　常生難處　狂聾心亂　永不聞法
於无數劫　如恒河沙　生輒聾瘂　諸根不具
常處地獄　如遊園觀　在餘惡道　如己舍宅
駝驢猪狗　是其行處　謗斯經故　獲罪如是
若得為人　聾盲瘖瘂　貧窮諸衰　以自莊嚴
水腫乾痟　疥癩癰疽　如是等病　以為衣服
身常臭處　垢穢不淨　深著我見　增益瞋恚
婬欲熾盛　不擇禽獸　謗斯經故　獲罪如是
告舍利弗　謗斯經者　若說其罪　窮劫不盡
以是因緣　我故語汝　无智人中　莫說此經
若有利根　智慧明了　多聞強識　求佛道者
如是之人　乃可為說　若人曾見　億百千佛

BD04855號　妙法蓮華經卷二　（13–1）

告舍利弗　謗斯經者　若說其罪　窮劫不盡
以是因緣　我故語汝　无智人中　莫說此經
若有利根　智慧明了　多聞強識　求佛道者
如是之人　乃可為說　若人曾見　億百千佛
殖諸善本　深心堅固　如是之人　乃可為說
若人精進　常修慈心　不惜身命　乃可為說
若人恭敬　无有異心　離諸凡愚　獨處山澤
如是之人　乃可為說　又舍利弗　若見有人
捨惡知識　親近善友　如是之人　乃可為說
若見佛子　持戒清潔　如淨明珠　求大乘經
如是之人　乃可為說　若人无瞋　質直柔軟
常愍一切　恭敬諸佛　如是之人　乃可為說
復又佛子　於大眾中　以清淨心　種種因緣
譬喻言辭　說法无礙　如是之人　乃可為說
若有比丘　為一切智　四方求法　合掌頂受
但樂受持　大乘經典　乃至不受　餘經一偈
如是之人　乃可為說　如人至心　求佛舍利
如是求經　得已頂受　其人不復　志求餘經
亦未曾念　外道典籍　如是之人　乃可為說
告舍利弗　我說是相　求佛道者　窮劫不盡
如是等人　則能信解　汝當為說　妙法華經

妙法蓮華經信解品第四

尒時慧命須菩提摩訶迦旃延摩訶迦葉摩
訶目揵連從佛所聞未曾有法世尊授舍利

BD04855號　妙法蓮華經卷二

（13–2）

如是等人　則能信解　汝當為說　妙法華經

妙法蓮華經信解品第四

尒時慧命須菩提摩訶迦旃延摩訶迦葉摩
訶目揵連從佛所聞未曾有法世尊授舍利
弗阿耨多羅三藐三菩提記發希有心歡喜
踊躍即從座起整衣服偏袒右肩右膝著地
一心合掌曲躬恭敬瞻仰尊顏而白佛言我
等居僧之首年並朽邁自謂已得涅槃无所
堪任不復進求阿耨多羅三藐三菩提世尊
往昔說法既久我時在座身體疲懈但念空
无相无作於菩薩法遊戲神通淨佛國土成
就眾生心不喜樂所以者何世尊令我等出
於三界得涅槃證又今我等年已朽邁於佛教
化菩薩阿耨多羅三藐三菩提不生一念好
樂之心我等今於佛前聞授聲聞阿耨多
羅三藐三菩提記心甚歡喜得未曾有不謂
於今忽然得聞希有之法深自慶幸獲大善
利无量珍寶不求自得世尊我等今者樂說
譬喻以明斯義譬若有人年既幼稚捨父逃
逝久住他國或十二十至五十歲年既長大
加復窮困馳騁四方以求衣食漸漸遊行遇
向本國其父先來求子不得中止一城其家
大富財寶无量金銀琉璃珊瑚虎珀頗梨珠
等其諸倉庫悉皆盈溢多有僮僕臣佐吏民

BD04855號　妙法蓮華經卷二

（13–3）

逃久住他國或十二十至五十歲年既長大
加復窮困馳騁四方以求衣食漸漸遊行遇
向本國其父先來求子不得中止一城其家
大富財寶无量金銀瑠璃珊瑚虎珀頗梨珠
等其諸倉庫悉皆盈溢多有僮僕臣佐吏民
象馬車乘牛羊无數出入息利乃遍他國商
估賈客亦甚衆多時窮子遊諸聚落經歷
國邑遂到其父所止之城父每念子與子離
別五十餘年而未曾向人說如此事但自思
惟心懷悔恨自念老朽多有財物金銀珍寶
倉庫盈溢无有子息一旦終沒財物散失无
所委付是以慇懃每憶其子復作是念我若
得子委付財物坦然快樂无復憂慮世尊尒
時窮子傭賃展轉遇到父舍住門側遥見
其父踞師子牀寶几承足諸婆羅門剎利居
士皆恭敬圍繞以真珠瓔珞價直千萬莊嚴
其身吏民僮僕手執白拂侍立左右覆以寶
帳垂諸華幡香水灑地散衆名華羅列寶物
出內取與有如是等種種嚴飾威德特尊窮
子見父有大力勢即懷恐怖悔來至此竊作
是念此或是王或是王等非我傭力得物之
處不如往至貧里肆力有地衣食易得若久
住此或見逼迫強使我作作是念已疾走而
去時富長者於師子座見子便識心大歡喜
即作是念我財物庫藏今有所付我常思念

是念此或是王或是王等非我傭力得物之
處不如往至貧里肆力有地衣食易得若久
住此或見逼迫強使我作作是念已疾走而
去時富長者於師子座見子便識心大歡喜
即作是念我財物庫藏今有所付我常思念
此子无由見之而忽自來甚適我願我雖年
朽猶故貪惜即遣傍人急追將還尒時使者
疾走往捉窮子驚愕稱怨大喚我不相犯何
為見捉使者執之逾急強牽將還于時窮子
自念无罪而被囚執此必定死轉更惶怖悶
絕躄地父遥見之而語使言不須此人勿強
將來以冷水灑面令得醒悟莫復與語所以
者何父知其子志意下劣自知豪貴為子所
難審知是子而以方便不語他人云是我子
使者語之我今放汝隨意所趣窮子歡喜得
未曾有從地而起往至貧里以求衣食尒時
長者將欲誘引其子而設方便密遣二人形
色憔悴无威德者汝可詣彼徐語窮子此有
作處倍與汝直窮子若許將來使作若言欲
何所作便可語之雇汝除糞我等二人亦共
汝作時二使人即求窮子既已得之具陳上
事尒時窮子先取其價尋與除糞其父見子
愍而怪之又以他日於窓牖中遥見子身羸
瘦憔悴糞土塵坌汙穢不淨即脫瓔珞細軟
上服嚴飾之具更著麁弊垢膩之衣塵土坌
身右手執持除糞之器狀有所畏語諸作人

事尒時窮子先取其價尋與除糞其父見子
愍而怪之又以他日於窻牖中遥見子身羸
瘦憔悴糞土塵坌汙穢不淨即脫瓔珞細軟
上服嚴飾之具更著麁弊垢膩之衣塵土坌
身右手執持除糞之器狀有所畏語諸作人
汝等勤作勿得懈息以方便故得近其子後
復告言咄男子汝常此作勿復餘去當加汝
價諸有所須瓫器米麪鹽酢之屬莫自疑難
亦有老弊使人須者相給好自安意我如汝
父勿復憂慮所以者何我年老大而汝少壯汝
常作時无有欺怠瞋恨怨言都不見汝有
此諸惡如餘作人自今已後如所生子即時
長者更與作字名之為兒尒時窮子雖欣此
遇猶故自謂客作賤人由是之故於二十年
中常令除糞過是已後心相體信入出无難
然其所止猶在本處世尊尒時長者有疾自
知將死不久語窮子言我今多有金銀珍寶
倉庫盈溢其中多少所應取與汝悉知之我
心如是當體此意所以者何今我與汝便為
不異宜加用心无令漏失尒時窮子即受教
勑領知衆物金銀珍寶及諸庫藏而无悕畏
一飡之意然其所止故在本處下劣之心亦
未能捨復經少時父知子意漸已通泰成就
大志自鄙先心臨欲終時而命其子并會親
族國王大臣剎利居士皆悉已集即自宣言

勑領知衆物金銀珍寶及諸庫藏而无悕畏
一飡之意然其所止故在本處下劣之心亦
未能捨復經少時父知子意漸已通泰成就
大志自鄙先心臨欲終時而命其子并會親
族國王大臣剎利居士皆悉已集即自宣言
諸君當知此是我子我之所生於某城中捨
吾逃走竛竮辛苦五十餘年其本字某我名
某甲昔在本城懷憂推覓忽於此間遇會得
之此實我子我實其父今我所有一切財物
皆是子有先所出內是子所知世尊是時窮
子聞父此言即大歡喜得未曾有而作是念
我本无心有所悕求今此寶藏自然而至世
尊大富長者則是如來我等皆似佛子如來
常說我等為子世尊我等以三苦故於生死
中受諸熱惱迷惑无知樂著小法今日世尊
令我等思惟蠲除諸法戲論之糞我等於中
勤加精進得至涅槃一日之價既得此已心
大歡喜自以為足便自謂於佛法中勤精進
故所得弘多然世尊先知我等心著弊欲樂
於小法便見縱捨不為分別汝等當有如來
知見寶藏之分世尊以方便力說如來智慧
我等從佛得涅槃一日之價以為大得於此
大乘无有志求我等又因如來智慧為諸菩
薩開示演說而自於此无有志願所以者何
佛知我等心樂小法以方便力隨我等說而

於小法便見縱捨不為分別汝等當有如来
知見寶藏之分世尊以方便力說如来智慧
我等從佛得涅槃一日之價以為大得於此
大乘无有志求我等又因如来智慧為諸菩
薩開示演說而自於此无有志願所以者何
佛知我等心樂小法以方便力隨我等說而
我等不知真是佛子今我等方知世尊於佛
智慧无所悋惜所以者何我等昔来真是佛
子而但樂小法若我等有樂大之心佛則為
我說大乘法今此經中唯說一乘而昔於菩薩
前毀呰聲聞樂小法者然佛實以大乘教化
是故我等說本无心有所悕求今法王大寶
自然而至如佛子所應得者皆已得之尒時
摩訶迦葉欲重宣此義而說偈言

我等今日　聞佛音教　歡喜踊躍　得未曾有
佛說聲聞　當得作佛　无上寶聚　不求自得
譬如童子　幼稚无識　捨父逃逝　遠到他土
周流諸國　五十餘年　其父憂念　四方推求
求之既疲　頓止一城　造立舍宅　五欲自娛
其家巨富　多諸金銀　車𤦲馬瑙　真珠琉璃
象馬牛羊　輦輿車乘　田業僮僕　人民衆多
出入息利　乃遍他國　商估賈人　无處不有
千万億衆　圍繞恭敬　常為王者　之所愛念
羣臣豪族　皆共宗重　以諸緣故　往来者衆
豪富如是　有大力勢　而年朽邁　益憂念子

象馬牛羊　輦輿車乘　田業僮僕　人民衆多
出入息利　乃遍他國　商估賈人　无處不有
千万億衆　圍繞恭敬　常為王者　之所愛念
羣臣豪族　皆共宗重　以諸緣故　往来者衆
豪富如是　有大力勢　而年朽邁　益憂念子
夙夜惟念　死時將至　癡子捨我　五十餘年
庫藏諸物　當如之何　尒時窮子　求索衣食
從邑至邑　從國至國　或有所得　或无所得
飢餓羸瘦　體生瘡癬　漸次經歷　到父住城
傭賃展轉　遂至父舍　尒時長者　於其門内
施大寶帳　處師子座　眷屬圍繞　諸人侍衛
或有計算　金銀寶物　出納財產　注記券疏
窮子見父　豪貴尊嚴　謂是國王　若是王等
驚怖自怪　何故至此　覆自念言　我若久住
或見逼迫　強驅使作　思惟是已　馳走而去
借問貧里　欲往傭作　長者是時　在師子座
遥見其子　嘿而識之　即勑使者　追捉將来
窮子驚喚　迷悶躃地　是人執我　必當見殺
何用衣食　使我至此　長者知子　愚癡狹劣
不信我言　不信是父　即以方便　更遣餘人
眇目矬陋　无威德者　汝可語之　云當相雇
除諸糞穢　倍與汝價　窮子聞之　歡喜隨来
為除糞穢　淨諸房舍　長者於牖　常見其子
念子愚劣　樂為鄙事　於是長者　著弊故衣
執除糞器　往到子所　方便附近　語令勤作

不信我言　不信是父　即以方便　更遣餘人
眇目矬陋　无威德者　汝可語之　云當相雇
除諸糞穢　倍與汝價　窮子聞之　歡喜隨來
為除糞穢　淨諸房舍　長者於牖　常見其子
念子愚劣　樂為鄙事　於是長者　著弊垢衣
執除糞器　往到子所　方便附近　語令勤作
既益汝價　并塗油足　飲食充足　薦席厚暖
如是苦言　汝當勤作　又以軟語　若如我子
長者有智　漸令入出　經二十年　執作家事
示其金銀　真珠頗梨　諸物出入　皆使令知
猶處門外　止宿草庵　自念貧事　我无此物
父知子心　漸已曠大　欲與財物　即聚親族
國王大臣　剎利居士　於此大眾　說是我子
捨我他行　經五十歲　自見子來　已二十年
昔於某城　而失是子　周行求索　遂來至此
凡我所有　舍宅人民　悉以付之　恣其所用
子念昔貧　志意下劣　今於父所　大獲珎寶
并及舍宅　一切財物　甚大歡喜　得未曾有
佛亦如是　知我樂小　未曾說言　汝等作佛
而說我等　得諸无漏　成就小乘　聲聞弟子
佛勑我等　說最上道　脩習此者　當得成佛
我承佛教　為大菩薩　以諸因緣　種種譬喻
若干言辭　說无上道　諸佛子等　從我聞法
日夜思惟　精勤脩習　是時諸佛　即授其記
汝於來世　當得作佛　一切諸佛　秘藏之法
但為菩薩　演其實事　而不為我　說斯真要

BD04855號　妙法蓮華經卷二　（13–10）

我承佛教　為大菩薩　以諸因緣　種種譬喻
若干言辭　說无上道　諸佛子等　從我聞法
日夜思惟　精勤脩習　是時諸佛　即授其記
汝於來世　當得作佛　一切諸佛　秘藏之法
但為菩薩　演其實事　而不為我　說斯真要
如彼窮子　得近其父　雖知諸物　心不悕取
我等雖說　佛法寶藏　自无志願　亦復如是
我等內滅　自謂為足　唯了此事　更无餘事
我等若聞　淨佛國土　教化眾生　都无欣樂
所以者何　一切諸法　皆悉空寂　无生无滅
无大无小　无漏无為　如是思惟　不生喜樂
我等長夜　於佛智慧　无貪无著　无復志願
而自於法　謂是究竟　我等長夜　脩習空法
得脫三界　苦惱之患　住最後身　有餘涅槃
佛所教化　得道不虛　則為已得　報佛之恩
我等雖為　諸佛子等　說菩薩法　以求佛道
而於是法　永无願樂　導師見捨　觀我心故
初不勸進　說有實利　如富長者　知子志劣
以方便力　柔伏其心　然後乃付　一切財物
佛亦如是　現希有事　知樂小者　以方便力
調伏其心　乃教大智　我等今日　得未曾有
非先所望　而今自得　如彼窮子　得无量寶
世尊我今　得道得果　於无漏法　得清淨眼
我等長夜　持佛淨戒　始於今日　得其果報
法王法中　久脩梵行　今得无漏　无上大果

BD04855號　妙法蓮華經卷二　（13–11）

佛亦如是　現希有事　知樂小者　以方便力
調伏其心　乃教大智　我等今日　得未曾有
非先所望　而今自得　如彼窮子　得无量寶
世尊我今　得道得果　於无漏法　得清淨眼
我等長夜　持佛淨戒　始於今日　得其果報
法王法中　久脩梵行　今得无漏　无上大果
我等今者　真是聲聞　以佛道聲　令一切聞
我等今者　真阿羅漢　於諸世間　天人魔梵
普於其中　應受供養　世尊大恩　以希有事
憐愍教化　利益我等　无量億劫　誰能報者
手足供給　頭頂礼敬　一切供養　皆不能報
若以頂戴　兩肩荷負　於恒沙劫　盡心恭敬
又以美饍　无量寶衣　及諸卧具　種種湯藥
牛頭栴檀　及諸珎寶　以起塔廟　寶衣布地
如斯等事　以用供養　於恒沙劫　亦不能報
諸佛希有　无量无邊　不可思議　大神通力
无漏无為　諸法之王　能為下劣　忍于斯事
取相凡夫　隨宜為說　諸佛於法　得最自在
知諸衆生　種種欲樂　及其志力　隨所堪任
以无量喻　而為說法　隨諸衆生　宿世善根
又知成熟　未成熟者　種種籌量　分別知已
於一乘道　隨宜說三

妙法蓮華經卷第二

BD04855號　妙法蓮華經卷二　（13–12）

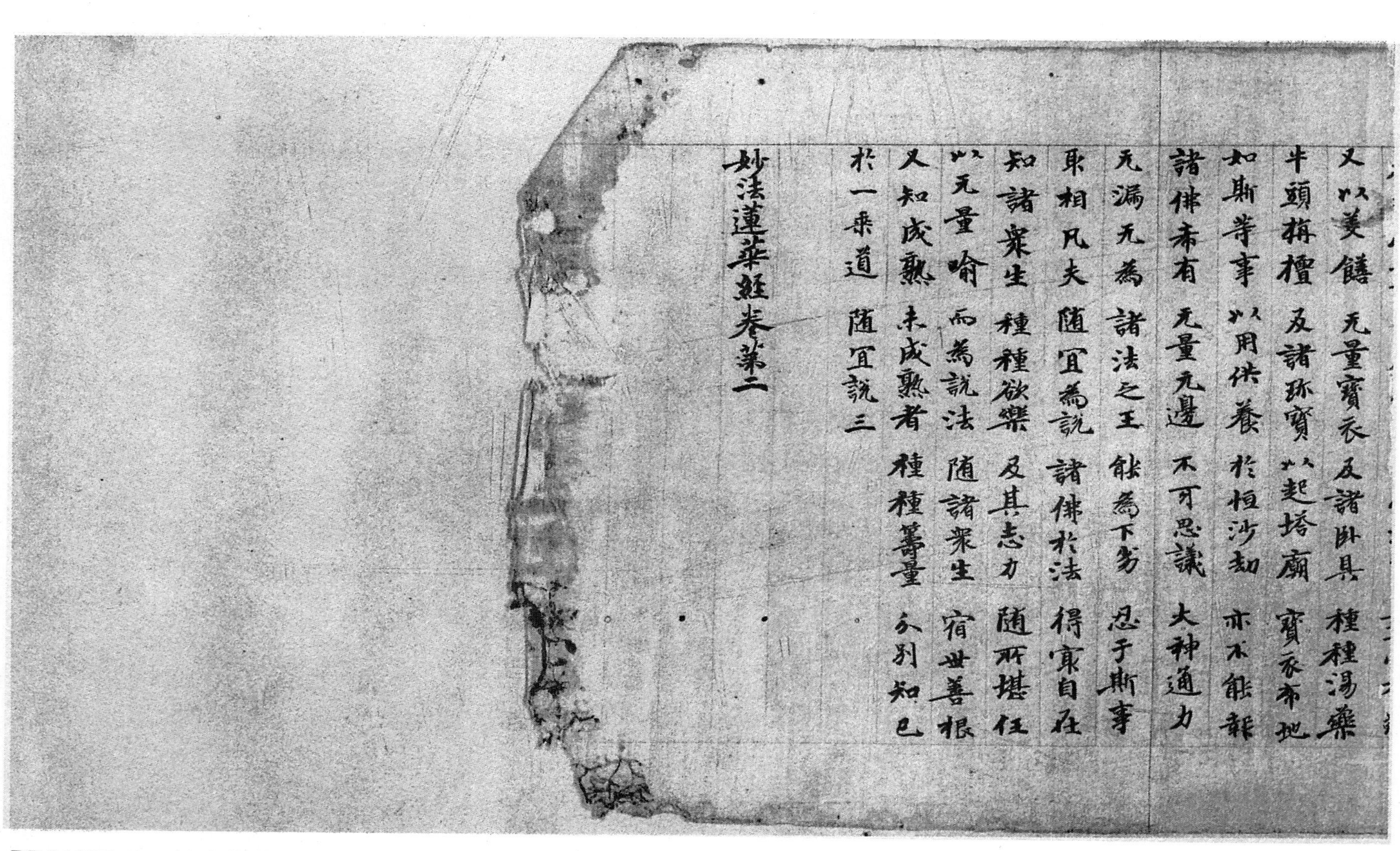

又以美饍　无量寶衣　及諸卧具　種種湯藥
牛頭栴檀　及諸珎寶　以起塔廟　寶衣布地
如斯等事　以用供養　於恒沙劫　亦不能報
諸佛希有　无量无邊　不可思議　大神通力
无漏无為　諸法之王　能為下劣　忍于斯事
取相凡夫　隨宜為說　諸佛於法　得最自在
知諸衆生　種種欲樂　及其志力　隨所堪任
以无量喻　而為說法　隨諸衆生　宿世善根
又知成熟　未成熟者　種種籌量　分別知已
於一乘道　隨宜說三

妙法蓮華經卷第二

BD04855號　妙法蓮華經卷二　（13–13）

說佛名經卷第四

佛說佛名經卷第四

南无速離驚怖毛竪佛

南无一切德王光明佛　南无勸智慧嚴佛

南无虛空　寂佛　南无虛空聲佛

南无虛空成就佛　南无下方大目佛

南无妙勝　佛　南无善生佛

南无華勝　佛　南无成就義佛

南无師子勝佛　南无寂星師子佛

南无師子讓佛　南无彌留佛

南无善住山王佛　南无不空口之步佛

南无清淨眼佛　南无彌勤　佛

從此以上二千四百佛十二部經一切賢聖

南无虛空之寂佛　南无香勝佛

BD04856號　佛名經（十六卷本　兌廢稿）卷四　　（2–1）

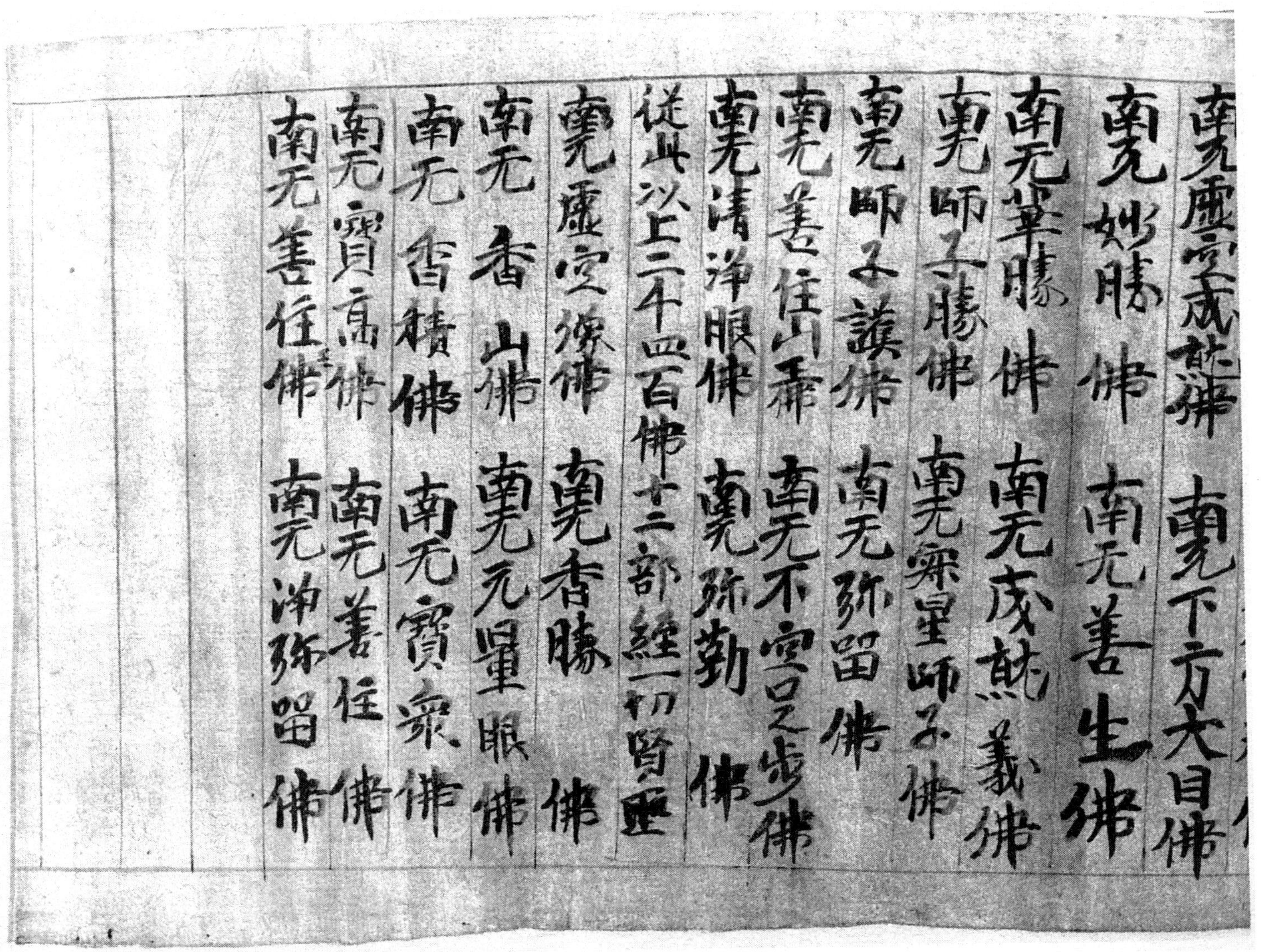

南无虛空成就佛　南无下方大目佛

南无妙勝　佛　南无善生佛

南无華勝　佛　南无成就義佛

南无師子勝佛　南无寂星師子佛

南无師子讓佛　南无彌留佛

南无善住山王佛　南无不空口之步佛

南无清淨眼佛　南无彌勤　佛

從此以上二千四百佛十二部經一切賢聖

南无虛空寂佛　南无香勝　佛

南无香　山佛　南无无量眼佛

南无香積佛　南无寶衆佛

南无寶高佛　南无善住佛

南无善住佛　南无淨彌留佛

BD04856號　佛名經（十六卷本　兌廢稿）卷四　　（2–2）

轉成就六度善分別
入大慈悲離衆魔事及諸邪見順因緣法无
我无人衆生无壽命空无相无作无起能令衆
生坐於道場而轉法輪諸天龍神乹闥婆
等所共歎譽能令衆生入佛法藏攝諸賢聖
一切智恵說衆菩薩所行之道依於諸法實
相之義明宣无常苦空无我寂滅能救一切毁
禁衆生諸魔外道及貪著者能使怖畏諸
佛賢聖所共稱歎背生死苦示涅槃樂十方三
世諸佛所說若聞如是等經信解受持讀誦
以方便力為諸衆生分別解說顯示分明守
護法故是名法之供養
又於諸法如說脩行隨順十二因緣離諸邪
見得无生忍決定无我无有衆生而於因緣
果報无違无諍離諸我所依於義不依語依
於智不依識依了義經不依不了義經依於
法不依人隨順法相无所入无所歸无明畢
竟滅故諸行亦畢竟滅乃至生畢竟滅故老病
死亦畢竟滅作如是觀十二因緣无有盡相
不復起見是名最上法之供養
天帝王子月蓋從藥王佛聞如是法得柔順

BD04857號　維摩詰所說經卷下　（5–1）

果報无違无諍離諸我所依於義不依語依
於智不依識依了義經不依不了義經依於
法不依人隨順法相无所入无所歸无明畢
竟滅故諸行亦畢竟滅乃至生畢竟滅故老病
死亦畢竟滅作如是觀十二因緣无有盡相
不復起見是名最上法之供養
天帝王子月蓋從藥王佛聞如是法得柔順
忍即解寶衣嚴身之具以供養佛白佛言世
尊如来滅後我當行法供養守護正法願以
威神加哀建立令我得降魔怨脩菩薩行佛
知其深心所念而記之曰汝於末後守護法城
天帝時王子月蓋見法清淨聞佛受記以
信出家脩集善法精進不久得五神通具菩
薩道得陁羅尼无斷辯才於佛滅後以其所
得神通摠持辯才之力滿十小劫藥王如来
所轉法輪隨而分布月蓋比丘以守護法懃
行精進即於此身化百万億人於阿耨多羅
三藐三菩提立不退轉十四那由他人深發
聲聞辟支佛心无量衆生得生天上天帝時
王寶蓋豈異人乎今現得佛号寶炎如来
其王千子即賢劫中千佛是也從迦羅鳩孫
大為始得佛最後如来号曰樓至月蓋比丘則
我身是也如是天帝當知此要以法供養於
諸供養為上為最第一无比是故天帝當以
法之供養供養於佛
維摩詰經囑累品第十四
於是佛告弥勒菩薩言弥勒我今是无量億
阿僧祇劫所集阿耨多羅三藐三菩提付
囑於汝如是輩經於佛滅後末世之中汝等

BD04857號　維摩詰所說經卷下　（5–2）

諸供養爲上爲最第一无比是故天帝當以
法之供養供養於佛
維摩詰經囑累品第十四
於是佛告弥勒菩薩言弥勒我今是无量億
阿僧祇劫所集阿耨多羅三藐三菩提付
囑於汝如是輩經於佛滅後末世之中汝等
當以神力廣宣流布於閻浮提无令斷絶所
以者何未來世中當有善男子善女人及天
龍鬼神乾闥婆羅剎等發阿耨多羅三藐三
菩提心樂于大法若使不聞如是等經則失
善利如此輩人聞是等經必多信樂發希有
心當以頂受隨諸衆生所應得利而爲廣說
弥勒當知菩薩有二相何謂爲二一者好於雜
句文飾之事二者不畏深義如實能入若好
雜句文飾事者當知是爲新學菩薩若於
如是无染无著甚深經典无有恐畏能入其
中聞已心淨受持誦讀如說脩行當知是爲
久脩道行弥勒復有二法名新學者不能決
定於甚深法何等爲二一者所未聞深經聞
之驚怖生疑不能隨順毀謗不信而作是言
我初不聞從何所來二者若有護持解說如
是深經者不肯親近供養恭敬或時於中說其
過惡有此二法當知是新學菩薩爲自毀傷
不能於深法中調伏其心弥勒復有二法菩
薩雖信解深法猶自毀傷而不能得无生
法忍何等爲二一者輕慢新學菩薩而不教
誨二者雖解深法而取相分別是爲二法
弥勒菩薩聞說是已白佛言世尊未曾有也
如佛所說我當遠離如斯之惡奉持如來无

BD04857號　維摩詰所說經卷下　（5–3）

薩雖信解深法猶自毀傷而不能得无生
法忍何等爲二一者輕慢新學菩薩而不教
誨二者雖解深法而取相分別是爲二法
弥勒菩薩聞說是已白佛言世尊未曾有也
如佛所說我當遠離如斯之惡奉持如來无
數阿僧祇劫所集阿耨多羅三藐三菩提法
若未來世善男子善女人求大乘者當令手
得如是等經與其念力使受持讀誦爲他廣
說世尊若後末世有能受持讀誦爲他說
者當知皆是弥勒神力之所建立佛言善哉
善哉弥勒如汝所說佛助尒喜於是一切菩薩
合掌白佛我等亦於如來滅後十方國土廣
宣流布阿耨多羅三藐三菩提復當開導
諸說法者令得是經
尒時四天王白佛言世尊在在處處城邑聚
落山林曠野有是經卷讀誦解說者我當率
諸官屬爲聽法故往詣其所擁護其人面百
由旬令无伺求得其便者是時佛告阿難
受持是經廣宣流布阿難言唯我已受持
要者世尊當何名斯經佛言阿難是經名爲
維摩詰所說亦名不可思議解脫法門如是
受持佛說是經已長者維摩詰文殊師利舍
利弗阿難等及諸天人阿脩羅一切大衆聞
佛所說皆大歡喜
維摩詰經卷下

BD04857號　維摩詰所說經卷下　（5–4）

善哉彌勒如汝所說佛助介喜於是一切菩薩
合掌白佛我等亦於如來滅後十方國土廣
宣流布阿耨多羅三藐三菩提須當開導
諸說法者令得是經
介時四天王白佛言世尊在在處處城邑聚
落山林曠野有是經卷讀誦解說者我當率
諸官屬為聽法故往詣其所擁護其人面百
由旬令无伺求得其便者是時佛告阿難
受持是經廣宣流布阿難言唯我已受持
要者世尊當何名斯經佛言阿難是經名為
維摩詰所說亦名不可思議解脫法門如是
受持佛說是經已長者維摩詰文殊師利舍
利弗阿難等及諸天人阿脩羅一切大衆聞
佛所說皆大歡喜

維摩詰經卷下

BD04857 號　維摩詰所說經卷下　（5–5）

何屬諸菩薩汝今
善女人發阿耨多羅
如是降伏其心唯然
佛告須菩提諸菩薩
心所有一切衆生之類
若化生若有色若無
非有想若非無想
度之如是滅度無量
生得滅度者何以故
人相衆生相壽者
復次須菩提菩薩
所謂不住色布施不住
菩提菩薩應如是布施不住
菩薩不住相布施其福德
於意云何東方虛空可思量
菩提南西北方四維上下虛
也世尊須菩提菩薩無住相
如是不可思量須菩提菩薩
須菩提於意云何可以身相
世尊不可以身相得見如來
說身相即非身相佛告須

BD04858 號　金剛般若波羅蜜經　（15–1）

於意云何東方虛空可思量
菩提南西北方四維上下虛
也世尊須菩提菩薩無住相
如是不可思量須菩提菩薩
須菩提於意云何可以身相
世尊不可以身相得見如來
說身相即非身相佛告須菩
是虛妄若見諸相非相則見
須菩提白佛言世尊頗有眾
說章句生實信不佛告須菩
來滅後後五百歲有持戒脩福
能生信心以此為實當知是人不於一佛二
佛三四五佛而種善根已於無量千万佛所
種諸善根聞是章句乃至一念生淨信者須
菩提如來悉知悉見是諸眾生得如是無量
福德何以故是諸眾生無復我相人相眾生
相壽者相無法相亦無非法相何以故是諸
眾生若心取相則為著我人眾生壽者若取
法相即著我人眾生壽者何以故若取非法
相即著我人眾生壽者是故不應取法不應
取非法以是義故如來常說汝等比丘知我
說法如栰喻者法尚應捨何況非法
須菩提於意云何如來得阿耨多羅三藐三菩
提耶如來有所說法耶須菩提言如我解佛
所說義無有定法名阿耨多羅三藐三菩提
亦無有定法如來可說何以故如來所說法

相即著我人眾生壽者是故不應取法不應
取非法以是義故如來常說汝等比丘知我
說法如栰喻者法尚應捨何況非法
須菩提於意云何如來得阿耨多羅三藐三菩
提耶如來有所說法耶須菩提言如我解佛
所說義無有定法名阿耨多羅三藐三菩提
亦無有定法如來可說何以故如來所說法
皆不可取不可說非法非非法所以者何一
切賢聖皆以無為法而有差別
須菩提於意云何若人滿三千大千世界七
寶以用布施是人所得福德寧為多不須菩
提言甚多世尊何以故是福德即非福德性
是故如來說福德多若復有人於此經中受
持乃至四句偈等為他人說其福勝彼何以
故須菩提一切諸佛及諸佛阿耨多羅三藐
三菩提法皆從此經出須菩提所謂佛法者
即非佛法
須菩提於意云何須陁洹能作是念我得須
陁洹果不須菩提言不也世尊何以故須陁
洹名為入流而無所入不入色聲香味觸法
是名須陁洹須菩提於意云何斯陁含能作
是念我得斯陁含果不須菩提言不也世尊
何以故斯陁含名一往來而實無往來是名
斯陁含須菩提於意云何阿那含能作是念
我得阿那含果不須菩提言不也世尊何以
故阿那含名為不來而實無來是故名阿那
含須菩提於意云何阿羅漢能作是念我得

何以故斯陁含名一往來而實無往來是名
斯陁含須菩提於意云何阿那含能作是念
我得阿那含果不須菩提言不也世尊何以
故阿那含名為不來而實無來是故名阿那
含須菩提於意云何阿羅漢能作是念我得
阿羅漢道不須菩提言不也世尊何以故實無
有法名阿羅漢世尊若阿羅漢作是念我得
阿羅漢道即為著我人衆生壽者世尊佛說
我得無諍三昧人中最為第一是第一離欲
阿羅漢我不作是念我是離欲阿羅漢世尊我
若作是念我得阿羅漢道世尊則不說須菩提
是樂阿蘭那行者以須菩提實無所行而名
須菩提是樂阿蘭那行
佛告須菩提於意云何如來昔在然燈佛所
於法有所得不世尊如來昔在然燈佛所於
法實無所得須菩提於意云何菩薩莊嚴佛
土不不也世尊何以故莊嚴佛土者則非莊
嚴是名莊嚴是故須菩提諸菩薩摩訶薩
應如是生清淨心不應住色生心不應住聲香
味觸法生心應無所住而生其心須菩提譬如
有人身如須弥山王於意云何是身為大不
須菩提言甚大世尊何以故佛說非身是名大
身須菩提如恒河中所有沙數如是沙等恒河
於意云何是諸恒河沙寧為多不須菩提言
甚多世尊但諸恒河尚多無數何況其沙須

BD04858號　金剛般若波羅蜜經　（15–4）

有人身如須弥山王於意云何是身為大不
須菩提言甚大世尊何以故佛說非身是名大
身須菩提如恒河中所有沙數如是沙等恒河
於意云何是諸恒河沙寧為多不須菩提言
甚多世尊但諸恒河尚多無數何況其沙須
菩提我今實言告汝若有善男子善女人以七
寶滿尒所恒河沙數三千大千世界以用布施
得福多不須菩提言甚多世尊佛告須菩提
若善男子善女人於此經中乃至受持四
句偈等為他人說而此福德勝前福德復次須
菩提隨說是經乃至四句偈等當知此處一切
世間天人阿脩羅皆應供養如佛塔廟何況
有人盡能受持讀誦須菩提當知是人成
就最上第一希有之法若是經典所住[在]之
處則為有佛若尊重弟子
尒時須菩提白佛言世尊當何名此經我等
云何奉持佛告須菩提是經名為金剛般若
波羅蜜以是名字汝當奉持所以者何須菩
提佛說般若波羅蜜則非般若波羅蜜須菩
提於意云何如來有所說法不須菩提白佛
言世尊如來無所說須菩提於意云何三千
大千世界所有微塵是為多不須菩提言甚
多世尊須菩提是諸微塵如來說非微塵是
名微塵如來說世界非世界是名世界須菩提
於意云何可以三十二相見如來不不也世
不可以三十二相得見如來
尊何以故如來說三十二相即是非相是名

BD04858號　金剛般若波羅蜜經　（15–5）

多世尊須菩提是諸微塵如來說非微塵是
名微塵如來說世界非世界是名世界須菩提
於意云何可以三十二相見如來不不也世
尊何以故如來說三十二相即是非相是名（不可以三十二相得見如來）
三十二相須菩提若有善男子善女人以恒
河沙等身命布施若復有人於此經中乃至
受持四句偈等為他人說其福甚多
尒時須菩提聞說是經深解義趣涕淚悲泣
而白佛言希有世尊佛說如是甚深經典我
從昔來所得慧眼未曾得聞如是之經世尊
若復有人得聞是經信心清淨則生實相當
知是人成就第一希有功德世尊是實相者
則是非相是故如來說名實相世尊我今得
聞如是經典信解受持不足為難若當來世
後五百歲其有眾生得聞是經信解受持是
人則為第一希有何以故此人無我相人相
眾生相壽者相（所以者何我相）即是非相（人相眾生相壽者相即是非相）何以故離一切諸
相則名諸佛佛告須菩提如是如是若復
有人得聞是經不驚不怖不畏當知是人甚
為希有何以故須菩提如來說第一波羅蜜
非第一波羅蜜是名第一波羅蜜
須菩提忍辱波羅蜜如來說非忍辱波羅蜜
何以故須菩提如我昔為歌利王割截身體
我於尒時無我相無人相無眾生相無壽者
相何以故我於往昔節節支解時若有我相
人相眾生相壽者相應生瞋恨須菩提又念

BD04858號　金剛般若波羅蜜經

（15–6）

非第一波羅蜜是名第一波羅蜜
須菩提忍辱波羅蜜如來說非忍辱波羅蜜
何以故須菩提如我昔為歌利王割截身體
我於尒時無我相無人相無眾生相無壽者
相何以故我於往昔節節支解時若有我相
人相眾生相壽者相應生瞋恨須菩提又念
過去於五百世作忍辱仙人於尒所世無我
相無人相無眾生相無壽者相是故須菩提
菩薩應離一切（諸）相發阿耨多羅三藐三菩提
心不應住色生心不應住聲香味觸法生心
應生無所住心若心有住則為非住是故佛
說菩薩心不應住色布施須菩提菩薩為利
益一切眾生應如是布施如來說一切諸相
即是非相又說一切眾生則非眾生須菩提
如來是真語者實語者如語者不誑語者不
異語者須菩提如來所得法此法無實無虛
須菩提若菩薩心住於法而行布施如人入
闇則無所見若菩薩心不住法而行布施如
人有目日光明照見種種色須菩提當來之
世若有善男子善女人能於此經受持讀誦
則為如來以佛智慧悉知是人悉見是人皆
得成就無量無邊功德
須菩提若有善男子善女人初日分以恒河
沙等身布施中日分復以恒河沙等身布
施後日分亦以恒河沙等身布施如是無量百
千万億劫以身布施若復有人聞此經典信
心不逆其福勝彼何況書寫受持讀誦為

BD04858號　金剛般若波羅蜜經

（15–7）

得成就無量無邊功德
須菩提若有善男子善女人初日分以恒河
沙等身布施中日分復以恒河沙等身布
施後日分亦以恒河沙等身布施如是無量百
千万億劫以身布施若復有人聞此經典信
心不逆其福勝彼何況書寫受持讀誦為
人解說須菩提以要言之是經有不可思議
不可稱量無邊功德如來為發大乘者說為
發最上乘者說若有人能受持讀誦廣為人
說如來悉知是人悉見是人皆得成就不可
量不可稱無有邊不可思議功德如是人等則
為荷擔如來阿耨多羅三藐三菩提何以故
須菩提若樂小法者著我見人見衆生見壽
者見則於此經不能聽受讀誦為人解說須
菩提在在處處若有此經一切世間天人阿脩羅所
應供養當知此處則為是塔皆應恭敬作
礼圍繞以諸華香而散其處
復次須菩提善男子善女人受持讀誦此
經若為人輕賤是人先世罪業應墮惡道以今
世人輕賤故先世罪業則為消滅當得阿耨
多羅三藐三菩提須菩提我念過去無量阿
僧祇劫於然燈佛前得值八百四千万億那
由他諸佛悉皆供養承事無空過者若復
有人於後末世有能受持讀誦此經所得功
德於我所供養諸佛功德百分不及一千万
億分乃至筭數譬喻所不能及須菩提若善

BD04858號　金剛般若波羅蜜經　（15–8）

由他諸佛悉皆供養承事無空過者若復
有人於後末世有能受持讀誦此經所得功
德於我所供養諸佛功德百分不及一千万
億分乃至筭數譬喻所不能及須菩提若善
男子善女人於後末世有受持讀誦此經所
得功德我若具說者或有人聞心則狂亂狐
疑不信須菩提當知是經義不可思議果報
亦不可思議
尒時須菩提白佛言世尊善男子善女人發
阿耨多羅三藐三菩提心應云何住云何降
伏其心佛告須菩提善男子善女人發阿耨
多羅三藐三菩提者當生如是心我應滅度
一切衆生滅度一切衆生已而無有一衆生
實滅度者何以故若菩薩有我相人相衆生
相壽者相則非菩薩所以者何須菩提實無
有法發阿耨多羅三藐三菩提者須菩提於
意云何如來於然燈佛所有法得阿耨多羅
三藐三菩提不不也世尊如我解佛所說義
佛於然燈佛所無有法得阿耨多羅三藐三
菩提佛言如是如是須菩提實無有法如來
得阿耨多羅三藐三菩提須菩提若有法如
來得阿耨多羅三藐三菩提者然燈佛則不與
我受記汝於來世當得作佛號釋迦牟尼以
實無有法得阿耨多羅三藐三菩提是故然
燈佛與我受記作如是言汝於來世當得作佛
號釋迦牟尼何以故如來者即諸法如義若

BD04858號　金剛般若波羅蜜經　（15–9）

来得阿耨多羅三藐三菩提者然燈佛則不與
我受記汝於来世當得作佛号釋迦牟尼以
實無有法得阿耨多羅三藐三菩提是故然
燈佛與我受記作是言汝於来世當得作佛
号釋迦牟尼何以故如来者即諸法如義若
有人言如来得阿耨多羅三藐三菩提須菩
提實無有法佛得阿耨多羅三藐三菩提須
菩提如来所得阿耨多羅三藐三菩提於是
中無實無虛是故如来說一切法皆是佛法
須菩提所言一切法者即非一切法是故名
一切法須菩提譬如人身長大須菩提言世
尊如来說人身長大則為非大身是名大身
須菩提菩薩亦如是若作是言我當滅度無
量衆生則不名菩薩何以故須菩提實無有
法名為菩薩是故佛說一切法無我無人無
衆生無壽者須菩提若菩薩作是言我當
莊嚴佛土是不名菩薩何以故如来說莊嚴
佛土者即非莊嚴是名莊嚴須菩提若菩薩
通達無我法者如来說名真是菩薩
須菩提於意云何如来有肉眼不如是世尊
如来有肉眼須菩提於意云何如来有天眼
不如是世尊如来有天眼須菩提於意云何
如来有慧眼不如是世尊如来有慧眼須菩
提於意云何如来有法眼不如是世尊如来
有法眼須菩提於意云何如来有佛眼不如
是世尊如来有佛眼須菩提於意云何如恒

不如是世尊如来有天眼須菩提於意云何
如来有慧眼不如是世尊如来有慧眼須菩
提於意云何如来有法眼不如是世尊如来
有法眼須菩提於意云何如来有佛眼不如
是世尊如来有佛眼須菩提於意云何如恒
河中所有沙佛說是沙不如是世尊如来說
是沙須菩提於意云何如一恒河中所有沙
有如是等恒河是諸恒河所有沙數佛世界
如是寧為多不甚多世尊佛告須菩提尒所
國土中所有衆生若干種心如来悉知何以
故如来說諸心皆為非心是名為心所以者何
須菩提過去心不可得現在心不可得未来心
不可得須菩提於意云何若有人滿三千大
千世界七寶以用布施是人以是因緣得福
多不如是世尊此人以是因緣得福甚多須
菩提若福德有實如来不說得福德多以福
德無故如来說得福德多
須菩提於意云何佛可以具足色身見不不
也世尊如来不應以具足色身見何以故如
来說具足色身即非具足色身是名具足色
身須菩提於意云何如来可以具足諸相見不
不也世尊如来不應以具足諸相見何以故如
来說諸相具足即非具足是名諸相具足須
菩提汝勿謂如来作是念我當有所說法莫
作是念何以故若人言如来有所說法即為
謗佛不能解我所說故須菩提說法者無法

身須菩提於意云何如来可以具足諸相見不
不也世尊如来不應以具足諸相見何以故如
来說諸相具足即非具足是名諸相具足須
菩提汝勿謂如来作是念我當有所說法莫
作是念何以故若人言如来有所說法即為
謗佛不能解我所說故須菩提說法者無法
可說是名說法須菩提白佛言世尊佛得阿
耨多羅三藐三菩提為無所得耶如是如是
須菩提我於阿耨多羅三藐三菩提乃至無
有少法可得是名阿耨多羅三藐三菩提復
次須菩提是法平等無有高下是名阿耨多
羅三藐三菩提以無我無人無衆生無壽者
脩一切善法則得阿耨多羅三藐三菩提須
菩提所言善法者如来說即非善法是名善
法須菩提若三千大千世界中所有諸須弥
山王如是等七寶聚有人持用布施若人以
此般若波羅蜜經乃至受持四句偈等為他
人說於前福德百分不及一百千万億分乃
至筭數譬喻所不能及
須菩提於意云何汝等勿謂如来作是念我
當度衆生須菩提莫作是念何以故實無有
衆生如来度者若有衆生如来度者如来則
有我人衆生壽者須菩提如来說有我者則
非有我而凡夫之人以為有我須菩提凡夫
者如来說則非凡夫須菩提於意云何可以
三十二相觀如来不須菩提言如是如是以

BD04858號　金剛般若波羅蜜經　（15-12）

衆生如来度者若有衆生如来度者如来則
有我人衆生壽者須菩提如来說有我者則
非有我而凡夫之人以為有我須菩提凡夫
者如来說則非凡夫須菩提於意云何可以
三十二相觀如来不須菩提言如是如是以
三十二相觀如来佛言須菩提若以三十二
相觀如来者轉輪聖王則是如来須菩提白
佛言世尊如我解佛所說義不應以三十二
相觀如来尒時世尊而說偈言
若以色見我　以音聲求我　是人行邪道　不能見如来
須菩提汝若作是念如来不以具足相故得阿
耨多羅三藐三菩提須菩提莫作是念如来
不以具足相故得阿耨多羅三藐三菩提須
菩提汝若作是念發阿耨多羅三藐三菩提
者說諸法斷滅相莫作是念何以故發阿耨
多羅三藐三菩提者於法不說斷滅相須菩
提若菩薩以滿恒河沙等世界七寶布施若
復有人知一切法無我得成於忍此菩薩勝
前菩薩所得功德何以故須菩提以諸菩薩
不受福德故須菩提白佛言世尊云何菩薩
不受福德須菩提菩薩所作福德不應貪著
是故說不受福德須菩提若有人言如来若
来若去若坐若卧是人不解我所說義何以
故如来者無所從来亦無所去故名如来
須菩提若善男子善女人以三千大千世界碎
為微塵於意云何是微塵衆寧為多不須菩

BD04858號　金剛般若波羅蜜經　（15-13）

不受福德故須菩提白佛言世尊云何菩薩
不受福德須菩提菩薩所作福德不應貪著
是故說不受福德須菩提若有人言如來若
來若去若坐若卧是人不解我所說義何以
故如來者無所從來亦無所去故名如來
須菩提若善男子善女人以三千大千世界碎
為微塵於意云何是微塵衆寧為多不須菩
提言甚多世尊何以故若是微塵衆實有者
佛則不說是微塵衆所以者何佛說微塵衆
則非微塵衆是名微塵衆世尊如來所說三
千大千世界則非世界是名世界何以故若
世界實有則是一合相如來說一合相則非一
合相是故名一合相須菩提一合相者則是不
可說但凡夫之人貪著其事須菩提若人言
佛說我見人見衆生見壽者見須菩提於意
云何是人解我所說義不世尊是人不解如來
所說義何以故世尊說我見人見衆生見壽
者見即非我見人見衆生見壽者見是名我
見人見衆生見壽者見須菩提發阿耨多羅
三藐三菩提心者於一切法應如是知如是
見如是信解不生法相須菩提所言法相者
如來說即非法相是名法相須菩提若有人
以滿無量阿僧祇世界七寶持用布施若有
善男子善女人發菩薩心者持於此經乃至
四句偈等受持讀誦為人演說其福勝彼何
云為人演說不取於相如如不動何以故

BD04858號　金剛般若波羅蜜經　（15–14）

佛說我見人見衆生見壽者見須菩提於意
云何是人解我所說義不世尊是人不解如來
所說義何以故世尊說我見人見衆生見壽
者見即非我見人見衆生見壽者見是名我
見人見衆生見壽者見須菩提發阿耨多羅
三藐三菩提心者於一切法應如是知如是
見如是信解不生法相須菩提所言法相者
如來說即非法相是名法相須菩提若有人
以滿無量阿僧祇世界七寶持用布施若有
善男子善女人發菩薩心者持於此經乃至
四句偈等受持讀誦為人演說其福勝彼何
云為人演說不取於相如如不動何以故
一切有為法如夢幻泡影如露亦如電應作如是觀
佛說是經已長老須菩提及諸比丘比丘尼
優婆塞優婆夷一切世間天人阿修羅聞佛
所說皆大歡喜信受奉行

佛說金剛般若波羅蜜經

BD04858號　金剛般若波羅蜜經　（15–15）

大般若波羅蜜多經卷第五百卅一

第三分妙相品第廿八之四　三藏法師玄奘奉　詔譯

尒時善現便白佛言諸菩薩摩訶薩豈亦能
得一切相智佛告善現如是如是諸菩薩摩
訶薩亦有能得一切相智具壽善現復白佛
言若菩薩摩訶薩亦有能得一切相智與諸
如来有何差別佛告善現亦有差別其相云
何謂菩薩摩訶薩名為隨得一切相智若諸
如来名為已得一切相智所以者何非諸菩
薩摩訶薩心與諸如来定別可得謂諸菩薩
摩訶薩衆與諸如来應正等覺俱住諸法無
差別性於諸法相求正遍知說名菩薩若至
究竟即名如来應正等覺於一切法自相共
相照了無闇清淨具足住因位時名為菩薩
若至果位即名如来是故菩薩與諸如来雖
俱名得一切相智而有差別善現是名諸菩
薩摩訶薩世間法施諸菩薩摩訶薩依因如
是世間法施復能脩行出世法施謂諸菩薩
摩訶薩行深般若波羅蜜多時方便善巧先
施有情世間善法後令猒離世間善法安住

BD04859號　大般若波羅蜜多經卷五三一　（2–1）

言若菩薩摩訶薩亦有能得一切相智與諸
如来有何差別佛告善現亦有差別其相云
何謂菩薩摩訶薩名為隨得一切相智若諸
如来名為已得一切相智所以者何非諸菩
薩摩訶薩心與諸如来定別可得謂諸菩薩
摩訶薩衆與諸如来應正等覺俱住諸法無
差別性於諸法相求正遍知說名菩薩若至
究竟即名如来應正等覺於一切法自相共
相照了無闇清淨具足住因位時名為菩薩
若至果位即名如来是故菩薩與諸如来雖
俱名得一切相智而有差別善現是名諸菩
薩摩訶薩世間法施諸菩薩摩訶薩依因如
是世間法施復能脩行出世法施謂諸菩薩
摩訶薩行深般若波羅蜜多時方便善巧先
施有情世間善法後令猒離世間善法安住
出世無漏聖法乃至令得一切智智云何名
為出世聖法諸菩薩摩訶薩為諸有情宣說
開示分別顯了說名法施善現當知一切不
共異生善法若正脩學令諸有情超出世
間安隱而住故名出世謂三十七菩提分法
三解脫門八解脫九次第定四聖諦智波羅

BD04859號　大般若波羅蜜多經卷五三一　（2–2）

南无疾佛　南无妙眼佛
南无善勝佛　南无脩義佛
南无善意佛　南无妙慧佛
南无金幢佛　南无善眼佛
南无天清淨佛　南无輸頭檀佛
南无善見佛　南无毗留羅幢佛
南无毗樓博叉佛　南无梵聲佛
南无成就勝佛　南无勝明佛
南无无垢佛　南无摩尼跋陁佛
南无摩梨指佛　南无大摩梨指佛
南无能聖佛　南无聲自在佛
南无讚歎成就佛　南无勝成就華佛
南无拘蘇摩佛　南无不動佛
南无日藏佛　南无樂聲佛
南无能作光佛　南无龍德佛
南无金剛光佛　南无稱王佛
南无虎王佛　南无高光佛
南无發行佛　南无智成就佛
南无香自在佛　南无那羅延藏佛
南[illegible]成佛　南[illegible]

BD04860號　佛名經（十二卷本）卷五　（11–1）

南无日藏佛　南无樂聲佛
南无能作光佛　南无龍德佛
南无金剛光佛　南无稱王佛
南无虎王佛　南无高光佛
南无發行佛　南无智成就佛
南无香自在佛　南无那羅延藏佛
南无大藏佛　南无破垢勝王佛
南无寶蓋勝光佛　南无山自在王佛
南无寶月佛　南无師子奮迅幢自在王佛
南无寶根廣眼佛　南无世自在王佛
南无遠離諸怖畏煩惱聲佛
南无數華盧舍那佛　南无香波頭摩佛
南无无垢功德威德王佛　南无不動佛
南无日藏佛　南无樂自在聲大佛
南无智日佛　南无龍吼佛
南无金剛齒佛　南无日藏佛
南无勝自在佛　南无不可思議王佛
南无大勝藏佛　南无喜幢佛
南无无畏自在佛　南无見彌留佛
南无智像佛　南无无垢眼佛
南无无憂勝佛　南无法自在吼佛
南无去自在莎羅王佛　南无師子奮迅佛
南无那羅延佛　南无善擇藏佛
南无寶集佛　南无功德奮迅佛
南无大藏佛　南无星宿稱佛

BD04860號　佛名經（十二卷本）卷五　（11–2）

南无智像佛　南无无垢眼佛
南无无憂勝佛　南无法自在吼佛
南无去自在莎羅王佛　南无師子奮迅佛
南无那羅延佛　南无善擇藏佛
南无寶集佛　南无功德奮迅佛
南无火藏佛　南无星宿稱佛
南无功德力堅固王佛　南无妙吼聲奮迅佛
南无莎羅勝黠王佛　南无威德自在光明佛
南无妙聲吼佛　南无寶掌龍自在佛
南无法雲吼自在平等佛　南无寶山佛
南无妙光藏佛　南无師子多羅稱佛
南无普藏佛　南无淨華佛
南无歌羅毗羅奮迅佛　南无法疾燃燈佛
南无无等上弥留佛　南无稱聲王佛
南无梵諦擇聲佛　南无遠離逼惱佛
南无毗沙門堅固王佛　南无破魔王宮佛
南无莎羅王佛　南无大奮迅光佛
南无華勝佛　南无栴檀佛
南无弥留王佛　南无拘羅伽堅固樹提佛
南无智奮迅佛　南无二万同名月然燈佛
南无无垢身佛　南无波頭摩光佛
南无華勝步佛　南无華光佛
南无稱幢佛　南无閻浮檀金光佛
南无多摩扶葉旃檀香佛　南无弥留山佛
南无師子吼佛　南无師子種佛

BD04860 號　佛名經（十二卷本）卷五　（11–3）

南无无垢身佛　南无波頭摩光佛
南无華勝步佛　南无華光佛
南无稱幢佛　南无閻浮檀金光佛
南无多摩扶葉旃檀香佛　南无弥留山佛
南无師子吼佛　南无師子種佛
南无住虛空佛　南无常入涅槃佛
南无帝釋幢佛　南无梵幢佛
南无无量壽佛　南无善度佛
南无多摩羅扶華旃檀香通佛　南无弥留劫佛
南无雲燈佛　南无雲自在王佛
南无一切世間高佛　南无能破諸畏佛
南无釋迦牟尼佛　南无法光明佛
南无五百普光明佛　南无大海住持智奮迅通佛
南无七寶波頭摩步佛　南无二千寶幢佛
南无多寶佛　南无一切衆生愛見佛
南无百千光明滿足幢佛　南无二十億千鷲怖吼聲佛
南无二十億百日月然燈佛　南无二十億百雲聲王佛
南无寶威德高王佛　南无月无垢日光明勝佛
南无蓮華葉星宿王華通佛　南无雲妙鼓聲王佛
南无住持水吼聲妙聲星宿王拘蘇摩通佛
南无莎羅樹王佛　南无无垢光明佛
南无寶炎佛　南无華鬘林王華通佛
南无日月寶作光明佛　南无功德寶光明佛
南无寶杖佛　南无雲王佛
南无寶蓋像光月佛　南[illegible]聲[illegible]佛

BD04860 號　佛名經（十二卷本）卷五　（11–4）

南无住持水吼聲妙聲星宿王枸蘇摩通佛
南无莎羅樹王佛　南无无垢光明佛
南无寶炎佛　南无華鬘林王華通佛
南无日月寶作光明佛　南无功德寶光明佛
南无寶杖佛　南无雲王佛
南无寶蓋勝光明佛　南无普見佛
南无功德自在佛　南无師子聲作佛
南无寶末現佛　南无樂堅佛
南无菩提意佛　南无无量命佛
南无阿閦佛　南无香王佛
南无寶作佛　南无脩行法佛
南无蓋王佛　南无摩尼王佛
南无月藏佛　南无日藏佛
南无聲身王佛　南无蓋覺佛
南无須彌劫佛　南无能聖佛
南无寶波頭摩月清淨勝王佛
南无不動佛　南无普滿佛
南无盡慧佛　南无寶憶佛
南无寶幢佛　南无奮迅恭敬稱佛
南无无垢光明藏佛　南无雲讃佛
南无師子奮迅佛　南无勝高山佛
南无波頭摩上佛　南无身上佛
南无多寶妙佛　南无勝藏山增上王佛
南无意勇猛仙行勝佛　南无甘露藏佛
南无妙鼓聲王佛　南无日月佛

BD04860號　佛名經（十二卷本）卷五　（11-5）

南无无垢光明藏佛　南无雲讃佛
南无師子奮迅佛　南无勝高山佛
南无波頭摩上佛　南无身上佛
南无多寶妙佛　南无勝藏山增上王佛
南无意勇猛仙行勝佛　南无甘露藏佛
南无妙鼓聲王佛　南无日月佛
南无淮寶蓋佛　南无普光明奮迅光王佛
南无能行成就聖佛　南无不動佛
南无无垢光明稱王佛　南无九千法莊嚴佛
南无摩尼金蓋佛　南无星宿佛
南无高山歡喜佛　南无菩提分華身佛
南无能脩行佛　南无寶作佛
南无如寶佛　南无高聚佛
南无寶光明佛　南无寶來佛
南无寶高佛　南无阿閦佛
南无寶光明佛　南无大光明佛
南无不可量聲佛　南无不可思議聲佛
南无大稱佛　南无寶照佛
南无得大无畏佛　南无寶聲佛
南无无邊清淨佛　南无月聲佛
南无无邊稱佛　南无月清淨佛
南无清淨佛　南无清淨光佛
南无无垢光佛　南无无邊寶佛
南无波頭摩勝佛　南无身勝佛
南无金色佛　南无梵聲王佛

BD04860號　佛名經（十二卷本）卷五　（11-6）

南无无邊[illegible]佛　南无[illegible]佛
南无无邊稱佛　南无月清淨佛
南无清淨佛　南无清淨光佛
南无无垢光佛　南无无邊寶佛
南无波頭摩勝佛　南无身勝佛
南无金色佛　南无梵聲王佛
南无金光明佛　南无金色作佛
南无龍自在王佛　南无金色華香自在王佛
南无堅固王佛　南无堅固勇猛仙行勝佛
南无勝藏摩尼光佛　南无无量香光佛
南无師子聲佛　南无發精進脩行畢竟佛
南无堅固智佛　南无妙鼓聲王佛
南无月妙佛　南无華勝佛
南无世間燈佛　南无火佛
南无寶輪佛　南无无垢智佛
南无常寂滅佛　南无无邊寶化光明佛
南无須弥山奮迅佛　南无寶華佛
南无集寶聚佛　南无不退輪寶住勝佛
南无德普盧舍那清淨佛　南无日月燈佛
南无迷留佛　南无大弥留佛
南无須弥劫佛　南无香面佛
南无成就香佛　南无留香佛
南无清淨光佛　南无法上佛
南无香自在王佛　南无大摩尼佛
南无香光佛　南无火光佛
南[illegible]佛　南[illegible]佛

BD04860號　佛名經（十二卷本）卷五　（11–7）

南无須弥劫佛　南无香面佛
南无成就香佛　南无留香佛
南无清淨光佛　南无法上佛
南无香自在王佛　南无大摩尼佛
南无香光佛　南无火光佛
南无甘露光佛　南无月光佛
南无月燈佛　南无月照佛
南无集聲佛　南无勝作佛
南无多寶佛　南无師子吼佛
南无師子聲佛　南无勇猛仙佛
南无金剛喜佛　南无讓一切佛
南无離諸疑佛　南无寶炎眷屬佛
南无无憂佛　南无住持速力佛
南无妙喜佛　南无自在作佛
南无无邊聲佛　南无然燈作佛
南无寶光明佛　南无阿弥陁佛
南无擇說佛　南无擇聲佛
南无勝藏積吼王佛　南无降伏金剛堅佛
南无寶月光佛　南无寶大佛
南无賢上佛　南无寶波頭摩步佛
南无寶勝佛　南无金寶光佛
南无怖喜快勝佛　南无不可量佛
南无善逝王佛　南无聖自在手佛
南无不可說分別佛　南无不空勝佛
南无月妙勝佛　南无樹提[illegible]佛

BD04860號　佛名經（十二卷本）卷五　（11–8）

南无賢上佛　南无寶波頭摩步佛
南无寶勝佛　南无金寶光佛
南无怖喜快勝佛　南无不可量佛
南无善逝王佛　南无聖自在手佛
南无不可說分別佛　南无不空勝佛
南无月妙勝佛　南无樹提勝佛
南无虛空光明佛　南无善清淨无垢聞錯幢佛
南无善住根藏王佛　南无成就一切義勝佛
南无智功德清淨勝佛　南无善說清淨幢佛
南无瑠璃藏上勝佛　南无善功德奮迅佛
南无善清淨功德寶住佛　南无寶光明清淨心勝佛
南无金上勝佛　南无勝月佛
南无波頭摩上奮迅勝佛　南无波頭摩上佛
南无寶成就勝佛　南无電光幢王佛
南无電光明高王佛　南无多羅王佛
南无妙勝佛　南无雷虛空然燈佛
南无成就一切功德佛　南无賢高幢王佛
南无住持一切寶聞錯莊嚴佛　南无寶光月莊嚴佛
南无威德聲自在王佛　南无須蘇摩大奮迅通佛
南无散華莎羅王佛　南无月輪清淨佛
南无善眾智月聲自在佛　南无阿僧祇精進住勝佛
南无彼心炎佛　南无山功德幢王佛
南无法幢山佛　南无須弥山佛
南无功德師子自在佛　南无眾王佛
南无淨王佛　南无稱山佛

BD04860號　佛名經（十二卷本）卷五　（11–9）

南无散華莎羅王佛　南无月輪清淨佛
南无善眾智月聲自在佛　南无阿僧祇精進住勝佛
南无彼心炎佛　南无山功德幢王佛
南无法幢山佛　南无須弥山佛
南无功德師子自在佛　南无眾王佛
南无淨王佛　南无稱山佛
南无功德須弥勝佛　南无日佛
南无月面佛　南无離虛空畏佛
南无普光佛　南无方成佛
南无住海面佛　南无寶光佛
南无雲勝佛　南无法炎佛
南无山功德佛　南无華生佛
南无悲佛　南无法界華佛
南无華幢佛　南无王意佛
南无王慧佛　南无智慧佛
南无心義佛　南无自在佛
南无勝天意佛　南无速王佛
南无光明幢勝佛　南无高威德去佛
南无華佛　南无寶炎佛
南无功德山佛　南无寶佛
南无功德海勝佛　南无法光明佛
南无華藏勝佛　南无世間月佛
南无眼日佛　南无香光佛
南无摩尼須弥勝佛　南无乾闥婆王佛
南无光明命佛　南无摩尼藏王佛

BD04860號　佛名經（十二卷本）卷五　（11–10）

南无華佛　南无寶炎佛
南无功德山佛　南无寶佛
南无功德海勝佛　南无法光明佛
南无華藏勝佛　南无世間月佛
南无眼日佛　南无香光佛
南无摩尼須弥勝佛　南无乾闥婆王佛
南无光明命佛　南无摩尼藏王佛
南无山威德慧佛　南无舸色去佛
南无面報佛　南无廣智佛
南无寶光明佛　南无虛空重勝佛
南无妙相光明佛　南无行輸自在佛
南无身自在佛　南无那羅延行佛
南无須弥勝佛　南无功德轉輪佛
南无山王佛　南无不可勝佛
南无快威德佛　南无樹山佛
南无莎羅王山藏佛　南无世在身佛
南无鏡光佛　南无寶起佛
南无自在勝佛　南无功德光佛
南无地威德勝佛　南无身法光明佛
南无勝王佛　南无堅吼意佛
南无高幢勝佛　南无信意佛
南无寶光明佛　南无淨勝佛
南无虛空聲佛　南无法界鏡像勝佛

BD04860號　佛名經（十二卷本）卷五　（11–11）

羅漢果真如中如來可得非如來中一來向
一來果不還向不還果阿羅漢向阿羅漢果
真如可得非預流向預流果法性中如來可
得非如來中預流向預流果法性可得非一
一向一來果不還向不還果阿羅漢向阿羅
漢果法性中如來可得非如來中一來向一
來果不還向不還果阿羅漢向阿羅漢果法
性可得非預流向預流果中如來真如可得
非如來真如中預流向預流果可得非一來
向一來果不還向不還果阿羅漢向阿羅漢
果中如來真如可得非如來真如中一來向
一來果不還向不還果阿羅漢向阿羅漢
果可得非預流向預流果中如來法性可得非
如來法性中預流向預流果可得非一來向
一來果不還向不還果阿羅漢向阿羅漢果
中如來法性可得非如來法性中一來向一
來果不還向不還果阿羅漢向阿羅漢果可
得非預流向預流果真如中如來真如可得
非如來真如中預流向預流果真如可得非
[illegible]

BD04861號　大般若波羅蜜多經卷九一　（5–1）

如来法性中預流向預流果可得非一来向
一来果不還向不還果阿羅漢向阿羅漢果
中如来法性可得非如来法性中一来向一
来果不還向不還果阿羅漢向阿羅漢果可
得非預流向預流果真如中如来真如可得
非如来真如中預流向預流果真如可得非
一来向一来果不還向不還果阿羅漢向阿羅
漢果真如中如来真如可得非如来真如
中一来向一来果不還向不還果阿羅漢向
阿羅漢果真如可得非預流向預流果法性
中如来法性可得非如来法性中預流向預
流果法性可得非一来向一来果不還向不
還果阿羅漢向阿羅漢果法性中如来法性
可得非如来法性中一来向一来果不還向
不還果阿羅漢向阿羅漢果法性可得憍尸
迦非離獨覺如来可得非離獨覺向獨覺果
如来可得非離獨覺真如如来可得非離獨
覺向獨覺果真如如来可得非離獨覺法
性如来可得非離獨覺向獨覺果法性如来可
得非離獨覺如来真如可得非離獨覺向獨
覺果如来真如可得非離獨覺如来法性可
得非離獨覺向獨覺果如来法性可得非離
獨覺真如如来真如可得非離獨覺向獨覺
果真如如来真如可得非離獨覺法性如来
法性可得非離獨覺向獨覺果法性如来法
性可得憍尸迦非獨覺中如来可得非如来
中獨覺可得非獨覺向獨覺果中如来可得

BD04861號　大般若波羅蜜多經卷九一

（5–2）

得非離獨覺向獨覺果如来法性可得非離
獨覺真如如来真如可得非離獨覺向獨覺
果真如如来真如可得非離獨覺法性如来
法性可得非離獨覺向獨覺果法性如来法
性可得憍尸迦非獨覺中如来可得非如来
中獨覺可得非獨覺向獨覺果中如来可得
非如来中獨覺向獨覺果可得非獨覺真如
中如来可得非如来中獨覺真如可得非獨
覺向獨覺果真如中如来可得非如来中獨
覺向獨覺果真如可得非獨覺法性中如来
可得非如来中獨覺法性可得非獨覺向獨
覺果法性中如来可得非如来中獨覺向獨
覺果法性可得非獨覺中如来真如可得非
如来真如中獨覺可得非獨覺向獨覺果中
如来真如可得非如来真如中獨覺向獨覺
果可得非獨覺中如来法性可得非如来法
性中獨覺可得非獨覺向獨覺果中如来法
性可得非如来法性中獨覺向獨覺果可得
非獨覺真如中如来真如可得非如来真如
中獨覺真如可得非獨覺向獨覺果真如中
如来真如可得非如来真如中獨覺向獨覺
果真如可得非獨覺法性中如来法性可得
非如来法性中獨覺法性可得非獨覺向獨
覺果法性中如来法性可得非如来法性中
獨覺向獨覺果法性可得
憍尸迦非離菩薩摩訶薩如来可得非離三藐
三菩提如来可得非離菩薩摩訶薩真如如

BD04861號　大般若波羅蜜多經卷九一

（5–3）

非如来法性中獨覺法性可得非獨覺向獨
覺果法性中如来法性可得非如来法性中
獨覺向獨覺果法性可得
憍尸迦非離菩薩摩訶薩如来可得非離三藐
三佛隨如来可得非離菩薩摩訶薩真如如
来可得非離三藐三佛隨真如如来可得
非離菩薩摩訶薩法性如来可得非離三藐
三佛隨法性如来可得非離菩薩摩訶薩如
来真如可得非離三藐三佛隨如来真如可
得非離菩薩摩訶薩如来法性可得非離三
藐三佛隨如来法性可得非離菩薩摩訶薩
真如如来真如可得非離三藐三佛隨真如
如来真如可得非離菩薩摩訶薩法性如来
法性可得非離三藐三佛隨法性如来法性
可得憍尸迦非菩薩摩訶薩中如来可得非
如来中菩薩摩訶薩可得非三藐三佛隨中
如来可得非如来中三藐三佛隨可得非菩薩
摩訶薩真如中如来可得非三藐三佛隨
真如中如来可得非菩薩摩訶薩法性中如
来可得非如来中菩薩摩訶薩法性可得非
三藐三佛隨法性中如来可得非如来中三
藐三佛隨法性可得非菩薩摩訶薩中如来
真如可得非如来真如中菩薩摩訶薩可得
非三藐三佛隨中如来真如可得非如来真
如中三藐三佛隨可得非菩薩摩訶薩中如
来法性可得非如来法性中菩薩摩訶薩可
得非三藐三佛隨中如来法性可得非如来

BD04861 號　大般若波羅蜜多經卷九一　（5–4）

得非離菩薩摩訶薩如来法性可得非離三
藐三佛隨如来法性可得非離菩薩摩訶薩
真如如来真如可得非離三藐三佛隨真如
如来真如可得非離菩薩摩訶薩法性如来
法性可得非離三藐三佛隨法性如来法性
可得憍尸迦非菩薩摩訶薩中如来可得非
如来中菩薩摩訶薩可得非三藐三佛隨中
如来可得非如来中三藐三佛隨可得非菩薩
摩訶薩真如中如来可得非三藐三佛隨
真如中如来可得非菩薩摩訶薩法性中如
来可得非如来中菩薩摩訶薩法性可得非
三藐三佛隨法性中如来可得非如来中三
藐三佛隨法性可得非菩薩摩訶薩中如来
真如可得非如来真如中菩薩摩訶薩可得
非三藐三佛隨中如来真如可得非如来真
如中三藐三佛隨可得非菩薩摩訶薩中如
来法性可得非如来法性中菩薩摩訶薩可
得非三藐三佛隨中如来法性可得非如来
法性中三藐三佛隨可得非菩薩摩訶薩真

BD04861 號　大般若波羅蜜多經卷九一　（5–5）

BD04861 號背　雜寫　　　　（1–1）

……須菩提
於意云何可以三十二相見如來不不也世尊
不可以三十二相得見如來何以故如來說三
十二相即是非相是名三十二相須菩提若有
善男子善女人以恆河沙等身命布施若復
有人於此經中乃至受持四句偈等為他人說
其福甚多
尒時須菩提聞說是經深解義趣涕淚悲泣
而白佛言希有世尊佛說如是甚深經典我
從昔來所得慧眼未曾得聞如是之經世尊
若復有人得聞是經信心清淨則生實相當
知是人成就第一希有功德世尊是實相者
則是非相是故如來說名實相世尊我今得
聞如是經典信解受持不足為難若當來世
後五百歲其有衆生得聞是經信解受持是
人則為第一希有何以故此人无我相人相衆
生相壽者相所以者何我相即是非相人相
衆生相壽者相即是非相何以故離一切諸
相則名諸佛
佛告須菩提如是如是若復有人得聞是經
不驚不怖不畏當知是人甚為希有何以故

BD04862 號　金剛般若波羅蜜經　　　　（10–1）

人則為第一希有何以故此人无我相人相衆
生相壽者相所以者何我相即是非相人相
衆生相壽者相即是非相何以故離一切諸
相則名諸佛
佛告須菩提如是如是若復有人得聞是經
不驚不怖不畏當知是人甚為希有何以故
須菩提如來說第一波羅蜜非第一波羅蜜
是名第一波羅蜜
須菩提忍辱波羅蜜如來說非忍辱波羅蜜
何以故須菩提如我昔為歌利王割截身體
我於尒時无我相无人相无衆生相无壽者相
何以故我於往昔節節支解時若有我相人
相衆生相壽者相應生瞋恨須菩提又念
過去於五百世作忍辱仙人於尒所世无我相
无人相无衆生相无壽者相是故須菩提
菩薩應離一切相發阿耨多羅三藐三菩提
心不應住色生心不應住聲香味觸法生心
應生无所住心若心有住則為非住是故佛
說菩薩心不應住色布施須菩提菩薩為利
益一切衆生應如是布施如來說一切諸相
即是非相又說一切衆生則非衆生須菩提
如來是真語者實語者如語者不誑語者不
異語者須菩提如來所得法此法无實无虛
須菩提若菩薩心住於法而行布施如人入闇
則无所見若菩薩心不住法而行布施如人
有目日光明照見種種色須菩提當來之世

BD04862號　金剛般若波羅蜜經　(10–2)

如來是真語者實語者如語者不誑語者不
異語者須菩提如來所得法此法无實无虛
須菩提若菩薩心住於法而行布施如人入闇
則无所見若菩薩心不住法而行布施如人
有目日光明照見種種色須菩提當來之世
若有善男子善女人能於此經受持讀誦
則為如來以佛智慧悉知是人悉見是人皆
得成就无量无邊功德
須菩提若有善男子善女人初日分以恒河
沙等身布施中日分復以恒河沙等身布施
後日分亦以恒河沙等身布施如是无量百千
万億劫以身布施若復有人聞此經典信心
不逆其福勝彼何况書寫受持讀誦為人
解說須菩提以要言之是經有不可思議不可
稱量无邊功德如來為發大乘者說為發
最上乘者說若有人能受持讀誦廣為人
說如來悉知是人悉見是人皆得成就不可
量不可稱无有邊不可思議功德如是人等則
為荷擔如來阿耨多羅三藐三菩提何以故須
菩提若樂小法者著我見人見衆生見壽者
見則於此經不能聽受讀誦為人解說須
菩提在在處處若有此經一切世間天人阿
脩羅所應供養當知此處則為是塔皆應恭
敬作禮圍繞以諸華香而散其處
復次須菩提善男子善女人受持讀誦此經
若為人輕賤是人先世罪業應墮惡道以今

BD04862號　金剛般若波羅蜜經　(10–3)

則於此經不能聽受讀誦爲人解說須
菩提在在處處若有此經一切世間天人阿
脩羅所應供養當知此處則爲是塔皆應恭
敬作禮圍繞以諸華香而散其處
復次須菩提善男子善女人受持讀誦此經
若爲人輕賤是人先世罪業應墮惡道以今
世人輕賤故先世罪業則爲消滅當得阿耨
多羅三藐三菩提須菩提我念過去无量阿
僧祇劫於然燈佛前得值八百四千万億那
由他諸佛悉皆供養承事无空過者若復有
人於後末世能受持讀誦此經所得功德於
我所供養諸佛功德百分不及一千万億分乃
至算數譬喻所不能及須菩提若善男子善
女人於後末世有受持讀誦此經所得功德
我若具說者或有人聞心則狂亂狐疑不信
須菩提當知是經義不可思議果報亦不可思
議尒時須菩提白佛言世尊善男子善女人發
阿耨多羅三藐三菩提心云何應住云何降伏
其心佛告須菩提善男子善女人發阿耨多
羅三藐三菩提者當生如是心我應滅度一
切眾生滅度一切眾生已而无有一眾生實
滅度者何以故若菩薩有我相人相眾生相
壽者相則非菩薩所以者何須菩提實无有
法發阿耨多羅三藐三菩提者須菩提於意
云何如來於然燈佛所有法得阿耨多羅三
藐三菩提不不也世尊如我解佛所說義佛
於然燈佛所无有法得阿耨多羅三藐三菩

BD04862號　金剛般若波羅蜜經　（10–4）

滅度者何以故若菩薩有我相人相眾生相
壽者相則非菩薩所以者何須菩提實无有
法發阿耨多羅三藐三菩提者須菩提於意
云何如來於然燈佛所有法得阿耨多羅三
藐三菩提不不也世尊如我解佛所說義佛
於然燈佛所无有法得阿耨多羅三藐三菩
提佛言如是如是須菩提實无有法如來
得阿耨多羅三藐三菩提須菩提若有法如
來得阿耨多羅三藐三菩提者然燈佛則不
與我受記汝於來世當得佛號釋迦牟尼
以實无有法得阿耨多羅三藐三菩提是故
然燈佛與我受記作是言汝於來世當得作
佛號釋迦牟尼何以故如來者即諸法如義
若有人言如來得阿耨多羅三藐三菩提須
菩提實无有法佛得阿耨多羅三藐三菩提
須菩提如來所得阿耨多羅三藐三菩提於
是中无實无虛是故如來說一切法皆是佛
法須菩提所言一切法者即非一切法是故名
一切法須菩提譬如人身長大須菩提言世
尊如來說人身長大則爲非大身是名大身須
菩提菩薩亦如是若作是言我當滅度无量
眾生則不名菩薩何以故須菩提實无有法
名爲菩薩是故佛說一切法无我无人无眾
生无壽者須菩提若菩薩作是言我當莊
嚴佛土是不名菩薩何以故如來說莊嚴佛
土者即非莊嚴是名莊嚴須菩提若菩薩通
達无我法者如來說名真是菩薩

BD04862號　金剛般若波羅蜜經　（10–5）

名為菩薩是故佛說一切法无我无人无衆
生无壽者須菩提若菩薩作是言我當莊
嚴佛土是不名菩薩何以故如来說莊嚴佛
土者即非莊嚴是名莊嚴須菩提若菩薩通
達无我法者如来說名真是菩薩
須菩提於意云何如来有肉眼不如是世尊
如来有肉眼須菩提於意云何如来有天眼
不如是世尊如来有天眼須菩提於意云何
如来有慧眼不如是世尊如来有慧眼須菩
提於意云何如来有法眼不如是世尊如来
有法眼須菩提於意云何如来有佛眼不如
是世尊如来有佛眼須菩提於意云何恒河
中所有沙佛說是沙不如是世尊如来說是
沙須菩提於意云何如一恒河中所有沙有
如是等恒河是諸恒河所有沙數佛世界如
是寧為多不甚多世尊佛告須菩提尒所國
土中所有衆生若干種心如来悉知何以故
如来說諸心皆為非心是名為心所以者何須
菩提過去心不可得現在心不可得未来心
不可得須菩提於意云何若有人滿三千大
千世界七寶以用布施是人以是因緣得福
多不如是世尊此人以是因緣得福甚多須
菩提若福德有實如来不說得福德多以福
德无故如来說得福德多
須菩提於意云何佛可以具足色身見不不
也世尊如来不應以具足色身見何以故如来
說具足色身即非具足色身是名具足色身

BD04862號　金剛般若波羅蜜經　（10–6）

菩提若福德有實如来不說得福德多以福
德无故如来說得福德多
須菩提於意云何佛可以具足色身見不不
也世尊如来不應以具足色身見何以故如来
說具足色身即非具足色身是名具足色身
須菩提於意云何如来可以具足諸相見不不
也世尊如来不應以具足諸相見何以故如来
說諸相具足即非具足是名諸相具足須菩
提汝勿謂如来作是念我當有所說法莫作
是念何以故若人言如来有所說法即為謗
佛不能解我所說故須菩提說法者无法
可說是名說法須菩提白佛言世尊佛得阿
耨多羅三藐三菩提為无所得耶如是如是
須菩提我於阿耨多羅三藐三菩提乃至无
有少法可得是名阿耨多羅三藐三菩提復
次須菩提是法平等无有高下是名阿耨多
羅三藐三菩提以无我无人无衆生无壽者
脩一切善法則得阿耨多羅三藐三菩提須
菩提所言善法者如来說非善法是名善法
須菩提若三千大千世界中所有諸須弥山
王如是等七寶聚有人持用布施若人以此
般若波羅蜜經乃至四句偈等受持讀誦為
他人說於前福德百分不及一百千万億分乃
至筭數譬喻所不能及
須菩提於意云何汝等勿謂如来作是念我
當度衆生須菩提莫作是念何以故實无有

BD04862號　金剛般若波羅蜜經　（10–7）

王如是等七寶聚有人持用布施若人以此
般若波羅蜜經乃至四句偈等受持讀誦為
他人說於前福德百分不及一百千万億分乃
至筭數譬喻所不能及
須菩提於意云何汝等勿謂如來作是念我
當度衆生須菩提莫作是念何以故實无有
衆生如來度者若有衆生如來度者如來則
有我人衆生壽者須菩提如來說有我者則
非有我而凡夫之人以為有我須菩提凡夫
者如來說則非凡夫須菩提於意云何可以
三十二相觀如來不須菩提言如是如是以
三十二相觀如來佛言須菩提若以三十二
相觀如來者轉輪聖王則是如來須菩提白
佛言世尊如我解佛所說義不應以三十二
相觀如來尒時世尊而說偈言
若以色見我　以音聲求我　是人行邪道　不能見如來
須菩提汝若作是念如來不以具足相故得阿
耨多羅三藐三菩提須菩提莫作是念如
來不以具足相故得阿耨多羅三藐三菩提
須菩提汝若作是念發阿耨多羅三藐三菩
提者說諸法斷滅相莫作是念何以故發阿
耨多羅三藐三菩提者於法不說斷滅相須
菩提若菩薩以滿恒河沙等世界七寶布施
若復有人知一切法无我得成於忍此菩薩勝
前菩薩所得功德須菩提以諸菩薩不受福
德故須菩提白佛言世尊云何菩薩不受福
德須菩提菩薩所作福德不應貪著是故

耨多羅三藐三菩提者於法不說斷滅相須
菩提若菩薩以滿恒河沙等世界七寶布施
若復有人知一切法无我得成於忍此菩薩勝
前菩薩所得功德須菩提以諸菩薩不受福
德故須菩提白佛言世尊云何菩薩不受福
德須菩提菩薩所作福德不應貪著是故
說不受福德須菩提若有人言如來若來若
去若坐若卧是人不解我所說義何以故如來
者无所從來亦无所去故名如來
須菩提若善男子善女人以三千大千世界
碎為微塵於意云何是微塵衆寧為多不
甚多世尊何以故若是微塵衆實有者佛則
不說是微塵衆所以者何佛說微塵衆則非微
塵衆是名微塵衆世尊如來所說三千大千世
界則非世界是名世界何以故若世界實有
者則是一合相如來說一合相則非一合相是
名一合相須菩提一合相者則是不可說但凡
夫之人貪著其事須菩提若人言佛說我
見人見衆生見壽者見須菩提於意云
何是人解我所說義不世尊是人不解如來所
說義何以故世尊說我見人見衆生見壽者見
即非我見人見衆生見壽者見是名我見人
見衆生見壽者見須菩提發阿耨多羅三
藐三菩提心者於一切法應如是知如是見
如是信解不生法相須菩提所言法相者如
來說即非法相是名法相須菩提若有人以
滿无量阿僧祇世界七寶持用布施若有善

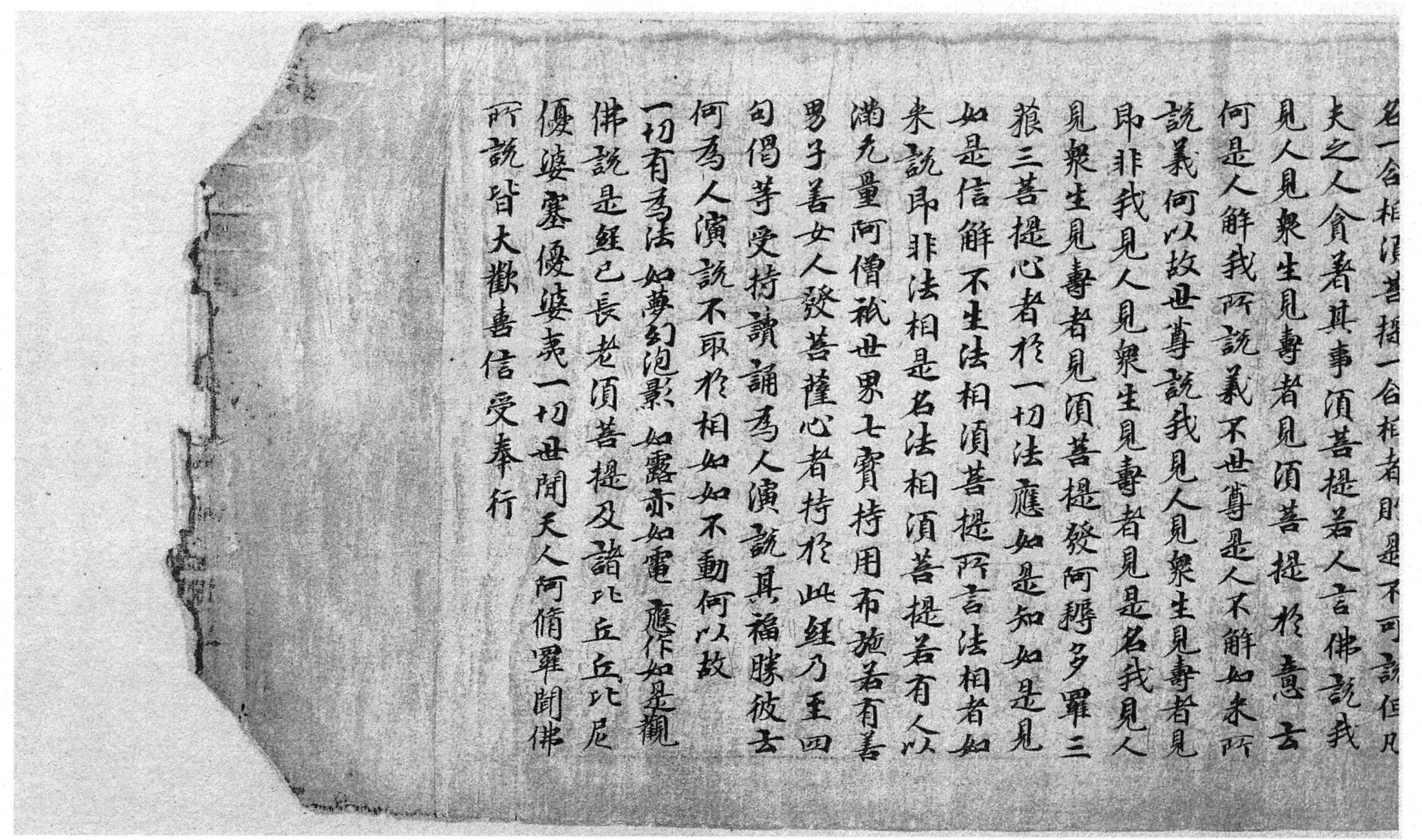
名一合相須菩提一合相者則是不可說但凡
夫之人貪著其事須菩提若人言佛說我
見人見衆生見壽者見須菩提於意云
何是人解我所說義不世尊是人不解如來所
說義何以故世尊說我見人見衆生見壽者見
即非我見人見衆生見壽者見是名我見人
見衆生見壽者見須菩提發阿耨多羅三
藐三菩提心者於一切法應如是知如是見
如是信解不生法相須菩提所言法相者如
來說即非法相是名法相須菩提若有人以
滿无量阿僧祇世界七寶持用布施若有善
男子善女人發菩薩心者持於此經乃至四
句偈等受持讀誦為人演說其福勝彼云
何為人演說不取於相如如不動何以故
一切有為法　如夢幻泡影　如露亦如電　應作如是觀
佛說是經已長老須菩提及諸比丘比丘尼
優婆塞優婆夷一切世間天人阿脩羅聞佛
所說皆大歡喜信受奉行

BD04862號　金剛般若波羅蜜經　（10–10）

勢乃往古昔過无量无邊不可思議阿僧祇
劫有佛名威音王如来應供正遍知明行足
善逝世間解无上士調御丈夫天人師佛世
尊劫名離衰國名大成其威音王佛於彼世
中為天人阿脩羅說法為求聲聞者說應四
諦法度生老病死究竟涅槃為求辟支佛者
說應十二因緣法為諸菩薩因阿耨多羅三
藐三菩提說應六波羅蜜法究竟佛慧得大
勢是威音王佛壽四十万億那由他恒河沙
劫正法住世劫數如一閻浮提微塵像法住
世劫數如四天下微塵其佛饒益衆生已然
後滅度正法像法滅盡之後於此國土復有
佛出亦号威音王如来應供正遍知明行足
善逝世間解无上士調御丈夫天人師佛世
尊如是次第有二万億佛皆同一号最初威
音王如来既已滅度正法滅後於像法中增
上慢比丘有大勢力尒時有一菩薩比丘名

BD04863號　妙法蓮華經卷六

世劫數如四天下微塵其佛饒益衆生已然
後滅度正法像法滅盡之後於此國土復有
佛出亦号威音王如來應供正遍知明行足
善逝世間解无上士調御丈夫天人師佛世
尊如是次第有二万億佛皆同一号最初威
音王如來既已滅度正法滅後於像法中增
上慢比丘有大勢力尒時有一菩薩比丘名
常不輕得大勢以何因緣名常不輕是比丘
凡有所見若比丘比丘尼優婆塞優婆夷皆
悉礼拜讚嘆而作是言我深敬汝等不敢輕
慢所以者何汝等皆行菩薩道當得作佛而
是比丘不專讀誦經典但行礼拜乃至遠見
四衆亦復故往礼拜讚嘆而作是言我不敢
輕於汝等汝等皆當作佛四衆之中有生瞋
恚心不淨者惡口罵詈言是无智比丘從何
所來自言我不輕汝而與我等授記當得作
佛我等不用如是虛妄受記如此逕歷多年
常被罵詈不生瞋恚常作是言汝當作佛說
是語時衆人或以杖木瓦石而打擲之避走
遠住猶高聲唱言我不敢輕於汝等汝等皆當
作佛以其常作是語故增上慢比丘比丘尼優
婆塞優婆夷皆号之為常不輕是比丘臨欲
終時於虛空中具聞威音王佛先所說法華
經二十千万億偈悉能受持即得如上眼根清
淨耳鼻舌身意根清淨得是六根清淨已更

BD04863號　妙法蓮華經卷六　（5–2）

遠住猶高聲唱言我不敢輕於汝等汝等皆當
作佛以其常作是語故增上慢比丘比丘尼優
婆塞優婆夷皆号之為常不輕是比丘臨欲
終時於虛空中具聞威音王佛先所說法華
經二十千万億偈悉能受持即得如上眼根清
淨耳鼻舌身意根清淨得是六根清淨已更
增壽命二百万億那由他歲廣為人說是法
華經於時增上慢四衆比丘比丘尼優婆塞
優婆夷輕賤是人為作不輕名者見其得大
神通力樂說辯力大善寂力聞其所說皆信
伏隨從是菩薩復化千万億衆住阿耨多羅
三藐三菩提命終之後得值二千億佛皆号
日月燈明於其法中說是法華經以是因緣
復值二千億佛同号雲自在燈王於此諸佛
法中受持讀誦為諸四衆說此經典故得是
常眼清淨耳鼻舌身意諸根清淨於四衆中
說法心无所畏得大勢是常不輕菩薩摩訶
薩供養如是若干諸佛恭敬尊重讚歎種諸
善根於後復值千万億佛亦於諸佛法中說
是經典功德成就當得作佛得大勢於意云
何爾時常不輕菩薩豈異人乎則我身是也
若我於宿世不受持讀誦此經為他人說者
不能疾得阿耨多羅三藐三菩提我於先佛所
受持讀誦此經為人說故疾得阿耨多羅三
藐三菩提得大勢彼時四衆比丘比丘尼優婆

何尒時常不輕菩薩豈異人乎則我身是也
若我於宿世不受持讀誦此經為他人說者
不能疾得阿耨多羅三藐三菩提我於先佛所
受持讀誦此經為人說故疾得阿耨多羅三
藐三菩提得大勢彼時四衆比丘比丘尼優
婆塞優婆夷以瞋恚意輕賤我故二百億劫
常不值佛不聞法不見僧千劫於阿鼻地獄
受大苦惱畢是罪已復遇常不輕菩薩教化
阿耨多羅三藐三菩提得大勢於汝意云何
尒時四衆常不輕菩薩者豈異人乎今此會
中跋陁婆羅等五百菩薩師子月等五百比
丘尼思佛等五百優婆塞皆於阿耨多羅三
藐三菩提不退轉者是得大勢當知是法華
經大饒益諸菩薩摩訶薩能令至於阿耨多
羅三藐三菩提是故諸菩薩摩訶薩於如來
滅後常應受持讀誦解說書寫是經尒時世
尊欲重宣此義而說偈言
過去有佛　号威音王　神智无量　將導一切
天人龍神　所共供養
是佛滅後　法欲盡時　有一菩薩　名常不輕
時諸四衆　計著於法　不輕菩薩　往到其所
而語之言　我不輕汝　汝等行道　皆當作佛
諸人聞已　輕毀罵詈　不輕菩薩　能忍受之
其罪畢已　臨命終時　得聞此經　六根清淨

滅後常應受持讀誦解說書寫是經爾時世
尊欲重宣此義而說偈言
過去有佛　号威音王　神智无量　將導一切
天人龍神　所共供養
是佛滅後　法欲盡時　有一菩薩　名常不輕
時諸四衆　計著於法　不輕菩薩　往到其所
而語之言　我不輕汝　汝等行道　皆當作佛
諸人聞已　輕毀罵詈　不輕菩薩　能忍受之
其罪畢已　臨命終時　得聞此經　六根清淨
神通力故　增益壽命　復為諸人　廣說是經
諸著法衆　皆蒙菩薩　教化成就　令住佛道
不輕命終　值无數佛　說是經故　得无量福
漸具功德　疾成佛道　彼時不輕　則我身是
時四部衆　著法之者　聞不輕言　汝當作佛
以是因緣　值无數佛　此會菩薩　五百之衆
并及四部　清信士女　今於我前　聽法者是
我於前世　勸是諸人　聽受斯經　第一之法
開示教人　令住涅槃　世世受持　如是經典
億億万劫　至不可議　時乃得聞　是法華經
億億万劫　至不可議　諸佛世尊　時說是經

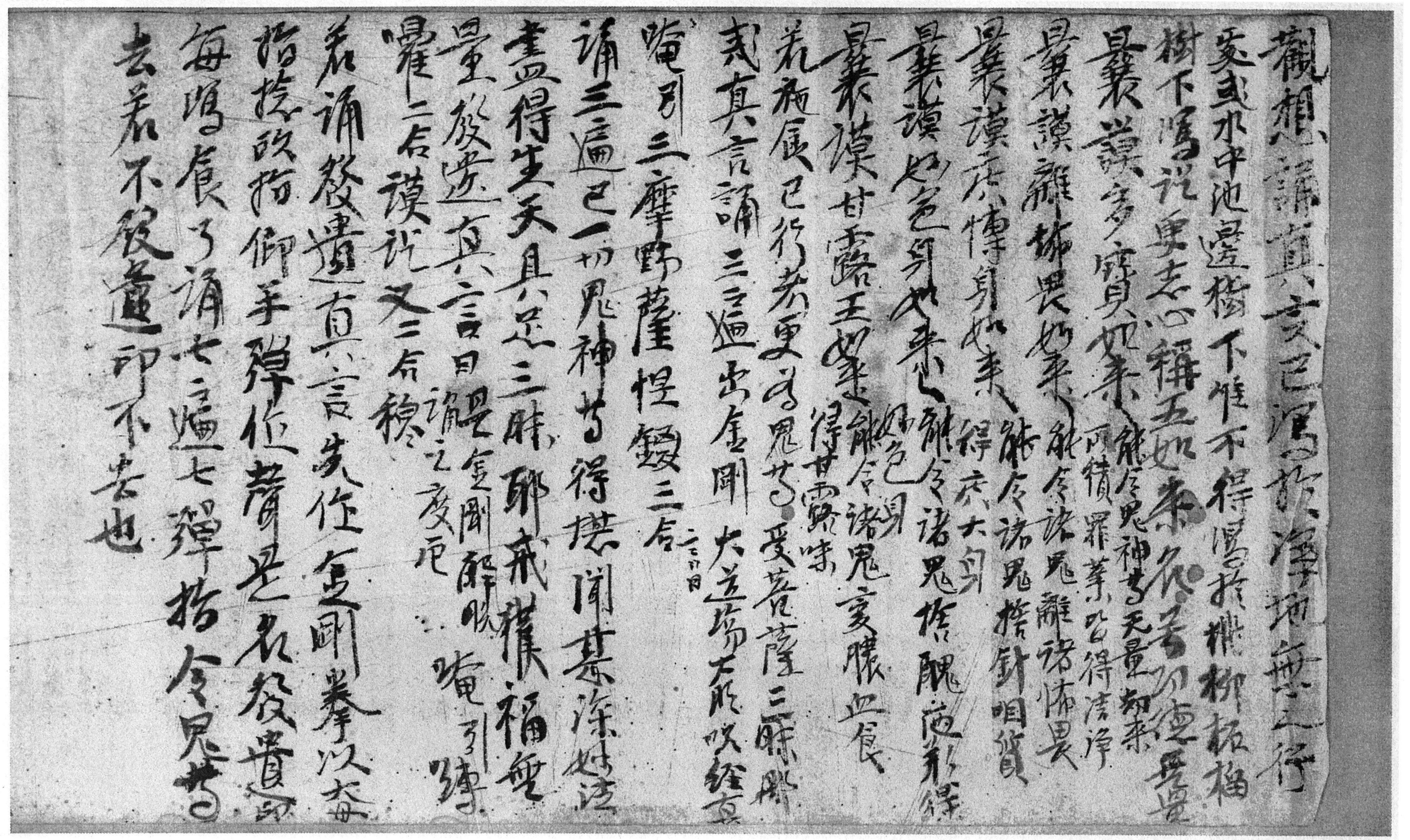

BD04863號背　施諸餓鬼飲食及水法並手印（擬）　（1–1）

也世尊須菩提菩薩无住相布施福德亦復
如是不可思量須菩提菩薩但應如所教住
須菩提於意云何可以身相見如來不不也
世尊不可以身相得見如來何以故如來所
說身相即非身相佛告須菩提凡所有相皆
是虛妄若見諸相非相則見如來
須菩提白佛言世尊頗有眾生得聞如是言
說章句生實信不佛告須菩提莫作是說如
來滅後後五百歲有持戒脩福者於此章句
能生信心以此為實當知是人不於一佛二佛
三四五佛而種善根已於无量千萬佛所種
諸善根聞是章句乃至一念生淨信者須菩
提如來悉知悉見是諸眾生得如是无量福
德何以故是諸眾生无復我相人相眾生相
壽者相无法相亦无非法相何以故是諸眾
生若心取相則為著我人眾生壽者若取法
相即著我人眾生壽者何以故若取非法相
即著我人眾生壽者是故不應取法不應取
非法以是義故如來常說汝等比丘知我說
法如筏喻者法尚應捨何況非法
須菩提於意云何如來得阿耨多羅三藐三

BD04864號　金剛般若波羅蜜經　（15–1）

德何以故是諸眾生无復我相人相眾生相
壽者相无法相亦无非法相何以故是諸眾
生若心取相則為著我人眾生壽者若取法
相即著我人眾生壽者何以故若取非法相
即著我人眾生壽者是故不應取法不應取
非法以是義故如來常說汝等比丘知我說
法如筏喻者法尚應捨何況非法
須菩提於意云何如來得阿耨多羅三藐三
菩提耶如來有所說法耶須菩提言如我解
佛所說義无有定法名阿耨多羅三藐三菩
提亦无有定法如來可說何以故如來所說
法皆不可取不可說非法非非法所以者何
一切賢聖皆以无為法而有差別
須菩提於意云何若人滿三千大千世界七
寶以用布施是人所得福德寧為多不須菩
提言甚多世尊何以故是福德即非福德性
是故如來說福德多若復有人於此經中受
持乃至四句偈等為他人說其福勝彼何以
故須菩提一切諸佛及諸佛阿耨多羅三藐
三菩提法皆從此經出須菩提所謂佛法者
即非佛法
須菩提於意云何須陀洹能作是念我得須
陀洹果不須菩提言不也世尊何以故須陀
洹名為入流而无所入不入色聲香味觸法
是名須陀洹須菩提於意云何斯陀含能作
是念我得斯陀含果不須菩提言不也世尊
何以故斯陀含名一往來而實无往來是名
斯陀含須菩提於意云何阿那含能作是念
我得阿那含果不須菩提言不也世尊何以

BD04864號　金剛般若波羅蜜經　（15–2）

須菩提於意云何須陁洹能作是念我得須
陁洹果不須菩提言不也世尊何以故須陁
洹名為入流而无所入不入色聲香味觸法
是名須陁洹須菩提於意云何斯陁含能作
是念我得斯陁含果不須菩提言不也世尊
何以故斯陁含名一往來而實无往來是名
斯陁含須菩提於意云何阿那含能作是念
我得阿那含果不須菩提言不也世尊何以
故阿那含名為不來而實无來是故名阿那
含須菩提於意云何阿羅漢能作是念我得
阿羅漢道不須菩提言不也世尊何以故實
无有法名阿羅漢世尊若阿羅漢作是念我
得阿羅漢道即為著我人衆生壽者世尊佛
說我得无諍三昧人中最為第一是第一離
欲阿羅漢我不作是念我是離欲阿羅漢世
尊我若作是念我得阿羅漢道世尊則不說
須菩提是樂阿蘭那行者以須菩提實无所
行而名須菩提是樂阿蘭那行
佛告須菩提於意云何如來昔在然燈佛所
於法有所得不世尊如來在然燈佛所於法
實无所得須菩提於意云何菩薩莊嚴佛土
不不也世尊何以故莊嚴佛土者則非莊嚴
不不也世尊何以故莊嚴佛土者則非莊嚴
是名莊嚴是故須菩提諸菩薩摩訶薩應如
是生清淨心不應住色生心不應住聲香味
觸法生心應无所住而生其心須菩提譬如有
人身如須弥山王於意云何是身為大不須
菩提言甚大世尊何以故佛說非身是名
大身

BD04864 號　金剛般若波羅蜜經　　（15–3）

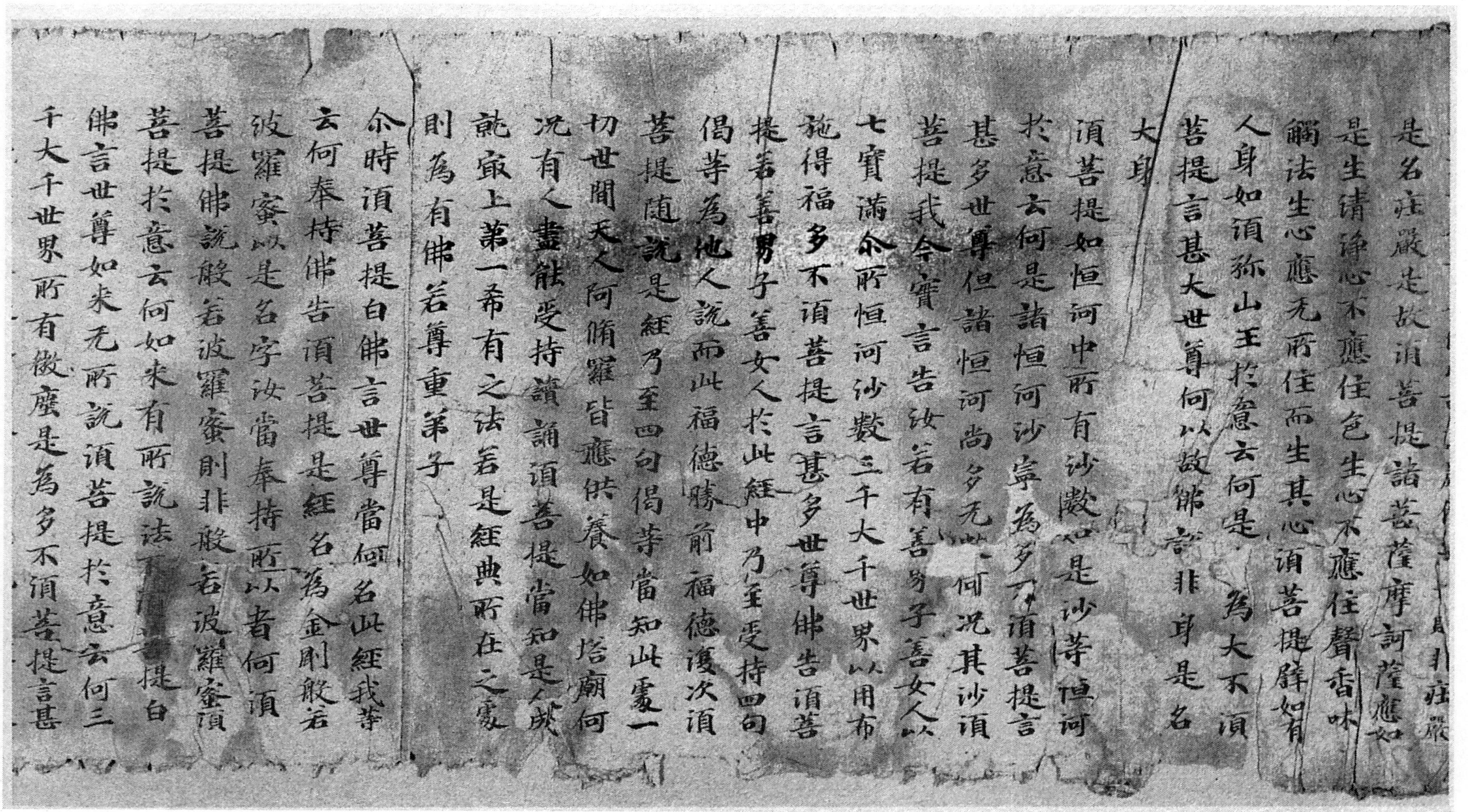

是名莊嚴是故須菩提諸菩薩摩訶薩應如
是生清淨心不應住色生心不應住聲香味
觸法生心應无所住而生其心須菩提譬如有
人身如須弥山王於意云何是身為大不須
菩提言甚大世尊何以故佛說非身是名
大身
須菩提如恒河中所有沙數如是沙等恒河
於意云何是諸恒河沙寧為多不須菩提言
甚多世尊但諸恒河尚多无數何況其沙須
菩提我今實言告汝若有善男子善女人以
七寶滿尒所恒河沙數三千大千世界以用布
施得福多不須菩提言甚多世尊佛告須菩
提若善男子善女人於此經中乃至受持四句
偈等為他人說而此福德勝前福德復次須
菩提隨說是經乃至四句偈等當知此處一
切世間天人阿脩羅皆應供養如佛塔廟何
況有人盡能受持讀誦須菩提當知是人成
就最上第一希有之法若是經典所在之處
則為有佛若尊重弟子
尒時須菩提白佛言世尊當何名此經我等
云何奉持佛告須菩提是經名為金剛般若
波羅蜜以是名字汝當奉持所以者何須
菩提佛說般若波羅蜜則非般若波羅蜜須
菩提於意云何如來有所說法不須菩提白
佛言世尊如來无所說須菩提於意云何三
千大千世界所有微塵是為多不須菩提言甚

BD04864 號　金剛般若波羅蜜經　　（15–4）

云何奉持佛告須菩提是經名為金剛般若
波羅蜜以是名字汝當奉持所以者何須
菩提佛說般若波羅蜜則非般若波羅蜜須
菩提於意云何如来有所說法不須菩提白
佛言世尊如来无所說須菩提於意云何三
千大千世界所有微塵是為多不須菩提言甚
多世尊須菩提是諸微塵如来說非微塵是
名微塵如来說世界非世界是名世界須菩
提於意云何可以三十二相見如来不不也世
尊不可以三十二相得見如来何以故如来說
三十二相即是非相是名三十二相
須菩提若有善男子善女人以恒河沙等身
命布施若復有人於此經中乃至受持四句
偈等為他人說其福甚多
尒時須菩提聞說是經深解義趣涕淚悲
泣而白佛言希有世尊佛說如是甚深經典
我從昔来所得慧眼未曾得聞如是之經世
尊若復有人得聞是經信心清淨則生實相
當知是人成就第一希有功德世尊是實相者
則是非相是故如来說名實相世尊我今得
聞如是經典信解受持不足為難若當来世
後五百歲其有衆生得聞是經信解受持
是人則為第一希有何以故此人无我相人
相衆生相壽者相所以者何我相即是非相
人相衆生相壽者相即是非相何以故離一
切諸相則名諸佛
佛告須菩提如是如是若復有人得聞是

BD04864 號　金剛般若波羅蜜經　（15-5）

後五百歲其有衆生得聞是經信解受持
是人則為第一希有何以故此人无我相人
相衆生相壽者相所以者何我相即是非相
人相衆生相壽者相即是非相何以故離一
切諸相則名諸佛
佛告須菩提如是如是若復有人得聞是
經不驚不怖不畏當知是人甚為希有何以
故須菩提如来說第一波羅蜜非第一波羅
蜜是名第一波羅蜜
須菩提忍辱波羅蜜如来說非忍辱波羅蜜
何以故須菩提如我昔為歌利王割截身體
我於尒時无我相无人相无衆生相无壽者
相何以故我於往昔節節支解時若有我
相人相衆生相壽者相應生瞋恨須菩提又
念過去於五百世作忍辱仙人於尒所世无我相
无人相无衆生相无壽者相是故須菩提菩
薩應離一切相發阿耨多羅三藐三菩提心不
應住色生心不應住聲香味觸法生心應生无
所住心若心有住則為非住是故佛說菩
薩心不應住色布施須菩提菩薩為利益一
切衆生應如是布施如来說一切諸相即是
非相又說一切衆生則非衆生須菩提如来
是真語者實語者如語者不誑語者不異
語者須菩提如来所得法此法无實无虛
須菩提若菩薩心住於法而行布施如人入
闇則无所見若菩薩心不住法而行布施如

BD04864 號　金剛般若波羅蜜經　（15-6）

非相又說一切衆生則非衆生須菩提如来
是真語者實語者如語者不誑語者不異
語者須菩提如来所得法此法无實无虛
須菩提若菩薩心住於法而行布施如人入
闇則无所見若菩薩心不住法而行布施如
人有目日光明照見種種色須菩提當来之
世若有善男子善女人能於此經受持讀誦
則為如来以佛智慧悉知是人悉見是人
皆得成就无量无邊功德
須菩提若有善男子善女人初日分以恒河沙
等身布施中日分復以恒河沙等身布施後
日分亦以恒河沙等身布施如是无量百千
萬億劫以身布施若復有人聞此經典信心
不逆其福勝彼何況書寫受持讀誦為人解
說須菩提以要言之是經有不可思議不可
稱量无邊功德如来為發大乘者說為發㝡
上乘者說若有人能受持讀誦廣為人說
如来悉知是人悉見是人皆得成就不可量不
可稱无有邊不可思議功德如是人等則為
荷擔如来阿耨多羅三藐三菩提何以故須
菩提若樂小法者我見人見衆生見壽者
見則於此經不能聽受讀誦為人解說須菩
提在在處處若有此經一切世間天人阿脩
羅所應供養當知此處則為是塔皆應恭
敬作礼圍繞以諸華香而散其處
復次須菩提善男子善女人受持讀誦此經

BD04864號　金剛般若波羅蜜經　（15–7）

菩提若樂小法者我見人見衆生見壽者
見則於此經不能聽受讀誦為人解說須菩
提在在處處若有此經一切世間天人阿脩
羅所應供養當知此處則為是塔皆應恭
敬作礼圍繞以諸華香而散其處
復次須菩提善男子善女人受持讀誦此經
若為人輕賤是人先世罪業應墮惡道以今
世人輕賤故先世罪業則為消滅當得阿耨
多羅三藐三菩提須菩提我念過去无量阿
僧祇劫於然燈佛前得值八百四千万億那
由他諸佛悉皆供養承事无空過者若復
有人於後末世有能受持讀誦此經所得功
德於我所供養諸佛功德百分不及一千万億
分乃至筭數譬喻所不能及須菩提若善男
子善女人於後末世有受持讀誦此經所得功
德我若具說者或有人聞心則狂亂狐疑不信
須菩提當知是經義不可思議果報亦不可思
議
尒時須菩提白佛言世尊善男子善女人發
阿耨多羅三藐三菩提心云何應住云何降伏
其心佛告須菩提善男子善女人發阿耨多
羅三藐三菩提者當生如是心我應滅度一
切衆生滅度一切衆生已而无有一衆生實
滅度者何以故若菩薩有我相人相衆生相
壽者相則非菩薩所以者何須菩提實无有
法發阿耨多羅三藐三菩提者須菩提於意
云何如来於然燈佛所有法得阿耨多羅三

BD04864號　金剛般若波羅蜜經　（15–8）

羅三藐三菩提者當生如是心我應滅度一
切衆生滅度一切衆生已而无有一衆生實
滅度者何以故若菩薩有我相人相衆生相
壽者相則非菩薩所以者何須菩提實无有
法發阿耨多羅三藐三菩提者須菩提於意
云何如來於然燈佛所有法得阿耨多羅三
藐三菩提不世尊如我解佛所說義佛於然
燈佛所无有法得阿耨多羅三藐三菩提佛
言如是如是須菩提實无有法如來得阿耨
多羅三藐三菩提須菩提若有法如來得
阿耨多羅三藐三菩提者然燈佛則不與我
受記汝於來世當得作佛号釋迦牟尼以實
无有法得阿耨多羅三藐三菩提是故然燈
佛與我受記作是言汝於來世當得作佛号
釋迦牟尼何以故如來者即諸法如義若有
人言如來得阿耨多羅三藐三菩提須菩提實
无有法佛得阿耨多羅三藐三菩提須菩提
如來所得阿耨多羅三藐三菩提於是中无
實无虛是故如來說一切法皆是佛法須菩提
所言一切法者即非一切法是故名一切法須
菩提譬如人身長大須菩提言世尊如來
說人身長大則爲非大身是名大身
須菩提菩薩亦如是若作是言我當滅度无
量衆生則不名菩薩何以故須菩提實无有
法名爲菩薩是故佛說一切法无我无人无
衆生无壽者須菩提若菩薩作是言我當莊

BD04864號　金剛般若波羅蜜經　（15–9）

說人身長大則爲非大身是名大身
須菩提菩薩亦如是若作是言我當滅度无
量衆生則不名菩薩何以故須菩提實无有
法名爲菩薩是故佛說一切法无我无人无
衆生无壽者須菩提若菩薩作是言我當莊
嚴佛土是不名菩薩何以故如來說莊嚴佛土
者即非莊嚴是名莊嚴須菩提若菩薩通
達无我法者如來說名真是菩薩
須菩提於意云何如來有肉眼不如是世尊
如來有肉眼須菩提於意云何如來有天眼
不如是世尊如來有天眼須菩提於意云
何如來有慧眼不如是世尊如來有慧眼須
菩提於意云何如來有法眼不如是世尊如
來有法眼須菩提於意云何如來有佛眼不
如是世尊如來有佛眼須菩提於意云何如
恒河中所有沙佛說是沙不如是世尊如來
說是沙須菩提於意云何如一恒河中所有沙
有如是等恒河是諸恒河所有沙數佛世界如
是寧爲多不甚多世尊佛告須菩提尒所國
土中所有衆生若干種心如來悉知何以故
如來說諸心皆爲非心是名爲心所以者何
須菩提過去心不可得現在心不可得未來
心不可得須菩提於意云何若有人滿三千
大千世界七寶以用布施是人以是因緣得
福多不如是世尊此人以是因緣得福甚多
須菩提若福德有實如來不說得福德多

BD04864號　金剛般若波羅蜜經　（15–10）

須菩提過去心不可得現在心不可得未來
心不可得須菩提於意云何若有人滿三千
大千世界七寶以用布施是人以是因緣得
福多不如是世尊此人以是因緣得福甚多
須菩提若福德有實如來不說得福德多
以福德无故如來說得福德多
須菩提於意云何佛可以具足色身見不不
也世尊如來不應以具足色身見何以故如來
說具足色身即非具足色身是名具足色身
須菩提於意云何如來可以具足諸相見不不
也世尊如來不應以具足諸相見何以故如
來說諸相具足即非具足是名諸相具足須
菩提汝勿謂如來作是念我當有所說法莫
作是念何以故若人言如來有所說法即為
謗佛不能解我所說故須菩提說法者无法
可說是名說法須菩提白佛言世尊佛得阿
耨多羅三藐三菩提為无所得耶如是如是
須菩提我於阿耨多羅三藐三菩提乃至无
有少法可得是名阿耨多羅三藐三菩提復
次須菩提是法平等无有高下是名阿耨多
羅三藐三菩提以无我无人无眾生无壽者脩
一切善法則得阿耨多羅三藐三菩提須菩
提所言善法者如來說非善法是名善法
須菩提若三千大千世界中所有諸須弥山王
如是等七寶聚有人持用布施若人以此般
若波羅蜜經乃至四句偈等受持讀誦為他

BD04864 號　金剛般若波羅蜜經　（15–11）

一切善法則得阿耨多羅三藐三菩提須菩
提所言善法者如來說非善法是名善法
須菩提若三千大千世界中所有諸須弥山王
如是等七寶聚有人持用布施若人以此般
若波羅蜜經乃至四句偈等受持讀誦為他
人說於前福德百分不及一百千万億分乃至
筭數譬喻所不能及
須菩提於意云何汝等勿謂如來作是念我
當度眾生須菩提莫作是念何以故實无有
眾生如來度者若有眾生如來度者如來則
有我人眾生壽者須菩提如來說有我者
則非有我而凡夫之人以為有我須菩提凡
夫者如來說則非凡夫須菩提於意云何可
以卅二相觀如來不須菩提言如是如是以卅
二相觀如來佛言須菩提若以卅二相觀如
來者轉輪聖王則是如來須菩提白佛言世
尊如我解佛所說義不應以卅二相觀如來
尒時世尊而說偈言
若以色見我　以音聲求我　是人行邪道　不能見如來
須菩提汝若作是念如來不以具足相故得
阿耨多羅三藐三菩提須菩提莫作是念如來
不以具足相故得阿耨多羅三藐三菩提須
菩提汝若作是念發阿耨多羅三藐三菩提
者說諸法斷滅莫作是念何以故發阿耨
多羅三藐三菩提者於法不說斷滅相須菩
提若菩薩以滿恒河沙等世界七寶布施若

BD04864 號　金剛般若波羅蜜經　（15–12）

阿耨多羅三藐三菩提須菩提莫作是念如來
不以具足相故得阿耨多羅三藐三菩提須
菩提汝若作是念發阿耨多羅三藐三菩提
者說諸法斷滅莫作是念何以故發阿耨
多羅三藐三菩提者於法不說斷滅相須菩
提若菩薩以滿恒河沙等世界七寶布施若
復有人知一切法无我得成於忍此菩薩勝
前菩薩所得功德何以故須菩提以諸菩薩
不受福德故須菩提白佛言世尊云何菩薩不
受福德須菩提菩薩所作福德不應貪著是
故說不受福德須菩提若有人言如來若來若
去若坐若卧是人不解我所說義何以故如
來者无所從來亦无所去故名如來須菩提
若善男子善女人以三千大千世界碎為微塵
於意云何是微塵衆寧為多不甚多世尊何
以故若是微塵衆實有者佛則不說是微塵
衆所以者何佛說微塵衆則非微塵衆是名
微塵衆世尊如來所說三千大千世界則非世
界是名世界何以故若世界實有者則是一
合相如來說一合相則非一合相是名一合相
須菩提一合相者則是不可說但凡夫之人
貪著其事須菩提若人言佛說我見人
見衆生見壽者見須菩提於意云何是人
解我所說義不世尊是人不解如來所說義
何以故世尊說我見人見衆生見壽者見即非
我見人見衆生見壽者見是名我見人見衆

BD04864 號　金剛般若波羅蜜經　（15–13）

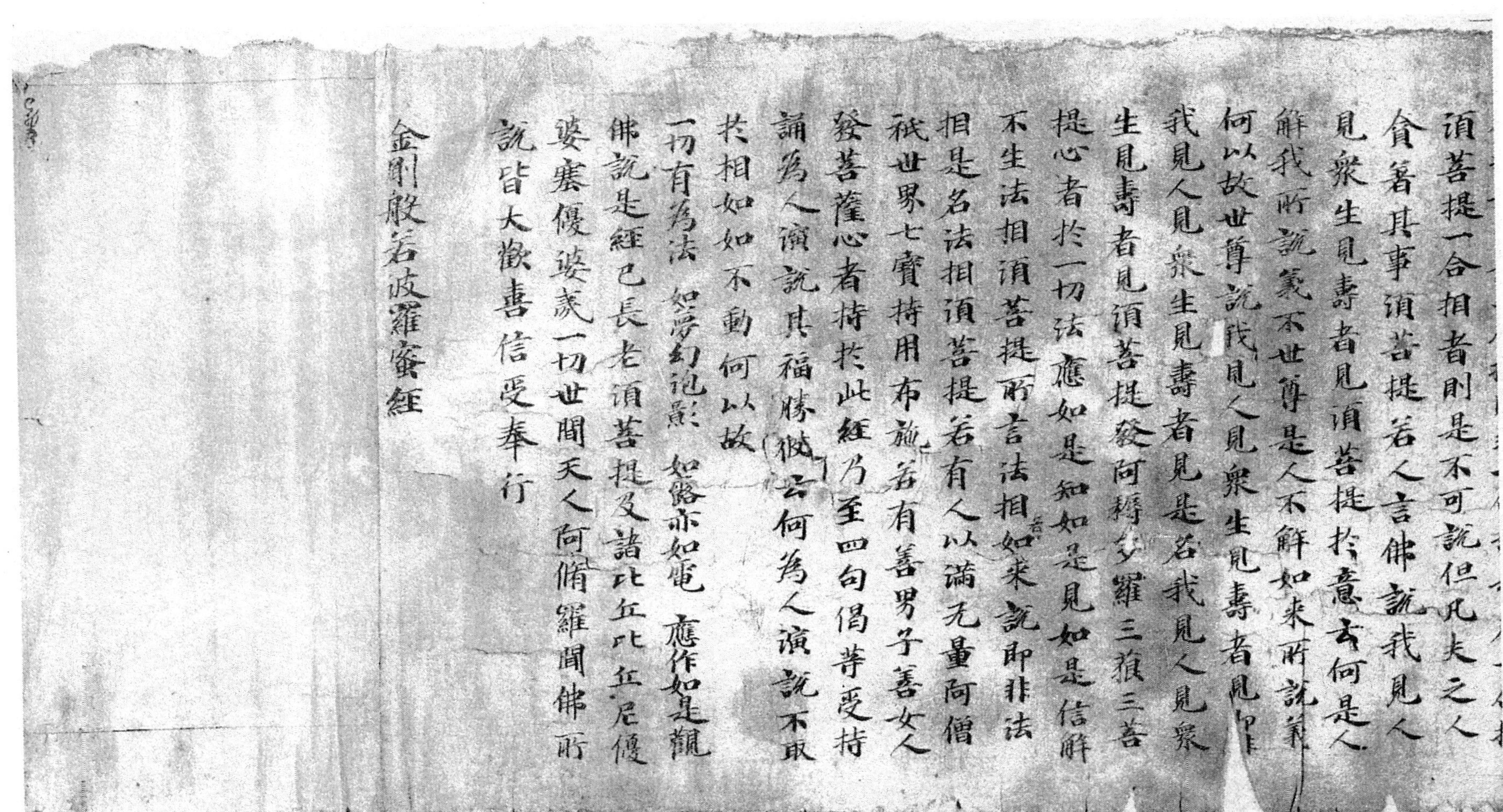

須菩提一合相者則是不可說但凡夫之人
貪著其事須菩提若人言佛說我見人
見衆生見壽者見須菩提於意云何是人
解我所說義不世尊是人不解如來所說義
何以故世尊說我見人見衆生見壽者見即非
我見人見衆生見壽者見是名我見人見衆
生見壽者見須菩提發阿耨多羅三藐三菩
提心者於一切法應如是知如是見如是信解
不生法相須菩提所言法相者如來說即非法
相是名法相須菩提若有人以滿无量阿僧
祇世界七寶持用布施若有善男子善女人
發菩薩心者持於此經乃至四句偈等受持
讀誦為人演說其福勝彼云何為人演說不取
於相如如不動何以故
一切有為法　如夢幻泡影　如露亦如電　應作如是觀
佛說是經已長老須菩提及諸比丘比丘尼優
婆塞優婆夷一切世間天人阿脩羅聞佛所
說皆大歡喜信受奉行

金剛般若波羅蜜經

BD04864 號　金剛般若波羅蜜經　（15–14）

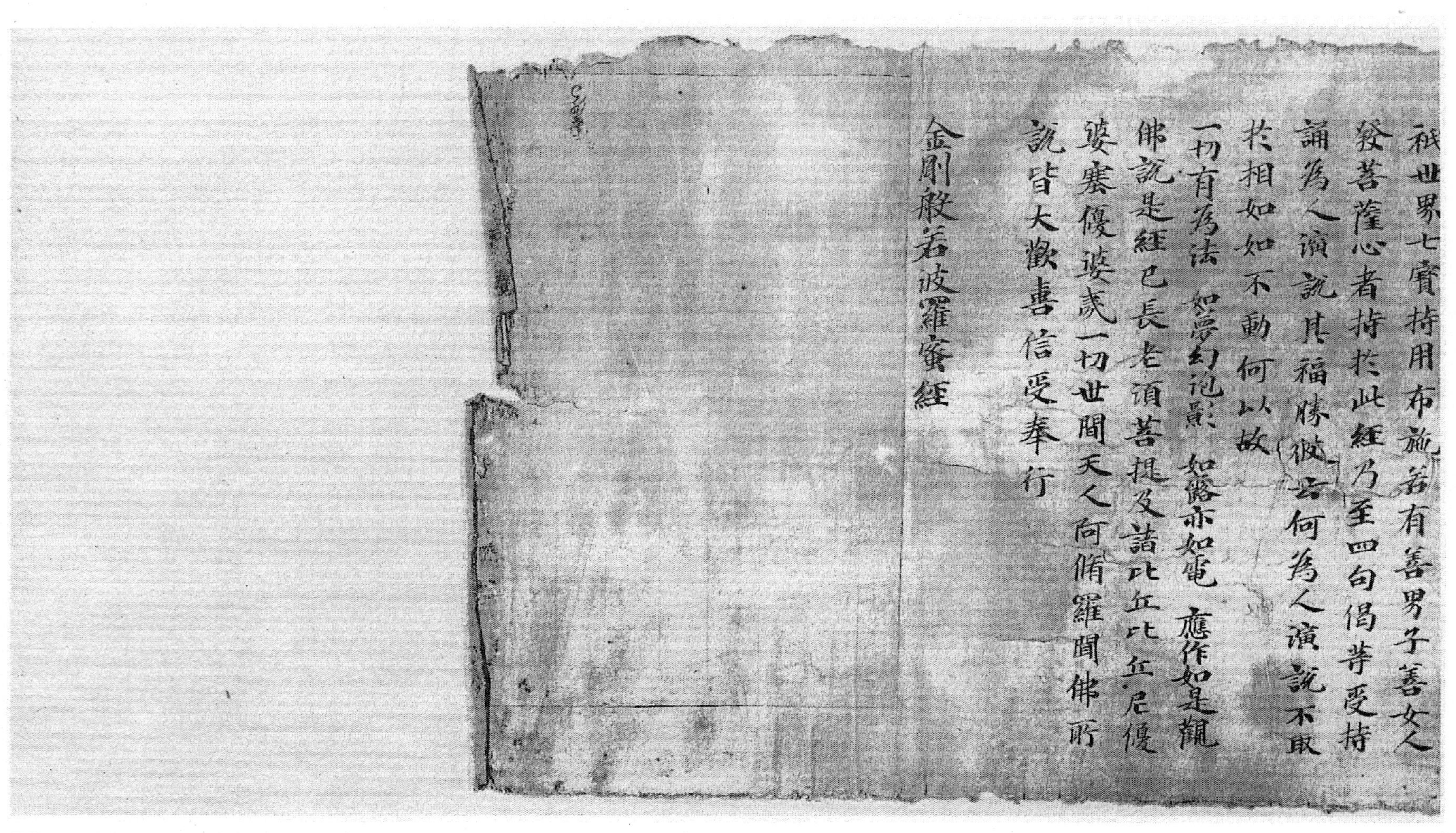

祇世界七寶持用布施若有善男子善女人
發菩薩心者持於此經乃至四句偈等受持
誦為人演說其福勝彼云何為人演說不取
於相如如不動何以故
一切有為法 如夢幻泡影 如露亦如電 應作如是觀
佛說是經已長老須菩提及諸比丘比丘尼優
婆塞優婆夷一切世間天人阿脩羅聞佛所
說皆大歡喜信受奉行

金剛般若波羅蜜經

BD04864 號　金剛般若波羅蜜經　（15–15）

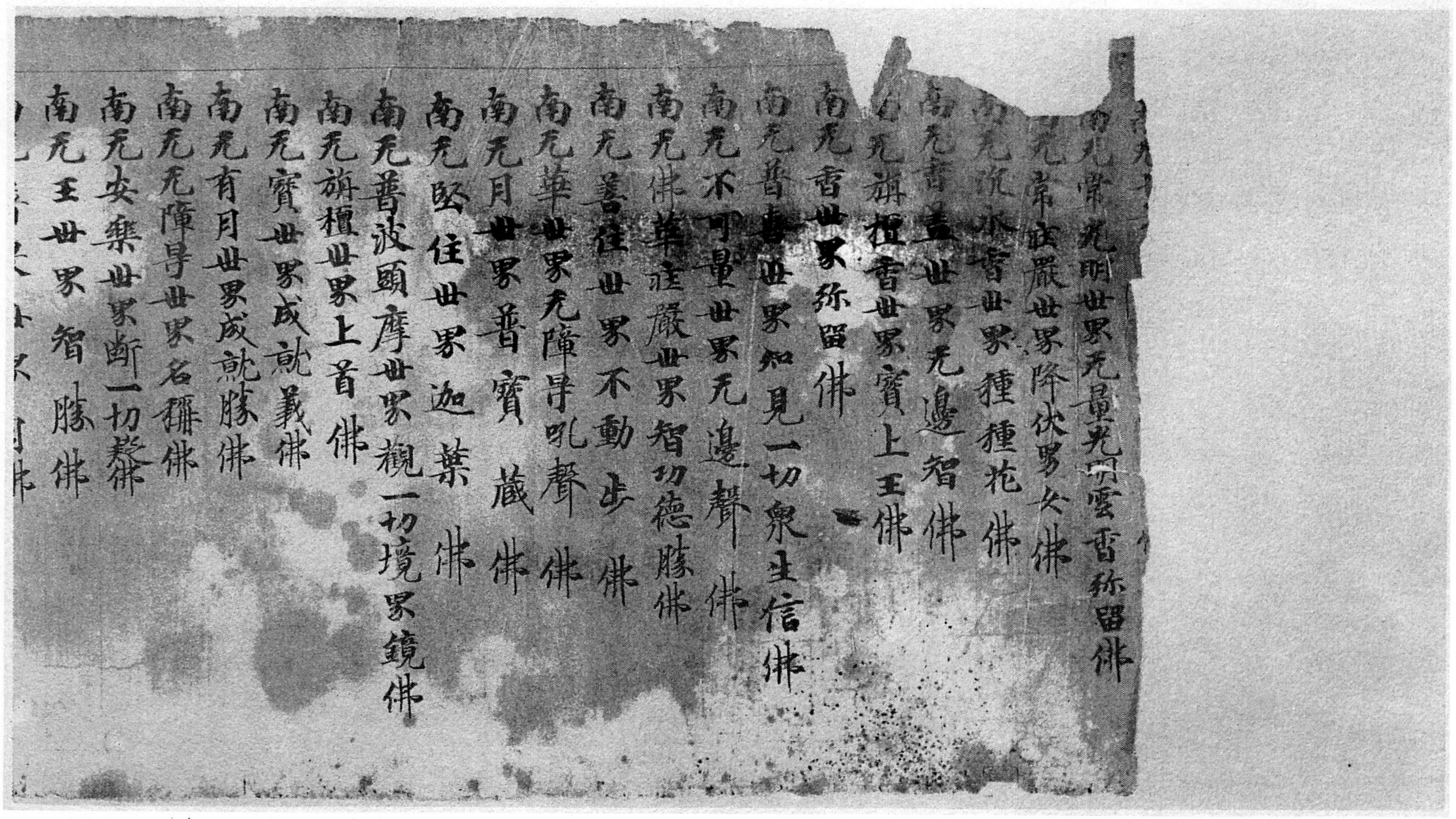

南无常光明世界无量光明雲香彌留佛
南无常莊嚴世界降伏男女佛
南无沉水香世界種種花佛
南无香王世界无邊智佛
南无旃檀香世界寶上王佛
南无香世界彌留佛
南无普世界知見一切衆生信佛
南无不可量世界无邊聲佛
南无佛華莊嚴世界智功德勝佛
南无善住世界不動步佛
南无華世界无障导吼聲佛
南无月世界普寶藏佛
南无堅住世界迦葉佛
南无普波頭摩世界觀一切境界鏡佛
南无旃檀世界上首佛
南无寶世界成就義佛
南无有月世界成就勝佛
南无无障导世界名稱佛
南无安樂世界斷一切疑佛
南无王世界智勝佛

BD04865 號　佛名經（十六卷本）卷三　（23–1）

南无寶世界成就義佛
南无有月世界成就勝佛
南无无障导世界名稱佛
南无安樂世界斷一切發佛
南无王世界智勝佛
南无普畏世界月佛
南无種種成就世界功德幢佛
南无種種華世界星宿王佛
南无[illegible]世界[illegible]量幢佛
南无羅网世界羅网光明佛
南无无驚怖世界淨聲佛
南无可樂世界現寶勝佛
南无離癡世界一切法无所發佛
南无常稱世界不斷一切衆生發行佛
南无常歡喜世界无量奮迅佛
南无普鏡世界遠一切法佛
南无普照世界普見一切佛
南无一切功德成就世界成就无邊勝功德佛
南无无垢世界智起光佛
南无怖畏鉢羅世界波頭摩勝佛
南无波頭摩怖世界十方勝佛
南无天世界堅固衆生佛
南无光明世界智光明佛
南无安樂調世界循智佛
南无安樂世界遠離胎佛
南无无深世界明王佛

BD04865號　佛名經（十六卷本）卷三　（23–2）

南无波頭摩怖世界十方勝佛
南无天世界堅固衆生佛
南无光明世界智光明佛
南无安樂調世界循智佛
南无安樂世界遠離胎佛
南无无深世界明王佛
南无雲世界斷一切煩惱佛
南无普色世界无邊智稱佛
從此以上一千九百佛十二部經一切賢聖
南无堅固世界旃檀屋勝佛
南无无比功德世界成就无比勝華佛
次礼十二部尊經大藏法輪
南无道神足經　南无轉輪本起經
南无瑞應本起經　南无法敬經
南无阿鼻曇薩經　南无日光三昧經
南无作形像經　南无轉女身經
南无威儀經　南无比羅三昧經
南无放食五種福經　南无梵經
南无龍樹因緣經　南无龍樹所問經
南无阿難四事經　南无七婦經
南无濯佛經　南无五福德手經
南无五濁世經　南无滅十方冥經
南无時食經　南无大頭陀經
南无孚妙經　南无門妙分起經
南无四帝經　南无尼宅迴王經
南无菩提經　南无獮楊佛經

BD04865號　佛名經（十六卷本）卷三　（23–3）

南无灌佛経　南无五福德子経
南无五濁世経　南无滅十方冥経
南无時食経　南无大頭陁経
南无孚妙経　南无門妙分趣経
南无四帝経　南无尼宅迴王経
南无菩提経　南无獮楊佛経
次礼十方諸大菩薩摩訶薩
南无堅勝菩薩　南无斷諸惡道菩薩
南无不疲惓菩薩　南无須弥山菩薩
南无大須弥山菩薩　南无心勇猛菩薩
南无師子奮迅行菩薩　南无不可思議菩薩
南无善勝菩薩　南无善意菩薩
南无寶語菩薩　南无愛見菩薩
南无无障㝵菩薩　南无斷諸疑菩薩
南无寶作菩薩　南无廣德菩薩
南无護賢劫菩薩　南无寶月菩薩
南无湧陁婆會菩薩　南无樂作菩薩
南无无垢獮菩薩　南无思益菩薩
南无普華菩薩　南无月勝菩薩
南无月菩薩　南无智山菩薩
南无若鳩羅菩薩　南无遠鳩羅菩薩
南无鳩陁羅菩薩　南无秀伽伽羅菩薩
南无曰陳羅菩薩
歸命如是等十方无量无邊菩薩
復次應獮辟支佛

BD04865號　佛名經（十六卷本）卷三　（23–4）

南无若鳩羅菩薩　南无遠鳩羅菩薩
南无鳩陁羅菩薩　南无秀伽伽羅菩薩
南无曰陳羅菩薩
歸命如是等十方无量无邊菩薩
復次應獮辟支佛
南无善快辟支佛　南无違陁辟支佛
南无吉沙辟支佛　南无憂波吉沙辟支佛
南无斷有辟支佛　南无憂波支羅辟支佛
南无斷愛辟支佛　南无施婆羅辟支佛
南无轉覺辟支佛　南无去垢辟支佛
南无高去辟支佛　南无向悲多辟支佛
歸命如是等无量无邊辟支佛
次復懺悔
弟子今以捴相懺悔一切諸業今當次第更復
二一別相懺悔若捴若別若麁若細若輕若
重若說不說品類相從願皆消滅別相懺者先
懺身三次懺口四其餘諸障次第稽顙身三業
者第一殺害如経所明恕己可為喻勿煞勿
行杖雖復禽獸之殊保命畏死其事是一
若尋此衆生死始以來或是我父母兄弟
六親眷屬以業因緣輪迴六道出生入死
改形易報不復相識而今興害食噉其肉
傷慈之甚是故佛言設得餘食當如飢
世食子肉想何况食噉此魚肉耶又言為利
煞衆生以錢納衆生肉二俱是惡業死墮

BD04865號　佛名經（十六卷本）卷三　（23–5）

改形易報不復相識而今興害食噉其肉
傷慈之甚是故佛言設得餘食當如飢
世食子肉想何况食噉此魚肉耶又言爲利
煞衆生以錢納衆生肉二俱是惡業死墮
叫呼地獄故知殺害及以食噉罪深河海過重
丘岳然弟子等无始以來不遇善友皆爲此
業是故經言殺害之罪能令衆生墮於地
獄餓鬼受苦若在畜生則受虎豹豺狼鷹
鷂等身或受毒蛇蝮蠍等身常懷惡心或受
麞鹿熊羆等身常懷恐怖若生人中得二種
果報一者多病二者斷命煞肉食噉既有如是
无量種種諸惡果報是故弟子至到稽顙
歸依
東方滅諸怖畏佛　南方日月燈明佛
西方覺華光佛　北方發功德佛
東南方除衆感冥佛　西南方无生自在佛
西北方大通王佛　東北方空離垢心佛
下方同像空无佛　上方琉璃藏勝佛
如是十方盡虛空界一切三寶
弟子自從无始以來至於今日有此心識常
懷慘毒无慈愍心或因貪起煞因瞋因癡及
以慢煞或興惡方便誓願煞及以呪煞或
破決湖池焚燒山野田獵魚捕或因放火飛
鷹放犬惱害一切如是等罪今悉懺悔
或以檻穽坑撥扠戟弓弩彈射飛鳥走獸之

懷慘毒无慈愍心或因貪起煞因瞋因癡及
以慢煞或興惡方便誓願煞及以呪煞或
破決湖池焚燒山野田獵魚捕或因放火飛
鷹放犬惱害一切如是等罪今悉懺悔
或以檻穽坑撥扠戟弓弩彈射飛鳥走獸之
類或以罾網鈎枓漉水性魚鱉黿鼉蝦蜆螺
蚌濕居之屬使水陸之興空行藏竄无地
或畜養雞猪牛羊犬豕鵝鴨之屬自供庖廚
或貨他宰殺使其哀聲未盡毛羽脫落鱗
甲傷毀身首分離骨肉銷碎剝裂屠割炮燒
煑炙楚毒酸切橫加无辜但取一時之快口得味
甚宜不過三寸舌根而已然其罪報殃累永
劫如是等罪今日至誠皆悉懺悔
又復无始以來至于今日或復興師相伐疆
埸交諍兩陣相向更相煞害或自殺教殺聞
殺歡喜或習屠膾儈爲形戮烹宰他命行
於不忍或恣忿怒揮戈儛刃或斬或剌或推
著坑塹或以水沉溺或塞穴壞巢土石磓砨
或以車馬雷轢踐蹹一切衆一切衆生如是等
罪无量无邊今日發露皆悉懺悔
又復无始以來或墮胎破卵毒藥蠱道傷
煞衆生懇土掘地種殖田園養蠶煑繭傷
煞滋甚或打撲蚊蚋掐嚙蚤虱或燒除糞掃
開決溝渠枉害一切或噉菓實或用穀米或
水或菜横煞衆生或然燈燒薪或露燈燭燒諸
虫類或食醬酢不看攪動或寫湯水澆煞虫

又復无始以来或墮胎破卵毒藥蠱道傷
煞衆生懇土掘地種殖田園養蠶煑繭傷
煞滋甚或打撲蚊蚋嚙蚤虱或燒除糞掃
開决溝渠枉害一切或噉菓實或用穀米或
水或菜横煞衆生或然炷薪或露燈燭燒諸
虫類或食醬酢不看搖動或寫湯水澆殺虫
蟻如是乃至行住坐卧四威儀中恒常傷煞
飛空著地細微衆生弟子以凡夫識暗不覺
不知今日發露皆悉懺悔
又復弟子无始以来至于今日或以鞭杖枷
鎖杻械竪立拷掠打擲手脚蹴蹹拘縛籠
繫斷絶水穀如是種種諸惡方便苦惱衆生
今日至誠向十方佛尊法聖衆皆悉懺悔
願弟子等承是懺悔煞害等罪所生功德
生生世世得金剛身壽命无窮永離怨憎
无煞害想於諸衆生得一子地若見危難
危厄之者不惜身命方便救解令得解脫
然後爲說微妙正法使諸衆生覩形見影
皆蒙安樂聞名聽聲恐怖悉除（礼一拜）
南无寶世界善住力王佛
南无十方上首世界超月光佛
南无龍王世界上首佛
南无善住世界善高聚佛
南无无怖畏世界作稱佛
南无受香世界斷諸難佛
南无成就一切德善住世界稱覩佛

南无十方上首世界超月光佛
南无龍王世界上首佛
南无善住世界善高聚佛
南无无怖畏世界作稱佛
南无受香世界斷諸難佛
南无成就一切德善住世界稱覩佛
南无憂慧世界遠離諸憂佛
南无成就一切勢善住世界稱堅固佛
南无稱世界超波頭摩功德王佛
南无華俱蘇摩住世界善敷華幢佛
南无十方名稱世界放光明普至佛
南无十方上首世界名稱眼佛
南无笑慧世界放笑佛
從此以上二千佛十二部經一切賢聖
南无吼世界十方稱名佛
南无光明世界自在孫留佛
南无寶光明世界大光明佛
南无常歡喜世界笑熾佛
南无有世界三界自在奮迅佛
南无无畏界世放光明輪佛
南无常懸世界衆竊勝佛
南无波頭摩王世界无盡勝佛
南无普吼世界妙鼓聲佛
南无无畏世界普勝佛
南无十方名稱世界智稱佛
南无地世界山王佛

南无波頭摩王世界无盡勝佛
南无普吼世界妙鼓聲佛
南无无畏世界普勝佛
南无十方名稱世界智稱佛
南无地世界山王佛
南无地功德世界波頭摩勝王佛
南无然燈輪世界善住佛
南无普莊嚴世界大莊嚴佛
南无倚世界作一切功德佛
南无歡喜世界畢竟成就佛
南无星宿行世界智上勝佛
南无蓋行莊嚴世界智超光明威德王勝佛
南无波頭摩世界波頭摩生王佛
南无法境界自在佛 胡本中自此以下皆有世界略不明矣
南无月中光明佛 南无雷鳥佛
南无阿弥陁光明佛 南无波頭山佛
南无波頭摩生勝佛 南无旃檀勝佛
南无寶積佛 南无智慧佛
南无无畏作王佛 南无功德成就勝佛
南无光明幢佛 南无无量功德作佛
南无功德成就勝佛
南无一切功德成就勝佛
南无波頭摩成就勝佛
南无炬住持佛 南无寶上勝佛
南无金色華佛 南无上王佛

南无功德成就勝佛
南无一切功德成就勝佛
南无波頭摩成就勝佛
南无炬住持佛 南无寶上勝佛
南无金色華佛 南无上王佛
南无星宿王佛 南无无量弥留佛
南无靈空輪清淨王佛 南无无量聲佛
南无寶山佛 南无種種寶俱蘇摩王佛
南无勝衆佛 南无无塵離塵佛
南无不宿發脩行佛
南无金色花佛 南无寶舍佛
南无種種花成就佛 南无放光明佛
南无俱蘇摩成佛 南无放蓋佛
南无彌力王佛 南无淨聲佛
南无淨勝佛 南无无量衆佛
南无上首佛 南无无障导眼佛
南无破散一切趣諸佛
南无断一切疑佛 南无无相聲佛
南无畢竟得无邊功德佛
南无寶成就勝佛 南无波頭摩上勝佛
南无寶上佛 南无无障导發脩佛
南无无邊佛 南无寶弥留佛
南无日然燈上勝佛 南无智成就勝佛
南无憂鉢羅然燈佛 南无十方然燈佛
南无賢勝佛 南无莎羅自在王佛
南无師子佛 南无大寶弥留佛

南无无邊佛　南无寶弥留佛
南无日然燈上勝佛　南无智成就勝佛
南无憂鉢羅然燈佛　南无十方然燈佛
南无賢勝佛　南无莎羅自在王佛
南无師子佛　南无大寶弥留佛
南无毗婆尸佛　南无妙勝光明佛
南无功德王光明佛　南无花王佛
南无无量眼佛　南无功德一味佛
南无十方然燈佛　南无賢勝佛
南无婆羅自在王佛　南无師子王佛
南无寶弥留堅佛　南无毗婆尸羅佛
南无明王佛　南无上首佛
南无月上王佛　南无大龍佛
南无香上勝佛　南无香勝幢佛
南无旃檀屋佛　南无香幢佛
南无旃檀香佛　南无无邊精進佛
從此以上二千一百佛十二部經一切賢聖
南无十方光明佛　南无波頭摩上佛
南无驚怖波頭摩花成就上王佛
南无寶因佛　南无善住王佛
南无香象王佛　南无與一切樂佛
南无示一切念佛　南无不空說佛
南无能滅一切怖畏佛　南无不住王佛
南无寶光明佛　南无與一切衆生安隱佛
南无觀无邊境界佛　南无虛空莊嚴勝佛
南无无憂莊嚴佛　南无循行幢佛

南无香象王佛　南无與一切樂佛
南无示一切念佛　南无不空說佛
南无能滅一切怖畏佛　南无不住王佛
南无寶光明佛　南无與一切衆生安隱佛
南无觀无邊境界佛　南无虛空莊嚴勝佛
南无无憂莊嚴佛　南无循行幢佛
南无成就驚怖勝花佛
南无賢勝佛　南无清淨明佛
南无大將軍佛　南无上勝高佛
南无不可勝憶佛　南无可依佛
南无无量无邊佛　南无香弥留佛
南无月輪聞王佛　南无妙弥留寶成就勝佛
南无无障导眼佛　南无无邊功德作佛
南无聞弥留善勝佛　南无淨勝佛
南无威德王佛　南无願善思惟成就佛
南无清淨輪王佛　南无智上佛
南无精進山佛　南无智山佛
南无方作佛　南无大會上首佛
南无家上首佛　南无智護佛
南无上勝佛　南无不成境界佛
南无現示衆生境界无障导佛
南无无障导光明佛　南无發光明无导佛
南无佛波頭摩上成就勝佛
南无觀一切佛境界現形佛
南无說堅佛　南无化聲佛
[illegible]

南无上□勝佛　南无不□□境□佛
南无現示衆生境界无障㝵佛
南无无障㝵光明佛　南无發光明无㝵佛
南无佛波頭摩上成就勝佛
南无觀一切佛境界現形佛
南无說堅佛　南无化聲佛
南无波頭摩勝佛　南无寶成就勝佛
南无海弥留佛　南无无垢慧佛
南无智花成就佛　南无積勝上威德寂靜佛
南无離貪境界佛　南无離一切取佛
南无現成就勝佛　南无无畏去佛
南无香風佛　南无无等香光佛
南无雲妙鼓聲佛　南无切德成就勝佛
南无无量奮迅境界弥留聚佛
南无香勝弥留佛　南无无量弥留佛
南无无量光明佛　南无普見佛
南无无畏佛　南无得无畏佛
南无月然燈佛　南无大然燈佛
南无勝勝脩佛　南无勝衆佛
南无金剛成佛　南无智自在王佛
南无智力稱佛　南无无畏勝佛
南无切德王光明佛　南无善眼佛
南无堅自在佛　南无弥留王佛
南无虛空弥留寶勝佛
南无堅上勝佛　南无梵吼聲佛
南无寶花佛　南无波頭摩成就勝佛

BD04865號　佛名經（十六卷本）卷三　（23–14）

南无堅自在佛　南无弥留王佛
南无虛空弥留寶勝佛
南无堅上勝佛　南无梵吼聲佛
南无寶花佛　南无波頭摩成就勝佛
南无旃檀香佛　南无須弥劫佛
南无勝莊嚴佛　南无寶蓋佛
南无香烏佛　南无邊勝佛
南无不空說名佛
南无不可思議切德王光明佛
南无无畏王佛　南无波頭摩上勝佛
從此以上二千二百佛十二部經一切賢聖
南无常得精進佛　南无藥王佛
南无安隱佛　南无无邊意行佛
南无无邊境界佛　南无无邊光明佛
南无无邊眼佛　南无无邊虛空境界佛
南无金色境界佛　南无星宿王佛
南无香上勝佛　南无虛空勝佛
南无妙勝佛　南无方作佛
南无妙弥留佛　南无无障㝵眼佛
南无金剛經佛　南无然炬佛
歸命如是等无量无邊佛應知
南无火幢佛　南无賢无垢威德光佛
南无智積佛　南无稱力王佛
南无切德王光明佛　南无見智佛
南无波頭摩妙勝佛　南无成就勝佛
南无寶光佛　南无寶華華勝佛

BD04865號　佛名經（十六卷本）卷三　（23–15）

歸命如是等无量无邊佛應知
南无大　幢佛　南无賢无垢威德光佛
南无智積佛　南无彌力王佛
南无切德王光明佛　南无見智佛
南无波頭摩妙勝佛　南无成就勝佛
南无寶光佛　南无寶華華勝佛
南无速離熱成就佛　南无衆上首佛
南无拘留孫佛　南无幢王佛
南无波頭摩切德佛　南无放光明佛
南无弥勒佛　南无光明波頭摩光佛
南无勝王佛　南无法幢佛
南无无量奮迅佛　南无海須弥佛
南无妙佛　南无釋迦牟尼佛
南无不空見佛　南无无障导吼聲佛
南无无量切德勝名光明佛
南无分別脩行佛　南无无邊光明佛
南无善眼佛　南无南方普寶藏佛
南无无垢遠離垢解脫佛
歸命如是等无量无邊佛應知
南无西方无量華佛　南无无量照佛
南无无量光明佛　南无无量明佛
南无无量境界佛　南无无量自在佛
南无无量奮迅佛　南无普蓋佛
南无蓋行佛　南无寶蓋佛
南无星宿王佛　南无蓋星宿佛
南无光明輪佛　南无明王佛

BD04865 號　佛名經（十六卷本）卷三　　（23–16）

南无无量境界佛　南无无量自在佛
南无无量奮迅佛　南无普蓋佛
南无蓋行佛　南无寶蓋佛
南无星宿王佛　南无蓋星宿佛
南无光明輪佛　南无明王佛
南无光明上勝佛　南无无邊見佛
南无勝佛　南无无邊境界奮迅佛
南无无障导吼聲佛　南无大雲光明佛
南无羅因王佛　南无善得平等光明佛
南无波頭摩勝華佛　南无山王佛
南无月衆增上佛　南无高光明佛
南无合聚佛　南无不空光明佛
南无須勝王佛　南无北方不空然燈佛
南无不空奮迅佛　南无不空境界佛
南无不空光明佛　南无无邊精進佛
南无莎羅自在王佛　南无寶莎羅王佛
南无普蓋佛　南无蓋莊嚴佛
南无寶積佛　南无旃檀屋佛
南无旃檀香佛　南无无量光明佛
南无光明輪莊嚴弥留佛
南无无障导明佛　南无无量眼佛
南无寶成就佛　南无一切切德佛
南无佛華成就切德佛
南无善住慧佛　南无无量步佛
南无不空勝佛　南无寶步佛
南无无邊脩行佛　南无无邊莊嚴勝佛

BD04865 號　佛名經（十六卷本）卷三　　（23–17）

南无光明輪正[illegible]佛
南无无障导明佛　南无无量眼佛
南无寶成就佛　南无一切功德佛
南无佛華成就功德佛
南无善住慧佛　南无无量步佛
南无不空勝佛　南无寶步佛
南无无邊脩行佛　南无无邊莊嚴勝佛
南无虚空輪光明佛　南无无量聲佛
南无藥王佛　南无无畏佛
次礼十二部尊經大藏法輪
南无枯樹經　南无當來變經
南无放牛經　南无乇真羅經
南无相清經　南无濯食經
從此以上二千三百佛十二部經一切賢聖
南无本文丈經　南无目連問經
南无持成而經　南无太子思休經
南无忍辱經　南无徵密經
南无離池經　南无菩薩經
南无孔雀王呪經　南无迦羅子經
南无重生太子暮魄經　南无弥勒成佛經
南无唯意長者子經　南无龍女經
南无梵綱長者子經　南无燎滿經
南无泥梨經　南无沙弥五母子經
南无月光童子經　南无太子須達拏經
南无勝鬘經　南无賓頭盧經
次礼十方諸大菩薩摩訶薩

BD04865號　佛名經（十六卷本）卷三　（23–18）

南无唯意長者子經　南无龍女經
南无梵綱長者子經　南无燎滿經
南无泥梨經　南无沙弥五母子經
南无月光童子經　南无太子須達拏經
南无勝鬘經　南无賓頭盧經
次礼十方諸大菩薩摩訶薩
南无勝山菩薩　南无光山菩薩
南无賢首菩薩　南无功德山菩薩
南无勝護菩薩　南无那羅延菩薩
南无龍德菩薩　南无龍勝菩薩
南无住持色菩薩　南无摩留大菩薩
南无入功德菩薩　南无然燈首菩薩
南无常舉手菩薩　南无光明常照王菩薩
南无寶手菩薩　南无普光菩薩
南无星宿王菩薩　南无金剛步菩薩
南无不動華步菩薩　南无步三界菩薩
南无无邊步奮迅菩薩　南无海慧菩薩
南无善光无垢住持威德菩薩
南无智山菩薩　南无常觀菩薩
南无高精進菩薩　南无遠多羅菩薩
南无邊陁羅菩薩　南无回陁羅菩薩
南无无量明菩薩　南无勇力菩薩
南无寶藏菩薩　一
歸命如是等十方世界无量无邊菩薩
復次應禮辟支佛名
南无无漏辟支佛　南无慯惕辟支佛

BD04865號　佛名經（十六卷本）卷三　（23–19）

南无寶藏菩薩一
歸命如是等十方世界无量无邊菩薩
復次應禮辟支佛名
南无无漏辟支佛　南无憍慢辟支佛
南无盡憍慢辟支佛　南无親辟支佛
南无得脫辟支佛　南无无垢辟支佛
南无獨辟支佛　南无難盡辟支佛
南无能作憍慢辟支佛　南无退辟支佛
南无不退去辟支佛　南无尋辟支佛
歸命如是等无量无邊辟支佛
次復懺悔
次懺劫盜之業經中說言若物屬他他所
守護於此物中一草一葉不與不取何況
盜竊但自衆生唯見現在利故以種種不道
而取致使未來受此殃累是故經言劫盜之
罪能令衆生墮於地獄餓鬼受苦若在畜
生則受牛馬驢騾駱駝等形以其所所有身
力血肉償他宿債若生人中為他奴婢衣不
蔽形食不充命貧寒困苦人理殆盡劫盜
既有如是苦報是故弟子今日至到稽首
歸依佛
東方壞諸煩惱佛　南方妙音自在佛
西方大雲光佛　北方雲自在王佛
東南方无緣莊嚴佛　西南方過諸魔界佛
西北方見无恐懼佛　東北方一切德嚴佛

BD04865號　佛名經（十六卷本）卷三　（23–20）

既有如是苦報是故弟子今日至到稽首
歸依佛
東方壞諸煩惱佛　南方妙音自在佛
西方大雲光佛　北方雲自在王佛
東南方无緣莊嚴佛　西南方過諸魔界佛
西北方見无恐懼佛　東北方一切德嚴佛
上方蓮華藏光佛　南无下方妙善住王佛
如是十方盡虛空界一切三寶
興兵強奪或自恃身逼迫而取或恃公王
或假勢力高拆大械枉碍良善吞納姦貨
考直為曲為此因緣身羅憲網或任邪治
領他財物侵公益私侵私益公損彼利此損
此利彼割他自饒口與心恡或竊沒租估偷
度關稅匿公課輸藏隱使役如是等罪今悉
懺悔或是佛法僧物不與而取或經像物或治
塔寺物或供養常住僧物或擬招提僧物
或盜取悮用恃勢不還或自借或貸人或復
換貸漏妄或三寶混亂雜用或以衆物穀米
麁薪壇鼓醬酢菜茹菓實錢帛竹木繒綵
幡蓋香花油燭隨情逐意或自用或與人
或摘佛華菓用僧鬘物因三寶財私自利已
如是等罪无量无邊今日慚愧皆悉懺悔
又復无始以來至於今日或作周旋朋友師
僧同學父母兄弟六親眷屬共住同止百
拓墻侵地宅改標易相穾略田園因公託私
奪人邸店及以毛野如是等罪今悉懺悔

BD04865號　佛名經（十六卷本）卷三　（23–21）

如是等罪无量无邊今日慚愧皆悉懺悔
又復无始以来至於今日或作周旋朋友師
僧同學父母兄弟六親眷屬共住同止百
拓墻侵地宅改摽易相奪略田園因公託私
奪人邸店及以毛野如是等罪今悉懺悔
又復无始以来或攻城破邑燒村壞柵偷
賣良民誘他奴婢或復枉押无罪之人使
其形骸血刃身被徒鏁家業破散骨肉生
離分張異域生死隔絕如是等罪无量无
邊今悉至到皆悉懺悔
又復无始以来至於今日或商估博貨邸
店市易輕秤小斗減割尺寸盜竊分銖
欺罔圭合以麁易好以短換長巧欺百端希
望毫利如是等罪今悉懺悔
又復无始以来至于今日穿踰墻壁斷道
抄掠抵捍債息負情違要面欺心口或非
道陵奪鬼神禽獸四生之物或假託卜相取
人財寶如是乃至以利求利惡求多求无
厭无足如是等罪无量无邊不可說盡今
日至到向十方佛尊法聖衆皆悉懺悔
願弟子等承是懺悔劫盜等罪所生功
德生生世世得如意寶常雨七珎上妙衣服
百味甘露種種湯藥隨意所須應念即至一
切衆生无偷奪相一切皆能少欲知足不耽
不染常樂惠施行急濟道頭目髓腦如棄
涕唾迴向滿足檀波羅蜜 礼一拜

BD04865號　佛名經（十六卷本）卷三　（23–22）

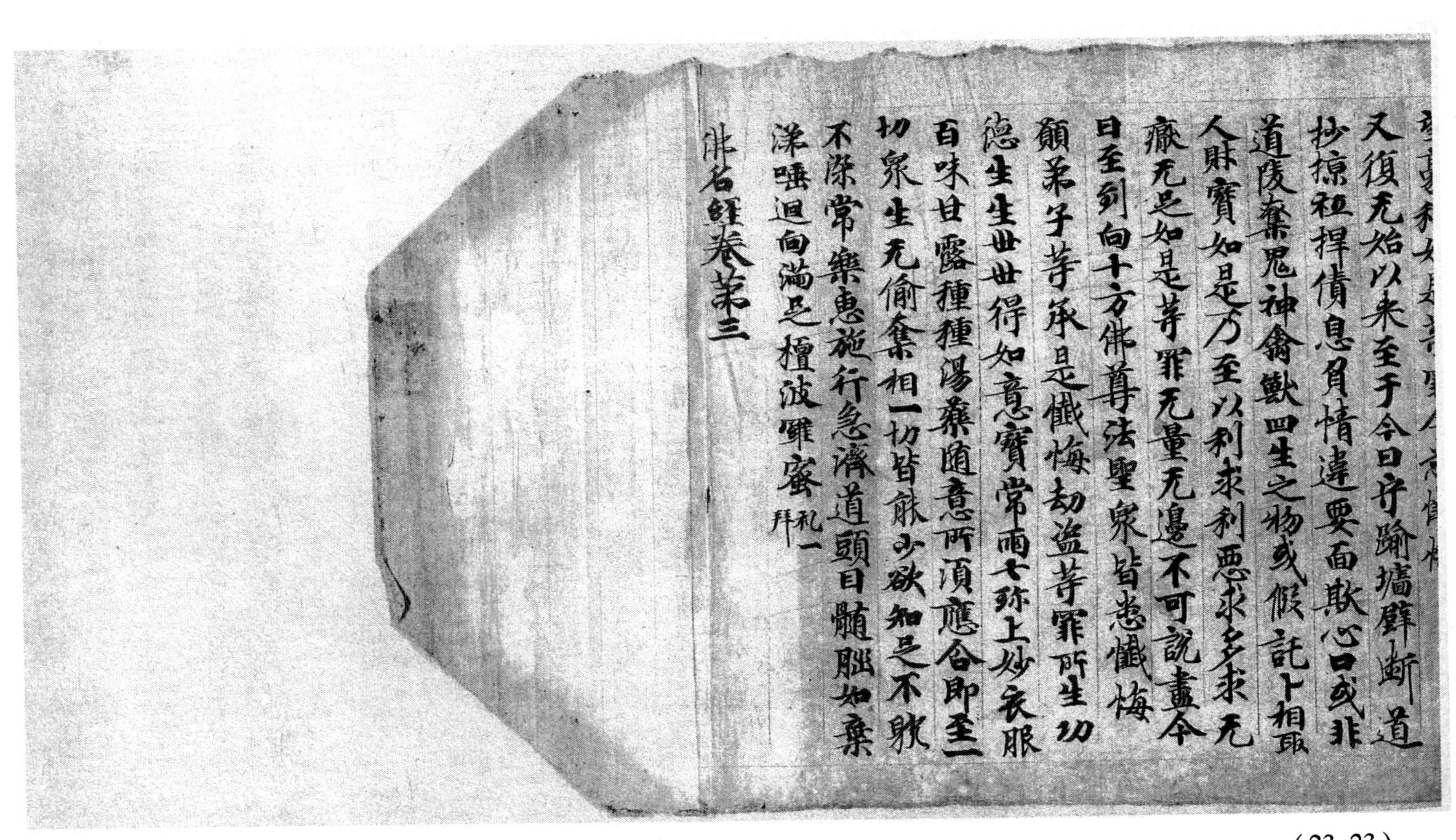
又復无始以来至于今日穿踰墻壁斷道
抄掠抵捍債息負情違要面欺心口或非
道陵奪鬼神禽獸四生之物或假託卜相取
人財寶如是乃至以利求利惡求多求无
厭无足如是等罪无量无邊不可說盡今
日至到向十方佛尊法聖衆皆悉懺悔
願弟子等承是懺悔劫盜等罪所生功
德生生世世得如意寶常雨七珎上妙衣服
百味甘露種種湯藥隨意所須應念即至一
切衆生无偷奪相一切皆能少欲知足不耽
不染常樂惠施行急濟道頭目髓腦如棄
涕唾迴向滿足檀波羅蜜 礼一拜
佛名經卷第三

BD04865號　佛名經（十六卷本）卷三　（23–23）

具義深遠其語巧妙純一无[雜]
行之相爲求聲聞者說應四諦法
死究竟涅槃爲求辟支佛者說應
法爲諸菩薩說應六波羅蜜令得阿耨多[羅]
三藐三菩提成一切種智次復有佛亦名[日]
月燈明次復有佛亦名日月燈明如是二万
佛皆同一字号日月燈明又同一姓姓頗羅
墮弥勒當知初佛後佛皆同一字名日月燈
明十号具足所可說法初中後善其最後佛
未出家時有八王子一名有意二名善意三
名无量意四名寶意五名增意六名除疑意
七名嚮意八名法意是八王子威德自在各
領四天下是諸王子聞父出家得阿耨多羅
三藐三菩提悉捨王位亦隨出家發大乘意
常脩梵行皆爲法師已於千万佛所殖諸善
本是時日月燈明佛說大乘經名无量義教

BD04866 號　妙法蓮華經卷一　（18–1）

七名嚮意八名法意是八王子威德自在各
領四天下是諸王子聞父出家得阿耨多羅
三藐三菩提悉捨王位亦隨出家發大乘意
常脩梵行皆爲法師已於千万佛所殖諸善
本是時日月燈明佛說大乘經名无量義教
菩薩法佛所護念說是經已即於大衆中結
跏趺坐入於无量義處三昧身心不動是時
天雨曼陁羅華摩訶曼陁羅華曼殊沙華
摩訶曼殊沙華而散佛上及諸大衆普佛世
六種震動尒時會中比丘比丘尼優婆塞優
婆夷天龍夜叉乾闥婆阿脩羅迦樓羅緊那
羅摩睺羅伽人非人及諸小王轉輪聖王等
是諸大衆得未曾有歡喜合掌一心觀佛尒
時如來放眉間白豪相光照東方万八千佛
土靡不周遍如今所見是諸佛土弥勒當知
尒時會中有十二億菩薩樂欲聽法是諸菩
薩見此光明普照佛土得未曾有欲知此光
所爲因緣時有菩薩名曰妙光有八百弟子
是時日月燈明佛從三昧起因妙光菩薩說
大乘經名妙法蓮華教菩薩法佛所護念六
十小劫不起于座時會聽者亦坐一處六十
小劫身心不動聽佛所說謂如食頃是時
衆中无有一人若身若心而生懈惓日月燈
明佛於六十小劫說是經已即於梵魔沙門
婆羅門及天人阿脩羅衆中而宣此言如來於

BD04866 號　妙法蓮華經卷一　（18–2）

大乘經名妙法蓮華教菩薩法佛所護念六
十小劫不起于座時會聽者亦坐一處六十
小劫身心不動聽佛所說謂如食頃是時
衆中无有一人若身若心而生懈惓日月燈
明佛於六十小劫說是經已即於梵魔沙門
婆羅門及天人阿脩羅衆中而宣此言如來於
今日中夜當入无餘涅槃時有菩薩名曰德
藏日月燈明佛即授其記告諸比丘是德藏
菩薩次當作佛号曰淨身多陁阿伽度阿羅訶
三藐三佛陁佛授記已便於中夜入无餘涅
槃佛滅度後妙光菩薩持妙法蓮華經滿八
十小劫為人演說日月燈明佛八子皆師妙
光妙光教化令其堅固阿耨多羅三藐三菩
提是諸王子供養无量百千万億佛已皆成
佛道其最後成佛者名曰然燈八百弟子中
有一人号曰求名貪着利養雖復讀誦衆
經而不通利多所忘失故号求名是人亦以
種諸善根因緣故得值无量百千万億諸佛
供養恭敬尊重讚嘆彌勒當知尒時妙光菩
薩豈異人乎我身是也求名菩薩汝身是也
今見此瑞與本无異是故惟忖今日如來當
說大乘經名妙法蓮華教菩薩法佛所護念
尒時文殊師利於大衆中欲重宣此義而說
偈言
我念過去世 无量无數劫 有佛人中尊 号日月燈明

BD04866號　妙法蓮華經卷一　（18–3）

今見此瑞與本无異是故惟忖今日如來當
說大乘經名妙法蓮華教菩薩法佛所護念
尒時文殊師利於大衆中欲重宣此義而說
偈言
我念過去世 无量无數劫 有佛人中尊 号日月燈明
世尊演說法 度无量衆生 无數億菩薩 令入佛智慧
佛未出家時 所生八王子 見大聖出家 亦隨脩梵行
時佛說大乘 經名无量義 於諸大衆中 而為廣分別
佛說此經已 即於法座上 跏趺坐三昧 名无量義處
天雨曼陁華 天鼓自然鳴 諸天龍鬼神 供養人中尊
一切諸佛土 即時大震動 佛放眉間光 現諸希有事
此光照東方 万八千佛土 示一切衆生 生死業報處
有見諸佛土 以衆寶莊嚴 琉璃頗梨色 斯由佛光照
及見諸天人 龍神夜叉衆 乾闥緊那羅 各供養其佛
又見諸如來 自然成佛道 身色如金山 端嚴甚微妙
如淨琉璃中 內現真金像 世尊在大衆 敷演深法義
一一諸佛土 聲聞衆无數 因佛光所照 悉見彼大衆
或有諸比丘 在於山林中 精進持淨戒 猶如護明珠
又見諸菩薩 行施忍辱等 其數如恒沙 斯由佛光照
又見諸菩薩 深入諸禪定 身心寂不動 以求无上道
又見諸菩薩 知法寂滅相 各於其國土 說法求佛道
尒時四部衆 見日月燈佛 現大神通力 其心皆歡喜
各各自相問 是事何因緣 天人所奉尊 適從三昧起
讚妙光菩薩 汝為世間眼 一切所歸信 能奉持法藏
如我所說法 唯汝能證知 世尊既讚歎 令妙光歡喜

BD04866號　妙法蓮華經卷一　（18–4）

又見諸菩薩　知法寂滅相　各於其國土　說法求佛道
尒時四部衆　見日月燈佛　現大神通力　其心皆歡喜
各各自相問　是事何因緣　天人所奉尊　適從三昧起
讚妙光菩薩　汝爲世間眼　一切所歸信　能奉持法藏
如我所說法　唯汝能證知　世尊既讚歎　令妙光歡喜
說是法華經　滿六十小劫　不起於此座　所說上妙法
是妙光法師　悉皆能受持　佛說是法華　令衆歡喜已
尋即於是日　告於天人衆　諸法實相義　已爲汝等說
我今於中夜　當入於涅槃　汝一心精進　當離於放逸
諸佛甚難值　億劫時一遇　世尊諸子等　聞佛入涅槃
各各懷悲惱　佛滅一何速　聖主法之王　安慰无量衆
我若滅度時　汝等勿憂怖　是德藏菩薩　於无漏實相
心已得通達　其次當作佛　号曰爲淨身　亦度无量衆
佛此夜滅度　如薪盡火滅　分布諸舍利　而起无量塔
比丘比丘尼　其數如恒沙　倍復加精進　以求无上道
是妙光法師　奉持佛法藏　八十小劫中　廣宣法華經
是諸八王子　妙光所開化　堅固无上道　當見无數佛
供養諸佛已　隨順行大道　相繼得成佛　轉次而授記
最後天中天　号曰然燈佛　諸仙之導師　度脫无量衆
是妙光法師　時有一弟子　心常懷懈怠　貪着於名利
求名利无猒　多遊族姓家　棄捨所習誦　廢忘不通利
以是因緣故　号之爲求名　亦行衆善業　得見无數佛
供養於諸佛　隨順行大道　具六波羅蜜　今見釋師子
其後當作佛　号名曰弥勒　廣度諸衆生　其數无有量
彼佛滅度後　懈怠者汝是　妙光法師者　今則我身是

BD04866 號　妙法蓮華經卷一　（18–5）

是妙光法師　時有一弟子　心常懷懈怠　貪着於名利
求名利无猒　多遊族姓家　棄捨所習誦　廢忘不通利
以是因緣故　号之爲求名　亦行衆善業　得見无數佛
供養於諸佛　隨順行大道　具六波羅蜜　今見釋師子
其後當作佛　号名曰弥勒　廣度諸衆生　其數无有量
彼佛滅度後　懈怠者汝是　妙光法師者　今則我身是
我見燈明佛　本光瑞如是　以是知今佛　欲說法華經
今相如本瑞　是諸佛方便　今佛放光明　助發實相義
諸人今當知　合掌一心待　佛當雨法雨　充足求道者
諸求三乘人　若有疑悔者　佛當爲除斷　令盡无有餘

妙法蓮華經方便品第二

尒時世尊從三昧安詳而起告舍利弗諸佛
智慧甚深无量其智慧門難解難入一切聲
聞辟支佛所不能知所以者何佛曾親近百
千万億无數諸佛盡行諸佛无量道法勇猛
精進名稱普聞成就甚深未曾有法隨宜所
說意趣難解舍利弗吾從成佛已來種種因
緣種種譬喻廣演言教无數方便引導衆生
令離諸着所以者何如來方便知見波羅蜜
皆已具足舍利弗如來知見廣大深遠无量
无礙力无所畏禪定解脫三昧深入无際成
就一切未曾有法舍利弗如來能種種分別
巧說諸法言辭柔軟悅可衆心舍利弗取要
言之无量无邊未曾有法佛悉成就止舍利
弗不須復說所以者何佛所成就第一希有

BD04866 號　妙法蓮華經卷一　（18–6）

无礙力无所畏禪定解脫三昧深入无際成
就一切未曾有法舍利弗如來能種種分別
巧說諸法言辭柔軟悅可衆心舍利弗取要
言之无量无邊未曾有法佛悉成就止舍利
弗不須復說所以者何佛所成就第一希有
難解之法唯佛與佛乃能究盡諸法實相所
謂諸法如是相如是性如是體如是力如是
作如是因如是緣如是果如是報如是本末
究竟等尒時世尊欲重宣此義而說偈言
世雄不可量　諸天及世人　一切衆生類　无能知佛者
佛力无所畏　解脫諸三昧　及佛諸餘法　无能測量者
本從无數佛　具足行諸道　甚深微妙法　難見難可了
於无量億劫　行此諸道已　道場得成果　我已悉知見
如是大果報　種種性相義　我及十方佛　乃能知是事
是法不可示　言辭相寂滅　諸餘衆生類　无有能得解
除諸菩薩衆　信力堅固者　諸佛弟子衆　曾供養諸佛
一切漏已盡　住是最後身　如是諸人等　其力所不堪
假使滿世間　皆如舍利弗　盡思共度量　不能測佛智
正使滿十方　皆如舍利弗　及餘諸弟子　亦滿十方剎
盡思共度量　亦復不能知　辟支佛利智　无漏最後身
亦滿十方界　其數如竹林　斯等共一心　於億无量劫
欲思佛實智　莫能知少分　新發意菩薩　供養无數佛
了達諸義趣　又能善說法　如稻麻竹葦　充滿十方剎
一心以妙智　於恒河沙劫　咸皆共思量　不能知佛智
不退諸菩薩　其數如恒沙　一心共思求　亦復不能知

BD04866號　妙法蓮華經卷一　（18–7）

盡思共度量　亦復不能知　辟支佛利智　无漏最後身
亦滿十方界　其數如竹林　斯等共一心　於億无量劫
欲思佛實智　莫能知少分　新發意菩薩　供養无數佛
了達諸義趣　又能善說法　如稻麻竹葦　充滿十方剎
一心以妙智　於恒河沙劫　咸皆共思量　不能知佛智
不退諸菩薩　其數如恒沙　一心共思求　亦復不能知
又告舍利弗　无漏不思議　甚深微妙法　我今已具得
唯我知是相　十方佛亦然　舍利弗當知　諸佛語无異
於佛所說法　當生大信力　世尊法久後　要當說真實
告諸聲聞衆　及求緣覺乘　我令脫苦縛　逮得涅槃者
佛以方便力　示以三乘教　衆生處處著　引之令得出
尒時大衆中有諸聲聞漏盡阿羅漢阿若憍
陳如等千二百人及發聲聞辟支佛心比丘
比丘尼優婆塞優婆夷各作是念今者世尊
何故慇懃稱歎方便而作是言佛所得法甚
深難解有所言說意趣難知一切聲聞辟支
佛所不能及佛說一解脫義我等亦得此法
到於涅槃而今不知是義所趣尒時舍利弗
知四衆心疑自亦未了而白佛言世尊何因
何緣慇懃稱歎諸佛第一方便甚深微妙難
解之法我自昔來未曾從佛聞如是說今者
四衆咸皆有疑唯願世尊敷演斯事世尊何
故慇懃稱歎甚深微妙難解之法尒時舍利
弗欲重宣此義而說偈言
慧日大聖尊　久乃說是法　自說得如是　力无畏三昧

BD04866號　妙法蓮華經卷一　（18–8）

解之法我自昔來未曾從佛聞如是說今者
四衆咸皆有疑唯願世尊敷演斯事世尊何
故慇懃稱歎甚深微妙難解之法尒時舍利
弗欲重宣此義而說偈言
慧日大聖尊　久乃說是法　自說得如是　力无畏三昧
禪定解脫等　不可思議法　道場所得法　无能發問者
我意難可測　亦无能問者　无問而自說　稱歎所行道
智慧甚微妙　諸佛之所得　无漏諸羅漢　及求涅槃者
今皆墮疑網　佛何故說是　其求緣覺者　比丘比丘尼
諸天龍鬼神　及乾闥婆等　相視懷猶豫　瞻仰兩足尊
是事爲云何　願佛爲解說　於諸聲聞衆　佛說我第一
我今自於智　疑惑不能了　爲是究竟法　爲是所行道
佛口所生子　合掌瞻仰待　願出微妙音　時爲如實說
諸天龍神等　其數如恒沙　求佛諸菩薩　大數有八万
又諸万億國　轉輪聖王至　合掌以敬心　欲聞具足道
尒時佛告舍利弗止止不須復說若說是事
一切世間諸天及人皆當驚疑舍利弗重白
佛言世尊唯願說之唯願說之所以者何是
會无數百千万億阿僧祇衆生曾見諸佛諸
根猛利智慧明了聞佛所說則能敬信尒時
舍利弗欲重宣此義而說偈言
法王无上尊　唯說願勿慮　是會无量衆　有能敬信者
佛復止舍利弗若說是事一切世間天人阿
脩羅皆當驚疑增上慢比丘將墜於大坑尒

BD04866號　妙法蓮華經卷一　(18–9)

舍利弗欲重宣此義而說偈言
法王无上尊　唯說願勿慮　是會无量衆　有能敬信者
佛復止舍利弗若說是事一切世間天人阿
脩羅皆當驚疑增上慢比丘將墜於大坑尒
時世尊重說偈言
止止不須說　我法妙難思　諸增上慢者　聞必不敬信
尒時舍利弗重白佛言世尊唯願說之唯願
說之今此會中如我等比百千万億世世已
曾從佛受化如此人等必能敬信長夜安隱
多所饒益尒時舍利弗欲重宣此義而說偈
言
无上兩足尊　願說第一法　我爲佛長子　唯垂分別說
是會无量衆　能敬信此法　佛已曾世世　教化如是等
皆一心合掌　欲聽受佛語　我等千二百　及餘求佛者
願爲此衆故　唯垂分別說　是等聞此法　則生大歡喜
尒時世尊告舍利弗汝已慇懃三請豈得不
說汝今諦聽善思念之吾當爲汝分別解說
說此語時會中有比丘比丘尼優婆塞優婆
夷五千人等即從座起礼佛而退所以者何
此輩罪根深重及增上慢未得謂得未證謂
證有如此失是以不住世尊嘿然而不制止
尒時佛告舍利弗我今此衆无復枝葉純有
貞實舍利弗如是增上慢人退亦佳矣汝今
善聽當爲汝說舍利弗言唯然世尊願樂欲

BD04866號　妙法蓮華經卷一　(18–10)

此華羅根深重及增上慢未得謂得未證謂
證有如此失是以不住世尊嘿然而不制止
尒時佛告舍利弗我今此衆无復枝葉純有
貞實舍利弗如是增上慢人退亦佳矣汝今
善聽當爲汝說舍利弗言唯然世尊願樂欲
聞佛告舍利弗如是妙法諸佛如來時乃說
之如優曇鉢華時一現耳舍利弗汝等當信
佛之所說言不虛妄舍利弗諸佛隨冝說法
意趣難解所以者何我以无數方便種種因
緣譬喻言辝演說諸法是法非思量分別之
所能解唯有諸佛乃能知之所以者何諸佛
世尊唯以一大事因緣故出現於世舍利弗
云何名諸佛世尊唯以一大事因緣故出現
於世諸佛世尊欲令衆生開佛知見使得清
淨故出現於世欲示衆生佛之知見故出現
於世欲令衆生悟佛知見故出現於世欲令
衆生入佛知見道故出現於世舍利弗是爲
諸佛以一大事因緣故出現於世佛告舍利
弗諸佛如來但教化菩薩諸有所作常爲一
事唯以佛之知見示悟衆生舍利弗如來但
以一佛乘故爲衆生說法无有餘乘若二若
三舍利弗一切十方諸佛法亦如是舍利弗
過去諸佛以无量无數方便種種因緣譬喻
言辝而爲衆生演說諸法是法皆爲一佛乘
故是諸衆生從佛聞法究竟皆得一切種智

BD04866號　妙法蓮華經卷一　（18–11）

事唯以佛之知見示悟衆生舍利弗如來但
以一佛乘故爲衆生說法无有餘乘若二若
三舍利弗一切十方諸佛法亦如是舍利弗
過去諸佛以无量无數方便種種因緣譬喻
言辝而爲衆生演說諸法是法皆爲一佛乘
故是諸衆生從佛聞法究竟皆得一切種智
舍利弗未來諸佛當出於世亦以无量无數
方便種種因緣譬喻言辝而爲衆生演說諸
法是法皆爲一佛乘故是諸衆生從佛聞法
究竟皆得一切種智舍利弗現在十方无量
百千万億佛土中諸佛世尊多所饒益安樂
衆生是諸佛亦以无量无數方便種種因緣
譬喻言辝而爲衆生演說諸法是法皆爲一
佛乘故是諸衆生從佛聞法究竟皆得一切
種智舍利弗是諸佛但教化菩薩欲以佛之
知見示衆生故欲以佛之知見悟衆生故欲
令衆生入佛之知見故舍利弗我今亦復如
是知諸衆生有種種欲深心所著隨其本性
以種種因緣譬喻言辝方便力而爲說法舍
利弗如此皆爲得一佛乘一切種智故舍利
弗十方世界中尚无二乘何況有三舍利弗
諸佛出於五濁惡世所謂劫濁煩惱濁衆生
濁見濁命濁如是舍利弗劫濁亂時衆生垢
重慳貪嫉妬成就諸不善根故諸佛以方便
力於一佛乘分別說三舍利弗若我弟子自

BD04866號　妙法蓮華經卷一　（18–12）

[illegible]
以種種因緣譬喻言辭方便力而為說法舍
利弗如此皆為得一佛乘一切種智故舍利
弗十方世界中尚无二乘何況有三舍利弗
諸佛出於五濁惡世所謂劫濁煩惱濁眾生
濁見濁命濁如是舍利弗劫濁亂時眾生垢
重慳貪嫉妬成就諸不善根故諸佛以方便
力於一佛乘分別說三舍利弗若我弟子自
謂阿羅漢辟支佛者不聞不知諸佛如來但
教化菩薩事此非佛弟子非阿羅漢非辟支
佛又舍利弗是諸比丘比丘尼自謂已得阿
羅漢是最後身究竟涅槃便不復志求阿耨
多羅三藐三菩提當知此輩皆是增上慢人
所以者何若有比丘實得阿羅漢若不信此
法无有是處除佛滅度後現前无佛所以者
何佛滅度後如是等經受持讀誦解義者是
人難得若遇餘佛於此法中便得決了舍利
弗汝等當一心信解受持佛語諸佛如來言
无虛妄无有餘乘唯一佛乘尒時世尊欲重
宣此義而說偈言
比丘比丘尼 有懷增上慢 優婆塞我慢 優婆夷不信
如是四眾等 其數有五千 不自見其過 於戒有缺漏
護惜其瑕疵 是小智已出 眾中之糟糠 佛威德故去
斯人尠福德 不堪受是法 此眾无枝葉 唯有諸貞實
舍利弗善聽 諸佛所得法 无量方便力 而為眾生說

比丘比丘尼 有懷增上慢 優婆塞我慢 優婆夷不信
如是四眾等 其數有五千 不自見其過 於戒有缺漏
護惜其瑕疵 是小智已出 眾中之糟糠 佛威德故去
斯人尠福德 不堪受是法 此眾无枝葉 唯有諸貞實
舍利弗善聽 諸佛所得法 无量方便力 而為眾生說
眾生心所念 種種所行道 若干諸欲性 先世善惡業
佛悉知是已 以諸緣譬喻 言辭方便力 令一切歡喜
或說修多羅 伽陀及本事 本生未曾有 亦說於因緣
譬喻并祇夜 優波提舍經 鈍根樂小法 貪著於生死
於諸无量佛 不行深妙道 眾苦所惱亂 為是說涅槃
我設是方便 令得入佛慧 未曾說汝等 當得成佛道
所以未曾說 說時未至故 今正是其時 決定說大乘
我此九部法 隨順眾生說 入大乘為本 以故說是經
有佛子心淨 柔軟亦利根 无量諸佛所 而行深妙道
為此諸佛子 說是大乘經 我記如是人 來世成佛道
以深心念佛 修持淨戒故 此等聞得佛 大喜充遍身
佛知行心行 故為說大乘 聲聞若菩薩 聞我所說法
乃至於一偈 皆成佛无疑 十方佛土中 唯有一乘法
无二亦无三 除佛方便說 但以假名字 引導於眾生
說佛智慧故 諸佛出於世 唯此一事實 餘二則非真
終不以小乘 濟度於眾生 佛自住大乘 如其所得法
定慧力莊嚴 以此度眾生 自證无上道 大乘平等法
若以小乘化 乃至於一人 我則墮慳貪 此事為不可
若人信歸佛 如來不欺誑 亦无貪嫉意 斷諸法中惡
故佛於十方 而獨无所畏 我以相嚴身 光明照世間

終不以小乘　濟度於衆生　佛自住大乘　如其所得法
定慧力莊嚴　以此度衆生　自證无上道　大乘平等法
若以小乘化　乃至於一人　我則墮慳貪　此事爲不可
若人信歸佛　如來不欺誑　亦无貪嫉意　斷諸法中惡
故佛於十方　而獨无所畏　我以相嚴身　光明照世間
无量衆所尊　爲說實相印　舍利弗當知　我本立誓願
欲令一切衆　如我等无異　如我昔所願　今者已滿足
化一切衆生　皆令入佛道　若我遇衆生　盡教以佛道
无智者錯亂　迷惑不受教　我知此衆生　未曾脩善本
堅著於五欲　癡愛故生惱　以諸欲因緣　墜墮三惡道
輪迴六趣中　備受諸苦毒　受胎之微形　世世常增長
薄德少福人　衆苦所逼迫　入邪見稠林　若有若无等
依止此諸見　具足六十二　深著虛妄法　堅受不可捨
我慢自矜高　諂曲心不實　於千万億劫　不聞佛名字
亦不聞正法　如是人難度　是故舍利弗　我爲設方便
說諸盡苦道　示之以涅槃　我雖說涅槃　是亦非真滅
諸法從本來　常自寂滅相　佛子行道已　來世得作佛
我有方便力　開示三乘法　一切諸世尊　皆說一乘道
今此諸大衆　皆應除疑惑　諸佛語无異　唯一无二乘
過去无數劫　无量滅度佛　百千万億種　其數不可量
如是諸世尊　種種緣譬喻　无數方便力　演說諸法相
是諸世尊等　皆說一乘法　化无量衆生　令入於佛道
又諸大聖主　知一切世間　天人群生類　深心之所欲
更以異方便　助顯第一義　若有衆生類　值諸過去佛
若聞法布施　或持戒忍辱　精進禪智等　種種脩福慧

BD04866號　妙法蓮華經卷一　　　（18–15）

過去无數劫　无量滅度佛　百千万億種　其數不可量
如是諸世尊　種種緣譬喻　无數方便力　演說諸法相
是諸世尊等　皆說一乘法　化无量衆生　令入於佛道
又諸大聖主　知一切世間　天人群生類　深心之所欲
更以異方便　助顯第一義　若有衆生類　值諸過去佛
若聞法布施　或持戒忍辱　精進禪智等　種種脩福慧
如是諸人等　皆已成佛道　諸佛滅度已　若人善軟心
如是諸衆生　皆已成佛道　諸佛滅度已　供養舍利者
起万億種塔　金銀及頗梨　車𤦲與馬瑙　玫瑰瑠璃珠
清淨廣嚴飾　莊挍於諸塔　或有起石廟　栴檀及沈水
木櫁并餘材　甎瓦泥土等　若於曠野中　積土成佛廟
乃至童子戲　聚沙爲佛塔　如是諸人等　皆已成佛道
若人爲佛故　建立諸形像　刻彫成衆相　皆已成佛道
或以七寶成　鍮鉐赤白銅　白鑞及鈆錫　鐵木及與泥
或以膠漆布　嚴飾作佛像　如是諸人等　皆已成佛道
綵畫作佛像　百福莊嚴相　自作若使人　皆已成佛道
乃至童子戲　若草木及筆　或以指爪甲　而畫作佛像
如是諸人等　漸漸積功德　具足大悲心　皆已成佛道
但化諸菩薩　度脫无量衆　若人於塔廟　寶像及畫像
以華香幡蓋　敬心而供養　若使人作樂　擊鼓吹角貝
簫笛琴箜篌　琵琶鐃銅鈸　如是衆妙音　盡持以供養
或以歡喜心　歌唄頌佛德　乃至一小音　皆已成佛道
若人散亂心　乃至以一華　供養於畫像　漸見无數佛
或有人禮拜　或復但合掌　乃至舉一手　或復小低頭
以此供養像　漸見无量佛　自成无上道　廣度无數衆

BD04866號　妙法蓮華經卷一　　　（18–16）

以華香幡蓋 敬心而供養 若使人作樂 擊鼓吹角貝
簫笛琴箜篌 琵琶鐃銅鈸 如是衆妙音 盡持以供養
或以歡喜心 歌唄頌佛德 乃至一小音 皆已成佛道
若人散亂心 乃至以一華 供養於畫像 漸見无數佛
或有人禮拜 或復但合掌 乃至舉一手 或復小低頭
以此供養像 漸見无量佛 自成无上道 廣度无數衆
入无餘涅槃 如薪盡火滅 若人散亂心 入於塔廟中
一稱南无佛 皆已成佛道 於諸過去佛 現在或滅後
若有聞是法 皆已成佛道 未來諸世尊 其數无有量
是諸如來等 亦方便說法 一切諸如來 以无量方便
度脫諸衆生 入佛无漏智 若有聞法者 无一不成佛
諸佛本誓願 我所行佛道 普欲令衆生 亦同得此道
未來世諸佛 雖說百千億 无數諸法門 其實為一乘
諸佛兩足尊 知法常无性 佛種從緣起 是故說一乘
是法住法位 世間相常住 於道場知已 導師方便說
天人所供養 現在十方佛 其數如恒沙 出現於世間
安隱衆生故 亦說如是法 知第一寂滅 以方便力故
雖示種種道 其實為佛乘 知衆生諸行 深心之所念
過去所習業 欲性精進力 及諸根利鈍 以種種因緣
譬喻亦言辭 隨應方便說 今我亦如是 安隱衆生故
以種種法門 宣示於佛道 我以智慧力 知衆生性欲
方便說諸法 皆令得歡喜 舍利弗當知 我以佛眼觀
見六道衆生 貧窮无福慧 入生死險道 相續苦不斷
深著於五欲 如犛牛愛尾 以貪愛自蔽 盲瞑无所見
不求大勢佛 及與斷苦法 深入諸邪見 以苦欲捨苦

BD04866號　妙法蓮華經卷一　　（18–17）

是諸如來等 亦方便說法 一切諸如來 以无量方便
度脫諸衆生 入佛无漏智 若有聞法者 无一不成佛
諸佛本誓願 我所行佛道 普欲令衆生 亦同得此道
未來世諸佛 雖說百千億 无數諸法門 其實為一乘
諸佛兩足尊 知法常无性 佛種從緣起 是故說一乘
是法住法位 世間相常住 於道場知已 導師方便說
天人所供養 現在十方佛 其數如恒沙 出現於世間
安隱衆生故 亦說如是法 知第一寂滅 以方便力故
雖示種種道 其實為佛乘 知衆生諸行 深心之所念
過去所習業 欲性精進力 及諸根利鈍 以種種因緣
譬喻亦言辭 隨應方便說 今我亦如是 安隱衆生故
以種種法門 宣示於佛道 我以智慧力 知衆生性欲
方便說諸法 皆令得歡喜 舍利弗當知 我以佛眼觀
見六道衆生 貧窮无福慧 入生死險道 相續苦不斷
深著於五欲 如犛牛愛尾 以貪愛自蔽 盲瞑无所見
不求大勢佛 及與斷苦法 深入諸邪見 以苦欲捨苦
為是衆生故
於三七
衆

BD04866號　妙法蓮華經卷一　　（18–18）

大般若波羅蜜多經卷第十六　三藏法

初分教誡教授品第七之六

復次善現所言菩薩摩訶薩者

佛十力真如是菩薩摩訶薩不不

四無所畏四無礙解十八佛不共

菩薩摩訶薩不不也世尊異佛

菩薩摩訶薩不不也世尊異四

礙解十八佛不共法真如是菩薩

不也世尊佛十力真如中有菩薩

不也世尊四無所畏四無礙解十八佛

法真如中有菩薩摩訶薩不不也世尊菩

摩訶薩中有佛十力真如不不也世尊菩薩

摩訶薩中有四無所畏四無礙解十八佛不共

法真如不不也世尊離佛十力真如有菩

薩摩訶薩不不也世尊離四無所畏四無

解十八佛不共法真如有菩薩摩訶薩

也世尊

復次善現所言菩薩摩訶薩者於意云

大慈真如是菩薩摩訶薩不不也世尊即

BD04867號　大般若波羅蜜多經卷一六　（3–1）

摩訶薩中有四無所畏四無礙解十八佛不共

法真如不不也世尊離佛十力真如有菩

薩摩訶薩不不也世尊離四無所畏四無

解十八佛不共法真如有菩薩摩訶薩

也世尊

復次善現所言菩薩摩訶薩者於意云

大慈真如是菩薩摩訶薩不不也世尊即

悲大喜大捨真如是菩薩摩訶薩不不也

尊異大慈真如是菩薩摩訶薩不不也世

異大悲大喜大捨真如是菩薩摩訶薩不

也世尊大慈真如中有菩薩摩訶

世尊大悲大喜大捨真如中有菩

不不也世尊菩薩摩訶薩中有大

不也世尊菩薩摩訶薩中有大悲大喜大捨

真如不不也世尊離大慈真如有菩薩摩訶

薩不不也世尊離大悲大喜大捨真如有菩

薩摩訶薩不不也世尊

復次善現所言菩薩摩訶薩者於意云何即

三十二大士相真如是菩薩摩訶薩不不也

世尊即八十隨好真如是菩薩摩訶薩不不

也世尊異三十二大士相真如是菩薩摩訶

薩不不也世尊異八十隨好真如是菩薩摩

訶薩不不也世尊三十二大士相真如中有

菩薩摩訶薩不不也世尊八十隨好真如中

有菩薩摩訶薩不不也世尊菩薩摩訶薩中

有三十二大士相真如不不也世尊菩薩摩

BD04867號　大般若波羅蜜多經卷一六　（3–2）

也世尊異三十二大士相真如是菩薩摩訶
薩不不也世尊異八十隨好真如是菩薩摩
訶薩不不也世尊三十二大士相真如中有
菩薩摩訶薩不不也世尊八十隨好真如中
有菩薩摩訶薩不不也世尊菩薩摩訶薩中
有三十二大士相真如不不也世尊菩薩摩
訶薩中有八十隨好真如不不也世尊離三
十二大士相真如有菩薩摩訶薩不不也世尊
離八十隨好真如有菩薩摩訶薩不不也
世尊
復次善現所言菩薩摩訶薩者於意云何即
無忘失法真如是菩薩摩訶薩不不也世尊
即恒住捨性真如是菩薩摩訶薩不不也世
尊異無忘失法真如是菩薩摩訶薩不不也
世尊異恒住捨性真如是菩薩摩訶薩不不
也世尊無忘失法真如中有菩薩摩訶薩不
不也世尊恒住捨性真如中有菩薩摩訶薩
不不也世尊菩薩摩訶薩中有無忘失法真
如不不也世尊菩薩摩訶薩中有恒住捨性
真如不不也世尊離無忘失法真如有菩薩
摩訶薩不不也世尊離恒住捨性真如有菩
薩摩訶薩不不也世尊

BD04867 號　大般若波羅蜜多經卷一六　（3–3）

BD04867 號背　勘記　（1–1）

千万億[illegible]
无邊不可思
民皆豪安[illegible]……土[illegible]考
他方怨敵不来侵擾素
彼人王應作如是尊重正法亦於受持是妙
經典苾芻苾芻尼鄔波索迦鄔波斯迦供養
恭敬尊重讚歎所獲善根先以勝福施与汝
等及諸眷屬彼之人王有大福德善業因緣
於現世中得大自在增益威光吉祥妙相皆
悉莊嚴一切怨敵能以正法而摧伏之
尒時四天王白佛言世尊若有人王能作如
是恭敬正法聽此經王并於四衆持經之人
恭敬供養尊重讚[illegible]彼人王欲為我等生
歡喜故當在一邊近於法座香水灑地散衆
名花安置處所設四王座我与彼王共聽正
法其王所有自利善根亦以福分施及我等世
尊時彼人王請說法者昇座之時便為我等
燒衆名香供養是經世尊時彼香烟於一念
頃上昇虛空即至我等諸天宮殿於虛空中
變成香蓋我等天衆聞彼妙香香有金光照
曜我等所居宮殿乃至梵宮及以帝釋大辯
才天大吉祥天堅牢地神正了知大將二十八
部諸藥叉神大自在天金剛密主寶賢大將

BD04868號　金光明最勝王經卷六　（12–1）

燒衆名香供養是經世尊時彼香烟於一念
頃上昇虛空即至我等諸天宮殿於虛空中
變成香蓋我等天衆聞彼妙香香有金光照
曜我等所居宮殿乃至梵宮及以帝釋大辯
才天大吉祥天堅牢地神正了知大將二十八
部諸藥叉神大自在天金剛密主寶賢大將
訶利底母五百眷屬无熱惱池龍王大海
龍王所居之處世尊如是等衆於自宮殿見
彼香烟一剎那頃變成香蓋聞香芬馥覩色
光明遍至一切諸天神宮佛告四天王是香光
光明非但至此宮殿變成香蓋放大光明由
彼人王手執香爐燒衆名香供養經時其烟
氣於一念頃遍至三千大千世界百億日
月百億妙高山王百億四洲於此三千大千
世界一切天龍藥叉健闥婆阿蘇羅揭路荼
緊那羅莫呼洛伽宮殿之所於虛空中充滿
而住種種香烟變成雲蓋其蓋金色普照
天宮如是三千大千世界所有種種香雲香
蓋皆是金光明最勝王經威神之力是諸人
王手持香爐供養經時種種香氣非但遍此
三千大千世界於一念頃亦遍十方无量无
邊恒河沙等百千万億諸佛國土於諸佛上
虛空之中變成香蓋金色普照亦復如是時
彼諸佛聞此妙香觀斯雲蓋及以金色於十
方界恒河沙等諸佛世尊現神變已彼諸世
尊悉共觀察異口同音讚法師曰善哉善哉
汝大丈夫能廣流布如是甚深微妙經典
則為成就无量无邊不可思議福德之聚若

BD04868號　金光明最勝王經卷六　（12–2）

虛空之中變成香蓋金色普照亦復如是時
彼諸佛聞此妙香覩斯雲蓋及以金色於十
方界恒河沙等諸佛世尊現神變已彼諸世
尊悉共觀察異口同音讚法師曰善哉善哉
汝大丈夫能廣流布如是甚深微妙經典
則為成就无量无邊不可思議福德之聚若
有聽聞如是經者所獲功德其量甚多何況書
寫受持讀誦為他敷演如說修行 何以故善
男子若有衆生聞此金光明最勝王經者即
於阿耨多羅三藐三菩提不復退轉
尒時十方有百千俱胝那庾多无量无數恒
河沙等諸佛剎土彼諸剎土一切如來異口
同音於法座上讚彼法師言善哉善哉善男
子汝於來世以精勤力當修无量百千苦行
具足資糧超諸聖衆出過三界為最勝尊
當坐菩提樹王之下殊勝莊嚴能救三千大千
世界有緣衆生善能摧伏可畏形儀諸魔軍
衆覺了諸法最勝清淨甚深无上正等菩
提善男子汝當坐於金剛之座轉於无上諸佛
所讚十二妙行甚深妙輪能擊无上最大法鼓
能吹无上極妙法螺 能建无上殊勝法幢 能
然无上極明法炬能降无上甘露法雨能斷
无量煩惱怨結能令无量百千万億那庾多
有情度於无涯可畏大海解脫生死无際輪
迴值遇无量百千万億那庾多佛
尒時四天王復白佛言世尊是金光明最勝
王經能於未來現在成就如是无量功德是
故人王若得聞是微妙經典即是已於百千

BD04868號　金光明最勝王經卷六　（12–3）

无量煩惱怨結能令无量百千万億那庾多
有情度於无涯可畏大海解脫生死无際輪
迴值遇无量百千万億那庾多佛
尒時四天王復白佛言世尊是金光明最勝
王經能於未來現在成就如是无量功德是
故人王若得聞是微妙經典即是已於百千
万億无量佛所種諸善根於彼人王我當讚
念復見无量福德利故我等四王及餘眷屬
无量百千万億諸神於自宮殿見是種種香
烟雲蓋神變之時我當隱蔽不現其身為聽
法故當至是王清淨嚴飾所止宮殿講法之
處如是乃至梵宮帝釋大辯才天大吉祥天
堅牢地神正了知神大將二十八部諸藥叉
神大自在天金剛密主寶賢大將訶利底母五
百眷屬无熱惱池龍王大海龍王无量百千
万億那庾多諸天藥叉如是等衆為聽法故
皆不現身至彼人王殊勝宮殿莊嚴高座說
法之所世尊我等四王及餘眷屬藥叉諸神
皆當一心共彼人王為善知識因是无上大
法施主以甘露味充足於我是故我等當護
是王除其衰患令得安隱及其宮殿城邑國
土諸惡災變悉令銷滅尒時四天王俱共合
掌白佛言世尊若有人王於其國土雖有
此經未嘗流布心生捨離不樂聽聞亦不供
養尊重讚歎見四部衆持經之人亦復不能
尊重供養遂令我等及餘眷屬无量諸天
不得聞此甚深妙法背甘露味失正法流无
有威光及以勢力增長惡趣損減人天墮生死

BD04868號　金光明最勝王經卷六　（12–4）

此經未嘗流布心生捨離不樂聽聞亦不供
養尊重讚歎見四部衆持經之人亦復不能
尊重供養遂令我等及餘眷屬无量諸天
不得聞此甚深妙法背甘露味失正法流无
有威光及以勢力增長惡趣損減人天墜生死
河乖涅槃路世尊我等四王并諸眷屬及藥
叉等見如斯事捨其國土无擁護心非但我
等捨棄是王亦有无量守護國土諸大善神
悉皆捨去既捨離已其國當有種種災禍喪
失國位一切人衆皆无善心唯有繫縛殺害
瞋諍互相讒諂枉及无辜疾疫流行彗星數
出兩日並現薄蝕无恒黑白二虹表不祥相
星流地動井內發聲暴雨惡風不依時節常
遭飢饉苗實不成多有他方怨賊侵掠國內
人民受諸苦惱土地无有可樂之處世尊我
等四王及与无量百千天神并護國土諸舊
善神遠離去時生如是等无量百千災恠惡
事世尊若有人王欲護國土常受快樂欲令
衆生咸蒙安隱欲得摧伏一切外敵於自國
境永得昌盛欲令正教流布世間苦惱惡法
皆除滅者世尊是諸國主必當聽受是妙經
王亦應恭敬供養讀誦受持經者我等及
餘无量天衆以是聽法善根威力得服无上甘
露法味增益我等所有眷屬并餘天神皆得
勝利何以故以是人王至心聽受是經典故世
尊如大梵天於諸有情常為宣說世出世論
帝釋復說種種諸論五通神仙亦說諸論世

BD04868號　金光明最勝王經卷六　（12–5）

露法味增益我等所有眷屬并餘天神皆得
勝利何以故以是人王至心聽受是經典故世
尊如大梵天於諸有情常為宣說世出世論
帝釋復說種種諸論五通神仙亦說諸論世
尊梵天帝釋五通仙人雖有百千俱胝那庾
多无量諸論然佛世尊慈悲哀愍為人天衆
說金光明微妙經典比前所說勝彼百千俱
胝那庾多倍不可為喻何以故由此能令諸
贍部洲所有王等正法化世能与衆生安樂
之事為護自身及諸眷屬令无苦惱又无他
方怨賊侵害所有諸惡悉皆遠去亦令國土
災厄屏除化以正法无有諍訟是故人王各
於國土當然法炬明照无邊增益天衆并諸
眷屬世尊我等四王无量天神藥叉之衆贍
部洲內所有天神以是因緣得服无上甘露
法味獲大威德勢力光明无不具足一切衆
生皆得安隱復於來世无量百千不可思議
那庾多劫常受快樂復得值遇无量諸佛種
諸善根然後證得阿耨多羅三藐三菩提
如是无量无邊勝利皆是如來應正等覺以
大慈悲過梵衆以大智慧逾帝釋修諸苦
行勝五通仙百千万億那庾多倍不可稱計為
諸衆生演說如是微妙經典令贍部洲一切
國主及諸人衆明了世間所有法式治國化
人勸導之事由此經王流通力故普得安樂
此等福利皆是釋迦大師於此經典廣為流
通慈悲力故世尊以是因緣諸人王等皆應受

BD04868號　金光明最勝王經卷六　（12–6）

諸衆生演說如是微妙經典令贍部洲一切
國主及諸人衆明了世間所有法式治國化
人勸導之事由此經王流通力故普得安樂
此等福利皆是釋迦大師於此經典廣為流
通慈悲力故世尊以是因緣諸人王等皆應受
持供養恭敬尊重讚歎此妙經王何以故以
如是等不可思議殊勝功德利益一切是故
名曰最勝經王
尒時世尊復告四天王汝等四王及餘眷屬
无量百千俱胝那庾多諸天大衆見彼人王若
能至心聽是經典供養恭敬尊重讚歎者應
當擁護除其衰患能令汝等亦受安樂若四
部衆能廣流布是經王者於人天中廣作
佛事普能利益无量衆生如是之人汝等四王
常當擁護如是四衆勿使他緣共相侵擾令
彼身心寂靜安樂於此經王廣宣流布令不
斷絕利益有情盡未來際
尒時多聞天王從座而起白佛言世尊我有
如意寶珠陁羅尼法若有衆生樂受持者功
德无量我常擁護令彼衆生離苦得樂能成
福智二種資糧欲受持者先當誦此護身之
呪即說呪曰
南无薜室囉末拏也 莫訶曷囉闍也 (但是也上之字皆須引聲)
怛姪他 囉囉囉 矩怒 矩怒
區怒區怒 窶怒窶怒 颯縛颯縛
羯囉羯囉 莫訶毗羯喇麼 莫訶毗羯喇麼
莫訶曷囉社 曷咯叉曷咯叉 覩湯 (自稱己名)
薩婆薩埵難者 莎訶 (此之二字皆長引聲)

BD04868號 金光明最勝王經卷六 (12-7)

怛姪他 囉囉囉 矩怒 矩怒
區怒區怒 窶怒窶怒 颯縛颯縛
羯囉羯囉 莫訶毗羯喇麼 莫訶毗羯喇麼
莫訶曷囉社 曷咯叉曷咯叉 覩湯 (自稱己名)
薩婆薩埵難者 莎訶 (此之二字皆長引聲)
世尊誦此呪者當以白線呪之七遍一遍一結繫
之肘後其事必成應取諸香所謂安息旃
檀龍腦蘇合多揭羅薰陸皆須等分和合
一處手執香爐燒香供養清淨澡浴著鮮潔
衣於靜室可誦神呪
請我薜室囉末拏天王即說呪曰
南无薜室羅 末拏(引)也 南无檀那䭾也
檀泥說囉(引)也 阿揭捨 阿鉢喇弭多
檀泥說 囉 鉢囉磨 迦留尼迦
薩婆薩埵 呬多振多 磨磨(己名)檀那
末䭾喇撥捨 碎闍摩揭捨 莎訶
此呪誦滿一七遍已次誦本呪欲誦呪時先
當稱名敬礼三寶及薜室羅末拏大王能施
財物令諸衆生所求願滿悉能成就與其安
樂如是礼已次誦薜室羅末拏王如意末尼
寶心神呪能施衆生隨意安樂尒時多聞天
王即於佛前說如意末尼寶心呪曰
南謨曷喇怛娜 怛喇夜(引) 也
南无薜室囉末拏(引)也 莫訶囉闍(引)也
怛姪他 四弭四弭 蘇母 蘇母
旃荼旃荼 折囉折囉 薩囉薩囉
羯囉羯囉 枳里枳哩 矩嚕矩嚕
母嚕母嚕 主嚕主嚕 娑大也頞貪

BD04868號 金光明最勝王經卷六 (12-8)

南无薜室囉末拏引也　莫訶囉闍引也
怛姪他　四弭四弭　蘇母蘇母
旃荼旃荼　折囉折囉　薩囉薩囉
羯囉羯囉　枳哩枳哩　矩嚕矩嚕
母嚕母嚕　主嚕主嚕　娑大也頞貪
我名某甲　昵店頞他　達達覩莎訶
南无薜室囉末拏也莎訶檀那馱也莎訶
曼奴喇他鉢喇脯喇迦引也莎訶
受持呪時先誦千遍然後於淨室中瞿摩
塗地作小壇場隨時飲食一心供養常然妙香
令烟不絶誦前心呪晝夜繫心唯自耳聞勿
令他解時有薜室囉末拏王子名禪膩師現
童子形來至其所問言何故須喚我父即可報
言我為供養三寶事須財物願當施与時禪
膩師聞是語已即還父所白其父言今有善
人發至誠心供養三寶少乏財物為斯請召
其父報曰汝可速去日日与彼一百迦利沙波拏
此是根本梵音唯目貝齒而隨方不定或是貝齒或是金銀銅鐵等錢
然摩揭陁現今通用一迦利沙波拏有一千六百貝齒數可准知若准
物直隨處不定若人持呪得成就者獲物之時自知其數有本云每日
与一百陳那羅即金錢也乃至盡形日日常得西方求者多有神驗除不至心
其持呪者見是相已知事得成當須獨處淨
室燒香而卧可於牀邊置一香篋每至
天曉觀其篋中獲所求物每得物時當日即
須供養三寶香花飲食兼施貧乏皆令
罄盡不得停留於諸有情起慈悲念勿生瞋
誑諂害之心若起瞋者即失神驗常可護心
勿令瞋恚又持此呪者於每日中憶我多聞
天王及男女眷屬稱揚讚歎恒以十善共相
資助令彼天等福力增明衆善普臻　證菩提

須供養三寶香花飲食兼施貧乏皆令
罄盡不得停留於諸有情起慈悲念勿生瞋
誑諂害之心若起瞋者即失神驗常可護心
勿令瞋恚又持此呪者於每日中憶我多聞
天王及男女眷屬稱揚讚歎恒以十善共相
資助令彼天等福力增明衆善普臻　證菩提
處彼諸天衆見是事已皆大歡喜共來擁
衛持呪之人又持呪者壽命長遠經无量歲
永離三塗常无災厄亦令獲得如意寶珠
及以伏藏神通自在所願皆成若求官榮无
不稱意亦解一切禽獸之語
世尊若持呪時欲得見我自身現者可於月
八日或十五日於白疊上畫佛形像當用木
膠雜彩莊飾其畫像人為受八戒於佛左
邊作吉祥天女像於佛右邊作我多聞天像
并畫男女眷屬之類安置坐處咸令如法布
列花彩燒衆名香然燈續明晝夜无歇上妙
飲食種種珍奇發慇重心隨時供養受持神
呪不得輕心請召我時應誦此呪
南无室利健那引也　勃陁也
南无薜室囉末拏也　藥叉囉闍引下同也
莫訶囉闍　阿地囉闍也
南麼室唎耶㮈　莫訶提弊引㮈
怛姪他　怛囉怛囉咄嚕咄嚕
末囉末囉　窣窣吒窣窣吒
漢娜漢娜　末尼羯諾迦
跋折囉薜琉璃也　目底迦楞訖㗚哆
設喇囉㮈　蒲引薩婆薩埵

南麼室唎耶囊　莫訶提弊引囊
怛姪他　怛囉怛囉咄嚕咄嚕
末囉末囉　窣卒吒窣卒吒
漢娜漢娜　末尼羯諾迦
跋折囉薜琉璃也　目底迦揭諾栗哆
設唎羅囊　蒲引薩婆薩嚩
呬哆迦引摩　薜室羅末拏
室唎夜提鼻　跋囇婆引也
瞽呬瞽呬磨毗藍婆　瞿栗拏瞿栗拏
秣反廝八唎婆秣唎波　達馱呬磨磨
阿目迦那末寫自稱己名　達哩設那迦末寫
達哩設南　磨磨末那
鉢唎呂羅大也　莎訶
世尊我若見此誦呪之人復見如是盛興供
養即生慈愛歡喜之心我即變身作小兒形
或作老人苾芻之像手持如意末尼寶珠并
持金囊入道場內身現恭敬口稱佛名語持
呪者曰隨汝所求皆令如願或隱林藪或造
寶珠或欲衆人愛寵或求金銀等物欲持諸
呪皆令有驗或欲神通壽命長遠及勝妙
樂无不稱心我今且說如是之事若更求餘皆
隨所願悉得成就寶藏无盡功德无窮假使
日月墜墮於地或可大地有時移轉我此實
語終不虛然常得安隱隨心快樂世尊若有
人能受持讀誦是經王者誦此呪時不假疲
勞法速成就世尊我今為彼貧窮困厄苦惱
衆生說此神呪令獲大利皆得富樂自在无
患乃至盡形我當擁護隨逐是人為除災厄
亦復令此持金光明最勝王經流通之者及

BD04868號　金光明最勝王經卷六　（12–11）

樂无不稱心我今且說如是之事若更求餘皆
隨所願悉得成就寶藏无盡功德无窮假使
日月墜墮於地或可大地有時移轉我此實
語終不虛然常得安隱隨心快樂世尊若有
人能受持讀誦是經王者誦此呪時不假疲
勞法速成就世尊我今為彼貧窮困厄苦惱
衆生說此神呪令獲大利皆得富樂自在无
患乃至盡形我當擁護隨逐是人為除災厄
亦復令此持金光明最勝王經流通之者及
持呪人於百步內光明照燭我之所有千藥叉神
亦常侍衛隨欲驅使无不遂心我說實語
无有虛誑唯佛證知時多聞天王說此呪已佛
言善哉大王汝能破裂一切衆生貧窮苦網
令得富樂說是神呪復令此經廣行於世時
四天王俱從座起偏袒一肩頂禮雙足右膝著
地合掌恭敬以妙伽他讚佛功德
佛面猶如淨滿月　亦如千日放光明
目淨脩廣若青蓮　齒白齊密猶珂雪
佛德无邊如大海　无限妙寶積其中
智慧德水鎮恒盈　百千勝定咸充滿
足下輪相皆嚴飾　轂輞千輻悉齊平
手足鞔網遍莊嚴　猶如鵝王相具足
佛身光曜等金山　清淨殊特无倫匹
亦如妙高功德滿　故我稽首佛山王
相好如空不可闡　逾

BD04868號　金光明最勝王經卷六　（12–12）

不及一万至百千俱胝那庾多分亦不及一
如是數分筭分計分喻分乃至鄔波尼殺曇
分皆不及一何以故以如來身常所現光熾
然爍赫於諸光中最尊最勝最極最妙无
比无等无上第一蔽諸天光皆令不現猶如黑
鐵對瞻部金
時天帝釋白善現言今此三千大千世界欲
色諸天一切來集咸皆渴仰欲聞大德宣說
般若波羅蜜多大德何者是菩薩摩訶薩般
若波羅蜜多云何菩薩摩訶薩應住般若波
羅蜜多云何菩薩摩訶薩應學般若波羅蜜
多具壽善現告帝釋言善哉憍尸迦汝等諸
天諦聽諦聽吾當承佛神力順如來意為諸
菩薩摩訶薩宣說般若波羅蜜多如菩薩摩
訶薩所應住所應學憍尸迦汝諸天等未發
阿耨多羅三藐三菩提心者今皆應發憍尸
迦若入聲聞獨覺正性離生者不能復發阿
耨多羅三藐三菩提心何以故彼於生死流
已作限隔故是中設有能於无上正等菩提
發心趣者我亦隨喜所以者何諸勝士夫應
更求上法我於有情冣妙善品不為礙故
憍尸迦汝聞何者是菩薩摩訶薩般若波羅

BD04869號　大般若波羅蜜多經卷七七　（4–1）

迦若入聲聞獨覺正性離生者不能復發阿
耨多羅三藐三菩提心何以故彼於生死流
已作限隔故是中設有能於无上正等菩提
發心趣者我亦隨喜所以者何諸勝士夫應
更求上法我於有情冣妙善品不為礙故
憍尸迦汝聞何者是菩薩摩訶薩般若波羅
蜜多者諦聽諦聽當為汝說憍尸迦若菩
薩摩訶薩以應一切智智心用无所得為方
便思惟色无常思惟受想行識无常思惟色苦
思惟受想行識苦思惟色无我思惟受想行
識无我思惟色不淨思惟受想行識不淨思
惟色空思惟受想行識空思惟色无想思
惟受相行識无相思惟色无願思惟受相行
識无願思惟色寂靜思惟受想行識寂靜思
惟色遠離思惟受想行識遠離思惟色如病思
惟受想行識如病思惟色如癰思惟受想行
識如癰思惟色如箭思惟受想行識如箭思
惟色如瘡思惟受想行識如瘡思惟色熱惱
思惟受想行識熱惱思惟色逼切思惟受想
行識逼切思惟色敗壞思惟受想行識敗壞思
惟色衰朽思惟受想行識衰朽思惟色變
動思惟受想行識變動思惟色速滅思惟受
想行識速滅思惟色可畏思惟受想行識可
畏思惟色可猒思惟受想行識可猒思惟色
有災思惟受想行識有災思惟色有橫思惟
受想行識有橫思惟色有疫思惟受想行識
有疫思惟色有癘思惟受想行識有癘思惟

BD04869號　大般若波羅蜜多經卷七七　（4–2）

動思惟受想行識變動思惟色速滅思惟受
想行識速滅思惟色可畏思惟受想行識可
畏思惟色可猒思惟受想行識可猒思惟色
有災思惟受想行識有災思惟色有横思惟
受想行識有横思惟色有疫思惟受想行識
有疫思惟色有癘思惟受想行識有癘思惟
色性不安隱思惟受想行識性不安隱思惟
色不可保信思惟受想行識不可保信思惟
色无生无滅思惟受想行識无生无滅思惟
色无染无淨思惟受想行識无染无淨思惟
色无作无為思惟受想行識无作无為憍尸
迦是為菩薩摩訶薩般若波羅蜜多
憍尸迦若菩薩摩訶薩以應一切智智心用
无所得為方便思惟眼處无常思惟耳鼻舌
身意處无常思惟眼處苦思惟耳鼻舌身意
處苦思惟眼處无我思惟耳鼻舌身意處无
我思惟眼處不淨思惟耳鼻舌身意處不淨
思惟眼處空思惟耳鼻舌身意處空思惟眼
處无相思惟耳鼻舌身意處无相思惟眼處
无願思惟耳鼻舌身意處无願思惟眼處寂
靜思惟耳鼻舌身意處寂靜思惟眼處遠離
思惟耳鼻舌身意處遠離思惟眼處如病思
惟耳鼻舌身意處如病思惟眼處如癰思惟
耳鼻舌身意處如癰思惟眼處如箭思惟耳
鼻舌身意處如箭思惟眼處如瘡思惟耳鼻
舌身意處如瘡思惟眼處熱惱思惟耳鼻舌
身意處熱惱思惟眼處逼切思惟耳鼻舌身
意處逼切思惟眼處敗壞思惟耳鼻舌身意

BD04869號　大般若波羅蜜多經卷七七　（4-3）

耳鼻舌身意處如癰思惟眼處如箭思惟耳
鼻舌身意處如箭思惟眼處如瘡思惟耳鼻
舌身意處如瘡思惟眼處熱惱思惟耳鼻舌
身意處熱惱思惟眼處逼切思惟耳鼻舌身
意處逼切思惟眼處敗壞思惟耳鼻舌身意
處敗壞思惟眼處衰朽思惟耳鼻舌身意處
衰朽思惟眼處變動思惟耳鼻舌身意處變
動思惟眼處速滅思惟耳鼻舌身意處速滅
思惟眼處可畏思惟耳鼻舌身意處可畏思
惟眼處可猒思惟耳鼻舌身意處可猒思
惟眼處有災思惟耳鼻舌身意處有災思惟
眼處有横思惟耳鼻舌身意處有横思惟眼處
有疫思惟耳鼻舌身意處有疫思惟眼處有
癘思惟耳鼻舌身意處有癘思惟眼處性不
安隱思惟耳鼻舌身意處性不安隱思惟眼
處不可保信思惟耳鼻舌身意處不可保信
思惟眼處无生无滅思惟耳鼻舌身意處无
生无滅思惟眼處无染无淨思惟耳鼻舌身
意處无染无淨思惟眼處无作无為思惟耳
鼻舌身意處无作无為憍尸迦是為菩薩摩
訶薩般若波羅蜜多
憍尸迦若菩薩摩訶薩以應一切智智心用
无所得為方便思惟色處无常思惟聲香味
觸法處无常思惟色處苦思惟聲香味觸法

BD04869號　大般若波羅蜜多經卷七七　（4-4）

BD04869號背　勘記　（1–1）

大智善住法空及一切種菩提分法作如是
念尒時應學非為證時善現是菩薩摩訶薩
行深般若波羅蜜多作是念我於布施波
羅蜜多尒時應學不應作證我於淨戒安忍
精進靜慮般若波羅蜜多尒時應學不應作
證我於內空尒時應學不應作證我於外空
內外空空空大空勝義空有為空無為空畢
竟空無際空散空無變異空本性空自相空
共相空一切法空不可得空無性空自性空
無性自性空尒時應學不應作證我於真如
尒時應學不應作證我於法界法性不虛妄
性不變異性平等性離生性法定法住實際
虛空界不思議界尒時應學不應作證我於
苦聖諦尒時應學不應作證我於集滅道聖
諦尒時應學不應作證我於四靜慮尒時應
學不應作證我於四無量四無色定尒時應
學不應作證我於八解脫尒時應學不應作
證我於八勝處九次第定十遍處尒時應學
不應作證我於四念住尒時應學不應作證
我於四正斷四神足五根五力七等覺支八
聖道支尒時應學不應作證我於空解脫門
尒時應學不應作證我於無相無願解脫門

BD04870號　大般若波羅蜜多經卷三三一　（3–1）

諦今時應學不應作證我於四靜慮今時應
學不應作證我於四無量四無色定今時應
學不應作證我於八解脫今時應學不應作
證我於八勝處九次第定十遍處今時應學
不應作證我於四念住今時應學不應作證
我於四正斷四神足五根五力七等覺支八
聖道支今時應學不應作證我於空解脫門
今時應學不應作證我於無相無願解脫門
今時應學不應作證我於五眼今時應學不
應作證我於六神通今時應學不應作證我
於佛十力今時應學不應作證我於四無所
畏四無礙解大慈大悲大喜大捨十八佛不
共法今時應學不應作證我於無忘失法今
時應學不應作證我於恒住捨性今時應
學不應作證我於一切智今時於學不應作證
我於道相智一切相智今時應學不應作證
我於一切陀羅尼門今時應學不應作證我
於一切三摩地門今時應學不應作證我於
一切菩薩摩訶薩行今時應學不應作證我
於無上正等菩提今時應學不應作證我今
應學一切智智不應證預流果我今應學一
切智智不應證一來不還阿羅漢果我今
應學一切智智不應證獨覺菩提

大般若波羅蜜多經卷第三百卅一

BD04870號　大般若波羅蜜多經卷三三一　（3–2）

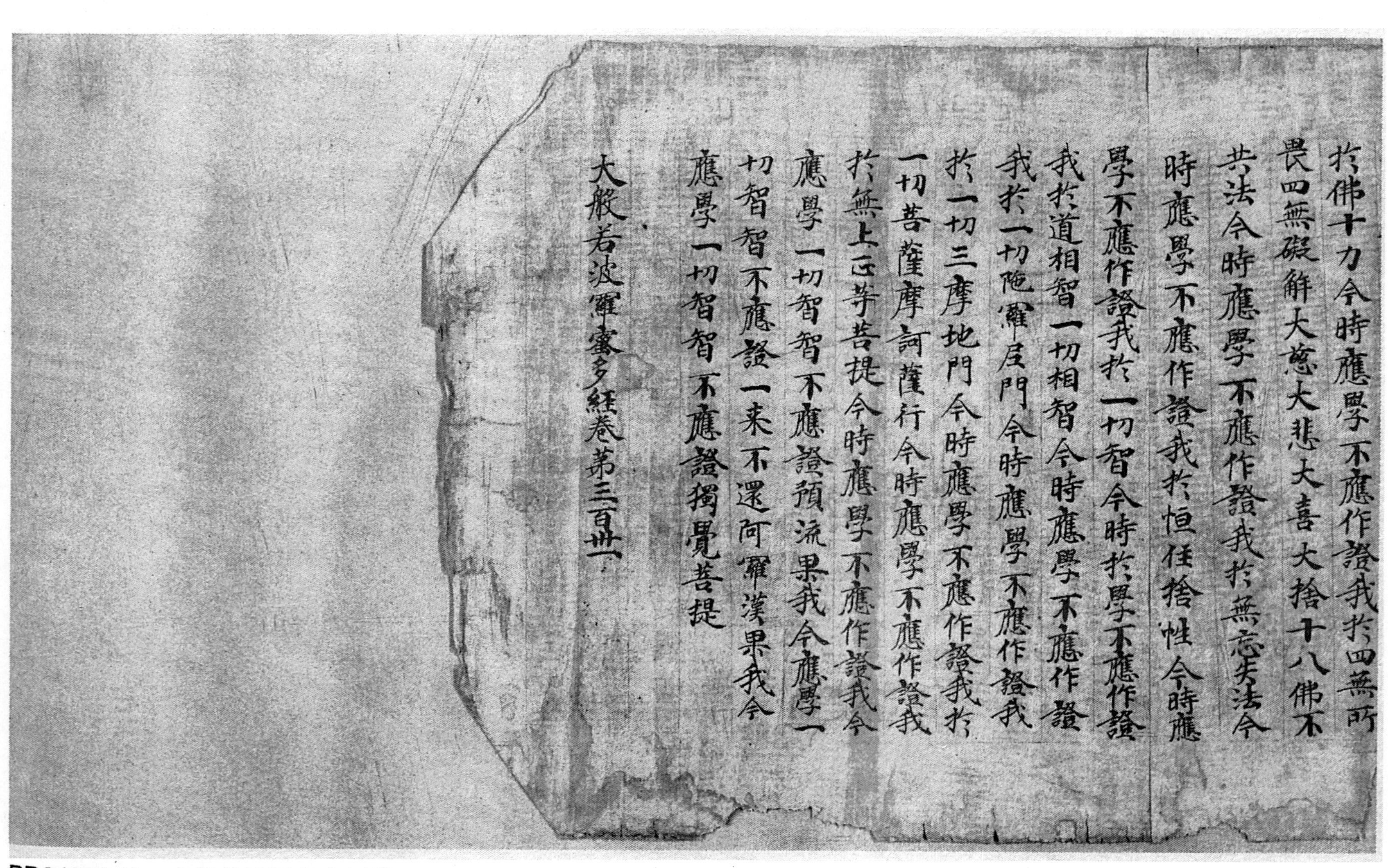

於佛十力今時應學不應作證我於四無所
畏四無礙解大慈大悲大喜大捨十八佛不
共法今時應學不應作證我於無忘失法今
時應學不應作證我於恒住捨性今時應
學不應作證我於一切智今時於學不應作證
我於道相智一切相智今時應學不應作證
我於一切陀羅尼門今時應學不應作證我
於一切三摩地門今時應學不應作證我於
一切菩薩摩訶薩行今時應學不應作證我
於無上正等菩提今時應學不應作證我今
應學一切智智不應證預流果我今應學一
切智智不應證一來不還阿羅漢果我今
應學一切智智不應證獨覺菩提

大般若波羅蜜多經卷第三百卅一

BD04870號　大般若波羅蜜多經卷三三一　（3–3）

如也衆聖賢亦如也至於弥勒亦如也若弥
勒得受記者一切衆生亦應受記所以者何
夫如者不二不異若弥勒得阿耨多羅三藐
三菩提者一切衆生皆亦應得所以者何一
切衆生即菩提相若弥勒得滅度者一切衆
生亦當滅度所以者何諸佛知一切衆生畢
竟寂滅即涅槃相不復更滅是故弥勒无以
此法誘諸天子實无發阿耨多羅三藐三菩
提心者亦无退者弥勒當令此諸天子捨於
分別菩提之見所以者何菩提者不可以身
得不可以心得寂滅是菩提滅諸相故不觀
是菩提離諸緣故不行是菩提无憶念故
斷是菩提捨諸見故離是菩提離諸妄想故
鄣是菩提鄣諸願故不入是菩提无貪著故順
是菩提順於如故住是菩提住法性故至是
菩提至實際故不二是菩提離意法故等是
菩提等虛空故无為是菩提无生住滅故 智
是菩提了衆生心行故不會是菩提諸入不
會故不合是菩提離煩惱習故无處是菩提
无形色故假名是菩提名字空故如化是菩

BD04871號　維摩詰所說經卷上　（3–1）

是菩提順於如故住是菩提住法性故至是
菩提至實際故不二是菩提離意法故等是
菩提等虛空故无為是菩提无生住滅故 智
是菩提了衆生心行故不會是菩提諸入不
會故不合是菩提離煩惱習故无處是菩提
无形色故假名是菩提名字空故如化是菩
提无取捨故无亂是菩提常自靜故善寂是
菩提性清淨故无取是菩提離攀緣故无異
是菩提諸法等故无比是菩提无可喻故微妙
是菩提諸法難知故世尊維摩詰說是法時二
百天子得无生法忍故我不任詣彼問疾
佛告光嚴童子汝行詣維摩詰問疾光嚴童子白
佛言世尊我不堪任詣彼問疾所以者何憶念
我昔出毗耶離大城時維摩詰方入城 我即
為作礼而問言居士從何所來答我言 吾從
道場來我問道場者何所是答曰真心是道
場无虛假故發行是道場能辦事故深心是
道場增益功德故菩提心是道場无錯謬故
布施是道場不望報故持戒是道場得願具
故忍辱是道場於諸衆生心无㝵故精進是
道場不懈退故禪定是道場心調柔故智慧
是道場現見諸法故慈是道場等衆生故悲
是道場忍疲苦故喜是道場悅樂法故捨是
道場憎愛斷故神通是道場成就六通故解
脫是道場能背捨故方便是道場教化衆生
故四攝是道場攝衆生故多聞是道場如聞
行故伏心是道場正觀諸法故三十七品是道

BD04871號　維摩詰所說經卷上　（3–2）

[illegible]
是道場現見諸法故慈是道場等衆生故悲
是道場忍疲苦故喜是道場悅樂法故捨是
道場憎愛斷故神通是道場成就六通故解
脫是道場能背捨故方便是道場教化衆生
故四攝是道場攝衆生故多聞是道場如聞
行故伏心是道場正觀諸法故三十七品是道
場捨有爲法故諦是道場不誑世間故緣起
是道場无明乃至老死皆无盡故諸煩惱是
道場知如實故衆生是道場知无我故一切
法是道場知諸法空故降魔是道場不傾
動故三界是道場无所趣故師子吼是道場
无所畏故力无畏不共法是道場无諸過故三
明是道場无餘导故一念知一切法是道場成
就一切智故如是善男子菩薩若應諸波羅蜜
教化衆生諸有所作舉足下足當知皆從道
場來住於佛法矣說是法時五百天子皆發阿
耨多羅三藐三菩提心故我不任詣彼問疾
佛告持世菩薩汝行詣維摩詰問疾持世白佛
言世尊我不堪任詣彼問疾所以者何憶念
我昔住於靜室時魔波旬從万二千天女狀
如帝釋鼓樂絃歌來詣我所與其眷屬稽首

BD04871 號　維摩詰所說經卷上　（3–3）

種伎樂既到本國與八万四千菩[illegible]
淨華宿王智佛所白佛言世尊我到[illegible]
界饒益衆生見釋迦牟尼佛及見多[illegible]
礼拜供養又見文殊師利法王[illegible]菩薩及
藥王菩薩得勤精進力菩薩勇施菩[illegible]
令是八万四千菩薩得現一切色身三昧說
是妙音菩薩來往品時四万二千天子得无
生法忍華德菩薩得法華三昧
妙法蓮華經觀世音菩薩普門品第二十五
尒時无盡意菩薩即從座起偏袒右肩合掌
向佛而作是言世尊觀世音菩薩以何因緣
名觀世音佛告无盡意菩薩善男子若有无
量百千万億衆生受諸苦惱聞是觀世音菩
薩一心稱名觀世音菩薩即時觀其音聲皆
得解脫若有持是觀世音菩薩名者設入大
火火不能燒由是菩薩威神力故若爲大水
所漂稱其名号即得淺處若有百千万億衆
生爲求金銀瑠璃車𤦲馬瑙珊瑚虎珀真珠
等寶入於大海假使黑風吹其船舫漂墮羅
剎鬼國其中若有乃至一人稱觀世音菩薩
名者是諸人等皆得解脫羅剎之難以是因
緣名觀世音若復有人臨當被害稱觀世音
菩薩名者彼所執刀杖尋段段壞而得解脫

BD04872 號　妙法蓮華經卷七　（4–1）

薩一心稱名觀世音菩薩即時觀其音聲皆
得解脫若有持是觀世音菩薩名者設入大
火火不能燒由是菩薩威神力故若為大水
所漂稱其名号即得淺處若有百千万億衆
生為求金銀瑠璃車𤦲馬瑙珊瑚虎珀真珠
等寶入於大海假使黑風吹其船舫漂墮羅
剎鬼國其中若有乃至一人稱觀世音菩薩
名者是諸人等皆得解脫羅剎之難以是因
緣名觀世音若復有人臨當被害稱觀世音
菩薩名者彼所執刀杖尋段段壞而得解脫
若三千大千國土滿中夜叉羅剎欲來惱人
聞其稱觀世音菩薩名者是諸惡鬼尚不能
以惡眼視之況復加害設復有人若有罪若
无罪杻械枷鎖檢繫其身稱觀世音菩薩名
者皆悉斷壞即得解脫若三千大千國土滿
中怨賊有一商主將諸商人齎持重寶經過
嶮路其中一人作是唱言諸善男子勿得恐
怖汝等應當一心稱觀世音菩薩名号是菩
薩能以无畏施於衆生汝等若稱名者於此
怨賊當得解脫衆商人聞俱發聲言南无觀
世音菩薩稱其名故即得解脫无盡意觀世
音菩薩摩訶薩威神之力巍巍如是若有衆
生多於婬欲常念恭敬觀世音菩薩便得離
欲若多瞋恚常念恭敬觀世音菩薩便得離
瞋若多愚癡常念恭敬觀世音菩薩便得離
癡无盡意觀世音菩薩有如是等大威神力
多所饒益是故衆生常應心念若有女人設

BD04872號　妙法蓮華經卷七　（4–2）

生多於婬欲常念恭敬觀世音菩薩便得離
欲若多瞋恚常念恭敬觀世音菩薩便得離
瞋若多愚癡常念恭敬觀世音菩薩便得離
癡无盡意觀世音菩薩有如是等大威神力
多所饒益是故衆生常應心念若有女人設
欲求男礼拜供養觀世音菩薩便生福德智
慧之男設欲求女便生端正有相之女宿殖
德本衆人愛敬无盡意觀世音菩薩有如是
力若有衆生恭敬礼拜觀世音菩薩福不唐
捐是故衆生皆應受持觀世音菩薩名号无
盡意若有人受持六十二億恒河沙菩薩名
字復盡形供養飲食衣服卧具醫藥於汝意
云何是善男子善女人功德多不无盡意言
甚多世尊佛言若復有人受持觀世音菩薩
名号乃至一時礼拜供養是二人福正等无
異於百千万億劫不可窮盡无盡意受持觀
世音菩薩名号得如是无量无邊福德之利
无盡意菩薩白佛言世尊觀世音菩薩云何
遊此娑婆世界云何而為衆生說法方便之
力其事云何佛告无盡意菩薩善男子若有
國土衆生應以佛身得度者觀世音菩薩即
現佛身而為說法應以辟支佛身得度者即
現辟支佛身而為說法應以聲聞身得度者
即現聲聞身而為說法應以梵王身得度者
即現梵王身而為說法應以帝釋身得度者
即現帝釋身而為說法應以自在天身得度
者即現自在天身而為說法應以大自在天

BD04872號　妙法蓮華經卷七　（4–3）

國土衆生應以佛身得度者觀世音菩薩即
現佛身而為說法應以辟支佛身得度者即
現辟支佛身而為說法應以聲聞身得度者
即現聲聞身而為說法應以梵王身得度者
即現梵王身而為說法應以帝釋身得度者
即現帝釋身而為說法應以自在天身得度
者即現自在天身而為說法應以大自在天
身得度者即現大自在天身而為說法應以
天大將軍身得度者即現天大將軍身而為
說法應以毘沙門身得度者即現毘沙門身
而為說法應以小王身得度者即現小王身
而為說法應以長者身得度者即現長者身
而為說法應以居士身得度者即現居士身
而為說法應以宰官身得度者即現宰官身
而為說法應以婆羅門身得度者即現婆羅
門身而為說法應以比丘比丘尼優婆塞優
婆夷身得度者即現比丘比丘尼優婆塞優
婆夷身而為說法應以長者居士宰官婆羅
門婦女身得度者即現婦女身而為說法應
以童男童女身得度者即[illegible]而

BD04872 號　妙法蓮華經卷七　　（4–4）

人即便遠離一切怖畏之事及諸灾横悉皆
消殄若於住處書此四方電王名者於所住
處無雷電怖亦無灾厄及諸障惱非時枉死
悉皆遠離爾時世尊即說呪曰
怛　姪　他　你弭你弭你弭
尼　民　達　哩　窒哩盧迦盧羯你
窒哩輸攞波你　曷喀叉曷喀叉
我某甲及此住處一切恐怖所有苦惱雷電
霹靂乃至枉死悉皆遠離莎訶
爾時觀自在菩薩摩訶薩在大衆中即從座
起偏袒右肩合掌恭敬白佛言世尊我今亦
於佛前略說如意寶珠神呪於諸人天為大
利益哀愍世間擁護一切令得安樂有大威
力所求如願即說呪曰
怛　姪他　喝帝　毘喝帝　你　喝帝
鉢喇窒體鞞　鉢喇底(丁耶)窒囇
戍提目羝毘末囇　鉢喇婆莎(蒲活)囇
安荼(入聲)囇般荼囇　稅(平聲)帝

BD04873 號　金光明最勝王經卷七　　（12–1）

力所求如願即說呪曰
怛姪他 喝帝 呲喝帝你 喝帝
鉢喇窒體雞 鉢喇底耶丁蜜窒囇
式提目羝 呲末囇 鉢喇婆莎活蘇囇
安荼入聲囇 般荼囇 稅平聲帝
般荼囉婆死你 喝囇羯荼引囇
劫畢囇 冰揭羅 懸綺
達地目企 曷咯叉 曷咯叉
我某甲及此住處一切怖畏所有苦惱乃至
枉死悉皆遠離願我莫見罪惡之事常蒙聖
觀自在菩薩大悲威光之所護念莎訶
尒時執金剛秘密主菩薩即從座起合掌恭敬
白佛言世尊我今亦說隨羅尼呪名曰無
勝於諸人天為大利益哀愍世間擁護一切
有大威力所求如願即說呪曰
怛姪他 母你母你 母底囇 末底 末底
蘇末底 莫訶末底 呵呵呵 磨 婆 以
郍 悉底帝引 波跛 跋 折 攞 波 你
惡䏰火含 姪 嘌 荼上 莎訶
世尊我此神呪名曰無勝擁護若有男女一
心受持書寫讀誦憶念不忘我於晝夜常
護是人於一切怖畏乃至枉死悉皆遠離
尒時索訶世界主梵天王即從座起合掌恭
敬白佛言世尊我亦有隨羅尼微妙法門於

惡䏰火含 姪嘌荼 莎訶
世尊我此神呪名曰無勝擁護若有男女一
心受持書寫讀誦憶念不忘我於晝夜常
護是人於一切怖畏乃至枉死悉皆遠離
尒時索訶世界主梵天王即從座起合掌恭
敬白佛言世尊我亦有隨羅尼微妙法門於
諸人天為大利益哀愍世間擁護一切有大
威力所求如願即說呪曰
怛姪他 臨里蒱里地里莎訶
跋囉䏰麼布囇 跋囉䏰末泥
跋囉䏰麼揭鞞 補澀跛僧悉怛囇莎訶
世尊我此神呪名曰梵治悉能擁護持是呪者
令離憂惱及諸罪業乃至枉死悉皆遠離
尒時帝釋天主即從座起合掌恭敬白佛言
世尊我亦有隨羅尼名跋折羅扇你是大明
呪能除一切怖畏厄難乃至枉死悉皆遠離
拔苦與樂利益人天即說呪曰
怛姪他 呲你婆喇你 畔拕磨稗滯
磨臓你 擻擻尒瞿哩 健陁哩 旃荼哩
摩登耆上 卜羯死 薩囉跋喇鞞去
呬娜末任㕣麼嗢多喇你 莫呼剌你 達剌你計
斫羯囉婆枳 捨伐哩 奢伐哩 莎訶
尒時多聞天王持國天王增長天王廣目天
王俱從座起合掌恭敬白佛言世尊我今亦
有神呪名施一切衆生無畏於諸苦惱常為

呬娜末住荅麼嗢多喇你 莫呼剌你達剌你計
斫羯囉 婆 枳 捨伐哩奢伐哩莎訶
尒時多聞天王持國天王增長天王廣目天
王俱從座起合掌恭敬白佛言世尊我今亦
有神呪名施一切衆生無畏於諸苦惱常為
擁護令得安樂增益壽命無諸患苦乃至枉
死悉皆遠離即說呪曰
怛姪他 補澀閉 蘇 補 澀 閉
度麼鉢喇呵𠼝 阿𠼝耶鉢剌設悉帝
扇帝涅目帝 忙揭例窣 覩帝
悉哆鼻帝 莎訶
尒時復有諸大龍王所謂末那斯龍王電光
龍王無熱池龍王電舌龍王妙光龍王俱從
座起合掌恭敬白佛言世尊我亦有如意寶
珠陁羅尼能遮惡電除諸恐怖能於人天為
大利益哀愍世間擁護一切有大威力所求
如願乃至枉死悉皆遠離一切毒藥皆令止
息一切造作蠱道呪術不吉祥事悉令除滅
我今以此神呪奉獻世尊唯願哀愍慈悲納
受當令我等離此龍趣永捨慳貪何以故由
此慳貪於生死中受諸苦惱我等願斷慳貪
種子即說呪曰
怛姪他 阿折𪒠 阿末𪒠何蜜 嘌帝
惡叉𧝒何幣𡁠 奔尼鉢喇耶法帝

BD04873號　金光明最勝王經卷七　(12–4)

此慳貪於生死中受諸苦惱我等願斷慳貪
種子即說呪曰
怛姪他 阿折𪒠 阿末𪒠何蜜 嘌帝
惡叉𧝒何幣𡁠 奔尼鉢喇耶法帝
薩婆波跛 鉢喇苫摩尼𡁠莎訶
阿 離 𡁠 般豆蘇波尼𡁠莎訶
世尊若有善男子善女人口中說此陁羅尼
明呪或書經卷受持讀誦恭敬供養者終無
雷電霹靂及諸恐怖苦惱憂患乃至枉死悉
皆遠離所有毒藥蠱魅厭禱害人虎狼師子
毒虵之類乃至蚊虻悉不為害
尒時世尊普告大衆善哉善哉此等神呪皆
有大力能隨衆生心所求事悉令圓滿為大
利益除不至心汝等勿疑時諸大衆聞佛語
已歡喜信受
金光明最勝王經大辯才天女品第十五
尒時大辯才天女於大衆中即從座起頂礼
佛足白佛言世尊若有法師說是金光明最
勝王經者我當益其智慧具足莊嚴言說之
辯若彼法師於此經中文字句義所有忘失
皆令憶持能善開悟復與陁羅尼總持無礙
又此金光明最勝王經為彼有情已於百千
佛所種諸善根當受持者於贍部洲廣行流
布不速隱沒復令無量有情聞是經典皆得

BD04873號　金光明最勝王經卷七　(12–5)

辯若彼法師於此經中文字句義所有忘失
皆令憶持能善開悟復與陁羅尼揔持無礙
又此金光明最勝王經為彼有情已於百千
佛所種諸善根常受持者於贍部洲廣行流
布不速隱沒復令無量有情聞是經典皆得
不可思議捷利辯才無盡大慧善解衆論及
諸技術能出生死速趣無上正等菩提於現
世中增益壽命資身之具悉令圓滿 世尊我
當為彼持經法師及餘有情於此經典樂聽
聞者說其呪藥洗浴之法彼人所有惡星灾
變與初生時星屬相違疫病之苦鬪諍戰陣
惡夢鬼神蠱毒厭魅呪術起屍如是諸惡為
障難者悉令除滅諸有智者應作如是洗浴
之法當取香藥三十二味所謂
菖蒲（跋者）　牛黃（瞿盧折娜）　苜蓿香（塞畢力迦）
麝香（莫訶娑伽）　雄黃（末捺眵羅）　合昏樹（尸利灑）
白及（因達囉喝悉哆）　芎藭（闍莫迦）　苟杞根（苫弭）
松脂（室利薜瑟得迦）　桂皮（咄者）　香附子（目窣哆）
沉香（惡揭嚕）　旃檀（旃檀娜）　零淩香（多揭羅）
丁子（索瞿者）　鬱金（茶矩麼）　婆律膏（曷羅娑）
葦香（捺剌柂）　竹黃（鵝路戰娜）　細豆蔻（蘇泣迷羅）
甘松（苫弭哆）　藿香（鉢怛羅）　茅根香（嗢尸羅）
叱脂（薩洛計）　艾納（世黎也）　安息香（窶具攞）
芥子（薩利殺跛）　馬芹（葉婆你）　龍花鬚（那伽雞薩羅）

BD04873號　金光明最勝王經卷七　（12–6）

丁子（索瞿者）　鬱金（茶矩麼）　婆律膏（曷羅娑）
葦香（捺剌柂）　竹黃（鵝路戰娜）　細豆蔻（蘇泣迷羅）
甘松（苫弭哆）　藿香（鉢怛羅）　茅根香（嗢尸羅）
叱脂（薩洛計）　艾納（世黎也）　安息香（窶具攞）
芥子（薩利殺跛）　馬芹（葉婆你）　龍花鬚（那伽雞薩羅）
白膠（薩折羅娑）　青木（矩瑟侘）　皆等分
以布灑星日一處擣篩取其香末當以此
呪呪一百八遍呪曰
怛姪他蘇訖栗帝　訖栗帝訖栗計
劫摩怛　里　繕怒羯囒滯
郝羯喇滯　因達囉闍利膩
鑠羯囒滯　鉢設姪囇
阿伐底羯細　計娜矩覩矩覩
脚迦鼻囇　劫鼻囇劫鼻囇
劫毗羅末底（丁里）　尸羅末底
删底度羅末底里　波伐雉畔稚囇
室囇室　囇　薩底悉體羝莎訶
若樂如法洗浴時　應作壇場方八肘
可於寂靜安隱處　念所求事不離心
應塗牛糞作其壇　於上普散諸花彩
當以淨潔金銀器　盛滿美味并乳蜜
於彼壇場四門所　四人守護法如常
令四童子好嚴身　各於一角持瓶水
於此常燒安息香　五音之樂聲不絕

BD04873號　金光明最勝王經卷七　（12–7）

應塗牛糞作其壇　於上普散諸花彩
當以淨潔金銀器　盛滿美味并乳蜜
於彼壇場四門所　四人守護法如常
令四童子好嚴身　各於一角持瓶水
於此常燒安息香　五音之樂聲不絕
幡蓋莊嚴懸繒綵　安在壇場之四邊
復於場內置明鏡　利刀兼箭各四枚
於壇中心埋大盆　應以漏版安其上
用前香末以和湯　亦復安在於壇內
既作如斯布置已　然後誦呪結其壇
結界呪曰
怛姪他　頞喇計　娜也泥去　呬羅
弭羅　祇羅　企企羅　莎訶
如是結界已　方入於壇內　呪水三七遍　散灑於四方
次可呪香湯　滿一百八遍　四邊安幔障　然後洗浴身
呪水呪湯呪曰
怛姪他一　索揭智貞厲反下同二　毗揭智三　毗揭荼伐
底四　莎訶五
若洗浴訖　其洗浴湯及壇場中供養飲食棄
河池內　餘皆收攝　如是浴已　方著淨衣　既出
壇場入淨室內　呪師教其發弘誓願　永斷衆
惡　常修諸善　於諸有情興大悲心　以是因緣
當獲無量隨心福報　復說頌曰
若有病苦諸衆生　種種方藥治不差

壇場入淨室內　呪師教其發弘誓願　永斷衆
惡　常修諸善　於諸有情興大悲心　以是因緣
當獲無量隨心福報　復說頌曰
若有病苦諸衆生　種種方藥治不差
若依如是洗浴法　并復讀誦斯經典
常於日夜念不散　專想慇懃生信心
所有患苦盡消除　解脫貧窮足財寶
四方星辰及日月　威神擁護得延年
吉祥安隱福德增　災變厄難皆除遣
次誦護身呪三七遍呪曰
怛姪他　三謎　毗三謎　莎訶
索揭滯　毗揭滯　莎訶
毗揭荼亭耶反　伐底　莎訶
娑揭囉　三步多也　莎訶
塞建陀　摩多也　莎訶
尼攞建佗也　莎訶
阿鉢囉市哆　毗㘑耶也　莎訶
呬摩槃哆　三步多也　莎訶
阿你蜜攞　薄怛囉也　莎訶
南謨薄伽伐都　跋囉蚶摩寫　莎訶
南謨薩囉酸蘇活底　莫訶提鼻裔　莎訶
悉甸覩漫此云成就我某甲　曼怛囉鉢陁　莎訶
怛喇覩仳姪哆　跋囉蚶摩奴末覩　莎訶
爾時大辯才天女說洗浴法壇場呪已　前礼

南謨薄伽伐都 跋囉蚶摩寫莎訶
南謨薩囉酸𦽉活底 莫訶提鼻褰莎訶
悉甸覩漫 此云成就 我某甲 曇怛囉鉢陁莎訶
怛喇覩佌娌哆 跋囉蚶摩奴末覩莎訶
尒時大辯才天女說洗浴法壇場呪已前礼
佛足白佛言世尊若有苾蒭苾蒭尼鄔波索
迦鄔波斯迦受持讀誦書寫流布是妙經王
如說行者若在城邑聚落曠野山林僧尼住
處我為是人將諸眷屬作天伎樂来詣其所
而為擁護除諸病苦流星變怪疫疾鬪諍王
法所拘惡夢惡神為障礙者蠱道厭術悉皆
除殄饒益是等持經之人苾蒭等衆及諸聽
者皆令速渡生死大海不退菩提
尒時世尊聞是說已讚辯才天女言善哉善
哉天女汝能安樂利益無量無邊有情說此
神呪及以香水壇場法式果報難思汝當擁
護最勝經王勿令隱沒常得流通尒時大辯
才天女礼佛足已還復本座
尒時法師授記憍陳如婆羅門承佛威力於
大衆前讚請辯才天女曰
聰明勇進辯才天 人天供養悉應受
名聞世間遍充滿 能與一切衆生願
依高山頂勝住處 葺茅為室在中居
恒結耎草以為衣 在處常翹於一足

聰明勇進辯才天 人天供養悉應受
名聞世間遍充滿 能與一切衆生願
依高山頂勝住處 葺茅為室在中居
恒結耎草以為衣 在處常翹於一足
諸天大衆皆来集 咸同一心申讚請
唯願智慧辯才天 以妙言詞施一切
尒時辯才天女即便受請為說呪曰
怛姪他慕囉只囉 阿伐帝 貞屬 阿伐吒伐底 丁里 下同
馨遏𪍑名具𪍑 名具囉伐底
鴦具師末唎只三末底 毗三末底惡近 入 唎
莫近唎怛囉只 怛囉者伐底
質質哩室里蜜里 末難地曇 去
末唎只 八囉拏畢唎褰
盧迦逝瑟𨄌 刃世反 盧迦失㘑瑟恥
盧迦畢唎褰 悉䭾跋喇帝
毗麼目企 輕利反 輸只折唎
阿鉢唎底羯帝 阿鉢剎底喝哆勃地
南毋只南毋只 莫訶提鼻
鉢喇底近 入 唎昏 大恨 拏 上 南摩塞迦囉
我某甲勃地 達哩奢呬
勃地阿鉢喇底喝哆 婆 上 跋覩
市婆誰毗輸娌覩 舍悉怛囉輸路迦
曇怛囉畢得迦 迦娌耶地數
怛姪他 莫訶鉢喇婆鼻

我某甲勃地 達哩 奢 呬
勃地何鉢喇底喝哆 婆上 跋 覩
帝婆誐呲輸娃覩 舍毖怛囉輸路迦
曇怛囉畢㝵迦 迦姆耶地數
怛 娃 他 莫訶鉢喇婆鼻
呬里蜜里呬里蜜里 呲析喇覩誐勃地
我某甲勃地輸提 薄伽代點提呲皺
薩囉酸蘇活點丁焰刃 羯囉魯家㵵雞由羅
雞由囉末底 呬里蜜里呬里蜜里
阿婆訶耶㹷 莫訶提鼻
勃陁薩帝娜 達摩薩帝娜
僧伽薩帝娜 因達囉薩帝娜
跋嘍拏薩帝娜 㰄盧雞薩底婆地娜
𤛓釤薩帝娜 薩底代者泥娜
阿婆訶耶㹷 莫訶提鼻
呬里蜜里呬里蜜里 呲析喇覩
我某甲勃地 南謨薄伽代底丁利
莫訶提鼻薩囉酸底 毖甸覩
曇怛囉鉢陁𠆙 莎訶
介時辯才天女説是呪已告婆羅門言善哉
大士能為衆生求妙辯才及諸珍寶神通智

BD04873號　金光明最勝王經卷七　（12–12）

所有軍兵悉皆勇健佛言善哉善哉善男
子如汝所説汝當脩行何以故是諸國主如法行
時一切人民隨王脩習如法行者汝等皆蒙
色力勝利宫殿光明眷屬強盛時釋梵等
白佛言如是世尊佛言若有講誦此妙經典
流通之處於其國中大臣輔相有四種利益
云何為四一者更相親穆尊重愛念二者常
為人王心所愛重亦為沙門婆羅門大國小
國之所遵敬三者輕財重法不求世利嘉名
普覆衆所欽仰四者壽命延長安隱快樂是
名四益若有國主宣説是經沙門婆羅門得
四種勝利云何為四一者衣服飲食卧具醫
藥无所乏少二者皆得安心思惟讀誦三者依
於山林得安樂住四者隨心所願皆得满足
是名四種勝利若有國主宣説是經一切人
民皆得豐樂无諸疾病商估往還多獲寶
貨具足勝福是名種種功德利益
介時釋梵四天王及諸大衆白佛言世尊如
是經典甚深之義若現在者當知如來卅二

BD04874號　金光明最勝王經卷三　（3–1）

藥无所乏少二者皆得安心思惟讀誦三者依
於山林得安樂住四者隨心所願皆得滿足
是名四種勝利若有國主宣說是經一切人
民皆得豐樂无諸疾病商估往還多獲寶
貨具足勝福是名種種功德利益
尒時釋梵四天王及諸大衆白佛言世尊如
是經典甚深之義若現在者當知如來卅七
種助菩提法住世未滅若是經典滅盡之時
正法亦滅佛言如是如是善男子是故汝等
於此金光明經一句一頌一品一部皆當一心
正讀誦正聞持正思惟正脩習為諸衆生
廣宣流布長夜安樂福利无邊時諸大衆
聞佛說已咸蒙勝益歡喜受持

金光明經卷第三

BD04874號　金光明最勝王經卷三　（3–2）

正讀誦正聞持正思惟正脩習為諸衆生
廣宣流布長夜安樂福利无邊時諸大衆
聞佛說已咸蒙勝益歡喜受持

金光明經卷第三

BD04874號　金光明最勝王經卷三　（3–3）

讀若誦若解說若書寫得
好若醜若美不美及諸苦
變成上味如天甘露无不
大衆中有所演說出深
歡喜快樂又諸天
妙音聲有所演說言
龍女夜叉夜叉女乾闥婆
羅阿脩羅阿脩羅女迦樓羅迦樓
羅女摩睺羅伽摩睺羅伽女為聽法故皆來
親近恭敬供養及比丘比丘尼優婆塞優婆
夷国王王子羣臣眷屬小轉輪王大轉輪王
七寶千子內外 眷屬乘其宮殿俱來聽法以
是菩薩善說法故婆羅門居士國內人民盡
其形壽隨侍供養又諸聲聞辟支佛菩薩諸
佛常樂見之是人所在方面諸佛皆向其處
說法悉能受持一切佛法又能出於深妙法
音尒時世尊欲重宣此義而說偈言
是人舌根淨 終不受惡味 其有所食噉 悉皆成甘露
以深淨妙音 於大衆說法 以諸因緣喻 引導衆生心

BD04875號　妙法蓮華經卷六　（21–1）

其形壽隨侍供養又諸聲聞辟支佛菩薩諸
佛常樂見之是人所在方面諸佛皆向其處
說法悉能受持一切佛法又能出於深妙法
音尒時世尊欲重宣此義而說偈言
是人舌根淨 終不受惡味 其有所食噉 悉皆成甘露
以深淨妙音 於大衆說法 以諸因緣喻 引導衆生心
聞者皆歡喜 設諸上供養 諸天龍夜叉 及阿脩羅等
皆以恭敬心 而共來聽法 是說法之人 若欲以妙音
遍滿三千界 隨意即能至 大小轉輪王 及千子眷屬
合掌恭敬心 常來聽受法 諸天龍夜叉 羅剎毗舍闍
亦以歡喜心 常樂來供養 梵天王魔王 自在大自在
如是諸天衆 常來至其所 諸佛及弟子 聞其說法音
常念而守護 或時為現身
復次常精進若善男子善女人受持是經若
讀若誦若解說若書寫得八百身功德得清
淨身如淨琉璃衆生喜見其身淨故三千大
千世界衆生生時死時上下好醜生善處惡
處悉於中現及鐵圍山大鐵圍山彌樓山摩
訶彌樓山等諸山及其中衆生悉於中現下
至阿鼻地獄上至有頂所有及衆生悉於中
現若聲聞辟支佛菩薩諸佛說法皆於身中
現其色像尒時世尊欲重宣此義而說偈言
若持法華者 其身甚清淨 如彼淨琉璃 衆生皆喜見
又如淨明鏡 悉見諸色像 菩薩於淨身 皆見世所有
唯獨自明了 餘人所不見 三千世界中 一切諸羣萌
天人阿脩羅 地獄鬼畜生 如是諸色像 皆於身中現

BD04875號　妙法蓮華經卷六　（21–2）

現其色像 尒時世尊欲重宣此義而說偈言
若持法華者 其身甚清淨 如彼淨琉璃 衆生皆憙見
又如淨明鏡 悉見諸色像 菩薩於淨身 皆見世所有
唯獨自明了 餘人所不見 三千世界中 一切諸群萌
天人阿脩羅 地獄鬼畜生 如是諸色像 皆於身中現
諸天等宮殿 乃至於有頂 鐵圍及彌樓 摩訶彌樓山
諸大海水等 皆於身中現 諸佛及聲聞 佛子菩薩等
若獨若在衆 說法悉皆現 雖未得无漏 法性之妙身
以清淨常體 一切於中現
復次常精進 若善男子善女人如來滅後受
持是經 若讀若誦若解說若書寫 得千二百
意功德 以是清淨意根 乃至聞一偈一句 通達
无量无邊之義 解是義已 能演說一句一偈
至於一月四月乃至一歲 諸所說法 隨其義
趣 皆與實相不相違背 若說俗間經書 治
世語言 資生業等 皆順正法 三千大千世界六趣
衆生心之所行 心所動作 心所戲論 皆悉知
之 雖未得无漏智慧 而其意根清淨如此 是
人有所思惟籌量言說 皆是佛法 无不真
實 亦是先佛經中所說 尒時世尊欲重宣此
義而說偈言
是人意清淨 明利无穢濁 以此妙意根 知上中下法
乃至聞一偈 通達无量義 次第如法說 月四月至歲
是世界內外 一切諸衆生 若天龍及人 夜叉鬼神等
其在六趣中 所念若干種 持法華之報 一時皆悉知
十方无數佛 百福莊嚴相 為衆生說法 悉聞能

BD04875號　妙法蓮華經卷六　(21-3)

是人意清淨 明利无穢濁 以此妙意根 知上中下法
乃至聞一偈 通達无量義 次第如法說 月四月至歲
是世界內外 一切諸衆生 若天龍及人 夜叉鬼神等
其在六趣中 所念若干種 持法華之報 一時皆悉知
十方无數佛 百福莊嚴相 為衆生說法 悉聞能受持
思惟无量義 說法亦无量 終始不忘錯 以持法華故
悉知諸法相 隨義識次第 達名字語言 如所知演說
此人有所說 皆是先佛法 以演此法故 於衆无所畏
持法華經者 意根淨若斯 雖未得无漏 先有如是相
是人持此經 安住希有地 為一切衆生 歡喜而愛敬
能以千万種 善巧之語言 分別而說法 持法華經故
妙法蓮華經常不輕菩薩品第二十
尒時佛告得大勢菩薩摩訶薩 汝今當知 若
比丘比丘尼優婆塞優婆夷持法華經者 若
有惡口罵詈誹謗 獲大罪報 如前所說 其所
得功德 如向所說 眼耳鼻舌身意清淨 得大
勢 乃往古昔 過无量无邊不可思議阿僧祇
劫 有佛名威音王如來應供正遍知明行足
善逝世間解无上士調御丈夫天人師佛世
尊 劫名離衰 國名大成 其威音王佛 於彼世
中 為天人阿脩羅說法 為求聲聞者 說應四
諦法 度生老病死 究竟涅槃 為求辟支佛者
說應十二因緣法 為諸菩薩 因阿耨多羅三
藐三菩提 說應六波羅蜜法 究竟佛慧 得大
勢 是威音王佛壽四十万億那由他恒河沙
劫 正法住世劫數如一閻浮提微塵 像法住

BD04875號　妙法蓮華經卷六　(21-4)

諦法度生老病死究竟涅槃為求辟支佛者
說應十二因緣法為諸菩薩因阿耨多羅三
藐三菩提說應六波羅蜜法究竟佛慧得大
勢是威音王佛壽四十万億那由他恒河沙
劫正法住世劫數如一閻浮提微塵像法住
世劫數如四天下微塵其佛饒益衆生已
後滅度正法像法滅盡之後於此國土復有
佛出亦号威音王如來應供正遍知明行足
善逝世間解无上士調御丈夫天人師佛世
尊如是次第有二万億佛皆同一号最初威
音王如來既已滅度正法滅後於像法中增上
慢比丘有大勢力尒時有一菩薩比丘名常
不輕得大勢以何因緣名常不輕是比丘凡
有所見若比丘比丘尼優婆塞優婆夷皆悉
礼拜讚歎而作是言我深敬汝等不敢輕慢
所以者何汝等皆行菩薩道當得作佛而是
比丘不專讀誦經典但行礼拜乃至遠見四衆
亦復故往礼拜讚歎而作是言我不敢輕於
汝等汝等皆當作佛故四衆之中有生瞋恚
心不淨者惡口罵詈言是无智比丘從何所
來自言我不輕汝而與我等受記當得作佛
我等不用如是虛妄受記如此經歷多年常
被罵詈不生瞋恚常作是言汝當作佛說
是語時衆人或以杖木瓦石而打擲之避走
遠住猶高聲唱言我不敢輕於汝等汝等皆
當作佛以其常作是語故增上慢比丘比丘

BD04875號　妙法蓮華經卷六　（21–5）

我等不用如是虛妄受記如此經歷多年常
被罵詈不生瞋恚常作是言汝當作佛說
是語時衆人或以杖木瓦石而打擲之避走
遠住猶高聲唱言我不敢輕於汝等汝等皆
當作佛以其常作是語故增上慢比丘比丘
尼優婆塞優婆夷号之為常不輕是比丘臨
欲終時於虛空中具聞威音王佛先所說法
華經二十千万億偈悉能受持即得如上眼
根清淨耳鼻舌身意根清淨得是六根清淨
已更增壽命二百万億那由他歲廣為人說
是法華經於時增上慢四衆比丘比丘尼優
婆塞優婆夷輕賤是人為作不輕名者見其
得大神通力樂說辯力大善寂力聞其所說
皆信伏隨從是菩薩復化千万億衆令住阿
耨多羅三藐三菩提命終之後得值二千億
佛皆号日月燈明於其法中說是法華經
以是因緣復值二千億佛同号雲自在燈王於
此諸佛法中受持讀誦為諸四衆說此經典
故得是常眼清淨耳鼻舌身意諸根清淨於
四衆中說法心无所畏得大勢是常不輕菩
薩摩訶薩供養如是若干諸佛恭敬尊重讚
歎種諸善根於後復值千万億佛亦於諸佛
法中說是經典功德成就當得作佛得大勢於
意云何尒時常不輕菩薩豈異人乎則我
身是若我於宿世不受持讀誦此經為他人
說者不能疾得阿耨多羅三藐三菩提我於

BD04875號　妙法蓮華經卷六　（21–6）

薩摩訶薩供養如是若千諸佛恭敬尊重讚
歎種諸善根於後復值千万億佛亦於諸佛
法中說是經典功德成就當得作佛得大勢於
意云何今時常不輕菩薩豈異人乎則我
身是若我於宿世不受持讀誦此經為他人
說者不能疾得阿耨多羅三藐三菩提我於
先佛所受持讀誦此經為人說故疾得阿耨
多羅三藐三菩提得大勢彼時四衆比丘比
丘尼優婆塞優婆夷以瞋恚意輕賤我故二
百億劫常不值佛不聞法不見僧千劫於阿
鼻地獄受大苦惱畢是罪已復遇常不輕菩
薩教化阿耨多羅三藐三菩提得大勢於汝
意云何尒時四衆常輕是菩薩者豈異人乎
今此會中跋陁婆羅等五百菩薩師子月等五
百比丘尼思佛等五百優婆塞皆於阿耨多
羅三藐三菩提不退轉者是得大勢當知是
法華經大饒益諸菩薩摩訶薩能令至於阿
耨多羅三藐三菩提是故諸菩薩摩訶薩於
如來滅後常應受持讀誦解說書寫是經尒
時世尊欲重宣此義而說偈言
過去有佛　号威音王　神智无量　將導一切
天人龍神　所共供養　是佛滅後　法欲盡時
有一菩薩　名常不輕　時諸四衆　計著於法
不輕菩薩　往到其所　而語之言　我不輕汝
汝等行道　皆當作佛　諸人聞已　輕毀罵詈
不輕菩薩　能忍受之　其罪畢已　臨命終時

BD04875號　妙法蓮華經卷六　（21–7）

過去有佛　号威音王　神智无量　將導一切
天人龍神　所共供養　是佛滅後　法欲盡時
有一菩薩　名常不輕　時諸四衆　計著於法
不輕菩薩　往到其所　而語之言　我不輕汝
汝等行道　皆當作佛　諸人聞已　輕毀罵詈
不輕菩薩　能忍受之　其罪畢已　臨命終時
得聞此經　六根清淨　神通力故　增益壽命
復為諸人　廣說是經　諸著法衆　皆蒙菩薩
教化成就　令住佛道　不輕命終　值无數佛
說是經故　得无量福　漸具功德　疾成佛道
彼時不輕　則我身是　時四部衆　著法之者
聞不輕言　汝當作佛　以是因緣　值无數佛
此會菩薩　五百之衆　并及四部　清信士女
今於我前　聽法者是　我於前世　勸是諸人
聽受斯經　第一之法　開示教人　令住涅槃
世世受持　如是經典　億億万劫　至不可議
時乃得聞　是法華經　億億万劫　至不可議
諸佛世尊　時說是經　是故行者　於佛滅後
聞如是經　勿生疑惑　應當一心　廣說此經
世世值佛　疾成佛道

妙法蓮華經如來神力品第二十一

尒時千世界微塵等菩薩摩訶薩從地踊出
者皆於佛前一心合掌瞻仰尊顏而白佛言
世尊我等於佛滅後世尊分身所在國土滅
度之處當廣說此經所以者何我等亦自欲
得是真淨大法受持讀誦解說書寫而供養

BD04875號　妙法蓮華經卷六　（21–8）

妙法蓮華經如來神力品第二十一
尒時千世界微塵等菩薩摩訶薩從地踊出
者皆於佛前一心合掌瞻仰尊顔而白佛言
世尊我等於佛滅後世尊分身所在國土滅度
之處當廣說此經所以者何我等亦自欲
得是真淨大法受持讀誦解說書寫而供養
之尒時世尊於文殊師利等无量百千万億
舊住娑婆世界菩薩摩訶薩及諸比丘比丘
尼優婆塞優婆夷天龍夜叉乾闥婆阿脩羅
迦樓羅緊那羅摩睺羅伽人非人等一切衆
前現大神力出廣長舌上至梵世一切毛孔放
於无量无數色光皆悉遍照十方世界衆寶
樹下師子座上諸佛亦復如是出廣長舌放
无量光釋迦牟尼佛及寶樹下諸佛現神力
時滿百千歲然後還攝舌相一時謦欬俱
共彈指是二音聲遍至十方諸佛世界地皆
六種震動其中衆生天龍夜叉乾闥婆阿脩
羅迦樓羅緊那羅摩睺羅伽人非人等以佛
神力故皆見此娑婆世界无量无邊百千萬
億衆寶樹下師子座上諸佛及見釋迦牟尼
佛共多寶如來在寶塔中坐師子座又見无
量无邊百千万億菩薩摩訶薩及諸四衆恭
敬圍繞釋迦牟尼佛既見是已皆大歡喜得
未曾有即時諸天於虛空中高聲唱言過此
无量无邊百千万億阿僧祇世界有國名娑
婆是中有佛名釋迦牟尼今為諸菩薩摩訶

BD04875號　妙法蓮華經卷六　（21–9）

佛共多寶如來在寶塔中坐師子座又見无
量无邊百千万億菩薩摩訶薩及諸四衆恭
敬圍繞釋迦牟尼佛既見是已皆大歡喜得
未曾有即時諸天於虛空中高聲唱言過此
无量无邊百千万億阿僧祇世界有國名娑
婆是中有佛名釋迦牟尼今為諸菩薩摩訶
薩說大乘經名妙法蓮華教菩薩法佛所護
念汝等當深心隨喜亦當禮拜供養釋迦牟
尼佛彼諸衆生聞虛空中聲已合掌向娑婆
世界作如是言南无釋迦牟尼佛南无釋迦
牟尼佛以種種華香瓔珞幡蓋及諸嚴身之
具珎寶妙物皆共遙散娑婆世界所散諸物
從十方來譬如雲集變成寶帳遍覆此間諸
佛之上于時十方世界通達无礙如一佛土、
尒時佛告上行等菩薩大衆諸佛神力如是
无量无邊不可思議若我以是神力於无量
无邊百千万億阿僧祇劫為囑累故說此經
功德猶不能盡以要言之如來一切所有之法
如來一切自在神力如來一切秘要之藏如來
一切甚深之事皆於此經宣示顯說是故汝
等於如來滅後應一心受持讀誦解說書
寫如說脩行所在國土若有受持讀誦解
說書寫如說脩行若經卷所住之處若於園
中若於林中若於樹下若於僧坊若白衣舍
若在殿堂若山谷曠野是中皆應起塔供養
所以者何當知是處即是道場諸佛於此得

BD04875號　妙法蓮華經卷六　（21–10）

說書寫如說脩行若經卷所住之處若於園
中若於林中若於樹下若於僧坊若白衣舍
若在殿堂若山谷曠野是中皆應起塔供養
所以者何當知是處即是道場諸佛於此得
阿耨多羅三藐三菩提諸佛於此轉于法輪
諸佛於此而般涅槃尒時世尊欲重宣此義
而說偈言
諸佛救世者　住於大神通　為悅衆生故　現无量神力
舌相至梵天　身放无數光　為求佛道者　現此希有事
諸佛謦欬聲　及彈指之聲　周聞十方國　地皆六種動
以佛滅度後　能持是經故　諸佛皆歡喜　現无量神力
囑累是經故　讚美受持者　於无量劫中　猶故不能盡
是人之功德　无邊无有窮　如十方虛空　不可得邊際
能持是經者　則為已見我　亦見多寶佛　及諸分身者
又見我今日　教化諸菩薩　能持是經者　令我及分身
滅度多寶佛　一切皆歡喜　十方現在佛　并過去未來
亦見亦供養　亦令得歡喜　諸佛坐道場　所得秘要法
能持是經者　不久亦當得　能持是經者　於諸法之義
名字及言辭　樂說无窮盡　如風於空中　一切无障礙
於如來滅後　知佛所說經　因緣及次第　隨義如實說
如日月光明　能除諸幽冥　斯人行世間　能滅衆生闇
教无量菩薩　畢竟住一乘　是故有智者　聞此功德利
於我滅度後　應受持斯經　是人於佛道　決定无有疑
妙法蓮華經囑累品第二十二
尒時釋迦牟尼佛從法座起現大神力以右

如日月光明　能除諸幽冥　斯人行世間　能滅衆生闇
教无量菩薩　畢竟住一乘　是故有智者　聞此功德利
於我滅度後　應受持斯經　是人於佛道　決定无有疑
妙法蓮華經囑累品第二十二
尒時釋迦牟尼佛從法座起現大神力以右
手摩无量菩薩摩訶薩頂而作是言我於无
量百千万億阿僧祇劫脩習是難得阿耨多
羅三藐三菩提法今以付囑汝等汝等應當
一心流布此法廣令增益如是三摩諸菩薩
摩訶薩頂而作是言我於无量百千万億阿
僧祇劫脩習是難得阿耨多羅三藐三菩提
法今以付囑汝等汝等當受持讀誦廣宣此
法令一切衆生普得聞知所以者何如來有
大慈悲无諸慳悋亦无所畏能與衆生佛之
智慧如來智慧自然智慧如來是一切衆生
之大施主汝等亦應隨學如來之法勿生慳悋
於未來世若有善男子善女人信如來智
慧者當為演說此法華經使得聞知為令
其人得佛慧故若有衆生不信受者當於如
來餘深法中示教利喜汝等若能如是則為
已報諸佛之恩時諸菩薩摩訶薩聞佛作是說
已皆大歡喜遍滿其身益加恭敬曲躬低頭
合掌向佛俱發聲言如世尊勅當具奉行唯
然世尊願不有慮諸菩薩摩訶薩衆如是三
反俱發聲言如世尊勅當具奉行唯然世尊
願不有慮尒時釋迦牟尼佛令十方來諸分

已皆大歡喜遍滿其身益加恭敬曲躬低頭
合掌向佛俱發聲言如世尊勑當具奉行唯
然世尊願不有慮諸菩薩摩訶薩衆如是三
反俱發聲言如世尊勑當具奉行唯然世尊
願不有慮尒時釋迦牟尼佛令十方來諸分
身佛各還本土而作是言諸佛各隨所安多
寶佛塔還可如故說是語時十方无量分身
諸佛坐寶樹下師子座上者及多寶佛并
上行等无邊阿僧祇菩薩大衆舍利弗等聲
聞四衆及一切世間天人阿脩羅等聞佛所說
皆大歡喜
妙法蓮華經藥王菩薩本事品第二十三
尒時宿王華菩薩白佛言世尊藥王菩薩云
何遊於娑婆世界世尊是藥王菩薩有若干
百千万億那由他難行苦行善哉世尊願少
解說諸天龍神夜叉乾闥婆阿脩羅迦樓羅
緊那羅摩睺羅伽人非人等又他國土諸來
菩薩及此聲聞衆聞皆歡喜尒時佛告宿王
華菩薩乃往過去无量恒河沙劫有佛号曰
月淨明德如來應供正遍知明行足善逝世間
解无上士調御丈夫天人師佛世尊其佛有
八十億大菩薩摩訶薩七十二恒河沙大聲聞
衆佛壽四万二千劫菩薩壽命亦等彼國
无有女人地獄餓鬼畜生阿脩羅等及以
諸難地平如掌瑠璃所成寶樹莊嚴寶帳覆
上垂寶華幡寶瓶香爐周遍國界七寶爲、

八十億大菩薩摩訶薩七十二恒河沙大聲聞
衆佛壽四万二千劫菩薩壽命亦等彼國
无有女人地獄餓鬼畜生阿脩羅等及以
諸難地平如掌瑠璃所成寶樹莊嚴寶帳覆
上垂寶華幡寶瓶香爐周遍國界七寶爲、
臺一樹一臺其樹去臺盡一箭道此諸寶樹皆
有菩薩聲聞而坐其下諸寶臺上各有百億
諸天作天伎樂歌歎於佛以爲供養尒時彼佛
爲一切衆生憙見菩薩及衆菩薩諸聲聞衆
說法華經是一切衆生憙見菩薩樂習苦行
於日月淨明德佛法中精進經行一心求佛
滿万二千歲已得現一切色身三昧得此三
昧已心大歡喜即作念言我得現一切色身
三昧皆是得聞法華經力我今當供養日月
淨明德佛及法華經即時入是三昧於虛空
中雨曼陁羅華摩訶曼陁羅華細末堅黑
栴檀滿虛空中如雲而下又雨海此岸栴檀
之香此香六銖價直娑婆世界以供養佛作
是供養已從三昧起而自念言我雖以神力供
養於佛不如以身供養即服諸香栴檀薰陸
兜樓婆畢力迦沉水膠香又飲瞻蔔諸華香油
滿千二百歲已香油塗身於日月淨明德佛
前以天寶衣而自纏身灌諸香油以神通力
願而自燃身光明遍照八十億恒河沙世界其
中諸佛同時讚言善哉善哉善男子是真
精進是名真法供養如來若以華香瓔珞燒

兜樓婆畢力迦沉水膠香又飲瞻蔔諸華香油
滿千二百歲已香油塗身於日月淨明德佛
前以天寶衣而自纏身灌諸香油以神通力
願而自燃身光明遍照八十億恒河沙世界其
中諸佛同時讚言善哉善哉善男子是真
精進是名真法供養如來若以華香瓔珞燒
香末香塗香天繒幡蓋及海此岸栴檀之香
如是等種種諸物供養所不能及假使國城
妻子布施亦所不及善男子是名第一之施
於諸施中最尊最上以法供養諸如來故作
是語已而各默然其身火燃千二百歲過是已
後其身乃盡一切眾生憙見菩薩作如是法
供養已命終之後復生日月淨明德佛國中
於淨德王家結加趺坐忽然化生即為其父
而說偈言
大王今當知　我經行彼處　即時得一切　現諸身三昧
懃行大精進　捨所愛之身
說是偈已而白父言日月淨明德佛今故現在
我先供養佛已得解一切眾生語言陀羅
尼復聞是法華經八百千万億那由他甄迦羅
頻婆羅阿閦婆等偈大王我今當還供養此
佛白已即坐七寶之臺上昇虛空高七多羅
樹往到佛所頭面禮足合十指爪以偈讚佛
容顏甚奇妙　光明照十方　我適曾供養　今復還親近
尒時一切眾生憙見菩薩說是偈已而白佛言
世尊世尊猶故在世尒時日月淨明德佛告一

頻婆羅阿閦婆等偈大王我今當還供養此
佛白已即坐七寶之臺上昇虛空高七多羅
樹往到佛所頭面禮足合十指爪以偈讚佛
容顏甚奇妙　光明照十方　我適曾供養　今復還親近
尒時一切眾生憙見菩薩說是偈已而白佛言
世尊世尊猶故在世尒時日月淨明德佛告一
切眾生憙見菩薩善男子我涅槃時到滅盡
時至汝可安施床座我於今夜當般涅槃又
勑一切眾生喜見菩薩善男子我以佛法囑累
於汝及諸菩薩大弟子并阿耨多羅三藐
三菩提法亦以三千大千七寶世界諸寶樹
寶臺及給侍諸天悉付於汝我滅度後所有
舍利亦付囑汝當令流布廣設供養應起若
干千塔如是日月淨明德佛勑一切眾生憙見
菩薩已於夜後分入於涅槃尒時一切眾生
喜見菩薩見佛滅度悲感懊惱戀慕於佛即
以海此岸栴檀為積供養佛身而以燒之
火滅已後收取舍利作八万四千寶瓶以起
八万四千塔高三世界表剎莊嚴垂諸幡蓋
懸眾寶鈴尒時一切眾生喜見菩薩復自念
言我雖作是供養心猶未足我今當更供養
舍利便語諸菩薩大弟子及天龍夜叉等
一切大眾汝等當一心念我今供養日月淨明
德佛舍利作是語已即於八万四千塔前然
百福莊嚴臂七万二千歲而以供養令无數
求聲聞眾无量阿僧祇人發阿耨多羅三藐

舍利便語諸菩薩大弟子及天龍夜叉等
一切大衆汝等當一心念我今供養日月淨明
德佛舍利作是語已即於八万四千塔前然
百福莊嚴臂七万二千歲而以供養令无數
求聲聞衆无量阿僧祇人發阿耨多羅三藐
三菩提心皆使得住現一切色身三昧尒時諸
菩薩天人阿脩羅等見其无臂憂惱悲哀
而作是言此一切衆生憙見菩薩是我等師教化
我者而今燒臂身不具足于時一切衆生憙見
菩薩於大衆中立此誓言我捨兩臂必當得
佛金色之身若實不虛令我兩臂還復如故
作是誓已自然還復由斯菩薩福德智慧淳
厚所致當尒之時三千大千世界六種震動
天雨寶華一切人天得未曾有佛告宿王華菩
薩於汝意云何一切衆生憙見菩薩豈異人乎
今藥王菩薩是也其所捨身布施如是无量百
千万億那由他數宿王華若有發心欲得阿耨多
羅三藐三菩提者能然手指乃至足一指供養
佛塔勝以國城妻子及三千大千國土山林河池
諸珎寶物而供養者若復有人以七寶滿三千
大千世界供養於佛及大菩薩辟支佛阿羅漢
是人所得功德不如受持此法華經乃至一四句
偈其福最多宿王華譬如一切川流江河諸
水之中海為第一此法華經亦復如是於諸如
來所說經中最為深大又如土山黑山小鐵
圍山大鐵圍山及十寶山衆山之中須彌山為

BD04875號　妙法蓮華經卷六　（21–17）

大千世界供養於佛及大菩薩辟支佛阿羅漢
是人所得功德不如受持此法華經乃至一四句
偈其福最多宿王華譬如一切川流江河諸
水之中海為第一此法華經亦復如是於諸如
來所說經中最為深大又如土山黑山小鐵
圍山大鐵圍山及十寶山衆山之中須彌山為
第一此法華經亦復如是於諸經中最為其
上又如衆星之中月天子最為第一此法華、
經亦復如是於千万億種諸經法中最為
照明又如日天子能除諸闇此經亦復如是
能破一切不善之闇又如諸小王中轉輪聖王
最為第一此經亦復如是於衆經中最為其
尊又如帝釋於三十三天中王此經亦復如是
諸經中王又如大梵天王一切衆生之父此經
亦復如是一切賢聖學无學及發菩薩心者之
父又如一切凡夫人中須陁洹斯陁含阿那含阿
羅漢辟支佛為第一此經亦復如是一切如來所
說若菩薩所說若聲聞所說諸經法中最為第
一有能受持是經典者亦復如是於一切衆生中
亦為第一一切聲聞辟支佛中菩薩為第一此經
亦復如是於一切諸經法中最為第一如佛為諸
法王此經亦復如是諸經中王宿王華此經能
救一切衆生者此經能令一切衆生離諸苦
惱此經能大饒益一切衆生充滿其願如清
涼池能滿一切諸渴之者如寒者得火如裸者
得衣如商人得主如子得母如渡得船如病、

BD04875號　妙法蓮華經卷六　（21–18）

亦為第一一切聲聞辟支佛中菩薩為第一此經
亦復如是於一切諸經法中最為第一如佛為諸
法王此經亦復如是諸經中王宿王華此經能
救一切衆生者此經能令一切衆生離諸苦
惱此經能大饒益一切衆生充滿其願如清
涼池能滿一切諸渴乏者如寒者得火如裸者
得衣如商人得主如子得母如渡得船如病
得醫如暗得燈如貧得寶如民得王如賈客
得海如炬除暗此法華經亦復如是能令
衆生離一切苦一切病痛能解一切生死之
縛若人得聞此法華經若自書若使人書所
得功德以佛智慧籌量多少不得其邊若
書是經卷華香瓔珞燒香末香塗香幡蓋衣
服種種之燈蘇燈油燈諸香油燈瞻蔔油燈
須曼油燈波羅羅油燈婆利師迦油燈那婆
摩利油燈供養所得功德亦復无量宿王華
若有人聞是藥王菩薩本事品者亦得无量
无邊功德若有女人聞是藥王菩薩本事品能
受持者盡是女身後不復受若如來滅後後
五百歲中若有女人聞是經典如說修行於
此命終即往安樂世界阿弥陀佛大菩薩衆
圍繞住處生蓮華中寶座之上不復為貪欲
所惱亦復不為瞋恚愚癡所惱亦復不為憍
慢嫉妬諸垢所惱得菩薩神通无生法忍得
是忍已眼根清淨以是清淨眼根見七百万
二千億那由他恒河沙等諸佛如來是時諸
佛遥共讚言善哉善哉善男子汝能於釋迦

所惱亦復不為瞋恚愚癡所惱亦復不為憍
慢嫉妬諸垢所惱得菩薩神通无生法忍得
是忍已眼根清淨以是清淨眼根見七百万
二千億那由他恒河沙等諸佛如來是時諸
佛遥共讚言善哉善哉善男子汝能於釋迦
牟尼佛法中受持讀誦思惟是經為他人說
所得福德无量无邊火不能燒水不能漂汝
之功德千佛共說不能令盡汝今已能破諸
魔賊壞生死軍諸餘怨敵皆悉摧滅善男子
百千諸佛以神通力共守護汝於一切世間天
人之中无如汝者唯除如來其諸聲聞辟支佛
乃至菩薩智慧禪定无有與汝等者宿王
華此菩薩成就如是功德智慧之力若有人
聞是藥王菩薩本事品能隨喜讚善者是人
現世口中常出青蓮華香身毛孔中常出
牛頭栴檀香所得功德如上所說是故宿王華
以此藥王菩薩本事品囑累於汝我滅度後
後五百歲中廣宣流布於閻浮提无令斷
絕惡魔魔民諸天龍夜叉鳩槃茶等得其便
也宿王華汝當以神通之力守護是經所以
者何此經則為閻浮提人病之良藥若人有
病得聞是經病即消滅不老不死宿王華汝
若有見受持是經者應以青蓮華盛滿末香
供散其上散已作是念言此人不久必當取
草坐於道場破諸魔軍當吹法螺擊大法鼓
度脫一切衆生老病死海是故求佛道者見
有受持是經典人應當如是生恭敬心說是
藥王菩薩本事品時八万四千菩薩得

絕惡魔魔民諸天龍夜叉鳩槃荼等得其便
也宿王華汝當以神通之力守護是經所以
者何此經則為閻浮提人病之良藥若人有
病得聞是經病即消滅不老不死宿王華汝
若有見受持是經者應以青蓮華盛滿末香
供散其上散已作是念言此人不久必當取
草坐於道場破諸魔軍當吹法螺擊大法鼓
度脫一切眾生老病死海是故求佛道者見
有受持是經典人應當如是生恭敬心說是
藥王菩薩本事品時八万四千菩薩得解一
切眾生語言陀羅尼多寶如來於寶塔中讚
宿王華菩薩言善哉善哉宿王華汝成就不
可思議功德乃能問釋迦牟尼佛如此之事利
益无量一切眾生

妙法蓮華經卷第六

BD04875 號　妙法蓮華經卷六　（21–21）

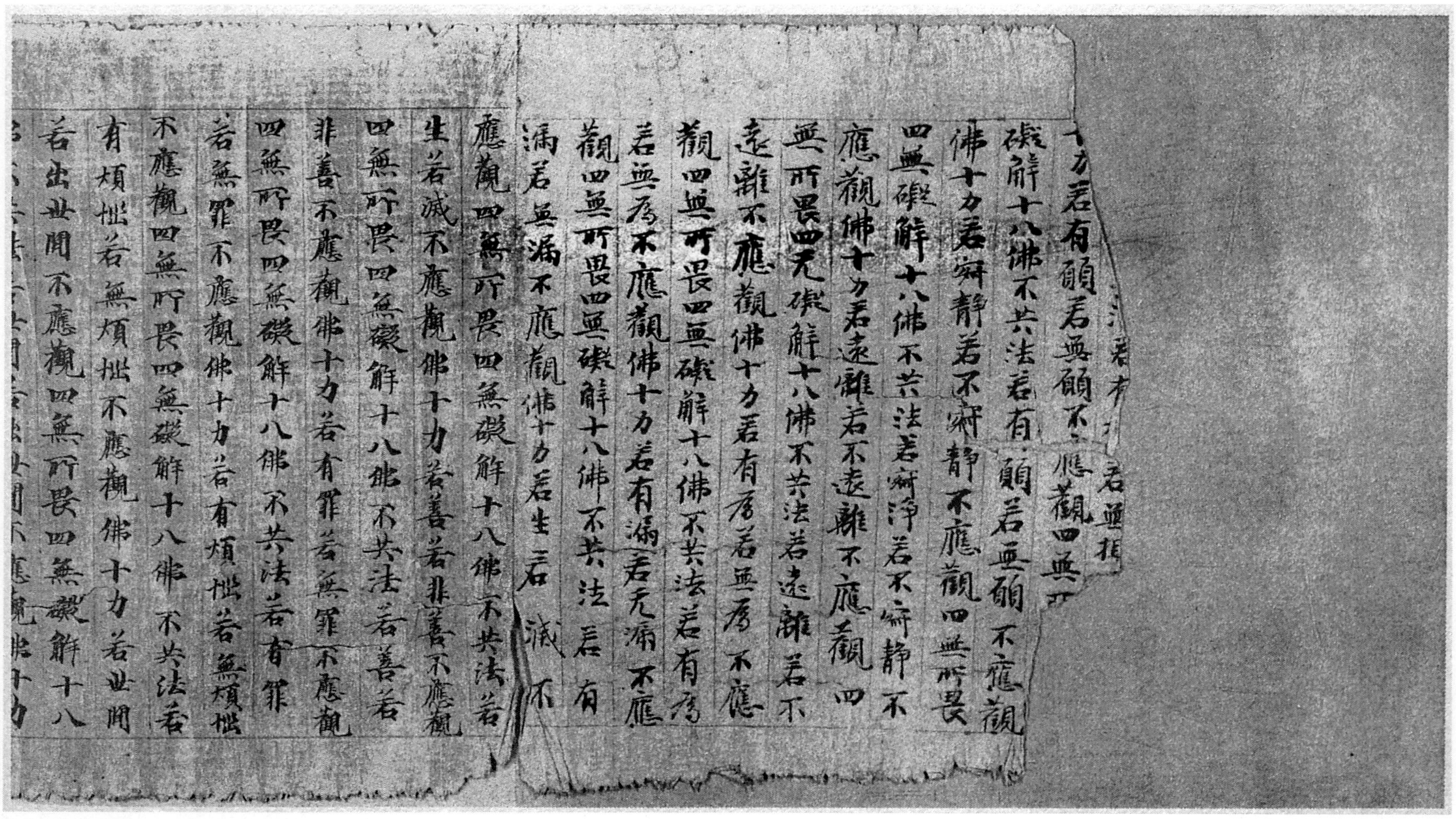

十力若有願若無願不應觀四無所
礙解十八佛不共法若有願若無願不應觀
佛十力若寂靜若不寂靜不應觀四無所畏
四無礙解十八佛不共法若寂淨若不寂靜不
應觀佛十力若遠離若不遠離不應觀四
無所畏四无礙解十八佛不共法若遠離若不
遠離不應觀佛十力若有為若無為不應
觀四無所畏四無礙解十八佛不共法若有為
若無為不應觀佛十力若有漏若无漏不應
觀四無所畏四無礙解十八佛不共法若有
漏若無漏不應觀佛十力若生若滅不
應觀四無所畏四無礙解十八佛不共法若
生若滅不應觀佛十力若善若非善不應觀
四無所畏四無礙解十八佛不共法若善若
非善不應觀佛十力若有罪若無罪不應觀
四無所畏四無礙解十八佛不共法若有罪
若無罪不應觀佛十力若有煩惱若無煩惱
不應觀四無所畏四無礙解十八佛不共法若
有煩惱若無煩惱不應觀佛十力若世間
若出世間不應觀四無所畏四無礙解十八

BD04876 號　大般若波羅蜜多經卷一三　（4–1）

非善不應觀佛十力若有罪若無罪不應觀
四無所畏四無礙解十八佛不共法若有罪
若無罪不應觀佛十力若有煩惱若無煩惱
不應觀四無所畏四無礙解十八佛不共法若
有煩惱若無煩惱不應觀佛十力若世間
若出世間不應觀四無所畏四無礙解十八
佛不共法若世間若出世間不應觀佛十力
若雜染若清淨不應觀四無所畏四無礙解
十八佛不共法若雜染若清淨不應觀佛十力
若屬生死若屬涅槃不應觀四無所畏四無
礙解十八佛不共法若屬生死若屬涅槃不
應觀佛十力若在內若在外若在兩間不應
觀四無所畏四無礙解十八佛不共法若在
內若在外若在兩間不應觀佛十力若可得
若不可得不應觀四無所畏四無礙解十八
佛不共法若可得若不可得
復次善現諸菩薩摩訶薩脩行般若波羅蜜
多時不應觀大慈若常若無常不應觀大悲
大喜大捨若常若無常不應觀大慈若樂若
苦不應觀大悲大喜大捨若樂若苦不應觀
大慈若我若無我不應觀大悲大喜大捨若
我若無我不應觀大慈若淨若不淨不應觀
大悲大喜大捨若淨若不淨不應觀大慈若
空若不空不應觀大悲大喜大捨若空若不
空不應觀大慈若有相若無相不應觀大悲
大喜大捨若有相若無相不應觀大慈若有
願若無願不應觀大悲大喜大捨若有願若

苦不應觀大悲大喜大捨若樂若苦不應觀
大慈若我若無我不應觀大悲大喜大捨若
我若無我不應觀大慈若淨若不淨不應觀
大悲大喜大捨若淨若不淨不應觀大慈若
空若不空不應觀大悲大喜大捨若空若不
空不應觀大慈若有相若無相不應觀大悲
大喜大捨若有相若無相不應觀大慈若有
願若無願不應觀大悲大喜大捨若有願若
無願不應觀大慈若寂靜若不寂靜不應觀
大悲大喜大捨若寂靜若不寂靜不應觀大
慈若遠離若不遠離不應觀大悲大喜大捨
若遠離若不遠離不應觀大慈若有為若無
為不應觀大悲大喜大捨若有為若無為不
應觀大慈若有漏若無漏不應觀大悲大喜
大捨若有漏若無漏不應觀大慈若生若滅
不應觀大悲大喜大捨若生若滅不應觀大
慈若善若非善不應觀大悲大喜大捨若
善若非善不應觀大慈若有罪若無罪不應
觀大悲大喜大捨若有罪若無罪不應觀大
慈若有煩惱若無煩惱不應觀大悲大喜大
捨若有煩惱若無煩惱不應觀大慈若世間
若出世間不應觀大悲大喜大捨若世間若
出世間不應觀大慈若雜染若清淨不應觀
大悲大喜大捨若雜染若清淨不應觀大慈
若屬生死若屬涅槃不應觀大悲大喜大捨
若屬生死若屬涅槃不應觀大慈若在內若
在外若在兩間不應觀大悲大喜大捨若在內

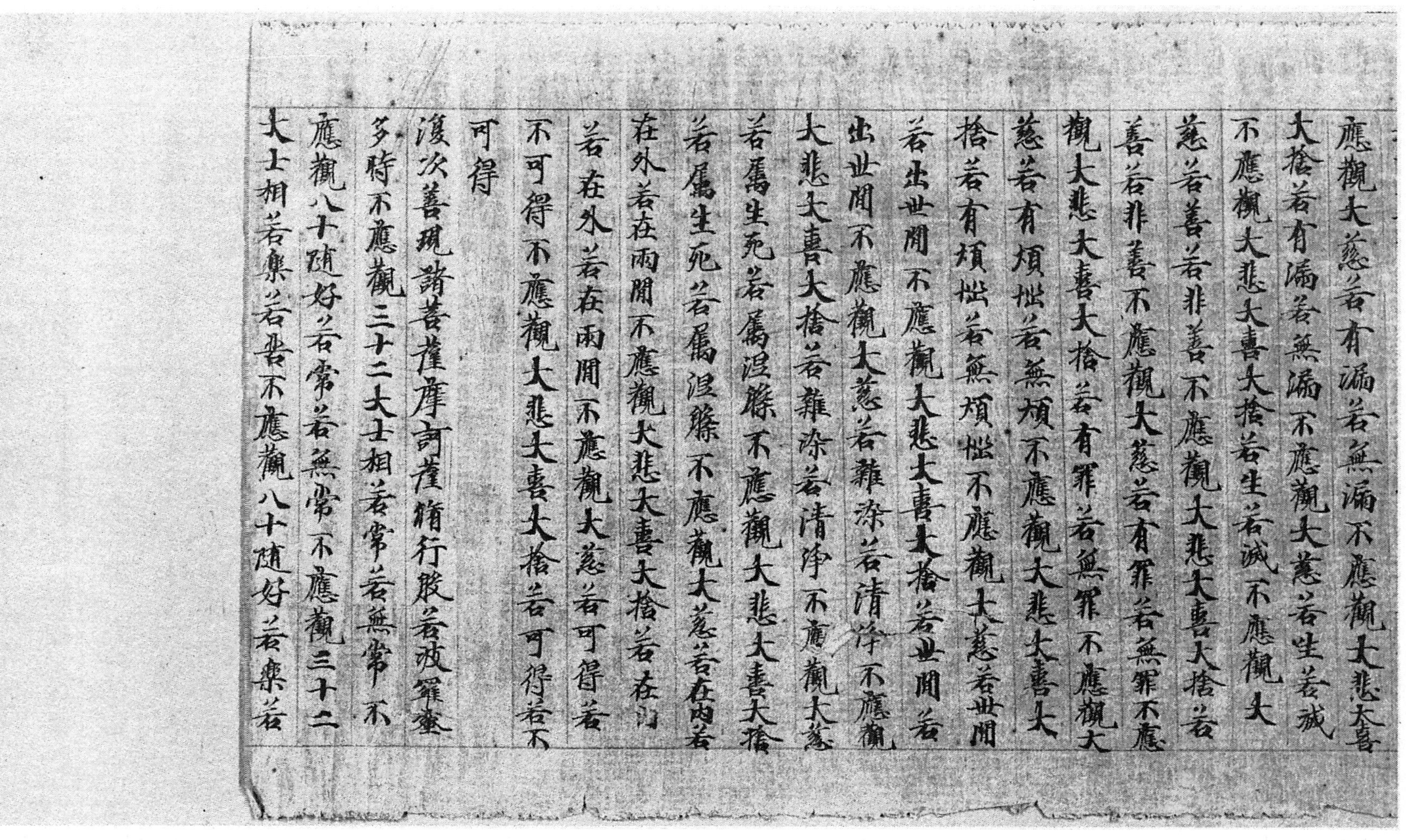

應觀大慈若有漏若無漏不應觀大悲大喜
大捨若有漏若無漏不應觀大慈若生若滅
不應觀大悲大喜大捨若生若滅不應觀大
慈若善若非善不應觀大悲大喜大捨若
善若非善不應觀大慈若有罪若無罪不應
觀大悲大喜大捨若有罪若無罪不應觀大
慈若有煩惱若無煩惱不應觀大悲大喜大
捨若有煩惱若無煩惱不應觀大慈若世間
若出世間不應觀大悲大喜大捨若世間若
出世間不應觀大慈若雜染若清淨不應觀
大悲大喜大捨若雜染若清淨不應觀大慈
若屬生死若屬涅槃不應觀大悲大喜大捨
若屬生死若屬涅槃不應觀大慈若在內若
在外若在兩間不應觀大悲大喜大捨若在內
若在外若在兩間不應觀大慈若可得若
不可得不應觀大悲大喜大捨若可得若不
可得
復次善現諸菩薩摩訶薩脩行般若波羅蜜
多時不應觀三十二大士相若常若無常不
應觀八十隨好若常若無常不應觀三十二
大士相若樂若苦不應觀八十隨好若樂若

BD04876號　大般若波羅蜜多經卷一三　　（4–4）

BD04876號背　勘記　　（1–1）

智清淨故行識名色六處觸受愛取有生老
死愁歎苦憂惱清淨行乃至老死愁歎苦憂
惱清淨故道相智清淨何以故若一切智智
清淨若行乃至老死愁歎苦憂惱清淨若道
相智清淨無二無二分無別無斷故
善現一切智智清淨故布施波羅蜜多清淨
布施波羅蜜多清淨故道相智清淨何以故
若一切智智清淨若布施波羅蜜多清淨若
道相智清淨無二無二分無別無斷故一切
智智清淨故淨戒安忍精進靜慮般若波羅
蜜多清淨淨戒乃至般若波羅蜜多清淨故
道相智清淨何以故若一切智智清淨若淨
戒乃至般若波羅蜜多清淨若道相智清淨
無二無二分無別無斷故善現一切智智清
淨故內空清淨內空清淨故道相智清淨何
以故若一切智智清淨若內空清淨若道相
智清淨無二無二分無別無斷故一切智智
清淨故外空內外空空空大空勝義空有為
空無為空畢竟空無際空散空無變異空本
性空自相空共相空一切法空不可得空無

BD04877號　大般若波羅蜜多經卷二八〇　（18–1）

無二無二分無別無斷故善現一切智智清
淨故內空清淨內空清淨故道相智清淨何
以故若一切智智清淨若內空清淨若道相
智清淨無二無二分無別無斷故一切智智
清淨故外空內外空空空大空勝義空有為
空無為空畢竟空無際空散空無變異空本
性空自相空共相空一切法空不可得空無
性空自性空無性自性空清淨外空乃至無
性自性空清淨故道相智清淨何以故若一
切智智清淨若外空乃至無性自性空清淨
若道相智清淨無二無二分無別無斷故善現
一切智智清淨故真如清淨真如清淨故道
相智清淨何以故若一切智智清淨若真如
清淨若道相智清淨無二無二分無別無斷
故一切智智清淨故法界法性不虛妄性不
變異性平等性離生性法定法住實際虛空
界不思議界清淨法界乃至不思議界清淨故
道相智清淨何以故若一切智智清淨若法
界乃至不思議界清淨若道相智清淨無
二無二分無別無斷故善現一切智智清淨
故苦聖諦清淨苦聖諦清淨故道相智清
淨何以故若一切智智清淨若苦聖諦清淨
若道相智清淨無二無二分無別無斷故一
切智智清淨故集滅道聖諦清淨集滅道聖
諦清淨故道相智清淨何以故若一切智智
清淨若集滅道聖諦清淨若道相智清淨
無二無二分無別無斷故
善現一切智智清淨故四靜慮清淨四靜慮

BD04877號　大般若波羅蜜多經卷二八〇　（18–2）

切智智清淨故集滅道聖諦清淨集滅道聖
諦清淨故道相智清淨何以故若一切智智
清淨若集滅道聖諦清淨若道相智清淨
無二無二分無別無斷故
善現一切智智清淨故四靜慮清淨四靜慮
清淨故道相智清淨何以故若一切智智清
淨若四靜慮清淨若道相智清淨無二無二
分無別無斷故一切智智清淨故四無量四
無色定清淨四無量四無色定清淨故道相
智清淨何以故若一切智智清淨若四無量
四無色定清淨若道相智清淨無二無二分
無別無斷故善現一切智智清淨故八解脫
清淨八解脫清淨故道相智清淨何以故若
一切智智清淨若八解脫清淨若道相智清
淨無二無二分無別無斷故一切智智清淨
故八勝處九次第定十遍處清淨八勝處九次
第定十遍處清淨故道相智清淨何以故若
一切智智清淨若八勝處九次第定十遍處
清淨若道相智清淨無二無二分無別無斷
故善現一切智智清淨故四念住清淨四念
住清淨故道相智清淨何以故若一切智智
清淨若四念住清淨若道相智清淨無二
無二分無別無斷故一切智智清淨故四正
斷四神足五根五力七等覺支八聖道支清
淨四正斷乃至八聖道支清淨故道相智清
淨何以故若一切智智清淨若四正斷乃至
八聖道支清淨若道相智清淨無二無二分

BD04877 號　大般若波羅蜜多經卷二八〇　（18–3）

清淨若四念住清淨若道相智清淨無二
無二分無別無斷故一切智智清淨故四正
斷四神足五根五力七等覺支八聖道支清
淨四正斷乃至八聖道支清淨故道相智清
淨何以故若一切智智清淨若四正斷乃至
八聖道支清淨若道相智清淨無二無二分
無別無斷故善現一切智智清淨故空解脫
門清淨空解脫門清淨故道相智清淨何以
故若一切智智清淨若空解脫門清淨若道
相智清淨無二無二分無別無斷故一切智
智清淨故無相無願解脫門清淨無相無願
解脫門清淨故道相智清淨何以故若一切
智智清淨若無相無願解脫門清淨若道相
智清淨無二無二分無別無斷故善現一切
智智清淨故菩薩十地清淨菩薩十地清淨
故道相智清淨何以故若一切智智清淨若
菩薩十地清淨若道相智清淨無二無二分
無別無斷故善現一切智智清淨故五眼清
淨五眼清淨故道相智清淨何以故若一切
智智清淨若五眼清淨若道相智清淨無二
無二分無別無斷故一切智智清淨故六神
通清淨六神通清淨故道相智清淨何以故
若一切智智清淨若六神通清淨若道相
智清淨無二無二分無別無斷故善現一
智智清淨故佛十力清淨佛十力清淨故
道相智清淨何以故若一切智智清淨若佛
十力清淨若道相智清淨無二無二分無別

BD04877 號　大般若波羅蜜多經卷二八〇　（18–4）

通清淨六神通清淨故道相智清淨何以故
若一切智智清淨若六神通清淨若道相
智清淨無二無二分無別無斷故善現一
智智清淨故佛十力清淨佛十力清淨故
道相智清淨何以故若一切智智清淨若佛
十力清淨若道相智清淨無二無二分無別
無斷故一切智智清淨故四無所畏四無礙
解大慈大悲大喜大捨十八佛不共法清淨四
無所畏乃至十八佛不共法清淨故道相智
清淨何以故若一切智智清淨若四無所
畏乃至十八佛不共法清淨若道相智清淨
無二無二分無別無斷故善現一切智智清
淨故無忘失法清淨無忘失法清淨故道相
智清淨何以故若一切智智清淨若無忘失
法清淨若道相智清淨無二無二分無別無
斷故一切智智清淨故恒住捨性清淨恒住
捨性清淨故道相智清淨何以故若一切智
智清淨若恒住捨性清淨若道相智清淨無
二無二分無別無斷故善現一切一切智清淨
故一切智清淨一切智清淨故道相智清淨
何以故若一切智智清淨若一切智清淨若
道相智清淨無二無二分無別無斷故一切
智智清淨故一切相智清淨一切相智清淨
故道相智清淨何以故若一切智智清淨若
一切相智清淨若道相智清淨無二無二分
無別無斷故善現一切智智清淨故一切陁
羅尼門清淨一切陁羅尼門清淨故道相智

BD04877號　大般若波羅蜜多經卷二八〇　（18-5）

智智清淨故一切相智清淨一切相智清淨
故道相智清淨何以故若一切智智清淨若
一切相智清淨若道相智清淨無二無二分
無別無斷故善現一切智智清淨故一切陁
羅尼門清淨一切陁羅尼門清淨故道相智
清淨何以故若一切智智清淨若一切陁羅尼
門清淨若道相智清淨無二無二分無別
無斷故一切智智清淨故一切三摩地門清
淨一切三摩地門清淨故道相智清淨何以故
若一切智智清淨若一切三摩地門清淨若
道相智清淨無二無二分無別無斷故
善現一切智智清淨故預流果清淨預流果
清淨故道相智清淨何以故若一切智智清
淨若預流果清淨若道相智清淨無二無二
分無別無斷故一切智智清淨故一來不還
阿羅漢果清淨一來不還阿羅漢果清淨故
道相智清淨何以故若一切智智清淨若一來
不還阿羅漢果清淨若道相智清淨無二無
二分無別無斷故善現一切智智清淨故獨
覺菩提清淨獨覺菩提清淨故道相智清
淨何以故若一切智智清淨若獨覺菩提清
淨若道相智清淨無二無二分無別無斷故
善現一切智智清淨故一切菩薩摩訶薩行
清淨一切菩薩摩訶薩行清淨故道相智清
淨何以故若一切智智清淨若一切菩薩摩
訶薩行清淨若道相智清淨無二無二分無
別無斷故善現一切智智清淨故諸佛無上

BD04877號　大般若波羅蜜多經卷二八〇　（18-6）

淨若道相智清淨無二無二分無別無斷故
善現一切智智清淨故一切菩薩摩訶薩行
清淨一切菩薩摩訶薩行清淨故道相智清
淨何以故若一切智智清淨若一切菩薩摩
訶薩行清淨若道相智清淨無二無二分無
別無斷故善現一切智智清淨故諸佛無上
正等菩提清淨諸佛無上正等菩提清淨故
道相智清淨何以故若一切智智清淨若諸
佛無上正等菩提清淨若道相智清淨無二
無二分無別無斷故
復次善現一切智智清淨故色清淨色清淨
故一切相智清淨何以故若一切智智清淨
若色清淨若一切相智清淨無二無二分無
別無斷故一切智智清淨故受想行識清淨
受想行識清淨故一切相智清淨何以故若
一切智智清淨若受想行識清淨若一切相智
清淨無二無二分無別無斷故善現一切智
智清淨故眼處清淨眼處清淨故一切相智
清淨何以故若一切智智清淨若眼處清淨
若一切相智清淨無二無二分無別無斷
故一切智智清淨故耳鼻舌身意處清淨耳
鼻舌身意處清淨故一切相智清淨何以故
若一切智智清淨若耳鼻舌身意處清淨若
一切相智清淨無二無二分無別無斷故
善現一切智智清淨故色處清淨色處清淨
故一切相智清淨何以故若一切智智清淨
若色處清淨若一切相智清淨無二無二分

若一切智智清淨若耳鼻舌身意處清淨若
一切相智清淨無二無二分無別無斷故
善現一切智智清淨故色處清淨色處清淨
故一切相智清淨何以故若一切智智清淨
若色處清淨若一切相智清淨無二無二分
無別無斷故一切智智清淨故聲香味觸法
處清淨聲香味觸法處清淨故一切相智清
淨何以故若一切智智清淨若聲香味觸法
處清淨若一切相智清淨無二無二分無別無
斷故善現一切智智清淨故眼界清淨眼界
清淨故一切相智清淨何以故若一切智智
清淨若眼界清淨若一切相智清淨無二無
二分無別無斷故一切智智清淨故色界眼
識界及眼觸眼觸為緣所生諸受清淨色界
乃至眼觸為緣所生諸受清淨故一切相智
清淨何以故若一切智智清淨若色界乃至眼
觸為緣所生諸受清淨若一切相智清淨無
二無二分無別無斷故善現一切智智清淨
故耳界清淨耳界清淨故一切相智清淨何
以故若一切智智清淨若耳界清淨若一切相
智清淨無二無二分無別無斷故一切智智
清淨故聲界耳識界及耳觸耳觸為緣所生
諸受清淨聲界乃至耳觸為緣所生諸受
清淨故一切相智清淨何以故若一切智智
清淨若聲界乃至耳觸為緣所生諸受清淨
若一切相智清淨無二無二分無別無斷故
善現一切智智清淨故鼻界清淨鼻界清

清淨故聲界耳識界及耳觸耳觸爲緣所生
諸受清淨聲界乃至耳觸爲緣所生諸受
清淨故一切相智清淨何以故若一切智智
清淨若聲界乃至耳觸爲緣所生諸受清淨
若一切相智清淨無二無二分無別無斷故
善現一切智智清淨故鼻界清淨鼻界清
淨故一切相智清淨何以故若一切智智清淨若
鼻界清淨若一切相智清淨無二無二分無
別無斷故一切智智清淨故香界鼻識界及
鼻觸鼻觸爲緣所生諸受清淨香界乃至鼻
觸爲緣所生諸受清淨故一切相智清淨何
以故若一切智智清淨若香界乃至鼻觸爲
緣所生諸受清淨若一切相智清淨無二無
二分無別無斷故善現一切智智清淨故舌
界清淨舌界清淨故一切相智清淨何以故
若一切智智清淨若舌界清淨若一切相智
清淨無二無二分無別無斷故一切智智清
淨故味界舌識界及舌觸舌觸爲緣所生諸
受清淨味界乃至舌觸爲緣所生諸受清淨
故一切相智清淨何以故若一切智智清淨
若味界乃至舌觸爲緣所生諸受清淨若一
切相智清淨無二無二分無別無斷故善現
一切智智清淨故身界清淨身界清淨故一
切相智清淨何以故若一切智智清淨若身
界清淨若一切相智清淨無二無二分無別
無斷故一切智智清淨故觸界身識界及身
觸身觸爲緣所生諸受清淨觸界乃至身觸
爲緣所生諸受清淨故一切相智清淨何以

BD04877號　大般若波羅蜜多經卷二八〇　（18–9）

一切智智清淨故身界清淨身界清淨故一
切相智清淨何以故若一切智智清淨若身
界清淨若一切相智清淨無二無二分無別
無斷故一切智智清淨故觸界身識界及身
觸身觸爲緣所生諸受清淨觸界乃至身觸
爲緣所生諸受清淨故一切相智清淨何以
故若一切智智清淨若觸界乃至身觸爲緣
所生諸受清淨若一切相智清淨無二無二
分無別無斷故善現一切智智清淨故意界
清淨意界清淨故一切相智清淨何以故若
一切智智清淨若意界清淨若一切相智清
淨無二無二分無別無斷故一切智智清淨
故法界意識界及意觸意觸爲緣所生諸受
清淨法界乃至意觸爲緣所生諸受清淨故
一切相智清淨何以故若一切智智清淨若
法界乃至意觸爲緣所生諸受清淨若一切
相智清淨無二無二分無別無斷故善現一
切智智清淨故地界清淨地界清淨故一切
相智清淨何以故若一切智智清淨若地界
清淨若一切相智清淨無二無二分無別無
斷故一切智智清淨故水火風空識界清淨
水火風空識界清淨故一切相智清淨何以故
若一切智智清淨若水火風空識界清淨若
一切相智清淨無二無二分無別無斷故
善現一切智智清淨故無明清淨無明清淨
故一切相智清淨何以故若一切智智清淨
若無明清淨若一切相智清淨無二無二分

BD04877號　大般若波羅蜜多經卷二八〇　（18–10）

水火風空識界清淨故一切相智清淨何以故
若一切智智清淨若水火風空識界清淨若
一切相智清淨無二無二分無別無斷故
善現一切智智清淨故無明清淨無明清淨
故一切相智清淨何以故若一切智智清淨
若無明清淨若一切相智清淨無二無二分
無別無斷故一切智智清淨故行識名色六
處觸受愛取有生老死愁歎苦憂惱清淨
行乃至老死愁歎苦憂惱清淨故一切相智清
淨何以故若一切智智清淨若行乃至老死
愁歎苦憂惱清淨若一切相智智清淨無二無
二分無別無斷故
善現一切智智清淨故布施波羅蜜多清淨
布施波羅蜜多清淨故一切相智清淨何以故
若一切智智清淨若布施波羅蜜多清淨
若一切相智清淨無二無二分無別無斷故
一切智智清淨故淨戒安忍精進靜慮般若
波羅蜜多清淨淨戒乃至般若波羅蜜多清
淨故一切相智清淨何以故若一切智智清
淨若淨戒乃至般若波羅蜜多清淨若一切
相智清淨無二無二分無別無斷故善現一
切智智清淨故內空清淨內空清淨故一切
相智清淨何以故若一切智智清淨若內空
清淨若一切相智清淨無二無二分無別無
斷故一切智智清淨故外空內外空空空大
空勝義空有為空無為空畢竟空無際空散
空無變異空本性空自相空共相空一切法空

相智清淨何以故若一切智智清淨若內空
清淨若一切相智清淨無二無二分無別無
斷故一切智智清淨故外空內外空空空大
空勝義空有為空無為空畢竟空無際空散
空無變異空本性空自相空共相空一切法空
不可得空無性空自性空無性自性空清淨
外空乃至無性自性空清淨故一切相智清
淨何以故若一切智智清淨若外空乃至無
性自性空清淨若一切相智清淨無二無二分
無別無斷故善現一切智智清淨故真如清
淨真如清淨故一切相智清淨何以故若一
切智智清淨若真如清淨若一切相智清淨
無二無二分無別無斷故一切智智清淨故
法界法性不虛妄性不變異性平等性離生
性法定法住實際虛空界不思議界清淨法
界乃至不思議界清淨故一切相智清淨何
以故若一切智智清淨若法界乃至不思議
界清淨若一切相智清淨無二無二分無別
無斷故善現一切智智清淨故苦聖諦清淨
苦聖諦清淨故一切相智清淨何以故若
一切智智清淨若苦聖諦清淨若一切相智
清淨無二無二分無別無斷故一切智智清
淨故集滅道聖諦清淨集滅道聖諦清淨故
一切相智清淨何以故若一切智智清淨若
集滅道聖諦清淨若一切相智清淨無二無
二分無別無斷故
善現一切智智清淨故四靜慮清淨四靜慮

清淨無二無二分無別無斷故一切智智清
淨故集滅道聖諦清淨集滅道聖諦清淨故
一切相智清淨何以故若一切智智清淨若
集滅道聖諦清淨若一切相智清淨無二無
二分無別無斷故
善現一切智智清淨故四靜慮清淨四靜慮
清淨故一切相智清淨何以故若一切智智
清淨若四靜慮清淨若一切相智清淨無二
無二分無別無斷故一切智智清淨故四無
量四無色定清淨四無量四無色定清淨故
一切相智清淨何以故若一切智智清淨若
四無量四無色定清淨若一切相智清淨無
二無二分無別無斷故善現一切智智清淨
故八解脫清淨八解脫清淨故一切相智清
淨何以故若一切智智清淨若八解脫清淨
若一切相智清淨無二無二分無別無斷故
一切智智清淨故八勝處九次第定十遍處
清淨八勝處九次第定十遍處清淨故一切
相智清淨何以故若一切智智清淨若八勝
處九次第定十遍處清淨若一切相智清淨
無二無二分無別無斷故善現一切智智清
淨故四念住清淨四念住清淨故一切相智清
淨何以故若一切智智清淨若四念住清淨
若一切相智清淨無二無二分無別無斷故
一切智智清淨故四正斷四神足五根五力
七等覺支八聖道支清淨四正斷乃至八聖
道支清淨故一切相智清淨何以故若一切

無二無二分無別無斷故善現一切智智清
淨故四念住清淨四念住清淨故一切相智清
淨何以故若一切智智清淨若四念住清淨
若一切相智清淨無二無二分無別無斷故
一切智智清淨故四正斷四神足五根五力
七等覺支八聖道支清淨四正斷乃至八聖
道支清淨故一切相智清淨何以故若一切
智智清淨若四正斷乃至八聖道支清淨若
一切相智清淨無二無二分無別無斷故善
現一切智智清淨故空解脫門清淨空解脫
門清淨故一切相智清淨何以故若一切智
智清淨若空解脫門清淨若一切相智清淨
無二無二分無別無斷故一切智智清淨故
無相無願解脫門清淨無相無願解脫門清
淨故一切相智清淨何以故若一切智智清
淨若無相無願解脫門清淨若一切相智清
淨無二無二分無別無斷故善現一切智智
清淨故菩薩十地清淨菩薩十地清淨故一
切相智清淨何以故若一切智智清淨若菩
薩十地清淨若一切相智清淨無二無二分
無別無斷故
善現一切智智清淨故五眼清淨五眼清淨
故一切相智清淨何以故若一切智智清淨
若五眼清淨若一切相智清淨無二無二分
無別無斷故一切智智清淨故六神通清淨
六神通清淨故一切相智清淨何以故若一
切智智清淨若六神通清淨若一切相智清
淨無二無二分無別無斷故善現一切智智

無别無斷故
善現一切智智清淨故五眼清淨五眼清淨
故一切相智清淨何以故若一切智智清淨
若五眼清淨若一切相智清淨無二無二分
無别無斷故一切智智清淨故六神通清淨
六神通清淨故一切相智清淨何以故若一
切智智清淨若六神通清淨若一切相智清
淨無二無二分無别無斷故善現一切智智
清淨故佛十力清淨佛十力清淨故一切相
智清淨何以故若一切智智清淨若佛十力
清淨若一切相智清淨無二無二分無别無
斷故一切智智清淨故四無所畏四無礙解
大慈大悲大喜大捨十八佛不共法清淨四
無所畏乃至十八佛不共法清淨故一切相
智清淨何以故若一切智智清淨若四無所
畏乃至十八佛不共法清淨若一切相智清
淨無二無二分無别無斷故善現一切智智
清淨故無忘失法清淨無忘失法清淨故一
切相智清淨何以故若一切智智清淨若無
忘失法清淨若一切相智清淨無二無二分
無别無斷故一切智智清淨故恒住捨性清淨
恒住捨性清淨故一切相智清淨何以故若
一切智智清淨若恒住捨性清淨若一切相
智清淨無二無二分無别無斷故善現一切
智智清淨故一切智清淨一切智清淨故一
切相智清淨何以故若一切智智清淨若一
切智清淨若一切相智清淨無二無二分無

BD04877號　大般若波羅蜜多經卷二八〇　（18–15）

無别無斷故一切智智清淨故恒住捨性清淨
恒住捨性清淨故一切相智清淨何以故若
一切智智清淨若恒住捨性清淨若一切相
智清淨無二無二分無别無斷故善現一切
智智清淨故一切智清淨一切智清淨故一
切相智清淨何以故若一切智智清淨若一
切智清淨若一切相智清淨無二無二分無
别無斷故一切智智清淨故道相智清淨道
相智清淨故一切相智清淨何以故若一切
智智清淨若道相智清淨若一切相智清淨
無二無二分無别無斷故善現一切智智清
淨故一切陁羅尼門清淨一切陁羅尼門清
淨故一切相智清淨何以故若一切智智清
淨若一切陁羅尼門清淨若一切相智清淨
無二無二分無别無斷故一切智智清淨故
一切三摩地門清淨一切三摩地門清淨故一
切相智清淨何以故若一切智智清淨若
一切三摩地門清淨若一切相智清淨無二
無二分無别無斷故
善現一切智智清淨故預流果清淨預流果
清淨故一切相智清淨何以故若一切智智
清若預流果清淨若一切相智清淨無二
無二分無别無斷故一切智智清淨故一來
不還阿羅漢果清淨一來不還阿羅漢果清
淨故一切相智清淨何以故若一切智智清
淨若一來不還阿羅漢果清淨若一切相智
淨清無二無二分無别無斷故善現一切智

BD04877號　大般若波羅蜜多經卷二八〇　（18–16）

清淨故一切相智清淨何以故若一切智智
清若預流果清淨若一切相智清淨無二
無二分無別無斷故一切智智清淨故一來
不還阿羅漢果清淨一來不還阿羅漢果清
淨故一切相智清淨何以故若一切智智清
淨若一來不還阿羅漢果清淨若一切相智
淨清無二無二分無別無斷故善現一切智
智清淨故獨覺菩提清淨獨覺菩提清淨故
一切相智清淨何以故若一切智智清淨若
獨覺菩提清淨若一切相智清淨無二無二
分無別無斷故善現一切智智清淨故一切
菩薩摩訶薩行清淨一切菩薩摩訶薩行清
淨故一切相智清淨何以故若一切智智清淨
若一切菩薩摩訶薩行清淨若一切相智
清淨無二無二分無別無斷故善現一切智
智清淨故諸佛無上正等菩提清淨諸佛無
上正等菩提清淨故一切相智清淨何以
故若一切智智清淨若諸佛無上正等菩提
清淨若一切相智清淨無二無二分無別無
斷故

大般若波羅蜜多經卷第二百八十

BD04877號　大般若波羅蜜多經卷二八〇　(18–17)

分無別無斷故善現一切智智清淨故一切
菩薩摩訶薩行清淨一切菩薩摩訶薩行清
淨故一切相智清淨何以故若一切智智清淨
若一切菩薩摩訶薩行清淨若一切相智
清淨無二無二分無別無斷故善現一切智
智清淨故諸佛無上正等菩提清淨諸佛無
上正等菩提清淨故一切相智清淨何以
故若一切智智清淨若諸佛無上正等菩提
清淨若一切相智清淨無二無二分無別無
斷故

大般若波羅蜜多經卷第二百八十

BD04877號　大般若波羅蜜多經卷二八〇　(18–18)

[illegible]沙弥小兒[illegible]

樂與同師常好坐禪在於閑處脩攝其心文

殊師利是名初親近處復次菩薩摩訶薩觀

一切法空如實相不顛倒不動不退不轉如

虛空无所有性一切語言道斷不生不出不

起无名无相實无所有无量无邊无礙无障

但以因緣有從顛倒生故說常樂觀如是法

相是名菩薩摩訶薩第二親近處尒時世尊

欲重宣此義而說偈言

若有菩薩　於後惡世　无怖畏心　欲說是經

應入行處　及親近處　常離國王　及國王子

大臣官長　凶險戲者　及旃陁羅　外道梵志

亦不親近　增上慢人　貪着小乘　三藏學者

破戒比丘　名字羅漢　及比丘尼　好戲笑者

深着五欲　求現滅度　諸優婆夷　皆勿親近

若是人等　以好心來　到菩薩所　為聞佛道

菩薩則以　无所畏心　不悕悕望　而為說法

寡女處女　及諸不男　皆勿親近　以為親厚

亦莫親近　屠兒魁膾　畋獵魰捕　為利煞害

破戒比丘　名字羅漢　及比丘尼　好戲笑者

深着五欲　求現滅度　諸優婆夷　皆勿親近

若是人等　以好心來　到菩薩所　為聞佛道

菩薩則以　无所畏心　不悕悕望　而為說法

寡女處女　及諸不男　皆勿親近　以為親厚

亦莫親近　屠兒魁膾　畋獵魰捕　為利煞害

販肉自活　衒賣女色　如是之人　皆勿親近

凶險相撲　種種嬉戲　諸婬女等　盡勿親近

莫獨屏處　為女說法　若說法時　无得戲笑

入里乞食　將一比丘　若无比丘　一心念佛

是則名為　行處近處　以此二處　能安樂說

又復不行　上中下法　有為无為　實不實法

亦不分別　是男是女　不得諸法　不知不見

是則名為　菩薩行處　一切諸法　空无所有

无有常住　亦无起滅　是名智者　所親近處

顛倒分別　諸法有无　是實非實　是生非生

在於閑處　脩攝其心　安住不動　如須弥山

觀一切法　皆无所有　猶如虛空　无有堅固

不生不出　不動不退　常住一相　是名近處

若有比丘　於我滅後　入是行處　及親近處

說斯經時　无有怯弱　菩薩有時　入於靜室

以正憶念　隨義觀法　從禪定起　為諸國王

王子臣民　婆羅門等　開化演暢　說斯經典

其心安隱　无有怯弱　文殊師利　是名菩薩

安住初法　能於後世　說法華經

又文殊師利如來滅後於末法中欲說是經

應住安樂行若口宣說若讀經時不樂說人

以正憶念　隨義觀法　從禪定起　爲諸國王
王子臣民　婆羅門等　開化演暢　說斯經典
其心安隱　无有怯弱　文殊師利　是名菩薩
安住初法　能於後世　說法華經
又文殊師利如來滅後於末法中欲說是經
應住安樂行若口宣說若讀經時不樂說人
及經典過亦不輕慢諸餘法師不說他人好
惡長短於聲聞人亦不稱名說其過惡亦不
稱名讚歎其美又亦不生怨嫌之心善脩如
是安樂心故諸有聽者不逆其意有所難問
不以小乘法荅但以大乘而為解說令得一
切種智尒時世尊欲重宣此義而說偈言
菩薩常樂　安隱說法　於清淨地　而施床座
以油塗身　澡浴塵穢　著新淨衣　内外俱淨
安處法座　隨問為說　若有比丘　及比丘尼
諸優婆塞　及優婆夷　國王王子　羣臣士民
以微妙義　和顏為說　若有難問　隨義而荅
因緣譬喻　敷演分別　以是方便　皆使發心
漸漸增益　入於佛道　除嬾惰意　及懈怠想
離諸憂惱　慈心說法　晝夜常說　无上道教
以諸因緣　无量譬喻　開示衆生　咸令歡喜
衣服卧具　飲食醫藥　而於其中　无所悕望
但一心念　說法因緣　願成佛道　令衆亦尒
是則大利　安樂供養　我滅度後　若有比丘
能演說斯　妙法華經　心无嫉恚　諸惱障礙
亦无憂愁　及罵詈者　又无怖畏　加刀杖等
亦无擯出　安住忍故　智者如是　善脩其心

BD04878號　妙法蓮華經卷五　（29–3）

衣服卧具　飲食醫藥　而於其中　无所悕望
但一心念　說法因緣　願成佛道　令衆亦尒
是則大利　安樂供養　我滅度後　若有比丘
能演說斯　妙法華經　心无嫉恚　諸惱障礙
亦无憂愁　及罵詈者　又无怖畏　加刀杖等
亦无擯出　安住忍故　智者如是　善脩其心
能住安樂　如我上說　其人功德　千万億劫
筭數譬喻　說不能盡
又文殊師利菩薩摩訶薩於後末世法欲滅
時受持讀誦斯經典者无懷嫉妬諂誑之心
亦勿輕罵學佛道者求其長短若比丘比丘
尼優婆塞優婆夷求聲聞者求辟支佛者求
菩薩道者无得惱之令其疑悔語其人言汝
等去道甚遠終不能得一切種智所以者何
汝是放逸之人於道懈怠故又亦不應戲論
諸法有所諍競當於一切衆生起大悲想於
諸如來起慈父想於諸菩薩起大師想於十
方諸大菩薩常應深心恭敬禮拜於一切衆
生平等說法以順法故不多不少乃至深愛
法者亦不為多說文殊師利是菩薩摩訶薩
於後末世法欲滅時有成就是第三安樂行
者說是法時无能惱亂得好同學共讀誦是
經亦得大衆而來聽受聽已能持持已能誦
誦已能說說已能書若使人書供養經卷恭
敬尊重讚歎尒時世尊欲重宣此義而說偈
言
若欲說是經　當捨嫉恚慢　諂誑邪偽心　常修質直行

BD04878號　妙法蓮華經卷五　（29–4）

經亦得大衆而來聽受聽已能持持已能誦
誦已能說說已能書若使人書供養經卷恭
敬尊重讚歎尒時世尊欲重宣此義而說偈
言
若欲說是經　當捨嫉恚慢　諂誑邪偽心　常脩質直行
不輕蔑於人　亦不戲論法　不令他疑悔　云汝不得佛
是佛子說法　常柔和能忍　慈悲於一切　不生懈怠心
十方大菩薩　愍衆故行道　應生恭敬心　是則我大師
於諸佛世尊　生无上父想　破於憍慢心　說法无障礙
第三法如是　智者應守護　一心安樂行　无量衆所敬
又文殊師利菩薩摩訶薩於後末世法欲滅時
有持法華經者於在家出家人中生大慈心
於非菩薩人中生大悲心應作是念如是之
人則為大失如來方便隨宜說法不聞不
知不覺不問不信不解其人雖不問不信不
解是經我得阿耨多羅三藐三菩提時隨在
何地以神通力智慧力引之令得住是法中
文殊師利是菩薩摩訶薩於如來滅後有成
就此第四法者說是法時无有過失常為比
丘比丘尼優婆塞優婆夷國王王子大臣人
民婆羅門居士等供養恭敬尊重讚歎虛空
諸天為聽法故亦常隨侍若在聚落城邑空
閑林中有人來欲難問者諸天晝夜常為經
故而衛護之能令聽者皆得歡喜所以者何
此經是一切過去未來現在諸佛神力所護
故文殊師利是法華經於无量國中乃至名

BD04878號　妙法蓮華經卷五　（29–5）

諸天為聽法故亦常隨侍若在聚落城邑空
閑林中有人來欲難問者諸天晝夜常為經
故而衛護之能令聽者皆得歡喜所以者何
此經是一切過去未來現在諸佛神力所護
故文殊師利是法華經於无量國中乃至名
字不可得聞何況得見受持讀誦文殊師利
譬如強力轉輪聖王欲以威勢降伏諸國而
諸小王不順其命時轉輪王起種種兵而往
討伐王見兵衆戰有功者即大歡喜隨功賞
賜或與田宅聚落城邑或與衣服嚴身之具
或與種種珎寶金銀瑠璃車𤦲馬瑙珊瑚虎
珀象馬車乘奴婢人民唯髻中明珠不以與
之所以者何獨王頂上有此一珠若以與之
王諸眷屬必大驚怪文殊師利如來亦復如
是以禪定智慧力得法國土王於三界而諸
魔王不肯順伏如來賢聖諸將與之共戰其
有功者心亦歡喜於四衆中為說諸經令其
心悅賜以禪定解脫无漏根力諸法之財又
復賜與涅槃之城言得滅度引導其心令皆
歡喜而不為說是法華經文殊師利如轉輪
王見諸兵衆有大功者心甚歡喜以此難信
之珠久在髻中不妄與人而今與之如來亦
復如是於三界中為大法王以法教化一切
衆生見賢聖軍與五陰魔煩惱魔死魔共戰
有大功勳滅三毒出三界破魔網尒時如來
亦大歡喜此法華經能令衆生至一切智一

BD04878號　妙法蓮華經卷五　（29–6）

之珠久在髻中不妄與人而今與之如來亦
復如是於三界中為大法王以法教化一切
衆生見賢聖軍與五陰魔煩惱魔死魔共戰
有大功勲滅三毒出三界破魔網尒時如來
亦大歡喜此法華經能令衆生至一切智一
切世間多怨難信先所未說而今說之文殊
師利此法華經是諸如來第一之說於諸說
中最為甚深末後賜與如彼强力之王久護
明珠今乃與之文殊師利此法華經諸佛如
來祕密之藏於諸經中最在其上長夜守護
不妄宣說始於今日乃與汝等而敷演之尒
時世尊欲重宣此義而說偈言
常行忍辱 哀愍一切 乃能演說 佛所讚經
後末世時 持此經者 於家出家 及非菩薩
應生慈悲 斯等不聞 不信是經 則為大失
我得佛道 以諸方便 為說此法 令住其中
譬如强力 轉輪之王 兵戰有功 賞賜諸物
象馬車乘 嚴身之具 及諸田宅 聚落城邑
或與衣服 種種珍寶 奴婢財物 歡喜賜與
如有勇健 能為難事 王解髻中 明珠賜之
如來亦尒 為諸法王 忍辱大力 智慧寶藏
以大慈悲 如法化世 見一切人 受諸苦惱
欲求解脫 与諸魔戰 為是衆生 說種種法
以大方便 說此諸經 既知衆生 得其力已
末後乃為 說是法華 如王解髻 明珠与之
此經為尊 衆經中上 我常守護 不妄開示

以大慈悲 如法化世 見一切人 受諸苦惱
欲求解脫 与諸魔戰 為是衆生 說種種法
以大方便 說此諸經 既知衆生 得其力已
末後乃為 說是法華 如王解髻 明珠与之
此經為尊 衆經中上 我常守護 不妄開示
今正是時 為汝等說 我滅度後 求佛道者
欲得安隱 演說斯經 應當親近 如是四法
讀是經者 常无憂惱 又无病痛 顏色鮮白
不生貧窮 卑賤醜陋 衆生樂見 如慕賢聖
天諸童子 以為給使 刀杖不加 毒不能害
若人惡罵 口則閉塞 遊行无畏 如師子王
智慧光明 如日之照 若於夢中 但見妙事
見諸如來 坐師子座 諸比丘衆 圍繞說法
又見龍神 阿脩羅等 數如恒河 恭敬合掌
自見其身 而為說法 又見諸佛 身相金色
放无量光 照於一切 以梵音聲 演說諸法
佛為四衆 說无上法 見身處中 合掌讚佛
聞法歡喜 而為供養 得陁羅尼 證不退智
佛知其心 深入佛道 即為授記 成最正覺
汝善男子 當於來世 得无量智 佛之大道
國土嚴淨 廣大无比 亦有四衆 合掌聽法
又見自身 在山林中 脩習善法 證諸實相
深入禪定 見十方佛
諸佛身金色 百福相莊嚴 聞法為人說 常有是好夢
又夢作國王 捨宮殿眷屬 及上妙五欲 行詣於道場
在菩提樹下 而處師子座 求道過七日 得諸佛之智

國土嚴淨　廣大无比　亦有四衆　合掌聽法
又見自身　在山林中　脩習善法　證諸實相
深入禪定　見十方佛
諸佛身金色　百福相莊嚴　聞法爲人說　常有是好夢
又夢作國王　捨宮殿眷屬　及上妙五欲　行詣於道場
在菩提樹下　而處師子座　求道過七日　得諸佛之智
成无上道已　起而轉法輪　爲四衆說法　經千万億劫
說无漏妙法　度无量衆生　後當入涅槃　如烟盡燈滅
若後惡世中　說是第一法　是人得大利　如上諸功德
妙法蓮華經從地踊出品第十五
尒時他方國土諸來菩薩摩訶薩過八恒河
沙數於大衆中起立合掌作礼而白佛言世
尊若聽我等於佛滅後在此娑婆世界勤加精
進護持讀誦書寫供養是經典者當於此土
而廣說之尒時佛告諸菩薩摩訶薩衆止男
男子不須汝等護持此經所以者何我娑婆
世界自有六万恒河沙等菩薩摩訶薩一一菩
薩各有六万恒河沙眷屬是諸人等能於我
滅後護持讀誦廣說此經佛說是時娑婆
世界三千大千國土地皆震裂而於其中有
无量千万億菩薩摩訶薩同時踊出是諸菩
薩身皆金色三十二相无量光明先盡在此
娑婆世界之下此界虛空中住是諸菩薩聞
釋迦牟尼佛所說音聲從下發來一一菩薩
皆是大衆唱導之首各將六万恒河沙眷屬
況將五万四万三万二万一万恒河沙等眷
屬者況復乃至一恒河沙半恒河沙四分之

BD04878號　妙法蓮華經卷五　（29–9）

薩身皆金色三十二相无量光明先盡在此
娑婆世界之下此界虛空中住是諸菩薩聞
釋迦牟尼佛所說音聲從下發來一一菩薩
皆是大衆唱導之首各將六万恒河沙眷屬
況將五万四万三万二万一万恒河沙等眷
屬者況復乃至一恒河沙半恒河沙四分之
一乃至千万億那由他分之一況復千万億
那由他眷屬況復億万眷屬況千万百千乃
至一万況復一千一百乃至一十況復將五
四三二一弟子者況復單己樂遠離行如是
等比无量无邊筭數譬喻所不能知是諸菩
薩從地出已各詣虛空七寶妙塔多寶如來
釋迦牟尼佛所到已向二世尊頭面礼足及
至諸寶樹下師子座上佛所亦皆作礼右繞
三帀合掌恭敬以諸菩薩種種讚法而以讚歎
住在一面欣樂瞻仰於二世尊是諸菩薩
摩訶薩從初踊出以諸菩薩種種讚法而讚
於佛如是時間經五十小劫是時釋迦牟尼
佛默然而坐及諸四衆亦皆默然五十小劫
佛神力故令諸大衆謂如半日尒時四衆亦
以佛神力故見諸菩薩遍滿无量百千万億
國土虛空是菩薩衆中有四導師一名上行
二名无邊行三名淨行四名安立行是四菩
薩於其衆中最爲上首唱導之師在大衆前
各共合掌觀釋迦牟尼佛而問訊言世尊少
病少惱安樂行不所應度者受教易不不令
世尊生疲勞耶尒時四大菩薩而說偈言

BD04878號　妙法蓮華經卷五　（29–10）

二名无邊行三名淨行四名安立行是四菩
薩於其衆中最為上首唱導之師在大衆前
各共合掌觀釋迦牟尼佛而問訊言世尊少
病少惱安樂行不所應度者受教易不不令
世尊生疲勞耶尒時四大菩薩而說偈言
世尊安樂　少病少惱　教化衆生　得无疲惓
又諸衆生　受化易不　不令世尊　生疲勞耶
尒時世尊於菩薩大衆中而作是言如是如
是諸善男子如來安樂少病少惱諸衆生等
易可化度无有疲勞所以者何是諸衆生世
世已來常受我化亦於過去諸佛供養尊重
種諸善根此諸衆生始見我身聞我所說即
皆信受入如來慧除先脩習學小乘者如是
之人我今亦令得聞是經入於佛慧尒時諸
大菩薩而說偈言
善哉善哉　大雄世尊　諸衆生等　易可化度
能問諸佛　甚深智慧　聞已信行　我等隨喜
於時世尊讚歎上首諸大菩薩善哉善哉善
男子汝等能於如來發隨喜心尒時弥勒菩
薩及八千恒河沙諸菩薩衆皆作是念我等
從昔已來不見不聞如是大菩薩摩訶薩衆
從地踊出住世尊前合掌供養問訊如來時
弥勒菩薩摩訶薩知八千恒河沙諸菩薩等
心之所念幷欲自決所疑合掌向佛以偈問曰
无量千万億　大衆諸菩薩　昔所未曾見　願兩足尊說
是從何以來　以何因緣集　巨身大神通　智慧叵思議

BD04878號　妙法蓮華經卷五　（29-11）

從昔已來不見不聞如
從地踊出住世尊前合掌供養問訊如來時
弥勒菩薩摩訶薩知八千恒河沙諸菩薩等
心之所念幷欲自決所疑合掌向佛以偈問曰
无量千万億　大衆諸菩薩　昔所未曾見　願兩足尊說
是從何以來　以何因緣集　巨身大神通　智慧叵思議
其志念堅固　有大忍辱力　衆生所樂見　為從何所來
一一諸菩薩　所將諸眷屬　其數无有量　如恒河沙等
或有大菩薩　將六万恒沙　如是諸大衆　一心求佛道
是諸大師等　六万恒河沙　俱來供養佛　及護持是經
將五万恒沙　其數過於是　四万及三万　二万至一万
一千一百等　乃至一恒沙　半及三四分　億万分之一
千万那由他　万億諸弟子　乃至於半億　其數復過上
百万至一万　一千及一百　五十与一十　乃至三二一
單己无眷屬　樂於獨處者　俱來至佛所　其數轉過上
如是諸大衆　若人行籌數　過於恒沙劫　猶不能盡知
是諸大威德　精進菩薩衆　誰為其說法　教化而成就
從誰初發心　稱揚何佛法　受持行誰經　脩習何佛道
如是諸菩薩　神通大智力　四方地震裂　皆從中踊出
世尊我昔來　未曾見是事　願說其所從　國土之名号
我常遊諸國　未曾見是衆　我於此衆中　乃不識一人
忽然從地出　願說其因緣　今此之大會　无量百千億
是諸菩薩等　皆欲知此事　是諸菩薩衆　本末之因緣
无量德世尊　唯願決衆疑
尒時釋迦牟尼佛分身諸佛從无量千万億
他方國土來者在於八方諸寶樹下師子座上
結加趺坐其佛侍者各各見是菩薩大衆於

BD04378號　妙法蓮華經卷五　（29-12）

是諸菩薩等 皆欲知此事 是諸菩薩眾 本末之因緣
无量德世尊 唯願決眾疑
尒時釋迦牟尼佛分身諸佛從无量千万億
他方國土來者在於八方諸寶樹下師子座上
結跏趺坐其佛侍者各各見是菩薩大眾於
三千大千世界四方從地踊出住於虛空各
白其佛言世尊此諸无量无邊阿僧祇菩薩
大眾從何所來尒時諸佛各告侍者諸善男
子且待須臾有菩薩摩訶薩名弥勒釋迦牟
尼佛之所授記次後作佛已問斯事佛今荅
之汝等自當因是得聞尒時釋迦牟尼佛告
弥勒菩薩善哉善哉阿逸多乃能問佛如是
大事汝等當共一心被精進鎧發堅固意如
來今欲顯發宣示諸佛智慧諸佛自在神通
之力諸佛師子奮迅之力諸佛威猛大勢之
力尒時世尊欲重宣此義而說偈言
當精進一心 我欲說此事 勿得有疑悔 佛智叵思議
汝今出信力 住於忍善中 昔所未聞法 今皆當得聞
我今安慰汝 勿得懷疑懼 佛无不實語 智慧不可量
所得第一法 甚深叵分別 如是今當說 汝等一心聽
尒時世尊說此偈已告弥勒菩薩我今於此
大眾宣告汝等阿逸多是諸大菩薩摩訶薩
无量无數阿僧祇從地踊出汝等昔所未見
者我於是娑婆世界得阿耨多羅三藐三菩
提已教化示導是諸菩薩調伏其心令發道
意此諸菩薩皆於是娑婆世界之下此界虛

BD04878號 妙法蓮華經卷五 （29–13）

大眾宣告汝等阿逸多是諸大菩薩摩訶薩
无量无數阿僧祇從地踊出汝等昔所未見
者我於是娑婆世界得阿耨多羅三藐三菩
提已教化示導是諸菩薩調伏其心令發道
意此諸菩薩皆於是娑婆世界之下此界虛
空中住於諸經典讀誦通利思惟分別正憶
念阿逸多是諸善男子等不樂在眾多有所
說常樂靜處懃行精進未曾休息亦不依止
人天而住常樂深智无有鄣礙亦常樂於諸
佛之法一心精進求无上慧尒時世尊欲重宣
此義而說偈言
阿逸汝當知 是諸大菩薩 從无數劫來 脩習佛智慧
悉是我所化 令發大道心 此等是我子 依止是世界
常行頭陀事 志樂於靜處 捨大眾憒閙 不樂多所說
如是諸子等 學習我道法 晝夜常精進 為求佛道故
在娑婆世界 下方空中住 志念力堅固 常懃求智慧
說種種妙法 其心无所畏 我於伽耶城 菩提樹下坐
得成最正覺 轉无上法輪 尒乃教化之 令初發道心
今皆住不退 悉當得成佛 我今說實語 汝等一心信
我從久遠來 教化是等眾
尒時弥勒菩薩摩訶薩及无數諸菩薩等心
生疑惑怪未曾有而作是念云何世尊於少
時間教化如是无量无邊阿僧祇諸大菩薩
令住阿耨多羅三藐三菩提即白佛言世尊
如來為太子時出於釋宮去伽耶城不遠坐於
道場得成阿耨多羅三藐三菩提從是已來
始過四十餘年

BD04878號 妙法蓮華經卷五 （29–14）

時閒教化如是无量无邊阿僧祇諸大菩薩
令住阿耨多羅三藐三菩提即白佛言世尊
如来為太子時出於釋宮去伽耶城不遠坐於
道場得成阿耨多羅三藐三菩提從是已来
始過四十餘年世尊云何於此少時大作佛事
以佛勢力以佛功德教化如是无量大菩
薩衆當成阿耨多羅三藐三菩提世尊此大
菩薩衆假使有人於千万億劫數不能盡不
得其邊斯等久遠已来於无量无邊諸佛
所殖諸善根成就菩薩道常脩梵行世尊如
此之事世所難信譬如有人色美髮黑年二
十五指百歲人言是我子其百歲人亦指年
少言是我父生育我等是事難信佛亦如是
得道已来其實未久而此大衆諸菩薩等已
於无量千万億劫為佛道故勤行精進善入
出住无量百千万億三昧得大神通久脩梵
行善能次第習諸善法巧於問荅人中之寶
一切世間甚為希有今日世尊方云得佛道
時初令發心教化示導令向阿耨多羅三藐
三菩提世尊得佛未久乃能作此大功德事
我等雖復信佛隨宜所說佛所出言未曾虛
妄佛所知者皆悉通達然諸新發意菩薩於
佛滅後若聞是語或不信受而起破法罪業
因緣唯然世尊願為解說除我等疑及未来
世諸善男子聞此事已亦不生疑尒時弥勒
菩薩欲重宣此義而說偈言

BD04878號 妙法蓮華經卷五 (29–15)

妄佛所知者皆悉通達然諸新發意菩薩於
佛滅後若聞是語或不信受而起破法罪業
因緣唯然世尊願為解說除我等疑及未来
世諸善男子聞此事已亦不生疑尒時弥勒
菩薩欲重宣此義而說偈言
佛昔從釋種 出家近伽耶 坐於菩提樹 尒来尚未久
此諸佛子等 其數不可量 久以行佛道 住神通智力
善學菩薩道 不染世間法 如蓮華在水 從地而踊出
皆起恭敬心 住於世尊前 是事難思議 云何而可信
佛得道甚近 所成就甚多 願為除衆疑 如實分別說
譬如少壯人 年始二十五 示人百歲子 髮白而面皺
是等我所生 子亦說是父 父少而子老 舉世所不信
世尊亦如是 得道来甚近 是諸菩薩等 志固无怯弱
從无量劫来 而行菩薩道 巧於難問荅 其心无所畏
忍辱心決定 端正有威德 十方佛所讚 善能分別說
不樂在人衆 常好在禪定 為求佛道故 於下空中住
我等從佛聞 於此事无疑 願佛為未来 演說令開解
若有於此經 生疑不信者 即當墮惡道 願今為解說
是无量菩薩 云何於少時 教化令發心 而住不退地

妙法蓮華經如来壽量品第十六

尒時佛告諸菩薩及一切大衆諸善男子汝等
當信解如来誠諦之語復告大衆汝等當
信解如来誠諦之語又復告諸大衆汝等當
信解如来誠諦之語是時菩薩大衆弥勒為
首合掌白佛言世尊唯願說之我等當信受
佛語如是三白已復言唯願說之我等當信

BD04878號 妙法蓮華經卷五 (29–16)

當信解如来誠諦之語復告大衆汝等當
信解如来誠諦之語又復告諸大衆汝等當
信解如来誠諦之語是時菩薩大衆弥勒為
首合掌白佛言世尊唯願說之我等當信受
佛語如是三白已復言唯願說之我等當信
受佛語尒時世尊知諸菩薩三請不止而告
之言汝等諦聽如来祕密神通之力一切世間
天人及阿脩羅皆謂今釋迦牟尼佛出釋氏
宮去伽耶城不遠坐於道場得阿耨多羅三
藐三菩提然善男子我實成佛已来无量
无邊百千万億那由他劫譬如五百千万億
那由他阿僧祇三千大千世界假使有人末
為微塵過於東方五百千万億那由他阿僧
祇國乃下一塵如是東行盡是微塵諸善男
子於意云何是諸世界可得思惟挍計知其
數不弥勒菩薩等俱白佛言世尊是諸世界
无量无邊非筭數所知亦非心力所及一切
聲聞辟支佛以无漏智不能思惟知其限數
我等住阿惟越致地於是事中亦所不達世
尊如是諸世界无量无邊尒時佛告大菩薩
衆諸善男子今當分明宣語汝等是諸世界
若著微塵及不著者盡以為塵一塵一劫我
成佛已来復過於此百千万億那由他阿僧祇
劫自從是来我常在此娑婆世界說法教化
亦於餘處百千万億那由他阿僧祇國導利
衆生諸善男子於是中間我說然燈佛等又

BD04878號　妙法蓮華經卷五　（29–17）

若著微塵及不著者盡以為塵一塵一劫我
成佛已来復過於此百千万億那由他阿僧祇
劫自從是来我常在此娑婆世界說法教化
亦於餘處百千万億那由他阿僧祇國導利
衆生諸善男子於是中間我說然燈佛等又
復言其入於涅槃如是皆以方便分別諸善
男子若有衆生来至我所我以佛眼觀其信
等諸根利鈍隨所應度處處自說名字不同
年紀大小亦復現言當入涅槃又以種種方
便說微妙法能令衆生發歡喜心諸善男子
如来見諸衆生樂於小法德薄垢重者為是
人說我少出家得阿耨多羅三藐三菩提然
我實成佛已来久遠若斯但以方便教化衆
生令入佛道作如是說諸善男子如来所演
經典皆為度脫衆生或說己身或說他身或
示己身或示他身或示己事或示他事諸所
言說皆實不虛所以者何如来如實知見三
界之相无有生死若退若出亦无在世及滅
度者非實非虛非如非異不如三界見於三
界如斯之事如来明見无有錯謬以諸衆生
有種種性種種欲種種行種種憶想分別故
欲令生諸善根以若干因緣譬喻言辭種種
說法所作佛事未曾暫廢如是我成佛已
来甚大久遠壽命无量阿僧祇劫常住不滅
諸善男子我本行菩薩道所成壽命今猶未
盡復倍上數然今非實滅度而便唱言當取

BD04878號　妙法蓮華經卷五　（29–18）

欲令生諸善根以若干因緣譬喻言辭種種
說法所作佛事未曾暫廢如是我成佛已
來甚大久遠壽命无量阿僧祇劫常住不滅
諸善男子我本行菩薩道所成壽命今猶未
盡復倍上數然今非實滅度而便唱言當取
滅度如來以是方便教化眾生所以者何若
佛久住於世薄德之人不種善根貧窮下賤
貪著五欲入於憶想妄見網中若見如來常
在不滅便起憍恣而懷厭怠不能生難遭之
想恭敬之心是故如來以方便說比丘當知
諸佛出世難可值遇所以者何諸薄德人過
无量百千万億劫或有見佛或不見者以此
事故我作是言諸比丘如來難可得見斯眾
生等聞如是語必當生於難遭之想心懷戀慕
渴仰於佛便種善根是故如來雖不實滅
而言滅度又善男子諸佛如來法皆如是為
度眾生皆實不虛譬如良醫智慧聰達明練
方藥善治眾病其人多諸子息若十二十乃
至百數以有事緣遠至餘國諸子於後飲他
毒藥藥發悶亂宛轉于地是時其父還來歸
家諸子飲毒或失本心或不失者遙見其父
皆大歡喜拜跪問訊善安隱歸我等愚癡誤
服毒藥願見救療更賜壽命父見子等苦惱
如是依諸經方求好藥草色香美味皆悉具
足擣篩和合与子令服而作是言此大良藥
色香美味皆悉具足汝等可服速除苦惱无

皆大歡喜拜跪問訊善安隱歸我等愚癡誤
服毒藥願見救療更賜壽命父見子等苦惱
如是依諸經方求好藥草色香美味皆悉具
足擣篩和合与子令服而作是言此大良藥
色香美味皆悉具足汝等可服速除苦惱无
復眾患其諸子中不失心者見此良藥色香
俱好即便服之病盡除愈餘失心者見其父
來雖亦歡喜問訊求索治病然与其藥而不
肯服所以者何毒氣深入失本心故於此好
色香藥而謂不美父作是念此子可愍為毒
所中心皆顛倒雖見我喜求索救療如是好
藥而不肯服我今當設方便令服此藥即作
是言汝等當知我今衰老死時已至是好良
藥今留在此汝可取服勿憂不差作是教已
復至他國遣使還告汝父已死是時諸子聞
父背喪心大憂惱而作是念若父在者慈愍
我等能見救護今者捨我遠喪他國自惟孤
露无復恃怙常懷悲感心遂醒悟乃知此藥
色味香美即取服之毒病皆愈其父聞子悉
已得差尋便來歸咸使見之諸善男子於意
云何頗有人能說此良醫虛妄罪不不也世
尊佛言我亦如是成佛已來无量无邊百千
万億那由他阿僧祇劫為眾生故以方便力
言當滅度亦无有能如法說我虛妄過者尒
時世尊欲重宣此義而說偈言
自我得佛來　所經諸劫數　无量百千万　億載阿僧祇

尊佛言我亦如是成佛已來无量无邊百千
万億那由他阿僧祇劫為衆生故以方便力
言當滅度亦无有能如法說我虛妄過者尒
時世尊欲重宣此義而說偈言
自我得佛來　所經諸劫數　无量百千万　億載阿僧祇
常說法教化　无數億衆生　令入於佛道　尒來无量劫
為度衆生故　方便現涅槃　而實不滅度　常住此說法
我常住於此　以諸神通力　令顛倒衆生　雖近而不見
衆見我滅度　廣供養舍利　咸皆懷戀慕　而生渴仰心
衆生既信伏　質直意柔軟　一心欲見佛　不自惜身命
時我及衆僧　俱出靈鷲山　我時語衆生　常在此不滅
以方便力故　現有滅不滅　餘國有衆生　恭敬信樂者
我復於彼中　為說无上法　汝等不聞此　但謂我滅度
我見諸衆生　沒在於苦惱　故不為現身　令其生渴仰
因其心戀慕　乃出為說法　神通力如是　於阿僧祇劫
常在靈鷲山　及餘諸住處　衆生見劫盡　大火所燒時
我此土安隱　天人常充滿　園林諸堂閣　種種寶莊嚴
寶樹多華菓　衆生所遊樂　諸天擊天鼓　常作衆伎樂
雨曼陀羅華　散佛及大衆　我淨土不毀　而衆見燒盡
憂怖諸苦惱　如是悉充滿　是諸罪衆生　以惡業因緣
過阿僧祇劫　不聞三寶名　諸有修功德　柔和質直者
則皆見我身　在此而說法　或時為此衆　說佛壽无量
久乃見佛者　為說佛難值　我智力如是　慧光照无量
壽命无數劫　久修業所得　汝等有智者　勿於此生疑
當斷令永盡　佛語實不虛　如醫善方便　為治狂子故
實在而言死　无能說虛妄　我亦為世父　救諸苦患者

BD04878號　妙法蓮華經卷五　（29-21）

則皆見我身　在此而說法　或時為此衆　說佛壽无量
久乃見佛者　為說佛難值　我智力如是　慧光照无量
壽命无數劫　久修業所得　汝等有智者　勿於此生疑
當斷令永盡　佛語實不虛　如醫善方便　為治狂子故
實在而言死　无能說虛妄　我亦為世父　救諸苦患者
為凡夫顛倒　實在而言滅　以常見我故　而生憍恣心
放逸著五欲　墮於惡道中　我常知衆生　行道不行道
隨應所可度　為說種種法　每自作是意　以何令衆生
得入无上道　速成就佛身

妙法蓮華經分別功德品第十七

尒時大會聞佛說壽命劫數長遠如是无量
无邊阿僧祇衆生得大饒益於時世尊告彌
勒菩薩摩訶薩阿逸多我說是如來壽命
長遠時六百八十万億那由他恒河沙等衆生
得无生法忍復有千倍菩薩摩訶薩得聞
持陀羅尼門復有一世界微塵數菩薩摩訶
薩得樂說无礙辯才復有一世界微塵數菩薩
摩訶薩得百千万億无量旋陀羅尼復有三
千大千世界微塵數菩薩摩訶薩能轉不退
法輪復有二千中國土微塵數菩薩摩訶薩能
轉清淨法輪復有小千國土微塵數菩薩摩
訶薩八生當得阿耨多羅三藐三菩提復有
四四天下微塵數菩薩摩訶薩四生當得阿
耨多羅三藐三菩提復有三四天下微塵數菩
薩摩訶薩三生當得阿耨多羅三藐三菩提
復有二四天下微塵數菩薩摩訶薩二生當

BD04878號　妙法蓮華經卷五　（29-22）

轉清淨法輪復有小千國土微塵數菩薩摩
訶薩八生當得阿耨多羅三藐三菩提復有
四四天下微塵數菩薩摩訶薩四生當得阿
耨多羅三藐三菩提復有三四天下微塵數菩
薩摩訶薩三生當得阿耨多羅三藐三菩提
復有二四天下微塵數菩薩摩訶薩二生當
得阿耨多羅三藐三菩提復有一四天下微
塵數菩薩摩訶薩一生當得耨多羅三藐
三菩提復有八世界微塵數眾生皆發阿耨
多羅三藐三菩提心佛說是諸菩薩摩訶薩
得大法利時於虛空中而雨曼陁羅華摩訶
曼陁羅華以散無量百千万億寶樹下師子
座上諸佛并散七寶塔中師子座上釋迦牟
尼佛及久滅度多寶如來亦散一切諸大菩
薩及四部眾又雨細末栴檀沉水香等於虛
空中天鼓自鳴妙聲深遠又雨千種天衣垂
諸瓔珞真珠瓔珞摩尼珠瓔珞如意珠瓔珞
遍於九方眾寶香爐燒無價香自然周至供
養大會一一佛上有諸菩薩執持幡蓋次第
而上至于梵天是諸菩薩以妙音聲歌無量
頌讚歎諸佛尒時弥勒菩薩從座而起偏袒
右肩合掌向佛而說偈言
佛說希有法　昔所未曾聞　世尊有大力　壽命不可量
無數諸佛子　聞世尊分別　說得法利者　歡喜充遍身
或住不退地　或得陁羅尼　或無礙樂說　万億旋總持
或有大千界　微塵數菩薩　各各皆能轉　不退之法輪

BD04878號　妙法蓮華經卷五　（29–23）

右肩合掌向佛而說偈言
佛說希有法　昔所未曾聞　世尊有大力　壽命不可量
無數諸佛子　聞世尊分別　說得法利者　歡喜充遍身
或住不退地　或得陁羅尼　或無礙樂說　万億旋總持
或有大千界　微塵數菩薩　各各皆能轉　不退之法輪
或有中千界　微塵數菩薩　各各皆能轉　清淨之法輪
復有小千界　微塵數菩薩　餘各八生在　當得成佛道
復有四三二　如是四天下　微塵諸菩薩　隨數生成佛
或一四天下　微塵數菩薩　餘有一生在　當成一切智
如是等眾生　聞佛壽長遠　得無量無漏　清淨之果報
復有八世界　微塵數眾生　聞佛說壽命　皆發無上心
世尊說無量　不可思議法　多有所饒益　如虛空無邊
雨天曼陁羅　摩訶曼陁羅　釋梵如恒沙　無數佛土來
雨栴檀沉水　繽紛而亂墜　如鳥飛空下　供散於諸佛
天鼓虛空中　自然出妙聲　天衣千万種　旋轉而來下
眾寶妙香爐　燒無價之香　自然悉周遍　供養諸世尊
其大菩薩眾　執七寶幡蓋　高妙万億種　次第至梵天
一一諸佛前　寶幢懸勝幡　亦以千万偈　歌詠諸如來
如是種種事　昔所未曾有　聞佛壽無量　一切皆歡喜
佛名聞十方　廣饒益眾生　一切具善根　以助無上心
尒時佛告弥勒菩薩摩訶薩阿逸多其有眾
生聞佛壽命長遠如是乃至能生一念信解
所得功德無有限量若有善男子善女人為
阿耨多羅三藐三菩提故於八十万億那由他
劫行五波羅蜜檀波羅蜜尸波羅蜜羼提
波羅蜜毗梨耶波羅蜜禪波羅蜜除般

BD04878號　妙法蓮華經卷五　（29–24）

尒時佛告弥勒菩薩摩訶薩阿逸多其有衆
生聞佛壽命長遠如是乃至能生一念信解
所得功德无有限量若有善男子善女人為
阿耨多羅三藐三菩提故於八十万億那由他
劫行五波羅蜜檀波羅蜜尸波羅蜜羼提
波羅蜜毗梨耶波羅蜜禪波羅蜜除般
若波羅蜜以是功德比前功德百分千分百
千万億分不及其一乃至筭數譬喻所不能知
若善男子有如是功德於阿耨多羅三藐三
菩提退者无有是處尒時世尊欲重宣此
義而說偈言
若人求佛慧　於八十万億　那由他劫數　行五波羅蜜
於是諸劫中　布施供養佛　及緣覺弟子　并諸菩薩衆
珎異之飲食　上服與臥具　栴檀立精舍　以園林莊嚴
如是等布施　種種皆微妙　盡此諸劫數　以迴向佛道
若復持禁戒　清淨无缺漏　求於无上道　諸佛之所歎
若復行忍辱　住於調柔地　設衆惡來加　其心不傾動
諸有得法者　懷於增上慢　為此所輕惱　如是亦能忍
若復勤精進　志念常堅固　於无量億劫　一心不懈息
又於无數劫　住於空閑處　若坐若經行　除睡常攝心
以是因緣故　能生諸禪定　八十億万劫　安住心不亂
持此一心福　願求无上道　我得一切智　盡諸禪定際
是人於百千　万億劫數中　行此諸功德　如上之所說
有善男女等　聞我說壽命　乃至一念信　其福過於彼
若人悉无有　一切諸疑悔　深心須臾信　其福為如此
其有諸菩薩　无量劫行道　聞我說壽命　是則能信受
如是諸人等　頂受此經典　願我於未來　長壽度衆生

BD04878號　妙法蓮華經卷五　（29–25）

持此一心福　願
是人於百千　万億劫數中　行此諸功德　如上之所說
有善男女等　聞我說壽命　乃至一念信　其福過於彼
若人悉无有　一切諸疑悔　深心須臾信　其福為如此
其有諸菩薩　无量劫行道　聞我說壽命　是則能信受
如是諸人等　頂受此經典　願我於未來　長壽度衆生
如今日世尊　諸釋中之王　道場師子吼　說法无所畏
我等未來世　一切所尊敬　坐於道場時　說壽亦如是
若有深心者　清淨而質直　多聞能總持　隨義解佛語
如是諸人等　於此无有疑
又阿逸多若有聞佛壽命長遠解其義趣是
人所得功德无有限量能起如來无上之慧
何況廣聞是經若教人聞若自持若教人持
若自書若教人書若以華香瓔珞幢幡繒蓋
香油蘇燈供養經卷是人功德无量无邊能
生一切種智阿逸多若善男子善女人聞我
說壽命長遠深心信解則為見佛常在耆闍
崛山共大菩薩諸聲聞衆圍繞說法又見此
娑婆世界其地瑠璃坦然平正閻浮檀金以
界八道寶樹行列諸臺樓觀皆悉寶成其菩
薩衆咸處其中若有能如是觀者當知是為
深信解相又復如來滅後若聞是經而不毀
呰起隨喜心當知已為深信解相何況讀誦
受持之者斯人則為頂戴如來阿逸多是善
男子善女人不須為我復起塔寺及作僧坊
以四事供養衆僧所以者何是善男子善女
人受持讀誦是經典者為已起塔造立僧坊

BD04878號　妙法蓮華經卷五　（29–26）

皆起隨喜心當知已為深信解相何況讀誦
受持之者斯人則為頂戴如來阿逸多是善
男子善女人不須為我復起塔寺及作僧坊
以四事供養衆僧所以者何是善男子善女
人受持讀誦是經典者為已起塔造立僧坊
供養衆僧則為以佛舍利起七寶塔高廣漸
小至于梵天懸諸幡蓋及衆寶鈴華香瓔珞
末香塗香燒香衆鼓伎樂簫笛箜篌種種儛
戲以妙音聲歌唄讚頌則為於无量百千万
億劫作是供養已阿逸多若我滅後聞是經
典有能受持若自書若教人書則為起立僧
坊以赤栴檀作諸殿堂三十有二高八多羅
樹高廣嚴好百千比丘於其中止園林浴池
經行禪窟衣服飲食床褥湯藥一切樂具
充滿其中如是僧坊堂閣若干百千万億其
數无量以此現前供養於我及比丘僧是故
我說如來滅後若有受持讀誦為他人說若
自書若教人書供養經卷不須復起塔寺及
造僧坊供養衆僧況復有人能持是經兼行
布施持戒忍辱精進一心智慧其德最勝无
量无邊譬如虛空東西南北四維上下无量无
邊是人功德亦復如是无量无邊疾至一切
種智若人讀誦受持是經為他人說若自書
若教人書復能起塔及造僧坊供養讚歎聲
聞衆僧亦以百千万億讚歎之法讚歎菩薩
功德又為他人種種因緣隨義解說此法華

BD04878號　妙法蓮華經卷五

(29–27)

邊是人功德亦復如是无量无邊疾至一切
種智若人讀誦受持是經為他人說若自書
若教人書復能起塔及造僧坊供養讚歎聲
聞衆僧亦以百千万億讚歎之法讚歎菩薩
功德又為他人種種因緣隨義解說此法華
經復能清淨持戒与柔和者而共同止忍辱
无瞋志念堅固常貴坐禪得諸深定精進勇
猛攝諸善法利根智慧善答問難阿逸多若
我滅後諸善男子善女人受持讀誦是經典
者復有如是諸善功德當知是人已趣道場
近阿耨多羅三藐三菩提坐道樹下阿逸多
是善男子善女人若坐若立若行處此中便
應起塔一切天人皆應供養如佛之塔尒時
世尊欲重宣此義而說偈言
若我滅度後　能奉持此經　斯人福无量　如上之所說
是則為具足　一切諸供養　以舍利起塔　七寶而莊嚴
表刹甚高廣　漸小至梵天　寶鈴千万億　風動出妙音
又於无量劫　而供養此塔　華香諸瓔珞　天衣衆伎樂
然香油蘇燈　周帀常照明　惡世法末時　能持是經者
則為已如上　具足諸供養　若能持此經　則如佛現在
以牛頭栴檀　起僧坊供養　堂有三十二　高八多羅樹
上饌妙衣服　床臥皆具足　百千衆住處　園林諸流池
經行及禪窟　種種皆嚴好　若有信解心　受持讀誦書
若復教人書　及供養經卷　散華香末香　以須曼瞻蔔
阿提目多伽　薰油常然之　如是供養者　得无量功德
如虛空无邊　其福亦如是　況復持此經　兼布施持戒

BD04878號　妙法蓮華經卷五

(29–28)

則為已如上　具足諸供養　若能持此經　則如佛現在
以牛頭栴檀　起僧坊供養　堂有三十二　高八多羅樹
上饌妙衣服　床卧皆具足　百千衆住處　園林諸流池
經行及禪窟　種種皆嚴好　若有信解心　受持讀誦書
若復教人書　及供養經卷　散華香末香　以須曼瞻蔔
阿提目多伽　薰油常然之　如是供養者　得无量功德
如虛空无邊　其福亦如是　況復持此經　兼布施持戒
忍辱樂禪定　不瞋不惡口　恭敬於塔廟　謙下諸比丘
遠離自高心　常思惟智慧　有問難不瞋　隨順為解說
若能行是行　功德不可量　若見此法師　成就如是德
應以天華散　天衣覆其身　頭面接足禮　生心如佛想
又應作是念　不久詣道樹　得无漏无為　廣利諸人天
其所住止處　經行若坐卧　乃至說一偈　是中應起塔
莊嚴令妙好　種種以供養　佛子住此地　則是佛受用
常在於其中　經行及坐卧

妙法蓮華經卷第五

BD04878 號　妙法蓮華經卷五　（29–29）

獨覺菩提清淨若不虛妄性清淨无二无二
分无別无斷故善現一切智智清淨故一切
菩薩摩訶薩行清淨一切菩薩摩訶薩行
清淨故不虛妄性清淨何以故若一切智智清
淨若一切菩薩摩訶薩行清淨若不虛妄
性清淨无二无二分无別无斷故善現一切智
智清淨故諸佛无上正等菩提清淨諸佛无
上正等菩提清淨故不虛妄性清淨何以故
若一切智智清淨若諸佛无上正等菩提清
淨若不虛妄性清淨无二无二分无別无斷
故
復次善現一切智智清淨故色清淨色清淨
故不變異性清淨何以故若一切智智清淨
若色清淨若不變異性清淨无二无二分无
別无斷故一切智智清淨故受想行識清
淨受想行識清淨故不變異性清淨何以故

BD04879 號　大般若波羅蜜多經卷二五九　（6–1）

故
復次善現一切智智清淨故色清淨
故不變異性清淨何以故若一切智智清淨
若色清淨若不變異性清淨无二无二分无
别无斷故一切智智清淨故受想行識清
淨受想行識清淨故不變異性清淨何以故
若一切智智清淨若受想行識清淨若不變異
性清淨无二无二分无别无斷故善現一切
智智清淨故眼處清淨眼處清淨故不變異
性清淨何以故若一切智智清淨若眼處清
淨若不變異性清淨无二无二分无别无斷
故一切智智清淨故耳鼻舌身意處清淨耳
鼻舌身意處清淨故不變異性清淨何以故
若一切智智清淨若耳鼻舌身意處清淨若
不變異性清淨无二无二分无别无斷故善
現一切智智清淨故色處清淨色處清淨故
不變異性清淨何以故若一切智智清淨若
色處清淨若不變異性清淨无二无二分无
别无斷故一切智智清淨故聲香味觸法處
清淨聲香味觸法處清淨故不變異性清淨
何以故若一切智智清淨若聲香味觸法
處清淨若不變異性清淨无二无二分无别无
斷故善現一切智智清淨故眼界清淨眼界
清淨故不變異性清淨何以故若一切智智
清淨若眼界清淨若不變異性清淨无二无
二分无别无斷故一切智智清淨故色界眼
識界及眼觸眼觸為緣所生諸受清淨色界
乃至眼觸為緣所生諸受清淨故不變異性

BD04879號　大般若波羅蜜多經卷二五九　（6–2）

斷故善現一切智智清淨故眼界清淨眼界
清淨故不變異性清淨何以故若一切智智
清淨若眼界清淨若不變異性清淨无二无
二分无别无斷故一切智智清淨故色界眼
識界及眼觸眼觸為緣所生諸受清淨色界
乃至眼觸為緣所生諸受清淨故不變異性
清淨何以故若一切智智清淨若色界乃至
眼觸為緣所生諸受清淨若不變異性清淨
无二无二分无别无斷故一切智智清
淨故耳界清淨耳界清淨故不變異性清淨
何以故若一切智智清淨若耳界清淨若不
變異性清淨无二无二分无别无斷故一切
智智清淨故聲界耳識界及耳觸耳觸為緣
所生諸受清淨聲界乃至耳觸為緣所生諸
受清淨故不變異性清淨何以故若一切智
智清淨若聲界乃至耳觸為緣所生諸受清
淨若不變異性清淨无二无二分无别无斷
故善現一切智智清淨故鼻界清淨鼻界清
淨故不變異性清淨何以故若一切智智清
淨若鼻界清淨若不變異性清淨无二无二
分无别无斷故一切智智清淨故香界鼻識
界及鼻觸鼻觸為緣所生諸受清淨香界
乃至鼻觸為緣所生諸受清淨故不變異性清
淨何以故若一切智智清淨若香界乃至鼻觸
觸為緣所生諸受清淨若不變異性清淨无
二无二分无别无斷故善現一切智智清淨
故舌界清淨舌界清淨故不變異性清淨何以
故若一切智智清淨若舌界清淨若不變異

BD04879號　大般若波羅蜜多經卷二五九　（6–3）

乃至鼻觸爲緣所生諸受清淨故不變異性清
淨何以故若一切智智清淨若香界乃至鼻觸
觸爲緣所生諸受清淨若不變異性清淨无
二无二分无別无斷故善現一切智智清淨
故舌界清淨舌界清淨故不變異性清淨何以
故若一切智智清淨若舌界清淨若不變異
性清淨无二无二分无別无斷故一切智智
清淨故味界舌識界及舌觸舌觸爲緣所
生諸受清淨味界乃至舌觸爲緣所生諸受
清淨故不變異性清淨何以故若一切智智
清淨若味界乃至舌觸爲緣所生諸受清淨
若不變異性清淨无二无二分无別无斷故
善現一切智智清淨故身界清淨身界清淨
故不變異性清淨何以故若一切智智清淨
若身界清淨若不變異性清淨无二无二分
无別无斷故一切智智清淨故觸界身識界
及身觸身觸爲緣所生諸受清淨觸界乃至
身觸爲緣所生諸受清淨故不變異性清淨
何以故若一切智智清淨若觸界乃至身觸
爲緣所生諸受清淨若不變異性清淨无二
无二分无別无斷故善現一切智智清淨故
意界清淨意界清淨故不變異性清淨何以
故若一切智智清淨若意界清淨若不變異
性清淨无二无二分无別无斷故一切智智
清淨故法界意識界及意觸意觸爲緣所生
諸受清淨法界乃至意觸爲緣所生諸受清
淨故不變異性清淨何以故若一切智智清
淨若法界乃至意觸爲緣所生諸受清淨若

BD04879號　大般若波羅蜜多經卷二五九　（6–4）

故若一切智智清淨若意界清淨若不變異
性清淨无二无二分无別无斷故一切智智
清淨故法界意識界及意觸意觸爲緣所生
諸受清淨法界乃至意觸爲緣所生諸受清
淨故不變異性清淨何以故若一切智智清
淨若法界乃至意觸爲緣所生諸受清淨若
不變異性清淨无二无二分无別无斷故善
現一切智智清淨故地界清淨地界清淨故
不變異性清淨何以故若一切智智清淨若
地界清淨若不變異性清淨无二无二分无
別无斷故一切智智清淨故水火風空識界
清淨水火風空識界清淨故不變異性清淨
何以故若一切智智清淨若水火風空識界
清淨若不變異性清淨无二无二分无別无斷
故善現一切智智清淨故无明清淨无明
清淨故不變異性清淨何以故若一切智智
清淨若无明清淨若不變異性清淨无二无
二分无別无斷故一切智智清淨故行識名
色六處觸受愛取有生老死愁歎苦憂惱清
淨行乃至老死愁歎苦憂惱清淨故不變異
性清淨何以故若一切智智清淨若行乃至
老死愁歎苦憂惱清淨若不變異性清淨无
二无二分无別无斷故
善現一切智智清淨故布施波羅蜜多清淨
布施波羅蜜多清淨故不變異性清淨何以
故若一切智智清淨若布施波羅蜜多清淨
若不變異性清淨无二无二分无別无斷故
一切智智清淨故淨戒安忍精進靜慮般若

BD04879號　大般若波羅蜜多經卷二五九　（6–5）

清淨故不變異性清淨何以故若一切智智
清淨若无明清淨若不變異性清淨无二无
二分无別无斷故一切智智清淨故行識名
色六處觸受愛取有生老死愁歎苦憂惱清
淨行乃至老死愁歎苦憂惱清淨故不變異
性清淨何以故若一切智智清淨若行乃至
老死愁歎苦憂惱清淨若不變異性清淨无
二无二分无別无斷故
善現一切智智清淨故布施波羅蜜多清淨
布施波羅蜜多清淨故不變異性清淨何以
故若一切智智清淨若布施波羅蜜多清淨
若不變異性清淨无二无二分无別无斷故
一切智智清淨故淨戒安忍精進靜慮般若
波羅蜜多清淨淨戒乃至般若波羅蜜多清
淨故不變異性清淨何以故若一切智智清淨
若淨戒乃至般若波羅蜜多清淨若不變異
性清淨无二无二分无別无斷故善現一切
智智清淨故內空清淨內空清淨故不變
異性清淨何以故若一切智智清淨若內空
清淨若不變異性清淨无二无二分无別无
斷故一切智智清淨故外空內外空空空大

BD04879號　大般若波羅蜜多經卷二五九

（6–6）

得阿耨多羅三藐三菩提須菩提若有法如
來得阿耨多羅三藐三菩提然燈佛則不與
我受記汝於來世當得作佛号釋迦牟尼以
實无有法得阿耨多羅三藐三菩提是故然
燈佛與我受記作是言汝於來世當得作佛
号釋迦牟尼何以故如來者即諸法如義若
有人言如來得阿耨多羅三藐三菩提須菩
提實无有法佛得阿耨多羅三藐三菩提須
菩提如來所得阿耨多羅三藐三菩提於是
中无實无虛是故如來說一切法皆是佛法
須菩提所言一切法者即非一切法是故名
一切法須菩提譬如人身長大須菩提言世
尊如來說人身長大則為非大身是名大身
須菩提菩薩亦如是若作是言我當滅度无量
衆生則不名菩薩何以故須菩提實无有法名
為菩薩是故佛說一切法无我无人无衆生
无壽者須菩提若菩薩作是言我當莊嚴佛
土是不名菩薩何以故如來說莊嚴佛土者

BD04880號　金剛般若波羅蜜經

（6–1）

尊如來説人身長大則爲非大身是名大身
須菩提菩薩亦如是若作是言我當滅度无量
衆生則不名菩薩何以故須菩提實无有法名
爲菩薩是故佛説一切法无我无人无衆生
无壽者須菩提若菩薩作是言我當莊嚴佛
土是不名菩薩何以故如來説莊嚴佛土者
即非莊嚴是名莊嚴須菩提若菩薩通達
无我法者如來説名真是菩薩
須菩提於意云何如來有宍眼不如是世尊
如來有宍眼須菩提於意云何如來有天眼
不如是世尊如來有天眼須菩提於意云何
如來有慧眼不如是世尊如來有慧眼須菩
提於意云何如來有法眼不如是世尊如來
有法眼須菩提於意云何如來有佛眼不如
是世尊如來有佛眼
須菩提於意云何恒河中所有沙佛説是沙
不如是世尊如來説是沙須菩提於意云何
如一恒河中所有沙有如是等恒河是諸恒
河所有沙數佛世界如是寧爲多不甚多世
尊佛告須菩提尒所國土中所有衆生若干
種心如來悉知何以故如來説諸心皆爲非心
心是名爲心所以者何須菩提過去心不可得
得現在心不可得未來心不可得
須菩提於意云何若有人滿三千大千世界
七寶以用布施是人以是因緣得福多不如
是世尊此人以是因緣得福甚多須菩提若
福德有實如來不説得福德多以福德无故

BD04880號　金剛般若波羅蜜經　（6–2）

心是名爲心所以者何須菩提過去心不可得
得現在心不可得未來心不可得
須菩提於意云何若有人滿三千大千世界
七寶以用布施是人以是因緣得福多不如
是世尊此人以是因緣得福甚多須菩提若
福德有實如來不説得福德多以福德无故
如來説得福德多須菩提於意云何佛可以
具足色身見不不也世尊如來不應以具足
色身見何以故如來説具足色身即非具足色
身是名具足色身須菩提於意云何如來可
以具足諸相見不不也世尊如來不應以具足
諸相見何以故如來説諸相具足即非具足是
名諸相具足
須菩提汝勿謂如來作是念我當有所説法
莫作是念何以故若人言如來有所説法即
爲謗佛不能解我所説故須菩提説法者无
法可説是名説法須菩提白佛言世尊佛得
阿耨多羅三藐三菩提爲无所得耶如是如
是須菩提我於阿耨多羅三藐三菩提乃至
无有少法可得是名阿耨多羅三藐三菩提
復次須菩提是法平等无有高下是名阿耨
多羅三藐三菩提以无我无人无衆生无壽
者脩一切善法則得阿耨多羅三藐三菩提
須菩提所言善法者如來説非善法是名善
法須菩提若三千大千世界中所有諸須弥
山王如是等七寶聚有人持用布施若人以
此般若波羅蜜經乃至四句偈等受持讀誦

BD04880號　金剛般若波羅蜜經　（6–3）

多羅三藐三菩提以无我无人无衆生无壽
者脩一切善法則得阿耨多羅三藐三菩提
須菩提所言善法者如來說非善法是名善
法須菩提若三千大千世界中所有諸須弥
山王如是等七寶聚有人持用布施若人以
此般若波羅蜜經乃至四句偈等受持讀誦
爲他人說於前福德百分不及一百千万億
乃至筭數譬喻所不能及
須菩提於意云何汝等勿謂如來作是念我
當度衆生須菩提莫作是念何以故實无有
衆生如來度者若有衆生如來度者如來則
有我人衆生壽者須菩提如來說有我者則
非有我而凡夫之人以爲有我須菩提凡夫者
如來說即非凡夫須菩提於意云何可以
三十二相觀如來不須菩提言如是如是以三
十二相觀如來佛言須菩提若以三十二相觀
如來者轉輪聖王則是如來須菩提白佛言
世尊如我解佛所說義不應以三十二相觀如
來爾時世尊而說偈言
若以色見我　以音聲求我　是人行邪道　不能見如來
須菩提汝若作是念如來不以具足相故得
阿耨多羅三藐三菩提須菩提莫作是念如
來不以具足相故得阿耨多羅三藐三菩提
須菩提汝若作是念發阿耨多羅三藐三菩
提者說諸法斷滅莫作是念何以故發阿耨
多羅三藐三菩提者於法不說斷滅相須菩
提若菩薩以滿恒河沙等世界七寶布施若

BD04880號　金剛般若波羅蜜經　（6–4）

阿耨多羅三藐三菩提須菩提莫作是念如
來不以具足相故得阿耨多羅三藐三菩提
須菩提汝若作是念發阿耨多羅三藐三菩
提者說諸法斷滅莫作是念何以故發阿耨
多羅三藐三菩提者於法不說斷滅相須菩
提若菩薩以滿恒河沙等世界七寶布施若
復有人知一切法无我得成於忍此菩薩勝
前菩薩所得功德須菩提以諸菩薩不受福
德故須菩提白佛言世尊云何菩薩不受福
德須菩提菩薩所作福德不應貪著是故說
不受福德
須菩提若有人言如來若去若來若坐若卧
是人不解我所說義何以故如來者无所從
來亦无所去故名如來須菩提若善男子善
女人以三千大千世界碎爲微塵於意云何是
微塵衆寧爲多不甚多世尊何以故若是
微塵衆實有者佛則不說是微塵衆所以
者何佛說微塵衆則非微塵衆是名微塵
衆世尊如來所說三千大千世界則非世界是名
世界何以故若世界實有者則是一合相如
來說一合相則非一合相是名一合相須菩提
一合相者則是不可說但凡夫之人貪著其
事須菩提若人言佛說我見人見衆生見壽
者見須菩提於意云何是人解我所說義不
世尊是人不解如來所說義何以故世尊說
我見人見衆生見壽者見即非我見人見衆

BD04880號　金剛般若波羅蜜經　（6–5）

來說一合相則非一合相是名一合相須菩提
一合相者則是不可說但凡夫之人貪著其
事須菩提若人言佛說我見人見衆生見壽
者見須菩提於意云何是人解我所說義不
世尊是人不解如來所說義何以故世尊說
我見人見衆生見壽者見即非我見人見衆
生見壽者見是名我見人見衆生見壽者見
須菩提發阿耨多羅三藐三菩提心者於一
切法應如是知如是見如是信解不生法相須
菩提所言法相者如來說即非法相是名法
相須菩提若有人以滿无量阿僧祇世界七
寶持用布施若有善男子善女人發菩薩心
者持於此經乃至四句偈等受持讀誦為人
演說其福勝彼云何為人演說不取於相如
如不動何以故
一切有為法　如夢幻泡影　如露亦如電　應作如是觀
佛說是經已長老須菩提及諸比丘比丘尼
優婆塞優婆夷一切世間天人阿脩羅聞佛
所說皆大歡喜信受奉行
金剛般若波羅蜜經一卷

BD04880號　金剛般若波羅蜜經　　（6–6）

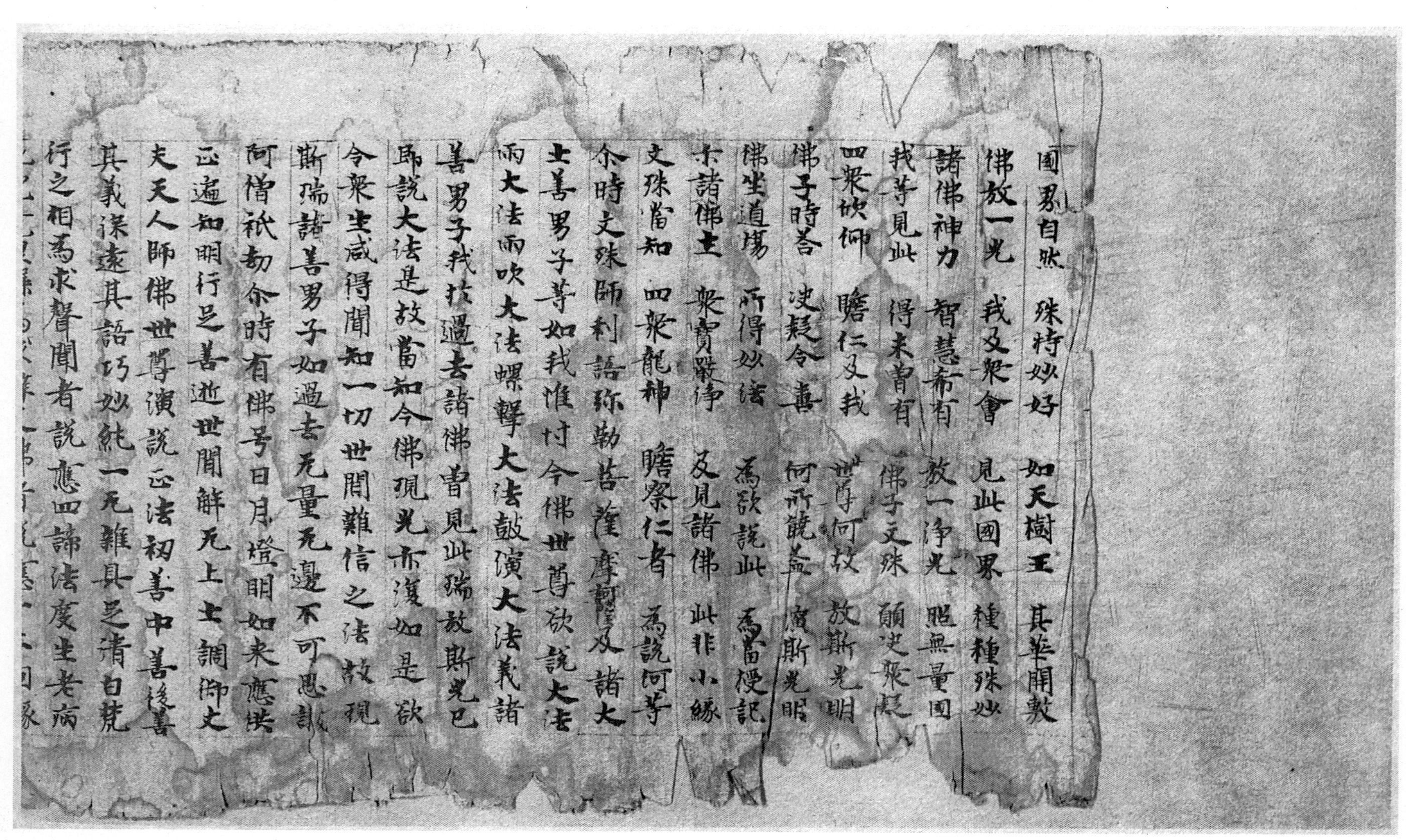
國界自然　殊特妙好　如天樹王　其華開敷
佛放一光　我及衆會　見此國界　種種殊妙
諸佛神力　智慧希有　放一淨光　照無量國
我等見此　得未曾有　佛子文殊　願決衆疑
四衆欣仰　瞻仁及我　世尊何故　放斯光明
佛子時答　決疑令喜　何所饒益　演斯光明
佛坐道場　所得妙法　為欲說此　為當授記
示諸佛土　衆寶嚴淨　及見諸佛　此非小緣
文殊當知　四衆龍神　瞻察仁者　為說何等
尒時文殊師利語彌勒菩薩摩訶薩及諸大
士善男子等如我惟忖今佛世尊欲說大法
雨大法雨吹大法螺擊大法鼓演大法義諸
善男子我於過去諸佛曾見此瑞放斯光已
即說大法是故當知今佛現光亦復如是欲
令衆生咸得聞知一切世間難信之法故現
斯瑞諸善男子如過去无量无邊不可思議
阿僧祇劫尒時有佛号日月燈明如來應供
正遍知明行足善逝世間解无上士調御丈
夫天人師佛世尊演說正法初善中善後善
其義深遠其語巧妙純一无雜具足清白梵
行之相為求聲聞者說應四諦法度生老病

BD04881號　妙法蓮華經卷一　　（18–1）

[illegible]量無邊不可思議
阿僧祇劫尒時有佛号日月燈明如來應供
正遍知明行足善逝世間解无上士調御丈
夫天人師佛世尊演說正法初善中善後善
其義深遠其語巧妙純一无雜具足清白梵
行之相為求聲聞者說應四諦法度生老病
死究竟涅槃為求辟支佛者說應十二因緣
法為諸菩薩說應六波羅蜜令得阿耨多羅
三藐三菩提成一切種智次復有佛亦名日
月燈明次復有佛亦名日月燈明如是二万
佛皆同一字号日月燈明又同一姓姓頗羅
墮弥勒當知初佛後佛皆同一字名日月燈
明十号具足所可說法初中後善其最後佛
未出家時有八王子一名有意二名善意三名
无量意四名寶意五名增意六名除疑意七
名響意八名法意是八王子威德自在各領
四天下是諸王子聞父出家得阿耨多羅三
藐三菩提悉捨王位亦隨出家發大乘意常脩
梵行皆為法師已於千万億佛所殖諸善本
是時日月燈明佛說大乘經名无量義教菩
薩法佛所護念說是經已即於大衆中結加
趺坐入於无量義處三昧身心不動是時天
雨曼陁羅華摩訶曼陁羅華曼殊沙華摩訶
曼殊沙華而散佛上及諸大衆普佛世界六
種震動尒時會中比丘比丘尼優婆塞優婆
夷天龍夜叉乾闥婆阿脩羅迦樓羅緊那羅摩
睺羅伽人非人等及諸小王轉輪聖王等是諸
大衆得未曾有歡喜合掌一心觀佛尒時

BD04881 號　妙法蓮華經卷一　（18–2）

雨曼陁羅華摩訶曼陁羅華曼殊沙華摩訶
曼殊沙華而散佛上及諸大衆普佛世界六
種震動尒時會中比丘比丘尼優婆塞優婆
夷天龍夜叉乾闥婆阿脩羅迦樓羅緊那羅摩
睺羅伽人非人等及諸小王轉輪聖王等是諸
大衆得未曾有歡喜合掌一心觀佛尒時
時如來放眉間白毫相光照東方万八千佛
土靡不周遍如今所見是諸佛土弥勒當知
尒時會中有廿億菩薩樂欲聽法是諸菩薩
見此光明普照佛土得未曾有欲知此光所
為因緣時有菩薩名曰妙光有八百弟子是
時日月燈明佛從三昧起因妙光菩薩說大
乘經名妙法蓮華教菩薩法佛所護念六十
小劫不起于座時會聽者亦坐一處六十小
劫身心不動聽佛所說謂如食頃是時衆中
无有一人若身若心而生懈惓日月燈明佛
於六十小劫說是經已即於梵魔沙門婆羅
門及天人阿脩羅衆中而宣此言如來於今
日中夜當入无餘涅槃時有菩薩名曰德藏
日月燈明佛即授其記告諸比丘是德藏菩
薩次當作佛号曰淨身多陁阿伽度阿羅訶
三藐三佛陁佛授記已便於中夜入无餘涅
槃佛滅度後妙光菩薩持妙法蓮華經滿八
十小劫為人演說日月燈明佛八子皆師妙
光妙光教化令其堅固阿耨多羅三藐三菩
提是諸王子供養无量百千万億佛已皆成
佛道其最後成佛者名曰然燈八百弟子中

BD04881 號　妙法蓮華經卷一　（18–3）

勝佛滅度後妙光菩薩持妙法蓮華經滿八
十小劫為人演說日月燈明佛八子皆師妙
光妙光教化令其堅固阿耨多羅三藐三菩
提是諸王子供養无量百千万億佛已皆成
佛道其最後成佛者名曰燃燈八百弟子中
有一人号曰求名貪著利養雖復讀誦衆經
而不通利多所忘失故号求名是人亦以種諸
善根因緣故得值无量百千万億諸佛供養
恭敬尊重讚歎弥勒當知尒時妙光菩薩
豈異人乎我身是也求名菩薩汝身是也今見
此瑞與本无異是故惟忖今日如來當說大
乘經名妙法蓮華教菩薩法佛所護念尒時
文殊師利於大衆中欲重宣此義而說偈言

我念過去世　无量无數劫　有佛人中尊　号日月燈明
世尊演說法　度无量衆生　无數億菩薩　令入佛智慧
佛未出家時　所生八王子　見大聖出家　亦隨脩梵行
時佛說大乘　經名无量義　於諸大衆中　而為廣分別
佛說此經已　即於法座上　跏趺坐三昧　名无量義處
天雨曼陁華　天鼓自然鳴　諸天龍鬼神　供養人中尊
一切諸佛土　即時大震動　佛放眉間光　現諸希有事
此光照東方　万八千佛土　示一切衆生　生死業報處
有見諸佛土　以衆寶莊嚴　瑠璃頗梨色　斯由佛光照
及見諸天人　龍神夜叉衆　乾闥緊那羅　各供養其佛
又見諸如來　自然成佛道　身色如金山　端嚴甚微妙
如淨瑠璃中　內現真金像　世尊在大衆　敷演深法義
一一諸佛土　聲聞衆无數　因佛光所照　悉見彼大衆
或有諸比丘　在於山林中　精進持淨戒　猶如護明珠
又見諸菩薩　行施忍辱等　其數如恒沙　斯由佛光照

BD04881號　妙法蓮華經卷一　（18–4）

及見諸天人　龍神夜叉衆　乾闥緊那羅　各供養其佛
又見諸如來　自然成佛道　身色如金山　端嚴甚微妙
如淨瑠璃中　內現真金像　世尊在大衆　敷演深法義
一一諸佛土　聲聞衆无數　因佛光所照　悉見彼大衆
或有諸比丘　在於山林中　精進持淨戒　猶如護明珠
又見諸菩薩　行施忍辱等　其數如恒沙　斯由佛光照
又見諸菩薩　深入諸禪定　身心寂不動　以求无上道
又見諸菩薩　知法寂滅相　各於其國土　說法求佛道
尒時四部衆　見日月燈明　現大神通力　其心皆歡喜
各各自相問　是事何因緣　天人所奉尊　適從三昧起
讚妙光菩薩　汝為世間眼　一切所歸信　能奉持法藏
如我所說法　唯汝能證知　世尊既讚歎　令妙光歡喜
說是法華經　滿六十小劫　不起於此座　所說上妙法
是妙光法師　悉皆能受持　佛說是法華　令衆歡喜已
尋即於是日　告於天人衆　諸法實相義　已為汝等說
我今於中夜　當入於涅槃　汝一心精進　當離於放逸
諸佛甚難值　億劫時一遇　世尊諸子等　聞佛入涅槃
各各懷悲惱　佛滅一何速　聖主法之王　安慰无量衆
我若滅度時　汝等勿憂怖　是德藏菩薩　於无漏實相
心已得通達　其次當作佛　号曰為淨身　亦度无量衆
佛此夜滅度　如薪盡火滅　分布諸舍利　而起无量塔
比丘比丘尼　其數如恒沙　倍復加精進　以求无上道
是妙光法師　奉持佛法藏　八十小劫中　廣宣法華經
是諸八王子　妙光所開化　堅固无上道　當見无數佛
供養諸佛已　隨順行大道　相繼得成佛　轉次而授記
最後天中天　号曰燃燈佛　諸仙之導師　度脫无量衆
是妙光法師　時有一弟子　心常懷懈怠　貪著於名利
求名利无厭　多遊族姓家　棄捨所習誦　廢忘不通利

BD04881號　妙法蓮華經卷一　（18–5）

是諸八王子　妙光所開化　堅固无上道　當見无數佛
供養諸佛已　隨順行大道　相繼得成佛　轉次而授記
最後天中天　号曰燃燈佛　諸仙之導師　度脫无量衆
是妙光法師　時有一弟子　心常懷懈怠　貪著於名利
求名利无猒　多遊族姓家　棄捨所習誦　廢忘不通利
以是因緣故　号之為求名　亦行衆善業　得見无數佛
供養於諸佛　隨順行大道　具六波羅蜜　今見釋師子
其後當作佛　号名曰弥勒　廣度諸衆生　其數无有量
彼佛滅度後　懈怠者汝是　妙光法師者　今則我身是
我見燈明佛　本光瑞如此　以是知今佛　欲說法華經
今相如本瑞　是諸佛方便　今佛放光明　助發實相義
諸人今當知　合掌一心待　佛當雨法雨　充足求道者
諸求三乘人　若有疑悔者　佛當為除斷　令盡无有餘

妙法蓮華經方便品第二

尒時世尊從三昧安詳而起告舍利弗諸佛智
慧甚深无量其智慧門難解難入一切聲聞
辟支佛所不能知所以者何佛曾親近百千
万億无數諸佛盡行諸佛无量道法勇猛精
進名稱普聞成就甚深未曾有法隨宜所說意
趣難解舍利弗吾從成佛已來種種因緣種
種譬喻廣演言教无數方便引導衆生令
離諸著所以者何如來方便知見波羅蜜皆
以具足舍利弗如來知見廣大深遠无量无㝵
力无所畏禪定解脫三昧深入无際成就一切
未曾有法舍利弗如來能種種分別巧說諸
法言辭柔濡悅可衆心舍利弗取要言之

以具足舍利弗如來知見廣大深遠无量无㝵
力无所畏禪定解脫三昧深入无際成就一切
未曾有法舍利弗如來能種種分別巧說諸
法言辭柔濡悅可衆心舍利弗取要言之
无量无邊未曾有法佛悉成就止舍利弗
不須復說所以者何佛所成就第一希有難
解之法唯佛與佛乃能究盡諸法實相所謂
諸法如是相如是性如是體如是力如是作
如是因如是緣如是果如是報如是本末究
竟等尒時世尊欲重宣此義而說偈言
世雄不可量　諸天及世人　一切衆生類　无能知佛者
佛力无所畏　解脫諸三昧　及佛諸餘法　无能測量者
本從无數佛　具足行諸道　甚深微妙法　難見難可了
於无量億劫　行此諸道已　道場得成果　我已悉知見
如是大果報　種種性相義　我及十方佛　乃能知是事
是法不可示　言辭相寂滅　諸餘衆生類　无有能得解
除諸菩薩衆　信力堅固者　諸佛弟子衆　曾供養諸佛
一切漏已盡　住是最後身　如是諸人等　其力所不堪
假使滿世間　皆如舍利弗　盡思共度量　不能測佛智
正使滿十方　皆如舍利弗　及餘諸弟子　亦滿十方剎
盡思共度量　亦復不能知　辟支佛利智　无漏最後身
亦滿十方界　其數如竹林　斯等共一心　於億无量劫
欲思佛實智　莫能知少分　新發意菩薩　供養无數佛
了達諸義趣　又能善說法　如稻麻竹葦　充滿十方剎
一心以妙智　於恒河沙劫　咸皆共思量　不能知佛智
不退諸菩薩　其數如恒沙　一心共思求　亦復不能知
又告舍利弗　无漏不思議　甚深微妙法　我今已具得

欲思佛實智　莫能知少分　新發意菩薩　供養无數佛
了達諸義趣　又能善說法　如稻麻竹葦　充滿十方剎
一心以妙智　於恒河沙劫　咸皆共思量　不能知佛智
不退諸菩薩　其數如恒沙　一心共思求　亦復不能知
又告舍利弗　无漏不思議　甚深微妙法　我今已具得
唯我知是相　十方佛亦然　舍利弗當知　諸佛語无異
於佛所說法　當生大信力　世尊法久後　要當說真實
告諸聲聞衆　及求緣覺乘　我令脫苦縛　逮得涅槃者
佛以方便力　示以三乘教　衆生處處著　引之令得出
尒時大衆中有諸聲聞漏盡阿羅漢阿若憍
陳如等千二百人及發聲聞辟支佛心比丘
比丘尼優婆塞優婆夷各作是念今者世尊
何故慇懃稱歎方便而作是言佛所得法甚深
難解有所言說意趣難知一切聲聞辟支
佛所不能及佛說一解脫義我等亦得此法
到於涅槃而今不知是義所趣尒時舍利弗知
四衆心疑自亦未了而白佛言世尊何因何
緣慇懃稱歎諸佛第一方便甚深微妙難解
之法我自昔來未曾從佛聞如是說今者四
衆咸皆有疑唯願世尊敷演斯事世尊何故
慇懃稱歎甚深微妙難解之法尒時舍利弗
欲重宣此義而說偈言
慧日大聖尊　久乃說是法　自說得如是　力无畏三昧
禪定解脫等　不可思議法　道場所得法　无能發問者
我意難可測　亦无能問者　无問而自說　稱歎所得道
智慧甚深妙　諸佛之所得　无漏諸羅漢　及求涅槃者
今皆墮疑網　佛何故說是　其求緣覺者　比丘比丘尼

BD04881號　妙法蓮華經卷一　（18–8）

慧日大聖尊　久乃說是法　自說得如是　力无畏三昧
禪定解脫等　不可思議法　道場所得法　无能發問者
我意難可測　亦无能問者　无問而自說　稱歎所得道
智慧甚深妙　諸佛之所得　无漏諸羅漢　及求涅槃者
今皆墮疑網　佛何故說是　其求緣覺者　比丘比丘尼
諸天龍鬼神　及乾闥婆等　相視懷猶預　瞻仰兩足尊
是事為云何　願佛為解說　於諸聲聞衆　佛說我第一
我今自於智　疑惑不能了　為是究竟法　為是所行道
佛口所生子　合掌瞻仰待　願出微妙音　時為如實說
諸天龍神等　其數如恒沙　求佛諸菩薩　大數有八万
又諸万億國　轉輪聖王至　合掌以敬心　欲聞具足道
尒時佛告舍利弗止止不須復說若說是事
一切世間諸天及人皆當驚疑舍利弗重白
佛言世尊唯願說之唯願說之所以者何是
會无數百千万億阿僧祇衆生曾見諸佛諸
根猛利智慧明了聞佛所說則能敬信尒時
舍利弗欲重宣此義而說偈言
法王无上尊　唯說願勿慮　是會无量衆　有能敬信者
佛復止舍利弗若說是事一切世間天人阿
脩羅皆當驚疑憎上慢比丘將墜於大坑尒
時世尊重說偈言
止止不須說　我法妙難思　諸憎上慢者　聞必不敬信
尒時舍利弗重白佛言世尊唯願說之唯願
說之今此會中如我等比百千万億世世已
曾從佛受化如此人等必能信敬長夜安隱
多所饒益尒時舍利弗欲重宣此義而說偈
言

BD04881號　妙法蓮華經卷一　（18–9）

止止不須說　我法妙難思　諸增上慢者　聞必不敬信
尒時舍利弗重白佛言世尊唯願說之唯願
說之今此會中如我等比百千万億世世已
曾從佛受化如此人等必能信敬長夜安隱
多所饒益尒時舍利弗欲重宣此義而說偈
言
无上兩足尊　願說第一法　我爲佛長子　唯垂分別說
是會无量衆　能敬信此法　佛已曾世世　教化如是等
皆一心合掌　欲聽受佛語　我等千二百　及餘求佛者
願爲此衆故　唯垂分別說　是等聞此法　則生大歡喜
尒時世尊告舍利弗汝已慇懃三請豈得不
說汝今諦聽善思念之吾當爲汝分別解說
說此語時會中有比丘比丘尼優婆塞優婆
夷五千人等即從坐起礼佛而退所以者何
此輩罪根深重及增上慢未得謂得未證謂
證有如此失是以不住世尊嘿然而不制止
尒時佛告舍利弗我今此衆无復枝葉純有
貞實舍利弗如是增上慢人退亦佳矣汝今
善聽當爲汝說舍利弗言唯然世尊願樂欲
聞佛告舍利弗如是妙法諸佛如來時乃說
之如優曇鉢華時一現耳舍利弗汝等當
信佛之所說言不虛妄舍利弗諸佛隨宜說
法意趣難解所以者何我以无數方便種種因
緣譬喻言辭演說諸法是法非思量分別之
所能解唯有諸佛乃能知之所以者何諸佛
世尊唯以一大事因緣故出現於世舍利弗
云何名諸佛世尊唯以一大事因緣故出現

BD04881號　妙法蓮華經卷一　(18-10)

緣譬喻言辭演說諸法是法非思量分別之
所能解唯有諸佛乃能知之所以者何諸佛
世尊唯以一大事因緣故出現於世舍利弗
云何名諸佛世尊唯以一大事因緣故出現
於世諸佛世尊欲令衆生開佛知見使得清
淨故出現於世欲示衆生佛之知見故出現
於世欲令衆生悟佛知見故出現於世欲令
衆生入佛知見道故出現於世舍利弗是爲
諸佛以一大事因緣故出現於世佛告舍利
弗諸佛如來但教化菩薩諸有所作常爲一
事唯以佛之知見示悟衆生舍利弗如來但
以一佛乘故爲衆生說法无有餘乘若二若
三舍利弗一切十方諸佛法亦如是舍利弗
過去諸佛以无量无數方便種種因緣譬喻
言辭而爲衆生演說諸法是法皆爲一佛乘
故是諸衆生從諸佛聞法究竟皆得一切種
智舍利弗未來諸佛當出於世亦以无量无
數方便種種因緣譬喻言辭而爲衆生演說
諸法是法皆爲一佛乘故是諸衆生從佛聞
法究竟皆得一切種智舍利弗現在十方无
量百千万億佛土中諸佛世尊多所饒益安
樂衆生是諸佛亦以无量无數方便種種因
緣譬喻言辭而爲衆生演說諸法是法皆爲
一佛乘故是諸衆生從佛聞法究竟皆得一切
種智舍利弗是諸佛但教化菩薩欲以佛
之知見示衆生故欲以佛之知見悟衆生故
欲令衆生入佛知見道故舍利弗我今亦復

BD04881號　妙法蓮華經卷一　(18-11)

樂衆生是諸佛亦以无量无數方便種種因
緣譬喻言辭而爲衆生演說諸法是法皆爲
一佛乘故是諸衆生從佛聞法究竟皆得一切
種智舍利弗是諸佛但教化菩薩欲以佛
之知見示衆生故欲以佛之知見悟衆生故
欲令衆生入佛知見道故舍利弗我今亦復
如是知諸衆生有種種欲深心所著隨其本
性以種種因緣譬喻言辭方便力故而爲說
法舍利弗如此皆爲得一佛乘一切種智故
舍利弗十方世界中尚无二乘何況有三舍
利弗諸佛出於五濁惡世所謂劫濁煩惱濁
衆生濁見濁命濁如是舍利弗劫濁亂時衆
生垢重慳貪嫉妬成就諸不善根故諸佛以
方便力於一佛乘分別說三舍利弗若我弟
子自謂阿羅漢辟支佛者不聞不知諸佛如
來但教化菩薩事此非佛弟子非阿羅漢非
辟支佛又舍利弗是諸比丘比丘尼自謂已
得阿羅漢是最後身究竟涅槃便不復志求
阿耨多羅三藐三菩提當知此輩皆是增上
慢人所以者何若有比丘實得阿羅漢若不
信此法无有是處除佛滅度後現前无佛所
以者何佛滅度後如是等經受持讀誦解義
者是人難得若遇餘佛於此法中便得決了
舍利弗汝等當一心信解受持佛語諸佛如
來言无虛妄无有餘乘唯一佛乘尒時世尊
欲重宣此義而說偈言
比丘比丘尼　有懷增上慢　優婆塞我慢　優婆夷不信

BD04881號　妙法蓮華經卷一　（18–12）

者是人難得若遇餘佛於此法中便得決了
舍利弗汝等當一心信解受持佛語諸佛如
來言无虛妄无有餘乘唯一佛乘尒時世尊
欲重宣此義而說偈言
比丘比丘尼　有懷增上慢　優婆塞我慢　優婆夷不信
如是四衆等　其數有五千　不自見其過　於戒有缺漏
護惜其瑕疵　是小智已出　衆中之糟糠　佛威德故去
斯人尠福德　不堪受是法　此衆无枝葉　唯有諸貞實
舍利弗善聽　諸佛所得法　无量方便力　而爲衆生說
衆生心所念　種種所行道　若干諸欲性　先世善惡業
佛悉知是已　以諸緣譬喻　言辭方便力　令一切歡喜
或說脩多羅　伽陁及本事　本生未曾有　亦說於因緣
譬喻并祇夜　優波提舍經　鈍根樂小法　貪著於生死
於諸无量佛　不行深妙道　衆苦所惱乱　爲是說涅槃
我設是方便　令得入佛慧　未曾說汝等　當得成佛道
所以未曾說　說時未至故　今正是其時　決定說大乘
我此九部法　隨順衆生說　入大乘爲本　以故說是經
有佛子心淨　柔濡亦利根　无量諸佛所　而行深妙道
爲此諸佛子　說是大乘經　我記如是人　來世成佛道
以深心念佛　脩持淨戒故　此等聞得佛　大喜充遍身
佛知彼心行　故爲說大乘　聲聞若菩薩　聞我所說法
乃至於一偈　皆成佛无疑　十方佛土中　唯有一乘法
无二亦无三　除佛方便說　但以假名字　引導於衆生
說佛智慧故　諸佛出於世　唯此一事實　餘二則非真
終不以小乘　濟度於衆生　佛自住大乘　如其所得法
定慧力莊嚴　以此度衆生　自證无上道　大乘平等法
若以小乘化　乃至於一人　我則墮慳貪　此事爲不可

BD04881號　妙法蓮華經卷一　（18–13）

乃至於一偈　皆成佛无疑　十方佛土中　唯有一乘法
无二亦无三　除佛方便說　但以假名字　引導於衆生
說佛智慧故　諸佛出於世　唯此一事實　餘二則非真
終不以小乘　濟度於衆生　佛自住大乘　如其所得法
定慧力莊嚴　以此度衆生　自證无上道　大乘平等法
若以小乘化　乃至於一人　我則墮慳貪　此事為不可
若人信歸佛　如來不欺誑　亦无貪嫉意　斷諸法中惡
故佛於十方　而獨无所畏　我以相嚴身　光明照世間
无量衆所尊　為說實相印　舍利弗當知　我本立誓願
欲令一切衆　如我等无異　如我昔所願　今者已滿足
化一切衆生　皆令入佛道　若我遇衆生　盡教以佛道
无智者錯亂　迷惑不受教　我知此衆生　未曾脩善本
堅著於五欲　癡愛故生惱　以諸欲因緣　墜墮三惡道
輪迴六趣中　備受諸苦毒　受胎之微形　世世常增長
薄德少福人　衆苦所逼迫　入邪見稠林　若有若无等
依止此諸見　具足六十二　深著虛妄法　堅受不可捨
我慢自矜高　諂曲心不實　於千万億劫　不聞佛名字
亦不聞正法　如是人難度　是故舍利弗　我為設方便
說諸盡苦道　示之以涅槃　我雖說涅槃　是亦非真滅
諸法從本來　常自寂滅相　佛子行道已　來世得作佛
我有方便力　開示三乘法　一切諸世尊　皆說一乘道
今此諸大衆　皆應除疑惑　諸佛語无異　唯一无二乘
過去无數劫　无量滅度佛　百千万億種　其數不可量
如是諸世尊　種種緣譬喻　无數方便力　演說諸法相
是諸世尊等　皆說一乘法　化无量衆生　令入於佛道
又諸大聖主　知一切世間　天人群生類　深心之所欲
更以異方便　助顯第一義　若有衆生類　值諸過去佛
若聞法布施　或持戒忍辱　精進禪智等　種種脩福德

BD04881號　妙法蓮華經卷一　（18–14）

過去无數劫　无量滅度佛　百千万億種　其數不可量
如是諸世尊　種種緣譬喻　无數方便力　演說諸法相
是諸世尊等　皆說一乘法　化无量衆生　令入於佛道
又諸大聖主　知一切世間　天人群生類　深心之所欲
更以異方便　助顯第一義　若有衆生類　值諸過去佛
若聞法布施　或持戒忍辱　精進禪智等　種種脩福德
如是諸人等　皆已成佛道　諸佛滅度已　若人善軟心
如是諸衆生　皆已成佛道　諸佛滅度已　供養舍利者
起万億種塔　金銀及頗梨　車𤦲與馬瑙　玫瑰瑠璃珠
清淨廣嚴飾　莊挍於諸塔　或有起石廟　栴檀及沉水
木櫁并餘材　塼瓦泥土等　若於曠野中　積土成佛廟
乃至童子戲　聚沙為佛塔　如是諸人等　皆已成佛道
若人為佛故　建立諸形像　刻雕成衆相　皆已成佛道
或以七寶成　鍮石赤白銅　白鑞及鉛錫　鐵木及與泥
或以膠漆布　嚴飾作佛像　如是諸人等　皆已成佛道
綵畫作佛像　百福莊嚴相　自作若使人　皆已成佛道
乃至童子戲　若草木及筆
或以指爪甲　而畫作佛像　如是諸人等　漸漸積功德
具足大悲心　皆已成佛道　但化諸菩薩　度脫无量衆
若人於塔廟　寶像及畫像　以華香幡蓋　敬心而供養
若使人作樂　擊鼓吹角貝　簫笛琴箜篌　琵琶鐃銅鈸
如是衆妙音　盡持以供養　或以歡喜心　歌唄頌佛德
乃至一小音　皆已成佛道　若人散亂心　乃至以一華
供養於畫像　漸見无數佛　或有人礼拜　或復但合掌
乃至舉一手　或復小低頭　以此供養像　漸見无量佛
自成无上道　廣度无數衆　入无餘涅槃　如薪盡火滅
若人散亂心　入於塔廟中　一稱南无佛　皆已成佛道
於諸過去佛　在世或滅後　若有聞是法　皆已成佛道

BD04881號　妙法蓮華經卷一　（18–15）

乃至一小音　皆已成佛道　若人散亂心　乃至以一華
供養於畫像　漸見無數佛　或有人禮拜　或復但合掌
乃至舉一手　或復小低頭　以此供養像　漸見無量佛
自成無上道　廣度無數衆　入無餘涅槃　如薪盡火滅
若人散亂心　入於塔廟中　一稱南無佛　皆已成佛道
於諸過去佛　在世或滅後　若有聞是法　皆已成佛道
未來諸世尊　其數無有量　是諸如來等　亦方便說法
一切諸如來　以無量方便　度脫諸衆生　入佛無漏智
若有聞法者　無一不成佛　諸佛本誓願　我所行佛道
普欲令衆生　亦同得此道　未來世諸佛　雖說百千億
無數諸法門　其實為一乘　諸佛兩足尊　知法常無性
佛種從緣起　是故說一乘　是法住法位　世間相常住
於道場知已　導師方便說　天人所供養　現在十方佛
其數如恒沙　出現於世間　安隱衆生故　亦說如是法
知第一寂滅　以方便力故　雖示種種道　其實為佛乘
知衆生諸行　深心之所念　過去所習業　欲性精進力
及諸根利鈍　以種種因緣　譬喻亦言辭　隨應方便說
今我亦如是　安隱衆生故　以種種法門　宣示於佛道
我以智慧力　知衆生性欲　方便說諸法　皆令得歡喜
舍利弗當知　我以佛眼觀　見六道衆生　貧窮無福慧
入生死險道　相續苦不斷　深著於五欲　如犛牛愛尾
以貪愛自蔽　盲瞑無所見　不求大勢佛　及與斷苦法
深入諸邪見　以苦欲捨苦　為是衆生故　而起大悲心
或始坐道場　觀樹亦經行　於三七日中　思惟如是事
我所得智慧　微妙最第一　衆生諸根鈍　著樂癡所盲
如斯之等類　云何而可度　尒時諸梵王　及諸天帝釋

BD04881 號　妙法蓮華經卷一　（18–16）

入生死險道　相續苦不斷　深著於五欲　如犛牛愛尾
以貪愛自蔽　盲瞑無所見　不求大勢佛　及與斷苦法
深入諸邪見　以苦欲捨苦　為是衆生故　而起大悲心
或始坐道場　觀樹亦經行　於三七日中　思惟如是事
我所得智慧　微妙最第一　衆生諸根鈍　著樂癡所盲
如斯之等類　云何而可度　尒時諸梵王　及諸天帝釋
護世四天王　及大自在天　并餘諸天衆　眷屬百千万
恭敬合掌禮　請我轉法輪　我即自思惟　若但讚佛乘
衆生沒在苦　不能信是法　破法不信故　墜於三惡道
我寧不說法　疾入於涅槃　尋念過去佛　所行方便力
我今所得道　亦應說三乘　作是思惟時　十方佛皆現
梵音慰喻我　善哉釋迦文　第一之導師　得是無上法
隨諸一切佛　而用方便力　我等亦皆得　最妙第一法
為諸衆生類　分別說三乘　少智樂小法　不自信作佛
是故以方便　分別說諸果　雖復說三乘　但為教菩薩
舍利弗當知　我聞聖師子　深淨微妙音　喜稱南無佛
復作如是念　我出濁惡世　如諸佛所說　我亦隨順行
思惟是事已　即趣波羅奈　諸法寂滅相　不可以言宣
以方便力故　為五比丘說　是名轉法輪　便有涅槃音
及以阿羅漢　法僧差別名　從久遠劫來　讚示涅槃法
生死苦永盡　我常如是說　舍利弗當知　我見佛子等
志求佛道者　無量千万億　咸以恭敬心　皆來至佛所
曾從諸佛聞　方便所說法　我即作是念　如來所以出
為說佛慧故　今正是其時　舍利弗當知　鈍根小智人
著相憍慢者　不能信是法　今我喜無畏　於諸菩薩中
正直捨方便　但說無上道　菩薩聞是法　疑網皆已除
千二百羅漢　悉亦當作佛　如三世諸佛　說法之儀式
我今亦如是　說無分別法　諸佛興出世　懸遠值遇難

BD04881 號　妙法蓮華經卷一　（18–17）

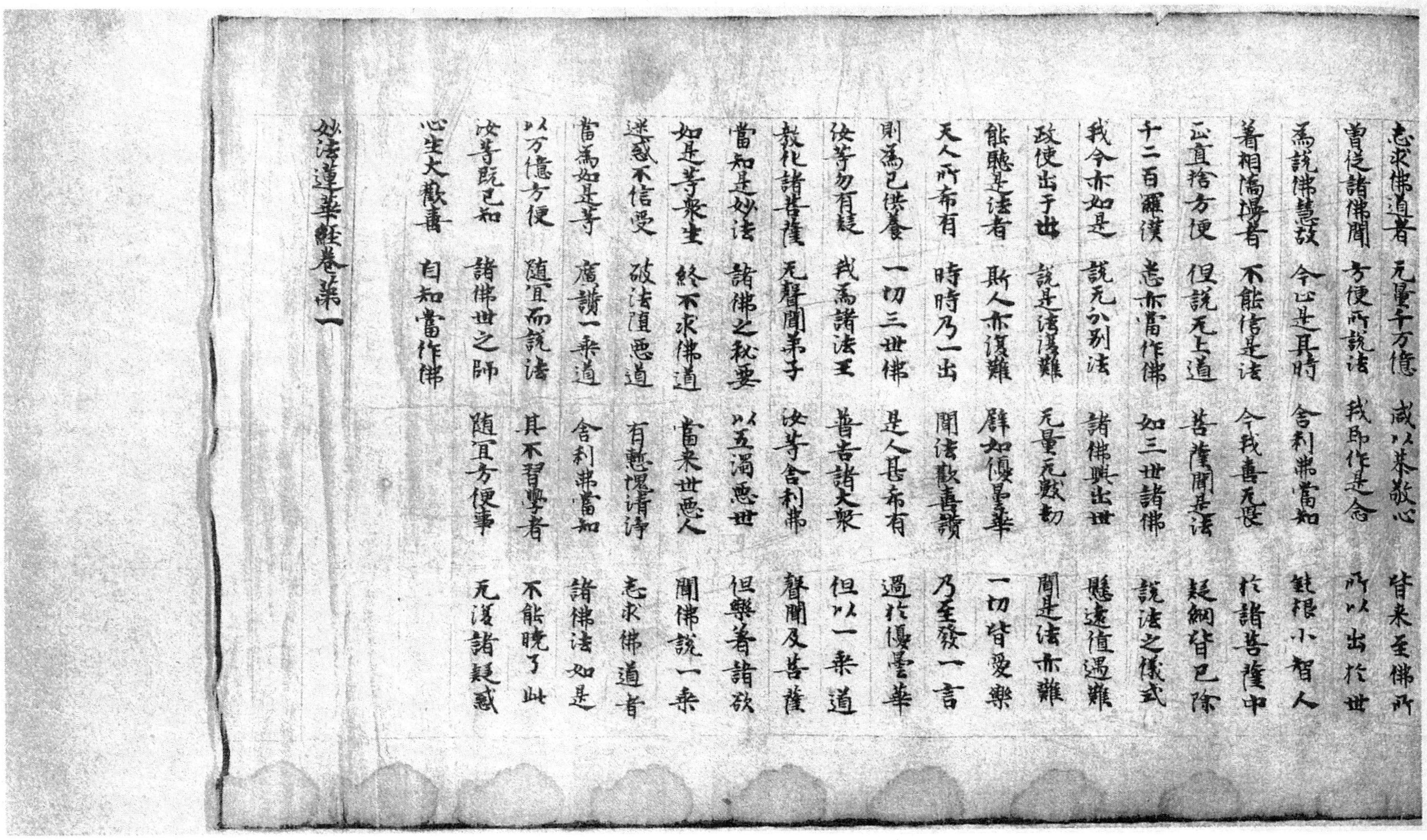

志求佛道者 无量千万億 咸以恭敬心 皆来至佛所
曾從諸佛聞 方便所說法 我即作是念 所以出於世
為說佛慧故 今正是其時 舍利弗當知 鈍根小智人
著相憍慢者 不能信是法 今我喜无畏 於諸菩薩中
正直捨方便 但說无上道 菩薩聞是法 疑網皆已除
千二百羅漢 悉亦當作佛 如三世諸佛 說法之儀式
我今亦如是 說无分別法 諸佛興出世 懸遠值遇難
正使出于世 說是法復難 无量无數劫 聞是法亦難
能聽是法者 斯人亦復難 譬如優曇華 一切皆愛樂
天人所希有 時時乃一出 聞法歡喜讚 乃至發一言
則為已供養 一切三世佛 是人甚希有 過於優曇華
汝等勿有疑 我為諸法王 普告諸大眾 但以一乘道
教化諸菩薩 无聲聞弟子 汝等舍利弗 聲聞及菩薩
當知是妙法 諸佛之秘要 以五濁惡世 但樂著諸欲
如是等眾生 終不求佛道 當來世惡人 聞佛說一乘
迷惑不信受 破法墮惡道 有慚愧清淨 志求佛道者
當為如是等 廣讚一乘道 舍利弗當知 諸佛法如是
以万億方便 隨宜而說法 其不習學者 不能曉了此
汝等既已知 諸佛世之師 隨宜方便事 无復諸疑惑
心生大歡喜 自知當作佛

妙法蓮華經卷第一

BD04881 號　妙法蓮華經卷一　（18–18）

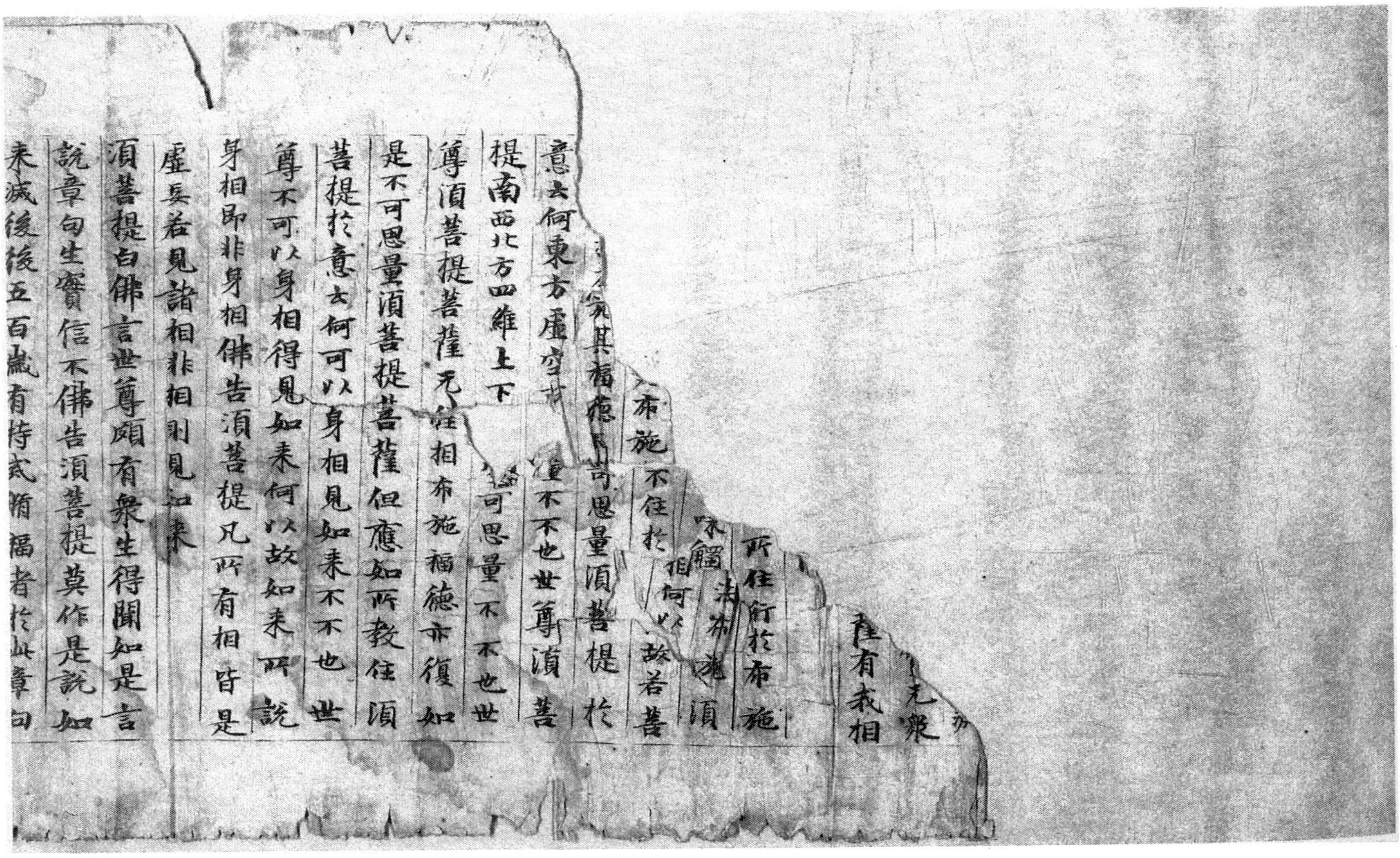

分
无眾
薩有我相
所住行於布施
味觸法布施須
布施不住於相何以故若菩
其福德不可思量須菩提於
意云何東方虛空[illegible]量不不也世尊須菩
提南西北方四維上下[illegible]可思量不不也世
尊須菩提菩薩无住相布施福德亦復如
是不可思量須菩提菩薩但應如所教住須
菩提於意云何可以身相見如來不不也世
尊不可以身相得見如來何以故如來所說
身相即非身相佛告須菩提凡所有相皆是
虛妄若見諸相非相則見如來
須菩提白佛言世尊頗有眾生得聞如是言
說章句生實信不佛告須菩提莫作是說如
來滅後後五百歲有持戒脩福者於此章句

BD04882 號　金剛般若波羅蜜經　（6–1）

身相即非身相佛告須菩提凡所有相皆是
虛妄若見諸相非相則見如來
須菩提白佛言世尊頗有衆生得聞如是言
說章句生實信不佛告須菩提莫作是說如
來滅後後五百歲有持戒脩福者於此章句
能生信心以此為實當知是人不於一佛二
佛三四五佛而種善根已於无量千万佛所
種諸善根聞是章句乃至一念生淨信者須
菩提如來悉知悉見是諸衆生得如是无量
福德何以故是諸衆生无復我相人相衆生
相壽者相无法相亦无非法相何以故是諸
衆生若心取相則為著我人衆生壽者若取
法相即著我人衆生壽者何以故若取非法
相即著我人衆生壽者是故不應取法不應
取非法以是義故如來常說汝等比丘知我
說法如筏喻者法尚應捨何況非法
須菩提於意云何如來得阿耨多羅三藐三
菩提耶如來有所說法耶須菩提言如我解
佛所說義无有定法名阿耨多羅三藐三菩
提亦无有定法如來可說何以故如來所說
法皆不可取不可說非法非非法所以者何一
切賢聖皆以无為法而有差別
須菩提於意云何若人滿三千大千世界七
寶以用布施是人所得福德寧為多不須菩
提言甚多世尊何以故是福德即非福德性
是故如來說福德多若復有人於此經中受

BD04882號　金剛般若波羅蜜經　（6–2）

切賢聖皆以无為法而有差別
須菩提於意云何若人滿三千大千世界七
寶以用布施是人所得福德寧為多不須菩
提言甚多世尊何以故是福德即非福德性
是故如來說福德多若復有人於此經中受
持乃至四句偈等為他人說其福勝彼何以
故須菩提一切諸佛及諸佛阿耨多羅三藐
三菩提法皆從此經出須菩提所謂佛法者
即非佛法
須菩提於意云何須陁洹能作是念我得須
陁洹果不須菩提言不也世尊何以故須陁
洹名為入流而无所入不入色聲香味觸法
是名須陁洹須菩提於意云何斯陁含能作
是念我得斯陁含果不須菩提言不也世尊
何以故斯陁含名一往來而實无往來是名
斯陁含須菩提於意云何阿那含能作是念
我得阿那含果不須菩提言不也世尊何以
故阿那含名為不來而實无來是故名阿那
含須菩提於意云何阿羅漢能作是念我得
阿羅漢道不須菩提言不也世尊何以故實
无有法名阿羅漢世尊若阿羅漢作是念我
得阿羅漢道即為著我人衆生壽者世尊佛
說我得无諍三昧人中最為第一是第一離
欲阿羅漢我不作是念我是離欲阿羅漢世
尊我若作是念我得阿羅漢道世尊則不說

BD04882號　金剛般若波羅蜜經　（6–3）

无有法名阿羅漢世尊若阿羅漢作是念我
得阿羅漢道即為着我人衆生壽者世尊佛
說我得无諍三昧人中最為第一是第一離
欲阿羅漢我不作是念我是離欲阿羅漢世
尊我若作是念我得阿羅漢道世尊則不說
須菩提是樂阿蘭那行者以須菩提實无所
行而名須菩提是樂阿蘭那行
佛告須菩提於意云何如来昔在然燈佛所
於法有所得不世尊如来昔在然燈佛所於
法實无所得
須菩提於意云何菩薩荘嚴佛土不不也世
尊何以故荘嚴佛土者則非荘嚴是名荘嚴
是故須菩提諸菩薩摩訶薩應如是生清淨
心不應住色生心不應住聲香味觸法生心
應无所住而生其心須菩提譬如有人身如
須弥山王於意云何是身為大不須菩提言
甚大世尊何以故佛說非身是名大身
須菩提如恒河中所有沙數如是沙等恒河
於意云何是諸恒河沙寧為多不須菩提言
甚多世尊但諸恒河尚多无數何况其沙須
菩提我今實言告汝若有善男子善女人以
七寶滿尒所恒河沙數三千大千世界以用布
施得福多不須菩提言甚多世尊佛告須
菩提若善男子善女人於此經中乃至受持
四句偈等為他人說而此福徳勝前福徳

BD04882號　金剛般若波羅蜜經　（6–4）

菩提我今實言告汝若有善男子善女人以
七寶滿尒所恒河沙數三千大千世界以用布
施得福多不須菩提言甚多世尊佛告須
菩提若善男子善女人於此經中乃至受持
四句偈等為他人說而此福徳勝前福徳
復次須菩提隨說是經乃至四句偈等當知
此處一切世間天人阿脩羅皆應供養如佛
塔廟何况有人盡能受持讀誦須菩提當知
是人成就最上第一希有之法若是經典所
在之處則為有佛若尊重弟子
尒時須菩提白佛言世尊當何名此經我等
云何奉持佛告須菩提是經名為金剛般若
波羅蜜以是名字汝當奉持所以者何須菩
提佛說般若波羅蜜則非般若波羅蜜須菩
提於意云何如来有所說法不須菩提白佛
言世尊如来无所說須菩提於意云何三千
大千世界所有微塵是為多不須菩提言甚
多世尊須菩提諸微塵如来說非微塵是名
微塵如来說世界非世界是名世界須菩提
於意云何可以三十二相見如来不不也世尊
不可以三十二相得見如来何以故如来說
三十二相即是非相是名三十二相
須菩提若有善男子善女人以恒河沙等身
命布施若復有人於此經中乃至受持四句
偈等為他人說其福甚多

BD04882號　金剛般若波羅蜜經　（6–5）

微塵如來說世界非世界是名世界須菩提
於意云何可以三十二相見如來不不也世尊
不可以三十二相得見如來何以故如來說
三十二相即是非相是名三十二相
須菩提若有善男子善女人以恒河沙等身
命布施若復有人於此經中乃至受持四句
偈等為他人說其福甚多
尒時須菩提聞說是經深解義趣涕淚悲泣
而白佛言希有世尊佛說如是甚深經典我
從昔來所得慧眼未曾聞如是之經世尊
若復有人得聞是經信心清淨則生實相當
知是人成就第一希有功德世尊是實相者
則是非相是故如來說名實相世尊我今得
聞如是經典信解受持不足為難若當來世
後五百歲其有眾生得聞是經信解受持是
人則為第一希有何以故此人无我相人相
眾生相壽者相所以者何我相即是非相人

BD04882 號　金剛般若波羅蜜經　（6–6）

善現一切
清淨故六神通清淨何以故若一切智智清
淨若八解脫清淨若六神通清淨無二無二
分無別無斷故一切智智清淨故八勝處九
次第定十遍處清淨八勝處九次第定十
遍處清淨故六神通清淨何以故若一切智
智清淨若八勝處九次第定十遍處清淨若
六神通清淨無二無二分無別無斷故善現
一切智智清淨故四念住清淨四念住清淨
故六神通清淨何以故若一切智智清淨若
四念住清淨若六神通清淨無二無二分無
別無斷故一切智智清淨故四正斷四神足
五根五力七等覺支八聖道支清淨四正斷
乃至八聖道支清淨故六神通清淨何以故
若一切智智清淨若四正斷乃至八聖道支
清淨若六神通清淨無二無二分無別無斷
故善現一切智智清淨故空解脫門清淨空
解脫門清淨故六神通清淨何以故若一切
智智清淨若空解脫門清淨若六神通清淨

BD04883 號　大般若波羅蜜多經卷二七四　（5–1）

乃至八聖道支清淨故六神通清淨何以故
若一切智智清淨若四正斷乃至八聖道支
清淨若六神通清淨無二無二分無別無斷
故善現一切智智清淨故空解脫門清淨空
解脫門清淨故六神通清淨何以故若一切
智智清淨若空解脫門清淨若六神通清淨
無二無二分無別無斷故一切智智清淨故
無相無願解脫門清淨無相無願解脫門清
淨故六神通清淨何以故若一切智智清淨
若無相無願解脫門清淨若六神通清淨無
二無二分無別無斷故善現一切智智清淨
故菩薩十地清淨菩薩十地清淨故六神通
清淨何以故若一切智智清淨若菩薩十地
清淨若六神通清淨無二無二分無別無斷
故
善現一切智智清淨故五眼清淨五眼清淨
故六神通清淨何以故若一切智智清淨若
五眼清淨若六神通清淨無二無二分無
別無斷故善現一切智智清淨故佛十力清
淨佛十力清淨故六神通清淨何以故若一
切智智清淨若佛十力清淨若六神通清淨
無二無二分無別無斷故一切智智清淨故
四無所畏四無礙解大慈大悲大喜大捨十八
佛不共法清淨四無所畏乃至十八佛不共
法清淨故六神通清淨何以故若一切智智
清淨若四無所畏乃至十八佛不共法清淨
若六神通清淨無二無二分無別無斷故善

BD04883號　大般若波羅蜜多經卷二七四　（5–2）

四無所畏四無礙解大慈大悲大喜大捨十八
佛不共法清淨四無所畏乃至十八佛不共
法清淨故六神通清淨何以故若一切智智
清淨若四無所畏乃至十八佛不共法清淨
若六神通清淨無二無二分無別無斷故善
現一切智智清淨故無忘失法清淨無忘失
法清淨故六神通清淨何以故若一切智智
清淨若無忘失法清淨若六神通清淨無二
無二分無別無斷故一切智智清淨故恒住
捨性清淨恒住捨性清淨故六神通清淨何
以故若一切智智清淨若恒住捨性清淨若
六神通清淨無二無二分無別無斷故善現
一切智智清淨故一切智清淨一切智清淨
故六神通清淨何以故若一切智智清淨
若一切智清淨若六神通清淨無二無二分無
別無斷故一切智智清淨故道相智一切相
智清淨道相智一切相智清淨故六神通清
淨何以故若一切智智清淨若道相智一切
相智清淨若六神通清淨無二無二分無別
無斷故善現一切智智清淨故一切陁羅尼
門清淨一切陁羅尼門清淨故六神通清淨
何以故若一切智智清淨若一切陁羅尼門
清淨若六神通清淨無二無二分無別無斷
故一切智智清淨故一切三摩地門清淨一
切三摩地門清淨故六神通清淨何以故若
一切智智清淨若一切三摩地門清淨若六
神通清淨無二無二分無別無斷故

BD04883號　大般若波羅蜜多經卷二七四　（5–3）

何以故若一切智智清淨若一切陀羅尼門
清淨若六神通清淨無二無二分無別無斷
故一切智智清淨故一切三摩地門清淨一
切三摩地門清淨故六神通清淨何以故若
一切智智清淨若一切三摩地門清淨若六
神通清淨無二無二分無別無斷故
善現一切智智清淨故預流果清淨預流果
清淨故六神通清淨何以故若一切智智清
淨若預流果清淨若六神通清淨無二無二
分無別無斷故一切智智清淨故一來不還
阿羅漢果清淨一來不還阿羅漢果清淨故
六神通清淨何以故若一切智智清淨若一
來不還阿羅漢果清淨若六神通清淨無
二無二分無別無斷故善現一切智智清淨
故獨覺菩提清淨獨覺菩提清淨故六神
通清淨何以故若一切智智清淨若獨覺菩
提清淨若六神通清淨無二無二分無別無
斷故善現一切智智清淨故一切菩薩摩訶
薩行清淨一切菩薩摩訶薩行清淨故六神
通清淨何以故一切智智清淨若一切菩薩
摩訶薩行清淨若六神通清淨無二無二分
無別無斷故善現一切智智清淨故諸佛無
上正等菩提清淨諸佛無上正等菩提清淨
故六神通清淨何以故若一切智智清淨若
諸佛無上正等菩提清淨若六神通清淨无
二無二分無別無斷故
復次善現一切智智清淨故色清淨色清淨

摩訶薩行清淨若六神通清淨無二無二分
無別無斷故善現一切智智清淨故諸佛無
上正等菩提清淨諸佛無上正等菩提清淨
故六神通清淨何以故若一切智智清淨若
諸佛無上正等菩提清淨若六神通清淨无
二無二分無別無斷故
復次善現一切智智清淨故色清淨色清淨
故佛十力清淨何以故若一切智智清淨若
色清淨若佛十力清淨無二無二分無別無
斷故一切智智清淨故受想行識清淨受
想行識清淨故佛十力清淨何以故若一切
智清淨若受想行識清淨若佛十力清淨無
二無二分無別無斷故善現一切智智清淨
故眼處清淨眼處清淨故佛十力清淨何以
故若一切智智清淨若眼處清淨若佛十力
清淨無二無二分無別無斷故一切智智清
淨故耳鼻舌身意處清淨耳鼻舌身意處
清淨故佛十力清淨何以故若一切智智清
淨若耳鼻舌身意處清淨若佛十力清淨無
二無二分無別無斷故善現一切智智清淨

淨色界眼識界及眼觸眼觸為緣所生諸受
無染汙故般若波羅蜜多清淨世尊云何眼
界無染汙故般若波羅蜜多清淨色界乃至
眼觸為緣所生諸受無染汙故般若波羅蜜
多清淨善現眼界不可取故無染汙眼界無
染汙故般若波羅蜜多清淨色界乃至眼觸
為緣所生諸受不可取故無染汙色界乃至
眼觸為緣所生諸受無染汙故般若波羅蜜
多清淨佛言善現耳界無染汙故般若波羅
蜜多清淨聲界耳識界及耳觸耳觸為緣所
生諸受無無染汙故般若波羅蜜多清淨世尊
云何耳界無染汙故般若波羅蜜多清淨聲
界乃至耳觸為緣所生諸受無染汙故般若
波羅蜜多清淨善現耳界不可取故無染汙
耳界無染汙故般若波羅蜜多清淨聲界乃
至耳觸為緣所生諸受不可取故無染汙聲
界乃至耳觸為緣所生諸受無染汙故般若
波羅蜜多清淨佛言善現鼻界無染汙故般
若波羅蜜多清淨香界鼻識界及鼻觸鼻
觸為緣所生諸受無染汙故般若波羅蜜多清
淨世尊云何鼻界無染汙故般若波羅蜜多
清淨香界乃至鼻觸為緣所生諸受無染汙

BD04884號　大般若波羅蜜多經卷二九三　（4–1）

至耳觸為緣所生諸受不可取故無染汙聲
界乃至耳觸為緣所生諸受無染汙故般若
波羅蜜多清淨佛言善現鼻界無染汙故般
若波羅蜜多清淨香界鼻識界及鼻觸鼻
觸為緣所生諸受無染汙故般若波羅蜜多清
淨世尊云何鼻界無染汙故般若波羅蜜多
清淨香界乃至鼻觸為緣所生諸受無染汙
故般若波羅蜜多清淨善現鼻界不可取故
無染汙鼻界無染汙故般若波羅蜜多清淨
香界乃至鼻觸為緣所生諸受不可取故無
染汙香界乃至鼻觸為緣所生諸受無染汙
故般若波羅蜜多清淨佛言善現舌界無染
汙故般若波羅蜜多清淨味界舌識界及舌
觸舌觸為緣所生諸受無染汙故般若波羅
蜜多清淨世尊云何舌界無染汙故般若波
羅蜜多清淨味界乃至舌觸為緣所生諸受
無染汙故般若波羅蜜多清淨善現舌界不
可取故無染汙舌界無染汙故般若波羅蜜
多清淨味界乃至舌觸為緣所生諸受不可
取故無染汙味界乃至舌觸為緣所生諸受
無染汙故般若波羅蜜多清淨佛言善現身
界無染汙故般若波羅蜜多清淨觸界身識
界及身觸身觸為緣所生諸受無染汙故般
若波羅蜜多清淨世尊云何身界無染汙故
般若波羅蜜多清淨觸界乃至身觸為緣所
生諸受無染汙故般若波羅蜜多清淨善現
身界不可取故無染汙身界無染汙故般若
波羅蜜多清淨觸界乃至身觸為緣所生諸

BD04884號　大般若波羅蜜多經卷二九三　（4–2）

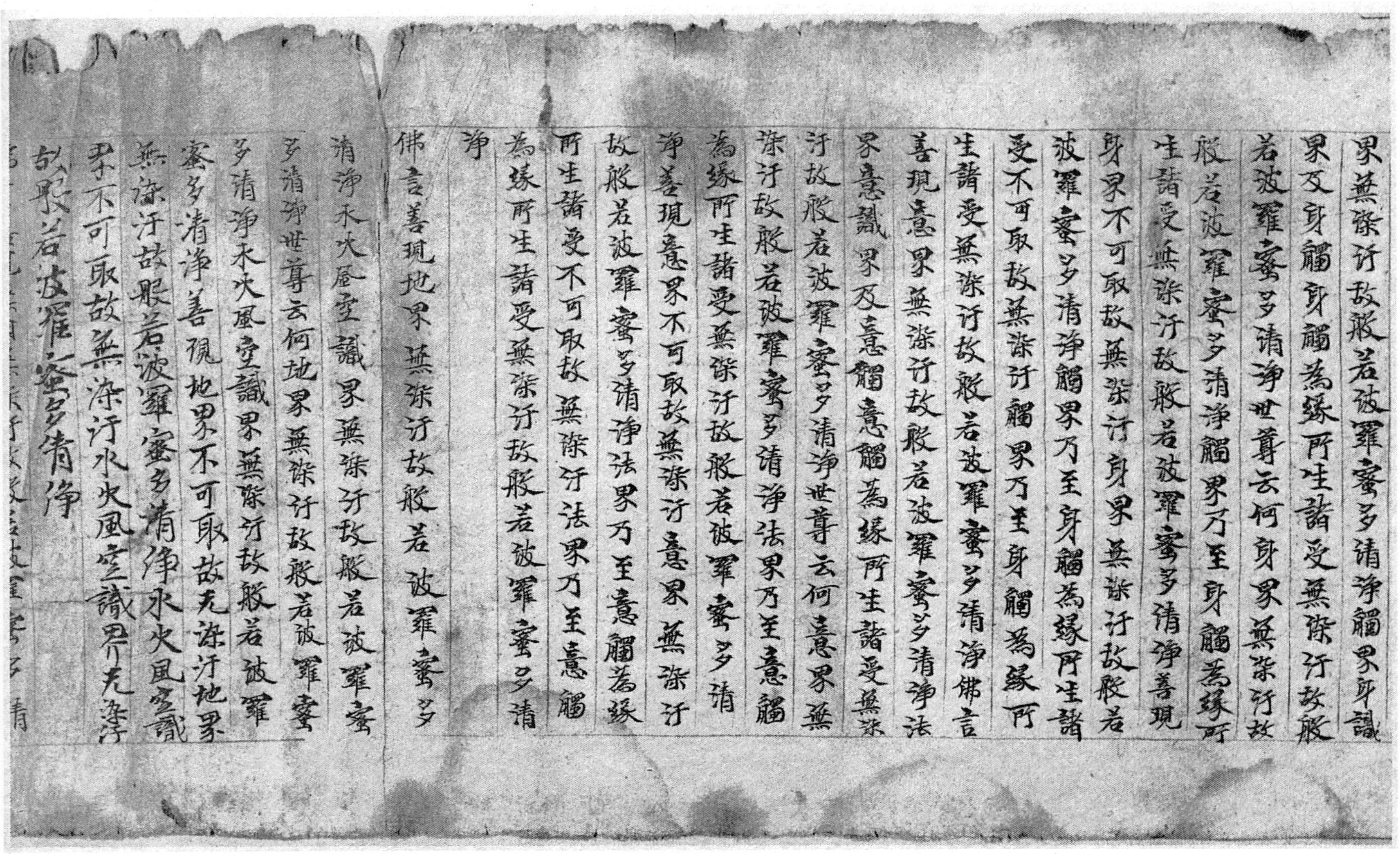

界無染汙故般若波羅蜜多清淨觸界身識
界及身觸身觸為緣所生諸受無染汙故般
若波羅蜜多清淨世尊云何身界無染汙故
般若波羅蜜多清淨觸界乃至身觸為緣所
生諸受無染汙故般若波羅蜜多清淨善現
身界不可取故無染汙身界無染汙故般若
波羅蜜多清淨觸界乃至身觸為緣所生諸
受不可取故無染汙觸界乃至身觸為緣所
生諸受無染汙故般若波羅蜜多清淨佛言
善現意界無染汙故般若波羅蜜多清淨法
界意識界及意觸意觸為緣所生諸受無染
汙故般若波羅蜜多清淨世尊云何意界無
染汙故般若波羅蜜多清淨法界乃至意觸
為緣所生諸受無染汙故般若波羅蜜多清
淨善現意界不可取故無染汙意界無染汙
故般若波羅蜜多清淨法界乃至意觸為緣
所生諸受不可取故無染汙法界乃至意觸
為緣所生諸受無染汙故般若波羅蜜多清
淨
佛言善現地界無染汙故般若波羅蜜多
清淨水火風空識界無染汙故般若波羅蜜
多清淨世尊云何地界無染汙故般若波羅蜜
多清淨水火風空識界無染汙故般若波羅
蜜多清淨善現地界不可取故無染汙地界
無染汙故般若波羅蜜多清淨水火風空識
界不可取故無染汙水火風空識界無染汙
故般若波羅蜜多清淨
[illegible]

BD04884號　大般若波羅蜜多經卷二九三　（4–3）

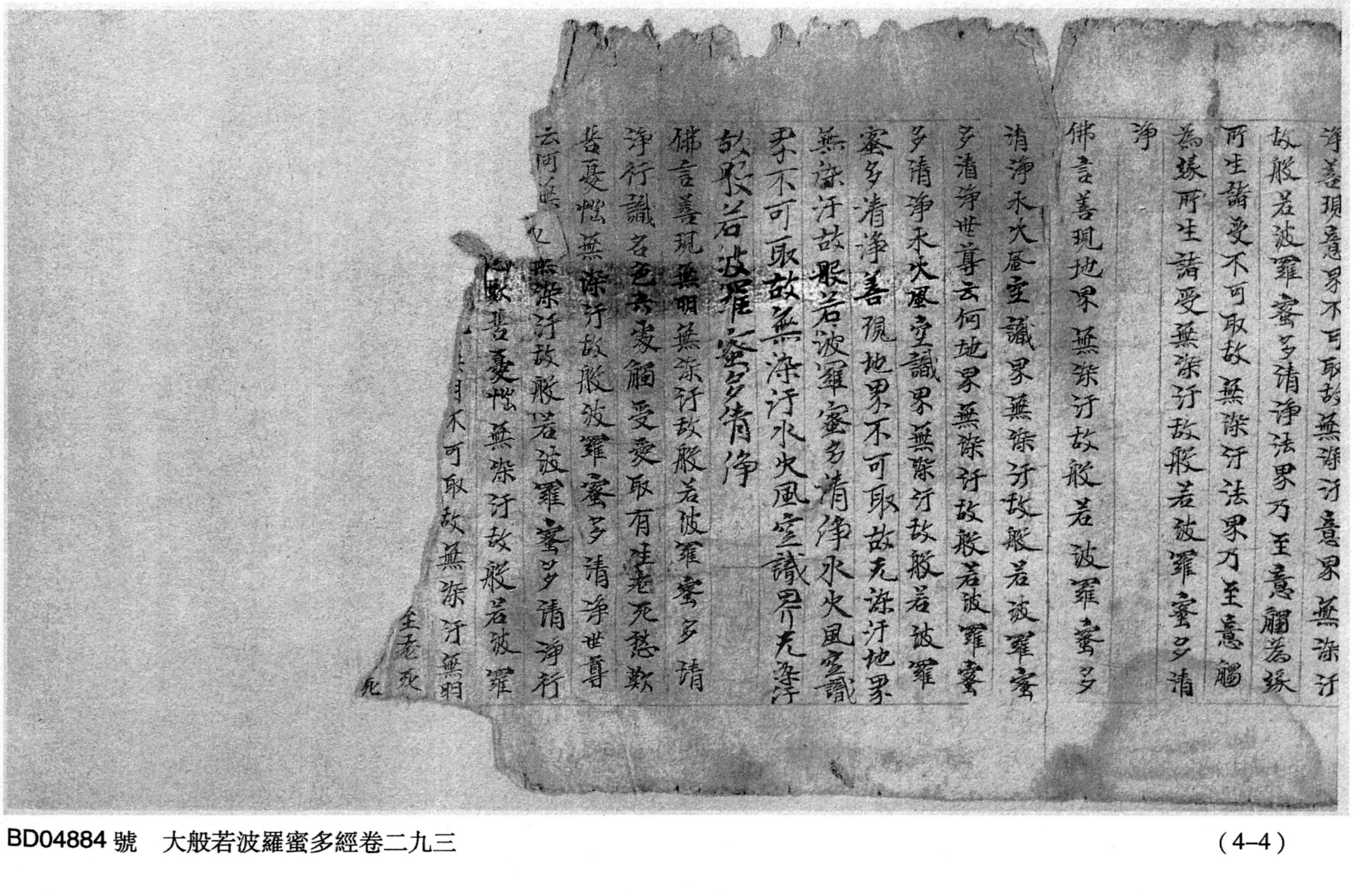

淨善現意界不可取故無染汙意界無染汙
故般若波羅蜜多清淨法界乃至意觸為緣
所生諸受不可取故無染汙法界乃至意觸
為緣所生諸受無染汙故般若波羅蜜多清
淨
佛言善現地界無染汙故般若波羅蜜多
清淨水火風空識界無染汙故般若波羅蜜
多清淨世尊云何地界無染汙故般若波羅蜜
多清淨水火風空識界無染汙故般若波羅
蜜多清淨善現地界不可取故無染汙地界
無染汙故般若波羅蜜多清淨水火風空識
界不可取故無染汙水火風空識界無染汙
故般若波羅蜜多清淨
佛言善現無明無染汙故般若波羅蜜多清
淨行識名色六處觸受愛取有生老死愁歎
苦憂惱無染汙故般若波羅蜜多清淨世尊
云何無明無染汙故般若波羅蜜多清淨行
[illegible]歎苦憂惱無染汙故般若波羅
[illegible]明不可取故無染汙無明
[illegible]生老死
[illegible]

BD04884號　大般若波羅蜜多經卷二九三　（4–4）

如来
何聞如是言
莫作是說如
來滅後後五百歲有持戒修福者於此章句
能生信心以此為實當知是人不於一佛二佛
三四五佛而種善根已於无量千万佛所種
諸善根聞是章句乃至一念生淨信者須
菩提如來悉知悉見是諸眾生得如是无量
福德何以故是諸眾生无復我相人相眾生
相壽者相无法相亦无非法相何以故是諸
眾生若心取相則為著我人眾生壽者若取
法相即著我人眾生壽者何以故若取非法
相即著我人眾生壽者是故不應取法不應
取非法以是義故如來常說汝等比丘知我
說法如筏喻者法尚應捨何況非法
須菩提於意云何如來得阿耨多羅三藐三
菩提耶如來有所說法耶須菩提言如我解

BD04885號　金剛般若波羅蜜經　（14–1）

相即著我人眾生壽者是故不應取法不應
取非法以是義故如來常說汝等比丘知我
說法如筏喻者法尚應捨何況非法
須菩提於意云何如來得阿耨多羅三藐三
菩提耶如來有所說法耶須菩提言如我解
佛所說義无有定法名阿耨多羅三藐三菩
提亦无有定法如來可說何以故如來所說
法皆不可取不可說非法非非法所以者何
一切賢聖皆以无為法而有差別
須菩提於意云何若人滿三千大千世界七
寶以用布施是人所得福德寧為多不須菩
提言甚多世尊何以故是福德即非福德性
是故如來說福德多若復有人於此經中受
持乃至四句偈等為他人說其福勝彼何以
故須菩提一切諸佛及諸佛阿耨多羅三藐
三菩提法皆從此經出須菩提所謂佛法者
即非佛法
須菩提於意云何須陀洹能作是念我得須
陀洹果不須菩提言不也世尊何以故須陀
洹名為入流而无所入不入色聲香味觸法是
名須陀洹須菩提於意云何斯陀含能作
是念我得斯陀含果不須菩提言不也世尊
何以故斯陀含名一往來而實无往來是名
斯陀含須菩提於意云何阿那含能作是念
我得阿那含果不須菩提言不也世尊何以

BD04885號　金剛般若波羅蜜經　（14–2）

名須陁洹須菩提於意云何斯陁含能作
是念我得斯陁含果不須菩提言不也世尊
何以故斯陁含名一往來而實无往來是名
斯陁含須菩提於意云何阿那含能作是念
我得阿那含果不須菩提言不也世尊何以
故阿那含名為不來而實无來是故名阿那
含須菩提於意云何阿羅漢能作是念我得
阿羅漢道不須菩提言不也世尊何以故實
无有法名阿羅漢世尊若阿羅漢作是念
我得阿羅漢道即為著我人衆生壽者世
尊佛說我得无諍三昧人中最為第一是第一
離欲阿羅漢我不作是念我是離欲阿羅漢
世尊我若作是念我得阿羅漢道世尊則不
說須菩提是樂阿蘭那行者以須菩提實
无所行而名須菩提是樂阿蘭那行
佛告須菩提於意云何如來昔在然燈佛所
於法有所得不世尊如來在然燈佛所於法
實无所得須菩提於意云何菩薩莊嚴佛土
不不也世尊何以故莊嚴佛土者則非莊嚴是
名莊嚴是故須菩提諸菩薩摩訶薩應如
是生清淨心不應住色生心不應住聲香味
觸法生心應无所住而生其心須菩提譬如有
人身如須弥山王於意云何是身為大不須
菩提言甚大世尊何以故佛說非身是

BD04885號　金剛般若波羅蜜經　（14–3）

是生清淨心不應住色生心不應住聲香味
觸法生心應无所住而生其心須菩提譬如有
人身如須弥山王於意云何是身為大不須
菩提言甚大世尊何以故佛說非身是
名大身
須菩提如恒河中所有沙數如是沙等恒河
於意云何是諸恒河沙寧為多不須菩提言
甚多世尊但諸恒河尚多无數何况其沙須
菩提我今實言告汝若有善男子善女人以七
寶滿尒所恒河沙數三千大千世界以用布
施得福多不須菩提言甚多世尊佛告須
菩提若善男子善女人於此經中乃至受持
四句偈等為他人說而此福德勝前福德復
次須菩提隨說是經乃至四句偈等當知此
處一切世間天人阿脩羅皆應供養如佛塔
廟何况有人盡能受持讀誦須菩提當知是
人成就最上第一希有之法若是經典所在
之處則為有佛若尊重弟子
尒時須菩提白佛言世尊當何名此經我等
云何奉持佛告須菩提是經名為金剛般若
波羅蜜以是名字汝當奉持所以者何須菩
提佛說般若波羅蜜則非般若波羅蜜須菩
提於意云何如來有所說法不須菩提白佛
言世尊如來无所說須菩提於意云何三千

BD04885號　金剛般若波羅蜜經　（14–4）

波羅蜜以是名字汝當奉持所以者何須菩
提佛說般若波羅蜜則非般若波羅蜜須菩
提於意云何如來有所說法不須菩提白佛
言世尊如來无所說須菩提於意云何三千
大千世界所有微塵是為多不須菩提言甚
多世尊須菩提諸微塵如來說非微塵是
名微塵如來說世界非世界是名世界須菩
提於意云何可以卅二相見如來不不也世尊
何以故如來說卅二相即是非相是名卅二相
須菩提若有善男子善女人以恒河沙等
身命布施若復有人於此經中乃至受持四
句偈等為他人說其福甚多
尒時須菩提聞說是經深解義趣涕淚悲泣
而白佛言希有世尊佛說如是甚深經典我
從昔來所得慧眼未曾得聞如是之經世尊
若復有人得聞是經信心清淨則生實相當
知是人成就第一希有功德世尊是實相者
則是非相是故如來說名實相世尊我今得
聞如是經典信解受持不足為難若當來世
後五百歲其有衆生得聞是經信解受持是
人則為第一希有何以故此人无我相人相
衆生相壽者相所以者何我相即是非相人
相衆生相壽者相即是非相何以故離一切
諸相則名諸佛佛告須菩提如是如是若復

BD04885號　金剛般若波羅蜜經　（14–5）

後五百歲其有衆生得聞是經信解受持是
人則為第一希有何以故此人无我相人相
衆生相壽者相所以者何我相即是非相人
相衆生相壽者相即是非相何以故離一切
諸相則名諸佛佛告須菩提如是如是若復
有人得聞是經不驚不怖不畏當知是人甚
為希有何以故須菩提如來說第一波羅蜜
非第一波羅蜜是名第一波羅蜜
須菩提忍辱波羅蜜如來說非忍辱波羅蜜
何以故須菩提如我昔為歌利王割截身體
我於尒時无我相无人相无衆生相无壽者
相何以故我於往昔節節支解時若有我相
人相衆生相壽者相應生瞋恨須菩提又念
過去於五百世作忍辱仙人於尒所世无我相
无人相无衆生相无壽者相是故須菩提
菩薩應離一切相發阿耨多羅三藐三菩提
心不應住色生心不應住聲香味觸法生心
應生无所住心若心有住則為非住是故
佛說菩薩心不應住色布施須菩提菩薩
為利益一切衆生應如是布施如來說一切
諸相即是非相又說一切衆生則非衆生須
菩提如來是真語者實語者如語者不誑
語者不異語者須菩提如來所得法此法无
實无虛須菩提若菩薩心住於法而行布施如
人入闇則无所見若菩薩心不住法而行布施如

BD04885號　金剛般若波羅蜜經　（14–6）

諸相即是非相又說一切衆生則非衆生須
菩提如来是真語者實語者如語者不誑
語者不異語者須菩提如来所得法此法无
實无虛須菩提若菩薩心住於法而行布施如
人入闇則无所見若菩薩心不住法而行布施如
人有目日光明照見種種色須菩提當来之
世若有善男子善女人能於此經受持讀誦
則為如来以佛智慧悉知是人悉見是人皆
得成就无量无邊功德
須菩提若有善男子善女人初日分以恒河
沙等身布施中日分復以恒河沙等身布施
後日分亦以恒河沙等身布施如是无量百千
万億劫以身布施若復有人聞此經典信心
不逆其福勝彼何况書寫受持讀誦為人解
說須菩提以要言之是經有不可思議不可
稱量无邊功德如来為發大乘者說為發最
上乘者說若有人能受持讀誦廣為人說
如来悉知是人悉見是人皆得成就
稱无有邊不可思議功德
擔如来阿耨多羅三藐三菩提
提若樂小法者著我見人見衆生見
見則於此經不能聽受讀誦為
提在在處處若有此經
所應供養當知此處則為
作礼圍繞以諸華香而散其處
復次須菩提善男子善女人受持

提在在處處若有此經
所應供養當知此處則為
作礼圍繞以諸華香而散其處
復次須菩提善男子善女人受持
若為人輕賤是人先
世人輕賤故先世罪業則
多羅三藐三菩提須菩提我念過
僧祇劫於然燈佛前得值八百四
由他諸佛悉皆供養
人於後末世能受持讀
我所供養諸佛功德
乃至算數譬喻所不
善女人於後末世有受持
德我若具說者或有人聞心則狂
信須菩提當知是經義不可思議
可思議
尒時須菩提白佛言世尊善男子
耨多羅三藐三菩提心云何應住云何
心佛告須菩提善男子善女人發
三藐三菩提者當生如是心
切衆生滅度一切衆生已而无
滅度者何以故若菩薩有我
相壽者相則非菩薩所以者
有法發阿耨多羅三藐三
意云何如来於然燈佛所有法
三藐三菩提不不也世尊如我解
佛於然燈佛所无有法得阿耨多

相壽者相則非菩薩所以者何
有法發阿耨多羅三藐三
意云何如来於然燈佛所有法
三藐三菩提不不也世尊如我解
佛於然燈佛所无有法得阿耨多
菩提佛言如是如是須菩提
得阿耨多羅三藐三菩提須菩
来得阿耨多羅三藐三菩提者
與我受記汝於来
以實无有法得阿耨多羅三
然燈佛與我受記作是言汝於
佛号釋迦牟尼何以故如来者
若有人言如来得阿耨多羅
菩提實无有法佛得阿耨多羅
提須菩提如来所得阿耨多羅三藐
是中无實无虛是故
法須菩提所言一切
一切法須菩提譬如人身長大須菩
尊如来說人身長大則為非大身是
身須菩提菩薩亦如
无量眾生則不名菩薩何以
有法名為菩薩是故佛說一切法无
无眾生无壽者須菩提若菩薩作是言
莊嚴土是不名菩薩何以故如来說莊
佛土者即非莊嚴是名莊嚴須菩提若菩
通達无我法者如来說名真是菩薩
須菩提於意云何如来有肉眼

BD04885號　金剛般若波羅蜜經　（14–9）

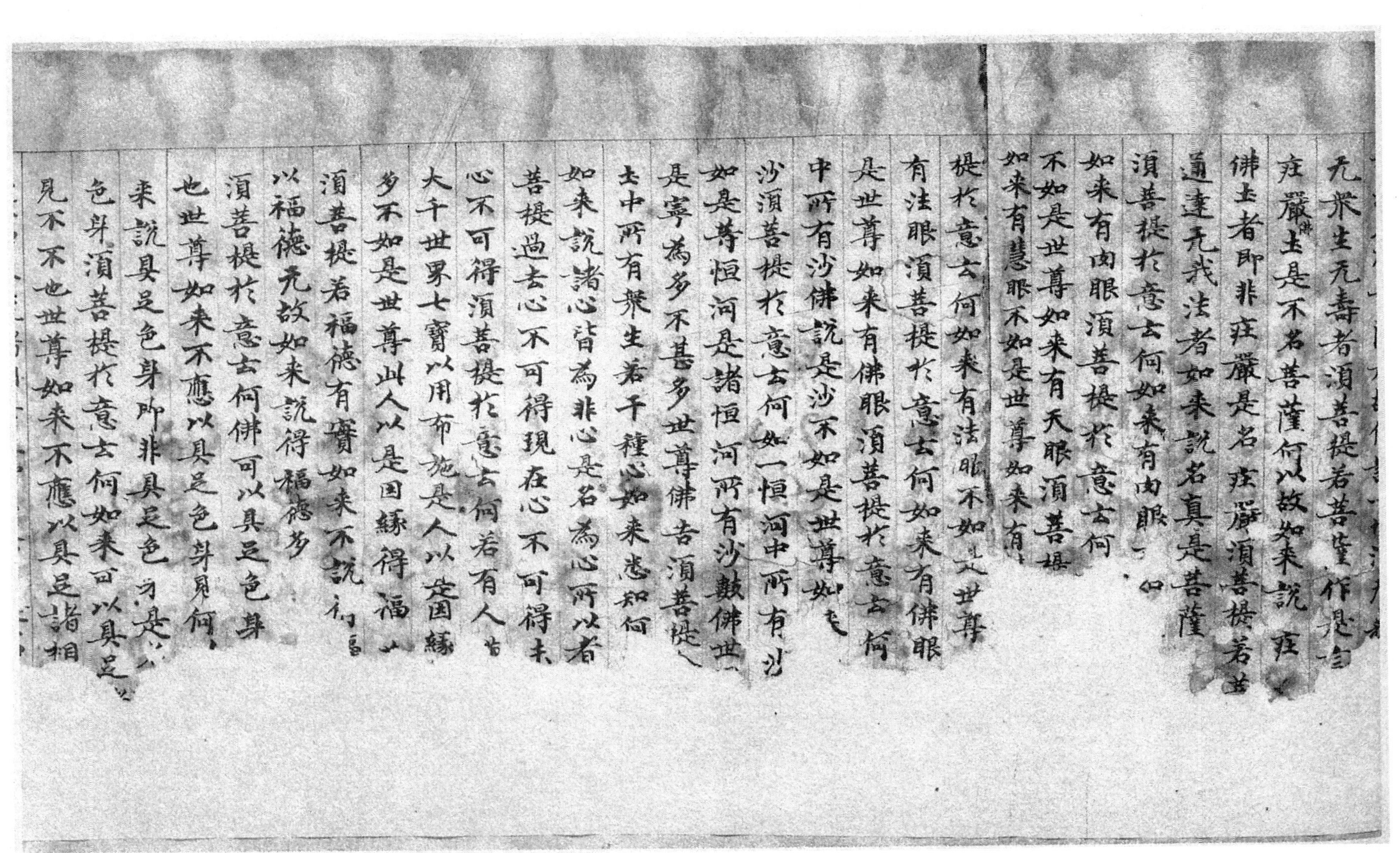

无眾生无壽者須菩提若菩薩作是言
莊嚴土是不名菩薩何以故如来說莊
佛土者即非莊嚴是名莊嚴須菩提若菩
通達无我法者如来說名真是菩薩
須菩提於意云何如来有肉眼
如来有肉眼須菩提於意云何
不如是世尊如来有天眼須菩提
如来有慧眼不如是世尊如来有
提於意云何如来有法眼不如是世尊
有法眼須菩提於意云何如来有佛眼
是世尊如来有佛眼須菩提於意云何
中所有沙佛說是沙不如是世尊如
沙須菩提於意云何如一恒河中所有沙
如是等恒河是諸恒河所有沙數佛世
是寧為多不甚多世尊佛告須菩提
土中所有眾生若干種心如来悉知何
如来說諸心皆為非心是名為心所以者
菩提過去心不可得現在心不可得未
心不可得須菩提於意云何若有人
大千世界七寶以用布施是人以是因緣
多不如是世尊此人以是因緣得福
須菩提若福德有實如来不說
以福德无故如来說得福德多
須菩提於意云何佛可以具足色身
也世尊如来不應以具足色身見何
来說具足色身即非具足色是
色身須菩提於意云何如来可以具足
見不不也世尊如来不應以具足是諸相

BD04885號　金剛般若波羅蜜經　（14–10）

須菩提於意云何佛可以具足色身
也世尊如来不應以具足色身見何
来說具足色身即非具足色身是
色身須菩提於意云何如来可以具足
見不不也世尊如来不應以具足諸相
以故如来說諸相具足即非具足是名
具足須菩提汝勿謂如来作是 我
說法莫作是念何以故若人言 法
即為謗佛不能解我所說故
无法可說是名說法須菩提 佛
得阿耨多羅三藐三菩提為 以是
如是須菩提我於阿耨多羅三 乃
至无有少法可得是名阿耨
提復次須菩提是法平等无 阿
耨多羅三藐三菩提以无
壽者脩一切善法則得阿耨多羅三藐
提須菩提所言善法者如来說非善 名
善法須菩提若三千大千世界 所有諸須
弥山王如是等七寶聚有人持用布施若人
以此般若波羅蜜經乃至四句偈等受持為
他人說於前福德百分不及一百万億分
乃至筭數譬喻所不能及
須菩提於意云何汝等勿謂如来作是念我
當度衆生須菩提莫作是念何以故實无有
衆生如来度者若有衆生如来度者

有我人衆生壽者須菩提如来說有我者則

BD04885號　金剛般若波羅蜜經　（14–11）

須菩提於意云何汝等勿謂如来作是念我
當度衆生須菩提莫作是念何以故實无有
衆生如来度者若有衆生如来度者如来
有我人衆生壽者須菩提如来說有我者則
非有我而凡夫之人以為有我須菩提凡夫
者如来說則非凡夫須菩提於意云何可以
卅二相觀如来不須菩提言如是如是以卅二
相觀如来佛言須菩提若以卅二相觀如
来者轉輪聖王則是如来須菩提白佛言世
尊如我解佛所說義不應以卅二相觀如来
尒時世尊而說偈言
若以色見我　以音聲求我　是人行邪道　不能見如来
須菩提汝若作是念如来不以具足相故得
阿耨多羅三藐三菩提須菩提莫作是念如
来不以具足相故得阿耨多羅三藐三菩提
須菩提汝若作是念發阿耨多羅三藐三菩
提者說諸法斷滅相莫作是念何以故發阿
耨多羅三藐三菩提者於法不說斷滅相須
菩提若菩薩以滿恒河沙等世界七寶布施
若復有人知一切法无我得成於忍此菩薩
勝前菩薩所得功德須菩提以諸菩薩不受
福德故須菩提白佛言世尊云何菩薩不受
福德須菩提菩薩所作福德不應貪著是故
說不受福德須菩提若有人言如来若来若
去若坐若卧是人不解我所說義何以故如
来者无所從来亦无所去故名如来
須菩提若善男子善女人以三千大千世界碎

BD04885號　金剛般若波羅蜜經　（14–12）

說不受福德須菩提若有人言如來若來若
去若坐若卧是人不解我所說義何以故如
來者无所從來亦无所去故名如來
須菩提若善男子善女人以三千大千世界碎
爲微塵於意云何是微塵衆寧爲多不甚
多世尊何以故若是微塵衆實有者佛則不
說是微塵衆所以者何佛說微塵衆則非微
塵衆是名微塵衆世尊如來所說三千大千
世界則非世界是名世界何以故若世界實有
者則是一合相如來說一合相則非一合相
是名一合相須菩提一合相者則是不可說
但凡夫之人貪著其事須菩提若人言佛
說我見人見衆生見壽者見須菩提於意
云何是人解我所說義不世尊是人不解如
來所說義何以故世尊說我見人見衆生見
壽者見即非我見人見衆生見壽者見是
名我見人見衆生見壽者見須菩提發阿耨
多羅三藐三菩提心者於一切法應如是知如
是見如是信解不生法相須菩提所言法相
者如來說即非法相是名法相須菩提若有
人以滿无量阿僧祇世界七寶持用布施若有
善男子善女人發菩薩心者持於此經乃至
四句偈等受持讀誦爲人演說其福勝彼云
何爲人演說不取於相如如不動何以故
一切有爲法　如夢幻泡影　如露亦如電　應作如是觀
佛說是經已長老須菩提及諸比丘比丘尼
優婆塞優婆夷一切世間天人阿修羅聞

BD04885號　金剛般若波羅蜜經　（14–13）

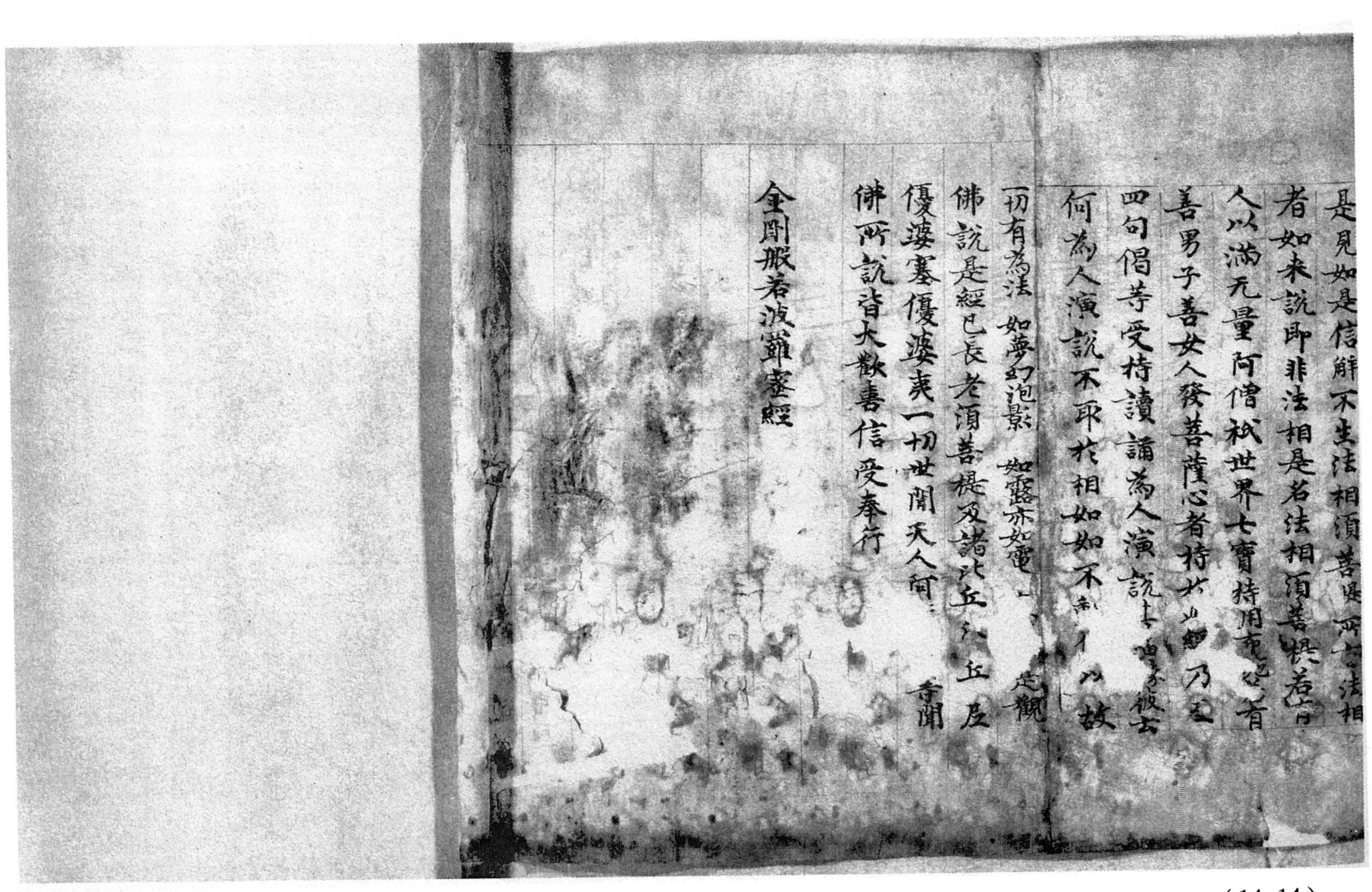

是見如是信解不生法相須菩提所言法相
者如來說即非法相是名法相須菩提若有
人以滿无量阿僧祇世界七寶持用布施若有
善男子善女人發菩薩心者持於此經乃至
四句偈等受持讀誦爲人演說其福勝彼云
何爲人演說不取於相如如不動何以故
一切有爲法　如夢幻泡影　如露亦如電　應作如是觀
佛說是經已長老須菩提及諸比丘比丘尼
優婆塞優婆夷一切世間天人阿修羅聞
佛所說皆大歡喜信受奉行

金剛般若波羅蜜經

BD04885號　金剛般若波羅蜜經　（14–14）

於意云何可以三十二相見如来不不也世尊
不可以三十二相得見如来何以故如来說
三十二相即是非相是名三十二相須菩提
若有善男子善女人以恒河沙等身命布
施若復有人於此經中乃至受持四句偈
等為他人說其福甚多
尒時須菩提聞說是經深解義趣涕淚悲
泣而白佛言希有世尊佛說如是甚深經典
我從昔来所得慧眼未曾得聞如是之經世尊
若復有人得聞是經信心清淨則生實相當
知是人成就第一希有功德世尊是實相者
則是非相是故如来說名實相世尊我今
得聞如是經典信解受持不足為難若當来
世後五百歲其有眾生得聞是經信解受持
是人則為第一希有何以故此人無我相人相
眾生相壽者相所以者何我相即是非相人
相眾生相壽者相即是非相何以故離一切
諸相則名諸佛
佛告須菩提如是如是若復有人得聞是經
不驚不怖不畏當知是人甚為希有何以故
須菩提如来說第一波羅蜜非第一波羅蜜
是名第一波羅蜜須菩提忍辱波羅蜜如
来說非忍辱波羅蜜何以故須菩提如我昔為

BD04886 號　金剛般若波羅蜜經　（2–1）

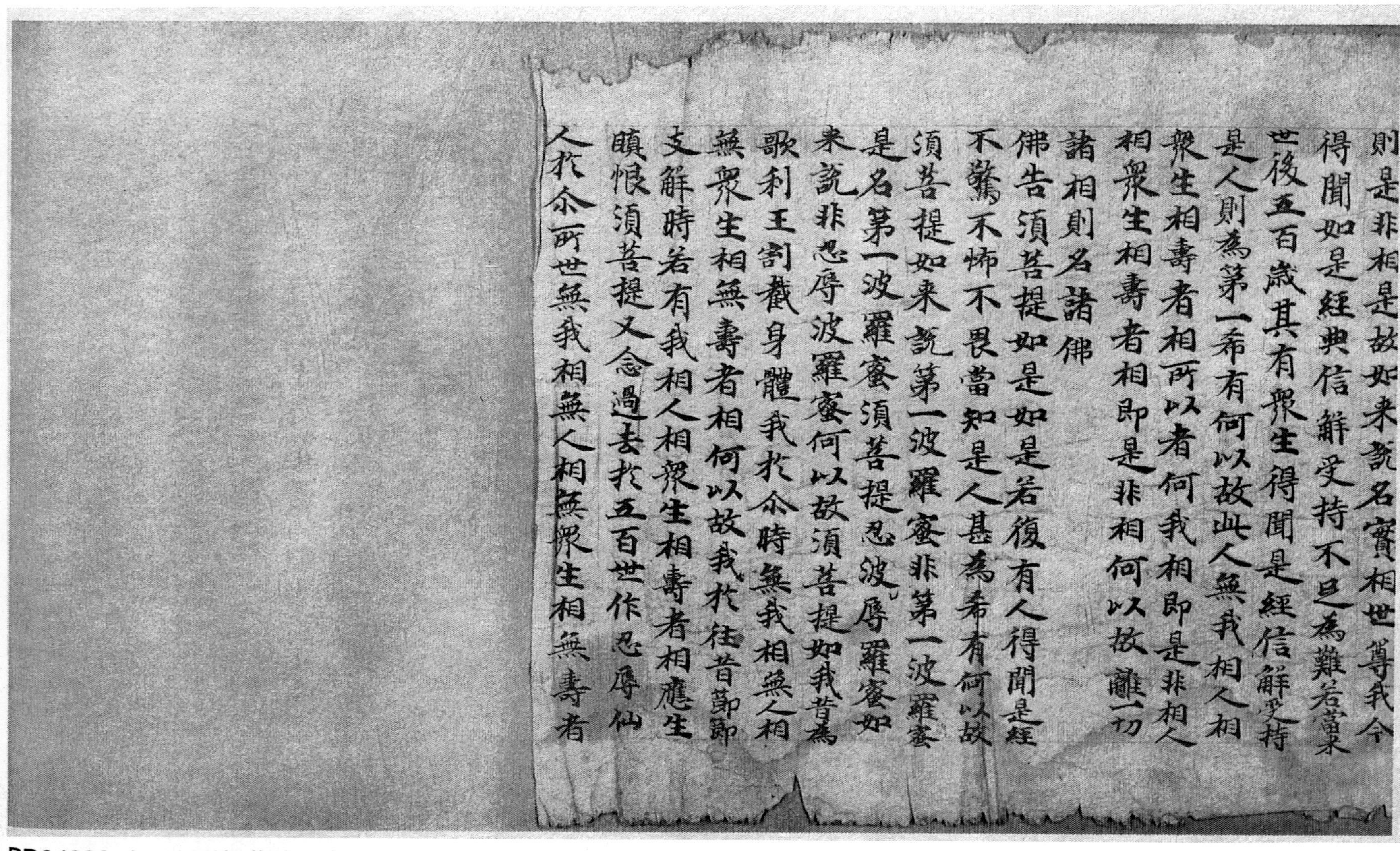

則是非相是故如来說名實相世尊我今
得聞如是經典信解受持不足為難若當来
世後五百歲其有眾生得聞是經信解受持
是人則為第一希有何以故此人無我相人相
眾生相壽者相所以者何我相即是非相人
相眾生相壽者相即是非相何以故離一切
諸相則名諸佛
佛告須菩提如是如是若復有人得聞是經
不驚不怖不畏當知是人甚為希有何以故
須菩提如来說第一波羅蜜非第一波羅蜜
是名第一波羅蜜須菩提忍辱波羅蜜如
来說非忍辱波羅蜜何以故須菩提如我昔為
歌利王割截身體我於尒時無我相無人相
無眾生相無壽者相何以故我於往昔節節
支解時若有我相人相眾生相壽者相應生
瞋恨須菩提又念過去於五百世作忍辱仙
人於尒所世無我相無人相無眾生相無壽者

BD04886 號　金剛般若波羅蜜經　（2–2）

息道善知生善知滅善知住異善知貪瞋癡
善知無貪無瞋無癡善知見善知非見善知
邪見善知非邪見善知一切見纏隨眠結縛
善知名色善知因緣善知等無間緣善知所
緣緣善知增上緣善知行善知解善知相善
知狀善知苦善知集善知滅善知道善知地
獄善知地獄道善知傍生善知傍生道善知
鬼界善知鬼界道善知人善知人道善知天
善知天道善知預流善知預流果善知預流道
善知一來善知一來果善知一來道善知不
還善知不還果善知不還道善知阿羅漢
善知阿羅漢果善知阿羅漢道善知獨覺善
知獨覺菩提善知獨覺道善知菩薩摩訶薩
善知菩薩摩訶薩行善知如來應正等覺善
知無上正等菩提善知一切智善知一切智道
道善知道相智善知道相智道善知一切相智
善知一切相智道善知根善知根圓滿善
知根勝劣善知慧善知疾慧善知力慧善知
利慧善知速慧善知達慧善知廣慧善知深
慧善知大慧善知無等慧善知真實慧善知
珎寶慧善知過去世善知未來世善知現在
世善知方便善知意樂善知增上意樂善知

BD04887號　大般若波羅蜜多經（兌廢稿）卷三五九　　（2–1）

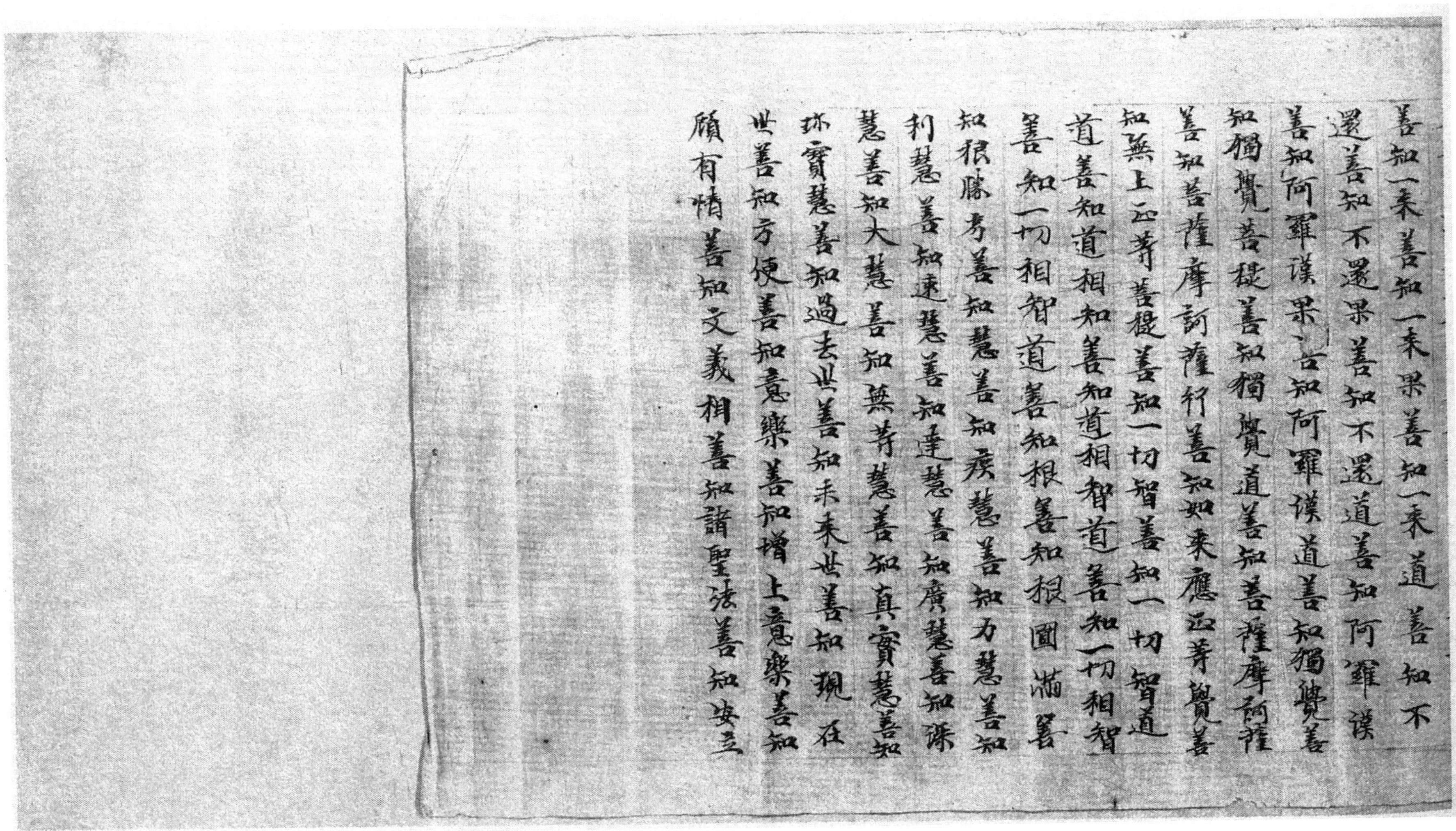

善知一來善知一來果善知一來道善知不
還善知不還果善知不還道善知阿羅漢
善知阿羅漢果善知阿羅漢道善知獨覺善
知獨覺菩提善知獨覺道善知菩薩摩訶薩
善知菩薩摩訶薩行善知如來應正等覺善
知無上正等菩提善知一切智善知一切智道
道善知道相智善知道相智道善知一切相智
善知一切相智道善知根善知根圓滿善
知根勝劣善知慧善知疾慧善知力慧善知
利慧善知速慧善知達慧善知廣慧善知深
慧善知大慧善知無等慧善知真實慧善知
珎寶慧善知過去世善知未來世善知現在
世善知方便善知意樂善知增上意樂善知
願有情善知文義相善知諸聖法善知安立

BD04887號　大般若波羅蜜多經（兌廢稿）卷三五九　　（2–2）

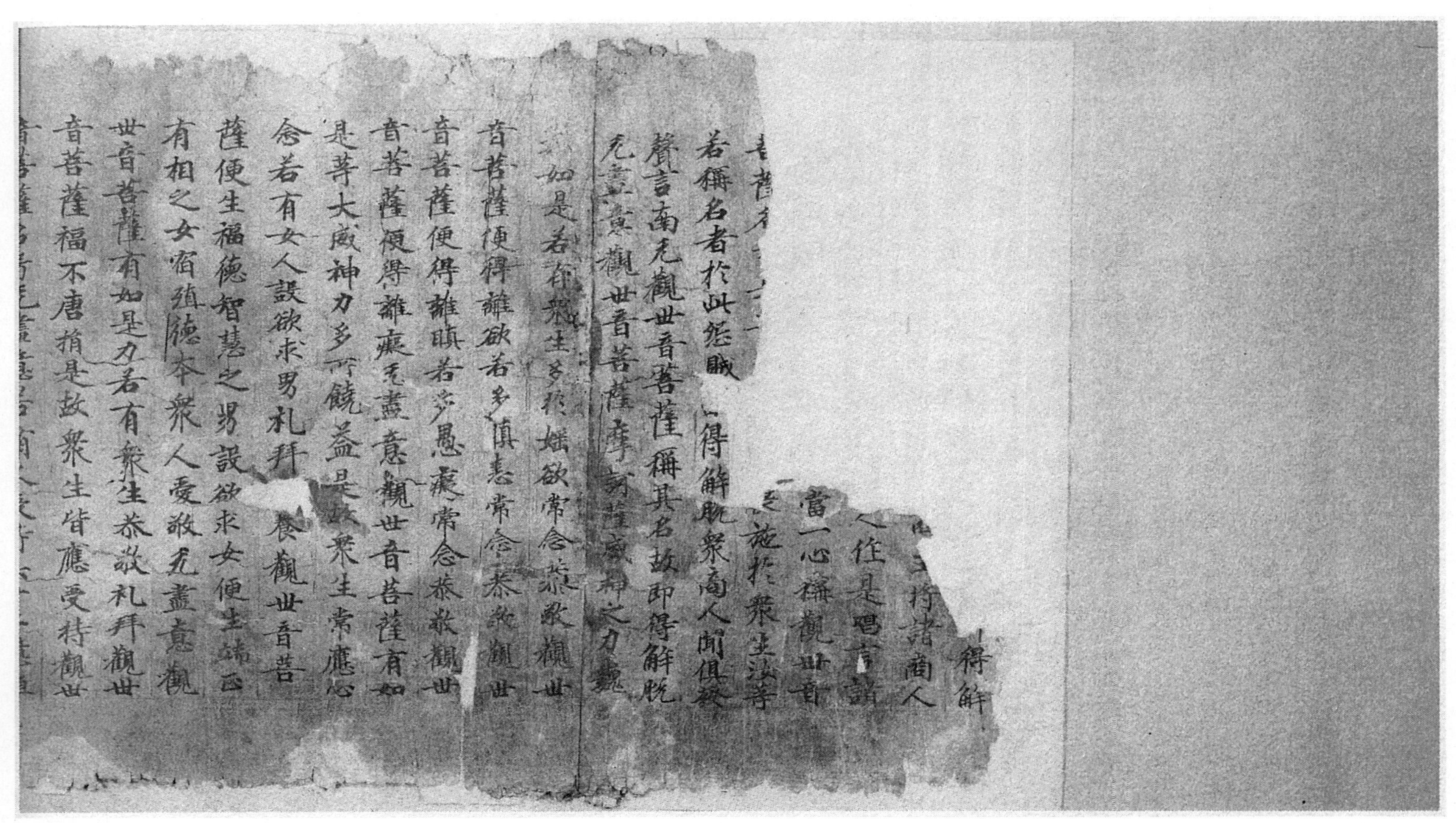

得解
主將諸商人
人作是唱言諸
當一心稱觀世音
施於衆生汝等
若稱名者於此怨賊當得解脫衆商人聞俱發
聲言南无觀世音菩薩稱其名故即得解脫
无盡意觀世音菩薩摩訶薩威神之力巍
巍如是若有衆生多於婬欲常念恭敬觀世
音菩薩便得離欲若多瞋恚常念恭敬觀世
音菩薩便得離瞋若多愚癡常念恭敬觀世
音菩薩便得離癡无盡意觀世音菩薩有如
是等大威神力多所饒益是故衆生常應心
念若有女人設欲求男礼拜供養觀世音菩
薩便生福德智慧之男設欲求女便生端正
有相之女宿殖德本衆人愛敬无盡意觀
世音菩薩有如是力若有衆生恭敬礼拜觀世
音菩薩福不唐捐是故衆生皆應受持觀世

BD04888號　觀世音經　（6–1）

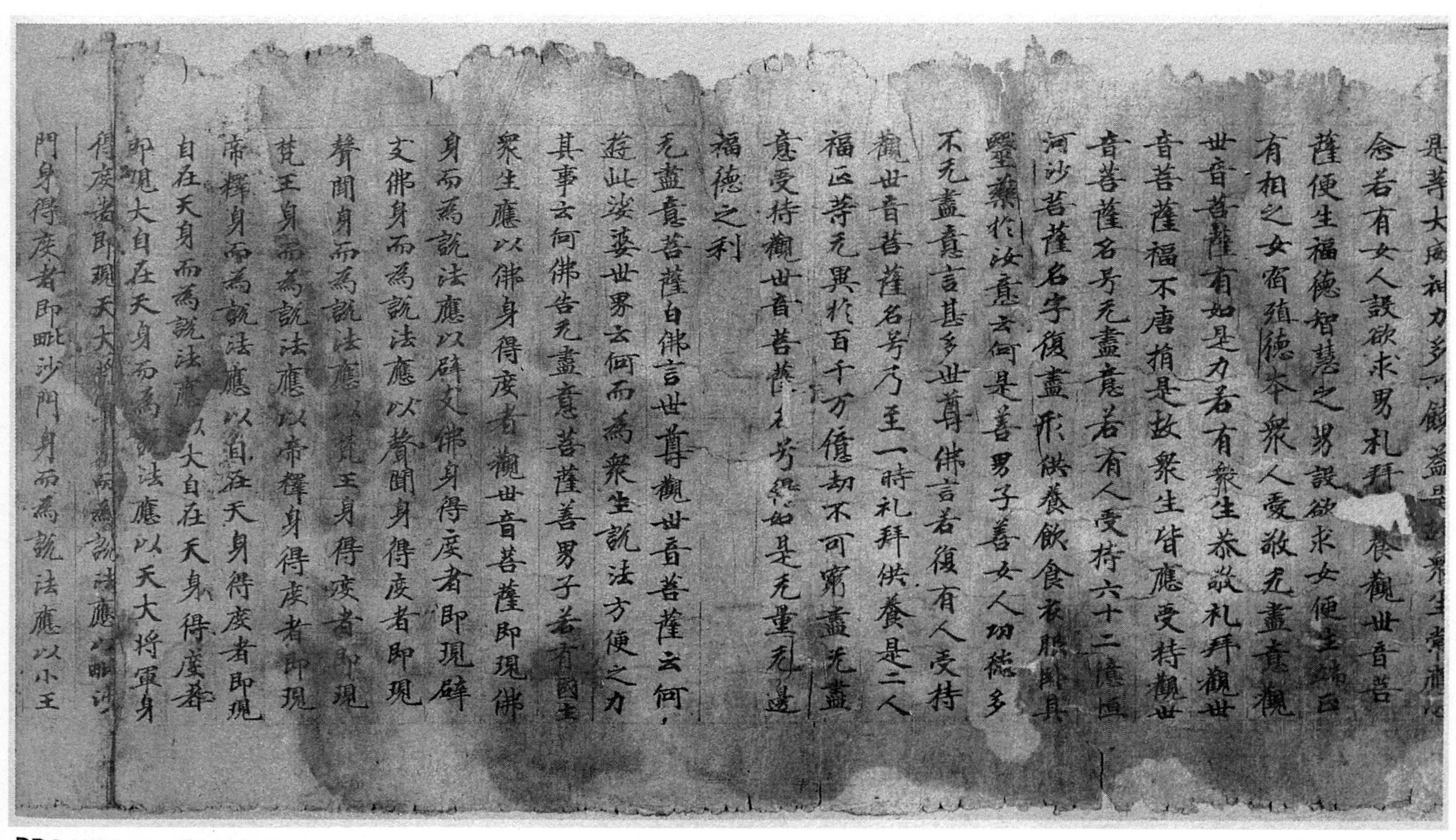

是等大威神力多所饒益是故衆生常應心
念若有女人設欲求男礼拜供養觀世音菩
薩便生福德智慧之男設欲求女便生端正
有相之女宿殖德本衆人愛敬无盡意觀
世音菩薩有如是力若有衆生恭敬礼拜觀世
音菩薩福不唐捐是故衆生皆應受持觀世
音菩薩名号无盡意若有人受持六十二億恒
河沙菩薩名字復盡形供養飲食衣服卧具
醫藥於汝意云何是善男子善女人功德多
不无盡意言甚多世尊佛言若復有人受持
觀世音菩薩名号乃至一時礼拜供養是二人
福正等无異於百千万億劫不可窮盡无盡
意受持觀世音菩薩名号得如是无量无邊
福德之利
无盡意菩薩白佛言世尊觀世音菩薩云何
遊此娑婆世界云何而爲衆生說法方便之力
其事云何佛告无盡意菩薩善男子若有國土
衆生應以佛身得度者觀世音菩薩即現佛
身而爲說法應以辟支佛身得度者即現辟
支佛身而爲說法應以聲聞身得度者即現
聲聞身而爲說法應以梵王身得度者即現
梵王身而爲說法應以帝釋身得度者即現
帝釋身而爲說法應以自在天身得度者即現
自在天身而爲說法應以大自在天身得度者
即現大自在天身而爲說法應以天大將軍身
得度者即現天大將軍身而爲說法應以毗沙
門身得度者即現毗沙門身而爲說法應以小王

BD04888號　觀世音經　（6–2）

梵王身而為說法應以帝釋身得度者即現
帝釋身而為說法應以自在天身得度者即現
自在天身而為說法應以大自在天身得度者
即現大自在天身而為說法應以天大将軍身
得度者即現天大将軍身而為說法應以毗沙
門身得度者即毗沙門身而為說法應以小王
身得度者即現小王身而為說法應以長者身
得度者即現長者身而為說法應以居士身得
度者即現居士身而為說法應以宰官身得度
者即現宰官身而為說法應以婆羅門身得
度者即現婆羅門身而為說法應以比丘比丘
尼優婆塞優婆夷得度者即現比丘比丘尼
優婆塞優婆夷身而為說法應以長者居士
宰官婆羅門婦女身得度者即現婦女身而
為說法應以童男童女身得度者即現童男
童女身而為說法應以天龍夜叉乾闥婆阿
脩羅迦樓羅緊那羅摩睺羅伽人非人等身
得度者即皆現之而為說法應以執金剛神
得度者即現執金剛神而為說法无盡意是
觀世音菩薩成就如是功徳以種種形遊諸
國土度脫衆生是故汝等應當一心供養觀
世音菩薩是觀世音菩薩摩訶薩於怖畏
急難之中能施无畏是故此娑婆世界皆号
之為施无畏者无盡意菩薩白佛言世尊我
今當供養觀世音菩薩即解頸衆寶珠瓔
珞價直百千兩金而以與之作是言仁者受
此法施珎寶瓔珞時觀世音菩薩不肯受之

BD04888號　觀世音經　（6–3）

急難之中能施无畏是故此娑婆世界皆号
之為施无畏者无盡意菩薩白佛言世尊我
今當供養觀世音菩薩即解頸衆寶珠瓔
珞價直百千兩金而以與之作是言仁者受
此法施珎寶瓔珞時觀世音菩薩不肯受之
无盡意復白觀世音菩薩言仁者愍我等故
受此瓔珞
尒時佛告觀世音菩薩當愍此无盡意菩薩
及四衆天龍夜叉乾闥婆阿脩羅迦樓羅緊
那羅摩睺羅伽人非人等故受是瓔珞即時
觀世音菩薩愍諸四衆及於天龍人非人等
受其瓔珞分作二分一分奉釋迦牟尼佛
一分奉多寶佛塔无盡意觀世音菩薩有
如是自在神力遊於娑婆世界尒時无盡意
菩薩以偈問曰
世尊妙相具　我今重問彼　佛子何因緣　名為觀世音
具足妙相尊　偈荅无盡意　汝聽觀音行　善應諸方所
弘誓深如海　歷劫不思議　侍多千億佛　發大清淨願
我為汝略說　聞名及見身　心念不空過　能滅諸有苦
假使興害意　推落大火坑　念彼觀音力　火坑變成池
或漂流巨海　龍魚諸鬼難　念彼觀音力　波浪不能沒
或在須弥峯　為人所推墮　念彼觀音力　如日虛空住
或被惡人逐　墮落金剛山　念彼觀音力　不能損一毛
或值怨賊繞　各執刀加害　念彼觀音力　咸即起慈心
或遭王難苦　臨刑欲壽終　念彼觀音力　刀尋段段壞
或囚禁枷鎖　手足被杻械　念彼觀音力　釋然得解脫
呪咀諸毒藥　所欲害身者　念彼觀音力　還著於本人

BD04888號　觀世音經　（6–4）

或在須弥峯　為人所推墮　念彼觀音力　如日虛空住
或被惡人逐　墮落金剛山　念彼觀音力　不能損一毛
或值怨賊繞　各執刀加害　念彼觀音力　咸即起慈心
或遭王難苦　臨刑欲壽終　念彼觀音力　刀尋段段壞
或囚禁枷鎖　手足被杻械　念彼觀音力　釋然得解脫
呪詛諸毒藥　所欲害身者　念彼觀音力　還着於本人
或遇惡羅刹　毒龍諸鬼等　念彼觀音力　時悉不敢害
若惡獸圍繞　利牙爪可怖　念彼觀音力　疾走无邊方
蚖蛇及蝮蠍　氣毒烟火然　念彼觀音力　尋聲自迴去
雲雷鼓掣電　降雹澍大雨　念彼觀音力　應時得消散
衆生被困厄　无量苦逼身　觀音妙智力　能救世間苦
具足神通力　廣脩智方便　十方諸國土　无刹不現身
種種諸惡趣　地獄鬼畜生　生老病死苦　以漸悉令滅
真觀清淨觀　廣大智慧觀　悲觀及慈觀　常願常瞻仰
无垢清淨光　慧日破諸闇　能伏災風火　普明照世間
悲體戒雷震　慈意妙大雲　澍甘露法雨　滅除煩惱焰
諍訟經官處　怖畏軍陣中　念彼觀音力　衆怨悉退散
妙音觀世音　梵音海潮音　勝彼世間音　是故須常念
念念勿生疑　觀世音淨聖　於苦惱死厄　能為作依怙
具一切功德　慈眼視衆生　福聚海无量　是故應頂礼
尒時持地菩薩即從坐起　前白佛言　世尊　若
有衆生聞是觀世音菩薩品自在之業　普門
示現神通力者　當知是人功德不少　佛說是普
門品時　衆中八万四千衆生皆發无等等阿耨
多羅三藐三菩提心

BD04888號　觀世音經　（6–5）

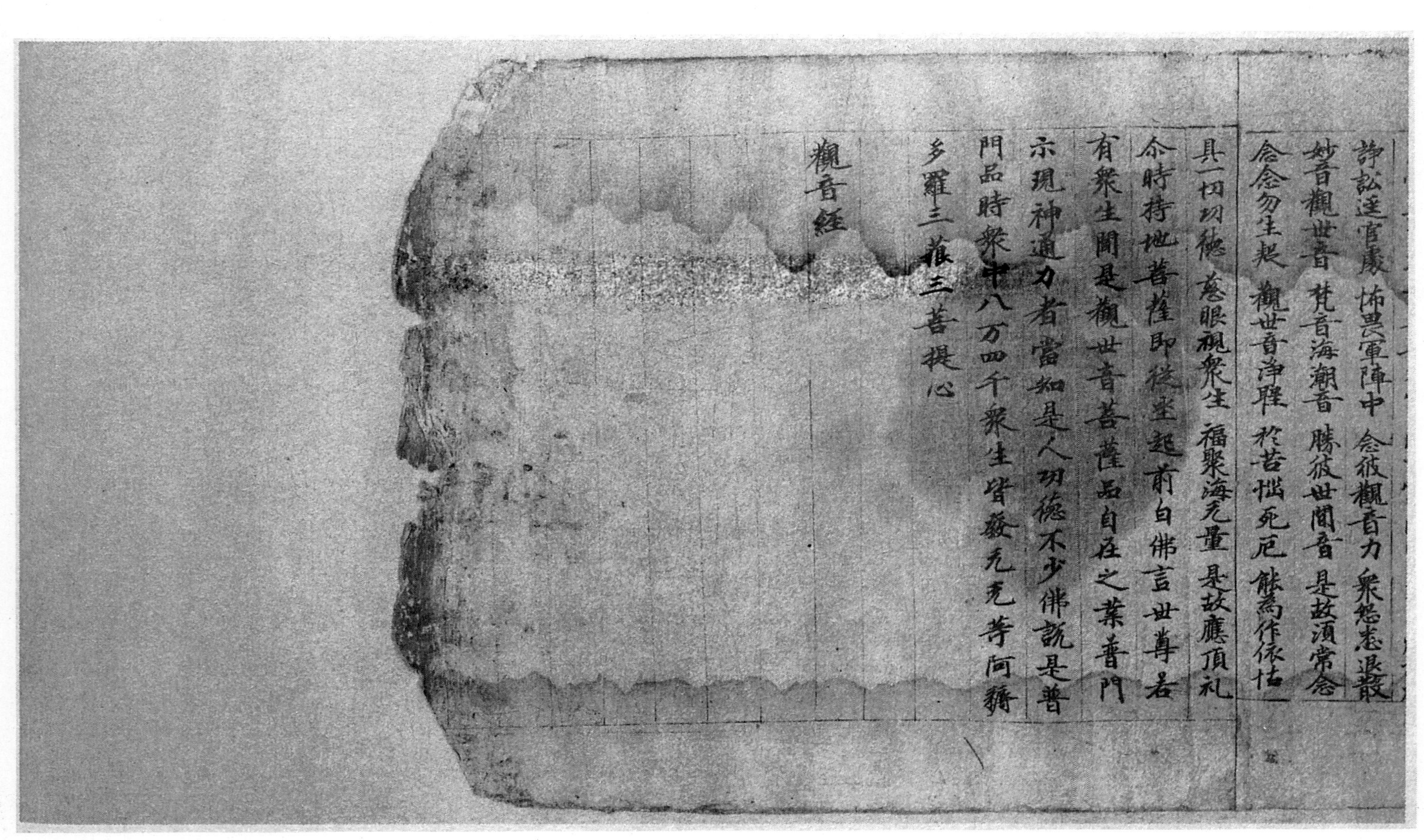
諍訟經官處　怖畏軍陣中　念彼觀音力　衆怨悉退散
妙音觀世音　梵音海潮音　勝彼世間音　是故須常念
念念勿生疑　觀世音淨聖　於苦惱死厄　能為作依怙
具一切功德　慈眼視衆生　福聚海无量　是故應頂礼
尒時持地菩薩即從坐起　前白佛言　世尊　若
有衆生聞是觀世音菩薩品自在之業　普門
示現神通力者　當知是人功德不少　佛說是普
門品時　衆中八万四千衆生皆發无等等阿耨
多羅三藐三菩提心

觀音經

BD04888號　觀世音經　（6–6）

須菩提於意云何須陀洹能作是念我得須陀洹果不
須菩提言不也世尊何以故須陀洹名為入流而无所
入不入色聲香味觸法是名須陀洹須菩提於意云何
斯陀含能作是念我得斯陀含果不須菩提言不也世
尊何以故斯陀含名一往来而實无往来是名斯陀含
須菩提於意云何阿那含能作是念我得阿那含果不
須菩提言不也世尊何以故阿那含名為不来而實无
来是故名阿那含須菩提於意云何阿羅漢能作是念
我得阿羅漢道不須菩提言不也世尊何以故實无有
法名阿羅漢世尊若阿羅漢作是念我得阿羅漢道即
為著我人衆生壽者世尊佛説我得无諍三昧人中最
為第一是第一離欲阿羅漢我不作是念我是離欲阿
羅漢世尊我若作是念我得阿羅漢道世尊則不説須
菩提是樂阿蘭那行者以須菩提實无所行而名須菩
提是樂阿蘭那行
佛告須菩提於意云何如来昔在然燈佛所於法有所
得不世尊如来在然燈佛所於法實无所得

BD04889號　金剛般若波羅蜜經　（11–1）

為第一是第一離欲阿羅漢我不作是念我是離欲阿
羅漢世尊我若作是念我得阿羅漢道世尊則不説須
菩提是樂阿蘭那行者以須菩提實无所行而名須菩
提是樂阿蘭那行
佛告須菩提於意云何如来昔在然燈佛所於法有所
得不世尊如来在然燈佛所於法實无所得
須菩提於意云何菩薩莊嚴佛土不不也世尊何以故
莊嚴佛土者則非莊嚴是名莊嚴是故須菩提諸菩薩
摩訶薩應如是生清淨心不應住色生心不應住聲香
味觸法生心應无所住而生其心須菩提譬如有人身
如須弥山王於意云何是身為大不須菩提言甚大世
尊何以故佛説非身是名大身
須菩提如恒河中所有沙數如是沙等恒河於意云何
是諸恒河沙寧為多不須菩提言甚多世尊但諸恒河
尚多无數何況其沙須菩提我今實言告汝若有善男子
善女人以七寶滿尒所恒河沙數三千大千世界以用布
施得福多不須菩提言甚多世尊佛告須菩提若善男子
善女人於此經中乃至受持四句偈等為他人説而此福
徳勝前福徳
復次須菩提隨説是經乃至四句偈等當知此處一切
世間天人阿脩羅皆應供養如佛塔廟何況有人盡能
受持讀誦須菩提當知是人成就最上第一希有之法
若是經典所在之處則為有佛若尊重弟子
尒時須菩提白佛言世尊當何名此經我等云何奉持
佛告須菩提是經名為金剛般若波羅蜜以是名字汝
當奉持所以者何須菩提佛説般若波羅蜜則非般若

BD04889號　金剛般若波羅蜜經　（11–2）

受持讀誦須菩提當知是人成就最上第一希有之法
若是經典所在之處則為有佛若尊重弟子
尒時須菩提白佛言世尊當何名此經我等云何奉持
佛告須菩提是經名為金剛般若波羅蜜以是名字汝
當奉持所以者何須菩提佛說般若波羅蜜則非般若
波羅蜜須菩提於意云何如来有所說法不須菩提白
佛言世尊如来无所說須菩提於意云何三千大千世
界所有微塵是為多不須菩提言甚多世尊須菩提諸
微塵如来說非微塵是名微塵如来說世界非世界是名
世界須菩提於意云何可以三十二相見如来不不也
世尊不可以三十二相得見如来何以故如来說三十
二相即是非相是名三十二相
須菩提若有善男子善女人以恒河沙等身命布施若
復有人於此經中乃至受持四句偈等為他人說
其福甚多
尒時須菩提聞說是經深解義趣涕淚悲泣而白佛
言希有世尊佛說如是甚深經典我從昔来所得慧
眼未曾得聞如是之經世尊若復有人得聞是經信
心清淨則生實相當知是人成就第一希有功德世
尊是實相者則是非相是故如来說名實相世尊我
今得聞如是經典信解受持不足為難若當来世後五
百歲其有衆生得聞是經信解受持是人則為第一希
有何以故此人无我相人相衆生相壽者相所以者何
我相即是非相人相衆生相壽者相即是非相何以故
離一切諸相則名諸佛
佛告須菩提如是如是若復有人得聞是經不驚不怖

今得聞如是經典信解受持不足為難若當来世後五
百歲其有衆生得聞是經信解受持是人則為第一希
有何以故此人无我相人相衆生相壽者相所以者何
我相即是非相人相衆生相壽者相即是非相何以故
離一切諸相則名諸佛
佛告須菩提如是如是若復有人得聞是經不驚不怖
不畏當知是人甚為希有何以故須菩提如来說第一
波羅蜜非第一波羅蜜是名第一波羅蜜
須菩提忍辱波羅蜜如来說非忍辱波羅蜜何以故須
菩提如我昔為歌利王割截身體我於尒時无我相无人
相无衆生相无壽者相何以故我於往昔節節支解時
若有我相人相衆生相壽者相應生瞋恨須菩提又念
過去於五百世作忍辱仙人於尒所世无我相无人相无
衆生相无壽者相是故須菩提菩薩應離一切相發阿
耨多羅三藐三菩提心不應住色生心不應住聲香味
觸法生心應生无所住心若心有住則為非住是故佛
說菩薩心不應住色布施須菩提菩薩為利益一切衆
生應如是布施如来說一切諸相即是非相又說一切
衆生則非衆生須菩提如来是真語者實語者如語者
不誑語者不異語者須菩提如来所得法此法无實无虛
須菩提若菩薩心住於法而行布施如人入闇則无所
見若菩薩心不住法而行布施如人有目日光明照見
種種色
須菩提當来之世若有善男子善女人能於此經受持讀
誦則為如来以佛智慧悉知是人悉見是人皆得成
就无量无邊功德

見若菩薩心不住法而行布施如人有目日光明照見
種種色
須菩提當來之世若善男子善女人能於此經受持讀
誦則為如來以佛智慧悉知是人悉見是人皆得成
就无量无邊功德
須菩提若有善男子善女人初日分以恒河沙等身布
施中日分復以恒河沙等身布施後日分亦以恒河沙
等身布施如是无量百千万億劫以身布施若復有人
聞此經典信心不逆其福勝彼何況書寫受持讀誦為
人解說
須菩提以要言之是經有不可思議不可稱量无邊功
德如來為發大乘者說為發最上乘者說若有人能受
持讀誦廣為人說如來悉知是人悉見是人皆得成
就不可量不可稱无有邊不可思議功德如是人等
則為荷擔如來阿耨多羅三藐三菩提何以故須菩
提若樂小法者著我見人見眾生見壽者見則於此
經不能聽受讀誦為人解說須菩提在在處處若有
此經一切世間天人阿脩羅所應供養當知此處則
為是塔皆應恭敬作禮圍遶以諸華香而散其處
復次須菩提善男子善女人受持讀誦此經若為人
輕賤是人先世罪業應墮惡道以今世人輕賤故先
世罪業則為消滅當得阿耨多羅三藐三菩提 須菩
提我念過去无量阿僧祇劫於然燈佛前得值八百
四千万億那由他諸佛悉皆供養承事无空過者若
復有人於後末世能受持讀誦此經所得功德於我

BD04889號　金剛般若波羅蜜經　（11–5）

輕賤是人先世罪業應墮惡道以今世人輕賤故先
世罪業則為消滅當得阿耨多羅三藐三菩提 須菩
提我念過去无量阿僧祇劫於然燈佛前得值八百
四千万億那由他諸佛悉皆供養承事无空過者若
復有人於後末世能受持讀誦此經所得功德於我
所供養諸佛功德百分不及一千万億分乃至筭數
譬喻所不能及須菩提若善男子善女人於後末世
有受持讀誦此經所得功德我若具說者或有人聞
心則狂乱狐疑不信須菩提當知是經義不可思議
果報亦不可思議
尒時須菩提白佛言世尊善男子善女人發阿耨多羅
三藐三菩提心云何應住云何降伏其心佛告須菩提
善男子善女人發阿耨多羅三藐三菩提者當生如是
心我應滅度一切眾生滅度一切眾生已而无有一眾
生實滅度者何以故若菩薩有我相人相眾生相壽者
相則非菩薩所以者何須菩提實无有法發阿耨多羅
三藐三菩提者
須菩提於意云何如來於然燈佛所有法得阿耨多羅
三藐三菩提不不也世尊如我解佛所說義佛於然燈
佛所无有法得阿耨多羅三藐三菩提佛言如是如是
須菩提實无有法如來得阿耨多羅三藐三菩提須
菩提若有法如來得阿耨多羅三藐三菩提然燈佛
則不與我受記汝於來世當得作佛号釋迦牟尼以
實无有法得阿耨多羅三藐三菩提是故然燈佛與
我受記作是言汝於來世當得作佛号釋迦牟尼何以
故如來者即諸法如義若有人言如來得阿耨多羅三
藐三菩提須菩提實无有法佛得阿耨多羅三藐三菩

BD04889號　金剛般若波羅蜜經　（11–6）

菩提若有法如来得阿耨多羅三藐三菩提然燈佛
則不與我受記汝於来世當得作佛号釋迦牟尼以
實无有法得阿耨多羅三藐三菩提是故然燈佛與
我受記作是言汝於来世當得作佛号釋迦牟尼何以
故如来者即諸法如義若有人言如来得阿耨多羅三
藐三菩提須菩提實无有法佛得阿耨多羅三藐三菩
提須菩提如来所得阿耨多羅三藐三菩提於是中无
實无虛是故如来說一切法皆是佛法須菩提所言一
切法者即非一切法是故名一切法
須菩提譬如人身長大須菩提言世尊如来說人身長
大則為非大身是名大身
須菩提菩薩亦如是若作是言我當滅度无量衆生則
不名菩薩何以故須菩提實无有法名為菩薩是故
佛說一切法无我无人无衆生无壽者須菩提若菩
薩作是言我當莊嚴佛土是不名菩薩何以故如来說
莊嚴佛土者即非莊嚴是名莊嚴須菩提若菩薩通達
无我法者如来說名真是菩薩
須菩提於意云何如来有肉眼不如是世尊如来有肉
眼須菩提於意云何如来有天眼不如是世尊如来有
天眼須菩提於意云何如来有慧眼不如是世尊如来
有慧眼須菩提於意云何如来有法眼不如是世尊如
来有法眼須菩提於意云何如来有佛眼不如是世尊
如来有佛眼須菩提於意云何恒河中所有沙佛說是
沙不如是世尊如来說是沙須菩提於意云何如一恒
河中所有沙有如是等恒河是諸恒河所有沙數佛世界
如是寧為多不甚多世尊佛告須菩提尒所國土中所
有衆生若干種心如来悉知何以故如来說諸心皆為

如来有佛眼須菩提於意云何恒河中所有沙佛說是
沙不如是世尊如来說是沙須菩提於意云何如一恒
河中所有沙有如是等恒河是諸恒河所有沙數佛世界
如是寧為多不甚多世尊佛告須菩提尒所國土中所
有衆生若干種心如来悉知何以故如来說諸心皆為
非心是名為心所以者何須菩提過去心不可得現在
心不可得未来心不可得須菩提於意云何若有人滿
三千大千世界七寶以用布施是人以是因緣得福甚
多須菩提若福德有實如来不說得福德多以福德无
故如来說得福德多
須菩提於意云何佛可以具足色身見不不也世尊如
来不應以具足色身見何以故如来說具足色身即非
具足色身是名具足色身須菩提於意云何如来可以
具足諸相見不不也世尊如来不應以具足諸相見何以
故如来說諸相具足即非具足是名諸相具足
須菩提汝勿謂如来作是念我當有所說法莫作是念
何以故若人言如来有所說法即為謗佛不能解我所
說故須菩提說法者无法可說是名說法
須菩提白佛言世尊佛得阿耨多羅三藐三菩提為无
所得耶如是如是須菩提我於阿耨多羅三藐三菩提
乃至无有少法可得是名阿耨多羅三藐三菩提
復次須菩提是法平等无有高下是名阿耨多羅三
藐三菩提以无我无人无衆生无壽者脩一切善
法則得阿耨多羅三藐三菩提須菩提所言善法者如
来說非善法是名善法
須菩提若三千大千世界中所有諸須弥山王如是七

乃至无有少法可得是名阿耨多羅三藐三菩提[illegible][illegible]
藐復次須菩提是法平等无有高下是名阿耨多羅三
藐三藐三菩提以无我无人无衆生无壽者脩一切善
法則得阿耨多羅三藐三菩提須菩提所言善法者如
来說非善法是名善法
須菩提若三千大千世界中所有諸須弥山王如是七
寶聚有人持用布施若人以此般若波羅蜜經乃至四
句偈等受持讀誦為他人說於前福德百分不及一百
千万億分乃至筭數譬喻所不能及
須菩提於意云何汝等勿謂如来作是念我當度衆生
須菩提莫作是念何以故實无有衆生如来度者若有
衆生如来度者如来則有我人衆生壽者須菩提如来
說有我者則非有我而凡夫之人以為有我須菩提凡
夫者如来說則非凡夫
須菩提於意云何可以三十二相觀如来不須菩提言
如是如是以三十二相觀如来佛言須菩提若以三十
二相觀如来者轉輪聖王則是如来須菩提白佛言世
尊如我解佛所說義不應以三十二相觀如来尒時世
尊而說偈言
若以色見我　以音聲求我　是人行邪道　不能見如来
須菩提汝若作是念如来不以具足相故得阿耨多羅
三藐三菩提須菩提莫作是念如来不以具足相故
得阿耨多羅三藐三菩提須菩提汝若作是念發阿
耨多羅三藐三菩提者說諸法斷滅莫作是念何以
故發阿耨多羅三藐三菩提者於法不說斷滅相須
菩提若菩薩以滿恒河沙等世界七寶布施若復有
人知一切法无我得成於忍此菩薩勝前菩薩所得

BD04889號　金剛般若波羅蜜經　（11–9）

三藐三菩提須菩提莫作是念如来不以具足相故
得阿耨多羅三藐三菩提須菩提汝若作是念發阿
耨多羅三藐三菩提者說諸法斷滅莫作是念何以
故發阿耨多羅三藐三菩提者於法不說斷滅相須
菩提若菩薩以滿恒河沙等世界七寶布施若復有
人知一切法无我得成於忍此菩薩勝前菩薩所得
功德須菩提以諸菩薩不受福德故須菩提白佛言
世尊云何菩薩不受福德須菩提菩薩所作福德不
應貪著是故說不受福德
須菩提若有人言如来若来若去若坐若臥是人不解
我所說義何以故如来者无所從来亦无所去故名
来如来
須菩提若善男子善女人以三千大千世界碎為微塵
於意云何是微塵衆寧為多不甚多世尊何以故若
是微塵衆實有者佛則不說是微塵衆所以者何佛
說微塵衆則非微塵衆是名微塵衆世尊如来所說
三千大千世界則非世界是名世界何以故若世界
實有者則是一合相如来說一合相則非一合相是
名一合相須菩提一合相者則是不可說但凡夫之人
貪著其事須菩提若人言佛說我見人見衆生見壽
者見須菩提於意云何是人解我所說義不世尊是
人不解如来所說義何以故世尊說我見人見衆生
見壽者見即非我見人見衆生見壽者見是名我見
人見衆生見壽者見須菩提發阿耨多羅三藐三菩
提心者於一切法應如是知如是見如是信解不生法
相須菩提所言法相者如来說即非法相是名法相須菩
提若有人以滿无量阿僧祇世界七寶持用布施若有

BD04889號　金剛般若波羅蜜經　（11–10）

實有者則是一合相如來說一合相則非一合相是
名一合相須菩提一合相者則是不可說但凡夫之人
貪著其事須菩提若人言佛說我見人見衆生見壽
者見須菩提於意云何是人解我所說義不世尊是
人不解如來所說義何以故世尊說我見人見衆生
見壽者見即非我見人見衆生見壽者見是名我見
人見衆生見壽者見須菩提發阿耨多羅三藐三菩
提心者於一切法應如是知如是見如是信解不生法
相須菩提所言法相者如來說即非法相是名法相須菩
提若有人以滿无量阿僧祇世界七寶持用布施若有
善男子善女人發菩薩心者持於此經乃至四句偈等
受持讀誦為人演說其福勝彼云何為人演說不取
於相如如不動何以故
一切有為法　如夢幻泡影　如露亦如電　應作如是觀
佛說是經已長老須菩提及諸比丘比丘尼優婆
塞優婆夷一切世間天人阿脩羅聞佛所說皆大
歡喜信受奉行
金剛般若波羅蜜經

BD04889號　金剛般若波羅蜜經　（11–11）

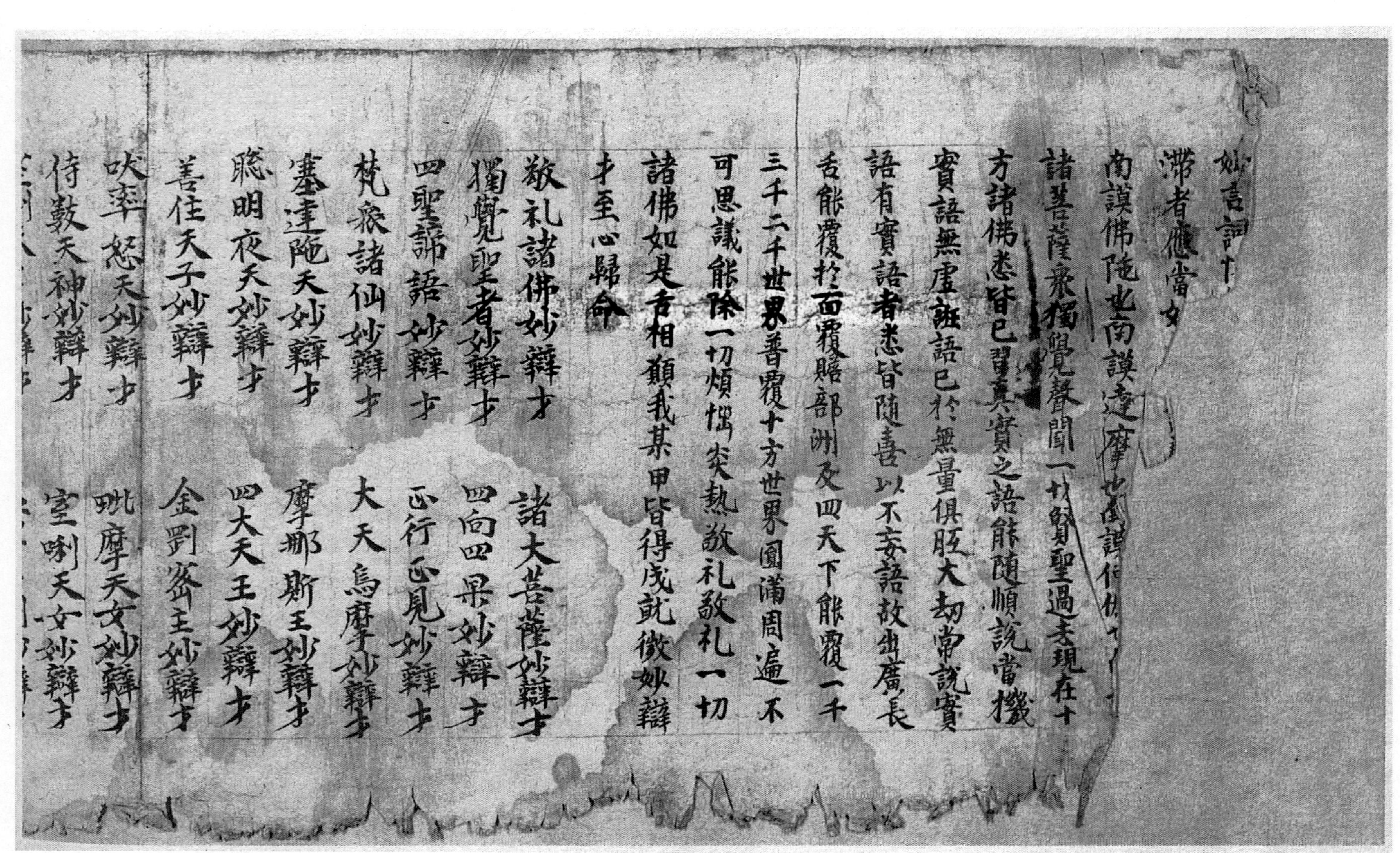

妙吉詞十
滞者應當女
南謨佛陁也南謨達摩也僧伽也
諸菩薩衆獨覺聲聞一切賢聖過去現在十
方諸佛悉皆已習真實之語能隨順說當機
實語無虛誑語已於無量俱胝大劫常說實
語有實語者悉皆隨喜以不妄語故出廣長
舌能覆於面覆贍部洲及四天下能覆一千
三千二千世界普覆十方世界圓滿周遍不
可思議能除一切煩惱炎熱敬礼敬礼一切
諸佛如是舌相願我某甲皆得成就微妙辯
才至心歸命
敬礼諸佛妙辯才　諸大菩薩妙辯才
獨覺聖者妙辯才　四向四果妙辯才
四聖諦語妙辯才　正行正見妙辯才
梵衆諸仙妙辯才　大天烏摩妙辯才
塞建陁天妙辯才　摩那斯王妙辯才
聰明夜天妙辯才　四大天王妙辯才
善住天子妙辯才　金剛密主妙辯才
吠率怒天妙辯才　毗摩天女妙辯才
侍數天神妙辯才　室唎天女妙辯才

BD04890號　金光明最勝王經卷八　（23–1）

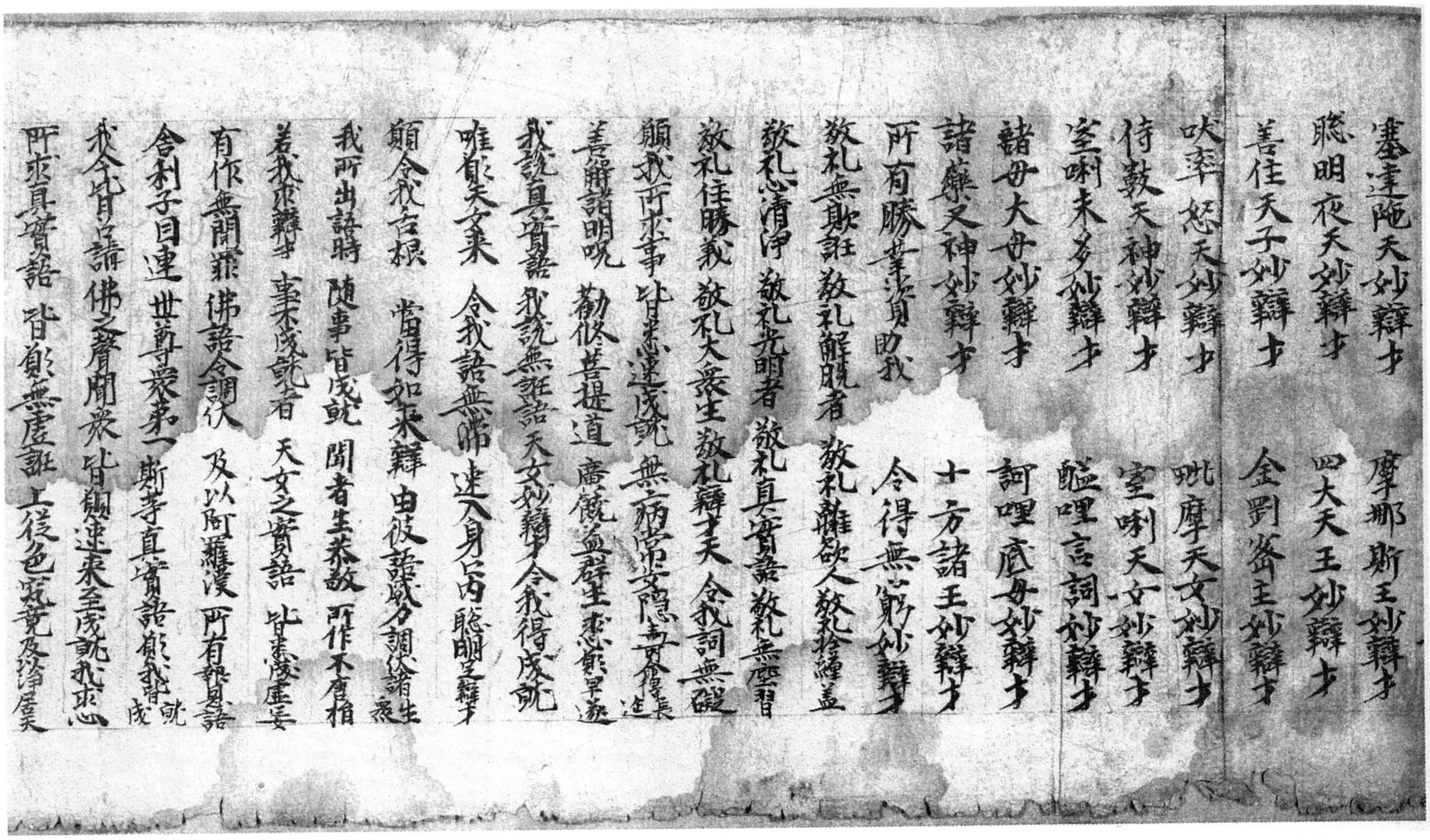

蘇達陁天妙辯才　摩那斯王妙辯才
聰明夜天妙辯才　四大天王妙辯才
善住天子妙辯才　金剛密主妙辯才
吠率怒天妙辯才　毗摩天女妙辯才
侍數天神妙辯才　室唎天女妙辯才
室唎末多妙辯才　蘊哩言詞妙辯才
諸母大母妙辯才　訶哩底母妙辯才
諸藥叉神妙辯才　十方諸王妙辯才
所有勝業資助我　令得無礙妙辯才
敬礼心清淨　敬礼光明者　敬礼真實語　敬礼無塵習
敬礼無欺誑　敬礼解脫者　敬礼離欲人　敬礼捨纏蓋
敬礼住勝義　敬礼大衆生　敬礼辯才天　令我詞無礙
願我所求事　皆悉速成就　無病常安隱　壽命得長延
善解諸明呪　勤修菩提道　廣饒益群生　速能早證
我說真實語　我說無誑語　天女妙辯才　令我得成就
唯願天女來　令我語無滯　速入身口內　聰明足辯才
願令我舌根　當得如來辯　由彼語威力　調伏諸衆生
我所出語時　隨事皆成就　聞者生恭敬　所作不唐捐
若我求辯才　事不成就者　天女之實語　皆悉成虛妄
有作無間罪　佛語令調伏　及以阿羅漢　所有發真語
舍利子目連　世尊衆第一　斯等真實語　願我皆成就
我今皆召請　佛之聲聞衆　皆願速來至　成就我求心
所求真實語　皆能無虛誑　上從色究竟　及淨居天

BD04890號　金光明最勝王經卷八　（23–2）

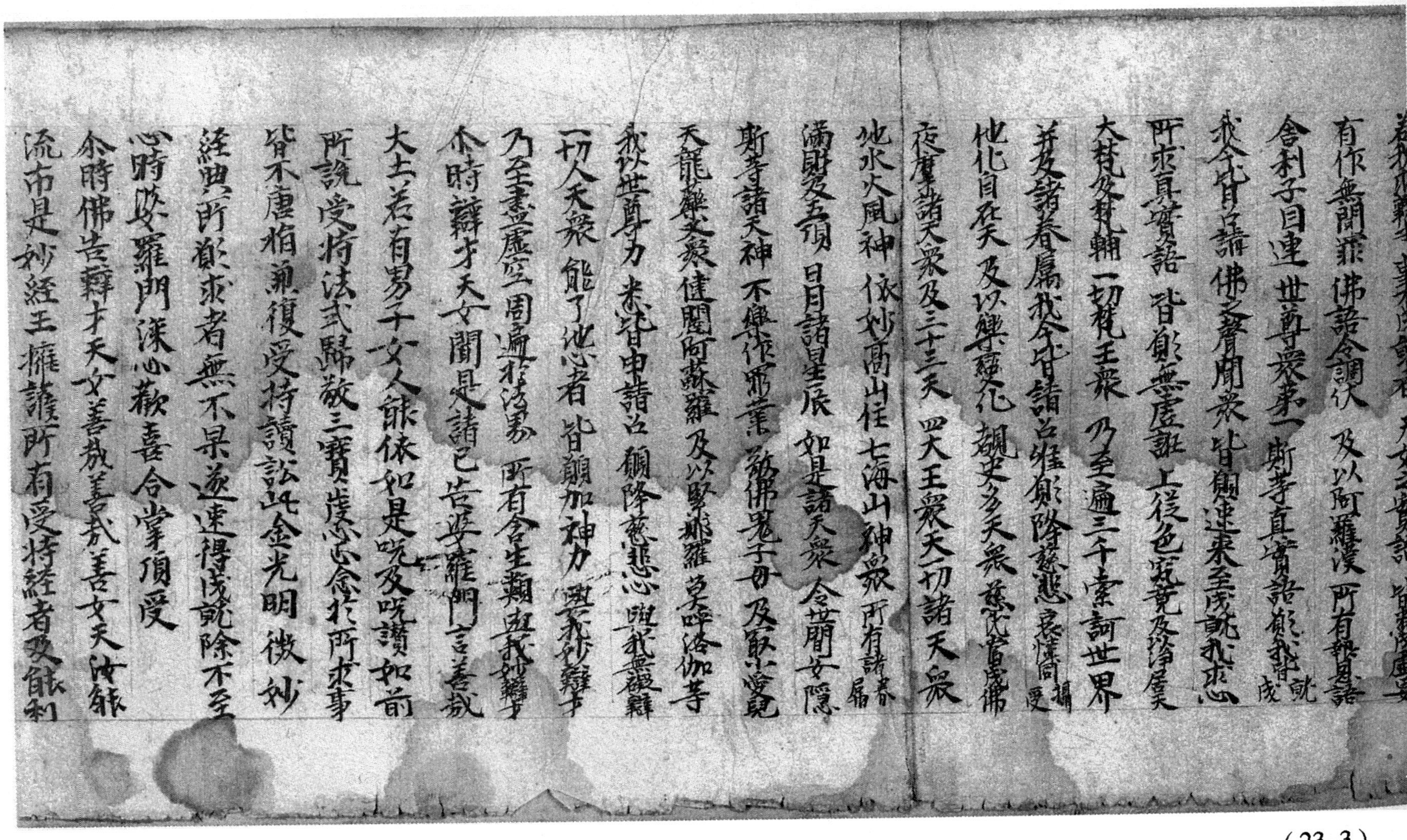

若我求辯才　事不成就者　天女之實語　皆悉成虛妄
有作無間罪　佛語令調伏　及以阿羅漢　所有發真語
舍利子目連　世尊衆第一　斯等真實語　願我皆成就
我今皆召請　佛之聲聞衆　皆願速來至　成就我求心
所求真實語　皆能無虛誑　上從色究竟　及淨居天
大梵及梵輔　一切梵王衆　乃至遍三千　索訶世界
并及諸眷屬　我今皆請召　唯願降慈悲　哀憐同攝受
他化自在天　及以樂變化　覩史多天衆　慈氏當成佛
夜摩諸天衆　及三十三天　四大王衆天　一切諸天衆
地水火風神　依妙高山住　七海山神衆　所有諸眷屬
滿財及五頂　日月諸星辰　如是諸天衆　令世間安隱
斯等諸天神　不樂作惡業　訶利鬼子母　及最小愛兒
天龍藥叉衆　乾闥阿蘇羅　及以緊那羅　莫呼洛伽等
我以世尊力　悉皆申請召　願降慈悲心　與我無礙辯
一切人天衆　能了他心者　皆願加神力　與我妙辯才
乃至盡虛空　周遍於法界　所有含生類　與我妙辯才
爾時辯才天女　聞是請已　告婆羅門言　善哉
大士　若有男子女人　能依如是呪及呪讚　如前
所說　受持法式　歸敬三寶　虔心念於所求事
皆不唐捐　兼復受持讀誦此金光明微妙
經典　所願求者　無不果遂　速得成就　除不至
心　時婆羅門深心歡喜　合掌頂受
爾時佛告辯才天女　善哉善哉　善女天　汝能
流布是妙經王　擁護所有受持經者　及能利

BD04890號　金光明最勝王經卷八　（23–3）

皆不唐捐亦復受持讀誦此金光明微妙
經典所願求者無不果遂速得成就除不至
心時婆羅門深心歡喜合掌頂受
爾時佛告辯才天女善哉善哉善女天汝能
流布是妙經王擁護所有受持經者及能利
益一切衆生令得安樂說如是法施與辯才
不可思議得福無量諸發心者速趣菩提
金光明最勝王經大吉祥天女品第十六
爾時大吉祥天女即從座起前礼佛足合掌
恭敬白佛言世尊我若見有苾芻苾芻尼鄔
波索迦鄔波斯迦受持讀誦為人解說是金
光明最勝王經者我當專心恭敬供養是等
法師所謂飲食衣服臥具醫藥及餘一切所
須資具皆令圓滿無有乏少若晝若夜於此
經王所有句義觀察思量安樂而住令此經
典於贍部洲廣行流布為彼有情已於無量
百千佛所種善根者常使得聞不速隱沒復
於無量百千億劫當受人天種種勝樂常得
豐稔永除飢饉一切有情恒受安樂亦得值
遇諸佛世尊於未來世速證無上大菩提果
永絕三塗輪迴苦難世尊我念過去有瑠璃
金山寶花光照吉祥功德海如來應正等覺
十号具足我於彼所種諸善根由彼如來慈

BD04890 號　金光明最勝王經卷八　（23–4）

豐稔永除飢饉一切有情恒受安樂亦得值
遇諸佛世尊於未來世速證無上大菩提果
永絕三塗輪迴苦難世尊我念過去有瑠璃
金山寶花光照吉祥功德海如來應正等覺
十号具足我於彼所種諸善根由彼如來慈
悲愍念威神力故令我今日隨所念處隨所
礼方隨所至國能令無量百千万億衆生受
諸快樂乃至所須衣服飲食資生之具金銀
瑠璃車璖馬碯珊瑚虎魄真珠等寶悉令充
足若復有人至心讀誦是金光明最勝王經
亦當日日燒衆名香及諸妙花為我供養彼
瑠璃金山寶花光照吉祥功德海如來應正
等覺復當每日於三時中稱念我名別以香
花及諸美食供養於我亦常聽受此妙經王
得如是福而說頌曰
由能如是持　經故　　自身眷屬離諸衰
所須衣食無　之時　　威光壽命難窮盡
能使地味常增長　　諸天降雨隨時節
令彼天衆咸歡悅　　及以園林穀菓神
叢林菓樹並滋榮　　所有苗稼咸成就
欲求珍財皆滿足　　隨所念者遂其心
佛告大吉祥天女善哉善哉汝能如是憶念
昔因報恩供養利益安樂無邊衆生流布
是經功德無盡

BD04890 號　金光明最勝王經卷八　（23–5）

令彼天衆咸歡悅　及以園林穀菓神
叢林菓樹並滋榮　所有苗稼咸成就
欲求珎財皆滿足　隨所念者遂其心
佛告大吉祥天女善哉善哉汝能如是憶念
昔因報恩供養利益安樂無邊衆生流布
是經功德無盡
金光明最勝王經大吉祥天女增長財物品第十七
尒時大吉祥天女復白佛言世尊北方薜室
羅末拏天王城名有財去城不遠有園名曰
妙花福光中有勝殿七寶所成世尊我常
彼若復有人欲求五穀日日增多倉庫盈溢
者應當發起敬信之心淨治一室瞿摩塗地
應畫我像種種瓔珞周帀莊嚴當洗浴身著
淨衣服塗以名香入淨室內發心為我每日
三時稱彼佛名及此經名號而申礼敬南謨
瑠璃金山寶花光照吉祥功德海如來持諸
香花及以種種甘美飲食至心奉獻亦以香
花及諸飲食供養我像復持飲食散擲餘
方施諸神等實言邀請大吉祥天發所求願若
如所言是不虛者於我所請勿令空尒于時
吉祥天女知是事已便生愍念令其宅中財
穀增長即當誦呪請召於我先稱佛名及菩
薩名字一心敬礼

BD04890號　金光明最勝王經卷八　（23–6）

方施諸神等實言邀請大吉祥天發所求願若
如所言是不虛者於我所請勿令空尒于時
吉祥天女知是事已便生愍念令其宅中財
穀增長即當誦呪請召於我先稱佛名及菩
薩名字一心敬礼
南謨一切十方三世諸佛　南謨寶髻佛
南謨無垢光明寶幢佛　南謨金幢光佛
南謨百金光藏佛　南謨金蓋寶積佛
南謨金花光幢佛　南謨大燈光佛
南謨大寶幢佛　南謨東方不動佛
南謨南方寶幢佛　南謨西方無量壽佛
南謨北方天鼓音佛　南謨妙幢菩薩
南謨金光菩薩　南謨金藏菩薩
南謨常啼菩薩　南謨法上菩薩
南謨善安菩薩
敬礼如是佛菩薩已次當誦呪請召我大吉
祥天女由此呪力所求之事皆得成就即說
呪曰
南謨室唎莫訶天女　怛姪他
鉢唎脯㗚拏折囇　三曼頞
達喇設泥（去聲下同）　莫訶毗訶囉揭帝
三曼哆毗曇末泥　莫訶迦里也
鉢喇底瑟侘鉢泥　薩婆頞他娑彈泥

BD04890號　金光明最勝王經卷八　（23–7）

南謨室唎莫訶天女　怛姪他
鉢唎脯𡅏拏折㘑　三曼頞
達喇設泥　莫訶毗訶囉揭帝
三曼哆毗曇末泥　莫訶迦里也
鉢喇底瑟侘鉢泥　薩婆頞他娑彈泥
蘇鉢喇底晡㘑　痾耶娜達摩多
莫訶毗俱比帝　莫訶迷咄嚕
鄔波僧呬羝　莫訶頡唎俠
蘇僧近呬羝　三曼多頞他
阿奴波剌泥　莎訶

世尊若人誦持如是神呪請召我時我聞請已即至其所令願得遂世尊是灌頂法句定成就句眞實之句無虛誑句是平等行於諸衆生是正善根若有受持讀誦呪者應七日七夜受八支戒於晨朝時先嚼齒木淨漱漱已及於晡後香花供養一切諸佛自陳其罪當為己身及諸含識迴向發願令所希求得成就淨治一室或在空閑阿蘭若處瞿摩為壇燒栴檀香而為供養置一勝座幡蓋莊嚴以諸名花布列壇內應當至心誦持前呪希望我至我於爾時即便護念觀察是人來入其室就座而坐受其供養從是以後當

得成就淨治一室或在空閑阿蘭若處瞿摩為壇燒栴檀香而為供養置一勝座幡蓋莊嚴以諸名花布列壇內應當至心誦持前呪希望我至我於爾時即便護念觀察是人來入其室就座而坐受其供養從是以後當令彼人於睡夢中得見於我隨所求事以實告知若聚落空澤及僧住處隨所求者皆令圓滿金銀財寶牛羊穀麥飲食衣服皆得隨心受諸快樂既得如是勝妙果報當以上分供養三寶及施於我廣修法會設諸飲食布列香花既供養已所有供食貨之取直復為供養我當終身常住於此擁護是人令無闕乏隨所希求悉皆稱意亦當時時給濟貧乏不應慳惜獨為己身常讀是經供養不絕當以此福普施一切迴向菩提願出生死速得解脫爾時世尊讚言善哉吉祥天女汝能如是流布此經不可思議自他俱益

金光明最勝王經堅牢地神品第十八

爾時堅牢地神即於衆中從座而起合掌恭敬而白佛言世尊是金光明最勝王經若現在世若未來世若在城邑聚落王宮樓觀及阿蘭若山澤空林有此經王流布之處世尊

金光明最勝王經堅牢地神品第十八
尒時堅牢地神即於衆中從座而起合掌
恭敬而白佛言世尊是金光明最勝王經若
現在世若未來世若在城邑聚落王宮樓觀及
阿蘭若山澤空林有此經王流布之處世尊
我當往詣其所供養恭敬擁護流通若有
方處為說法師敷置高座演說經者我以神力
不現本身在於座所頂戴其足我得聞法深
心歡喜得飡法味增益威光慶悅無量自身
既得如是利益亦令大地深十六万八千踰繕
那至金剛輪際令其地味悉皆增益乃至四
海所有土地亦使肥濃田疇沃壤倍勝常日
亦復令此贍部洲中江河池沼所有諸樹藥
草叢林種種花果根莖枝葉及諸苗稼形
相可愛衆所樂觀色香具足皆堪受用若諸
有情受用如是勝飲食已長命色力諸根安
隱增益光輝無諸痛惱心慧勇健無不堪能
又此大地凡有所須百千事業悉皆周備世
尊以是因緣諸贍部洲安隱豐樂人民熾盛
無諸衰惱所有衆生皆受安樂既受如是身
心快樂於此經王深加愛敬所在之處皆願
受持供養恭敬尊重讚歎又復於彼說法
大師法座之處悉皆往彼為諸衆生勸請說

BD04890號　金光明最勝王經卷八

（23–10）

又此大地凡有所須百千事業悉皆周備世
尊以是因緣諸贍部洲安隱豐樂人民熾盛
無諸衰惱所有衆生皆受安樂既受如是身
心快樂於此經王深加愛敬所在之處皆願
受持供養恭敬尊重讚歎又復於彼說法
大師法座之處悉皆往彼為諸衆生勸請說
是最勝經王何以故世尊由說此經我之自身
并諸眷屬咸蒙利益光輝氣力勇猛威勢
顏容端正倍勝於常世尊我堅牢地神蒙法味
已令贍部洲縱廣七千踰繕那地皆沃壤乃
至如前所有衆生皆受安樂是故世尊時彼
衆生為報我恩應作是念我當必定聽受
是經恭敬供養尊重讚歎作是念已即從住處
城邑聚落舍宅空地往詣法會頂禮法師聽
受是經既聽受已各還本處心生慶喜共作
是言我等今者得聞甚深無上妙法即是攝
受不可思議功德之聚由經力故我等當值
無量無邊百千俱胝那庾多佛承事供養永
離三塗極苦之處復於來世百千生中常生天
上及在人間受諸勝樂時彼諸人各還本處為
諸人衆說是經王若一喻一品一昔因緣一如來
名一菩薩名一四句頌或復一句為諸衆生說
是經典乃至首題名字

BD04890號　金光明最勝王經卷八

（23–11）

離三塗極苦之處復於來世百千生中常生天
上及在人間受諸勝樂時彼諸人各還本處為
諸人衆說是經王若一喻一品一昔因緣一如來
名一菩薩名一四句頌或復一句為諸衆生說
是經典乃至首題名字世尊隨諸衆生所
住之處其地悉皆沃壤肥濃過於餘處凡
是土地所生之物悉得增長滋茂廣大令諸
衆生受於快樂多饒珍財好行惠施心常堅
固深信三寶作是語已爾時世尊告堅牢地
神曰若有衆生聞是金光明最勝經王乃至
一句命終之後當得往生三十三天及餘天
處若有衆生為欲供養是經王故莊嚴宅宇
乃至張一傘蓋懸一繒幡由是因緣六天之
上如念受生七寶妙宮隨意受用各各自然
有七千天女共相娛樂日夜常受不可思議
殊勝之樂作是語已爾時堅牢地神白佛言
世尊以是因緣若有四衆昇於法座說是法
時我當晝夜擁護是人自隱其身在於座所
頂戴其足世尊如是經典為彼衆生已於百
千佛所種善根者於贍部洲流布不滅是諸
衆生聽斯經者於未來世無量百千俱胝那
庾多劫天上人中常受勝樂得遇諸佛速成
阿耨多羅三藐三菩提不歷三塗生死之苦爾

BD04890號　金光明最勝王經卷八　（23–12）

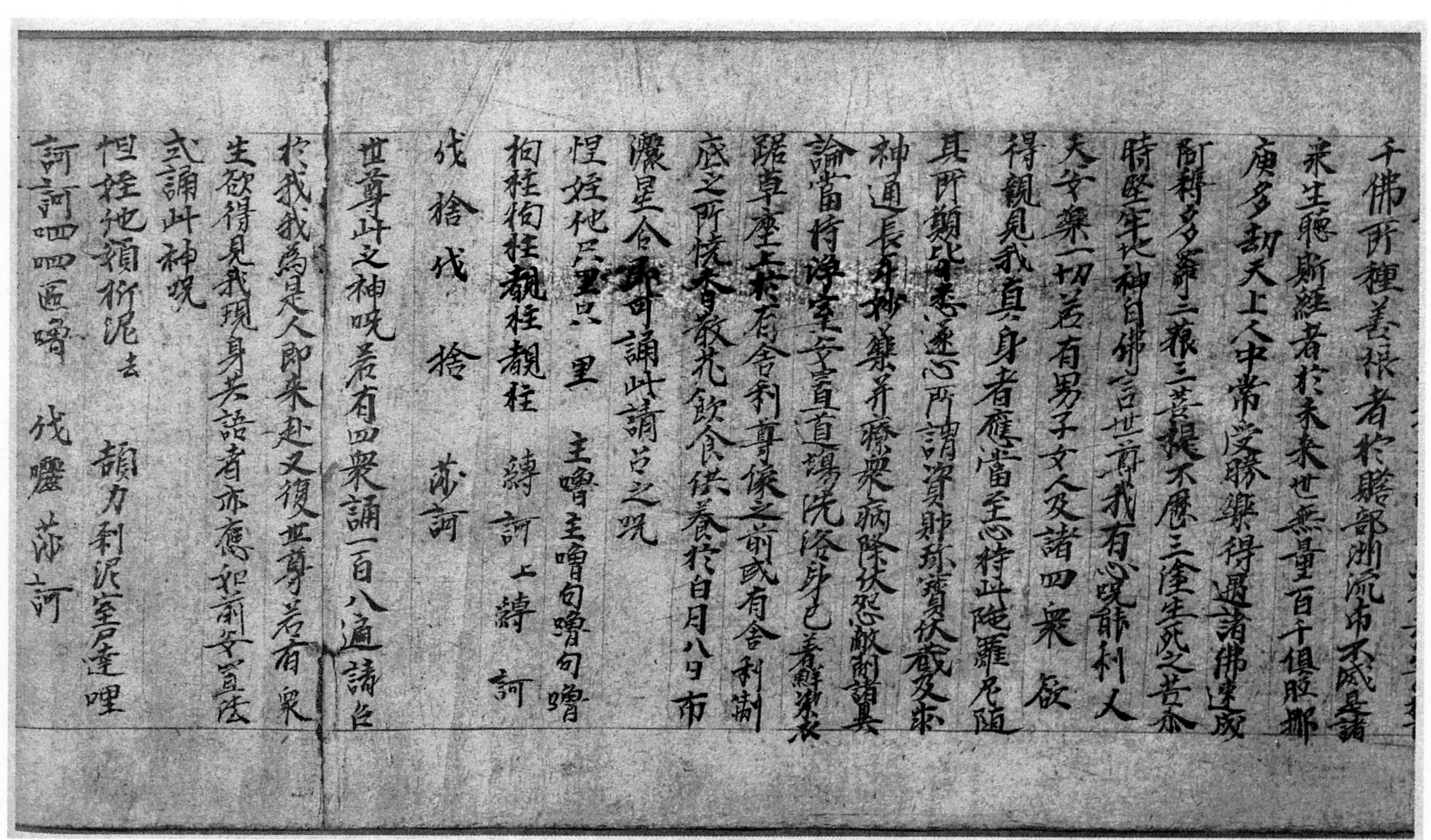
千佛所種善根者於贍部洲流布不滅是諸
衆生聽斯經者於未來世無量百千俱胝那
庾多劫天上人中常受勝樂得遇諸佛速成
阿耨多羅三藐三菩提不歷三塗生死之苦爾
時堅牢地神白佛言世尊我有心呪能利人
天安樂一切若有男子女人及諸四衆欲
得親見我真身者應當至心持此陀羅尼隨
其所願皆悉遂心所謂資財珍寶伏藏及求
神通長年妙藥并療衆病降伏怨敵制諸異
論當於淨室安置道場洗浴身已著鮮潔衣
踞草座上於有舍利尊像之前或有舍利制
底之所燒香散花飲食供養於白月八日布
灑星合即可誦此請召之呪
怛姪他 只里只 里 主嚕主嚕句嚕句嚕
拘柱拘柱覩柱覩柱 縛訶上縛 訶
伐捨伐 捨 莎訶
世尊此之神呪若有四衆誦一百八遍請召
於我我為是人即來赴會又復世尊若有衆
生欲得見我現身共語者亦應如前安置法
式誦此神呪
怛姪他 頞折你 頻泥去 頞力剎泥 室唎達哩
訶訶呬呬醯嚕 伐曬 莎訶

BD04890號　金光明最勝王經卷八　（23–13）

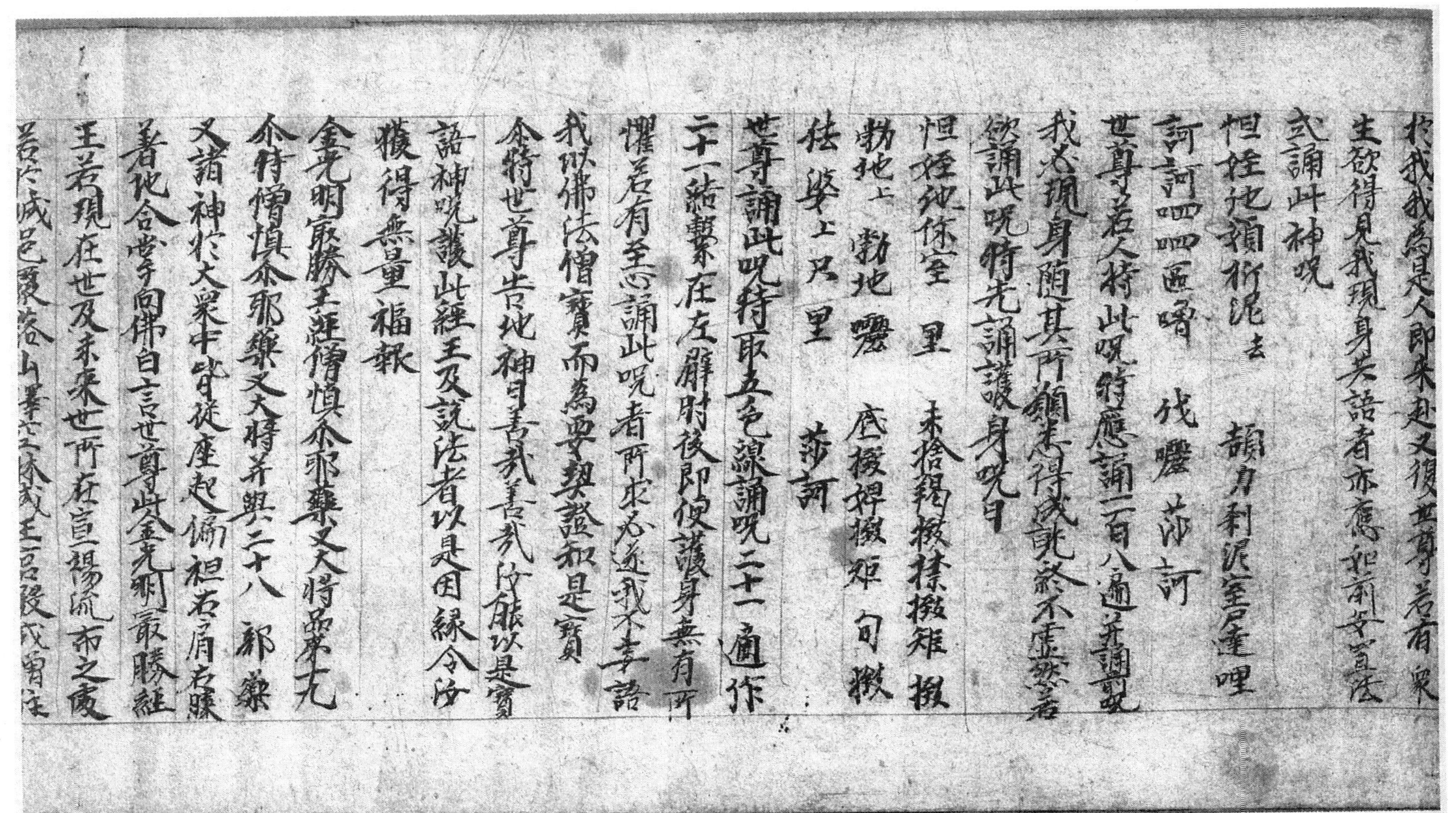
於我我為是人即來赴之復世尊若有衆
生欲得見我現身共語者亦應如前安置法
式誦此神呪
怛姪他 頡祈泥去 頡力刹泥室戶達哩
訶訶呬呬醯嚕 伐嚧 莎訶
世尊若人持此呪時應誦一百八遍并誦前呪
我必現身隨其所願悉得成就終不虛然若
欲誦此呪時先誦護身呪曰
怛姪他係室 里 末捨羯擻㨖擻雉 擻
勃地上 勃地嚩 底擾娛擻雉 旬擻
佉婆上 只里 莎訶
世尊誦此呪時取五色線誦呪二十一遍作
二十一結繫在左臂肘後即便護身無有所
懼若有至心誦此呪者所求必遂我不妄語
我以佛法僧寶而為要契證知是實
爾時世尊告地神曰善哉善哉汝能以是實
語神呪護此經王及說法者以是因緣令汝
獲得無量福報
金光明最勝王經僧慎爾耶藥叉大將品第十九
爾時僧慎爾耶藥叉大將并與二十八部藥
叉諸神於大衆中皆從座起偏袒右肩右膝
著地合掌向佛白言世尊此金光明最勝經
王若現在世及未來世所在宣揚流布之處
若於城邑聚落山澤空林或王宮殿或僧住

BD04890號　金光明最勝王經卷八　(23–14)

金光明最勝王經僧慎爾耶藥叉大將品第十九
爾時僧慎爾耶藥叉大將并與二十八部藥
叉諸神於大衆中皆從座起偏袒右肩右膝
著地合掌向佛白言世尊此金光明最勝經
王若現在世及未來世所在宣揚流布之處
若於城邑聚落山澤空林或王宮殿或僧住
處世尊我僧慎爾耶藥叉大將并與二十八
部藥叉諸神俱詣其所各自隱形隨處擁護
彼說法師令離衰惱常受安樂及聽法者
若男若女童男童女於經中乃至受持一四
句頌或持一句或此經王首題名号及此經
中一如來名一菩薩名發心稱念恭敬供養
者我當救護攝受令無災橫離苦得樂世
尊何故我名正了知此之因緣是佛親證我
知諸法我曉一切法隨所有一切法如所有一
法諸法種類體性差別世尊如是諸法我能
了知我有難思智光我有難思智炬我有難
思智行我有難思智聚我於難思境而能
通達世尊如我於一切法正知正曉正覺能
正觀察世尊以是因緣我藥叉大將名正了
知以是義故我能令彼說法之師言詞辯了
具足莊嚴亦令精氣從毛孔入身力充足威
光勇健難思智光皆得成就得正憶念無有
退屈增益彼身令無衰減諸根安樂常生歡

BD04890號　金光明最勝王經卷八　(23–15)

正觀察世尊以是因緣我藥叉大將名正了
知以是義故我能令彼說法之師言詞辯了
具足莊嚴亦令精氣從毛孔入身力充足威
光勇健難思智光皆得成就得正憶念無有
退屈增益彼身令無衰減諸根安樂常生歡
喜以是因緣為彼有情已於百千佛所殖諸
善根修福業者於贍部洲廣宣流布不速隱
沒彼諸有情聞是經已得不可思議大智光
明及以無量福智之聚於未來世當受無量
俱胝那庾多劫不可思量人天勝樂常與諸
佛共相值遇速證無上正等菩提閻羅之界
三塗極苦不復經過
爾時正了知藥叉大將白佛言世尊我有陀
羅尼今對佛前親自陳說為欲饒益憐愍諸
有情故即說呪曰
南謨佛陀引也　南謨達摩引也
南謨僧伽引也　南謨跋羅甜大舍摩也
南謨因達羅也　南謨折咄喃
莫喝羅闍喃　怛姪他呬里呬里
弭里弭里瞿里　莫訶瞿里健陀里
莫訶健陀里　達羅弭雉
莫訶達羅弭雉　單荼曲勸騷閣茱去
訶訶訶訶訶　呬呬呬呬呬

莫喝羅闍喃　怛姪他呬里呬里
弭里弭里瞿里　莫訶瞿里健陀里
莫訶健陀里　達羅弭雉
莫訶達羅弭雉　單荼曲勸騷閣茱去
訶訶訶訶訶　呬呬呬呬呬
呼呼呼呼呼　薩魯曇謎瞿曇謎
者者者者者　只只只只只主主主主主
旃荼爾之涉鉢攞　尸揭囉上尸揭囉
嗢底瑟侘　呬　薄伽梵僧慎爾耶
莎訶
若復有人於此明呪能受持者我當給與資
生樂具飲食衣服花果珎異或求男女童
男童女金銀珎寶諸瓔珞具我皆供給隨所
願求令無闕乏此之明呪有大威力若誦呪時
我當速至其所令無障礙隨意成就若持此
呪時應知其法先畫一鋪僧慎爾耶藥叉形
像高四五尺手執鉾鑹於此像前作四方壇
安四滿瓶蜜水或沙糖水塗香粖香燒香及
諸花鬘又於壇前作地火爐中安炭火以蘇
摩芥子燒於爐中口誦前呪一百八遍一遍
一燒乃至我藥叉大將自來現身問呪人曰
爾何所須意所求者即以事荅我即隨言於
所求事皆令滿足或須金銀及諸伏藏或欲
神仙乘空而去或求天眼通或知他心事於

訶[illegible]藥叉於壇前作地火爐中安炭火以蘇
摩芥子燒於爐中口誦前呪一百八遍一遍
一燒乃至我藥叉大將自來現身問呪人曰
尒何所須意所求者即以事答我即隨言於
所求事皆令滿足或須金銀及諸伏藏或欲
神仙乘空而去或求天眼通或知他心事於
一切有情隨意自在令斷煩惱速得解脫皆
得成就
尒時世尊告正了知藥叉大將曰善哉善哉
汝能如是利益一切衆生說此神呪擁護正
法福利無邊
金光明最勝王經正論品第廿
尒時此大地神女名曰堅牢於大衆中從座
而起頂礼佛足合掌恭敬白佛言世尊於諸
國中為人王者若無正法不能治國安養衆
生及以自身長居勝位唯願世尊慈悲哀愍
當為我說王法正論治國之要令諸人王得
聞法已如說修行正化於世能令勝位永保
安寧國內居人咸蒙利益
尒時世尊於大衆中告堅牢地神曰汝當諦
聽過去有王名力尊幢其王有子名曰妙幢
受灌頂位未久之頃尒時父王告妙幢言有
王法正論名天主教法我於昔時受灌頂位
而為國主我之父王名智力尊幢為我說是

BD04890號　金光明最勝王經卷八　（23–18）

尒時世尊於大衆中告堅牢地神曰汝當諦
聽過去有王名力尊幢其王有子名曰妙幢
受灌頂位未久之頃尒時父王告妙幢言有
王法正論名天主教法我於昔時受灌頂位
而為國主我之父王名智力尊幢為我說是
王法正論我依此論於二萬歲善治國土我
不曾憶起一念心行於非法汝於今日亦應知
是勿以非法而治於國云何名為王法正論
法今善聽當為汝說尒時力尊幢王即為
其子以妙伽他說正論曰
我說王法論　利安諸有情　為斷世間疑　滅除衆過失
一切諸天主　及以人中王　當生歡喜心　合掌聽我說
往昔諸天衆　集在金剛山　四王從座起　請問於大梵
梵王最勝尊　天中大自在　願哀愍我等　為斷諸疑惑
云何處人世　而得名為天　復以何因緣　號名曰天子
云何生人間　獨得為人主　云何在天上　復得作天王
如是護世間　問彼梵王已　尒時梵天主　即便為彼說
護世汝當知　為利有情故　問我治國法　我說應善聽
由先善業力　生天得作王　若在於人中　統領為人主
諸天共加護　然後入母胎　既至母胎中　諸天復守護
雖生在人世　尊勝故名天　由諸天護持　亦得名天子
三十三天主　分力助人王　及一切諸天　亦資自在力
除滅諸非法　惡業令不生　教有情修善　使得生天上

BD04890號　金光明最勝王經卷八　（23–19）

諸天共加護 然後入母胎 既至母胎中 諸天復守護
雖生在人世 尊勝故名天 由諸天護持 亦得名天子
三十三天主 分力助人王 及一切諸天 亦資自在力
除滅諸非法 惡業令不生 教有情修善 使得生天上
人及蘇羅眾 并揵闥婆等 羅剎旃荼羅 悉皆資半力
父母資半力 令捨惡修善 諸天共護持 示其諸善報
若造眾惡業 令捨惡修善 諸天共護持 示其善惡報
國人造惡業 王捨不禁制 斯非順正理 治擯當如法
若見惡不遮 非法便滋長 遂令王國內 姦詐日增多
王見國中人 造惡不遮止 三十三天眾 咸生忿怒心
因此損國政 諂偽行世間 被他怨敵侵 破壞其國土
居家及資具 積財皆散失 種種諂誑生 更互相侵奪
由正法得王 而不行其法 國人皆破散 如象蹋蓮池
惡風起無恒 暴雨非時下 妖星多變怪 日月蝕無光
五穀眾花果 苗實皆不成 國土遭飢饉 由王捨正法
若王捨正法 以惡法化人 諸天處本宮 見已生憂惱
彼諸天王眾 共作如是言 此王作非法 惡黨相親附
王位不久安 諸天皆忿恨 由彼懷忿故 其國當敗亡
以非法教人 流行於國內 鬪諍多姦偽 疾疫生眾苦
天主不護念 餘天咸捨棄 國土當滅亡 王身受苦厄
父母及妻子 兄弟并姊妹 俱遭愛別離 乃至身亡歿
變怪流星墮 二日俱時出 他方怨賊來 國人遭喪亂
國所重大臣 枉橫而身死 所愛象馬等 亦復皆散失
處處有兵戈 人多非法死 惡鬼來入國 疾疫遍流行
國中最大臣 及以諸輔相 其心懷諂佞 並悉行非法
見行非法者 而生於愛敬 於行善法人 苦楚而治罰
由愛敬惡人 治罰善人故 星宿及風雨 皆不以時行

父母及妻子 兄弟并姊妹 俱遭愛別離 乃至身亡歿
變怪流星墮 二日俱時出 他方怨賊來 國人遭喪亂
國所重大臣 枉橫而身死 所愛象馬等 亦復皆散失
處處有兵戈 人多非法死 惡鬼來入國 疾疫遍流行
國中最大臣 及以諸輔相 其心懷諂佞 並悉行非法
見行非法者 而生於愛敬 於行善法人 苦楚而治罰
由愛敬惡人 治罰善人故 星宿及風雨 皆不以時行
有三種過生 正法當隱沒 眾生無光色 地肥皆下沉
由敬惡人故 復有三種過 非時降霜雹 飢疫皆流行
穀稼諸草實 滋味皆損減 於其國土中 眾生多疾疫
國中諸樹林 先生甘美果 由斯皆損減 苦澀無滋味
稻麥諸草實 美味漸消亡 食時心不喜 何能長諸大
眾生光色滅 勢力盡衰微 食噉雖復多 不能令飽足
於其國界中 所有眾生類 少力無勢力 所作不堪能
國人多疾患 眾苦逼其身 鬼魅遍流行 隨處生羅剎
若王作非法 親近於惡人 令三種世間 因斯受衰損
如是無量過 出在於國中 皆由見惡人 棄捨不治擯
由諸天加護 得作於國王 而不以正法 守護於國界
若人修善行 當得生天上 若造惡業者 死必墮三塗
若王見國人 縱其造過失 三十三天眾 皆生熱惱心
不順諸天教 及以父母言 此是非法人 非王非孝子
若於自國中 見行非法者 如法當治罰 不應生捨棄
是故諸天眾 皆護持此王 能修善根故 以滅諸惡法
王於此世中 必招於現報 由於善惡業 行捨勸眾生
為示善惡報 故得作人王 諸天共護持 一切咸隨喜
由自利利他 治國以正法 見有諂佞者 應當如法治
假使失王位 及以害命緣 終不行惡法 見惡而捨棄
害中極重者 無過失國位 皆因諂佞人 為此當治罰
若有諂誑人 當失於國位 由斯損王政 如象入花園
天主皆瞋恨 阿蘇羅亦然 以其為人王 不以法治國

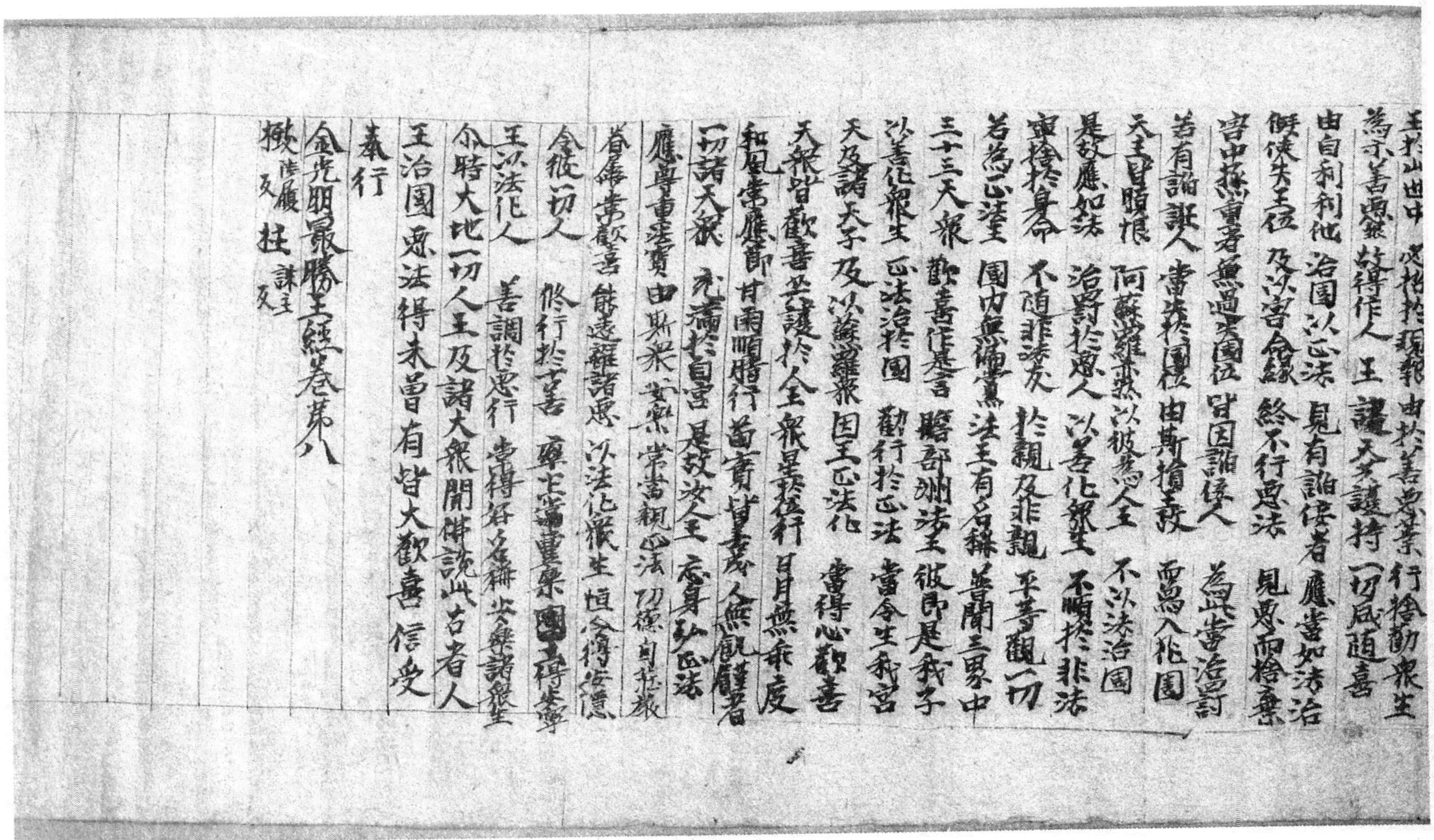

王於此世中　必招於現報　由於善惡業　行捨勸衆生
為示善惡報　故得作人王　諸天共護持　一切咸隨喜
由自利利他　治国以正法　見有諂佞者　應當如法治
假使失王位　及以害命緣　終不行惡法　見惡而捨棄
害中極重者　無過失國位　皆因諂佞人　為此當治罰
若有諂誑人　當失於國位　由斯損王政　如象入花園
天主皆瞋恨　阿蘇羅亦然　以彼為人王　不以法治國
是故應如法　治罰於惡人　以善化衆生　不順於非法
寧捨於身命　不隨非法友　於親及非親　平等觀一切
若為正法王　國内無偏黨　法王有名稱　普聞三界中
三十三天衆　歡喜作是言　贍部洲法王　彼即是我子
以善化衆生　正法治於國　勸行於正法　當令生我宮
天及諸天子　及以蘇羅衆　因王正法化　當得心歡喜
天衆皆歡喜　共護於人王　衆星依位行　日月無乖度
和風常應節　甘雨順時行　苗實皆善成　人無饑饉者
一切諸天衆　充滿於自宮　是故汝人王　忘身弘正法
應尊重法寶　由斯衆安樂　常當親正法　功德自莊嚴
眷屬常歡喜　能遠離諸惡　以法化衆生　恒令得安隱
令彼一切人　修行於十善　率土常豐樂　國土得安寧
王以法化人　善調於惡行　常得好名稱　安樂諸衆生
尒時大地一切人王及諸大衆聞佛說此古昔人王
治國要法得未曾有皆大歡喜信受
奉行
金光明最勝王經卷苐八
撿　陸履又　杜　謙又

BD04890號　金光明最勝王經卷八　（23–22）

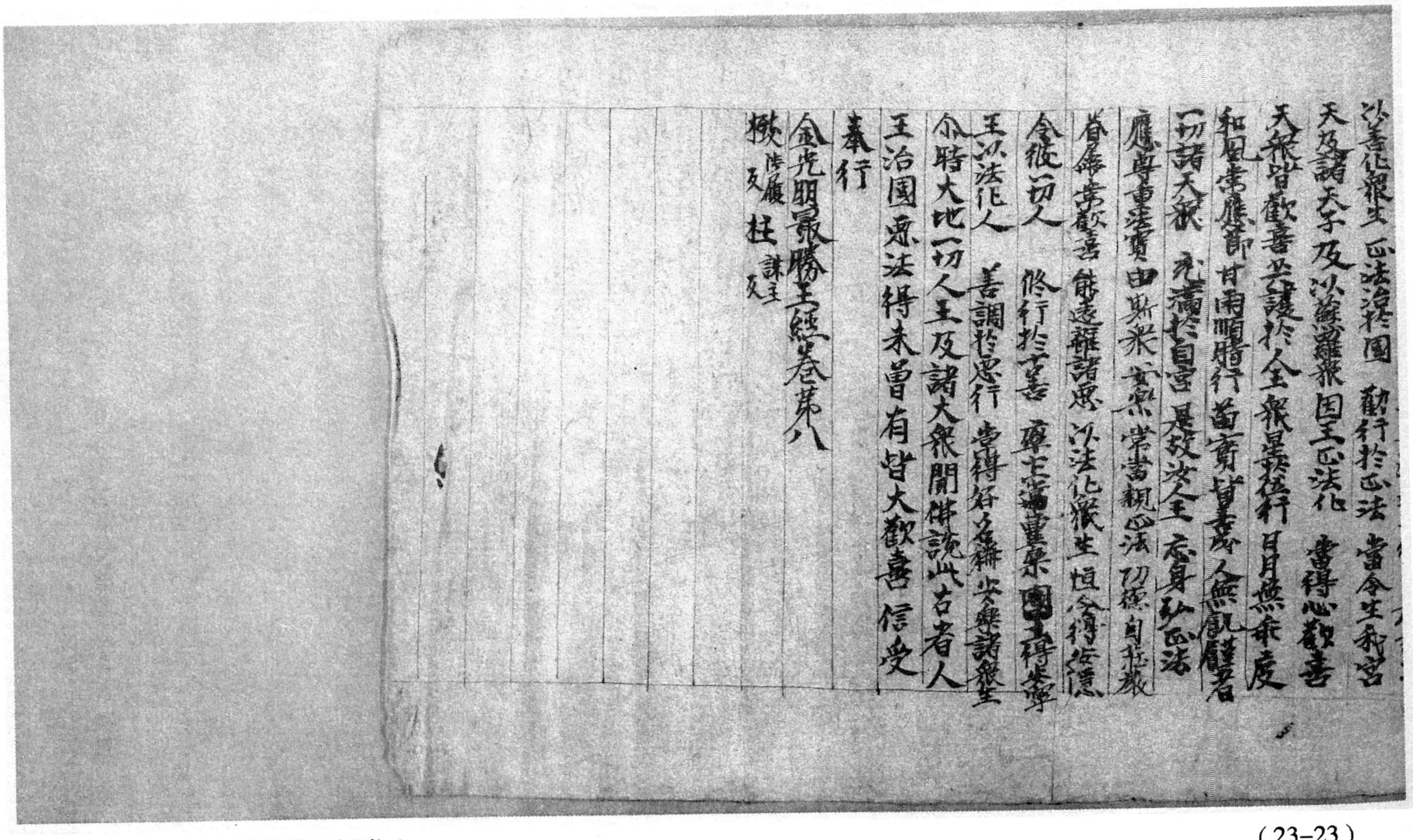

以善化衆生　正法治於國　勸行於正法　當令生我宮
天及諸天子　及以蘇羅衆　因王正法化　當得心歡喜
天衆皆歡喜　共護於人王　衆星依位行　日月無乖度
和風常應節　甘雨順時行　苗實皆善成　人無饑饉者
一切諸天衆　充滿於自宮　是故汝人王　忘身弘正法
應尊重法寶　由斯衆安樂　常當親正法　功德自莊嚴
眷屬常歡喜　能遠離諸惡　以法化衆生　恒令得安隱
令彼一切人　修行於十善　率土常豐樂　國土得安寧
王以法化人　善調於惡行　常得好名稱　安樂諸衆生
尒時大地一切人王及諸大衆聞佛說此古昔人王
治國要法得未曾有皆大歡喜信受
奉行
金光明最勝王經卷苐八
撿　陸履又　杜　謙又

BD04890號　金光明最勝王經卷八　（23–23）

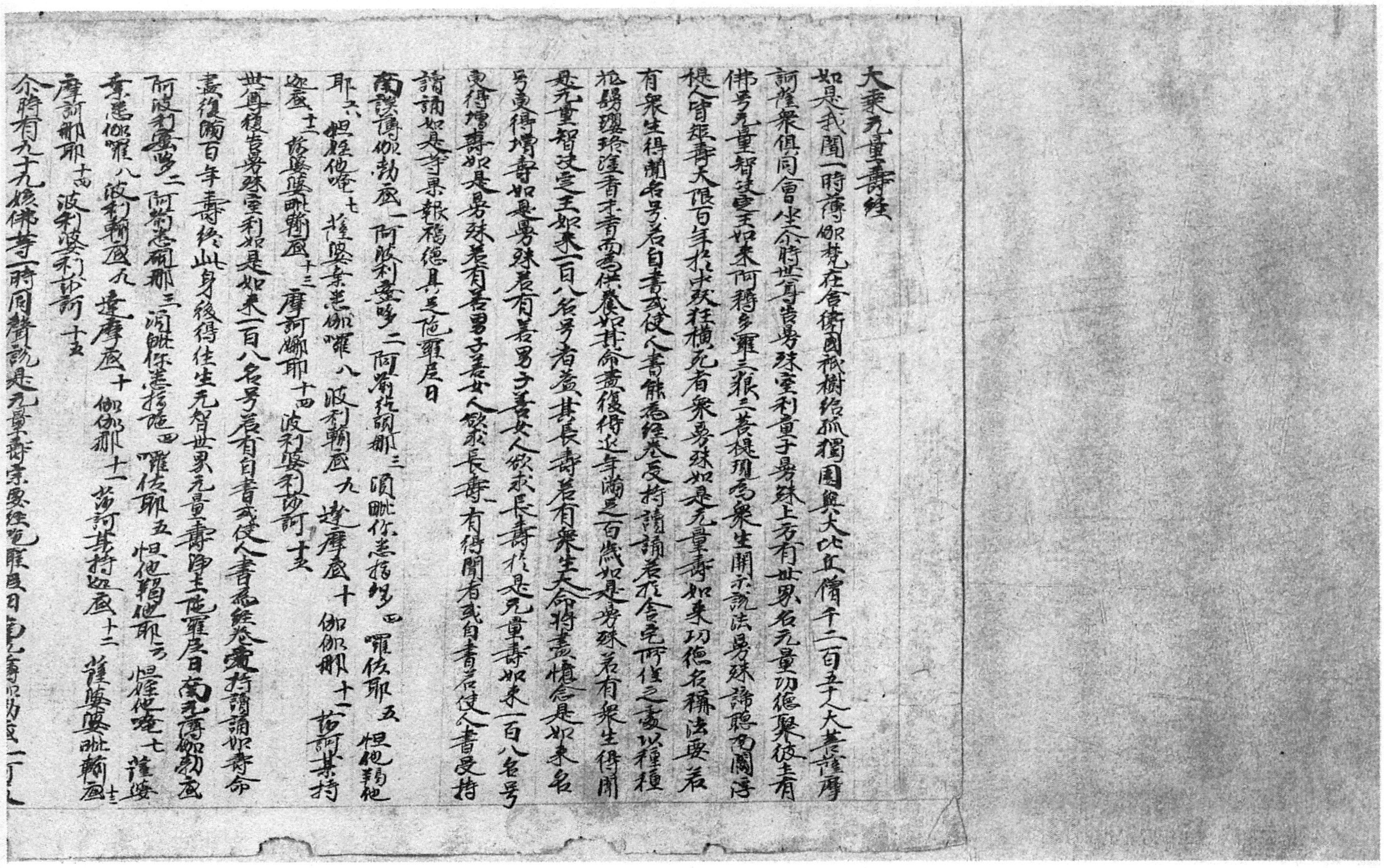

大乘无量壽經
如是我聞一時薄伽梵在舍衛國祇樹給孤獨園與大比丘僧千二百五十人大菩薩摩
訶薩衆俱同會坐爾時世尊告曼殊室利童子曼殊上方有世界名无量功德聚彼土有
佛号无量智決定王如來阿羅訶三藐三菩提現為衆生開示說法曼殊諦聽閻浮
提人皆短壽大限百年於中夭枉橫死者衆曼殊如是无量壽如來功德名稱法要若
有衆生得聞名号若自書或使人書能為經卷受持讀誦者於舍宅所住之處以種種
花鬘瓔珞塗香末香而為供養如其命盡復得延年滿足百歲如是曼殊若有衆生得聞
是无量智決定王如來一百八名号者益其長壽若有衆生大命將盡憶念是如來名
号更得增壽如是曼殊若有善男子善女人欲求長壽於是无量壽如來一百八名号
更得增壽如是曼殊若有善男子善女人欲求長壽有得聞者或自書若使人書受持
讀誦如是等果報福德具足陀羅尼曰
南謨薄伽勃底一 阿波利蜜多二 阿喻紇硯娜三 須毗你悉指陀四 囉佐耶五 怛他羯他
耶六 怛姪他唵七 薩婆桑悉迦囉八 波利輸底九 達摩底十 伽伽娜十一 莎訶某持
迦底十二 薩婆婆毗輸底十三 摩訶娜耶十四 波利婆利莎訶十五
世尊復告曼殊室利如是如來一百八名号若有自書或使人書為經卷受持讀誦如壽命
盡復滿百年壽終此身後得往生无智世界无量壽淨土陀羅尼曰 南无薄伽勃底一
阿波利蜜多二 阿喻紇硯娜三 須毗你悉指陀四 囉佐耶五 怛他羯他耶六 怛姪他唵七 薩婆
桑悉迦囉八 波利輸底九 達摩底十 伽伽娜十一 莎訶某持迦底十二 薩婆婆毗輸底十三
摩訶娜耶十四 波利婆利莎訶十五
爾時有九十九姟佛等一時同聲說是无量壽宗要經陀羅尼曰 南无薄伽勃底一 阿

BD04891號　無量壽宗要經　（7–1）

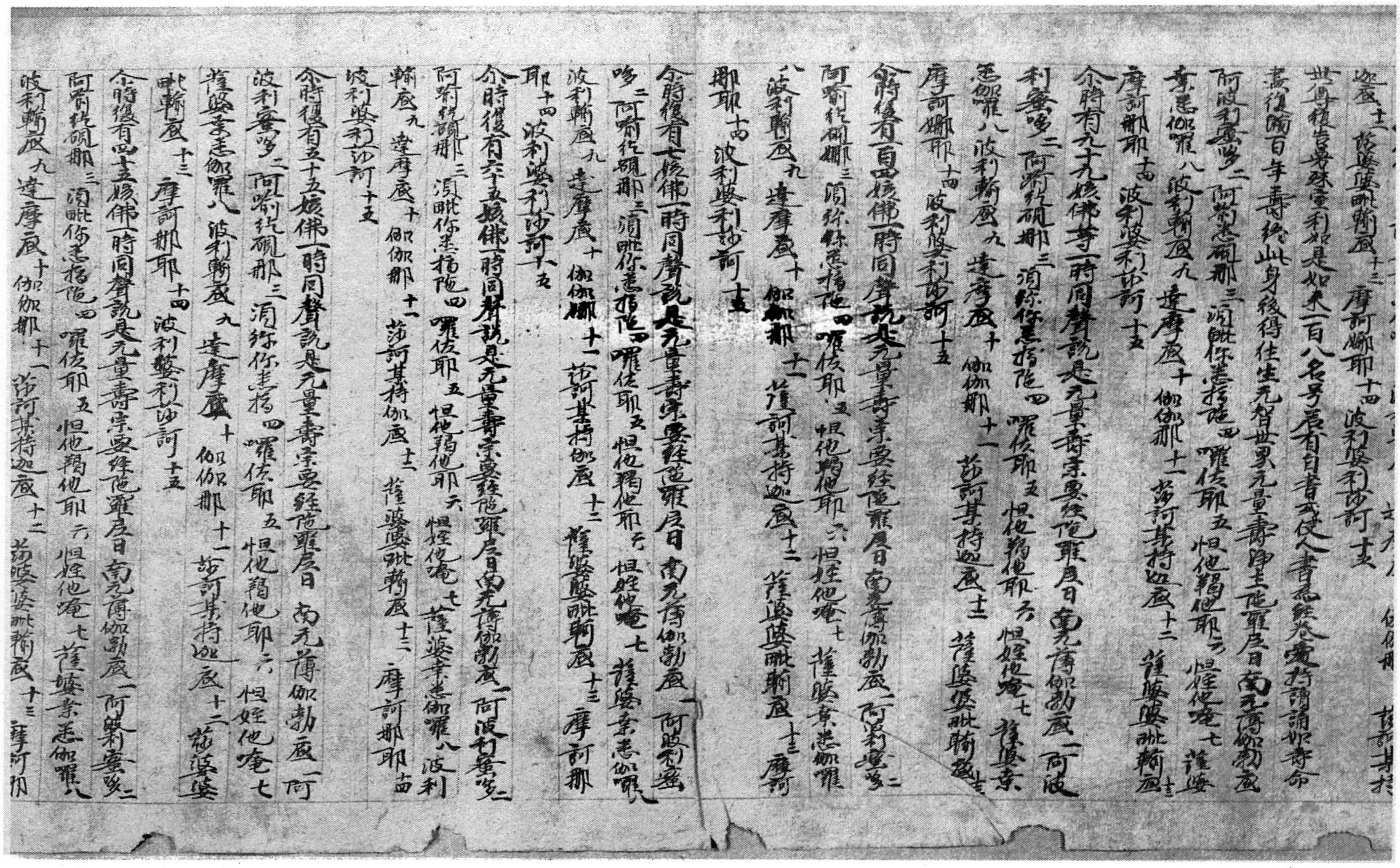

迦底十二 薩婆婆毗輸底十三 摩訶娜耶十四 波利婆利莎訶十五
世尊復告曼殊室利如是如來一百八名号若有自書或使人書為經卷受持讀誦如壽命
盡復滿百年壽終此身後得往生无智世界无量壽淨土陀羅尼曰 南无薄伽勃底
阿波利蜜多二 阿喻紇硯娜三 須毗你悉指陀四 囉佐耶五 怛他羯他耶六 怛姪他唵七 薩婆
桑悉迦囉八 波利輸底九 達摩底十 伽伽娜十一 莎訶某持迦底十二 薩婆婆毗輸底十三
摩訶娜耶十四 波利婆利莎訶十五
爾時有九十九姟佛等一時同聲說是无量壽宗要經陀羅尼曰 南无薄伽勃底一 阿波
利蜜多二 阿喻紇硯娜三 須彌你悉指陀四 囉佐耶五 怛他羯他耶六 怛姪他唵七 薩婆桑
悉迦囉八 波利輸底九 達摩底十 伽伽娜十一 莎訶某持迦底十二 薩婆婆毗輸底十三
摩訶娜耶十四 波利婆利莎訶十五
爾時復有八十四姟佛一時同聲說是无量壽宗要經陀羅尼曰 南无薄伽勃底一 阿波利蜜多二
阿喻紇硯娜三 須彌你悉指陀四 囉佐耶五 怛他羯他耶六 怛姪他唵七 薩婆桑悉迦囉
八 波利輸底九 達摩底十 伽伽娜十一 莎訶某持迦底十二 薩婆婆毗輸底十三 摩訶
娜耶十四 波利婆利莎訶十五
爾時復有七姟佛一時同聲說是无量壽宗要經陀羅尼曰 南无薄伽勃底一 阿波利蜜
多二 阿喻紇硯娜三 須毗你悉指陀四 囉佐耶五 怛他羯他耶六 怛姪他唵七 薩婆桑悉迦囉八
波利輸底九 達摩底十 伽伽娜十一 莎訶某持迦底十二 薩婆婆毗輸底十三 摩訶娜
耶十四 波利婆利莎訶十五
爾時復有六十五姟佛一時同聲說是无量壽宗要經陀羅尼曰 南无薄伽勃底一 阿波利蜜多二
阿喻紇硯娜三 須毗你悉指陀四 囉佐耶五 怛他羯他耶六 怛姪他唵七 薩婆桑悉迦囉八 波利
輸底九 達摩底十 伽伽娜十一 莎訶某持迦底十二 薩婆婆毗輸底十三 摩訶娜耶十四
波利婆利莎訶十五
爾時復有五十五姟佛一時同聲說是无量壽宗要經陀羅尼曰 南无薄伽勃底一 阿
波利蜜多二 阿喻紇硯娜三 須彌你悉指四 囉佐耶五 怛他羯他耶六 怛姪他唵七
薩婆桑悉迦囉八 波利輸底九 達摩底十 伽伽娜十一 莎訶某持迦底十二 薩婆婆
毗輸底十三 摩訶娜耶十四 波利婆利莎訶十五
爾時復有四十五姟佛一時同聲說是无量壽宗要經陀羅尼曰 南无薄伽勃底一 阿波利蜜多二
阿喻紇硯娜三 須毗你悉指陀四 囉佐耶五 怛他羯他耶六 怛姪他唵七 薩婆桑悉迦囉八
波利輸底九 達摩底十 伽伽娜十一 莎訶某持迦底十二 薩婆婆毗輸底十三 摩訶娜

BD04891號　無量壽宗要經　（7–2）

尒時復有五十五姟佛一時同聲說是无量壽宗要經陀羅尼曰 南无薄伽勃底一 阿
波利蜜多二 阿喻紇硯那三 須弥你悉指四 囉佐耶五 怛他羯他耶六 怛姪他唵七
薩婆桑悉伽囉八 波利輸底九 達摩底十 伽伽那十一 莎訶莫持迦底十二 薩婆婆
毗輸底十三 摩訶那耶十四 波利婆利莎訶十五
尒時復有四十五姟佛一時同聲說是无量壽宗要經陀羅尼曰 南无薄伽勃底一 阿波利蜜多二
阿喻紇硯那三 須毗你悉指陀四 囉佐耶五 怛他羯他耶六 怛姪他唵七 薩婆桑悉伽囉八
波利輸底九 達摩底十 伽伽那十一 莎訶莫持迦底十二 薩婆婆毗輸底十三 摩訶那
耶十四 波利婆利莎訶十五
尒時復有三十六姟佛一時同聲說是无量壽宗要經陀羅尼曰 南无薄伽勃底一 阿波
利蜜多二 阿喻紇硯那三 須毗你悉指陀四 囉佐耶五 怛他羯他耶六 怛姪他唵七 薩婆桑悉伽囉八
波利輸底九 達摩底十 伽伽那十一 莎訶莫持羯底十二 薩婆婆毗輸底十三 摩訶那
耶十四 波利婆利莎訶十五
尒時復有二十五姟佛一時同聲說是无量壽宗要經陀羅尼曰 南无薄伽勃底一 阿波
利蜜多二 阿喻紇硯那三 須弥你悉指陀四 囉佐耶五 怛他羯他耶六 怛姪他唵七 薩
婆桑悉迦囉八 波利輸底九 達摩底十 伽伽那十一 莎訶莫持迦底十二 薩婆婆毗
輸底十三 摩訶那耶十四 波利婆利莎訶十五
尒時復有恒河沙姟佛一時同聲說是无量壽宗要經陀羅尼曰 南无薄伽勃底一 阿波
利蜜多二 阿喻紇硯那三 須弥你悉指陀四 囉佐耶五 怛他羯他耶六 怛姪他唵七 薩婆
桑悉伽囉八 波利輸底九 達摩底十 伽伽那十一 莎訶莫持迦底十二 薩婆婆毗輸底十三
摩訶那耶十四 波利婆利莎訶十五
善男子若有自書寫教人書寫是无量壽宗要經如其命盡復得長壽而滿年陀羅尼曰 南无
薄伽勃底一 阿波利蜜多二 阿喻紇硯那三 須毗你悉指陀四 囉佐耶五 怛他羯他耶六 怛姪
他唵七 薩婆桑悉伽囉八 波利輸底九 達摩底十 伽伽那十一 莎訶莫持迦底十二 薩
婆婆毗輸底十三 摩訶那耶十四 波利婆利莎訶十五
若有自書寫教人書寫是无量壽宗要經讀誦受持畢竟不墮地獄在在所生得宿命智陀
羅尼曰 南无薄伽勃底一 阿波利蜜多二 阿喻紇硯那三 須弥你悉指陀四 囉佐耶五 怛他羯他耶
六 怛姪他唵七 薩婆桑悉伽囉八 波利輸底九 達摩底十 伽伽那十一 莎訶莫持迦底十二 薩
婆婆毗輸底十三 摩訶那耶十四 波利婆利莎訶十五

BD04891 號　無量壽宗要經　（7–3）

婆婆毗輸底十三 摩訶那耶十四 波利婆利莎訶十五
若有自書寫教人書寫是无量壽宗要經讀誦受持畢竟不墮地獄在在所生得宿命智陀
羅尼曰 南无薄伽勃底一 阿波利蜜多二 阿喻紇硯那三 須弥你悉指陀四 囉佐耶五 怛他羯他耶
六 怛姪他唵七 薩婆桑悉伽囉八 波利輸底九 達摩底十 伽伽那十一 莎訶莫持迦底十二 薩
婆婆毗輸底十三 摩訶那耶十四 波利婆利莎訶十五
若有自書寫教人書寫是无量壽宗要經受持讀誦如同書寫八万四千一切經典陀羅尼曰 南无薄伽
勃底一 阿波利蜜多二 阿喻紇硯那三 須毗你悉指陀四 囉佐耶五 怛他羯他耶六 怛
姪他唵七 薩婆桑悉伽囉八 波利輸底九 達摩底十 伽伽那十一 莎訶莫持迦底十二 薩
婆婆毗輸底十三 摩訶那耶十四 波利婆利莎訶十五
若有自書寫教人書寫是无量壽宗要經即是書寫八万四千部建立塔廟陀羅尼曰 南无薄伽
勃底一 阿波利蜜多二 阿喻紇硯那三 須弥你悉指陀四 囉佐耶五 怛他羯他耶六 怛姪他唵
七 薩婆桑悉伽囉八 波利輸底九 達摩底十 伽伽那十一 莎訶莫持迦底十二 薩婆婆
毗輸底十三 摩訶那耶十四 波利婆利莎訶十五
若有自書寫教人書寫是无量壽宗要經能消五无間等一切重罪陀羅尼曰 南无薄伽勃底一
阿波利蜜多二 阿喻紇硯那三 須毗你悉指陀四 囉佐耶五 怛他羯他耶六 怛姪他唵七 薩婆
桑悉伽囉八 波利輸底九 達摩底十 伽伽那十一 莎訶莫持迦底十二 薩婆婆毗輸底十三
摩訶那耶十四 波利婆利莎訶十五
若有自書寫教人書寫是无量壽宗要經受持讀誦設有重罪猶如須弥悉能除滅陀羅尼曰
南无薄伽勃底一 阿波利蜜多二 阿喻紇硯那三 須毗你悉指陀四 囉佐耶五 怛他羯他耶六 怛姪
他唵七 薩婆桑悉伽囉八 波利輸底九 達摩底十 伽伽那十一 莎訶莫持迦底十二 薩婆
婆毗輸底十三 摩訶那耶十四 波利婆利莎訶十五
若有自書寫教人書寫是无量壽宗要經受持讀誦者魔魔之眷屬及夜叉羅刹不得其
便終无枉死陀羅尼曰 南无薄伽勃底一 阿波利蜜多二 阿喻紇硯那三 須弥你悉指陀四 囉
佐耶五 怛他羯他耶六 怛姪他唵七 薩婆桑悉迦囉八 波利輸底九 達摩底十 伽伽那十一
莎訶莫持迦底十二 薩婆婆毗輸底十三 摩訶那耶十四 波利婆利莎訶十五
若有自書寫教人書寫是无量壽宗要經受持讀誦當命終時有九十九姟佛現其人前來迎佛
授手解遊一切佛刹莫生疑惑陀羅尼曰 南无薄伽勃底一 阿波利蜜多二 阿喻紇
硯那三 須弥你悉指陀四 囉佐耶五 怛他羯他耶六 怛姪他唵七 薩婆桑悉伽囉八 波利
輸底九 達摩底十 伽伽那十一 莎訶莫持迦底十二 薩婆婆毗輸底十三 摩訶那

BD04891 號　無量壽宗要經　（7–4）

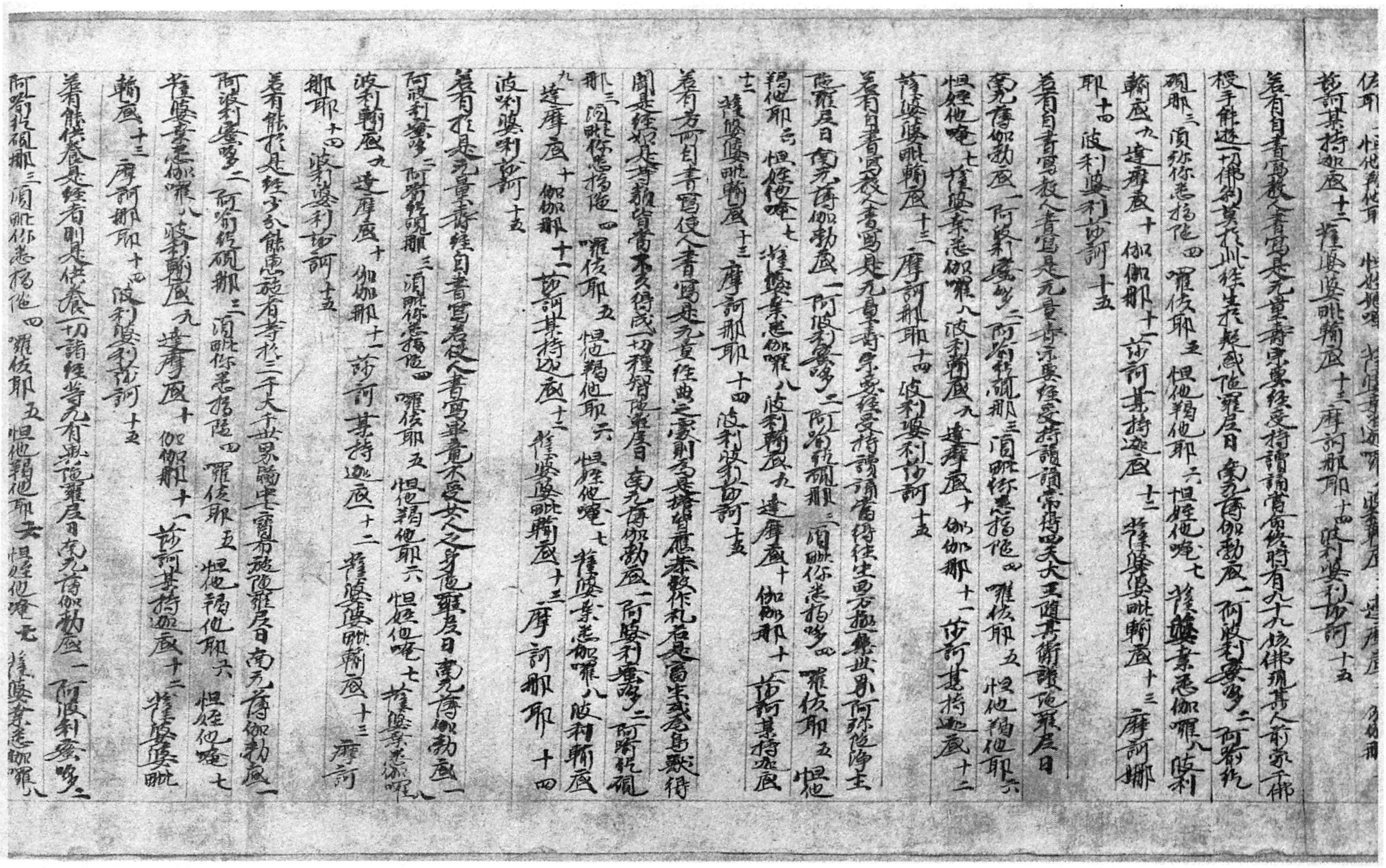

莎訶某持迦底十二 薩婆婆毗輸底十三 摩訶那耶十四 波利婆利莎訶十五
若有自書寫教人書寫是无量壽宗要經受持讀誦當命終時有九十九姟佛現其人前來迎千佛
授手能遊一切佛剎莫於此生於疑惑陁羅尼曰 南无薄伽勃底一 阿波利蜜多二 阿喻紇
硯那三 須毗你悉指陁四 囉佐耶五 怛他羯他耶六 怛姪他唵七 薩婆桑悉伽囉八 波利
輸底九 達摩底十 伽伽那十一 莎訶某持迦底十二 薩婆婆毗輸底十三 摩訶娜
耶十四 波利婆利莎訶十五
若有自書寫教人書寫是无量壽宗要經受持讀誦當得四天大王隨其衛護陁羅尼曰
南无薄伽勃底一 阿波利蜜多二 阿喻紇硯那三 須毗你悉指陁四 囉佐耶五 怛他羯他耶六
怛姪他唵七 薩婆桑悉伽囉八 波利輸底九 達摩底十 伽伽那十一 莎訶某持迦底十二
薩婆婆毗輸底十三 摩訶那耶十四 波利婆利莎訶十五
若有自書寫教人書寫是无量壽宗要經受持讀誦當得往生西方極樂世界阿弥陁淨土
陁羅尼曰 南无薄伽勃底一 阿波利蜜多二 阿喻紇硯那三 須毗你悉指陁四 囉佐耶五 怛他
羯他耶六 怛姪他唵七 薩婆桑悉伽囉八 波利輸底九 達摩底十 伽伽那十 莎訶某持迦底
十二 薩婆婆毗輸底十三 摩訶那耶十四 波利婆利莎訶十五
若有方所自書寫使人書寫是无量壽經典之處則為是塔皆應恭敬作礼若是畜生或為鳥獸得
聞是經如是等類皆當不久得成一切種智陁羅尼曰 南无薄伽勃底一 阿波利蜜多二 阿喻紇硯
那三 須毗你悉指陁四 囉佐耶五 怛他羯他耶六 怛姪他唵七 薩婆桑悉伽囉八 波利輸底
九 達摩底十 伽伽那十一 莎訶某持迦底十二 薩婆婆毗輸底十三 摩訶那耶十四
波利婆利莎訶十五
若有於是无量壽經自書寫使人書寫畢竟不受女人之身陁羅尼曰 南无薄伽勃底一
阿波利蜜多二 阿喻紇硯那三 須毗你悉指陁四 囉佐耶五 怛他羯他耶六 怛姪他唵七 薩婆桑悉伽囉八
波利輸底九 達摩底十 伽伽那十一 莎訶某持迦底十二 薩婆婆毗輸底十三 摩訶
那耶十四 波利婆利莎訶十五
若有能於是經少分能惠施者於三千大千世界滿中七寶布施陁羅尼曰 南无薄伽勃底一
阿波利蜜多二 阿喻紇硯那三 須毗你悉指陁四 囉佐耶五 怛他羯他耶六 怛姪他唵七
薩婆桑悉伽囉八 波利輸底九 達摩底十 伽伽那十一 莎訶某持迦底十二 薩婆婆毗
輸底十三 摩訶那耶十四 波利婆利莎訶十五
若有能供養是經者則是供養一切諸經等无有異陁羅尼曰 南无薄伽勃底一 阿波利蜜多二
阿喻紇硯那三 須毗你悉指陁四 囉佐耶五 怛他羯他耶六 怛姪他唵七 薩婆桑悉伽囉八

若有能於是經少分能惠施者於三千大千世界滿中七寶布施陁羅尼曰 南无薄伽勃底一
阿波利蜜多二 阿喻紇硯那三 須毗你悉指陁四 囉佐耶五 怛他羯他耶六 怛姪他唵七
薩婆桑悉伽囉八 波利輸底九 達摩底十 伽伽那十一 莎訶某持迦底十二 薩婆婆毗
輸底十三 摩訶那耶十四 波利婆利莎訶十五
若有能供養是經者則是供養一切諸經等无有異陁羅尼曰 南无薄伽勃底一 阿波利蜜多二
阿喻紇硯那三 須毗你悉指陁四 囉佐耶五 怛他羯他耶六 怛姪他唵七 薩婆桑悉伽囉八
波利輸底九 達摩底十 伽伽那十一 莎訶某持迦底十二 薩婆婆毗輸底十三 摩訶
那耶十四 波利婆利莎訶十五
那耶十四 婆利婆利莎訶十五
如毗婆尸佛 尸棄佛 毗舍浮佛 俱留孫佛 俱那舍牟尼佛 迦葉佛 釋迦牟尼佛 若有人以七
寶供養如是七佛其福有限，書寫受持是无量壽經典所有功德不可限量陁羅尼曰 南无薄伽
勃底一 阿波利蜜多二 阿喻紇硯那三 須弥悉指陁四 囉佐耶五 怛他羯他耶六 怛姪他唵七 薩婆
桑悉伽囉八 波利輸底九 達摩底十 伽伽那十一 莎訶某持迦底十二 薩婆婆毗輸底十三
摩訶那耶十四 波利婆利莎訶十五
若有七寶等於須弥山而布施其福有能知其限量是无量壽經典其福不可知數陁羅尼曰 南无薄伽勃
底一 阿波利蜜多二 阿喻紇硯那三 須毗你悉指陁四 囉佐耶五 怛他羯陁耶六 怛姪他唵七 薩婆桑悉伽囉八
波利輸底九 達摩底十 伽伽那十一 莎訶某持迦底十二 薩婆婆毗輸底十三 摩訶那耶十四 波利婆利莎訶十五
譬如四大海水可知滴數是无量壽經典所生果報不可數量陁羅尼曰 南无薄伽勃底一 阿波利蜜多
二 阿喻紇硯那三 須弥你悉指陁四 囉佐耶五 怛他羯他耶六 怛姪他唵七 薩婆桑悉伽囉八 波利輸底九 達摩底十
伽伽那十一 莎訶某持迦底十二 薩婆婆毗輸底十三 摩訶那耶十四 波利婆利莎訶十五
若有自書寫使人書寫是无量壽經典又能讀誦持供養即如禮敬供養一切十方佛土如來无有差別陁羅尼曰
南无薄伽勃底一 阿波利蜜多二 阿喻紇硯那三 須毗你悉指陁四 囉佐耶五 怛他羯他耶六 怛姪他唵七 薩婆桑
悉伽囉八 波利輸底九 達摩底十 伽伽那十一 莎訶某持迦底十二 薩婆婆毗輸底十三 摩訶那耶十四 波利婆利莎訶十五
布施力能成正覺 悟布施力人師子 布施力能聲普聞 慈悲隋漸寂能入
持戒力能成正覺 悟持戒力人師子 布施力能聲普聞 慈悲隋漸寂能入
忍辱力能成正覺 悟忍辱力人師子 忍辱力能聲普聞 慈悲隋漸寂能入
精進力能成正覺 悟精進力人師子 精進力能聲普聞 慈悲隋漸寂能入
禪定力能成正覺 悟禪定力人師子 禪定力能聲普聞 慈悲隋漸寂能入
智慧力能成正覺 悟智慧力人師子 智慧力能聲普聞 慈悲隋漸寂能入

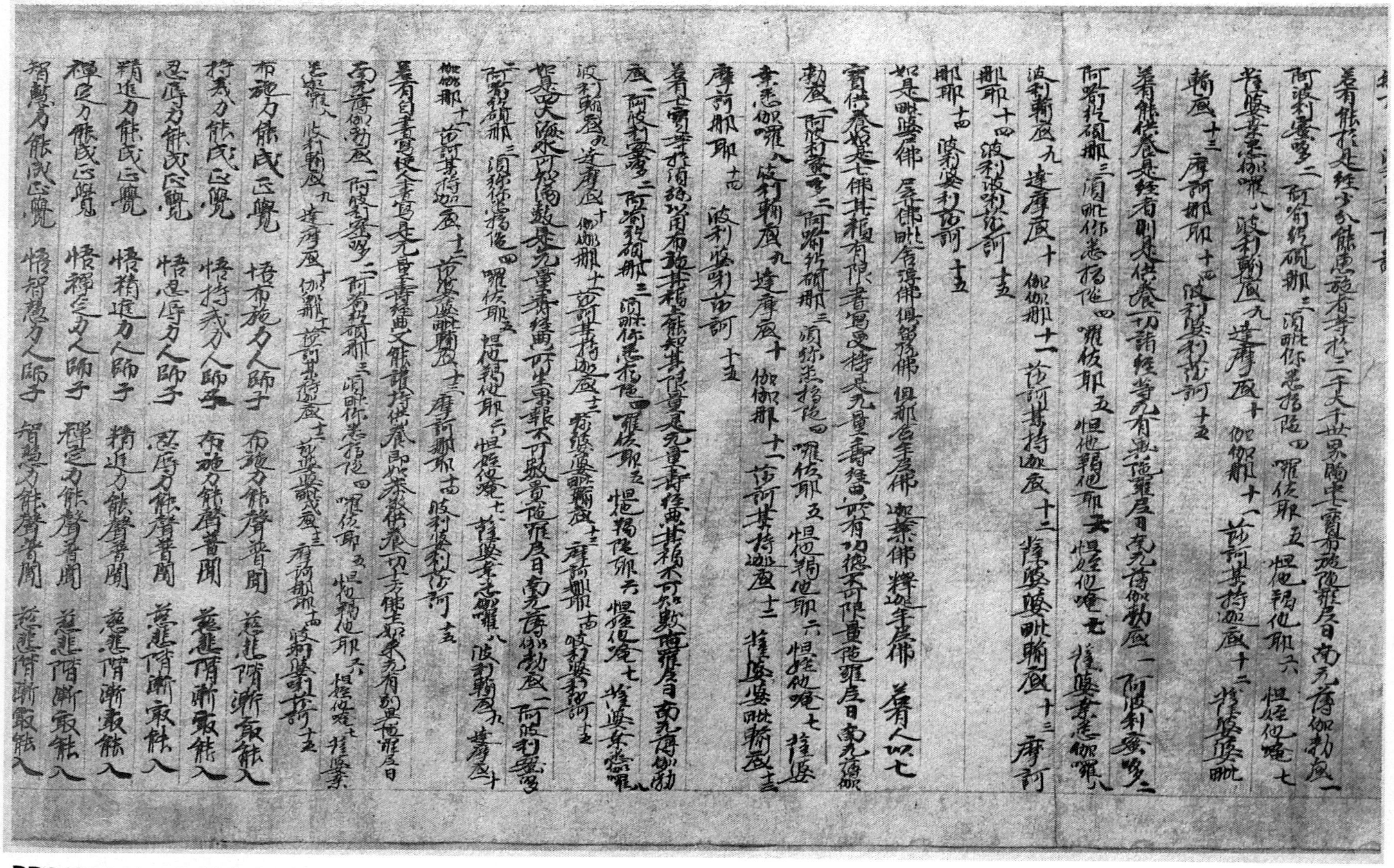

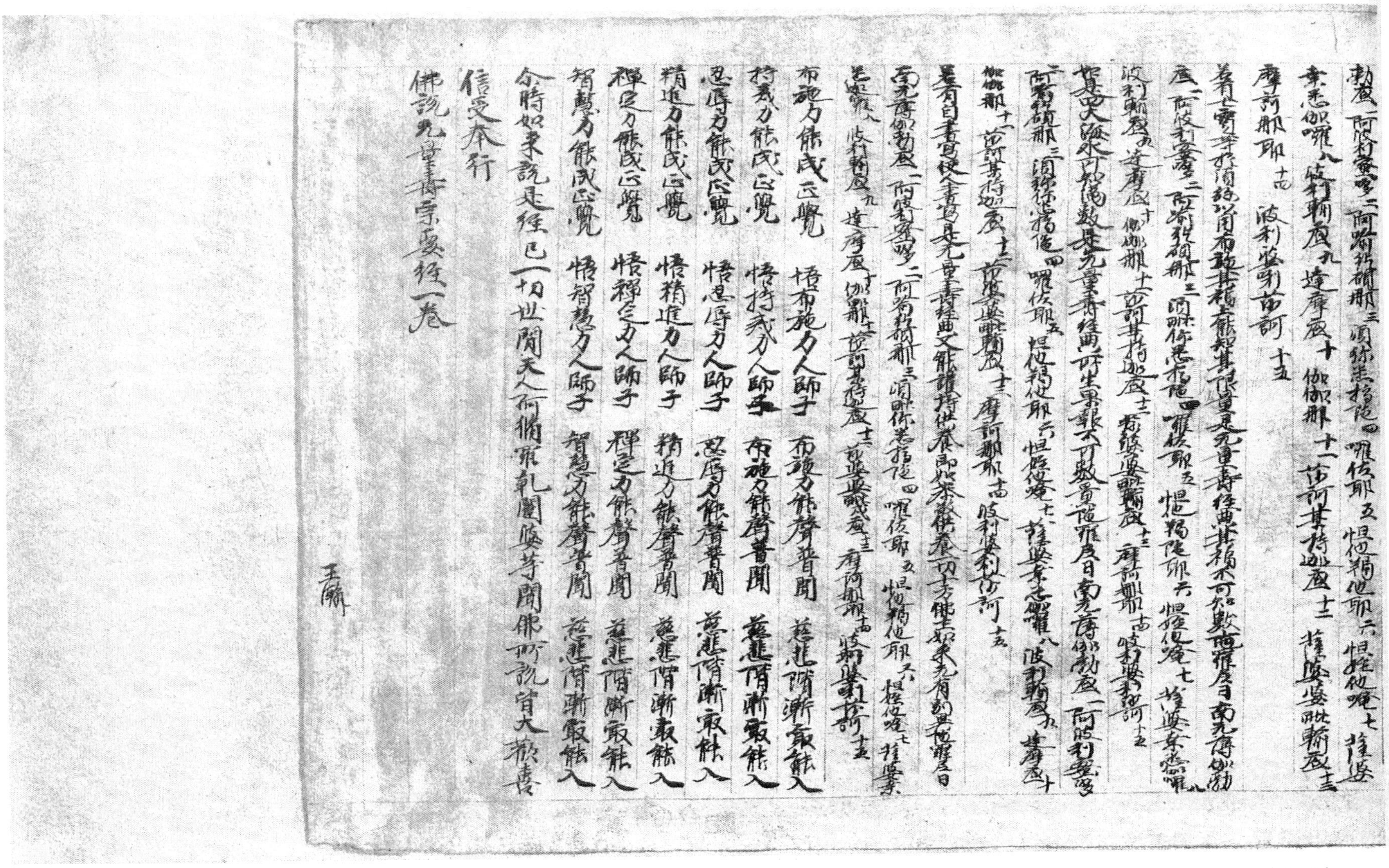

BD04891號　無量壽宗要經

（7–7）

BD04891號背　寺院題名

（1–1）

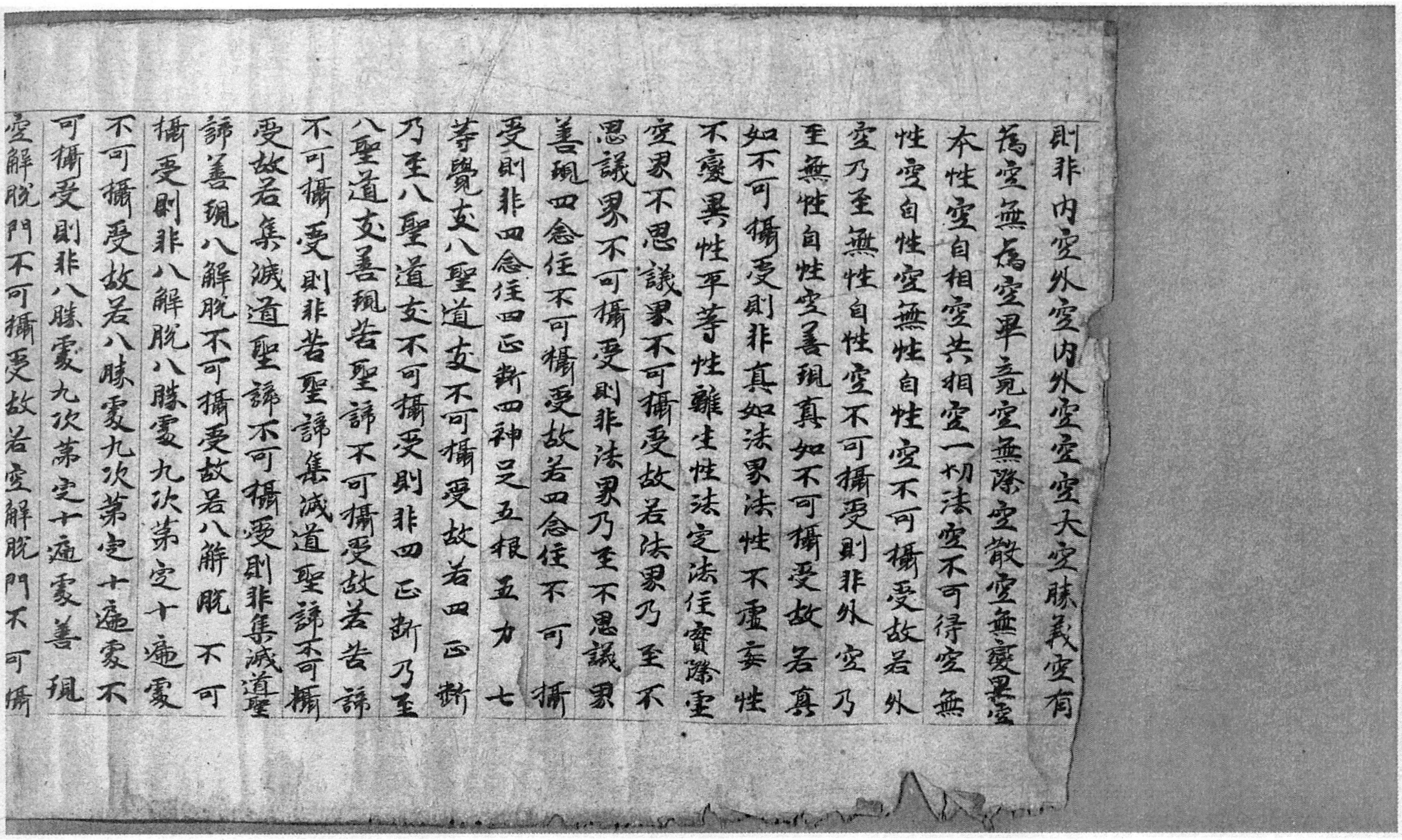

則非內空外空內外空空空大空勝義空有
為空無為空畢竟空無際空散空無變異空
本性空自相空共相空一切法空不可得空無
性空自性空無性自性空不可攝受故若外
空乃至無性自性空不可攝受則非外空乃
至無性自性空善現真如不可攝受故若真
如不可攝受則非真如法界法性不虛妄性
不變異性平等性離生性法定法住實際虛
空界不思議界不可攝受故若法界乃至不
思議界不可攝受則非法界乃至不思議界
善現四念住不可攝受故若四念住不可攝
受則非四念住四正斷四神足五根五力七
等覺支八聖道支不可攝受故若四正斷
乃至八聖道支不可攝受則非四正斷乃至
八聖道支善現苦聖諦不可攝受故若苦諦
不可攝受則非苦聖諦集滅道聖諦不可攝
受故若集滅道聖諦不可攝受則非集滅道聖
諦善現八解脫不可攝受故若八解脫不可
攝受則非八解脫八勝處九次第定十遍處
不可攝受故若八勝處九次第定十遍處不
可攝受則非八勝處九次第定十遍處善現
空解脫門不可攝受故若空解脫門不可攝

BD04892 號　大般若波羅蜜多經（兌廢稿）卷三二五　（2–1）

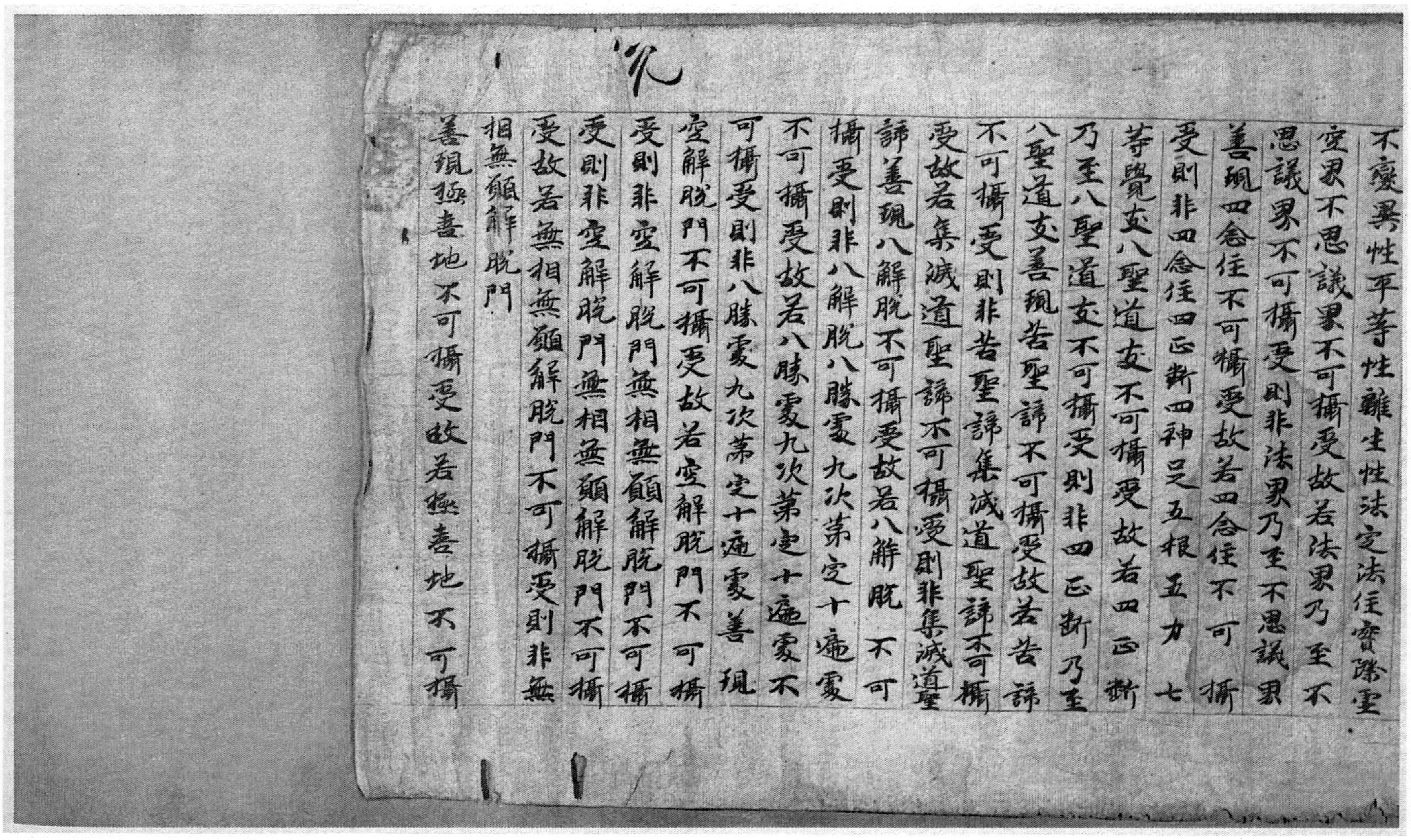

兌

不變異性平等性離生性法定法住實際虛
空界不思議界不可攝受故若法界乃至不
思議界不可攝受則非法界乃至不思議界
善現四念住不可攝受故若四念住不可攝
受則非四念住四正斷四神足五根五力七
等覺支八聖道支不可攝受故若四正斷
乃至八聖道支不可攝受則非四正斷乃至
八聖道支善現苦聖諦不可攝受故若苦諦
不可攝受則非苦聖諦集滅道聖諦不可攝
受故若集滅道聖諦不可攝受則非集滅道聖
諦善現八解脫不可攝受故若八解脫不可
攝受則非八解脫八勝處九次第定十遍處
不可攝受故若八勝處九次第定十遍處不
可攝受則非八勝處九次第定十遍處善現
空解脫門不可攝受故若空解脫門不可攝
受則非空解脫門無相無願解脫門不可攝
受則非空解脫門無相無願解脫門不可攝
受故若無相無願解脫門不可攝受則非無
相無願解脫門
善現極喜地不可攝受故若極喜地不可攝

BD04892 號　大般若波羅蜜多經（兌廢稿）卷三二五　（2–2）

薩修行般若波羅蜜多方便善巧
有情修行四念住四正斷四神足五根
五力七等覺支八聖道支修行空無相無願
解脫門安住苦集滅道聖諦修行八解脫八
勝處九次第定十遍處得預流果若一來果
若不還果若阿羅漢果若獨覺菩提舍利子
是菩薩摩訶薩雖已修行布施淨戒安忍精
進靜慮般若波羅蜜多雖已住內空外空內
外空空空大空勝義空有為空無為空畢竟
空無際空散空無變異空本性空自相空共
相空一切法空不可得空無性空自性空　無
性自性空雖已住真如法界法性不虛妄性
不變異性平等性離生性法定法住實際虛
空界不思議界雖已修一切陀羅尼門三摩
地門雖已修極喜地離垢地發光地焰慧地
極難勝地現前地遠行地不動地善慧地法
雲地雖已修……

BD04893號　大般若波羅蜜多經卷八

(23–1)

相空一切法空不可得空無性空自性空　無
性自性空雖已住真如法界法性不虛妄性
不變異性平等性離生性法定法住實際虛
空界不思議界雖已修一切陀羅尼門三摩
地門雖已修極喜地離垢地發光地焰慧地
極難勝地現前地遠行地不動地善慧地法
雲地雖已修五眼六神通雖已修佛十力四
無所畏四無礙解大慈大悲大喜大捨十八
佛不共法雖已修無忘失法恒住捨性雖已
修一切智道相智一切相智而不取無上正
等菩提是菩薩摩訶薩修行般若波羅蜜多
方便善巧令諸有情修行布施淨戒安忍精
進靜慮般若波羅蜜多乃至修行一切智道
相智一切相智證得無上正等菩提舍利子
一切聲聞獨覺果智即是菩薩摩訶薩忍舍
利子當知是菩薩摩訶薩住不退轉地安住
般若波羅蜜多能為斯事
復次舍利子有菩薩摩訶薩久已安住布施
淨戒安忍精進靜慮般若波羅蜜多及餘無
量無邊佛法嚴淨覩史多天宮舍利子當知
是菩薩摩訶薩此賢劫中定得無上正等菩
提復次舍利子有菩薩摩訶薩修行般若波
羅蜜多雖已得四靜慮四無量四無色定已
得四念住四正斷四神足五根五力七等覺
支八聖道支已修空無相無願解脫門已修
八解脫八勝處九次第定十遍處已修布施
淨戒安忍精進靜慮般若波羅蜜多已有一

BD04893號　大般若波羅蜜多經卷八

(23–2)

攝復次舍利子有菩薩摩訶薩脩行般若波
羅蜜多雖已得四靜慮四無量四無色定已
得四念住四正斷四神足五根五力七等覺
支八聖道支已脩空無相無願解脫門已脩
八解脫八勝處九次第定十遍處已脩布施
淨戒安忍精進靜慮般若波羅蜜多已脩一
切陁羅尼門三摩地門已脩菩薩摩訶薩地
已脩五眼六神通已脩佛十力四無所畏四
無礙解大慈大悲大喜大捨十八佛不共法
已脩無妄失法恒住捨性已脩一切智道相
智一切相智而於聖諦現未通達舍利子當
知是菩薩摩訶薩一生所繫復次舍利子有
菩薩摩訶薩脩行布施淨戒安忍精進靜
慮般若波羅蜜多遊諸世界從一佛國至一佛
國嚴淨佛土安立有情於無上覺舍利子是
菩薩摩訶薩要經無量無數大劫乃證無上
正等菩提復次舍利子有菩薩摩訶薩安住
布施淨戒安忍精進靜慮般若波羅蜜多常
勤精進饒益有情口常不說引無義語身意
不起引無義業復次舍利子有菩薩摩訶薩
脩行六種波羅蜜多常勤精進饒益有情從
一佛國至一佛國斷諸有情三惡趣道方便
安立善趣道中
復次舍利子有菩薩摩訶薩雖住六種波羅
蜜多而以布施波羅蜜多常為上首勇猛脩
習施諸有情一切樂具常無懈息一切有情
須食與食須飲與飲須乘與乘須衣與衣須

BD04893號　大般若波羅蜜多經卷八　（23-3）

一佛國至一佛國斷諸有情三惡趣道方便
安立善趣道中
復次舍利子有菩薩摩訶薩雖住六種波羅
蜜多而以布施波羅蜜多常為上首勇猛脩
習施諸有情一切樂具常無懈息一切有情
須食與食須飲與飲須乘與乘須衣與衣須
華香與華香須瓔珞與瓔珞須房舍與房舍
須床榻與床榻須臥具與臥具須燈明與燈
明須財穀與財穀須珎寶與珎寶須伎樂與
伎樂須侍衛與侍衛隨其所須種種資具歡
喜施與令無所乏施已勸脩三菩提道復次
舍利子有菩薩摩訶薩雖住六種波羅蜜多
而以淨戒波羅蜜多常為上首勇猛脩習具
身語意清淨律儀勸諸有情亦令脩習如是
律儀令速圓滿復次舍利子有菩薩摩訶薩
雖住六種波羅蜜多而以安忍波羅蜜多常
為上首勇猛脩習遠離一切忿恚等心勸諸
有情亦令脩習如是安忍令速圓滿復次舍
利子有菩薩摩訶薩雖住六種波羅蜜多而
以精進波羅蜜多常為上首勇猛脩習具足
脩行一切善法勸諸有情亦令脩習如是精
進令速圓滿復次舍利子有菩薩摩訶薩雖
住六種波羅蜜多而以靜慮波羅蜜多常為
上首勇猛脩習具脩一切勝奢摩他勸諸有
情亦令脩習如是勝定令速圓滿復次舍利
子有菩薩摩訶薩雖住六種波羅蜜多而以
般若波羅蜜多常為上首勇猛脩習具脩一

BD04893號　大般若波羅蜜多經卷八　（23-4）

住六種波羅蜜多而以靜慮波羅蜜多常為
上首勇猛脩習具脩一切勝奢摩他勸諸有
情亦令脩習如是勝定令速圓滿復次舍利
子有菩薩摩訶薩雖住六種波羅蜜多而以
般若波羅蜜多常為上首勇猛脩習具脩一
切毗鉢舍那勸諸有情亦令脩習如是勝慧
令速圓滿
復次舍利子有菩薩摩訶薩脩行般若波羅
蜜多方便善巧化身如佛遍入地獄傍生鬼界
若人若天隨其類音為說正法令獲殊勝
利益安樂復次舍利子有菩薩摩訶薩安住
布施淨戒安忍精進靜慮般若波羅蜜多化
身如佛遍至十方殑伽沙等諸佛世界為諸
有情宣說正法供養恭敬尊重讚歎諸佛世
尊於諸佛所聽聞正法嚴淨佛土周覽十方
最勝佛土微妙淨相而便自起最極莊嚴清
淨佛土於中安處一生所繫諸大菩薩令速
證得所求無上正等菩提復次舍利子有菩
薩摩訶薩脩行布施淨戒安忍精進靜慮
般若波羅蜜多具三十二大丈夫相八十隨好
圓滿莊嚴諸根猛利最勝清淨眾生見者
無不愛敬起清淨心因斯勸導隨其根欲令漸
證得三乘涅槃如是舍利子菩薩摩訶薩脩
行般若波羅蜜多應學清淨身語意業復
次舍利子有菩薩摩訶薩脩行布施淨戒安忍
精進靜慮般若波羅蜜多雖得諸根最勝明

BD04893號　大般若波羅蜜多經卷八　（23–5）

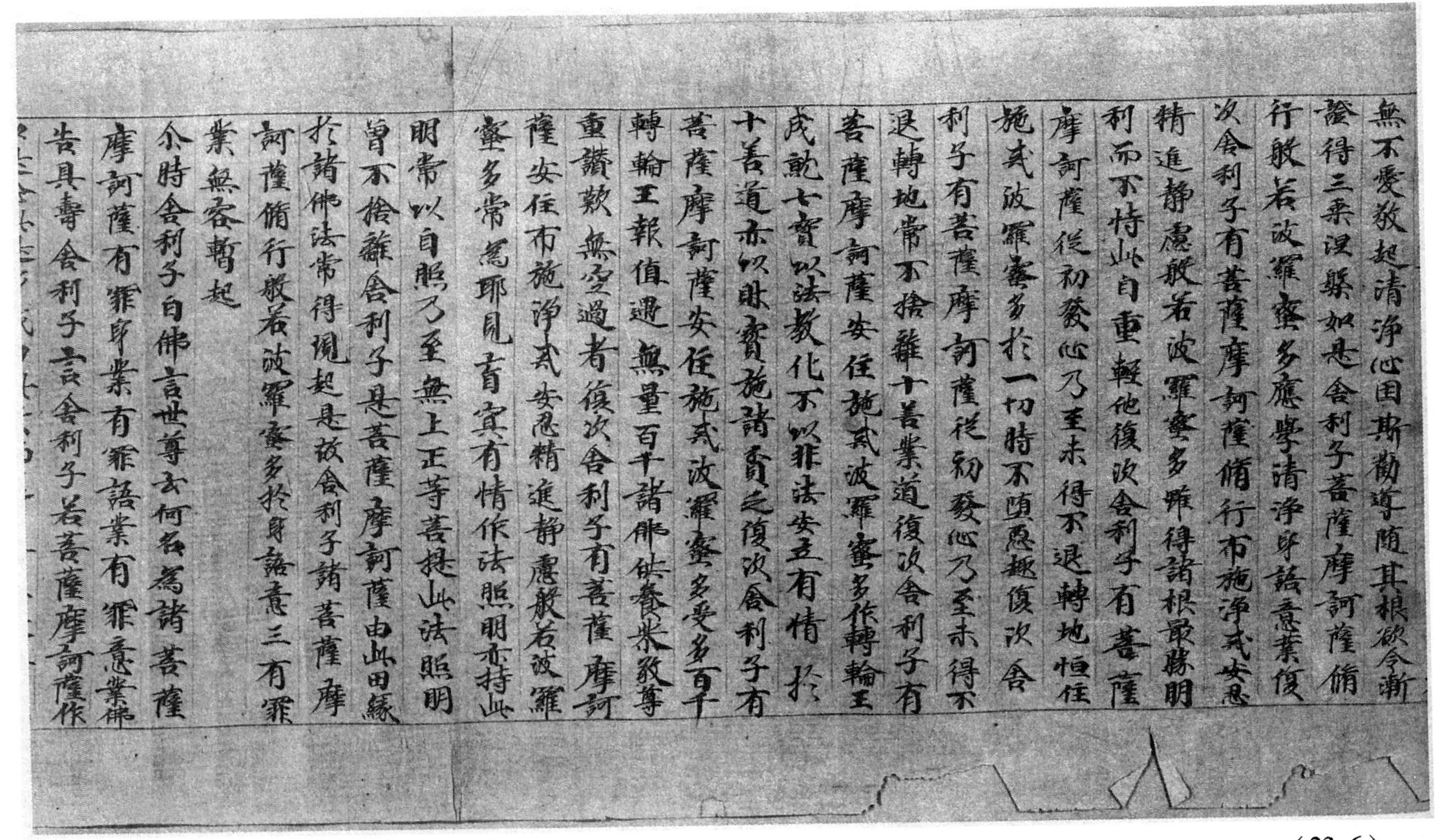

無不愛敬起清淨心因斯勸導隨其根欲令漸
證得三乘涅槃如是舍利子菩薩摩訶薩脩
行般若波羅蜜多應學清淨身語意業復
次舍利子有菩薩摩訶薩脩行布施淨戒安忍
精進靜慮般若波羅蜜多雖得諸根最勝明
利而不恃此自重輕他復次舍利子有菩薩
摩訶薩從初發心乃至未得不退轉地恒住
施戒波羅蜜多於一切時不墮惡趣復次舍
利子有菩薩摩訶薩從初發心乃至未得不
退轉地常不捨離十善業道復次舍利子有
菩薩摩訶薩安住施戒波羅蜜多作轉輪王
成就七寶以法教化不以非法安立有情於
十善道亦以財寶施諸貧乏復次舍利子有
菩薩摩訶薩安住施戒波羅蜜多受多百千
轉輪王報值遇無量百千諸佛供養恭敬尊
重讚歎無空過者復次舍利子有菩薩摩訶
薩安住布施淨戒安忍精進靜慮般若波羅
蜜多常為耶見盲冥有情作法照明亦持此
明常以自照乃至無上正等菩提此法照明
曾不捨離舍利子是菩薩摩訶薩由此因緣
於諸佛法常得現起是故舍利子諸菩薩摩
訶薩脩行般若波羅蜜多於身語意三有罪
業無容暫起
尒時舍利子白佛言世尊云何名為諸菩薩
摩訶薩有罪身業有罪語業有罪意業佛
告具壽舍利子言舍利子若菩薩摩訶薩作

BD04893號　大般若波羅蜜多經卷八　（23–6）

訶薩脩行般若波羅蜜多於身語意三有罪
業無容暫起
尒時舍利子白佛言世尊云何名為諸菩薩
摩訶薩有罪身業有罪語業有罪意業佛
告具壽舍利子言舍利子若菩薩摩訶薩依
如是念此是身我由此故而起身業此是語我
由此故而起語業此是意我由此故而起意
業舍利子如是名為諸菩薩摩訶薩有罪身
業有罪語業有罪意業又舍利子諸菩薩摩
訶薩脩行般若波羅蜜多不得身及身業不
得語及語業不得意及意業又舍利子若菩
薩摩訶薩脩行般若波羅蜜多得身語意及
彼業者便起慳貪犯戒忿恚懈怠散亂惡慧
之心若起此心不名菩薩摩訶薩是故舍利
子諸菩薩摩訶薩脩行般若波羅蜜多生此
念者無有是處又舍利子諸菩薩摩訶薩脩
行布施淨戒安忍精進靜慮般若波羅蜜多
起身語意三種麁重無有是處何以故舍利
子諸菩薩摩訶薩修行六種波羅蜜多能淨
一切身麁重故能淨一切語麁重故能淨一切
意麁重故尒時舍利子白佛言世尊云何
菩薩摩訶薩能淨身語意三種麁重佛告具
壽舍利子言舍利子諸菩薩摩訶薩脩行六
種波羅蜜多不得身及身麁重不得語及語
麁重不得意及意麁重如是舍利子諸菩薩
摩訶薩脩行六種波羅蜜多能淨身語意三

BD04893號　大般若波羅蜜多經卷八　（23–7）

壽舍利子言舍利子諸菩薩摩訶薩脩行六
種波羅蜜多不得身及身麁重不得語及語
麁重不得意及意麁重如是舍利子諸菩薩
摩訶薩脩行六種波羅蜜多能淨身語意三
種麁重又舍利子若菩薩摩訶薩從初發心
常樂受持十善業道不起聲聞心不起獨覺
心於諸有情恒起悲心欲拔其苦恒起慈心
欲與其樂舍利子我亦說如是菩薩摩訶薩
能淨身語意三種麁重利樂有情心力勝故
復次舍利子有菩薩摩訶薩脩行布施淨戒
安忍精進靜慮般若波羅蜜多淨菩提道尒
時舍利子白佛言世尊云何名為菩薩摩訶
薩菩提道佛告具壽舍利子言舍利子諸菩
薩摩訶薩脩行六種波羅蜜多不得身業及
身麁重不得語業及語麁重不得意業及意
麁重不得布施波羅蜜多不得淨戒波羅蜜
多不得安忍波羅蜜多不得精進波羅蜜多
不得靜慮波羅蜜多不得般若波羅蜜多不
得聲聞不得獨覺不得菩薩不得如來舍利
子是名菩薩摩訶薩菩提道何以故以菩提
道於一切法皆不得故
復次舍利子有菩薩摩訶薩脩行布施淨戒
安忍精進靜慮般若波羅蜜多趣菩提道無
能制者尒時舍利子白佛言世尊何緣菩薩
摩訶薩脩行六種波羅蜜多趣菩提道無能
制者佛告具壽舍利子言舍利子譬[illegible]菩薩摩

BD04893號　大般若波羅蜜多經卷八　（23–8）

復次舍利子有菩薩摩訶薩行布施淨戒
安忍精進靜慮般若波羅蜜多趣菩提道無
能制者尒時舍利子白佛言世尊何緣菩薩
摩訶薩脩行六種波羅蜜多趣菩提道無能
制者佛告具壽舍利子言舍利子諸菩薩摩
訶薩脩行六種波羅蜜多時不著色不著受
想行識不著眼處不著耳鼻舌身意處不著
色處不著聲香味觸法處不著眼界不著耳
鼻舌身意界不著色界不著聲香味觸法界
不著眼識界不著耳鼻舌身意識界不著眼
觸不著耳鼻舌身意觸不著眼觸為緣所生
諸受不著耳鼻舌身意觸為緣所生諸受不
著地界不著水火風空識界不著因緣不著
等無間緣所緣緣增上緣及從緣所生法不
著無明不著行識名色六處觸受愛取有生
老死愁歎苦憂惱不著布施波羅蜜多不著
淨戒安忍精進靜慮般若波羅蜜多不著內
空不著外空內外空空空大空勝義空有為
空無為空畢竟空無際空散空無變異空本
性空自相空共相空一切法空不可得空無
性空自性空無性自性空不著真如不著法
界法性不虛妄性不變異性平等性離生性
法定法住實際虛空界不思議界不著四念
住不著四正斷四神足五根五力七等覺支
八聖道支不著苦聖諦不著集滅道聖諦不
著四靜慮不著四無量四無色定不著八解

界法性不虛妄性不變異性平等性離生性
法定法住實際虛空界不思議界不著四念
住不著四正斷四神足五根五力七等覺支
八聖道支不著苦聖諦不著集滅道聖諦不
著四靜慮不著四無量四無色定不著八解
脫不著八勝處九次第定十遍處不著空解
脫門不著無相無願解脫門不著一切陀羅
尼門不著一切三摩地門不著極喜地不著
離垢地發光地焰慧地極難勝地現前地遠
行地不動地善慧地法雲地不著五眼不著
六神通不著佛十力不著四無所畏四無礙
解大慈大悲大喜大捨十八佛不共法不著
三十二大士相不著八十隨好不著無忘失
法不著恒住捨性不著一切智不著道相智
一切相智不著預流果不著一來不還阿羅
漢果獨覺菩提不著一切菩薩摩訶薩行不
著諸佛無上正等菩提舍利子由是緣故諸
菩薩摩訶薩脩行六種波羅蜜多增長熾盛
趣菩提道無能制者
復次舍利子有菩薩摩訶薩安住般若波羅
蜜多速能圓滿一切智智成勝智故關閉一
切險惡趣門不受人天貧窮下賤諸根具足
形貌端嚴世間天人阿素洛等咸共尊重恭
敬供養尒時舍利子白佛言世尊何等名為
是菩薩摩訶薩所成勝智佛告具壽舍利子
言舍利子是菩薩摩訶薩成此智故普見十

形顏端嚴世間天人阿素洛等咸共尊重恭
敬供養尒時舍利子白佛言世尊何等名為
是菩薩摩訶薩所成勝智佛告具壽舍利子
言舍利子是菩薩摩訶薩成此智故普見十
方殑伽沙等諸佛世界一切如來應正等覺
普聞彼佛所說正法普見彼會一切聲聞菩
薩僧等亦見彼土清淨功德莊嚴之相舍利
子是菩薩摩訶薩成此智故不起世界想不
起如來想不起正法想不起菩薩想不起聲
聞想不起獨覺想不起自想不起他想不起
佛土想又舍利子諸菩薩摩訶薩由此智故
雖行布施波羅蜜多而不得布施波羅蜜多
雖行淨戒安忍精進靜慮般若波羅蜜多而
不得淨戒安忍精進靜慮般若波羅蜜多諸
菩薩摩訶薩由此智故雖住內空而不得內
空雖住外空內外空空空大空勝義空有為
空無為空畢竟空無際空散空無變異空本
性空自相空共相空一切法空不可得空無
性空自性空無性自性空而不得外空乃至
無性自性空諸菩薩摩訶薩由此智故雖住
真如而不得真如雖住法界法性不虛妄性
不變異性平等性離生性法定法住實際虛
空界不思議界而不得法界乃至不思議界
諸菩薩摩訶薩由此智故雖修四念住而不
得四念住雖修四正斷四神足五根五力七
等覺支八聖道支而不得四正斷乃至八聖

BD04893號　大般若波羅蜜多經卷八　（23–11）

不變異性平等性離生性法定法住實際虛
空界不思議界而不得法界乃至不思議界
諸菩薩摩訶薩由此智故雖修四念住而不
得四念住雖修四正斷四神足五根五力七
等覺支八聖道支而不得四正斷乃至八聖
道支諸菩薩摩訶薩由此智故雖住苦聖諦
而不得苦聖諦雖住集滅道聖諦而不得集
滅道聖諦諸菩薩摩訶薩由此智故雖修四
靜慮而不得四靜慮雖修四無量四無色定
而不得四無量四無色定諸菩薩摩訶薩由
此智故雖修八解脫而不得八解脫雖修八
勝處九次第定十遍處而不得八勝處九次
第定十遍處諸菩薩摩訶薩由此智故雖修
空解脫門而不得空解脫門雖修無相無願
解脫門而不得無相無願解脫門諸菩薩摩
訶薩由此智故雖修一切陀羅尼門而不得
一切陀羅尼門雖修一切三摩地門而不得
一切三摩地門諸菩薩摩訶薩由此智故雖
修極喜地而不得極喜地雖修離垢發光
地焰慧地極難勝地現前地遠行地不動地
善慧地法雲地而不得離垢地乃至法雲地
諸菩薩摩訶薩由此智故雖修五眼而不得
五眼雖修六神通而不得六神通諸菩薩摩
訶薩由此智故雖修佛十力而不得佛十力
雖修四無所畏四無礙解大慈大悲大喜大
捨十八佛不共法而不得四無所畏乃至十
八佛不共法諸菩薩摩訶薩由此智故雖修

BD04893號　大般若波羅蜜多經卷八　（23–12）

五眼雖脩六神通而不得六神通諸菩薩摩
訶薩由此智故雖修佛十力而不得佛十力
雖脩四無所畏四無礙解大慈大悲大喜大
捨十八佛不共法而不得四無所畏乃至十
八佛不共法諸菩薩摩訶薩由此智故雖脩
三十二大士相而不得三十二大士相雖修八
十隨好而不得八十隨好諸菩薩摩訶薩
由此智故雖修無忘失法而不得無忘失法
雖脩恒住捨性而不得恒住捨性諸菩薩摩
訶薩由此智故雖脩一切智而不得一切智
雖脩道相智一切相智而不得道相智一切
相智諸菩薩摩訶薩由此智故雖脩一切菩
薩摩訶薩行而不得一切菩薩摩訶薩行雖
脩諸佛無上正等菩提而不得諸佛無上正
等菩提舍利子是名菩薩摩訶薩所成勝智
諸菩薩摩訶薩由成此智速能圓滿一切佛
法雖能圓滿一切佛法而於諸法無執無取
以一切法自性空故
復次舍利子有菩薩摩訶薩脩行布施淨戒
安忍精進靜慮般若波羅蜜多得淨五眼何
等為五所謂肉眼天眼慧眼法眼佛眼尒時
舍利子白佛言世尊云何菩薩摩訶薩得淨
肉眼佛告具壽舍利子言舍利子有菩薩摩
訶薩得淨肉眼明了能見百踰繕那有菩薩
摩訶薩得淨肉眼明了能見二百踰繕那有
菩薩摩訶薩得淨肉眼明了能見三百踰繕

肉眼佛告具壽舍利子言舍利子有菩薩摩
訶薩得淨肉眼明了能見百踰繕那有菩薩
摩訶薩得淨肉眼明了能見二百踰繕那有
菩薩摩訶薩得淨肉眼明了能見三百踰繕
那有菩薩摩訶薩得淨肉眼明了能見四百
五百六百乃至千踰繕那有菩薩摩訶薩得
淨肉眼明了能見一贍部洲有菩薩摩訶薩
得淨肉眼明了能見二大洲界有菩薩摩訶
薩得淨肉眼明了能見三大洲界有菩薩
摩訶薩得淨肉眼明了能見四大洲界有菩薩
摩訶薩得淨肉眼明了能見小千世界有菩
薩摩訶薩得淨肉眼明了能見中千世界有
菩薩摩訶薩得淨肉眼明了能見大千世界
舍利子是為菩薩摩訶薩得淨肉眼
尒時舍利子復白佛言世尊云何菩薩摩訶
薩得淨天眼佛告具壽舍利子言舍利子諸
菩薩摩訶薩得淨天眼能見一切四大王衆
天天眼所見亦如實知能見一切三十三天
夜魔天覩史多天樂變化天他化自在天天
眼所見亦如實知諸菩薩摩訶薩得淨天眼
能見一切梵衆天天眼所見亦如實知能見
一切梵輔天梵會天大梵天天眼所見亦如
實知諸菩薩摩訶薩得淨天眼能見一切光
天天眼所見亦如實知能見一切少光天無
量光天極光淨天天眼所見亦如實知諸菩
薩摩訶薩得淨天眼能見一切淨天天眼所

一切梵輔天梵會天大梵天天眼所見亦如
實知諸菩薩摩訶薩得淨天眼能見一切光
天天眼所見亦如實知能見一切少光天無
量光天極光淨天天眼所見亦如實知諸菩
薩摩訶薩得淨天眼能見一切淨天天眼所
見亦如實知能見一切少淨天無量淨天遍
淨天天眼所見亦如實知諸菩薩摩訶薩得
淨天眼能見一切廣天天眼所見亦如實知
能見一切少廣天無量廣天廣果天天眼所
見亦如實知諸菩薩摩訶薩得淨天眼能見
一切無想有情天天眼所見亦如實知諸菩
薩摩訶薩得淨天眼能見一切無繁天天眼
所見亦如實知能見一切無熱天善現天善
見天色究竟天天眼所見亦如實知舍利子
有菩薩摩訶薩天眼所見一切四大王衆天
乃至色究竟天所得天眼皆不能見亦不能
知舍利子諸菩薩摩訶薩得淨天眼能見十
方殑伽沙等諸世界中諸有情類死此生彼
亦如實知舍利子是為菩薩摩訶薩得淨天
眼
尒時舍利子復白佛言世尊云何菩薩摩訶
薩得淨慧眼佛告具壽舍利子言舍利子諸
菩薩摩訶薩得淨慧眼不見有法若有為若
無為不見有法若有漏若無漏不見有法若
世間若出世間不見有法若有罪若無罪不
見有法若雜染若清淨不見有法若有色
若無色不見有法若有對若無對不見有法若

BD04893號　大般若波羅蜜多經卷八　（23–15）

菩薩摩訶薩得淨慧眼不見有法若有為若
無為不見有法若有漏若無漏不見有法若
世間若出世間不見有法若有罪若無罪不
見有法若雜染若清淨不見有法若有色
若無色不見有法若有對若無對不見有法若
過去若未來若現在不見有法若欲界繫若
色界繫若無色界繫不見有法若善若不善
若無記不見有法若見所斷若修所斷若非
所斷不見有法若學若無學若非學非無學
乃至一切法若自性若差別都無所見舍利
子是菩薩摩訶薩得淨慧眼於一切法非見
非不見非聞非不聞非覺非不覺非識非不
識舍利子是為菩薩摩訶薩得淨慧眼
尒時舍利子復白佛言世尊云何菩薩摩訶
薩得淨法眼佛告具壽舍利子言舍利子諸
菩薩摩訶薩得淨法眼能如實知補特伽羅
種種差別謂如實知此是隨信行此是隨法
行此是無相行此住空此住無相此住無願
又如實知此由空解脫門起五根由五根起
無間定由無間定起解脫智見由解脫智見
永斷三結得預流果薩迦耶見戒禁取疑是
謂三結復由初得修道薄欲貪瞋得一來果
復由上品修道盡欲貪瞋得不還果復由增
上修道盡五順上分結得阿羅漢果色貪無
色貪無明慢掉舉是謂五順上分結又如實
知此由無相解脫門起五根由五根起無間定

BD04893號　大般若波羅蜜多經卷八　（23–16）

謂三結後由初得脩道薄欲貪瞋得一來果
後由增上脩道盡五順上分結得阿羅漢果色貪無
色貪無明慢掉舉是謂五順上分結　又如實
知此由無相解脫門起五根由五根起無間定
由無間定起解脫智見由解脫智見永斷三
結得預流果後由初得脩道薄欲貪瞋得
一來果後由上品脩道盡欲貪瞋得不還果
後由增上脩道盡五順上分結得阿羅漢果
又如實知此由無願解脫門起五根由五根
起無間定由無間定起解脫智見由解脫智
見永斷三結得預流果後由初得脩道薄欲
貪瞋得一來果後由上品脩道盡欲貪瞋得
不還果後由增上脩道盡五順上分結得阿
羅漢果又如實知此由空無相解脫門起五根
由五根起無間定由無間定起解脫智見由
解脫智見永斷三結得預流果後由初得
脩道薄欲貪瞋得一來果後由上品脩道盡
欲貪瞋得不還果後由增上脩道盡五順上
分結得阿羅漢果又如實知此由空無願解脫
門起五根由五根起無間定由無間定起解
脫智見由解脫智見永斷三結得預流果
後由初得脩道薄欲貪瞋得一來果後由上
品脩道盡欲貪瞋得不還果後由增上脩道
盡五順上分結得阿羅漢果又如實知此由
無相無願解脫門起五根由五根起無間定

分結得阿羅漢果又如實知此由空無願解脫
門起五根由五根起無間定由無間定起解
脫智見由解脫智見永斷三結得預流果
後由初得脩道薄欲貪瞋得一來果後由上
品脩道盡欲貪瞋得不還果後由增上脩道
盡五順上分結得阿羅漢果又如實知此由
無相無願解脫門起五根由五根起無間定
由無間定起解脫智見由解脫智見永斷三
結得預流果後由初得脩道薄欲貪瞋得一
來果後由上品脩道盡欲貪瞋得不還果後
由增上脩道盡五順上分結得阿羅漢果又
如實知此由空無相無願解脫門起五根由
五根起無間定由無間定起解脫智見由解
脫智見永斷三結得預流果後由初得脩道
薄欲貪瞋得一來果後由上品脩道盡欲貪
瞋得不還果後由增上脩道盡五順上分結
得阿羅漢果舍利子是爲菩薩摩訶薩得淨
法眼復次舍利子諸菩薩摩訶薩得淨法眼
能如實知如是一類補特伽羅由空無相無
願解脫門起五根由五根起無間定由無間
定起解脫智見由解脫智見能如實知所有
集法皆是滅法由知此故得勝五根斷諸煩
惱展轉證得獨覺菩提舍利子是爲菩薩摩
訶薩得淨法眼
復次舍利子諸菩薩摩訶薩得淨法眼能如
實知此菩薩摩訶薩衆初發心脩行布施波
羅蜜多脩行淨戒安忍精進靜慮般若波羅

修展轉證得獨覺菩提舍利子是為菩薩摩
訶薩得淨法眼
復次舍利子諸菩薩摩訶薩得淨法眼能如
實知此菩薩摩訶薩冣初發心脩行布施波
羅蜜多脩行淨戒安忍精進靜慮般若波羅
蜜多成就信根精進根及方便善巧故思受
身增長善法是菩薩摩訶薩或生刹帝利大
族或生婆羅門大族或生長者大族或生居
士大族或生四大王衆天或生三十三天或
生夜魔天或生覩史多天或生樂變化天或
生他化自在天住如是處成熟有情隨諸有
情心所愛樂能施種種上妙樂具亦能嚴淨
種種佛土亦以種種上妙供具供養恭敬尊
重讚歎諸佛世尊不墮聲聞獨覺等地乃至
無上正等菩提終不退轉舍利子是為菩薩
摩訶薩得淨法眼復次舍利子諸菩薩摩訶
薩得淨法眼能如實知此菩薩摩訶薩於無
上正等菩提已得受記此菩薩摩訶薩於無
上正等菩提近得受記此菩薩摩訶薩於無
上正等菩提當得受記此菩薩摩訶薩於無
上正等菩提得不退轉此菩薩摩訶薩於無
上正等菩提猶可退轉此菩薩摩訶薩已住
不退轉地此菩薩摩訶薩未住不退轉地此
菩薩摩訶薩神通已圓滿此菩薩摩訶薩神
通未圓滿此菩薩摩訶薩神通已圓滿故能
往十方殑伽沙等諸佛世界供養恭敬尊重

BD04893號　大般若波羅蜜多經卷八　（23–19）

上正等菩提猶可退轉此菩薩摩訶薩已住
不退轉地此菩薩摩訶薩未住不退轉地此
菩薩摩訶薩神通已圓滿此菩薩摩訶薩神
通未圓滿此菩薩摩訶薩神通已圓滿故能
往十方殑伽沙等諸佛世界供養恭敬尊重
讚歎一切如來應正等覺及諸菩薩摩訶薩
衆此菩薩摩訶薩神通未圓滿故不能往十
方殑伽沙等諸佛世界供養恭敬尊重讚歎
一切如來應正等覺及諸菩薩摩訶薩衆此
菩薩摩訶薩已得神通此菩薩摩訶薩未得
神通此菩薩摩訶薩已得無生法忍此菩薩
摩訶薩未得無生法忍此菩薩摩訶薩已得
殊勝根此菩薩摩訶薩未得殊勝根此菩薩
摩訶薩已嚴淨佛土此菩薩摩訶薩未嚴淨
佛土此菩薩摩訶薩已成熟有情此菩薩摩
訶薩未成熟有情此菩薩摩訶薩已得大願
此菩薩摩訶薩未得大願此菩薩摩訶薩已
得諸佛共所稱讚此菩薩摩訶薩未得諸佛
共所稱讚此菩薩摩訶薩已親近諸佛此菩
薩摩訶薩未親近諸佛此菩薩摩訶薩壽命
無量此菩薩摩訶薩壽命有量此菩薩摩訶
薩當得無上正等菩提時苾芻僧無量此菩
薩摩訶薩當得無上正等菩提時苾芻僧有
量此菩薩摩訶薩當得無上正等菩提時有
菩薩僧此菩薩摩訶薩當得無上正等菩提
時無菩薩僧此菩薩摩訶薩專脩利他行此

BD04893號　大般若波羅蜜多經卷八　（23–20）

無量此菩薩摩訶薩壽命有量此菩薩摩訶
薩當得無上正等菩提時光明僧無量此菩
薩摩訶薩當得無上正等菩提時光明僧有
量此菩薩摩訶薩當得無上正等菩提時有
菩薩僧此菩薩摩訶薩當得無上正等菩提
時無菩薩僧此菩薩摩訶薩專脩利他行此
菩薩摩訶薩兼脩自利行此菩薩摩訶薩有
難行苦行此菩薩摩訶薩無難行苦行此菩
薩摩訶薩爲一生所繫此菩薩摩訶薩爲多
生所繫此菩薩摩訶薩已住最後有此菩薩
摩訶薩未住最後有此菩薩摩訶薩已坐妙
菩提座此菩薩摩訶薩未坐妙菩提座此菩
薩摩訶薩無魔來嬈此菩薩摩訶薩有魔來
嬈舍利子是爲菩薩摩訶薩得淨法眼
尒時舍利子復白佛言世尊云何菩薩摩訶
薩得淨佛眼佛告具壽舍利子言舍利子諸
菩薩摩訶薩菩提心無間入金剛喻定得一
切相智成就佛十力四無所畏四無礙解大
慈大悲大喜大捨十八佛不共法等無量無
邊不可思議殊勝功德尒時成就無障無礙
解脫佛眼諸菩薩摩訶薩由得如是清淨佛
眼超過一切聲聞獨覺智慧境界無所不見
無所不聞無所不覺無所不識於一切法見
一切相舍利子是爲菩薩摩訶薩得淨佛眼
舍利子諸菩薩摩訶薩要得無上正等菩提
乃得如是清淨佛眼
舍利子若菩薩摩訶薩欲得如是清淨五眼

BD04893號　大般若波羅蜜多經卷八　(23–21)

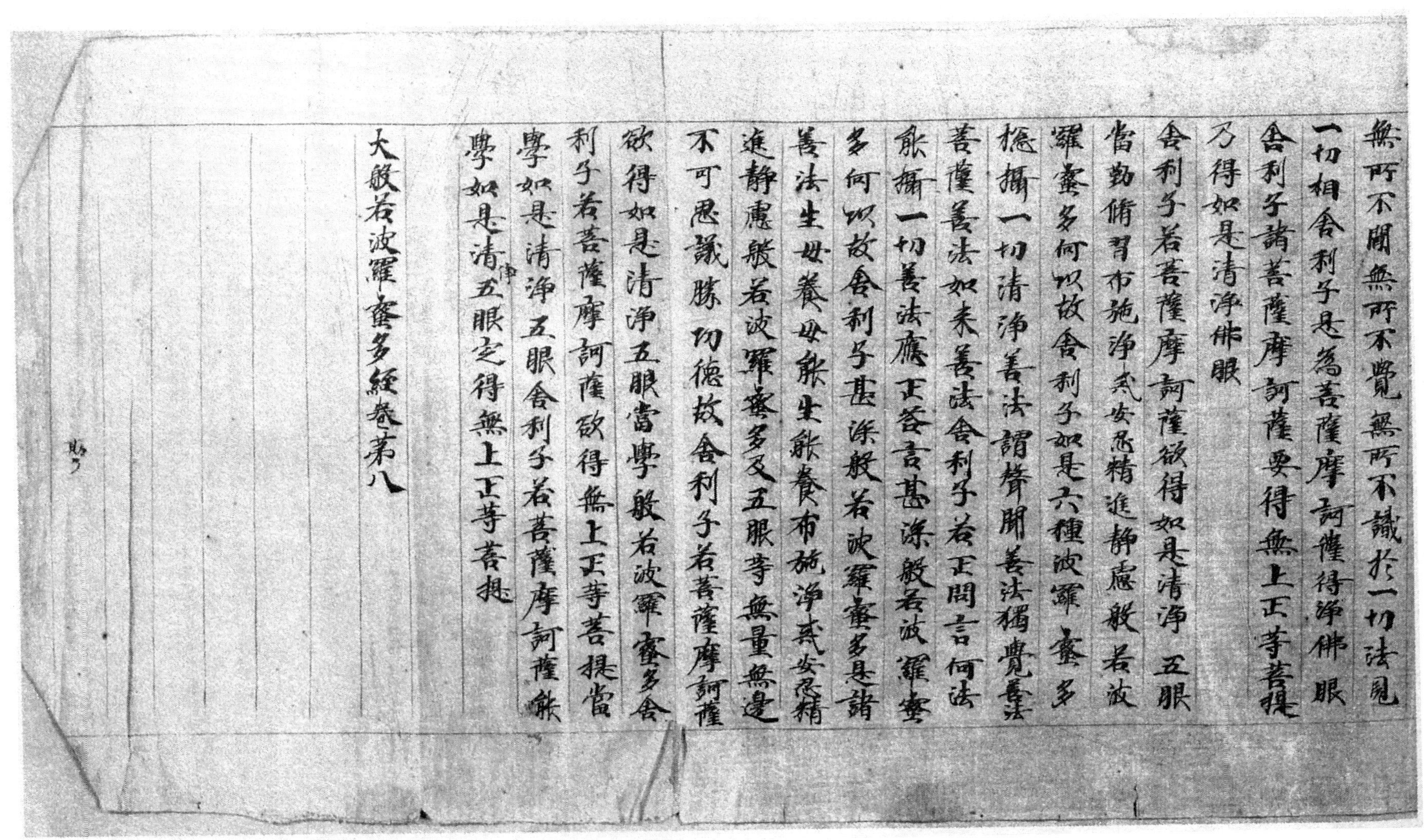

無所不聞無所不覺無所不識於一切法見
一切相舍利子是爲菩薩摩訶薩得淨佛眼
舍利子諸菩薩摩訶薩要得無上正等菩提
乃得如是清淨佛眼
舍利子若菩薩摩訶薩欲得如是清淨五眼
當勤脩習布施淨戒安忍精進靜慮般若波
羅蜜多何以故舍利子如是六種波羅蜜多
摠攝一切清淨善法謂聲聞善法獨覺善法
菩薩善法如來善法舍利子若正問言何法
能攝一切善法應正答言甚深般若波羅蜜
多何以故舍利子甚深般若波羅蜜多是諸
善法生母養母能生能養布施淨戒安忍精
進靜慮般若波羅蜜多及五眼等無量無邊
不可思議殊勝功德故舍利子若菩薩摩訶薩
欲得如是清淨五眼當學般若波羅蜜多舍
利子若菩薩摩訶薩欲得無上正等菩提當
學如是清淨五眼舍利子若菩薩摩訶薩能
學如是清淨五眼定得無上正等菩提

大般若波羅蜜多經卷第八

BD04893號　大般若波羅蜜多經卷八　(23–22)

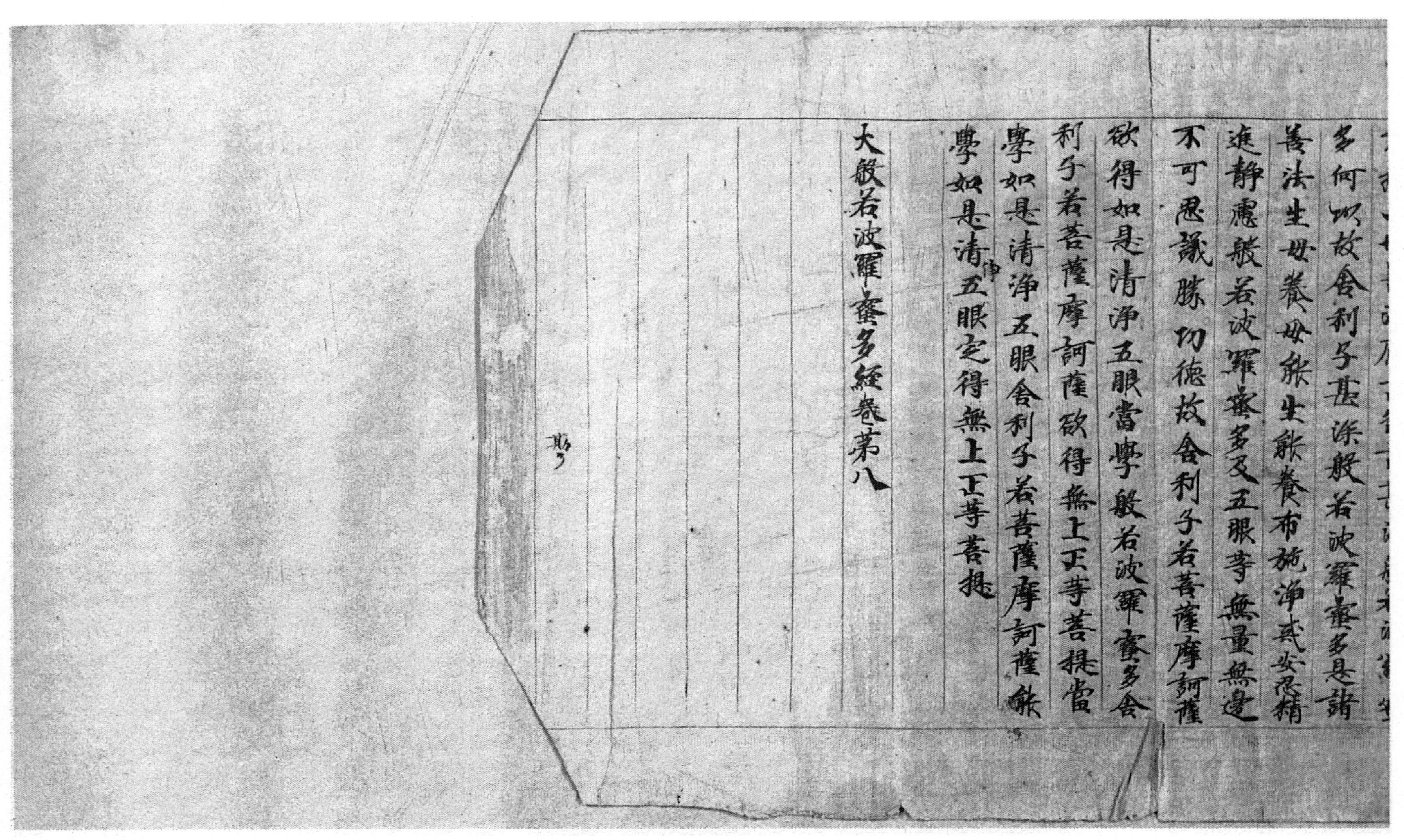

多何以故舍利子甚深般若波羅蜜多是諸
善法生母養母能生能養布施淨戒安忍精
進靜慮般若波羅蜜多及五眼等無量無邊
不可思議勝功德故舍利子若菩薩摩訶薩
欲得如是清淨五眼當學般若波羅蜜多舍
利子若菩薩摩訶薩欲得無上正等菩提當
學如是清淨五眼舍利子若菩薩摩訶薩能
學如是清淨五眼定得無上正等菩提

大般若波羅蜜多經卷第八

BD04893 號　大般若波羅蜜多經卷八　（23–23）

提若菩薩以滿恒河沙等世界七寶布施若
復有人知一切法无我得成於忍此菩薩勝
前菩薩所得功德須菩提以諸菩薩不受福
德故須菩提白佛言世尊云何菩薩不受福
德須菩提菩薩所作福德不應貪著是故說
不受福德
須菩提若有人言如來若來若去若坐若卧
是人不解我所說義何以故如來者无所從
來亦无所去故名如來
須菩提若善男子善女人以三千大千世界
碎為微塵於意云何是微塵衆寧為多不甚
多世尊何以故若是微塵衆實有者佛則不
說是微塵衆所以者何佛說微塵衆則非微
塵衆是名微塵衆世尊如來所說三千大千
世界則非世界是名世界何以故若世界實
有者則是一合相如來說一合相則非一合
相是名一合相須菩提一合相者則是不可說
但凡夫之人貪著其事須菩提若人言佛說
我見人見衆生見壽者見須菩提於意云何

BD04894 號　金剛般若波羅蜜經　（2–1）

碎為微塵於意云何是微塵衆寧為多不甚
多世尊何以故若是微塵衆實有者佛則不
說是微塵衆所以者何佛說微塵衆則非微
塵衆是名微塵衆世尊如來所說三千大千
世界則非世界是名世界何以故若世界實
有者則是一合相如來說一合相則非一合相
是名一合相須菩提一合相者則是不可說
但凡夫之人貪著其事須菩提若人言佛說
我見人見衆生見壽者見須菩提於意云何
是人解我所說義不世尊是人不解如來所
說義何以故世尊說我見人見衆生見壽者
見即非我見人見衆生見壽者見是名我見
人見衆生見壽者見須菩提發阿耨多羅三
藐三菩提心者於一切法應如是知如是見
如是信解不生法相須菩提所言法相者如
來說即非法相是名法相須菩提若有人以
滿无量阿僧祇世界七寶持用布施若有善
男子善女人發菩薩心者持於此經乃至四

BD04894號　金剛般若波羅蜜經　（2–2）

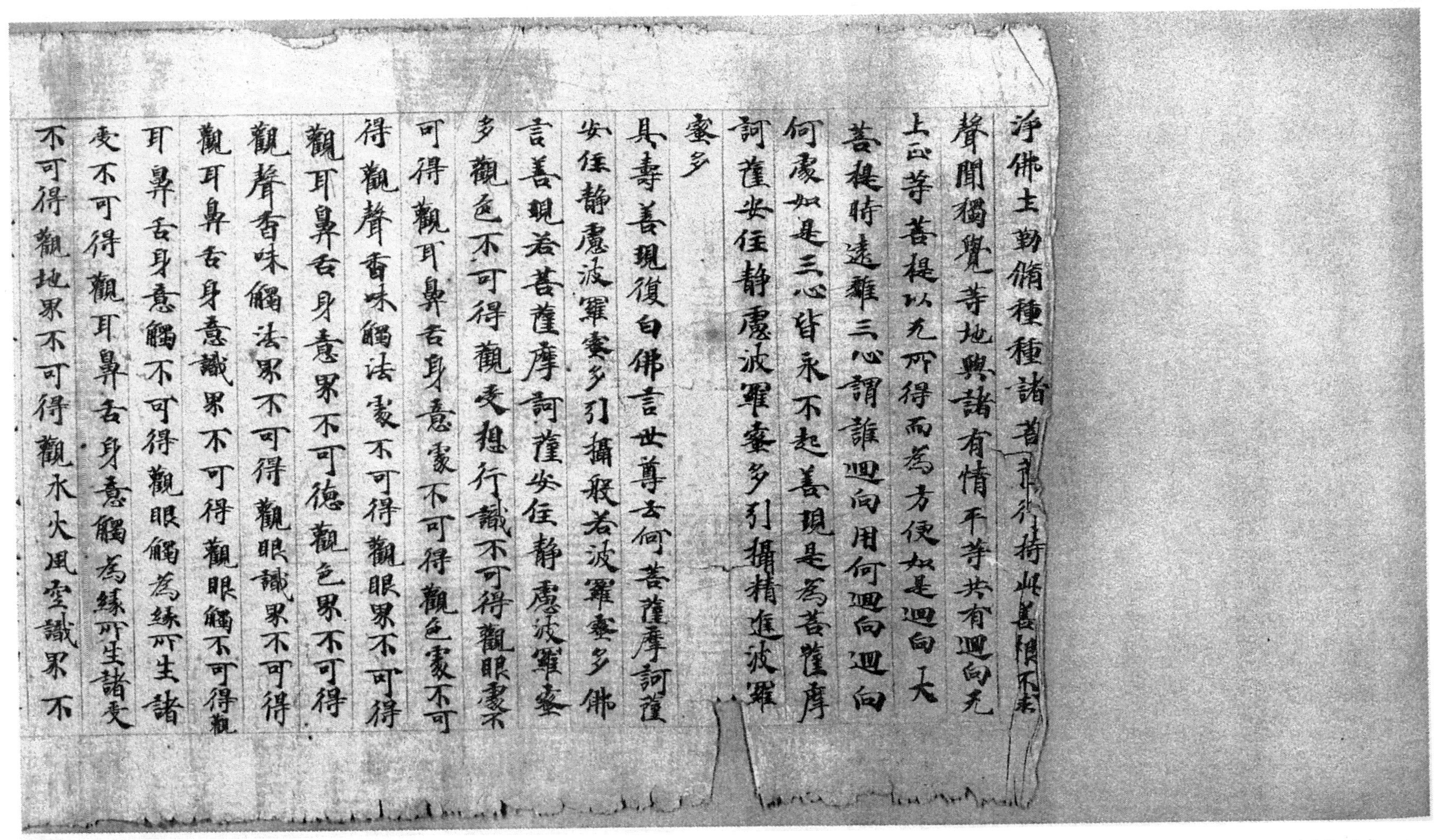

淨佛土勤脩種種諸菩薩行持此善根不求
聲聞獨覺等地與諸有情平等共有迴向无
上正等菩提以无所得而為方便如是迴向大
菩提時遠離三心謂誰迴向用何迴向迴向
何處如是三心皆永不起善現是為菩薩摩
訶薩安住靜慮波羅蜜多引攝精進波羅
蜜多
具壽善現復白佛言世尊云何菩薩摩訶薩
安住靜慮波羅蜜多引攝般若波羅蜜多佛
言善現若菩薩摩訶薩安住靜慮波羅蜜
多觀色不可得觀受想行識不可得觀眼處不
可得觀耳鼻舌身意處不可得觀色處不可
得觀聲香味觸法處不可得觀眼界不可得
觀耳鼻舌身意界不可得觀色界不可得
觀聲香味觸法界不可得觀眼識界不可得
觀耳鼻舌身意識界不可得觀眼觸不可得觀
耳鼻舌身意觸不可得觀眼觸為緣所生諸
受不可得觀耳鼻舌身意觸為緣所生諸受
不可得觀地界不可得觀水火風空識界不

BD04895號　大般若波羅蜜多經卷三五〇　（18–1）

觀耳鼻舌身意界不可得觀色界不可得
觀聲香味觸法界不可得觀眼識界不可得
觀耳鼻舌身意識界不可得觀眼觸不可得觀
耳鼻舌身意觸不可得觀眼觸為緣所生諸
受不可得觀耳鼻舌身意觸為緣所生諸受
不可得觀地界不可得觀水火風空識界不
可得觀無明不可得觀行識名色六處觸受
愛取有生老死愁歎苦憂惱不可得觀布施
波羅蜜多不可得觀淨戒安忍精進靜慮般
若波羅蜜多不可得觀內空不可得觀外空
內外空空空大空勝義空有為空无為空畢
竟空无際空散空无變異空本性空自相空
共相空一切法空不可得空无性空自性空无
性自性空不可得觀真如不可得觀法界
法性不虛妄性不變異性平等性離生性法
定法住實際虛空界不思議界不可得觀苦
聖諦不可得觀集滅道聖諦不可得觀四靜
慮不可得觀四无量四无色定不可得觀八
解脫不可得觀八勝處九次第定十遍處不
可得觀四念住不可得觀四正斷四神足五
根五力七等覺支八聖道支不可得觀空解
脫門不可得觀无相无願解脫門不可得觀
五眼不可得觀六神通不可得觀佛十力不
可得觀四无所畏四无礙解大慈大悲大喜
大捨十八佛不共法不可得觀无忘失法不
可得觀恒住捨性不可得觀一切智不可得

根五力七等覺支八聖道支不可得觀空解
脫門不可得觀无相无願解脫門不可得觀
五眼不可得觀六神通不可得觀佛十力不
可得觀四无所畏四无礙解大慈大悲大喜
大捨十八佛不共法不可得觀无忘失法不
可得觀恒住捨性不可得觀一切智不可得
觀道相智一切相智不可得觀一切陁羅尼
門不可得觀一切三摩地門不可得觀預流
果不可得觀一來不還阿羅漢果不可得觀
獨覺菩提不可得觀一切菩薩摩訶薩行不
可得觀諸佛无上正等菩提不可得觀有為
界不可得觀无為界不可得如是菩薩觀一
切法不可得故无作无作故无生无生故无
滅无滅故畢竟清淨常住无變所以者何以
一切法如來出世若不出世安住法性安住
法界安住法住法定无生无滅恒无變
易是菩薩摩訶薩心常无亂恒時安住一切
智智相應作意如實觀察一切法性都无所
有復持如是妙慧善根與諸有情平等共
有迴向无上正等菩提以无所得而為方便如
是迴向大菩提時遠離三心謂誰迴向用何
迴向迴向何處如是三心皆永不起善現是
為菩薩摩訶薩安住靜慮波羅蜜多引攝
般若波羅蜜多
尒時具壽善現白佛言世尊云何菩薩摩訶
薩安住般若波羅蜜多引攝布施波羅蜜多

是迴向大菩提時遠離三心謂誰迴向用何
迴向迴向何處如是三心皆悉不起善現是
為菩薩摩訶薩安住靜慮波羅蜜多引攝
般若波羅蜜多
尒時具壽善現白佛言世尊云何菩薩摩訶
薩安住般若波羅蜜多引攝布施波羅蜜多
佛言善現若菩薩摩訶薩安住般若波羅蜜
多觀一切法空無所有具壽善現即白佛言
云何菩薩摩訶薩觀一切法空无所有佛言
善現是菩薩摩訶薩安住般若波羅蜜多觀
內空性內空性不可得觀外空性外空性不
可得觀內外空性內外空性不可得觀空空
性空空性不可得觀大空性大空性不可得
觀勝義空性勝義空性不可得觀有為空性
有為空性不可得觀无為空性无為空性不
可得觀畢竟空性畢竟空性不可得觀无際
空性无際空性不可得觀散空性散空性不
可得觀无變異空性无變異空性不可得觀
本性空性本性空性不可得觀自相空性自
相空性不可得觀共相空性共相空性不可
得觀一切法空性一切法空性不可得觀不
可得空性不可得空性不可得觀无性空性
无性空性不可得觀自性空性自性空性不
可得觀无性自性空性无性自性空性不可
得是菩薩摩訶薩安住如是諸空觀中不得
色若空若不空不得受想行識若空若不空

可得空性不可得空性不可得觀无性空性
无性空性不可得觀自性空性自性空性不
可得觀无性自性空性无性自性空性不可
得是菩薩摩訶薩安住如是諸空觀中不得
色若空若不空不得受想行識若空若不空
不得眼處若空若不空不得耳鼻舌身意處
若空若不空不得色處若空若不空不得聲
香味觸法處若空若不空不得眼界若空若
不空不得耳鼻舌身意界若空若不空不得
色界若空若不空不得聲香味觸法界若空
若不空不得眼識界若空若不空不得耳鼻
舌身意識界若空若不空不得眼觸若空若
不空不得耳鼻舌身意觸若空若不空不得
眼觸為緣所生諸受若空若不空不得耳鼻
舌身意觸為緣所生諸受若空若不空不得
地界若空若不空不得水火風空識界若空
若不空不得无明若空若不空不得行識名
色六處觸受愛取有生老死愁歎苦憂惱若
空若不空不得布施波羅蜜多若空若不空
不得淨戒安忍精進靜慮般若波羅蜜多若
空若不空不得內空若空若不空不得外空
內外空空空大空勝義空有為空无為空畢
竟空无際空散空无變異空本性空自相空
共相空一切法空不可得空无性空自性空
无性自性空若空若不空不得真如若空若
不空不得法界法性不虛妄性不變異性平

空若不空不得內空若空若不空不得外空
內外空空空大空勝義空有為空无為空畢
竟空无際空散空无變異空本性空自相空
共相空一切法空不可得空无性空自性空
无性自性空若空若不空不得真如若空若
不空不得法界法性不虛妄性不變異性平
等性離生性法定法住實際虛空界不思議
界若空若不空不得苦聖諦若空若不空不
得集滅道聖諦若空若不空不得四靜慮若
空若不空不得四无量四无色定若空若不空
不得八解脫若空若不空不得八勝處九次
第定十遍處若空若不空不得四念住若
空若不空不得四正斷四神足五根五力七
等覺支八聖道支若空若不空不得空解脫
門若空若不空不得无相无願解脫門若空
若不空不得五眼若空若不空不得六神通
若空若不空不得佛十力若空若不空不得
四无所畏四无礙解大慈大悲大喜大捨十
八佛不共法若空若不空不得无忘失法若
空若不空不得恒住捨性若空若不空不得
一切智若空若不空不得道相智一切相智
若空若不空不得一切陀羅尼門若空若不
空不得一切三摩地門若空若不空不得預
流果若空若不空不得一來不還阿羅漢果
若空若不空不得獨覺菩提若空若不空
得一切菩薩摩訶薩行若空若不空不得諸

BD04895號　大般若波羅蜜多經卷三五〇　（18–6）

空若不空不得恒住捨性若空若不空不得
一切智若空若不空不得道相智一切相智
若空若不空不得一切陀羅尼門若空若不
空不得一切三摩地門若空若不空不得預
流果若空若不空不得一來不還阿羅漢果
若空若不空不得獨覺菩提若空若不空
得一切菩薩摩訶薩行若空若不空不得諸
佛无上正等菩提若空若不空不得有為果
若空若不空不得无為果若空若不空是菩
薩摩訶薩如是安住甚深般若波羅蜜多
於諸有情所有布施若食若飲若乘若衣若
諸香花臥具舍宅燈燭床座若諸金銀末尼
真珠末羅羯多螺貝璧玉珊瑚石藏帝青金剛
吠瑠璃等種種珎寶若諸醫藥塗香末香財
穀資具諸如是等皆觀為空若能施若所施
若施福如是一切亦觀為空是時菩薩慳心
著心畢竟不起所以者何是菩薩摩訶薩行
深般若波羅蜜多從初發心乃至安坐妙菩
提座如是分別一切不起如諸如來應正等
覺未嘗暫起慳心著心是菩薩摩訶薩亦復
如是行深般若波羅蜜多慳心著心皆永不
起善現當知甚深般若波羅蜜多是諸菩薩
摩訶薩師能令菩薩摩訶薩衆不起一切妄
想分別諸菩薩摩訶薩安住如是甚深般若
波羅蜜多所行布施皆无染著復持如是布
施善根與諸有情平等共有迴向无上正等

BD04895號　大般若波羅蜜多經卷三五〇　（18–7）

起善現當知甚深般若波羅蜜多是諸菩薩
摩訶薩師能令菩薩摩訶薩衆不起一切妄
想分別諸菩薩摩訶薩安住如是甚深般若
波羅蜜多所行布施皆无染著復持如是布
施善根與諸有情平等共有迴向无上正等
菩提以无所得而為方便如是迴向大菩提
時遠離三心謂誰迴向用何迴向迴向何處如
是三心皆永不起善現是為菩薩摩訶薩安
住般若波羅蜜多引攝布施波羅蜜多具壽
善現復白佛言世尊云何菩薩摩訶薩安住
般若波羅蜜多引攝淨戒波羅蜜多佛言善
現若菩薩摩訶薩安住般若波羅蜜多不起
聲聞獨覺等心何以故是菩薩摩訶薩觀
諸聲聞獨覺等地皆不可得迴向聲聞獨覺
等心及彼身語亦不可得是菩薩摩訶薩安住
般若波羅蜜多從初發心乃至安坐妙菩提
座於其中間自離斷生命亦勸他離斷生命
无倒稱揚離斷生命法歡喜讚歎離斷生命
者自離不與取亦勸他離不與取无倒稱揚
離不與取法歡喜讚歎離不與取者自離欲
邪行亦勸他離欲邪行无倒稱揚離欲邪
行法歡喜讚歎離欲邪行者自離虛誑語亦
勸他離虛誑語无倒稱揚離虛誑語法歡喜
讚歎離虛誑語者自離麁惡語亦勸他離麁
惡語无倒稱揚離麁惡語法歡喜讚歎離麁
惡語者自離離間語亦勸他離離間語无倒稱

BD04895號　大般若波羅蜜多經卷三五〇　（18–8）

邪行亦勸他離欲邪行无倒稱揚離欲邪
行法歡喜讚歎離欲邪行者自離虛誑語亦
勸他離虛誑語无倒稱揚離虛誑語法歡喜
讚歎離虛誑語者自離麁惡語亦勸他離麁
惡語无倒稱揚離麁惡語法歡喜讚歎離麁
惡語者自離離間語亦勸他離離間語无倒稱
揚離離間語法歡喜讚歎離離間語者自
離雜穢語亦勸他離雜穢語无倒稱揚離雜
穢語法歡喜讚歎離雜穢語者自離貪欲亦
勸他離貪欲无倒稱揚離貪欲法歡喜讚歎
離貪欲者自離瞋恚亦勸他離瞋恚无倒稱
揚離瞋恚法歡喜讚歎離瞋恚者自離邪見亦
勸他離邪見无倒稱揚離邪見法歡喜讚
歎離邪見者是菩薩摩訶薩持此淨戒所生
善根不求欲界色无色界不求聲聞及獨覺
地但持如是淨戒善根與諸有情平等共有
迴向无上正等菩提以无所得而為方便如是
迴向大菩提時遠離三心謂誰迴向用何
迴向迴向何處如是三心皆永不起善現是
為菩薩摩訶薩安住般若波羅蜜多引攝淨
戒波羅蜜多具壽善現復白佛言世尊云何
菩薩摩訶薩安住般若波羅蜜多引攝安忍
波羅蜜多佛言善現若菩薩摩訶薩安住般
若波羅蜜多起隨順忍得此忍已常作是念
一切法中无有一法若起若盡若生若滅若
老若病若能罵者若受罵者若能謗者若受

BD04895號　大般若波羅蜜多經卷三五〇　（18–9）

菩薩摩訶薩安住般若波羅蜜多引攝安忍
波羅蜜多佛言善現若菩薩摩訶薩安住般
若波羅蜜多起隨順忍得此忍已常作是念
一切法中无有一法若起若盡若生若滅若
老若病若能罵者若受罵者若能謗者若受
謗者若能割者若受割者若能截者若受截
者若能刾者若受刾者若能破者若受破者
若能縛者若受縛者若能打者若受打者若
能惱者若受惱者若能殺者若受殺者如是
一切性相皆空不應於中妄想分別是菩薩
摩訶薩從初發心乃至安坐妙菩提座於其
中間假使一切有情之類皆來毀謗訶責淩
辱以諸刀杖瓦石塊等加害捶打割截斫刾
乃至分解身諸支節菩薩尒時心无變異但
作是念甚可怪哉諸法性中都无毀謗訶責
淩辱加害等事而諸有情妄想分別謂爲實
有發起種種煩惱惡業現在當來受諸苦惱
是菩薩摩訶薩復持如是安忍善根與諸有
情平等共有迴向无上正等菩提以无所得
而爲方便如是迴向大菩提時遠離三心 謂
誰迴向用何迴向迴向何處如是三心 皆永
不起善現是爲菩薩摩訶薩安住般若波羅
蜜多引攝安忍波羅蜜多具壽善現復白佛
言世尊云何菩薩摩訶薩安住般若波羅蜜
多引攝精進波羅蜜多佛言善現若菩薩
摩訶薩安住般若波羅蜜多勇猛精進爲諸

BD04895號　大般若波羅蜜多經卷三五〇　（18-10）

不起善現是爲菩薩摩訶薩安住般若波羅
蜜多引攝安忍波羅蜜多具壽善現復白佛
言世尊云何菩薩摩訶薩安住般若波羅蜜
多引攝精進波羅蜜多佛言善現若菩薩
摩訶薩安住般若波羅蜜多勇猛精進爲諸
有情宣說正法身心无倦是菩薩摩訶薩住四
神足方便善巧身心精進常无懈息能往一
世界或十世界或百世界或千世界或百千
世界或百千俱胝那庾多世界諸有情所宣
說正法方便教導令住布施波羅蜜多方便
教導令住淨戒安忍精進靜慮般若波羅蜜
多方便教導令住內空方便教導令住外空
內外空空空大空勝義空有爲空无爲空畢
竟空无際空散空无變異空本性空自相空
共相空一切法空不可得空无性空自性空
无性自性空方便教導令住真如方便教導
令住法界法性不虛妄性不變異性平等性
離生性法定法住實際虛空界不思議界方
便教導令住苦聖諦方便教導令住集滅道
聖諦方便教導令住四靜慮方便教導令住
四无量四无色定方便教導令住八解脫方
便教導令住八勝處九次第定十遍處方便
教導令住四念住方便教導令住四正斷四
神足五根五力七等覺支八聖道支方便教
導令住空解脫門方便教導令住无相无願
解脫門方便教導令住五眼方便教導令住

BD04895號　大般若波羅蜜多經卷三五〇　（18-11）

四无量四无色定方便教導令住八解脫方
便教導令住八勝處九次第定十遍處方便
教導令住四念住方便教導令住四正斷四
神足五根五力七等覺支八聖道支方便教
導令住空解脫門方便教導令住无相无願
解脫門方便教導令住五眼方便教導令住
六神通方便教導令住佛十力方便教導令
住四无所畏四无礙解大慈大悲大喜大捨
十八佛不共法方便教導令住无忘失法方
便教導令住恒住捨性方便教導令住一切
智方便教導令住道相智一切相智方便教
導令住一切陁羅尼門方便教導令住一切
三摩地門方便教導令住預流果方便教導
令住一来不還阿羅漢果方便教導令住獨
覺菩提方便教導令住一切菩薩摩訶薩行
方便教導令住諸佛无上正等菩提雖令安
住如上所說種種功德而不令其住著有為
或无為界是菩薩摩訶薩復持如是精進善
根與諸有情平等共有迴向无上正等菩提
以无所得而為方便如是迴向大菩提時遠
離三心謂誰迴向用何迴向迴向何處如是
三心皆永不起善現是為菩薩摩訶薩安住
般若波羅蜜多引攝精進波羅蜜多具壽善
現復白佛言世尊云何菩薩摩訶薩安住般
若波羅蜜多引攝靜慮波羅蜜多佛言善現
若菩薩摩訶薩安住般若波羅蜜多除佛三

般若波羅蜜多引攝精進波羅蜜多具壽善
現復白佛言世尊云何菩薩摩訶薩安住般
若波羅蜜多引攝靜慮波羅蜜多佛言善現
若菩薩摩訶薩安住般若波羅蜜多除佛三
摩地於餘所有諸三摩地若聲聞三摩地若
獨覺三摩地若菩薩三摩地皆能自在隨意
入出是菩薩摩訶薩安住自在三摩地中於
八解脫皆能自在順逆入出云何為八謂有
色觀諸色是初解脫內无色想觀外諸色是
第二解脫淨勝解身作證是第三解脫超一
切色想滅有對想不思惟種種想入无邊空
空无邊處定具足住是第四解脫超一切空
无邊處定入无邊識識无邊處定具足住是
第五解脫超一切識无邊處定入无少所有
无所有處定具足住是第六解脫超一切无
所有處定入非想非非想處定具足住是第
七解脫超一切非想非非想處定入滅想受
定具足住是第八解脫是菩薩摩訶薩能於
如是八解脫中若順若逆入出自在復能於
彼九次第定自在隨意順逆入出云何為九
謂離欲惡不善法有尋有伺離生喜樂入
初靜慮具足住是初次第定尋伺寂靜住內
等淨心一趣性无尋无伺定生喜樂入第二靜
慮具足住是第二次第定離喜住捨具念正
知領身受樂聖者於中能說能捨具念樂
住入第三靜慮具足住是第三次第定斷樂

初靜慮具足住是初次第定尋伺寂靜住內
等淨心一趣性无尋无伺定生喜樂入第二靜
慮具足住是第二次第定離喜住捨具念正
知領身受樂聖者於中能說能捨具念樂
住入第三靜慮具足住是第三次第定斷樂
斷苦先喜憂沒不苦不樂捨念清淨入第四
靜慮具足住是第四次第定超一切色想滅有
對想不思惟種種想入无邊空空无邊處定
具足住是第五次第定超一切空无邊處定
入无邊識識无邊處定具足住是第六次第
定超一切識无邊處定入无少所有无所有
處定具足住是第七次第定超一切无所有
處定入非想非非想處定具足住是第八次
第定超一切非想非非想處定入滅想受定
具足住是第九次第定是菩薩摩訶薩能於
如是九次第定若順若逆入出自在善現當
知是菩薩摩訶薩於八解脫九次第定善成
熟已復能入菩薩摩訶薩師子頻申三摩地
云何名為菩薩摩訶薩師子頻申三摩地善
現若菩薩摩訶薩離欲惡不善法有尋有伺
離生喜樂入初靜慮具足住尋伺寂靜住內
等淨心一趣性无尋无伺定生喜樂入第二
靜慮具足住離喜住捨具念正知領身受
樂聖者於中能說能捨具念樂住入第三靜慮
具足住斷樂斷苦先喜憂沒不苦不樂捨念
清淨入第四靜慮具足住超一切色想滅有

BD04895號　大般若波羅蜜多經卷三五〇　（18–14）

離生喜樂入初靜慮具足住尋伺寂靜住內
等淨心一趣性无尋无伺定生喜樂入第二
靜慮具足住離喜住捨具念正知領身受
樂聖者於中能說能捨具念樂住入第三靜慮
具足住斷樂斷苦先喜憂沒不苦不樂捨念
清淨入第四靜慮具足住超一切色想滅有
對想不思惟種種想入无邊空空无邊處定
具足住超一切空无邊處定入无邊識識无
邊處定具足住超一切識无邊處定入无少
所有无所有處定具足住超一切无所有處
定入非想非非想處定具足住超一切非想
非非想處定入滅想受定具足住復從滅想
受定起還入非想非非想處定從非想非非
想處定起入无所有處定從无所有處定起入
識无邊處定從識无邊處定起入空无邊
處定從空无邊處定起入第四靜慮從第四
靜慮起入第三靜慮從第三靜慮起入第二
靜慮從第二靜慮起入初靜慮善現是為菩
薩摩訶薩師子頻申三摩地善現當知是菩
薩摩訶薩於師子頻申三摩地善成熟已
復能入菩薩摩訶薩集散三摩地云何名為
菩薩摩訶薩集散三摩地善現若菩薩摩
訶薩離欲惡不善法有尋有伺離生喜樂入初靜
慮具足住從初靜慮起入第二靜慮具足住
從第二靜慮起入第三靜慮具足住從第三
靜慮起入第四靜慮具足住從第四靜慮起入

BD04895號　大般若波羅蜜多經卷三五〇　（18–15）

復能入菩薩摩訶薩集散三摩地云何名為
菩薩摩訶薩集散三摩地善現若菩薩摩
訶薩離欲惡不善法有尋有伺離生喜樂入初靜
慮具足住從初靜慮起入第二靜慮具足住
從第二靜慮起入第三靜慮具足住從第三
靜慮起入第四靜慮具足住從第四靜慮起入
空无邊處定具足住從空无邊處定起入
識无邊處定具足住從識无邊處定起入无
所有處定具足住從无所有處定起入非想非
非想處定具足住從非想非非想處定起入
滅想受定具足住從滅想受定起入初靜慮
從初靜慮起入滅想受定從滅想受定起入
第二靜慮從第二靜慮起入滅想受定從滅
想受定起入第三靜慮從第三靜慮起入滅
想受定從滅想受定起入第四靜慮從第四
靜慮起入滅想受定從滅想受定起入空无
邊處定從空无邊處定起入滅想受定從滅
想受定起入識无邊處定從識无邊處定起
入滅想受定從滅想受定起入无所有處定
從无所有處定起入滅想受定從滅想受定
起入非想非非想處定從非想非非想處定
起入滅想受定從滅想受定起住不定心從
不定心入滅想受定從滅想受定起住不定
心從不定心入非想非非想處定從非想非非
想處定起住不定心從不定心入无所有處
定從无所有處定起住不定心從不定心

起入非想非非想處定從非想非非想處定
起入滅想受定從滅想受定起住不定心從
不定心入滅想受定從滅想受定起住不定
心從不定心入非想非非想處定從非想非非
想處定起住不定心從不定心入无所有處
定從无所有處定起住不定心從不定心
入識无邊處定從識无邊處定起住不定心
從不定心入空无邊處定從空无邊處定起
住不定心從不定心入第四靜慮從第四靜
慮起住不定心從不定心入第三靜慮從第
三靜慮起住不心從不定心入第二靜慮
從第二靜慮起住不定心從不定心入初靜
慮從初靜慮起住不定心善現是為菩薩摩
訶薩集散三摩地若菩薩摩訶薩安住集散
三摩地中得一切法平等實性是菩薩摩訶
薩復持如是靜慮善根與諸有情平等共
有迴向无上正等菩提以无所得而為方便如
是迴向大菩提時遠離三心謂誰迴向用何迴
向迴向何處如是三心皆永不起善現是為菩
薩摩訶薩安住般若波羅蜜多引攝靜慮波
羅蜜多

大般若波羅蜜多經卷第三百五十

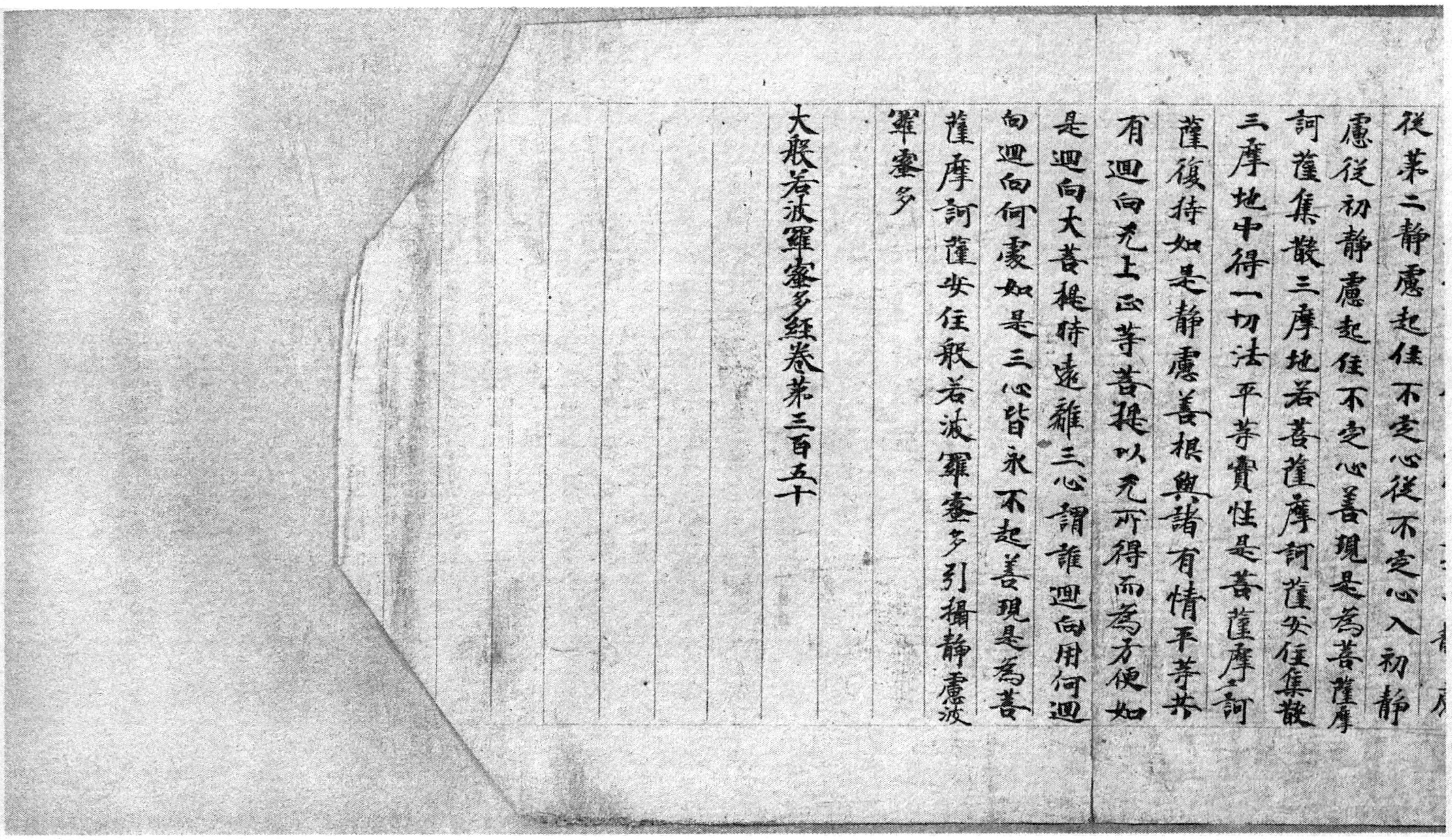

從第二靜慮起住不定心從不定心入初靜
慮從初靜慮起住不定心善現是為菩薩摩
訶薩集散三摩地若菩薩摩訶薩安住集散
三摩地中得一切法平等實性是菩薩摩〻訶
薩復持如是靜慮善根與諸有情平等共
有迴向无上正等菩提以无所得而為方便如
是迴向大菩提時遠離三心謂誰迴向用何迴
向迴向何處如是三心皆永不起善現是為菩
薩摩訶薩安住般若波羅蜜多引攝靜慮波
羅蜜多

大般若波羅蜜多經卷第三百五十

BD04895號　大般若波羅蜜多經卷三五〇　（18–18）

三百五十
廿五袟

BD04895號背　勘記　（1–1）

怛姪他唵七 薩婆桑悉迦囉八 波唎輸底九 達磨底十 伽迦娜十一 莎訶某特迦底十二
薩婆婆毗輸底十三 摩訶娜耶十四 波唎婆囉莎訶十五
尒時復有六十五姟佛一時同聲說是无量壽宗要經陁羅尼曰
南謨薄伽勃底一 阿波唎蜜多二 阿喻紇硯娜三 須毗你尸指多四 囉佐耶五 怛他羯他耶六
怛姪他唵七 薩婆桑悉迦囉八 波唎輸底九 達磨底十 伽迦娜十一 莎訶某特迦底十二
薩婆婆毗輸底十三 摩訶娜耶十四 波唎婆囉莎訶十五
尒時復有五十五姟佛一時同聲說是无量壽宗要經陁羅尼曰
南謨薄伽勃底一 阿波唎蜜多二 阿喻紇硯娜三 須毗你尸指多四 囉佐耶五 怛他羯他耶六
怛姪他唵七 薩婆桑悉迦囉八 波唎輸底九 達磨底十 伽迦娜十一 莎訶某特迦底十二
薩婆婆毗輸底十三 摩訶娜耶十四 波唎婆囉莎訶十五
尒時復有四十五姟佛一時同聲說是无量壽宗要經陁羅尼曰
南謨薄伽勃底一 阿波唎蜜多二 阿喻紇硯娜三 須毗你尸指多四 囉佐耶五 怛他羯他耶六 怛姪
他唵七 薩婆桑悉迦囉八 波唎輸底九 達磨底十 伽迦娜十一 莎訶某特迦底十二 薩婆婆毗輸底十三
摩訶娜耶十四 波唎婆囉莎訶十五
尒時復有三十六姟佛一時同聲說是无量壽宗要經陁羅尼曰
南謨薄伽勃底一 阿波唎蜜多二 阿喻紇硯娜三 須毗你尸指多四 囉佐耶五 怛他羯他耶六 怛姪他
唵七 薩婆桑悉迦囉八 波唎輸底九 達磨底十 伽迦娜十一 莎訶某特迦底十二 薩婆婆毗輸底十三
摩訶娜耶十四 波唎婆囉莎訶十五
尒時復有二十五姟佛一時同聲說是无量壽宗要經陁羅尼曰
南謨薄伽勃底一 阿波唎蜜多二 阿喻紇硯娜三 須毗你尸指多四 囉佐耶五 怛他羯他耶六 怛姪他唵七
薩婆桑悉迦囉八 波唎輸底九 達磨底十 伽迦娜十一 莎訶某特迦底十二 薩婆婆毗輸底十三
摩訶娜耶十四 波唎婆囉莎訶十五
尒時復有恒河沙姟佛一時同聲說是无量壽宗要經陁羅尼曰
南謨薄伽勃底一 阿波唎蜜多二 阿喻紇硯娜三 須毗你尸指多四 囉佐耶五 怛他羯他耶六
怛姪他唵七 薩婆桑悉迦囉八 波唎輸底九 達磨底十 伽迦娜十一 莎訶某特迦底十二 薩

BD04896號　無量壽宗要經

（5–1）

尒時復有二十五姟佛一時同聲說是无量壽宗要經陁羅尼曰
南謨薄伽勃底一 阿波唎蜜多二 阿喻紇硯娜三 須毗你尸指多四 囉佐耶五 怛他羯他耶六 怛姪他唵七
薩婆桑悉迦囉八 波唎輸底九 達磨底十 伽迦娜十一 莎訶某特迦底十二 薩婆婆毗輸底十三
摩訶娜耶十四 波唎婆囉莎訶十五
尒時復有恒河沙姟佛一時同聲說是无量壽宗要經陁羅尼曰
南謨薄伽勃底一 阿波唎蜜多二 阿喻紇硯娜三 須毗你尸指多四 囉佐耶五 怛他羯他耶六
怛姪他唵七 薩婆桑悉迦囉八 波唎輸底九 達磨底十 伽迦娜十一 莎訶某特迦底十二 薩
婆婆毗輸底十三 摩訶娜耶十四 波唎婆囉莎訶十五
善男子若有自書寫教人書寫是无量壽宗要經如其命盡復得長壽而滿年陁羅尼曰
南謨薄伽勃底一 阿波唎蜜多二 阿喻紇硯娜三 須毗你尸指多四 囉佐耶五 怛他羯他耶六 怛姪他唵七
薩婆桑悉迦囉八 波唎輸底九 達磨底十 伽迦娜十一 莎訶某特迦底十二 薩婆婆毗輸底十三
摩訶娜耶十四 波唎婆囉莎訶十五
若有自書寫教人書寫是无量壽宗要經讀誦受持畢竟不墮地獄在在所生得宿命智陁羅尼曰
南謨薄伽勃底一 阿波唎蜜多二 阿喻紇硯娜三 須毗你尸指多四 囉佐耶五 怛他羯他耶六 怛姪他唵七
薩婆桑悉迦囉八 波唎輸底九 達磨底十 伽迦娜十一 莎訶某特迦底十二 薩婆婆
毗輸底十三 摩訶娜耶十四 波唎婆囉莎訶十五
若有自書寫教人書寫是无量壽宗要經受持讀誦如同書寫八万四千一切經典陁羅尼曰
南謨薄伽勃底一 阿波唎蜜多二 阿喻紇硯娜三 須毗你尸指多四 囉佐耶五 怛他羯他耶六
怛姪他唵七 薩婆桑悉迦囉八 波唎輸底九 達磨底十 伽迦娜十一 莎訶某特迦底十二
薩婆婆毗輸底十三 摩訶娜耶十四 波唎婆囉莎訶十五
若有自書寫教人書寫是无量壽宗要經受持讀誦即是書寫八万四千部建立塔廟陁羅尼曰
南謨薄伽勃底一 阿波唎蜜多二 阿喻紇硯娜三 須毗你尸指多四 囉佐耶五 怛他羯他耶六
怛姪他唵七 薩婆桑悉迦囉八 波唎輸底九 達磨底十 伽迦娜十一 莎訶某特迦底十二
薩婆婆毗輸底十三 摩訶娜耶十四 波唎婆囉莎訶十五
若有自書寫教人書寫是无量壽宗要經能消五无間等一切重罪陁羅尼曰
南謨薄伽勃底一 阿波唎蜜多二 阿喻紇硯娜三 須毗你尸指多四 囉佐耶五 怛他羯他耶六
怛姪他唵七 薩婆桑悉迦囉八 波唎輸底九 達磨底十 伽迦娜十一 莎訶某特迦底十二
薩婆婆毗輸底十三 摩訶娜耶十四 波唎婆囉莎訶十五
若有自書寫教人書寫是无量壽宗要經受持讀誦設有重罪猶如須弥盡能除滅陁羅尼曰
南謨薄伽勃底一 阿波唎蜜多二 阿喻紇硯娜三 須毗你尸指多四 囉佐耶五 怛他羯他耶六
怛姪他唵七 薩婆桑悉迦囉八 波唎輸底九 達磨底十 伽迦娜十一 莎訶某特迦底十二

BD04896號　無量壽宗要經

（5–2）

若有自書寫教人書寫是无量壽宗要經能消五无間等一切重罪陁羅尼日
南謨薄伽勃底一阿波唎蜜多二阿喻紇硯娜三須毗你尸指多四囉佐耶五怛他羯他耶六
怛姪他唵七薩婆桑悉迦囉八波唎輸底九達磨底十伽迦娜十一莎呵莯持迦底十二
薩婆婆毗輸底十三摩訶娜耶十四波唎婆羅莎呵十五
若有自書寫教人書寫是无量壽宗要經受持讀誦設有重罪猶如須弥盡能除滅陁羅尼日
南謨薄伽勃底一阿波唎蜜多二阿喻紇硯娜三須毗你尸指多四囉佐耶五怛他羯他耶六
怛姪他唵七薩婆桑悉迦囉八波唎輸底九達磨底十伽迦娜十一莎呵莯持迦底十二
薩婆婆毗輸底十三摩訶娜耶十四波唎婆羅莎呵十五
若有自書寫教人書寫是无量壽宗要經受持讀誦若魔魔之眷屬夜叉羅刹不得其便終无枉
死陁羅尼日　南謨薄伽勃底一阿波唎蜜多二阿喻紇硯娜三須毗你尸指多四囉佐耶五
怛他羯他耶六怛姪他唵七薩婆桑悉迦囉八波唎輸底九達磨底十伽迦娜十一莎呵莯持迦
底十二薩婆婆毗輸底十三摩訶娜耶十四波唎婆羅莎呵十五
若有自書寫教人書寫是无量壽宗要經受持讀誦當命終時有九十九俱胝佛現其人前来千佛受手
能遊一切佛刹莫於此經生於疑惑陁羅尼日
南謨薄伽勃底一阿波唎蜜多二阿喻紇硯娜三須毗你尸指多四囉佐耶五怛他羯他耶六怛姪他唵
薩婆桑悉迦囉八波唎輸底九達磨底十伽迦娜十一莎呵莯持迦底十二薩婆婆毗輸底十三
摩訶娜耶十四波唎婆羅莎呵十五
若有自書寫教人書寫是无量壽宗要經受持讀誦常得四天大王隨其衛護陁羅尼日
南謨薄伽勃底一阿波唎蜜多二阿喻紇硯娜三須毗你尸指多四囉佐耶五怛他羯他耶六怛姪他唵七
薩婆桑悉迦囉八波唎輸底九達磨底十伽迦娜十一莎呵莯持迦底十二薩婆婆毗輸底十三
摩訶娜耶十四波唎婆羅莎呵十五
若有自書寫教人書寫是无量壽宗要經受持讀誦當得往生西方極樂世界阿弥陁淨土陁羅尼日
南謨薄伽勃底一阿波唎蜜多二阿喻紇硯娜三須毗你尸指多四囉佐耶五怛他羯他耶六怛姪他唵
薩婆桑悉迦囉八波唎輸底九達磨底十伽迦娜十一莎呵莯持迦底十二薩婆婆毗輸底十三
摩訶娜耶十四波唎婆羅莎呵十五
若有方所自書寫使人書寫是无壽經典之處則為是塔皆應恭敬作礼若是畜生或為鳥獸得聞是經
如是等類皆當不久得成一切種智陁羅尼日
南謨薄伽勃底一阿波唎蜜多二阿喻紇硯娜三須毗你尸指多四囉佐耶五怛他羯他耶六怛姪他唵七
薩婆桑悉迦囉八波唎輸底九達磨底十伽迦娜十一莎呵莯持迦底十二薩婆婆毗輸底十三
摩訶娜耶十四波唎婆羅莎呵十五
若有於是无量壽經典自書寫使人書畢竟不受女人之身陁羅尼日

BD04896號　無量壽宗要經　（5–3）

若有方所自書寫使人書寫是无壽經典之處則為是塔皆應恭敬作礼若是畜生或為鳥獸得聞是經
如是等類皆當不久得成一切種智陁羅尼日
南謨薄伽勃底一阿波唎蜜多二阿喻紇硯娜三須毗你尸指多四囉佐耶五怛他羯他耶六怛姪他唵七
薩婆桑悉迦囉八波唎輸底九達磨底十伽迦娜十一莎呵莯持迦底十二薩婆婆毗輸底十三
摩訶娜耶十四波唎婆羅莎呵十五
若有於是无量壽經典自書寫使人書畢竟不受女人之身陁羅尼日
南謨薄伽勃底一阿波唎蜜多二阿喻紇硯娜三須毗你尸指多四囉佐耶五怛他羯他耶六
怛姪他唵七薩婆桑悉迦囉八波唎輸底九達磨底十伽迦娜十一莎呵莯持迦底十二薩
婆婆毗輸底十三摩訶娜耶十四波唎婆羅莎呵十五
若有能於是經少分能惠施者等於三千大千世界滿中七寶布施陁羅尼日
南謨薄伽勃底一阿波唎蜜多二阿喻紇硯娜三須毗你尸指多四囉佐耶五怛他羯他耶六
怛姪他唵七薩婆桑悉迦囉八波唎輸底九達磨底十伽迦娜十一莎呵莯持迦底十二
薩婆婆毗輸底十三摩訶娜耶十四波唎婆羅莎呵十五
若有能供養是經者則是供養一切諸經等无有異陁羅尼日
南謨薄伽勃底一阿波唎蜜多二阿喻紇硯娜三須毗你尸指多四囉佐耶五怛他羯他耶六
怛姪他唵七薩婆桑悉迦囉八波唎輸底九達磨底十伽迦娜十一莎呵莯持迦底十二薩
婆婆毗輸底十三摩訶娜耶十四波唎婆羅莎呵十五
如是毗婆尸佛尸棄佛毗舍浮佛俱留孫佛俱那含牟尼佛迦葉佛釋迦牟尼佛
若有人以七寶供養如是七佛其福有限書寫受持是无量壽經典所有功德不可數量陁羅尼日
南謨薄伽勃底一阿波唎蜜多二阿喻紇硯娜三須毗你尸指多四囉佐耶五怛他羯他耶六怛
姪他唵七薩婆桑悉迦囉八波唎輸底九達磨底十伽迦娜十一莎呵莯持迦底十二薩婆
婆毗輸底十三摩訶娜耶十四波唎婆羅莎呵十五
若有七寶等於須弥以用布施其福上能知其限量是无量壽經典其福不可知數陁羅尼日
南謨薄伽勃底一阿波唎蜜多二阿喻紇硯娜三須毗你尸指多四囉佐耶五怛他羯他耶六怛
姪他唵七薩婆桑悉迦囉八波唎輸底九達磨底十伽迦娜十一莎呵莯持迦底十二薩婆婆
毗輸底十三摩訶娜耶十四波唎婆羅莎呵十五
如是四大海水可滴數是无量壽經典所生果報不可數量陁羅尼日
南謨薄伽勃底一阿波唎蜜多二阿喻紇硯娜三須毗你尸指多四囉佐耶五怛他羯他耶六怛姪
他唵七薩婆桑悉迦囉八波唎輸底九達磨底十伽迦娜十一莎呵莯持迦底十二
薩婆婆毗輸底十三摩訶娜耶十四波唎婆羅莎呵十五

BD04896號　無量壽宗要經　（5–4）

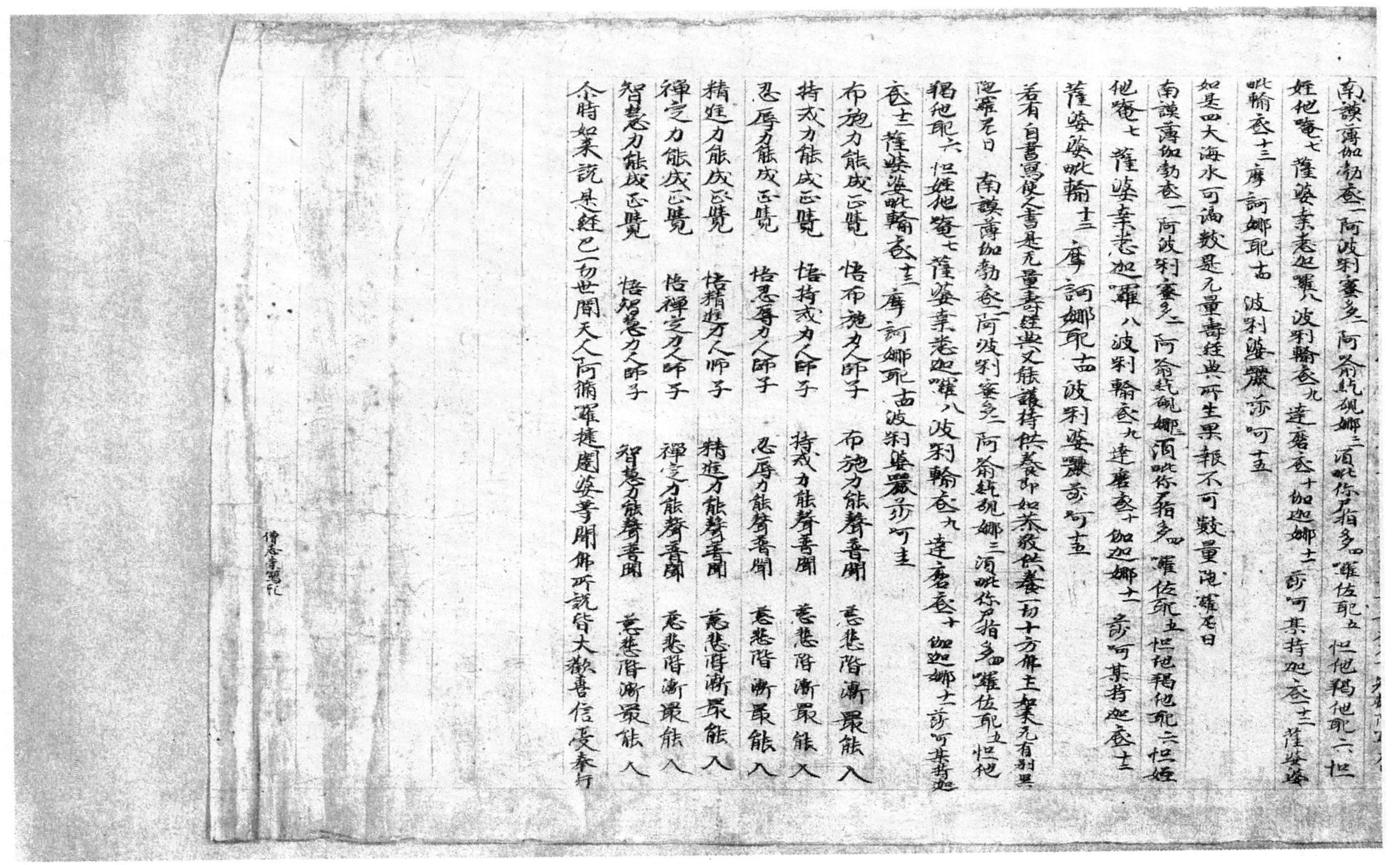

南謨薄伽勅底一阿波唎蜜多二阿喻紇硯娜三酒毗你尸指多四囉佐耶五怛他羯他耶六怛
姪他唵七薩婆桑悉迦嚟八波唎輸底九達磨底十伽迦娜十一莎呵娑持迦底十二薩婆婆
毗輸底十三摩訶娜耶十四波唎婆嚟莎訶十五
如是四大海水可滴數是无量壽經典所生果報不可數量施羅尼曰
南謨薄伽勅底一阿波唎蜜多二阿喻紇硯娜三酒毗你尸指多四囉佐耶五怛他羯他耶六怛姪
他唵七薩婆桑悉迦嚟八波唎輸底九達磨底十伽迦娜十一莎呵娑持迦底十二
薩婆婆毗輸底十三摩訶娜耶十四波唎婆嚟莎訶十五
若有自書寫使人書是无量壽經典又能讀持供養即如恭敬供養一切十方佛土無有別異
施羅尼曰 南謨薄伽勅底阿波唎蜜多二阿喻紇硯娜三酒毗你尸指多四囉佐耶五怛他
羯他耶六怛姪他唵七薩婆桑悉迦嚟八波唎輸底九達磨底十伽迦娜十一莎呵娑持迦
底十二薩婆婆毗輸底十三摩訶娜耶十四波唎婆嚟莎訶十五
布施力能成正覺 悟布施力人師子 布施力能聲香聞 慈悲陷漸衆能入
持戒力能成正覺 悟持戒力人師子 持戒力能聲香聞 慈悲陷漸衆能入
忍辱力能成正覺 悟忍辱力人師子 忍辱力能聲香聞 慈悲陷漸衆能入
精進力能成正覺 悟精進力人師子 精進力能聲香聞 慈悲陷漸衆能入
禪定力能成正覺 悟禪定力人師子 禪定力能聲香聞 慈悲陷漸衆能入
智慧力能成正覺 悟智慧力人師子 智慧力能聲香聞 慈悲陷漸衆能入
尒時如來說是經已一切世間天人阿脩羅揵闥婆等聞佛所說皆大歡喜信受奉行
僧惠寧寫記

BD04896 號　無量壽宗要經　（5–5）

大般涅槃經卷第廿四
復次善男子云何菩薩摩訶薩脩大涅槃成
就具足第二功德善男子菩薩摩訶薩脩大
涅槃昔所不得而今得之昔所不見而今見
之昔所不聞而今聞之昔所不到而今得到
所不知而今知之云何名為昔所不得而
之所謂神通昔所不得而今乃得通有
種一者內二者外所言外者與外道共內
有二一者二乘二者菩薩菩薩脩行大涅
槃經所得神通不與聲聞辟支佛共云何名
為不與聲聞辟支佛共二乘所作神通變
化一心一作不得衆多菩薩不尒於一心中
則能具足現五趣身所以者何以得如是大涅
槃經之勢力故是則名為昔所不得而今得
之又復云何昔所不得而今得之所謂身得
自在心得自在何以故一切凡夫所有身心
不得自在或心隨身或身隨心云何名為心
隨於身譬如醉人酒在身中尒時身動心亦

BD04897 號　大般涅槃經（北本）卷二四　（26–1）

化一心一作不得衆多菩薩不尒於一心中
則能具足現五趣身所以者何以得如是大涅
槃經之勢力故是則名為昔所不得而今得
之又復云何昔所不得而今得之所謂身得
自在心得自在何以故一切凡夫所有身心
不得自在或心隨身或身隨心云何名為心
隨於身譬如醉人酒在身中尒時身動心亦
隨動亦如身懶心亦隨懶是則名為心隨於
身又如嬰兒其身稚小心亦隨小大人身大
心亦隨大又如有人身體麁澁心常思念欲
得膏油潤漬令軟是則名為心隨於身云何
名為身隨於心所謂去來坐卧脩行施戒忍
辱精進愁惱之人身則羸悴歡喜之人身則
肥鮮恐怖之人身體戰動專心聽法身則怡
悅悲諠之人涕淚橫流是則名為身隨於心
菩薩不尒於身心中俱得自在是則名為昔
所不得而今得之復次善男子菩薩摩訶薩
所現身根猶如微塵以此微身悉能遍至无
量无邊恒河沙等諸佛世界无所鄣㝵而心
常定初不移動是則名為心不隨身是亦名
為昔所未到而今能到何故復名昔所不到
而今能到一切聲聞辟支佛等所不能到菩
薩能到是故名為昔所不到而今能到一切
聲聞辟支佛等雖以神通不能變身如細微
塵遍至无量恒河沙等諸佛世界聲聞緣覺
身若動時心亦隨動菩薩不尒心雖不動身

BD04897號　大般涅槃經（北本）卷二四　（26–2）

為昔所未到而今能到何故復名昔所不到
而今能到一切聲聞辟支佛等所不能到菩
薩能到是故名為昔所不到而今能到一切
聲聞辟支佛等雖以神通不能變身如細微
塵遍至无量恒河沙等諸佛世界聲聞緣覺
身若動時心亦隨動菩薩不尒心雖不動身
无不至是名菩薩心不隨身復次善男子菩
薩化身猶如三千大千世界以此大身入一
塵身其心尒時亦不隨小聲聞緣覺雖能化
身令如三千大千世界而不能以如此大身入
微塵身於此事中尚自不能況能令心而不
隨動是名菩薩心不隨身復次善男子菩薩
摩訶薩以一音聲能令三千大千世界衆生
悉聞心終不念令是音聲遍諸世界使諸衆
生昔所不聞而今得聞而是菩薩亦初不言
我今衆生昔所不聞而今得聞菩薩若言因
我說法令諸衆生不聞聞者當知是人終
不能得阿耨多羅三藐三菩提何以故衆生
不聞我為說者如此之心是生死心一切菩
薩是心以盡以是義故菩薩摩訶薩所有身
心不相隨逐善男子一切凡夫身心相隨菩
薩不尒為化衆生故雖現身小心亦不小何
以故諸菩薩等所有心性常廣大故雖現大
身心亦不大云何大身身如三千大千世界
云何小心行嬰兒行以是義故心不隨身菩
薩摩訶薩已於无量阿僧祇劫遠酒不飲而
心亦動心无悲苦身亦流淚實无恐怖身亦

BD04897號　大般涅槃經（北本）卷二四　（26–3）

以故諸菩薩等所有心性常廣大故雖現大
身心亦不大云何大身身如三千大千世界
云何小心行嬰兒行以是義故心不隨身菩
薩摩訶薩已於无量阿僧祇劫遠酒不飲而
心亦動心无悲苦身亦流淚實无恐怖身亦
戰慄以是義故當知菩薩身心自在不相隨
逐菩薩摩訶薩唯現一身而諸衆生各各見
異復次善男子云何菩薩摩訶薩修大涅槃
昔所不聞而今得聞菩薩摩訶薩先取聲相
所謂象聲馬聲車聲人聲貝聲鼓聲簫笛等
聲歌聲哭聲而修習之以修習故能聞无量
三千大千世界所有地獄音聲復轉修習得
異耳根異於聲聞緣覺天耳何以故二乘所
得清淨耳通若依初禪淨妙四大唯聞初禪
不聞二禪乃至四禪亦復如是雖可一時得
聞三千大千世界所有音聲而不能聞无量
无邊恒河沙等世界音聲以是義故菩薩所
得異於聲聞緣覺耳根以是異故昔所不聞
而今得聞雖聞音聲而心初无聞聲之相不
作有相常相樂相我相淨相主相依相作相
因相定相異相以是義故諸菩薩等昔所不
聞而今得聞尒時光明遍照高貴德王菩薩言
若佛所說不作定相不作果相是義不然何
以故如來先說若人聞是大涅槃經一句一
字必定得成阿耨多羅三藐三菩提如來於
今云何復言无定无果若得阿耨多羅三藐
三菩提是即定相是即果相云何而言无定

聞而今得聞尒時光明遍照高貴德王菩薩言
若佛所說不作定相不作果相是義不然何
以故如來先說若人聞是大涅槃經一句一
字必定得成阿耨多羅三藐三菩提如來於
今云何復言无定无果若得阿耨多羅三藐
三菩提是即定相是即果相云何而言无定
无果聞惡聲故則生惡心生惡心故則至三塗
若至三塗則是定果云何而言无定无果尒
時如來讚言善哉善哉善男子能作是問
若使諸佛說諸音聲有定果相者則非諸
佛世尊之相是魔王相生死之相遠涅槃相
何以故一切諸佛凡所演說无定果相善男
子譬如刀中見人面像豎則見長橫則見闊
若有定相云何而得豎則見長橫則見闊以
是義故諸佛世尊凡所演說无定果相善男
子夫涅槃者實非聲果若使涅槃是聲果者
當知涅槃非是常法善男子譬如世間從因
生法有因則有果无因則无果因无常故果
亦无常所以者何因亦作果果亦作因以是
義故一切諸法无有定相若使涅槃從因生
者因无常故果亦无常而是涅槃不從因生
體非是果是故為常善男子以是義故涅槃
之體无定无果善男子夫涅槃者亦可言定
亦可言果云何為定一切諸佛所有涅槃常
樂我淨是故為定无生老壞是故為定一闡
提等犯四重禁誹謗方等作五逆罪捨除本

燈

若因无常故果亦无常而是涅槃不從因生
體非是果是故為常善男子以是義故涅槃
之體无定无果善男子夫涅槃者亦可言定
亦可言果云何為定一切諸佛所有涅槃常
樂我淨是故為定无生老壞是故為定一闡
提等犯四重禁誹謗方等作五逆罪捨除本
心必定得故是故為定善男子如汝所言若
人聞我說大涅槃一字一句得阿耨多羅三
藐三菩提者汝於是義猶未了了汝當諦聽
吾當為汝更分別之善男子若有善男子善
女人聞大涅槃一字一句不作字相不作句
相不作聞相不作佛相不作說相如是義者
名无相相以无相相故得阿耨多羅三藐三
菩提善男子如汝所說聞惡聲故到三塗者
是義不然何以故非以惡聲而至三塗當知
是果乃是惡心所以者何有善男子善女人
等雖聞惡聲心不生惡是故當知非因惡聲
生三趣中而諸衆生因煩惱結惡心滋多生
三惡趣非因惡聲若聲有定相諸有聞者一
切悉應生於惡心或有生者有不生者是故
當知聲无定相以无定故雖復因之不生惡
心世尊聲若无定云何菩薩昔所不聞而今
得聞善男子聲无定相昔所不聞今諸菩薩
而今得聞以是義故我於是說昔所不聞而
今得聞善男子云何昔所不見而今得見善
男子菩薩摩訶薩脩大涅槃微妙經典先取
明相所謂日月星宿烶燎燭燭珠火之明藥

燈

得聞善男子聲无定相昔所不聞今諸菩薩
而今得聞以是義故我於是說昔所不聞而
今得聞善男子云何昔所不見而今得見善
男子菩薩摩訶薩脩大涅槃微妙經典先取
明相所謂日月星宿烶燎燭燭珠火之明藥
草等光以脩習故得異眼根異於聲聞緣覺
所得云何為異二乘所得清淨天眼若依欲
界四大眼根不見初禪若依初禪不見上地
乃至自眼猶不能見若欲多見極至三千大
千世界菩薩摩訶薩不脩天眼見妙色身悉
是骨相雖見他方恒河沙等世界色相不作
色相不作常相有相物相名字等相作因緣
相不作見相不言是眼微妙淨相唯見因緣
非因緣相云何因緣色是眼緣若使是色非
因緣者一切凡夫不應生於見色之相以是
義故色名因緣非因緣者菩薩摩訶薩雖復
見之不生色相是故非緣以是義故菩薩所
得清淨天眼異於聲聞緣覺所得以是異故
一時遍見十方世界現在諸佛是名菩薩昔
所不見而今得見以是異故能見微塵聲聞
緣覺所不能見以是異故雖見自眼初无見
相見无常相見凡夫身三十六物不淨充滿
如於掌中觀阿摩勒果以是義故昔所不見
而今得見若見衆生所有色相則知其人大
小乘根一觸衣故亦如是人善惡諸根差別之
相以是義故昔所不知而今得知以一見故

相見无常相見凡夫身三十六物不淨充滿
如於掌中觀阿摩勒果以是義故昔所不見
而今得見若見衆生所有色相則知具人大
小乘根一觸衣故亦知是人善惡諸根差別之
相以是義故昔所不知而今得知以一見故
昔所不知而今得知以此知故昔所不見
而今得見復次善男子云何菩薩昔所不知
而今得知菩薩摩訶薩雖知凡夫貪恚癡心
初不作心及心數相不作衆生及以物相脩
第一義畢竟空相何以故一切菩薩常善脩
習空性相故以脩空故昔所不知而今得知
云何為知知无有我无有我所知諸衆生皆
有佛性以佛性故一闡提等捨離本心悉當
得成阿耨多羅三藐三菩提如此皆是聲聞
緣覺所不能知菩薩能知以是義故昔所不
知而今得知復次善男子云何昔所不知而
今得知菩薩摩訶薩脩大涅槃微妙經典念
過去世一切衆生所生種姓父母兄弟妻子
眷屬知識怨憎於一念中得殊異智異於聲
聞緣覺智慧云何為異聲聞緣覺所有智慧
念過去世所有衆生種姓父母乃至怨憎而
作種姓至怨憎相菩薩不尒雖念過去種姓
父母乃至怨憎終不生於種姓父母怨憎等
相常作法相空寂之相是名菩薩昔所不知
而今得知復次善男子云何昔所不知而今
得知菩薩摩訶薩脩大涅槃微妙經典得他

BD04897號　大般涅槃經（北本）卷二四　（26–8）

父母乃至怨憎終不生於種姓父母怨憎等
相常作法相空寂之相是名菩薩昔所不知
而今得知復次善男子云何昔所不知而今
得知菩薩摩訶薩脩大涅槃微妙經典得他
心智異於聲聞緣覺所得云何為異聲聞緣
覺以一念智知人心時則不能知地獄畜生
餓鬼天心菩薩不尒於一念中遍知六趣衆
生之心是名菩薩昔所不知而今得知復次
善男子復有異知菩薩摩訶薩於一心中知
須陁洹初心次第至十六心以是義故昔所
不知而今得知是為菩薩脩大涅槃具足成
就第二功德復次善男子云何菩薩摩訶薩
脩大涅槃成就具足第三功德善男子菩薩
摩訶薩脩大涅槃捨慈得慈得慈之時不從
因緣云何名為捨慈得慈善男子慈名世諦菩
薩摩訶薩捨世諦慈得第一義慈第一義
慈不從緣得復次云何捨慈得慈慈若可捨
名凡夫慈慈若可得即名菩薩无緣之慈捨
一闡提慈犯重禁慈謗方等慈作五逆慈得
憐愍慈得如來慈世尊之慈无因緣慈云何
復名捨慈得慈捨黃門慈无根二根女人之
慈屠膾獵師畜養雞豬如是等慈亦捨聲聞
辟支佛慈得諸菩薩无緣之慈不見自慈不
見他慈不見持戒不見破戒雖自見悲不見
衆生雖有苦受不見受者何以故以脩第一
真實義故是名菩薩脩大涅槃成就具足

BD04897號　大般涅槃經（北本）卷二四　（26–9）

慧屠膾獵師畜養雞猪如是等慧亦捨聲聞
辟支佛慧得諸菩薩无緣之慧不見自慧不
見他慧不見持戒不見破戒雖自見悲不見
衆生雖有苦受不見受者何以故以脩第一
真實義故是名菩薩脩大涅槃成就具足
第三功德復次善男子云何菩薩摩訶薩脩
大涅槃成就具足第四功德善男子菩薩摩訶
薩脩大涅槃成就具足第四功德有十事何
等為十一者根深難可傾拔二者自身生決
定想三者不觀福田及非福田四者脩淨佛
土五者滅除有餘六者斷除業緣七者脩清
淨身八者了知諸緣九者離諸怨敵十者斷
除二邊云何根深難可傾拔所言根者名不
放逸不放逸者為是何根所謂阿耨多羅三
藐三菩提根善男子一切諸佛諸善根本皆
不放逸不放逸故諸餘善根轉轉增長以能
增長諸善根故於諸善中最為殊勝善男子
如諸跡中象跡為上不放逸法亦復如是於
諸善法最為殊勝善男子如諸明中日光為
最不放逸法亦復如是於諸善法最為殊勝
善男子如諸王中轉輪聖王為最第一不放
逸法亦復如是於諸善法為最第一善男子
如諸流中四河為最不放逸法亦復如是於
諸善法為上為最善男子如諸山中須弥山
王最為第一不放逸法亦復如是於諸善法
為最第一善男子如水生華中青蓮為最不
放逸法亦復如是於諸善法為最為上善男

BD04897 號　大般涅槃經（北本）卷二四　（26–10）

逸法亦復如是於諸善法為最第一善男子
如諸流中四河為最不放逸法亦復如是於
諸善法為上為最善男子如諸山中須弥山
王最為第一不放逸法亦復如是於諸善法
為最第一善男子如水生華中青蓮為最不
放逸法亦復如是於諸善法為最為上善男
子如陸生華中婆利師華為最為上不放逸
法亦復如是於諸善法為最為上善男子如
諸獸中師子為最不放逸法亦復如是於諸
善法為最為上善男子如飛鳥中金翅鳥王
為最為上不放逸法亦復如是於諸善法為
最為上善男子如大身中羅睺羅阿脩羅王
為上不放逸法亦復如是於諸善法為最為
上善男子如一切衆生若二足四足多足无
足中如來為最不放逸法亦復如是於善法
中為最為上善男子如諸衆中佛僧為上不
放逸法亦復如是於諸法中為最為上善男
子如佛法中大涅槃法為最為上不放逸法
亦復如是於諸善法為最為上善男子以是
義故不放逸根深固難拔云何不放逸故而
得增長所謂信根戒根施根慧根忍根聞根
進根念根定根善知識根如是諸根不放逸
故而得增長以增長故深固難拔以是義故
名為菩薩摩訶薩脩大涅槃根深難拔云何
於身作決定想於自身所生決定心我今此
身於未來世定當為何耨多羅三藐三菩提

BD04897 號　大般涅槃經（北本）卷二四　（26–11）

故而得增長以增長故深固難拔以是義故
名為菩薩摩訶薩脩大涅槃根深難拔云何
於身作決定想於自身所生決定之心我今此
身於未來世定當為阿耨多羅三藐三菩提
器心亦如是不作狹小不作變易不作聲聞
辟支佛心不作魔心及自樂心樂生死心常
為衆生求慈悲心是名菩薩於自身中生決
定心我於來世當為阿耨多羅三藐三菩提
器以是義故菩薩摩訶薩脩大涅槃於自身
中生決定想云何菩薩不觀福田及非福田
云何福田外道持戒上至諸佛是名福田若
有念言如是等輩是真福田當知是心則為
狹劣菩薩摩訶薩悉觀一切无量衆生无非
福田何以故以善脩習異念處故有異念處
善脩習者觀諸衆生无有持戒及以毀戒常
觀諸佛世尊所說施雖四種俱得淨報何等
為四一者施主清淨受者不淨二者施主不
淨受者清淨三者施受俱淨四者二俱不淨
云何施淨受者不淨施主具有戒聞智慧知
有惠施及以果報受者破戒專著耶見无施
无報是名施淨受者不淨云何名為受者清
淨施主不淨施主破戒專著耶見言无惠施
及以果報受者持戒多聞智慧知有惠施及
施果報是名施主不淨受者清淨云何名為
施受俱淨施者受者俱有持戒多聞智慧知
有惠施及施果報是名施受二俱清淨云何

BD04897號　大般涅槃經（北本）卷二四　（26–12）

及以果報受者持戒多聞智慧知有惠施及
施果報是名施主不淨受者清淨云何名為
施受俱淨施者受者俱有持戒多聞智慧知
有惠施及施果報是名施受二俱清淨云何
名為二俱不淨施者受者破戒耶見言无有
施及施果報若如是者云何復言得淨果報
以无施无報故名為淨善男子若有不見施
及施報當知是人不名破戒專著耶見若依
聲聞言不見施及施果報是則名為破戒耶
見若依如是大涅槃經不見惠施及施果報
是則名為持戒正見菩薩摩訶薩有異念處
以脩習故不見衆生持戒破戒施者受者及
施果報是故得名持戒正見以是義故菩薩
摩訶薩不觀福田及非福田云何名為淨佛
國土菩薩摩訶薩脩大涅槃微妙經典為阿
耨多羅三藐三菩提度衆生故離煞害心以
此善根願與一切衆生共之願諸衆生得壽
命長有大勢力獲大神通以是誓願因緣力
故於未來世成佛之時國土所有一切衆生
得壽命長有大勢力獲大神通復次善男子
菩薩摩訶薩脩大涅槃微妙經典為阿耨多
羅三藐三菩提度衆生故離偷盜心以此善
根願與一切衆生共之願諸佛國土地所有
純是七寶衆生富足所欲自恣以此誓願因
緣力故於未來世成佛之時所得國土純是
七寶衆生富足所欲自恣復次善男子菩薩

BD04897號　大般涅槃經（北本）卷二四　（26–13）

羅三藐三菩提度衆生故離偷盗心以此善
根願與一切衆生共之願諸佛國土地所有
純是七寶衆生富足所欲自恣以此善願因
緣力故於未來世成佛之時所得國土純是
七寶衆生富足所欲自恣復次善男子菩薩
摩訶薩脩大涅槃微妙經典為阿耨多羅三
藐三菩提度衆生故離婬欲心以此善根願
與一切衆生共之願諸佛土所有衆生无有
貪欲瞋恚癡心足无飢渴苦惱之者以是善
願因緣力故於未來世成佛之時國土衆生
遠離貪婬瞋恚癡心一切无有飢渴苦惱復
次善男子菩薩摩訶薩脩大涅槃微妙經典
為阿耨多羅三藐三菩提度衆生故離妄語
心以此善根願與一切衆生共之願諸佛土
常有華樹果樹香樹所有衆生得妙音聲以
是善願因緣力故於未來世成佛之時所有
國土常有華樹果樹香樹其中衆生悉得清
淨上妙音聲復次善男子菩薩摩訶薩脩大
涅槃微妙經典為阿耨多羅三藐三菩提度
衆生故遠離兩舌以此善根願與一切衆生
共之願諸佛土所有衆生常共和合講說正
法以是善願因緣力故成佛之時國土所有
一切衆生悉共和合講論法要復次善男子
菩薩摩訶薩脩大涅槃微妙經典為阿耨多
羅三藐三菩提度衆生故遠離惡口以此善
根願與一切衆生共之願諸佛土地平如掌
无有沙礫瓦石之屬荊棘惡刺所有衆生其

BD04897號　大般涅槃經（北本）卷二四　（26–14）

法以是善願因緣力故成佛之時國土所有
一切衆生悉共和合講論法要復次善男子
菩薩摩訶薩脩大涅槃微妙經典為阿耨多
羅三藐三菩提度衆生故遠離惡口以此善
根願與一切衆生共之願諸佛土地平如掌
无有沙礫瓦石之屬荊棘惡刺所有衆生其
心平等以是善願因緣力故於未來世成佛
之時所得國土地平如掌无有沙礫荊棘惡
刺所有衆生其心平等復次善男子菩薩摩
訶薩脩大涅槃微妙經典為阿耨多羅三藐
三菩提度衆生故離无義語以此善根願與
一切衆生共之願諸佛土所有衆生无有苦
惱以是善願因緣力故於未來世成佛之時
國土所有一切衆生无有苦惱復次善男子
菩薩摩訶薩脩大涅槃微妙經典為阿耨多
羅三藐三菩提度衆生故遠離貪嫉以此
善根願與一切衆生共之願諸佛土一切衆生
无有貪嫉惱害邪見以是善願因緣力故於
未來世成佛之時國土所有一切衆生悉无
貪嫉惱害邪見復次善男子菩薩摩訶薩脩
大涅槃微妙經典為阿耨多羅三藐三菩提
度衆生故遠離惱害以此善根願與一切衆
生共之願諸佛土所有衆生悉共脩習大慈
大悲得一子地以是善願因緣力故於未來
世成佛之時世界所有一切衆生悉共脩習
大慈大悲得一子地復次善男子菩薩摩訶

BD04897號　大般涅槃經（北本）卷二四　（26–15）

度衆生故遠離惱害以此善根願與一切衆
生共之願諸佛土所有衆生悉共脩習大慈
大悲得一子地以是懽願回緣力故於未來
世成佛之時世界所有一切衆生悉共脩習
大慈大悲得一子地復次善男子菩薩摩訶
薩脩大涅槃微妙經典爲阿耨多羅三藐三
菩提度衆生故遠離耶見以此善根願與一
切衆生共之願諸佛土所有衆生悉得摩訶
般若波羅蜜以是懽願回緣力故於未來世
成佛之時世界衆生悉得受持摩訶般若波
羅蜜是名菩薩脩淨佛土云何菩薩摩訶薩
滅除有餘有餘有三一者煩惱餘報二者餘
業三者餘有善男子云何名爲煩惱餘報若
有衆生習近貪欲是報熟故墮於地獄從地
獄出受畜生身所謂鴿雀鴛鴦鸚鵡耆婆耆
婆舍利伽鳥青雀魚鼈獼猴獐鹿若得人身
受黃門形女人二根无根婬女若得出家犯
初重式是名餘報復次善男子若有衆生
以慇重心習近瞋恚是報熟故墮於地獄從
地獄出受畜生身所謂毒蛇具四種毒見毒
觸毒齧毒噓毒師子虎狼熊羆猫貍鷹鷂
之屬若得人身具足十二諸惡律儀若得出
家犯第二重式是名餘報復次善男子若有
脩習愚癡之人是報熟時墮於地獄從地獄出受
畜生身所謂象猪牛羊水牛蚤虱蚊蝱蟻子
等形若得人身聾盲瘖瘂癃殘背僂諸根不

之屬若得人身具足十二諸惡律儀若得出
家犯第二重式是名餘報復次善男子若有
脩習愚癡之人是報熟時墮於地獄從地獄出受
畜生身所謂象猪牛羊水牛蚤虱蚊蝱蟻子
等形若得人身聾盲瘖瘂癃殘背僂諸根不
具不能受法若得出家諸根闇鈍喜犯重式
乃至五錢是名餘報復次善男子若有脩習
憍慢之人是報熟時墮於地獄從地獄出受
畜生身所謂糞虫駝驢犬馬若生人中受奴
婢身貧窮乞匃若得出家常爲衆生之所輕賤
破第四式是名餘報如是等名煩惱餘報如
是餘報菩薩摩訶薩以能脩習大涅槃故悉
得除滅云何餘業謂一切凡夫業一切聲聞
業須陀洹人受七有業斯陀含人受二有業
阿那含人受色有業是名餘業如是餘業
菩薩摩訶薩以能脩習大涅槃故悉得斷除
云何餘有阿羅漢人得阿羅漢果辟支佛得
辟支佛果无業无結而轉二果是名餘有如
是三種有餘之法菩薩摩訶薩脩習大乘大
涅槃經故得滅除是名菩薩摩訶薩滅除有
餘云何菩薩脩清淨身菩薩摩訶薩脩不煞
式有五種心謂下中上上上中上乃至正見亦
復如是是五十心名初發心具足決定成五
十心是名滿足如是百心名百福德具足百
福成於一相如是展轉具足成就三十二相
名清淨身所以復脩八十種好世有衆生事

式有五種心謂下中上上上上中上乃至正見足
復如是是五十心名初發心具足決定成五
十心是名滿足如是百心名百福德具足百
福成於一相如是展轉具足成就三十二相
名清淨身所以復脩八十種好世有衆生事
八十神何等八十神十二日十二大天五
大星北斗馬天衍道天婆羅墮跋闍天功德
天二十八宿地天風天水天火天梵天婁他
天因提天拘摩羅天八臂天摩醯首羅天半
闍羅天鬼子母天四天王天造書天婆藪天
是名八十為此衆生脩八十好以自在嚴是
名菩薩清淨之身何以故是八十天一切衆
生之所信伏是故菩薩脩八十好其身不動
令彼衆生隨其所信各各而見見已增敬各
發阿耨多羅三藐三菩提心以是義故菩薩
摩訶薩脩於淨身善男子譬如有人欲請大
王要當莊嚴所有舍宅極令清淨辦具種種
百味肴饍然後王當就其所請菩薩摩訶薩
亦復如是欲請阿耨多羅三藐三菩提法輪
王故先當脩身極令清淨无上法王乃當處
之以是義故菩薩摩訶薩要當脩於清淨之
身善男子譬如有人欲服甘露先當淨身菩
薩摩訶薩亦復如是欲服无上甘露法味服
若波羅蜜要當先以八十種好清淨其身善
男子譬如妙好金銀盃器盛之淨水中表俱
淨菩薩摩訶薩其身清淨亦復如是盛阿耨

BD04897號　大般涅槃經（北本）卷二四　（26–18）

身善男子譬如有人欲服甘露先當淨身菩
薩摩訶薩亦復如是欲服无上甘露法味般
若波羅蜜要當先以八十種好清淨其身善
男子譬如妙好金銀盃器盛之淨水中表俱
淨菩薩摩訶薩其身清淨亦復如是盛阿耨
多羅三藐三菩提水中表俱淨善男子如波
羅柰素白之衣易受染色何以故性白淨故
菩薩摩訶薩亦復如是以身淨故疾得阿耨
多羅三藐三菩提以是義故菩薩摩訶薩脩
於淨身云何菩薩善知諸緣菩薩摩訶薩不
見色相不見色緣不見色體不見色出不見
色滅不見一相不見異相不見見者不見相
貌不見受者何以故了因緣故如色一切法
亦如是是名菩薩了知諸緣云何菩薩離諸
怨敵一切煩惱是菩薩怨菩薩摩訶薩常遠
離故是名菩薩壞諸怨敵五住菩薩硯諸煩
惱不名為怨所以者何因煩惱故菩薩有生
以有生故故能展轉教化衆生以是義故不
名為怨何等為怨所謂誹謗方等經者菩薩
隨生不畏地獄畜生餓鬼唯畏如是謗方等
者一切菩薩有八種魔名為怨家遠是八魔
名離怨家是名菩薩離諸怨家云何菩薩遠
離二邊言二邊者謂廿五有及愛煩惱菩薩
常離二十五有及愛煩惱是名菩薩遠離二
邊是名菩薩摩訶薩脩大涅槃具足成就第
四功德

BD04897號　大般涅槃經（北本）卷二四　（26–19）

者一切菩薩有八種魔名為怨家遠是八魔
名離怨家是名菩薩離諸怨家云何菩薩遠
離二邊言二邊者謂卄五有及愛煩惱菩薩
常離二十五有及愛煩惱是名菩薩遠離二
邊是名菩薩摩訶薩脩大涅槃具足成就第
四功德
尒時光明遍照高貴德王菩薩摩訶薩言如
佛所說若有菩薩脩大涅槃悉作如是十事
功德如來何故唯脩九事不脩淨土佛言善
男子我於往昔亦常具脩如是十事一切菩
薩及諸如來无有不脩是十事者若使世界
不淨充滿諸佛世尊於中出者无有是處善
男子汝今莫謂諸佛出於不淨世界當知是
心不善狹劣汝今當知我實不出閻浮提界
譬如有人說言此界獨有日月他方世界无有
日月如是之言无有義理若有菩薩發如是言
此佛世界穢惡不淨他方佛土清淨嚴麗亦
復如是善男子西方去此娑婆世界度三十
二恒河沙等諸佛國土彼有世界名曰无勝
彼土何故名曰无勝其土所有嚴麗之事
悉皆平等无有差別猶如西方安樂世界
亦如東方滿月世界我於彼土出現於世為
化衆生故於此界閻浮提中現轉法輪非但
我身獨於此中現轉法輪一切諸佛亦於此
中而轉法輪以是義故諸佛世尊非不脩行
如是十事善男子慈氏菩薩以誓願故當來之
世令此世界清淨莊嚴以是義故一切諸

BD04897號　大般涅槃經（北本）卷二四　（26–20）

悉皆平等无有差別猶如西方安樂世界
亦如東方滿月世界我於彼土出現於世為
化衆生故於此界閻浮提中現轉法輪非但
我身獨於此中現轉法輪一切諸佛亦於此
中而轉法輪以是義故諸佛世尊非不脩行
如是十事善男子慈氏菩薩以誓願故當來之
世令此世界清淨莊嚴以是義故一切諸
佛所有世界无不嚴淨復次善男子云何菩
薩摩訶薩脩大涅槃微妙經典具足成就第
五功德善男子菩薩摩訶薩脩大涅槃具足
成就第五功德有五事何等為五一者諸根
完具二者不生邊地三者諸天愛念四者常
為天魔沙門刹利婆羅門等之所恭敬五者
得宿命智菩薩以是大涅槃經因緣力故具
足如是五事功德光明遍照高貴德王菩薩
言如佛所說若有善男子善女人脩於布施
則得具成五事功德今云何言因大涅槃得
是五事佛言善哉善哉善男子如是之事其
義各異今當為汝分別解說施得五事不定
不常不淨不勝不異非无漏不能利益安樂
憐愍一切衆生若依如是大涅槃經所得五
事是定是常是淨是勝是異无漏則能利益
安樂憐愍一切衆生善男子夫布施者
則離飢渴大涅槃經能令衆生悉得遠離二十
五有渴愛之病布施因緣令生死相續大涅
槃經能令生死斷不相續因布施故受凡
夫法因大涅槃得作菩薩布施因緣能斷一

BD04897號　大般涅槃經（北本）卷二四　（26–21）

安樂撫愍一切衆生善男子夫布施者
則離飢渴大涅槃經能令衆生悉得遠離二十
五有渴愛之病布施因緣令生死相續大涅
槃經能令生死斷不相續因布施故受凡
夫法因大涅槃得作菩薩布施因緣能斷一
切貧窮苦惱大涅槃經能斷一切貧善法者
布施因緣有分有果因大涅槃得阿耨多羅
三藐三菩提无分无果是名菩薩摩訶薩脩
大涅槃微妙經典具足成就第五功德善男子
云何菩薩脩大涅槃微妙經典具足成就第
六功德菩薩摩訶薩脩大涅槃得金剛三昧
安住是中悉能破壞一切諸法見一切法皆
是无常皆是動相恐怖因緣病苦劫盜念念
滅壞无有真實一切皆是魔之境界无可見
相菩薩摩訶薩住是三昧雖施衆生乃至不
見一衆生實為衆生故精勤脩習尸波羅蜜
乃至脩習般若波羅蜜亦復如是菩薩若見
有一衆生不能畢竟具足成就檀波羅蜜乃
至具足般若波羅蜜善男子辟如金剛所擬
之處无不碎壞而是金剛无有折損金剛三
昧亦復如是所擬之法无不碎壞而是三昧
无有折損善男子如諸寶中金剛最勝菩薩
所得金剛三昧亦復如是於諸三昧為最第
一何以故菩薩摩訶薩脩是三昧一切三昧
悉來歸屬善男子如諸小王悉來歸屬轉輪
聖王一切三昧亦復如是悉來歸屬金剛三

BD04897號　大般涅槃經（北本）卷二四　（26–22）

泉

昧亦復如是所擬之法无不碎壞而是三昧
无有折損善男子如諸寶中金剛最勝菩薩
所得金剛三昧亦復如是於諸三昧為最第
一何以故菩薩摩訶薩脩是三昧一切三昧
悉來歸屬善男子如諸小王悉來歸屬轉輪
聖王一切三昧亦復如是悉來歸屬金剛三
昧善男子辟如有人為國怨讎人所厭患有
人煞之一切世人无不稱讚是人功德金剛
三昧亦復如是菩薩脩習能壞一切衆生怨
敵是故常為一切三昧之所宗敬善男子辟
如有人其力盛壯人无當者復更有人力能
伏之當知是人世所稱美金剛三昧亦復如
是力能摧伏難伏之法以是義故一切三昧
悉來歸屬善男子辟如有人在大海浴當知
是人已用諸河泉池之水菩薩摩訶薩亦復
如是脩習如是金剛三昧當知已為脩習其
餘一切三昧善男子如香山中有一泉水名
阿那婆踏多具足八味之水有人飲之
无諸病苦金剛三昧亦復如是具八聖道菩
薩脩習斷諸煩惱瘡疣重病善男子如人供
養摩醯首羅當知是人已為供養一切諸天
金剛三昧亦復如是有人脩習當知已為脩
習一切諸餘三昧善男子若有菩薩安住如
是金剛三昧見一切法无有鄣㝵如於掌中
觀阿摩勒果菩薩雖復得如是見終不作
想見一切法善男子辟如有人坐四衢道頭見

BD04897號　大般涅槃經（北本）卷二四　（26–23）

金剛三昧亦復如是有人脩習當知已為脩
習一切諸餘三昧善男子若有菩薩安住如
是金剛三昧見一切法无有鄣㝵如於掌中
觀阿摩勒果菩薩雖復得如是見終不作
想見一切法善男子譬如有人坐四衢道頭見
諸衆生來去坐卧金剛三昧亦復如是見一
切法生滅出沒善男子譬如高山有人登之
遠望諸方皆悉明了金剛定山亦復如是菩
薩登之遠望諸法无不明了善男子譬如春
月天降甘雨其渧微細彌滿空處明眼之人
見之了了菩薩亦尒得金剛定清淨之目遠
見東方所有世界其中或有國土成壞一切
皆見了了无鄣乃至十方亦復如是善男子
如由乾陁山七日並出其山所有樹木叢林
一切燒盡菩薩脩習金剛三昧亦復如是所
有一切煩惱叢林即時消滅善男子譬如金
剛雖能摧破一切有物終不生念我能摧破
金剛三昧亦復如是菩薩脩已能破煩惱終
不生念我能壞結善男子譬如大地能持万
物終不生念我力能持火亦不念我能燒物
水亦不念我能潤漬風亦不念我能動物空
亦不念我能容受涅槃亦復不生念言我令
衆生而得滅度金剛三昧亦復如是雖能滅
除一切煩惱而初无心言我能滅若有菩薩
安住如是金剛三昧於一念中變身如佛其
數无量遍滿十方恒河沙等諸佛世界而是
菩薩雖作是化其心初无憍慢之想何以故

BD04897號　大般涅槃經（北本）卷二四　（26–24）

亦不念我能容受涅槃亦復不生念言我令
衆生而得滅度金剛三昧亦復如是雖能滅
除一切煩惱而初无心言我能滅若有菩薩
安住如是金剛三昧於一念中變身如佛其
數无量遍滿十方恒河沙等諸佛世界而是
菩薩雖作是化其心初无憍慢之想何以故
菩薩常念誰有是定能作是化唯有菩薩安
住如是金剛三昧乃能作耳菩薩摩訶薩安
住如是金剛三昧於一念中遍到十方恒河
沙等諸佛世界還其本處雖有是力亦不念
言我能如是何以故以是三昧因緣力故菩
薩摩訶薩安住如是金剛三昧於一念中能
斷十方恒河沙等世界衆生所有煩惱而心
初无斷諸衆生煩惱之想何以故以是三昧
因緣力故菩薩住是金剛三昧以一音聲有
所演說一切衆生各隨種類而得解了示現
一色一切衆生各各皆見種種色相安住一
處身不移易能令衆生隨其方面各各而見
演說一法若界若入一切衆生各隨本解而
得聞之菩薩安住如是三昧雖見衆生而心
初无衆生之相雖見男女无男女相雖見色
法无有色相乃至見識亦无識相雖見晝夜
无晝夜相雖見一切无一切相雖見一切煩
惱諸結亦无一切煩惱之相見八聖道无聖
道相雖見菩提无菩提相見於涅槃无涅槃
相何以故善男子一切諸法本无相故菩薩

BD04897號　大般涅槃經（北本）卷二四　（26–25）

初无衆生之相雖見男女无男女相雖見色
法无有色相乃至見識亦无識相雖見晝夜
无晝夜相雖見一切无一切相雖見一切煩
惱諸結亦无一切煩惱之相見八聖道无聖
道相雖見菩提无菩提相見於涅槃无涅槃
相何以故善男子一切諸法本无相故菩薩
以是三昧力故見一切法如本无相何故名
為金剛三昧善男子譬如金剛若在日中
色則不定金剛三昧亦復如是在於大衆色
亦不定是故名為金剛三昧善男子譬如金
剛一切世人不能評價金剛三昧亦復如是
所有功德一切人天不能評量是故復名金
剛三昧善男子譬如貧人得金剛寶則得
遠離貧窮困苦惡魔耶毒菩薩摩訶薩亦復
如是得是三昧則能遠離煩惱諸苦諸魔耶
毒是故復名金剛三昧是名菩薩脩大涅
槃具足成就第六功德

大般涅槃經卷第廿四

BD04897 號　大般涅槃經（北本）卷二四　　（26–26）

觀諸法自相皆空故學[illegible]摩訶薩行
般若波羅蜜多時應觀布施波羅蜜多布施
波羅蜜多相空故學應觀淨戒安忍精進靜
慮般若波羅蜜多淨戒乃至般若波羅蜜多
相空故學如是善現菩薩摩訶薩行般若波
羅蜜多時應觀諸法自相皆空故學善現菩
薩摩訶薩行般若波羅蜜多時應觀內空內
空相空故學應觀外空內外空空空大空勝
義空有為空无為空畢竟空无際空散空无
變異空本性空自相空共相空一切法空不
可得空无性空自性空无性自性空外空乃
至无性自性空相空故學如是善現菩薩摩
訶薩行般若波羅蜜多時應觀諸法自相皆
空故學善現菩薩摩訶薩行般若波羅蜜多
時應觀真如真如相空故學應觀法界法性
不虛妄性不變異性平等性離生性法定法

BD04898 號　大般若波羅蜜多經卷三六一　　（15–1）

訶薩行般若波羅蜜多時應觀諸法自相皆
空故學善現菩薩摩訶薩行般若波羅蜜多
時應觀真如真如相空故學應觀法界法性
不虛妄性不變異性平等性離生性法定法
住實際虛空界不思議界法界乃至不思議
界相空故學如是善現菩薩摩訶薩行般若
波羅蜜多時應觀諸法自相皆空故學善現
菩薩摩訶薩行般若波羅蜜多時應觀苦聖
諦苦聖諦相空故學應觀集滅道聖諦集滅
道聖諦相空故學如是善現菩薩摩訶薩行
般若波羅蜜多時應觀諸法自相皆空故學
善現菩薩摩訶薩行般若波羅蜜多時應觀
四念住四念住相空故學應觀四正斷四神
足五根五力七等覺支八聖道支四正斷乃
至八聖道支相空故學如是善現菩薩摩訶
薩行般若波羅蜜多時應觀諸法自相皆空
故學善現菩薩摩訶薩行般若波羅蜜多時
應觀四靜慮四靜慮相空故學應觀四无量
四无色定四无量四无色定相空故學如是
善現菩薩摩訶薩行般若波羅蜜多時應觀
諸法自相皆空故學善現菩薩摩訶薩行般
若波羅蜜多時應觀八解脫八解脫相空故
學應觀八勝處九次第定十遍處八勝處九
次第定十遍處相空故學如是善現菩薩摩
訶薩行般若波羅蜜多時應觀諸法自相皆

BD04898號　大般若波羅蜜多經卷三六一

（15–2）

諸法自相皆空故學善現菩薩摩訶薩行般
若波羅蜜多時應觀八解脫八解脫相空故
學應觀八勝處九次第定十遍處八勝處九
次第定十遍處相空故學如是善現菩薩摩
訶薩行般若波羅蜜多時應觀諸法自相皆
空故學善現菩薩摩訶薩行般若波羅蜜多
時應觀一切三摩地門一切三摩地門相空
故學應觀一切陁羅尼門一切陁羅尼門相
空故學如是善現菩薩摩訶薩行般若波羅
蜜多時應觀諸法自相皆空故學善現菩薩
摩訶薩行般若波羅蜜多時應觀空解脫門
空解脫門相空故學應觀无相无願解脫門
无相无願解脫門相空故學如是善現菩薩
摩訶薩行般若波羅蜜多時應觀諸法自相
皆空故學善現菩薩摩訶薩行般若波羅蜜
多時應觀五眼五眼相空故學應觀六神通
六神通相空故學如是善現菩薩摩訶薩行
般若波羅蜜多時應觀諸法自相皆空故學
善現菩薩摩訶薩行般若波羅蜜多時應觀
佛十力佛十力相空故學應觀四无所畏四
无礙解大慈大悲大喜大捨十八佛不共法
四无所畏乃至十八佛不共法相空故學如
是善現菩薩摩訶薩行般若波羅蜜多時應
觀諸法自相皆空故學善現菩薩摩訶薩行
般若波羅蜜多時應觀无忘失法无忘失法

BD04898號　大般若波羅蜜多經卷三六一

（15–3）

佛十力佛十力相空故學應觀四无所畏四
无礙解大慈大悲大喜大捨十八佛不共法
四无所畏乃至十八佛不共法相空故學如
是善現菩薩摩訶薩行般若波羅蜜多時應
觀諸法自相皆空故學善現菩薩摩訶薩行
般若波羅蜜多時應觀无忘失法无忘失法
相空故學應觀恒住捨性恒住捨性相空故
學如是善現菩薩摩訶薩行般若波羅蜜多
時應觀諸法自相皆空故學善現菩薩摩訶
薩行般若波羅蜜多時應觀一切智一切智
相空故學應觀道相智一切相智道相智一
切相智相空故學如是善現菩薩摩訶薩行
般若波羅蜜多時應觀諸法自相皆空故學
善現菩薩摩訶薩行般若波羅蜜多時應觀
預流果預流果相空故學應觀一來不還阿
羅漢果一來不還阿羅漢果相空故學如是
善現菩薩摩訶薩行般若波羅蜜多時應觀
諸法自相皆空故學善現菩薩摩訶薩行般
若波羅蜜多時應觀獨覺菩提獨覺菩提相
空故學如是善現菩薩摩訶薩行般若波羅
蜜多時應觀諸法自相皆空故學善現菩薩
摩訶薩行般若波羅蜜多時應觀一切菩薩
摩訶薩行一切菩薩摩訶薩行相空故學如
是善現菩薩摩訶薩行般若波羅蜜多時應
觀諸法自相皆空故學善現菩薩摩訶薩行

BD04898號　大般若波羅蜜多經卷三六一　（15–4）

摩訶薩行般若波羅蜜多時應觀一切菩薩
摩訶薩行一切菩薩摩訶薩行相空故學如
是善現菩薩摩訶薩行般若波羅蜜多時應
觀諸法自相皆空故學善現菩薩摩訶薩行
般若波羅蜜多時應觀諸佛无上正等菩提
諸佛无上正等菩提相空故學如是善現菩
薩摩訶薩行般若波羅蜜多時應觀諸法自
相皆空故學
具壽善現白佛言世尊若色色相空受想行
識受想行識相空云何菩薩摩訶薩當行般
若波羅蜜多世尊若眼處眼處相空耳鼻舌
身意處耳鼻舌身意處相空云何菩薩摩訶
薩當行般若波羅蜜多世尊若色處色處相
空聲香味觸法處聲香味觸法處相空云何
菩薩摩訶薩當行般若波羅蜜多世尊若眼
界眼界相空耳鼻舌身意界耳鼻舌身意界
相空云何菩薩摩訶薩當行般若波羅蜜多
世尊若色界色界相空聲香味觸法界聲香
味觸法界相空云何菩薩摩訶薩當行般若
波羅蜜多世尊若眼識界眼識界相空耳鼻
舌身意識界耳鼻舌身意識界相空云何菩
薩摩訶薩當行般若波羅蜜多世尊若眼觸
眼觸相空耳鼻舌身意觸耳鼻舌身意觸相
空云何菩薩摩訶薩當行般若波羅蜜多世
尊若眼觸為緣所生諸受眼觸為緣所生諸

BD04898號　大般若波羅蜜多經卷三六一　（15–5）

舌身意識界耳鼻舌身意識界相空云何菩
薩摩訶薩當行般若波羅蜜多世尊若眼觸
眼觸相空耳鼻舌身意觸耳鼻舌身意觸相
空云何菩薩摩訶薩當行般若波羅蜜多世
尊若眼觸為緣所生諸受眼觸為緣所生諸
受相空耳鼻舌身意觸為緣所生諸受耳鼻
舌身意觸為緣所生諸受相空云何菩薩摩
訶薩當行般若波羅蜜多世尊若地界地界
相空水火風空識界水火風空識界相空云
何菩薩摩訶薩當行般若波羅蜜多世尊若
无明无明相空行識名色六處觸受愛取有
生老死愁歎苦憂惱行乃至老死愁歎苦憂
惱相空云何菩薩摩訶薩當行般若波羅蜜
多世尊若布施波羅蜜多布施波羅蜜多相
空淨戒安忍精進靜慮般若波羅蜜多淨戒
乃至般若波羅蜜多相空云何菩薩摩訶薩
當行般若波羅蜜多世尊若內空內空相空
外空內外空空空大空勝義空有為空无為
空畢竟空无際空散空无變異空本性空自
相空共相空一切法空不可得空无性空自
性空无性自性空外空乃至无性自性空相
空云何菩薩摩訶薩當行般若波羅蜜多世
尊若真如真如相空法界法性不虛妄性
不變異性平等性離生性法定法住實際虛
空界不思議界法界乃至不思議界相空云何

BD04898號　大般若波羅蜜多經卷三六一　（15–6）

性空无性自性空外空乃至无性自性空相
空云何菩薩摩訶薩當行般若波羅蜜多世
尊若真如真如相空法界法性不虛妄性
不變異性平等性離生性法定法住實際虛
空界不思議界法界乃至不思議界相空云何
菩薩摩訶薩當行般若波羅蜜多世尊若苦
聖諦苦聖諦相空集滅道聖諦集滅道聖諦
相空云何菩薩摩訶薩當行般若波羅蜜多
世尊若四念住四念住相空四正斷四神足
五根五力七等覺支八聖道支四正斷乃至
八聖道支相空云何菩薩摩訶薩當行般若
波羅蜜多世尊若四靜慮四靜慮相空四无
量四无色定四无量四无色定相空云何菩
薩摩訶薩當行般若波羅蜜多世尊若八解
脫八解脫相空八勝處九次第定十遍處八
勝處九次第定十遍處相空云何菩薩摩訶
薩當行般若波羅蜜多世尊若一切三摩地
門一切三摩地門相空一切陁羅尼門一切
陁羅尼門相空云何菩薩摩訶薩當行般若
波羅蜜多世尊若空解脫門空解脫門相空
无相无願解脫門无相无願解脫門相空云
何菩薩摩訶薩當行般若波羅蜜多世尊若
五眼五眼相空六神通六神通相空云何菩
薩摩訶薩當行般若波羅蜜多世尊若佛十
力佛十力相空四无所畏四无礙解大慈大

BD04898號　大般若波羅蜜多經卷三六一　（15–7）

无相无願解脱門无相无願解脱門相空云
何菩薩摩訶薩當行般若波羅蜜多世尊若
五眼五眼相空六神通六神通相空云何菩
薩摩訶薩當行般若波羅蜜多世尊若佛十
力佛十力相空四无所畏四无礙解大慈大
悲大喜大捨十八佛不共法四无所畏乃至
十八佛不共法相空云何菩薩摩訶薩當行
般若波羅蜜多世尊若无忘失法无忘失法
相空恒住捨性恒住捨性相空云何菩薩摩
訶薩當行般若波羅蜜多世尊若一切智一
切智相空道相智一切相智道相智一切相
智相空云何菩薩摩訶薩當行般若波羅蜜
多世尊若預流果預流果相空一来不還阿
羅漢果一来不還阿羅漢果相空云何菩薩
摩訶薩當行般若波羅蜜多世尊若獨覺菩
提獨覺菩提相空云何菩薩摩訶薩當行般
若波羅蜜多世尊若一切菩薩摩訶薩行一
切菩薩摩訶薩行相空云何菩薩摩訶薩當
行般若波羅蜜多世尊若諸佛无上正等菩
提諸佛无上正等菩提相空云何菩薩摩訶
薩當行般若波羅蜜多佛言善現若菩薩摩
訶薩都无所行是行般若波羅蜜多
具壽善現白佛言世尊何縁菩薩摩訶薩都
无所行是行般若波羅蜜多佛言善現由此
般若波羅蜜多不可得菩薩摩訶薩亦不可

薩當行般若波羅蜜多佛言善現若菩薩摩
訶薩都无所行是行般若波羅蜜多
具壽善現白佛言世尊何縁菩薩摩訶薩都
无所行是行般若波羅蜜多佛言善現由此
般若波羅蜜多不可得菩薩摩訶薩亦不可
得行亦不可得若能行者若由此行若所行
處皆不可得是故善現菩薩摩訶薩都无所
行是行般若波羅蜜多以於其中一切戲論
不可得故具壽善現白佛言世尊若菩薩摩
訶薩都无所行是行般若波羅蜜多初脩業
菩薩摩訶薩云何當行般若波羅蜜多佛言
善現菩薩摩訶薩從初發心應於一切法常
學无所得善現是菩薩摩訶薩脩布施時以
无所得而為方便應脩浄戒安忍精
進静慮般若時以无所得而為方便應脩浄
戒乃至般若善現是菩薩摩訶薩住内空時
以无所得而為方便應住内空住外空内外
空空空大空勝義空有為空无為空畢竟空
无際空散空无變異空本性空自相空共相
空一切法空不可得空无性空自性空无性
自性空時以无所得而為方便應住外空乃
至无性自性空善現是菩薩摩訶薩住真如
時以无所得而為方便應住真如住法界法
性不虚妄性不變異性平等性離生性法定
法住實際虚空界不思議界時以无所得而

空一切法空不可得空无性空自性空无性
自性空時以无所得而為方便應住外空乃
至无性自性空善現是菩薩摩訶薩住真如
時以无所得而為方便應住真如住法界法
性不虛妄性不變異性平等性離生性法定
法住實際虛空界不思議界時以无所得而
為方便應住法界乃至不思議界善現是菩
薩摩訶薩脩四念住時以无所得而為方便
應脩四念住脩四正斷四神足五根五力七
等覺支八聖道支時以无所得而為方便應
脩四正斷乃至八聖道支善現是菩薩摩訶
薩住苦聖諦時以无所得而為方便應住苦
聖諦住集滅道聖諦時以无所得而為方便
應住集滅道聖諦善現是菩薩摩訶薩脩四
静慮時以无所得而為方便應脩四静慮
脩四无量四无色定時以无所得而為方便應
脩四无量四无色定善現是菩薩摩訶薩脩
空解脫門時以无所得而為方便應脩空解
脫門脩无相无願解脫門時以无所得而為
方便應脩无相无願解脫門善現是菩薩摩
訶薩脩八解脫時以无所得而為方便應脩
八解脫脩八勝處九次第定十遍處時以无
所得而為方便應脩八勝處九次第定十遍
處善現是菩薩摩訶薩脩三摩地門時以无
所得而為方便應脩三摩地門脩陁羅尼門
時以无所得而為方便應脩陁羅尼門善現

BD04898號　大般若波羅蜜多經卷三六一　（15–10）

八解脫脩八勝處九次第定十遍處時以无
所得而為方便應脩八勝處九次第定十遍
處善現是菩薩摩訶薩脩三摩地門時以无
所得而為方便應脩三摩地門脩陁羅尼門
時以无所得而為方便應脩陁羅尼門善現
是菩薩摩訶薩脩五眼時以无所得而為方便
應脩五眼脩六神通時以无所得而為方便
應脩六神通善現是菩薩摩訶薩脩佛十力
時以无所得而為方便應脩佛十力脩四无
所畏四无礙解大慈大悲大喜大捨十八佛
不共法時以无所得而為方便應脩四无所
畏乃至十八佛不共法善現是菩薩摩訶薩
脩无忘失法時以无所得而為方便應脩无
忘失法脩恒住捨性時以无所得而為方便
應脩恒住捨性善現是菩薩摩訶薩脩一切
智時以无所得而為方便應脩一切智脩道
相智一切相智時以无所得而為方便應脩
道相智一切相智
具壽善現白佛言世尊齊何名有所得齊何
名无所得佛言善現諸有二者名有所得諸
无二者名无所得世尊齊何名有二齊何名
无二善現諸眼諸色為二諸耳諸聲為二諸
鼻諸香為二諸舌諸味為二諸身諸觸為二
諸意諸法為二有色无色為二有見无見為
二有對无對為二有漏无漏為二有為无為

BD04898號　大般若波羅蜜多經卷三六一　（15–11）

无二者名无所得世尊齊何名有二齊何名
无二善現諸眼諸色為二諸耳諸聲為二諸
鼻諸香為二諸舌諸味為二諸身諸觸為二
諸意諸法為二有色无色為二有見无見為
二有對无對為二有漏无漏為二有為无為
為二世間出世間為二生死涅槃為二異生
法異生為二預流法預流為二一來法一來
為二不還法不還為二阿羅漢法阿羅漢為
二獨覺菩提獨覺為二菩薩摩訶薩行菩薩
摩訶薩為二諸佛无上正等菩提諸佛為二
如是一切有戯論者皆名有二善現非眼非
色為无二非耳非聲為无二非鼻非香為无
二非舌非味為无二非身非觸為无二非意
非法為无二非有色非无色為无二非有見
非无見為无二非有對非无對為无二非有
漏非无漏為无二非有為非无為為无二非
世間非出世間為无二非生死非涅槃為无
二非異生法非異生為无二非預流法非預
流為无二非一來法非一來為无二非不還
法非不還為无二非阿羅漢法非阿羅漢為
无二非獨覺菩提非獨覺為无二非菩薩摩
訶薩行非菩薩摩訶薩為无二非諸佛无上
正等菩提非諸佛為无二如是一切離戯論
者皆名无二
具壽善現白佛言世尊為由有所得故无所

法非不還為无二非阿羅漢法非阿羅漢為
无二非獨覺菩提非獨覺為无二非菩薩摩
訶薩行非菩薩摩訶薩為无二非諸佛无上
正等菩提非諸佛為无二如是一切離戯論
者皆名无二
具壽善現白佛言世尊為由有所得故无所
得為由无所得故无所得佛言善現非由有
所得故无所得亦非由无所得故无所得然
有所得无所得平等性是名无所得如是善
現菩薩摩訶薩於有所得无所得平等性中
應勤脩學善現菩薩摩訶薩如是學時名學
般若波羅蜜多无所得義離諸過失具壽善
現白佛言世尊若菩薩摩訶薩行般若波羅
蜜多時不著有所得不著无所得是菩薩摩
訶薩脩行般若波羅蜜多云何從一地至一地
漸次圓滿若无從一地至一地漸次圓滿
云何當得所求无上正等菩提佛言善現菩
薩摩訶薩行般若波羅蜜多時非住有所得
中脩行般若波羅蜜多能從一地至一地漸
次圓滿證得无上正等菩提亦非住无所得
中脩行般若波羅蜜多能從一地至一地漸次
圓滿證得无上正等菩提何以故善現般
若波羅蜜多无所得故无上正等菩提无所
得故能行般若波羅蜜多者行處行時无所
得故此无所得法亦无所得故善現菩薩摩
訶薩應當如是脩行般若波羅蜜多
具壽善現白佛言世尊若般若波羅蜜多不可

圓滿證得无上正等菩提何以故善現般
若波羅蜜多无所得故无上正等菩提无所
得故能行般若波羅蜜多者行處行時无所
得故此无所得法亦无所得故善現諸菩薩摩
訶薩應當如是脩行般若波羅蜜多
具壽善現白佛言世尊若般若波羅蜜多不可
得无上正等菩提不可得能行般若波羅
蜜多者行處行時亦不可得云何菩薩摩訶
薩脩行般若波羅蜜多時於一切法常樂決
擇謂此是色此是受想行識此是眼處此是
耳鼻舌身意處此是色處此是聲香味觸法
處此是眼界此是耳鼻舌身意界此是色界
此是聲香味觸法界此是眼識界此是耳鼻
舌身意識界此是眼觸此是耳鼻舌身意
觸此是眼觸為緣所生諸受此是耳鼻舌身意
觸為緣所生諸受此是地界此是水火風空
識界此是无明此是行識名色六處觸受愛
取有生老死愁歎苦憂惱此是布施波羅蜜
多此是淨戒安忍精進靜慮般若波羅蜜多
此是內空此是外空內外空空空大空勝義
空有為空无為空畢竟空无際空散空无變
異空本性空自相空共相空一切法空不可
得空无性空自性空无性自性空此是真如
此是法界法性不虛妄性不變異性平等性
離生性法定法住實際虛空界不思議界此
此是四念住此是四正斷四神足五根五力七等
覺支八聖道支此是苦聖諦此是集滅道聖
諦此是四靜慮此是四无量四无色定此是

BD04898號　大般若波羅蜜多經卷三六一　（15–14）

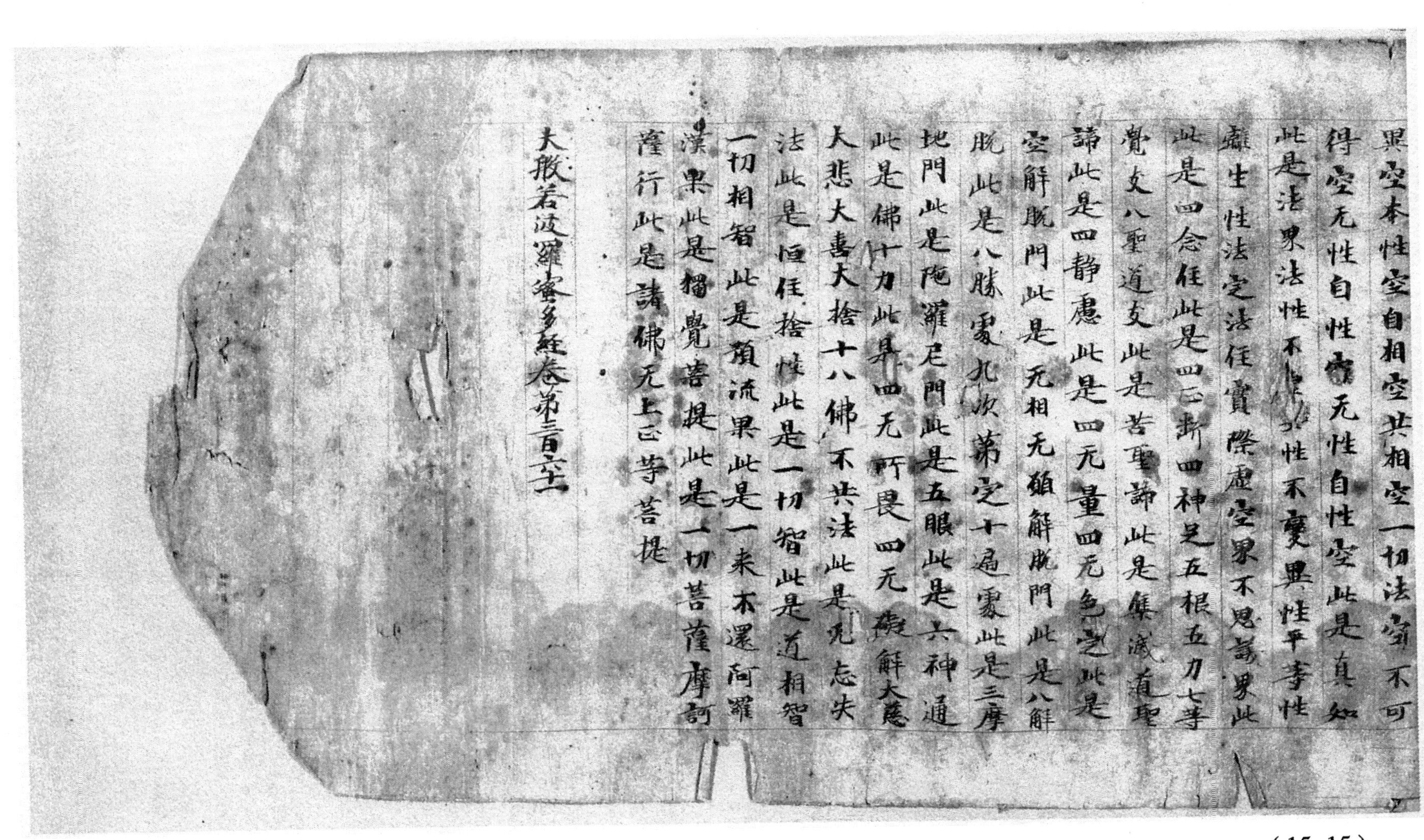
異空本性空自相空共相空一切法空不可
得空无性空自性空无性自性空此是真如
此是法界法性不虛妄性不變異性平等性
離生性法定法住實際虛空界不思議界此
此是四念住此是四正斷四神足五根五力七等
覺支八聖道支此是苦聖諦此是集滅道聖
諦此是四靜慮此是四无量四无色定此是
空解脫門此是无相无願解脫門此是八解
脫此是八勝處九次第定十遍處此是三摩
地門此是陀羅尼門此是五眼此是六神通
此是佛十力此是四无所畏四无礙解大慈
大悲大喜大捨十八佛不共法此是无忘失
法此是恒住捨性此是一切智此是道相智
一切相智此是預流果此是一來不還阿羅
漢果此是獨覺菩提此是一切菩薩摩訶
薩行此是諸佛无上正等菩提

大般若波羅蜜多經卷第三百六十一

BD04898號　大般若波羅蜜多經卷三六一　（15–15）

我[illegible]
付囑諸菩薩汝今諦聽當為汝說善男子善
女人發阿耨多羅三藐三菩提心應如是住
如是降伏其心唯然世尊願樂欲聞
佛告須菩提諸菩薩摩訶薩應如是降伏其
心所有一切眾生之類若卵生若胎生若濕生
若化生若有色若无色若有想若无想若
非有想若非无想我皆令入无餘涅槃而滅
度之如是滅度无量无數无邊眾生實无眾
生得滅度者何以故須菩提若菩薩有我
相人相眾生相壽者相即非菩薩
復次須菩提菩薩於法應无所住行於布施
所謂不住色布施不住聲香味觸法布施須
菩提菩薩應如是布施不住於相何以故若
菩薩不住相布施其福德不可思量須菩提
[illegible]

BD04899號　金剛般若波羅蜜經　（2–1）

復次須菩提菩薩於法應无所住行於布施
所謂不住色布施不住聲香味觸法布施須
菩提菩薩應如是布施不住於相何以故若
菩薩不住相布施其福德不可思量須菩提
於意云何東方虛空可思量不不世世尊須
菩提南西北方四維上下虛空可思量不不
世世尊須菩提菩薩无住想布施福德亦復
如是不可思量須菩提菩薩但應如所教住
須菩提於意云何可以身相見如來不不世
世尊不可以身相得見如來何以故如來所
說身相即非身相佛告須菩提凡所有相
皆是虛妄若見諸相非相則見如來
須菩提白佛言世尊頗有眾生得聞如是
言說章句生實信不佛告須菩提莫作是說如
來滅後後五百歲有持戒脩福者於此章句
能生信心以此為實當知是人不於一佛二
佛三四五佛而種善根已於无量千万佛所
種諸善根聞是章句乃至一念生淨信者須
来悉知悉見是諸眾生得如是无量

BD04899號　金剛般若波羅蜜經　（2–2）

佛所頂礼佛足右繞三帀退坐一面
復有四万九千揭路荼王香象勢力王而為
上首及餘揵闥婆阿蘇羅緊那羅莫呼洛伽
等山林河海一切神仙并諸大國所有王衆
中宮后妃淨信男女人天大衆悉皆雲集咸
願擁護無上大乘讀誦受持書寫
爾時往詣佛所頂礼佛足右繞三帀
面如是等聲聞菩薩人天大衆龍神
雲集已各各至心合掌恭敬瞻仰尊
曾捨離樂欲聞殊勝妙法尒時薄伽
睡時從定而起觀察大衆而說頌曰
金光明妙法　最勝諸經王　甚深難得聞　諸佛之境界
我當為大衆　宣說如是經　并四方四佛　威神共加護
東方阿閦尊　南方寶相佛　西方無量壽　北方天鼓音
我復演妙法　吉祥懺中勝　能滅一切罪　淨除諸惡業
及消衆苦患　常與無量樂　一切智根本　諸功德莊嚴
衆生身不具　壽命將損減　諸惡相現前　天神皆捨離
親友懷瞋恨　眷屬悉分離　彼此共乖違　珍財皆散失
惡星為變怪　或被邪蠱侵

BD04900號　金光明最勝王經卷一

(17–1)

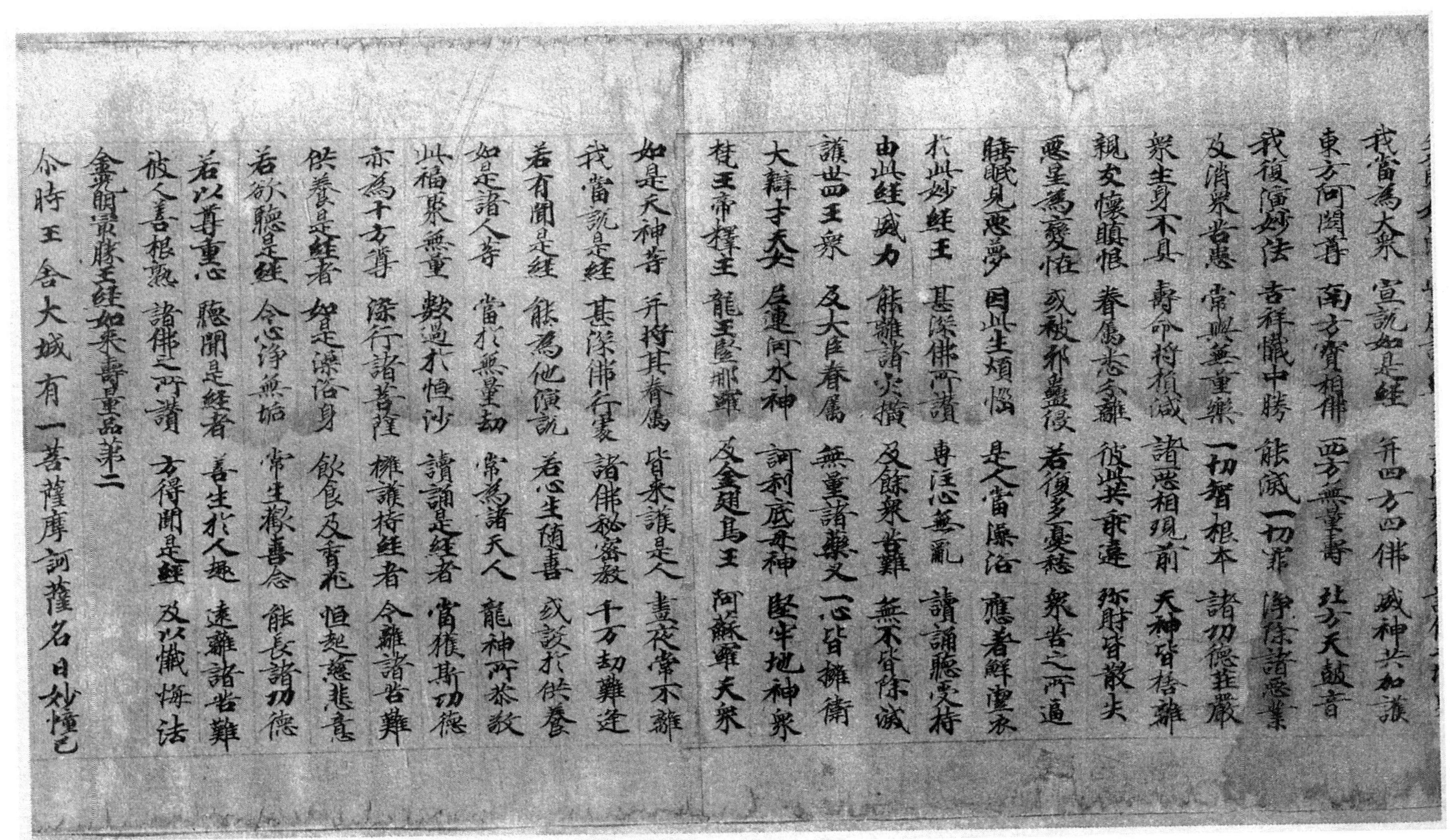
我當為大衆　宣說如是經　并四方四佛　威神共加護
東方阿閦尊　南方寶相佛　西方無量壽　北方天鼓音
我復演妙法　吉祥懺中勝　能滅一切罪　淨除諸惡業
及消衆苦患　常與無量樂　一切智根本　諸功德莊嚴
衆生身不具　壽命將損減　諸惡相現前　天神皆捨離
親友懷瞋恨　眷屬悉分離　彼此共乖違　珍財皆散失
惡星為變怪　或被邪蠱侵　若復多憂愁　衆苦之所逼
睡眠見惡夢　因此生煩惱　是人當澡浴　應著鮮潔衣
於此妙經王　甚深佛所讚　專注心無亂　讀誦聽受持
由此經威力　能離諸災橫　及餘衆苦難　無不皆除滅
護世四王衆　及大臣眷屬　無量諸藥叉　一心皆擁衛
大辯才天女　尼連河水神　訶利底母神　堅牢地神衆
梵王帝釋主　龍王緊那羅　及金翅鳥王　阿蘇羅天衆
如是天神等　并將其眷屬　皆來護是人　晝夜常不離
我當說是經　甚深佛行處　諸佛秘密教　千万劫難逢
若有聞是經　能為他演說　若心生隨喜　或設於供養
如是諸人等　當於無量劫　常為諸天人　龍神所恭敬
此福聚無量　數過於恒沙　讀誦是經者　當獲斯功德
亦為十方尊　深行諸菩薩　擁護持經者　令離諸苦難
供養是經者　如前澡浴身　飲食及香花　恒起慈悲意
若欲聽是經　令心淨無垢　常生歡喜念　能長諸功德
若以尊重心　聽聞是經者　善生於人趣　遠離諸苦難
彼人善根熟　諸佛之所讚　方得聞是經　及以懺悔法
金光明最勝王經如來壽量品第二
尒時王舍大城有一菩薩摩訶薩名曰妙幢已

BD04900號　金光明最勝王經卷一

(17–2)

供養是經者　如是澡浴身　飲食及香花　恒起慈悲意
若欲聽是經　令心淨無垢　常生歡喜念　能長諸功德
若以尊重心　聽聞是經者　善生於人趣　遠離諸苦難
彼人善根熟　諸佛之所讚　方得聞是經　及以懺悔法

金光明最勝王經如來壽量品第二

尒時王舍大城有一菩薩摩訶薩名曰妙幢已
於過去無量俱胝那庾多百千佛所承事
供養殖諸善根是時妙幢菩薩獨於靜處作
是思惟以何因緣釋迦牟尼如來壽命短促
唯八十年復作是念如佛所說有二因緣得
壽命長云何為二一者不害生命二者施他
飲食然釋迦牟尼如來曾於無量百千万億
無數大劫不害生命行十善道常以飲食惠
施一切飢餓眾生乃至己身血肉骨髓亦持
施與令得飽滿況餘飲食時彼菩薩於世尊
所作是念時以佛威力其室忽然廣博嚴淨
帝青琉璃種種眾寶雜彩間飾如佛淨土有
妙香氣過諸天香芬馥充滿於其四面各有
上妙師子之座四寶所成以天寶衣而敷其
上復於此座有妙蓮華種種珎寶以為嚴飾
量等如来自然顯現於蓮華上有四如来東
方不動南方寶相西無量壽北天鼓音是四
如来各於其座跏趺而坐放大光明周遍照
耀王舍大城及此三千大千世界乃至十方
恒河沙等諸佛國土雨諸天華奏諸天樂尒
時於此贍部洲中及三千大千世界所有眾

方不動南方寶相西無量壽北天鼓音是四
如来各於其座跏趺而坐放大光明周遍照
耀王舍大城及此三千大千世界乃至十方
恒河沙等諸佛國土雨諸天華奏諸天樂尒
時於此贍部洲中及三千大千世界所有眾
生以佛威力受勝妙樂無有乏少若身不具
皆蒙具足盲者能視聾者得聞瘂者能言
愚者得智若心亂者得本心若衣無者得衣服
被惡賤者人所敬有垢穢者身清潔於此
世間所有利益未曾有事悉皆顯現
尒時妙幢菩薩見四如来及希有事歡喜踊
躍合掌一心瞻仰諸佛殊勝之相亦復思惟
釋迦牟尼如来無量功德唯於壽命生疑惑
心云何如来功德無量壽命短促唯八十年
尒時四佛告妙幢菩薩言善男子汝今不應
思忖如来壽命長短何以故善男子我等不
見諸天世間梵摩沙門婆羅門等人及非人
有能筭知佛之壽量知其齊限唯除無上正
遍知者時四如来欲說釋迦牟尼佛所有壽
量以佛威力欲色界天諸龍鬼神健闥婆阿
蘇羅揭路荼緊那羅莫呼洛伽及無量百
千億那庾多菩薩摩訶薩悉来集會入妙
幢菩薩淨妙室中尒時四佛於大眾中欲
顯釋迦牟尼如来所有壽量而說頌曰
一切諸海水　可知其渧數　無有能數知釋迦之壽量

蘇羅揭路茶緊那羅莫呼洛伽及無量百
千億那庾多菩薩摩訶薩悉来集會入妙
幢菩薩淨妙室中尒時四佛於大衆中欲
顯釋迦牟尼如来所有壽量而說頌曰
一切諸海水　可知其渧數　無有能數知　釋迦之壽量
拆諸妙高山　如芥可知數　無有能數知　釋迦之壽量
一切大地土　可知其塵數　無有能筭知　釋迦之壽量
假使量虛空　可得盡邊際　無有能度知　釋迦之壽量
若人住億劫　盡力常筭數　亦復不能知　世尊之壽量
不害衆生命　及施於飲食　由斯二種因　得壽命長遠
是故大覺尊　壽命難知數　如劫無邊際　壽量亦如是
妙幢汝當知　不應起疑惑　最勝壽無量　莫能知數者
尒時妙幢菩薩聞四如来說釋迦牟尼佛壽
量無限白言世尊云何如来亦現如是短促壽
量時四世尊告妙幢菩薩言善男子彼釋
迦牟尼佛於五濁世出現之時人壽百年稟
性下劣善根微薄復無信解此諸衆生多有
我見人見衆生壽者養育邪見我我所見斷
常見等為欲利益此諸異生及衆外道如是
等類令生正解速得成就無上菩提是故釋
迦牟尼如来亦現如是短促壽命善男子然
彼如来欲令衆生見涅槃已生難遭想憂苦
等想於佛世尊所說經教速當受持讀誦通
利為人解說不生謗毀是故如来現斯短壽
何以故彼諸衆生若見如来不般涅槃不生
恭敬難遭之想如来所說甚深經典亦不受

BD04900號　金光明最勝王經卷一　（17–5）

迦牟尼如来亦現如是短促壽命善男子然
彼如来欲令衆生見涅槃已生難遭想憂苦
等想於佛世尊所說經教速當受持讀誦通
利為人解說不生謗毀是故如来現斯短壽
何以故彼諸衆生若見如来不般涅槃不生
恭敬難遭之想如来所說甚深經典亦不受
持讀誦通利為人宣說所以者何以常見佛
不尊重故善男子譬如有人見其父母多有
財產珍寶豐盈便於財物不生希有難遭之
想所以者何於父財物生常想故善男子彼
諸衆生亦復如是若見如来不入涅槃不生
希有難遭之想所以者何由常見故善男子
譬如有人父母貧窮資財乏少然彼貧人或
詣王家或大臣舍見其倉庫種種珍財悉
皆盈滿生希有心難遭之想時彼貧人為欲求
財廣設方便策勤無怠所以者何為捨貧
窮受安樂故善男子彼諸衆生亦復如是
若見如来入於涅槃生難遭想乃至憂苦等
想復作是念於無量劫諸佛如来出現於世
如烏曇跋花時乃一現彼諸衆生發希有心起難
遭想若遇如来心生敬信聞說正法生實語
想所有經典悉皆受持不生毀謗善男子以
是因緣彼佛世尊不久住世速入涅槃善男子
是諸如来以如是等善巧方便成就衆生尒
時四佛說是語已忽然不現
尒時妙幢菩薩摩訶薩與無量百千菩

BD04900號　金光明最勝王經卷一　（17–6）

遭想若遇如来心生敬信聞説正法生實語
想所有經典悉皆受持不生毀謗善男子以
是因緣彼佛世尊不久住世速入涅槃善男子
是諸如来以如是等善巧方便成就衆生尒
時四佛説是語已忽然不現
尒時妙幢菩薩摩訶薩與無量百千菩
薩及無量億那庾多百千衆生俱共往詣鷲峯山中
釋迦牟尼如来正遍知所頂礼佛足在一面
立時妙幢菩薩以如上事具白世尊時四如
来亦詣鷲峯至釋迦牟尼佛所各隨本方
就座而坐告侍者菩薩言善男子汝今可詣
釋迦牟尼佛所為我致問少病少惱起居輕
利安樂行不復作是言善哉善哉釋迦牟尼
如来今可演説金光明經甚深法要為欲饒
益一切衆生除去飢饉令得安樂我當隨喜
時彼侍者各詣釋迦牟尼佛所頂礼雙足却
住一面俱白佛言彼天人師致問無量少病
少惱起居輕利安樂行不復作是言善哉善
哉釋迦牟尼如来今可演説金光明經甚深
法要為欲利益一切衆生除去飢饉令得安
樂尒時釋迦牟尼如来應正等覺告彼侍者
諸菩薩言善哉善哉彼四如来乃能為諸衆
生饒益安樂勸請於我宣揚正法尒時世尊
而説頌曰
我常在鷲山　宣説此經寶　成就衆生故　示現般涅槃

BD04900號　金光明最勝王經卷一　（17–7）

樂尒時釋迦牟尼如来應正等覺告彼侍者
諸菩薩言善哉善哉彼四如来乃能為諸衆
生饒益安樂勸請於我宣揚正法尒時世尊
而説頌曰
我常在鷲山　宣説此經寶　成就衆生故　示現般涅槃
凡夫起邪見　不信我所説　為成就彼故　示現般涅槃
時大會中有婆羅門姓憍陳如名曰法師授
記與無量百千婆羅門衆供養佛已聞世尊
説入般涅槃涕淚交流前礼佛足白言世尊若
實如来於諸衆生有大慈悲憐愍利益令
得安樂猶如父母餘無等者能與世間作歸
依處如淨滿月以大智慧能為照明如日初
出普觀衆生愛無偏黨如羅怙羅唯願世尊
施我一願尒時世尊黙然而心佛威力故於
此衆中有梨車毗童子名一切衆生喜見語
婆羅門憍陳如言大婆羅門汝今從佛欲乞
何願我能與汝婆羅門言童子我欲供養無
上世尊今從如来求請舍利如芥子許何以
故我曾聞説若善男子善女人得佛舍利如
芥子許恭敬供養是人當生三十三天而為
帝釋是時童子語婆羅門曰若欲願生三十
三天受勝報者應當至心聽是金光明冣勝
王經於諸經中冣為殊勝難解難入聲聞獨
覺所不能知此經能生無量無邊福德果報
乃至成辯無上菩提我今為汝略説其事婆
羅門言善哉童子此金光明甚深冣上難解

BD04900號　金光明最勝王經卷一　（17–8）

帝釋是時童子語婆羅門曰若欲願生三十
三天受勝報者應當至心聽是金光明㝡勝
王經於諸經中㝡為殊勝難解難入聲聞獨
覺所不能知此經能生無量無邊福德果報
乃至成辦無上菩提我今為汝略說其事婆
羅門言善哉童子此金光明甚深㝡上難解
難入聲聞獨覺尚不能知何況我等邊鄙之
人智慧微淺而能解了是故我今求佛舍利
如芥子許持還本處置寶函中恭敬供養命
終之後得為帝釋常受安樂云何汝今不能
為我從明行足求斯一願作是語已尒時童
子即為婆羅門而說頌曰
恒河駃流水　可生白蓮花　黃鳥作白形　黑烏變為赤
假使贍部樹　可生多羅果　朅樹羅枝中　能出菴羅葉
斯等希有物　或容可轉變　世尊之舍利　畢竟不可得
假使用龜毛　織成上妙服　寒時可披着　方求佛舍利
假使蚊蚋足　可使成樓觀　堅固不搖動　方求佛舍利
假使水蛭蟲　口中生白齒　長大利如鋒　方求佛舍利
假使持兔角　用成於梯蹬　可昇上天宮　方求佛舍利
鼠緣此梯上　除去阿脩羅　能障空中月　方求佛舍利
若蠅飲酒醉　周行村邑中　廣造於舍宅　方求佛舍利
若使驢脣色　赤如頻婆菓　善作於歌舞　方求佛舍利
烏与鵂鶹鳥　同共一處遊　彼此相順從　方求佛舍利
假使波羅葉　可成於傘蓋　能遮於大雨　方求佛舍利
假令大舩舶　盛滿諸財寶　能令陸地行　方求佛舍利
使鵂鶹鳥　以嘴銜香山　隨處任遊行　方求佛舍利

鼠緣此梯上　除去阿脩羅　能障空中月　方求佛舍利
若蠅飲酒醉　周行村邑中　廣造於舍宅　方求佛舍利
若使驢脣色　赤如頻婆菓　善作於歌舞　方求佛舍利
烏与鵂鶹鳥　同共一處遊　彼此相順從　方求佛舍利
假使波羅葉　可成於傘蓋　能遮於大雨　方求佛舍利
假令大舩舶　盛滿諸財寶　能令陸地行　方求佛舍利
假使鵂鶹鳥　以嘴銜香山　隨處任遊行　方求佛舍利
尒時法師授記婆羅門聞此頌已亦以伽他荅
一切衆生喜見童子曰
善哉大童子　此衆中吉祥　善巧方便心　得佛無上記
如來大威德　能救護世間　仁可至心聽　我今次第說
諸佛境難思　世間無與等　法身性常住　修行無差別
諸佛體皆同　所說法亦尒　諸佛無作者　亦復本無生
世尊金剛體　權現於化身　是故佛舍利　無如芥子許
佛非血肉身　云何有舍利　方便留身骨　為益諸衆生
法身是正覺　法界即如來　此是佛真身　亦說如是法
尒時會中三万二千天子聞說如來壽命長遠
皆發阿耨多羅三藐三菩提心歡喜踊躍得
未曾有異口同音而說頌曰
佛不般涅槃　正法亦不滅　為利衆生故　示現有滅盡
世尊不思議　妙體無異相　為利衆生故　現種種莊嚴
尒時妙幢菩薩親於佛前及四如來并二大士
諸天子所聞說釋迦牟尼如來壽量事已復
從座起合掌恭敬白佛言世尊若實如是
諸佛如來不般涅槃無舍利者云何經中說
有涅槃及佛舍利令諸人天恭敬供養過去

世尊不思議　妙體無異相　為利衆生故　現種種莊嚴
尒時妙幢菩薩親於佛前及四如来并二大士
諸天子所聞說釋迦牟尼如来壽量事已復
從座起合掌恭敬白佛言世尊若實如是
諸佛如来不般涅槃無舍利者云何經中說
有涅槃及佛舍利令諸人天恭敬供養過去
諸佛現有身骨流布於世人天供養得福無
邊今復言無致生疑惑唯願世尊哀愍我等
廣為分别
尒時佛告妙幢菩薩及諸大衆汝等當知云
般涅槃有舍利者是密意說如是之義當一
心聽善男子菩薩摩訶薩如是應知有其十
法能解如来應正等覺真實理趣說有究竟
大般涅槃云何為十一者諸佛如来究竟斷
盡諸煩惱障所知障故名為涅槃二者諸佛
如来善能解了有情無性及法無性故名為
涅槃三者能轉身依及法依故名為涅槃四
者於諸有情任運休息化因緣故名為涅槃
五者證得真實無差别相平等法身故名為
涅槃六者了知生死及以涅槃無二性故名為
涅槃七者於一切法了其根本證清淨故
名為涅槃八者於一切法無生無滅善修行
故名為涅槃九者真如法界實際平等得正
智故名為涅槃十者於諸法性及涅槃性得
無差别故名為涅槃是謂十法說有涅槃復

BD04900號　金光明最勝王經卷一　（17–11）

涅槃七者於一切法了其根本證清淨故
名為涅槃八者於一切法無生無滅善修行
故名為涅槃九者真如法界實際平等得正
智故名為涅槃十者於諸法性及涅槃性得
無差别故名為涅槃是謂十法說有涅槃復
次善男子菩薩摩訶薩如是應知復有十
法能解如来應正等覺真實理趣說有究竟
大般涅槃云何為十一者一切煩惱以樂欲
為本從樂欲生諸佛世尊斷樂欲故名為涅
槃二者以諸如来斷諸樂欲不取一法以不
取故無去無来無所取故名為涅槃三者以
無去来及無所取是則法身不生不滅無生
滅故名為涅槃四者此無生滅非言所宣言
語斷故名為涅槃五者無有我人唯法生滅
得轉依故名為涅槃六者煩惱隨惑皆是客
塵法性是主無来無去佛了知故名為涅槃
七者真如是實餘皆虛妄實性體者即是真
如真如性者即是如来名為涅槃八者實際
之性無有戲論唯獨如来證實際法戲論永
斷名為涅槃九者無生是實生是虛妄愚癡之
人漂溺生死如来體實無有虛妄名為涅槃
十者不實之法是從緣生真實之法不從緣
起如来法身體是真實名為涅槃善男子
是謂十法說有涅槃
復次善男子菩薩摩訶薩如是應知復有十
法能解如来應正等覺真實理趣說有究竟

BD04900號　金光明最勝王經卷一　（17–12）

十者不實之法是從緣生真實之法不從緣
起如来法身體是真實名爲涅槃善男子
是謂十法說有涅槃
復次善男子菩薩摩訶薩如是應知復有十
法能解如来應正等覺真實理趣說有究竟
大般涅槃云何爲十一者如来善知施及施
果無我我所此施及果不正分別永除滅故
名爲涅槃二者如来善知戒及戒果無我我
所此戒及果不正分別永除滅故名爲涅槃
三者如来善知忍及忍果無我我所此忍及
果不正分別永除滅故名爲涅槃四者如来
善知勤及勤果無我我所此勤及果不正分別
永除滅故名爲涅槃五者如来善知定及定
果無我我所此定及果不正分別永除滅故
名爲涅槃六者如来善知慧及慧果無我
我所此慧及果不正分別永除滅故名爲涅
槃七者諸佛如来善能了知一切有情非有
情一切諸法皆無性不正分別永除滅故名
爲涅槃八者若自愛者便起追求由追求故
受衆苦惱諸佛如来除自愛故永絶追求無
追求故名爲涅槃九者有爲之法皆有數量
無爲法者數量皆除佛離有爲證無爲法
無數量故名爲涅槃十者如来了知有情及法
體性皆空離空非有空性即是真法身故名
爲涅槃善男子是謂十法說有涅槃

BD04900號　金光明最勝王經卷一　（17–13）

受衆苦惱諸佛如来除自愛故永絶追求無
追求故名爲涅槃九者有爲之法皆有數量
無爲法者數量皆除佛離有爲證無爲法
無數量故名爲涅槃十者如来了知有情及法
體性皆空離空非有空性即是真法身故名
爲涅槃善男子是謂十法說有涅槃
復次善男子豈唯如来不般涅槃是爲希有
復有十種希有之法是如来行云何爲十一
者生死過失涅槃寂靜由於生死及以涅槃
證平等故不處流轉不住涅槃於諸有情不
生猒背是如来行二者佛於衆生不作是念
此諸愚夫行顛倒見爲諸煩惱之所纏迫我
今開悟令其解脫然由往昔慈善根力於彼
有情隨其根性意樂勝解不起分別任運濟
度示教利喜盡未来際無有窮盡是如来行
三者佛無是念我今演說十二分教利益有
情然由往昔慈善根力於彼有情廣說乃至
盡未来際無有窮盡是如来行四者佛無是
念我今往彼城邑聚落王及大臣婆羅門刹
帝利薜舍戍達羅等舍從其乞食然由往昔
身語意行串習力故任運詣彼爲利益事而
行乞食是如来行五者如来之身無有飢渴
亦無便利羸憊之相雖行乞食而無所食亦
無分別然爲任運利益有情是有食相是如
来行六者佛無是念此諸衆生有上中下隨

BD04900號　金光明最勝王經卷一　（17–14）

身語意行串習力故任運詣彼為利益事而
行乞食是如來行五者如來之身無有飢渴
亦無便利羸惙之相雖行乞取而無所食亦
無分別然為任運利益有情是有食相是如
來行六者佛無是念此諸眾生有上中下隨
彼機性而為說法然佛世尊無有分別隨其
器量善應機緣為彼說法是如來行七者佛
無是念此類有情不恭敬我常於我所出呵
罵言不能与彼共為言論彼類有情恭敬於
我常於我所共相讚歎我當与彼共為言說
然而如來起慈悲心平等無二是如來行八
者諸佛如來無有愛憎憍慢貪惜及諸煩惱
然而如來常樂寂靜讚歎少欲離諸諠鬧是
如來行九者如來無有一法不知不善通達
於一切處鏡智現前無有分別然而如來見
彼有情所作事業隨彼意轉方便誘引令得
出離是如來行十者如來若見一分有情得
富盛時不生歡喜見其衰損不起憂慼然而
如來見彼有情修習正行無礙大慈自然救
攝若見有情修習邪行無礙大悲自然救攝
是如來行善男子如是當知如來應正等覺
說有如是無邊正行汝等當知是謂涅槃真
實之相或時見有般涅槃者是權方便及留
舍利令諸有情恭敬供養皆是如來慈善根
力若供養者於未來世遠離八難逢事諸佛
遇善知識不失善心福報無邊速當出離不

BD04900號　金光明最勝王經卷一　（17–15）

是如來行善男子如是當知如來應正等覺
說有如是無邊正行汝等當知是謂涅槃真
實之相或時見有般涅槃者是權方便及留
舍利令諸有情恭敬供養皆是如來慈善根
力若供養者於未來世遠離八難逢事諸佛
遇善知識不失善心福報無邊速當出離不
為生死之所纏縛如是妙行汝等勤修勿為
放逸

尒時妙幢菩薩聞佛親說不般涅槃及甚深
行合掌恭敬白言我今始知如來大師不般
涅槃及留舍利普益眾生身心踊悅歎未曾
有說是如來壽量品時無量無數無邊眾生
皆發無等等阿耨多羅三藐三菩提心時四
如來忽然不現妙幢菩薩礼佛足已從座而
起還其本處

金光明最勝王經卷第一

溼（失入）謦（烏考）駛（所吏）博（補各）瘂（厄下）蚋（而税）翳（烏計）鷦（即遙）鷯（了蕭）
鵂（許尤）鶹（力求）[illegible]（憑瑁）睫（即妾）憊（蒲拜）荼（宅加）蛭（之日）

BD04900號　金光明最勝王經卷一　（17–16）

行合掌恭敬白言我今始知如來大師不般
涅槃及留舍利普益衆生身心踊悅歎未曾
有說是如來壽量品時無量無數無邊衆生
皆發無等等阿耨多羅三藐三菩提心時四
如來忽然不現妙幢菩薩礼佛足已從座而
起還其本處

金光明最勝王經卷第一

湮失入謦燕考駛所史博補各瘂厄下蚋而税瞖燕計鶬即達鶊了篇
鵂許尤鶹力求鵑偃玥槩即委僃蒲拜荼宅加鋞之日

BD04900號　金光明最勝王經卷一　（17–17）

惱聞是觀世音
音菩薩即時觀其音聲
得解脫
若有持是觀世音菩薩名者設入大火火
能燒由是菩薩威神力故若為水大所漂稱
其名号即淺得處若有百千萬億衆生為求
金銀瑠璃車𤦲馬瑙珊瑚虎珀真珠等寶
於大海假使黑風吹其船舫漂墮羅剎鬼國
中若有乃至一人稱觀世音菩薩名者是諸
人等皆得解脫羅剎之難以是因緣名觀世
音若復有人臨當被害稱觀世音菩薩名者
彼所執刀杖尋段段壞而得解脫若三千大
千國土滿中夜叉羅剎欲來惱人聞其稱觀
世音菩薩名者是諸惡鬼尚不能以惡眼視
之況復加害設復有人若有罪若无罪杻械
枷鎖檢繫其身稱觀世音菩薩名者皆悉斷
壞即得解脫若三千大千國土滿中怨賊有
一商主將諸商人賫持重寶經過嶮路其中
一人作是唱言諸善男子勿得恐怖汝等應
當一心稱觀世音菩薩名号是菩薩能以无

BD04901號　妙法蓮華經卷七　（3–1）

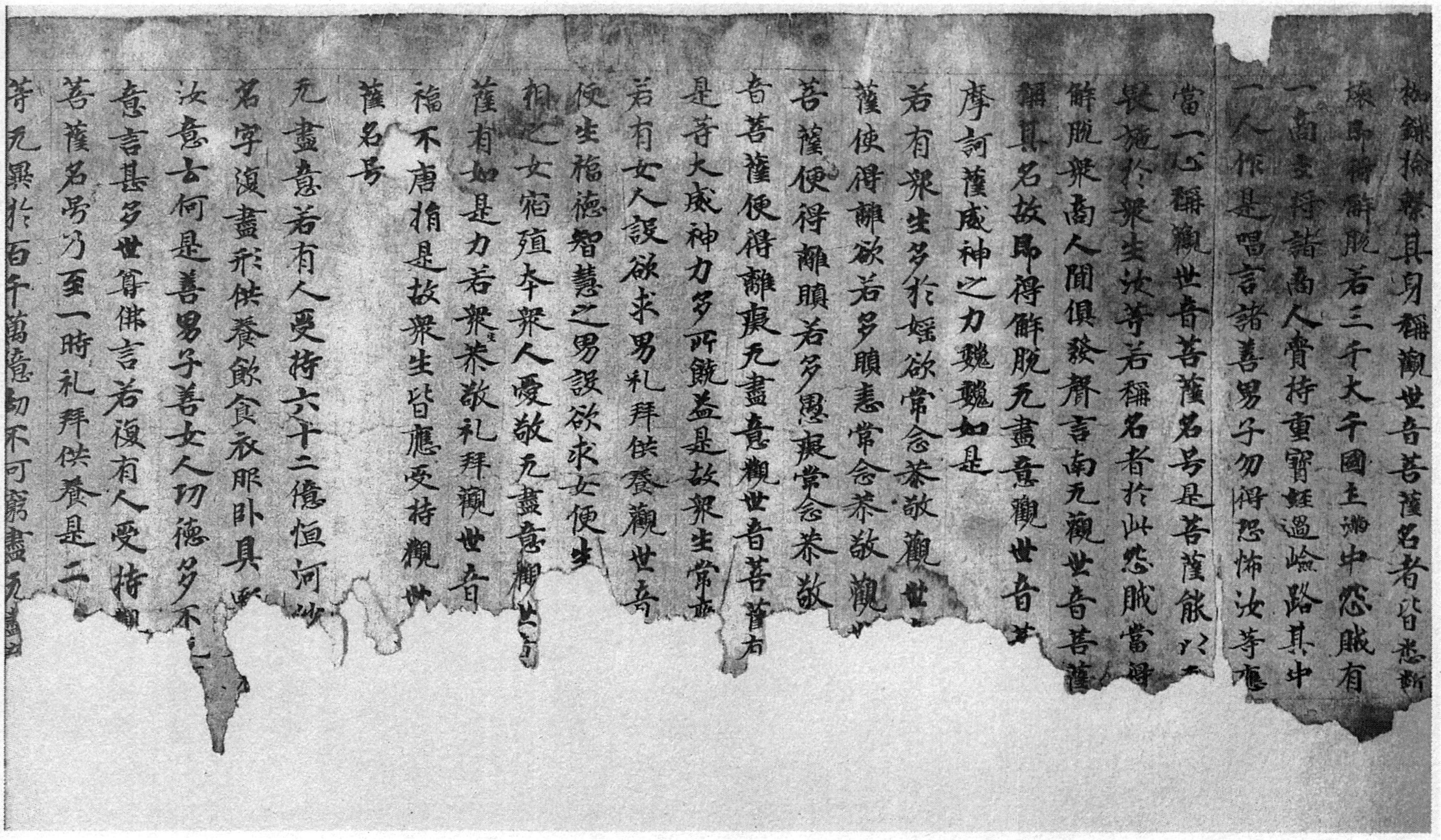

枷鎖撿繫其身稱觀世音菩薩名者皆悉斷
壞即得解脫若三千大千國土滿中怨賊有
一商主將諸商人賫持重寶經過嶮路其中
一人作是唱言諸善男子勿得恐怖汝等應
當一心稱觀世音菩薩名号是菩薩能以无
畏施於衆生汝等若稱名者於此怨賊當得
解脫衆商人聞俱發聲言南无觀世音菩薩
稱其名故即得解脫无盡意觀世音菩
摩訶薩威神之力巍巍如是
若有衆生多於婬欲常念恭敬觀世
薩便得離欲若多瞋恚常念恭敬觀
菩薩便得離瞋若多愚癡常念恭敬
音菩薩便得離癡无盡意觀世音菩薩有
是等大威神力多所饒益是故衆生常應
若有女人設欲求男礼拜供養觀世音
便生福德智慧之男設欲求女便生
相之女宿殖本衆人愛敬无盡意觀世音
薩有如是力若衆生恭敬礼拜觀世音
福不唐捐是故衆生皆應受持觀世
薩名号
无盡意若有人受持六十二億恒河沙
名字復盡形供養飲食衣服臥具
汝意云何是善男子善女人功德多不
意言甚多世尊佛言若復有人受持觀
菩薩名号乃至一時礼拜供養是二
等无異於百千萬億劫不可窮盡无

BD04901 號　妙法蓮華經卷七　（3–2）

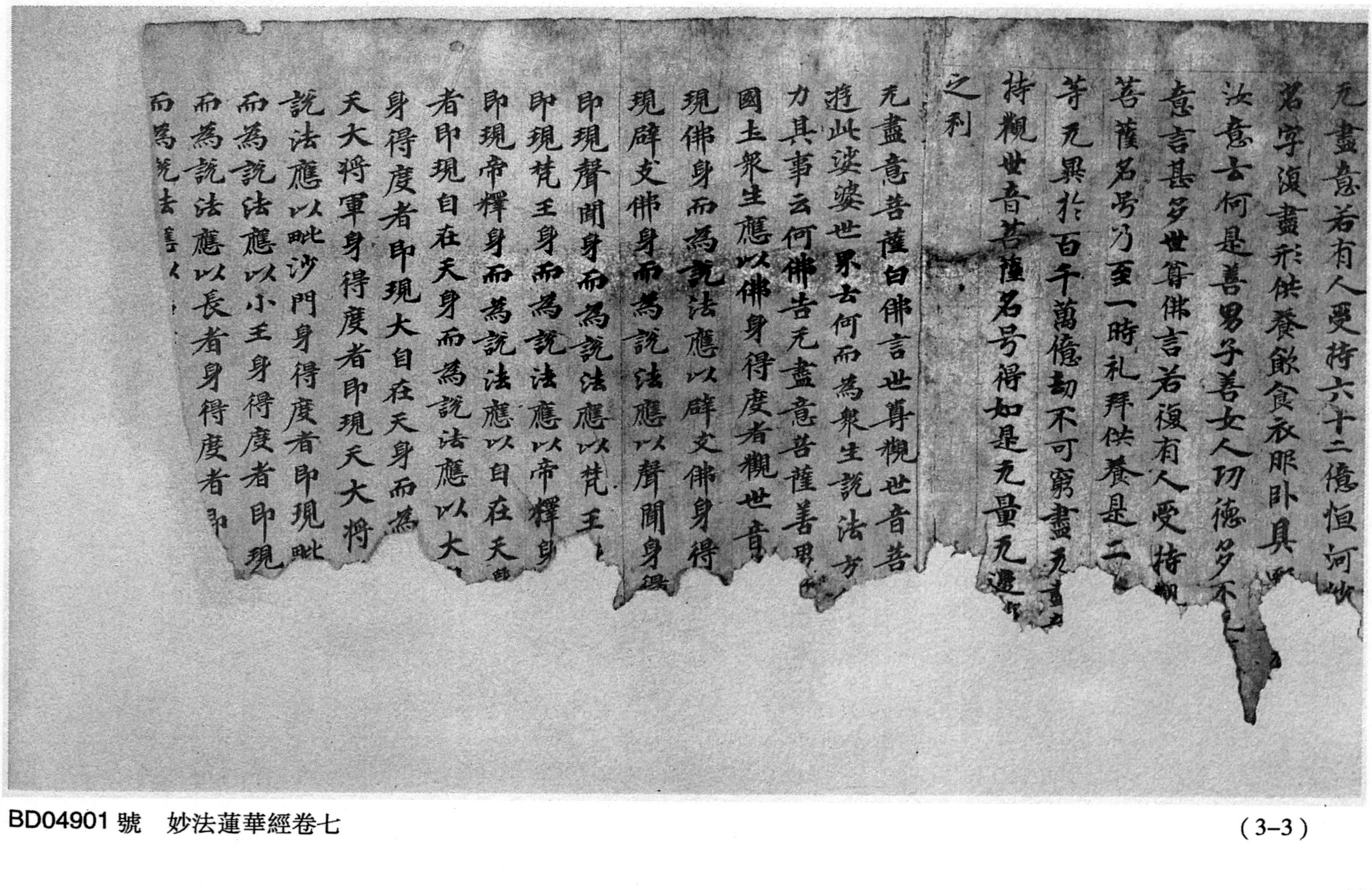

无盡意若有人受持六十二億恒河沙
名字復盡形供養飲食衣服臥具
汝意云何是善男子善女人功德多不
意言甚多世尊佛言若復有人受持觀
菩薩名号乃至一時礼拜供養是二
等无異於百千萬億劫不可窮盡无
持觀世音菩薩名号得如是无量无邊
之利
无盡意菩薩白佛言世尊觀世音菩
遊此娑婆世界云何而為衆生說法方
力其事云何佛告无盡意菩薩善男
國土衆生應以佛身得度者觀世音
現佛身而為說法應以辟支佛身得
現辟支佛身而為說法應以聲聞身得
即現聲聞身而為說法應以梵王
即現梵王身而為說法應以帝釋身
即現帝釋身而為說法應以自在天身
者即現自在天身而為說法應以大
身得度者即現大自在天身而為
天大將軍身得度者即現天大將
說法應以毗沙門身得度者即現毗
而為說法應以小王身得度者即現
而為說法應以長者身得度者即
而為說法

BD04901 號　妙法蓮華經卷七　（3–3）

BD04902號　無量壽宗要經 (2–1)

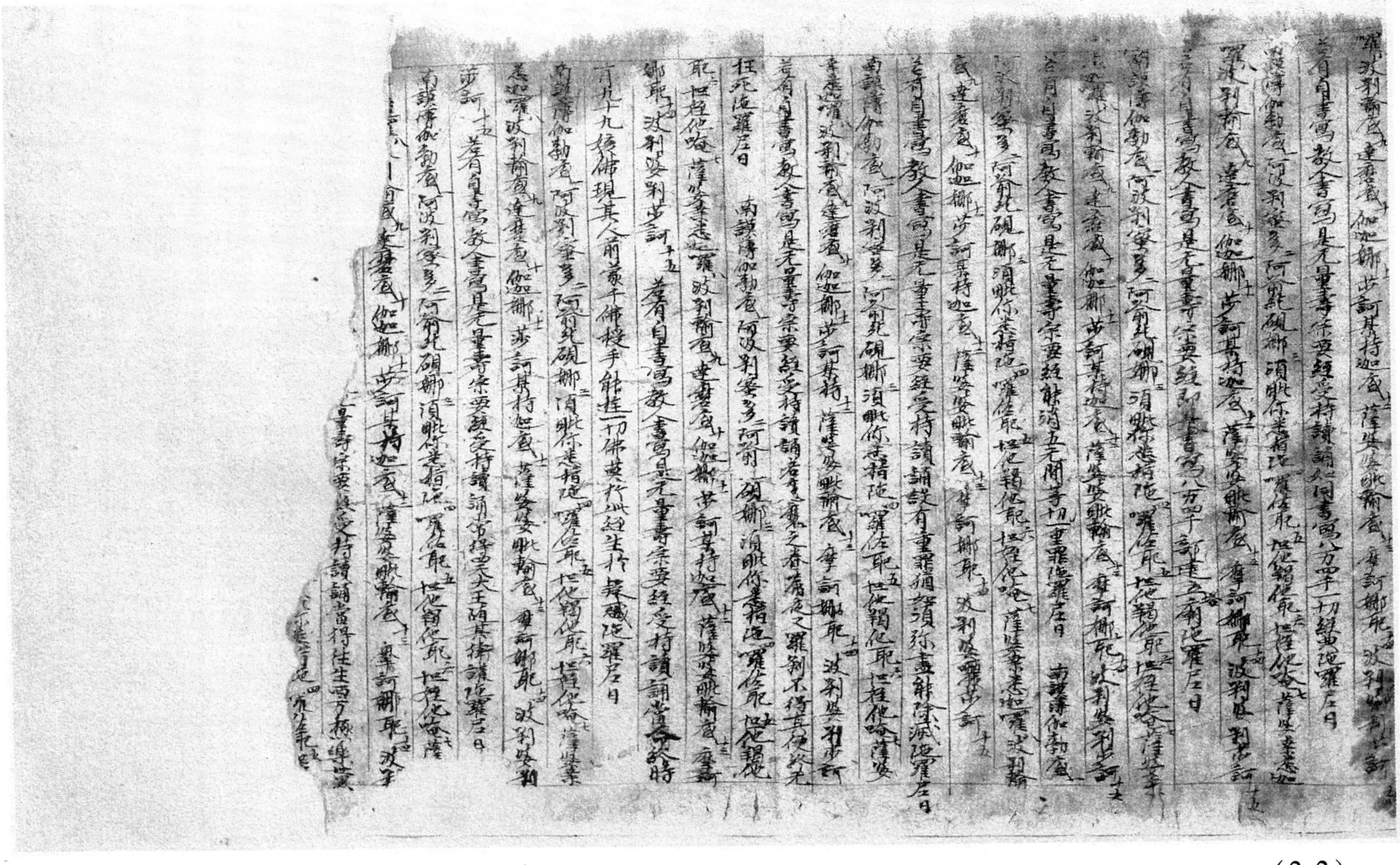

BD04902號　無量壽宗要經 (2–2)

金光明最勝王經滅業障品第五　卷三

尒時世尊住正念別入於甚[illegible]

[illegible]孔放大光明無量百千[illegible]

[illegible]現光中十方恒河沙數量辟喀下[illegible]

眛及五濁惡世為光所照是諸衆生在十惡

業五無間罪誹謗三寶不孝尊親輕慢師長

婆羅門衆應墮地獄餓鬼傍生彼各蒙光至

所住處是諸有情見斯光已因光力故皆得

安樂端正殊妙色相具足福智莊嚴得見諸

佛是時帝釋一切天衆及恒河女神并諸大

衆蒙光希有皆至佛所右繞三帀退坐一面

尒時天帝釋承佛威力即從座起偏袒右肩

右膝著地合掌向佛而白佛言世尊云何善

男子善女人願求阿耨多羅三藐三菩提修

行大乘攝受一切邪倒有情曾所造作業障

罪者云何懺悔當得除滅

佛告天帝釋善哉善哉善男子汝今修行欲為

無量無邊衆生令得清淨解脫安樂哀愍

世間福利一切若有衆生由業障故造諸罪

者應當策勵晝夜六時偏袒右肩右膝著

行大[illegible]攝[illegible]一切邪倒有情[illegible]所造作業障

罪者云何懺悔當得除滅

佛告天帝釋善哉善哉善男子汝今修行欲為

無量無邊衆生令得清淨解脫安樂哀愍

世間福利一切若有衆生由業障故造諸罪

者應當策勵晝夜六時偏袒右肩右膝著

地合掌恭敬一心專念口自說言歸命頂禮現

在十方一切諸佛已得阿耨多羅三藐三菩

提者轉妙法輪持照法輪雨大法雨擊大法

鼓吹大法螺建大法幢秉大法炬為欲利益

安樂諸衆生故常行法施誘進群迷令得大

果證常樂故如是等諸佛世尊以身語意稽

首歸誠至心礼敬彼諸世尊以真實慧以真

實眼真實證明真實平等悉知悉見一切衆

生善惡之業我從無始生死以來隨惡流轉

共諸衆生造業障罪為貪瞋癡之所纏縛未

識佛時未識法時未識僧時未識善惡由身語

意造無間罪惡心出佛身血誹謗正法破和合

僧殺阿羅漢殺害父母身三語四意三種行

造十惡業自作教他見作隨喜於諸善人横

生毀謗斗秤欺誑以僞為真不淨飲食施與

一切於六道中所有父母更相惱害或盜窣

覩波物四方僧物現前僧物自在而用世尊

法律不樂奉行師長教示不相隨順見行聲

聞獨覺大乘行者憙生罵辱令諸行人心生

悔惱見有勝己便懷嫉妬法施財施常生慳

生最謗外神其說以僞爲真不淨飲食施與
一切於六道中所有父母更相惱害或盜窣
覩波物四方僧物現前僧物自在而用世尊
法律不樂奉行師長教示不相隨順見行聲
聞獨覺大乘行者憙生罵辱令諸行人心生
悔惱見有勝己便懷嫉妬法施財施常生慳
惜無明所覆邪見惑心不修善因令惡增長
於諸佛所而起誹謗法說非法非法說法如
是衆罪佛以真實慧真實眼真實證明真
實平等悉知悉見我今歸命對諸佛前皆悉
發露不敢覆藏未作之罪更不復作已作之罪
令皆懺悔所作業障應墮惡道地獄傍生餓
鬼之中阿蘇羅衆及八難處願我此生所有
業障皆得消滅所有惡報未來不受亦如過
去諸大菩薩修菩提行所有業障悉已懺悔
我之業障今亦懺悔皆悉發露不敢覆藏已
作之罪願得除滅未來之惡更不敢造亦如未
來諸大菩薩修菩提行所有業障悉已懺悔
我之業障今亦懺悔皆悉發露不敢覆藏已
作之罪願得除滅未來之惡更不敢造亦如未
來諸大菩薩修菩提行所有業障悉已懺悔
我之業障今亦懺悔皆悉發露不敢覆藏已
作之罪願得除滅未來之惡更不敢造亦如
現在十方世界諸大菩薩修菩提行所有
業障悉已懺悔我之業障今亦懺悔皆悉發
露不敢覆藏已作之罪願得除滅未來之惡

我之業障今亦懺悔皆悉發露不敢覆藏已
作之罪願得除滅未來之惡更不敢造亦如
現在十方世界諸大菩薩修菩提行所有
業障悉已懺悔我之業障今亦懺悔皆悉發
露不敢覆藏已作之罪願得除滅未來之惡
更不敢造
善男子以是因緣若有造罪一刹那中不得
覆藏何況一日一夜乃至多時若有犯罪欲
求清淨心懷愧耻信於未來必有惡報生大
恐怖應如是懺如人被火燒頭燒衣救令速
滅火若未滅心不得安若人犯罪亦復如是
即應懺悔令速除滅若有願生富樂之家多
饒財寶復欲發意修習大乘亦應懺悔滅
除業障欲生豪貴婆羅門種剎帝利家及轉
輪王七寶具足亦應懺悔滅除業障
善男子若有欲生四大王衆三十三天夜摩
天覩史多天樂變化天他化自在天亦應
懺悔滅除業障若欲生梵衆梵輔大梵天
少光無量光極光淨天少淨無量淨遍淨天
無雲福生廣果無煩無熱善現天善見色究
竟天亦應懺悔滅除業障若欲求預流果一來
果不還果阿羅漢果亦應懺悔滅除業障若
欲願求三明六通聲聞獨覺自在菩提至究
竟地一切智智淨智不思議智不動智三藐三
菩提正遍智者亦應懺悔滅除業障何以
故善男子一切諸法從因緣生如來所說異

竟天亦應懺悔滅除業障若欲求預流果一来
果不還果阿羅漢果亦應懺悔滅除業障若
欲願求三明六通聲聞獨覺自在菩提至究
竟地一切智智淨智不思議智不動智三藐三
菩提正遍智者亦應懺悔滅除業障何以
故善男子一切諸法從因緣生如来所說異
相生異相滅因緣異故如是過去諸法皆已
滅盡所有業障無復遺餘是諸行法未得現
生而今得生未来業障更不復起何以故善
男子一切法空如来所說無有我人衆生壽
者亦無生滅亦無行法善男子一切諸法皆
依於本亦不可說何以故過一切相故若有
善男子善女人如是入於微妙真理生信敬
心是名無衆生而有於本以是義故說於懺
悔滅除業障
善男子若人成就四法能除業障永得清淨
云何為四一者不起邪心正念成就二者於甚
深理不生誹謗三者於初行菩薩起一切智
心四者於諸衆生起慈無量是謂為四尒
時世尊而說頌言
專心護三乘　不誹謗深法　作一切智想　慈心淨業障
善男子有四業障難可滅除云何為四一者於
菩薩律儀犯極重惡二者於大乘經心生誹
謗三者於自善根不能增長四者貪著三有
無出離心復有四種對治業障云何為四一者

BD04903號　金光明最勝王經卷三　（12–5）

時世尊而說頌言
專心護三乘　不誹謗深法　作一切智想　慈心淨業障
善男子有四業障難可滅除云何為四一者於
菩薩律儀犯極重惡二者於大乘經心生誹
謗三者於自善根不能增長四者貪著三有
無出離心復有四種對治業障云何為四一者
於十方世界一切如来至心親近說一切罪二
者為一切衆生勸請諸佛說深妙法三者隨
喜一切衆生所有功德四者所有一切功德善
根悉皆迴向阿耨多羅三藐三菩提尒時天
帝釋白佛言世尊世間所有男子女人於
大乘行有能行者有不行者云何能得隨
喜一切衆生功德善根佛言善男子若有
衆生雖於大乘未能修習然於晝夜六時
偏袒右肩右膝著地合掌恭敬一心專念作
隨喜時得福無量應作是言十方世界一切衆
生現在修行施戒心慧我今皆悉深生隨喜
由作如是隨喜福故必當獲得尊重殊勝無
上無等最妙之果如是過去未来一切衆生
所有善根皆悉隨喜又於現在初行菩薩
發菩提心所有功德過百大劫行菩薩行有
大功德獲無上忍至不退轉一生補處如是
一切功德之蘊皆悉至心隨喜讚歎過去未
来一切菩薩所有功德隨喜讚歎亦復如是
復於現在十方世界一切諸佛應正遍知

BD04903號　金光明最勝王經卷三　（12–6）

發菩提心所有功德過百大劫行菩薩行有
大功德獲無上忍至不退轉一生補處如是
一切功德之蘊皆悉至心隨喜讃歎過去未
来一切菩薩所有功德隨喜讃歎亦復如是
復於現在十方世界一切諸佛應正遍知
證妙菩提為度無邊諸衆生故轉無上
法輪行無礙法施擊法皷吹螺建法幢雨
法雨哀愍勸化一切衆生咸令信受皆蒙法
施悉得充足無盡安樂又復所有菩薩聲聞
獨覺功德積集善根若有衆生未具如是諸
功德者悉令具足我皆隨喜如是過去未来諸
佛菩薩聲聞獨覺所有功德亦皆至心隨喜
讃歎善男子如是隨喜當得無量功德之聚如
恒河沙三千大千世界所有衆生皆斷煩惱成阿
羅漢若有善男子善女人盡其形壽常以上
妙衣服飲食卧具醫藥而為供養如是功德
不及如前隨喜功德千分之一何以故供養功
德有數有量不攝一切諸功德故隨喜功德
無量無數能攝三世一切功德是故若人
欲求增長勝善根者應修如是隨喜功德
若有女人願轉女身為男子者亦應修習隨
喜功德必得隨心現成男子尒時天帝釋白
佛言世尊已知隨喜功德勸請功德唯願為
說欲令未来一切菩薩當轉法輪現在菩薩
正修行故佛告帝釋若有善男子善女人願

BD04903號　金光明最勝王經卷三

（12–7）

欲求增長勝善根者應修如是隨喜功德
若有女人願轉女身為男子者亦應修習隨
喜功德必得隨心現成男子尒時天帝釋白
佛言世尊已知隨喜功德勸請功德唯願為
說欲令未来一切菩薩當轉法輪現在菩薩
正修行故佛告帝釋若有善男子善女人願
求阿耨多羅三藐三菩提者應當修行聲聞
獨覺大乘之道是人當於晝夜六時如前威
儀一心專念作如是言我今歸依十方一切諸佛
世尊已得阿耨多羅三藐三菩提未轉無上
法輪欲捨報身入涅槃者我皆至誠頂礼勸
請轉大法輪雨大法雨然大法燈照明理趣
施無礙法莫般涅槃久住於世度脱安樂一
切衆生如前所說乃至無盡安樂我今以此
勸請功德迴向阿耨多羅三藐三菩提如過
去未来現在諸大菩薩勸請功德迴向菩提
我亦如是勸請功德迴向無上正等菩提善
男子假使有人以三千大千世界滿中七寶
供養如来若復有人勸請如来轉大法輪所
得功德其福勝彼何以故彼是財施此是法施
善男子且置三千大千世界七寶布施若人
以滿恒河沙數大千世界七寶供養一切諸
佛勸請功德亦勝於彼由其法施有五勝利
云何為五一者法施兼利自他財施不尒二
者法施能令衆生出於三界財施之福不出
欲界三者法施能淨法身財施但唯增長於

BD04903號　金光明最勝王經卷三

（12–8）

以滿恒河沙數大千世界七寶供養一切諸
佛勸請功德亦勝於彼由其法施有五勝利
云何為五一者法施兼利自他財施不尒二
者法施能令衆生出於三界財施之福不出
欲界三者法施能淨法身財施但唯增長於
色四者法施無窮財施有盡五者法施能
斷無明財施唯伏貪愛是故善男子勸請功
德無量無邊難可譬喻如我昔行菩薩道時
勸請諸佛轉大法輪由彼善根是故今日一
切帝釋諸梵王等勸請於我轉大法輪善男
子請轉法輪為欲度脫安樂諸衆生故我於
往昔為菩提行勸請如來久住於世莫般涅
槃依此善根我得十力四無所畏四無礙辯
大慈大悲證得無數不共之法我當入於無
餘涅槃我之正法久住於世我法身者清淨
無比種種妙相無量智慧無量自在無量功
德難可思議一切衆生皆蒙利益百千萬劫
說不能盡法身攝藏一切諸法一切諸法不攝
法身法身常住不墮常見雖復斷滅亦非
斷見能破衆生種種異見能生衆生種種
真見能解一切衆生之縛無縛可解能植衆
生諸善根本未成熟者令成熟已成熟者令
解脫無作無動遠離闠鬧寂靜無為自在
安樂過於三世能現三世出於聲聞獨覺之
境諸大菩薩之所修行一切如來體無有異

真見能解一切衆生之縛無縛可解能植衆
生諸善根本未成熟者令成熟已成熟者令
解脫無作無動遠離闠鬧寂靜無為自在
安樂過於三世能現三世出於聲聞獨覺之
境諸大菩薩之所修行一切如來體無有異
此等皆由勸請功德善根力故如是法身我
今已得是故若有欲得阿耨多羅三藐三菩
提者於諸經中一句一頌為人解說功德善根尚
無限量何況勸請如來轉大法輪久住於世
莫般涅槃
時天帝釋復白佛言世尊若善男子善女
人為求阿耨多羅三藐三菩提故修三乘道
所有善根云何迴向一切智智佛告天帝善男
子若有衆生欲求菩提修三乘道所有善根
願迴向者當於晝夜六時慇重至心作如是
說我從無始生死以來於三寶所修行成就
所有善根乃至施與傍生一摶之食或以善
言和解諍訟或受三歸及諸學處或復懺
悔勸請隨喜所有善根我今作意悉皆攝取
迴施一切衆生無悔悋心是解脫分善根所攝
如佛世尊之所知見不可稱量無礙清淨如
是所有功德善根悉以迴施一切衆生不住
相心不捨相心我亦如是功德善根悉以迴
施一切衆生願皆獲得如意之手撝空出寶
滿衆生願富樂無盡智慧無窮妙法辯才
悉皆無滯共諸衆生同證阿耨多羅三藐三

如佛世尊之所知見不可稱量無礙清淨如
是所有功德善根悉以迴施一切衆生不住
相心不捨相心我亦如是功德善根悉以迴
施一切衆生願皆獲得如意之手搖空出寶
滿衆生願富樂無盡智慧無窮妙法辯才
悉皆無滞共諸衆生同證阿耨多羅三藐三
菩提得一切智因此善根更復出生無量善
法亦皆迴向無上菩提又如過去諸大菩薩
修行之時功德善根悉皆迴向一切種智現在
未來亦復如是然我所有功德善根亦皆迴
向阿耨多羅三藐三菩提是諸善根願共一
切衆生俱成正覺如餘諸佛坐於道場菩提
樹下不可思議無礙清淨住於無盡法藏
陁羅尼首楞嚴定破魔波旬無量兵衆應
見覺知應可通達如是一切一剎那中悉皆照
了於後夜中獲甘露法證甘露義我及衆生
願皆同證如是妙覺猶如
無量壽佛　勝光佛　妙光佛　阿閦佛
功德善光佛　師子光明佛　網光明佛
寶相佛　寶焰佛　焰明佛　焰威光明佛
吉祥上王佛　微妙聲佛　佛
上勝身佛　可愛色身佛　光明遍照佛　梵淨王佛
上性佛
如是等如來應正遍知過去未來及以現在
亦現應化得阿耨多羅三菩提轉無上法
輪為度衆生我亦如是廣說如上

BD04903號　金光明最勝王經卷三　（12–11）

修行之時功德善根悉皆迴向一切種智現在
未來亦復如是然我所有功德善根亦皆迴
向阿耨多羅三藐三菩提是諸善根願共一
切衆生俱成正覺如餘諸佛坐於道場菩提
樹下不可思議無礙清淨住於無盡法藏
陁羅尼首楞嚴定破魔波旬無量兵衆應
見覺知應可通達如是一切一剎那中悉皆照
了於後夜中獲甘露法證甘露義我及衆生
願皆同證如是妙覺猶如
無量壽佛　勝光佛　妙光佛　阿閦佛
功德善光佛　師子光明佛　網光明佛
寶相佛　寶焰佛　焰明佛　焰威光明佛
吉祥上王佛　微妙聲佛　佛
上勝身佛　可愛色身佛　光明遍照佛　梵淨王佛
上性佛
如是等如來應正遍知過去未來及以現在
亦現應化得阿耨多羅三菩提轉無上法
輪為度衆生我亦如是廣說如上

BD04903號　金光明最勝王經卷三　（12–12）

佛告優波離汝行詣維摩詰問疾優波離白
佛言世尊我不堪任詣彼問疾所以者何憶念
昔者有二比丘犯律行以為恥不敢問佛
来問我言唯優波離我等犯律誠以為恥不
敢問佛願解其悔得勉斯咎我即為其如法
解說時維摩詰来謂我言唯優波離无重
增此二比丘罪當直除滅勿擾其心所以者何彼
罪性不在内不在外不在中間如佛所說心垢
故衆生垢心淨故衆生淨心亦不在内不在外
不在中間如其心然罪垢亦然諸法亦然不
出於如如優波離以心相得解脫時寧有
垢不我言不也維摩詰言一切衆生心相
无垢亦復如是唯優波離妄想是垢无妄
想是淨顛倒是垢无顛倒是淨取我是垢
不取我是淨優波離一切法生滅不住如幻如
電諸法不相待乃至一念不住諸法皆妄見如
夢如炎如水中月如鏡中像以妄想生其知
此者是名奉律其知此者是名善解於是

BD04904號　維摩詰所說經卷上　（5–1）

想是淨顛倒是垢无顛倒是淨取我是垢
不取我是淨優波離一切法生滅不住如幻如
電諸法不相待乃至一念不住諸法皆妄見如
夢如炎如水中月如鏡中像以妄想生其知
此者是名奉律其知此者是名善解於是
二比丘言上智哉是優波離所不及持律之
上而不能說我即答言自捨如来未有聲聞及
菩薩能制其樂說之辯其智慧明達為若
此也時二比丘疑悔即除發阿耨多羅三藐
三菩提心作是願言令一切衆生皆得是辯
故我不任詣彼問疾
佛告羅睺羅汝行詣維摩詰問疾羅睺羅白
佛言世尊我不堪任詣彼問疾所以者何憶
念昔時毗耶離諸長者子来詣我所稽首作
礼問我言唯羅睺羅汝佛之子捨轉輪王位出
家為道其出家者有何等利我即如法為說
出家功德之利時維摩詰来謂我言唯羅
睺羅不應說出家功德之利所以者何无利无
功德是為出家有為法者可說有利有功德
夫出家者為无為法无為法中无利无功德
唯羅睺羅出家者无彼无此亦无中間離六十
二見處於涅槃智者所受聖所行處降伏
衆魔度五道淨五眼得五力立五根不惱於
彼離衆雜惡摧諸外道超越假名出於泥无
繫著无我所无所受无擾亂内懷喜護彼意
隨禪定離衆過若能如是是真出家於是維
摩詰語諸長者子汝等於正法中宜共出家

BD04904號　維摩詰所說經卷上　（5–2）

二見處於涅槃智者所受聖所行處降伏
衆魔度五道淨五眼得五力立五根不惱於
彼離衆雜惡摧諸外道超越假名出於泥无
繫著无我所无所受无擾亂內懷喜護彼意
隨禪定離衆過若能如是是真出家於是維
摩詰語諸長者子汝等於正法中宜共出家
所以者何佛世難值諸長者子言居士我聞
佛言父母不聽不得出家維摩詰言然汝等
便發阿耨多羅三藐三菩提心是即出家是
即具足尒時卅二長者子皆發阿耨多羅三
藐三菩提心故我不任詣彼問疾
佛告阿難汝行詣維摩詰問疾阿難白佛
言世尊我不堪任詣彼問疾所以者何憶念昔
時世尊身小有疾當用牛乳我即持鉢詣大
婆羅門家門下立時維摩詰來謂我言唯阿
難何為晨朝持鉢住此我言居士世尊身小
有疾當用牛乳故來至此維摩詰言止止阿
難莫作是語如來身者金剛之體諸惡已斷
衆善普會當有何疾當有何惱嘿往阿難勿
謗如來莫使異人聞此麤言无令大威德諸
天及他方淨土諸來菩薩得聞斯語阿難轉
輪聖王以少福故尚得无疾豈況如來无量福
會普勝者我行矣阿難勿使我等受斯恥
也外道梵志若聞此語當作是念何名為師
自疾不能救而能救諸疾人可密速去勿使
人聞當知阿難諸如來身即是法身非思
欲身佛為世尊過於三界佛身无漏諸漏已

BD04904號　維摩詰所說經卷上

（5–3）

天及他方淨土諸來菩薩得聞斯語阿難轉
輪聖王以少福故尚得无疾豈況如來无量福
會普勝者我行矣阿難勿使我等受斯恥
也外道梵志若聞此語當作是念何名為師
自疾不能救而能救諸疾人可密速去勿使
人聞當知阿難諸如來身即是法身非思
欲身佛為世尊過於三界佛身无漏諸漏已
盡佛身无為不墮諸數如此之身當有何疾
時我世尊實懷慚愧无近佛而謬聽耶即
聞空中聲曰阿難如居士言但為佛出五濁
惡世現行斯法度脫衆生行矣阿難取乳勿
慚世尊維摩詰智慧辯才為若此也是故
不任詣彼問疾如是五百大弟子各各向佛
說其本緣稱述維摩詰所言皆曰不任詣
彼問疾

菩薩品第四

於是佛告弥勒菩薩汝行詣維摩詰問疾弥
勒白佛言世尊我不堪任詣彼問疾所以者
何憶念我昔為兜率天王及其眷屬說不退
轉地之行時維摩詰來謂我言弥勒世尊授
仁者記一生當得阿耨多羅三藐三菩提為
用何生得受記乎過去耶未來耶現在耶若
過去生過去生已滅若未來生未來生未至
若現在生現在生无住如佛所說比丘汝今即
時亦生亦老亦滅若以无生得受記者无生
即是正位於正位中亦无受記亦无得阿耨
多羅三藐三菩提云何弥勒受一生記乎為

BD04904號　維摩詰所說經卷上

（5–4）

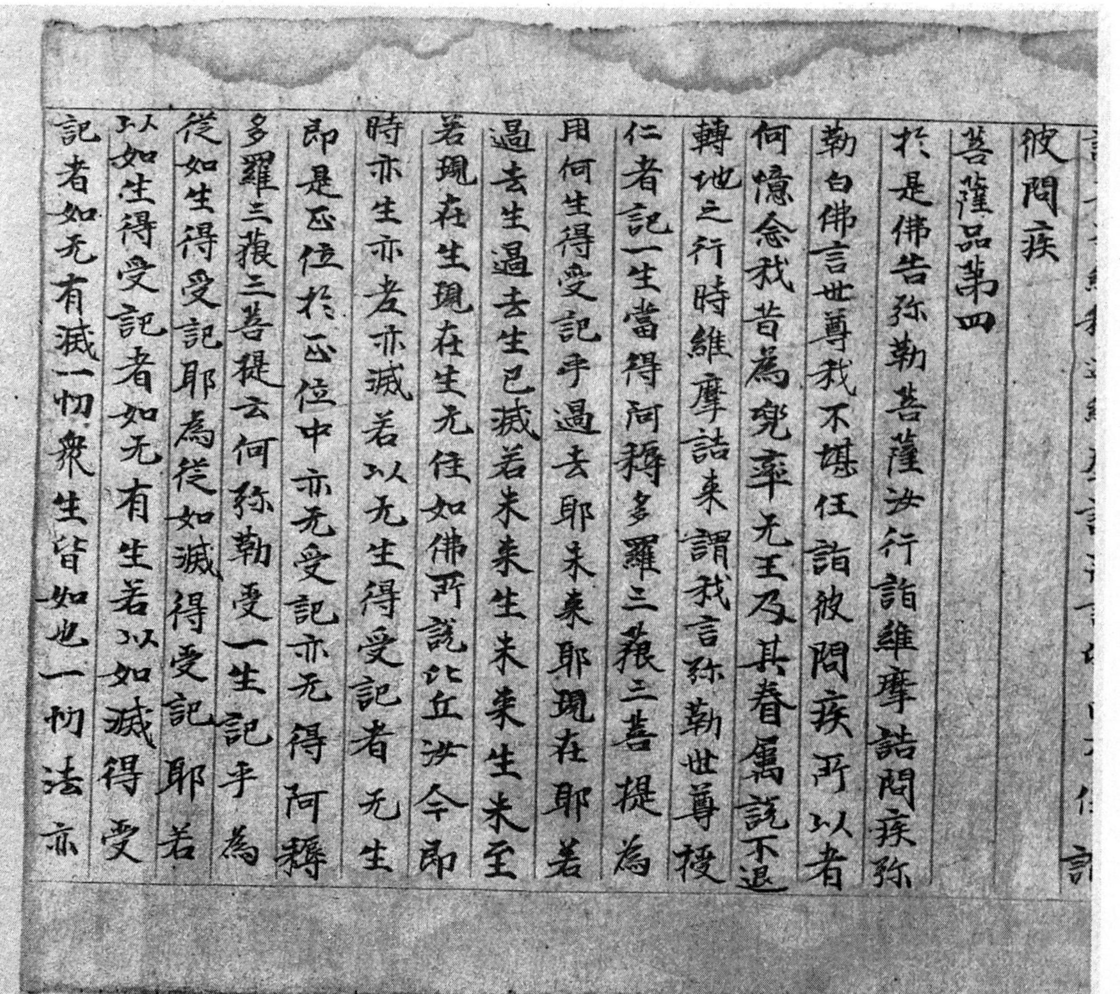

彼問疾

菩薩品第四

於是佛告弥勒菩薩汝行詣維摩詰問疾弥
勒白佛言世尊我不堪任詣彼問疾所以者
何憶念我昔為兜率天王及其眷屬說不退
轉地之行時維摩詰來謂我言弥勒世尊授
仁者記一生當得阿耨多羅三藐三菩提為
用何生得受記乎過去耶未來耶現在耶若
過去生過去生已滅若未來生未來生未至
若現在生現在生无住如佛所說比丘汝今即
時亦生亦老亦滅若以无生得受記者无生
即是正位於正位中亦无受記亦无得阿耨
多羅三藐三菩提云何弥勒受一生記乎為
從如生得受記耶為從如滅得受記耶若
以如生得受記者如无有生若以如滅得受
記者如无有滅一切衆生皆如也一切法亦

BD04904號　維摩詰所說經卷上　　（5–5）

於有諸佛正
并諸藥叉與阿蘇羅共鬪戰時常
等若能護持是經由經力故能除
饑饉及諸疾疫是故汝等若見四眾
誦此經王者亦應勤心共加守護為除衰
惱施與安樂
尒時四天王即從座起偏袒右肩右膝著地
合掌恭敬白佛言世尊此金光明最勝王經
於未來世若有國土城邑聚落山林曠野隨
所至處流布之時若彼國王於此經典至心
聽受稱歎供養并復供給受持是經四部之
眾深心擁護令離衰惱以是因緣我護彼王
及諸人眾皆令安隱遠離憂苦增益壽命
威德具足世尊若彼國王見於四眾受持經者
恭敬守護猶如父母一切所須悉皆供給我
等四王常為守護令諸有情無不尊敬是故
我等并與無量藥叉諸神隨此經王所流布
處潛身擁護令無留難亦當護念聽是經人
諸國王等除其衰患悉令安隱他方怨賊皆
使退散若有人王聽是經時鄰國怨敵興如
是念當具四兵壞彼國土世尊以是經王威
神力故是時鄰敵更有異怨而來侵擾於其
境界多諸災變疫病流行時王見已即嚴

處潛身擁護令無留難亦當護念聽是經人
諸國王等除其衰患悉令安隱他方怨賊皆
使退散若有人王聽是經時隣國怨敵興如
是念當具四兵壞彼國土世尊以是經王威
神力故是時隣敵更有異怨而來侵擾於其
境界多諸災變疫病流行時王見已即嚴四
兵發向彼國欲為討罰我等爾時當與眷屬
無量無邊藥叉諸神各自隱形為作護助令
彼怨敵自然降伏尚不敢來至其國界豈復
得有兵戈相罰
爾時佛告四天王善哉善哉汝等四王乃能
擁護如是經典我於過去百千俱胝那庾多
劫修諸苦行得阿耨多羅三藐三菩提證一
切智今說是法若有人王受持是經恭敬供
養者為消衰患令其安隱亦復擁護城邑聚
落乃至怨賊悉令退散亦令一切贍部洲內
所有諸王永無衰惱鬪諍之事四王當知此
贍部洲八万四千城邑聚落八万四千諸人王
等各於其國受諸快樂皆得自在所有財
寶豐足受用不相侵奪隨彼宿因而受其報
不起惡念貪求他國咸生少欲利樂之心無
有鬪戰繫縛等苦其土人民自然受樂上下
和穆猶如水乳情相愛重歡喜遊戲慈悲謙
讓增長善根以是因緣此贍部洲安隱豐樂
人民熾盛大地沃壤寒暑調和時不乖序日
月星宿常度無虧風雨隨時離諸災橫資產
財寶皆悉豐盈心無慳鄙常行惠施具十善

[illegible]
和穆猶如水乳情相愛重歡喜遊戲慈悲謙
讓增長善根以是因緣此贍部洲安隱豐樂
人民熾盛大地沃壤寒暑調和時不乖序日
月星宿常度無虧風雨隨時離諸災横資產
財寶皆悉豐盈心無慳鄙常行惠施具十善
業若人命終多生天上增益天衆大王若未
來世有諸人王聽受是經恭敬供養并受持
經四部之衆尊重稱讚復欲安樂饒益汝等
及諸眷屬無量百千諸藥叉衆是故彼王常
當聽受是妙經王由得聞此正法之水甘露
上味增益汝等身心勢力精進勇猛福德威
光悉令充滿是諸至王若能至心聽受是經
則為廣大希有供養於我釋迦牟尼應
正等覺若供養我則是供養過去未來現在
百千俱胝那庾多佛若能供養三世諸佛則
得無量不可思議功德之聚以是因緣汝等
應當擁護彼王后妃眷屬令無衰惱及宮宅
神常受安樂功德難思是諸國土所有人民
亦受種種五欲之樂一切惡事皆令消殄
尒時四天王白佛言世尊於未來世若有人
王樂聽如是金光明經為欲擁護自身后妃
王子乃至內宮諸婇女等城邑宮殿皆得第
一不可思議最上歡喜寂靜安樂於現世中
王位尊高自在昌盛常得增長復欲攝受无
量無邊難思福聚於自國土令無怨敵及諸
憂惱災厄事者世尊如是人王不應放逸
令心散亂當生恭敬至誠慇重聽受如是最勝

BD04905 號　金光明最勝王經卷六　（19–3）

王子乃至內宮諸婇女等城邑宮殿皆得第
一不可思議最上歡喜寂靜安樂於現世中
王位尊高自在昌盛常得增長復欲攝受无
量無邊難思福聚於自國土令無怨敵及諸
憂惱災厄事者世尊如是人王不應放逸
令心散亂當生恭敬至誠慇重聽受如是最勝
經王欲聽之時先當莊嚴最上宮室王所愛
重顯敞之處香水灑地散衆名花安置師子
殊勝法座以諸珎寶而為挍飾張施種種寶
蓋幢幡燒無價香奏諸音樂其王尒時當淨
澡浴以香塗身著新淨衣及諸瓔珞坐小卑
座不生高舉捨自在位離諸憍慢端心正念
聽是經王於法師所起大師想復於宮內后
妃王子婇女眷屬生慈愍心喜悅相視和顏
軟語於自身心大喜充遍作如是念我今獲
得難思殊勝廣大利益於此經王盛興供養
既敷設已見法師至當起虔敬渴仰之心
尒時佛告四天王不應如是不迎法師時彼
人王應著純淨鮮潔之衣種種瓔珞以為嚴
飾自持白蓋及以香花備整軍儀盛陳音樂
步出城闕迎彼法師運想虔恭為吉祥事四
王以何因緣令彼人王親往如是恭敬供　養
由彼人王舉足下足步步即是恭敬供養承
事尊重百千万億那庾多諸佛世尊復得超
越如是劫數生死之苦復於來世如是數劫
當受輪王殊勝尊位隨其步步亦於現世福
德增長自在為王感應難思衆所欽重當於

步出城闕迎彼法師運想虔恭為吉祥事四
王以何因緣令彼人王親往如是恭敬供養
由彼人王舉足下足步步即是恭敬供養承
事尊重百千万億那庾多諸佛世尊復得超
越如是劫數生死之苦後於來世如是數劫
當受輪王殊勝尊位隨其步步亦於現世福
德增長自在為王感應難思衆所欽重當於
無量百千億劫天人受用七寶宮殿所在生
處常得為王增益壽命言詞辯了人天信受
無所畏懼有大名稱咸共瞻仰天上人中受
勝妙樂獲大力勢有大威德身相奇妙端嚴
無比值天人師遇善知識成就具足無量福
聚四王當知彼諸人王見如是等種種無量
功德利益故應自往奉迎法師若一踰繕那
乃至百千踰繕那於說法師應生佛想還至
城已作如是念今日釋迦牟尼如來應正等
覺入我宮中受我供養為我說法我聞法已
即於阿耨多羅三藐三菩提不復退轉即是
值遇百千万億那庾多諸佛世尊我於今日
即是種種廣大殊勝上妙樂具供養過去未
來現在諸佛我於今日即是永拔琰摩王界
地獄餓鬼傍生之苦便為已種無量百千万
億轉輪聖王釋梵天主善根種子當令無量
百千万億衆生出生死苦得涅槃樂積集無
量無邊不可思議福德之聚後宮眷屬及諸
人民皆蒙安隱國土清泰無諸災厄毒害惡
人他方怨敵不來侵擾遠離憂患四王當知

BD04905號　金光明最勝王經卷六　（19–5）

地獄餓鬼傍生之苦便為已種無量百千万
億轉輪聖王釋梵天主善根種子當令无量
百千万億衆生出生死苦得涅槃樂積集無
量無邊不可思議福德之聚後宮眷屬及諸
人民皆蒙安隱國土清泰無諸災厄毒害惡
人他方怨敵不來侵擾遠離憂患四王當知
時彼人王應作如是尊重正法亦於受持是
妙經典苾芻尼鄔波索迦鄔波斯迦 供
養恭敬尊重讚歎所有善根先以勝福施與
汝等及諸眷屬彼之人王有大福德善業因
緣於現世中得大自在增益威光吉祥妙相
皆悉莊嚴一切怨敵能以正法而摧伏之
尒時四天王白佛言世尊若有人王能作如
是恭敬正法聽此經王并於四衆持經之人
恭敬供養尊重讚歎時彼人王欲為我等生
歡喜故當在一邊近於法座香水灑地散衆
名花安置處所設四王座我与彼王共聽正
法其王所有自利善根亦以福分施及我等
世尊時彼人王請說法者昇座之時便為我
等燒衆名香供養是經世尊時彼香烟於一
念頃上昇虛空即至我等諸天宮殿於虛空
中變成香蓋我等天衆聞彼妙香香有金光
照耀我等所居宮殿乃至梵宮及以帝釋大
辯才天大吉祥天堅牢地神正了知大將二
十八部諸藥叉神大自在天金剛密主寶賢
大將訶利底母五百眷屬無熱惱池龍王大
海龍王所居之處世尊如是等衆於自宮殿

念頃上昇虛空即至我等諸天宮殿於虛空
中變成香蓋我等天眾聞彼妙香香有金光
照曜我等所居宮殿乃至梵宮及以帝釋大
辯才天大吉祥天堅牢地神正了知大將二
十八部諸藥叉神大自在天金剛密主寶賢
大將訶利底母五百眷屬無熱惱池龍王大
海龍王所居之處世尊如是等眾於自宮殿
見彼香烟一剎那頃變成香蓋聞香芬馥覩
色光明遍至一切諸天神宮佛告四天王是
香光明非但至此宮殿變成香蓋放大光明
由彼人王手執香爐燒眾名香供養經時其
香烟氣於一念頃遍至三千大千世界百億
日月百億妙高山王百億四洲於此三千大
千世界一切天龍藥叉揵闥婆阿蘇羅揭路
荼緊那羅莫呼洛伽宮殿之所於虛空中充
滿而住種種香烟變成雲蓋其蓋金色普照
天宮如是三千大千世界所有種種香雲香
蓋皆是金光明最勝王經威神之力是諸人
王手持香爐供養經時種種香氣非但遍此
三千大千世界於一念頃亦遍十方無量無
邊恒河沙等百千万億諸佛國土於諸佛上
虛空之中變成香蓋金色普照亦復如是時
彼諸佛聞此妙香覩斯雲蓋及以金色於十
方界恒河沙等諸佛世尊現神變已彼諸世
尊悉共觀察異口同音讚法師曰善哉善哉
汝大丈夫能廣流布如是甚深微妙經典則
為成就無量無邊不可思議福德之聚若有
聽聞如是經者所獲功德其量甚多何況書

BD04905號　金光明最勝王經卷六

方界恒河沙等諸佛世尊現神變已彼諸世
尊悉共觀察異口同音讚法師曰善哉善哉
汝大丈夫能廣流布如是甚深微妙經典則
為成就無量無邊不可思議福德之聚若有
聽聞如是經者所獲功德其量甚多何況書
寫受持讀誦為他敷演如說修行何以故善
男子若有眾生聞此金光明最勝王經者即
於阿耨多羅三藐三菩提不復退轉
尒時十方有百千俱胝那庾多無量無數恒
河沙等諸佛剎土彼諸剎土一切如來異口
同音於法座上讚彼法師言善哉善哉善男
子汝於來世以精勤力當修無量百千苦行
具足資糧超諸聖眾出過三界為最勝尊當
坐菩提樹王之下殊勝莊嚴能救三千大千
世界有緣眾生善能摧伏可畏形儀諸魔軍
眾覺了諸法最勝清淨甚深无上正等菩提
善男子汝當坐於金剛之座轉於无上諸佛
所讚十二妙行甚深法輪能擊无上最大法
鼓能吹无上極妙法螺能建无上殊勝法幢
能然无上極明法炬能降无上甘露法雨能
斷無量煩惱怨結能令無量百千万億那庾
多有情度於無涯可畏大海解脫生死無際
輪迴值遇無量百千万億那庾多佛
尒時四天王復白佛言世尊是金光明最勝
王經能於未來現在成就如是无量功德是
故人王若得聞是微妙經典即是已於百千
万億无量佛所種諸善根於彼人王我當攝

多有情度於無涯可畏大海解脫生死無際
輪迴值遇無量百千万億那庾多佛
尒時四天王復白佛言世尊是金光明最勝
王經能於未來現在成就如是无量功德是
故人王若得聞是微妙經典即是已於百千
万億无量佛所種諸善根於彼人王我當護
念復見无量福德利故我等四王及餘眷屬
无量百千万億諸神於自宮殿見是種種香
烟雲蓋神變之時我當隱蔽不現其身為聽
法故當至是王清淨嚴飾所止宮殿講法之
處如是乃至梵宮帝釋大辯才天大吉祥天
堅牢地神𠙺了知神大將二十八部諸藥叉
神大自在天金剛密主寶賢大將訶利底母
五百眷屬無熱惱池龍王大海龍王無量百
千万億那庾多諸天藥叉如是等衆為聽法
故皆不現身至彼𤯔王殊勝宮殿莊嚴高座
說法之所世尊我等四王及餘眷屬藥叉諸
神皆當一心共彼𤯔王為善知識因是無上
大法施主以甘露味充足於我是故我等當
護是王除其衰患令得安隱及其宮殿城
邑國土諸惡災變悉令消滅尒時四天王俱共
合掌白佛言世尊若有𤯔王於其國土雖有
此經未甞流布心生捨離不樂聽聞亦不供
養尊重讃歎見四部衆持經之𤯔亦復不能
尊重供養遂令我等及餘眷屬無量諸天不
得聞此甚深妙法背甘露味失𠙺法流無有威
光及以勢力增長惡趣損減𤯔天墜生死河

(19–9)

合掌白佛言世尊若有人王於其國土雖有
此經未嘗流布心生捨離不樂聽聞亦不供
養尊重讚歎見四部衆持經之人亦復不能
尊重供養遂令我等及餘眷屬無量諸天不
得聞此甚深妙法背甘露味失正法流無有威
光及以勢力增長惡趣損減人天墜生死河
乖涅槃路世尊我等四王并諸眷屬及藥叉
等見如斯事捨其國土無擁護心非但我等
捨棄是王亦有無量守護國土諸大善神悉
皆捨去既捨離已其國當有種種災禍喪失
國位一切人衆皆無善心唯有繫縛殺害瞋
諍互相讒諂枉及無辜疾疫流行彗星數
出兩日並現薄蝕無恒黑白二虹表不祥相星
流地動井內發聲暴雨惡風不依時節常遭
飢饉苗實不成多有他方怨賊侵掠國內人
民受諸苦惱土地無有可樂之處世尊我等
四王及與無量百千天神并護國土諸舊善
神遠離去時生如是等無量百千災怪惡事
世尊若有人王欲護國土常受快樂欲令衆
生咸蒙安隱欲得摧伏一切外敵於自國境
永得昌盛欲令正教流布世間苦惱惡法皆
除滅者世尊是諸國主必當聽受是妙經王
亦應恭敬供養讀誦受持經者我等及餘無
量天衆以是聽法善根威力得服無上甘露
法味增益我等所有眷屬并餘天神皆得勝
利何以故以是人王至心聽受是經典故世
尊如大梵天於諸有情常為宣說世出世論
帝釋復說種種諸論五通神仙亦說諸論

亦應恭敬供養讀誦受持經者我等及餘無
量天衆以是聽法善根威力得服無上甘露
法味增益我等所有眷屬并餘天神皆得勝
利何以故以是人王至心聽受是經典故世
尊如大梵天於諸有情常為宣說世出世論
帝釋復說種種諸論五通神仙亦說諸論世
尊梵天帝釋五通仙人雖有百千俱胝那庾
多無量諸論然佛世尊慈悲哀愍為王天衆
說金光明微妙經典比前所說勝彼百千俱
胝那庾多倍不可為喻何以故由此能令諸
贍部洲所有王等以正法化世能与衆生安樂
之事為護自身及諸眷屬令無苦惱又無他
方怨賊侵害所有諸惡悉皆遠去亦令國土
災厄屏除化以正法無有諍訟是故人王各
於國土當然法炬明照無邊增益天衆并諸
眷屬世尊我等四王無量天神藥叉之衆贍
部洲內所有天神以是因緣得服無上甘露
法味獲大威德勢力光明無不具足一切衆
生皆得安隱復於來世無量百千不可思議
那庾多劫常受快樂復得值遇無量諸佛種
諸善根然後證得阿耨多羅三藐三菩提如
是無量無邊勝利皆是如來應正等覺以大
慈悲過梵衆以大智慧逾帝釋修諸苦行勝
五通仙百千万億那庾多倍不可稱計為諸
衆生演說如是微妙經典令贍部洲一切國
主及諸人衆明了世間所有法式治國化人
勸導之事由此經王流通力故普得安樂此

是无量无邊勝利皆是如來應正等覺以大
慈悲過梵衆以大智慧逾帝釋修諸苦行勝
五通仙百千万億那庾多倍不可稱計為諸
衆生演說如是微妙經典令贍部洲一切國
主及諸人衆明了世閒所有法式治國化人
勸導之事由此經王流通力故普得安樂此
等福利皆是釋迦大師於此經典廣為流通
慈悲力故世尊以是因緣諸人王等皆應受
持供養恭敬尊重讚歎此妙經王何以故以
如是等不可思議殊勝功德利益一切是故
名曰最勝經王
尒時世尊復告四天王汝等四王及餘眷屬
无量百千俱胝那庾多諸天大衆見彼人王
若能至心聽是經典供養恭敬尊重讚歎者
應當擁護除其衰患能令汝等亦受安樂若
四部衆能廣流布是經王者於人天中廣作
佛事普能利益无量衆生如是之人汝等四
王常當擁護如是四衆勿使他緣共相侵擾
令彼身心寂靜安樂於此經王廣宣流布令
不斷絶利益有情盡未來際
尒時多聞天王從座而起白佛言世尊我 有
如意寶珠陁羅尼法若有衆生樂受持者功
德无量我常擁護令彼衆生離苦得樂能成
福智二種資糧欲受持者先當誦此護身之
呪即說呪曰
南謨薜室囉末拏也莫訶曷囉闍也（怛是也上之字皆須引聲）
怛姪他 囉囉囉囉 矩怒 矩怒

德无量我常稱讚令彼衆生離苦得樂能成
福智二種資糧欲受持者先當誦此讚身之
呪即說呪曰
南謨薛室囉末拏也莫訶曷羅闍也（但是也上之字皆須引聲）
怛姪他 囉囉囉囉 矩怒矩怒
區怒區怒 窶怒窶怒 颯縛颯縛
羯囉羯囉 莫訶毗羯喇麼 莫訶毗羯喇麼
莫訶曷囉社 曷略叉曷叉 覩濕（自稱己名）
薩婆薩埵難者莎訶（此之二字皆長引聲）
世尊誦此呪者當以白線呪之七遍一遍一
結繫之時後其事必成應取諸香所謂安息
旃檀龍腦蘇合多揭羅薰陸皆須等分和合
一處手執香爐燒香供養清淨澡浴着鮮潔
衣於一靜室可誦神呪
請我薛室囉末拏天王即說呪曰
南謨薛室囉末拏（引）也 南謨檀那馱也
檀泥說囉（引）也 阿揭撦 阿鉢喇弭多
檀泥說囉 鉢囉麼 迦留尼迦
薩婆薩埵呬多振多 麼麼（己名） 檀那
末拏鉢喇拽撦 碎闍摩揭撦 莎訶
此呪誦滿一七遍已次誦本呪欲誦呪時先
當稱名敬礼三寶及薛室羅末拏大王能施
財物令諸衆生所求願滿悉能成就与其安
樂如是礼已次誦薛室羅末拏王如意末尼
寶心神呪能施衆生隨意安樂尒時多聞天
王即於佛前說如意末尼寶心呪曰
南謨曷喇怛娜 怛喇夜（引）也

財物令諸衆生所求願滿悉能成就與其安
樂如是礼已次誦薜室羅末拏王如意末尼
寶心神呪能施衆生隨意安樂尒時多聞天
王即於佛前說如意末尼寶心呪曰
南謨曷喇怛娜　怛喇夜引也
南謨薜室囉末拏引也　莫訶囉闍引也
怛姪他　四弭四弭　蘇母蘇母
旃荼旃荼　折囉折囉　薩囉薩囉
羯囉羯囉　枳哩枳哩　矩嚕矩嚕
母嚕母嚕　主嚕主嚕　娑大也頞貪
我名某甲　眼店頞他　達達覩莎訶
南謨薜室囉末拏也莎訶　檀那馱也莎訶
曼奴喇他鉢喇脯喇迦引也莎訶
受持呪時先千遍然後於淨室中瞿摩
塗地作小壇場隨時飲食一心供養常然妙香
令烟不絕誦前心呪晝夜繫心唯自耳聞勿
令他解時有薜室囉末拏王子名禪膩師現
童子形來至其所問言何故須喚我父即可
報言我為供養三寶事須財物願當施與時
禪膩師聞是語已即還父所白其父言今有
善人發至誠心供養三寶少乏財物為斯請
召其父報曰汝可速去日日與彼一百迦利
沙波拏（此是根本梵音唯目貝齒而隨方不定或是貝齒或是金銀銅鐵等錢然摩揭陁現今通用一迦利沙波拏有一千六百貝齒總數可以准知物直隨處不定若持呪得成就者獲物之時自知其數有本云每日與一百陳那羅即金錢也乃至盡形日日常得西方求者多有神驗除不至心也）
其持呪者見是相已知事得成當須獨處淨
室燒香而卧可於牀邊置一香篋每至天曉

呂其父報日汝可速去日日与彼一百迦利

沙波拏（此是根本梵音唯目貝齒而隨方不定或是貝齒或是金銀銅鐵等錢然摩揭陁現今通用一迦利沙波拏有一千六百貝齒揔數可以准知物亦隨處不定若持呪得成就者獲物之時自知其數有本云每日与一百陳那羅即金錢也乃至盡形日日常得西方求者多有神驗除不至心也）

其持呪者見是相已知事得成當須獨處淨

室燒香而卧可於林邊置一香篋每至天曉

觀其篋中獲所求物每得物時當日即須供

養三寶香花飲食兼施貧乏皆令罄盡不得

停留於諸有情起慈悲念勿生瞋誑諂害之

心若起瞋者即失神驗常可護心勿令瞋恚

又持此呪者於每日中憶我多聞天王及男

女眷屬稱揚讚歎恒以十善共相資助令彼

天等福力增明衆善普臻證菩提處彼諸天

衆見是事已皆大歡喜共來擁衛持呪之人

又持呪者壽命長遠經無量歲永離三塗

常無災厄亦令獲得如意寶珠及以伏藏神

通自在所願皆成若求官榮無不稱意亦解

一切禽獸之語

世尊若持呪時欲得見我自身現者可於匽

八日或十五日於白㲲上畫佛形像當用木

膠雜彩莊飾其畫像至為受八戒於佛左邊

作吉祥天女像於佛右邊作我多聞天像并

畫男女眷屬之類安置坐處咸令如法布烈

花彩燒衆名香然燈續明晝夜無歇上妙飲

食種種珎奇發慇重心隨時供養受持神

呪不得輕心請召我時應誦此呪

南謨室唎健那也　勃陁引也

[illegible]

書男女眷屬之類安置坐處咸令如法布烈
花彩燒衆名香然燈續明晝夜無歇上妙飲
食種種珎奇發慇重心隨時供養受持神
呪不得輕心請召我時應誦此呪
南謨室唎健那也　勃陁引也
南謨薜室囉末拏也　藥叉囉闍引也
莫訶囉闍　阿揭囉闍也
南麼室唎耶㮈　莫訶提弊引㮈
怛姪他　怛囉怛囉　咄嚕咄嚕
末囉末囉　窣窣吐窣窣吐
漢娜漢娜　末尼羯諾迦
跋折囉薜瑠璃也　目底迦楞訖㗚哆
設唎囉㮈　蒱引攞婆攞㙰
呬哆迦引寧　薜室囉末拏
室唎夜提鼻　跋囃婆引也
醫呬醫麼毗藍婆　瞿㗚瞿㗚拏
秣亡庶八唎娑秣唎娑　達䭾呬麼麼
阿目迦那末寫自稱己名　達哩設那迦末寫
達哩設南　麼麼末那
鉢唎曷羅大也　莎訶
世尊我若見此誦呪之至復見如是威興供
養即生慈愛歡喜之心我即變身作小兒形
或作老叟苾芻之像手持如意末尼寶珠并
持金囊入道場內身現恭敬口稱佛名語持
呪者曰隨汝所求皆令如願或隱林藪或造
寶珠或欲衆至愛寵或求金銀等物欲持諸
呪皆令有驗或欲神通壽命長遠及勝妙樂

眷屬生慈愛歡喜之心我即變身作小兒形

或作老人苾芻之像手持如意末尼寶珠并

持金囊入道場內身現恭敬口稱佛名語持

咒者曰隨汝所求皆令如願或隱林藪或造

寶珠或欲眾人愛寵或求金銀等物欲持諸

咒皆令有驗或欲神通壽命長遠及勝妙樂

無不稱心我今且說如是之事若更求餘皆

隨所願悉得成就寶藏無盡功德無窮假使

日月墜墮于地或可大地有時移轉我此實

語終不虛然常得安隱隨心快樂世尊若有

人能受持讀誦是經王者誦此咒時不假疲

勞法速成就世尊我今為彼貧窮困厄苦惱

眾生說此神咒令獲大利皆得富樂自在無

患乃至盡形我當擁護隨逐是人為除災厄

亦復令此持金光明最勝王經流通之者及

持咒者於百步內光明照燭我之所有千藥

又神亦常侍衛隨欲驅使無不遂心我說實

語無有虛誑唯佛證知時多聞天王說此咒

已佛言善哉大王汝能破裂一切眾生貧窮

苦網令得富樂說是神咒復令此經廣行於

世時四天王俱從座起偏袒一肩頂礼雙足

右膝著地合掌恭敬以妙伽他讚佛功德

佛面猶如淨滿月　亦如千日放光明

目淨脩廣若青蓮　齒白齊密猶珂雪

佛德無邊如大海　無限妙寶積其中

智慧德水鎮恒盈　百千勝定咸充滿

足下輪相皆嚴飾　轂輞千輻悉齊平

手足縵網遍莊嚴　猶如鵝王相具足

目淨脩廣若青蓮　齒白齊密猶珂雪
佛德無邊如大海　無限妙寶積其中
智慧德水鎮恒盈　百千勝定咸充滿
足下輪相皆嚴飾　轂輞千輻悉齊平
手足鞔網遍莊嚴　猶如鵝王相具足
佛身光曜等金山　清淨殊特無倫匹
亦如妙高功德滿　故我稽首佛山王
相好如空不可測　逾於千日放光明
皆如焰幻不思議　故我稽首心無著
尒時四天王讚歎佛已世尊亦以伽他而荅
之曰
此金光明最勝經　無上十力之所說
汝等四王常擁衛　應生勇猛不退心
此妙經寶極甚深　能与一切有情樂
由彼有情安樂故　常得流通贍部洲
於此大千世界中　所有一切有情類
餓鬼傍生及地獄　如是苦趣悉皆除
住此南洲諸國王　及餘一切有情類
由經威力常歡喜　皆蒙擁護得安寧
亦使此中諸有情　除衆病苦無賊盜
賴此國土弘經故　安隱豐樂無違惱
若王聽受此經王　欲求尊貴及財利
國土豐樂無違諍　隨心所願悉皆從
能令他方賊退散　於自國界常安隱
由此最勝經王力　離諸苦惱無憂怖
如寶樹王在宅內　能生一切諸樂具
最勝經王亦復然　能与聖王勝功德

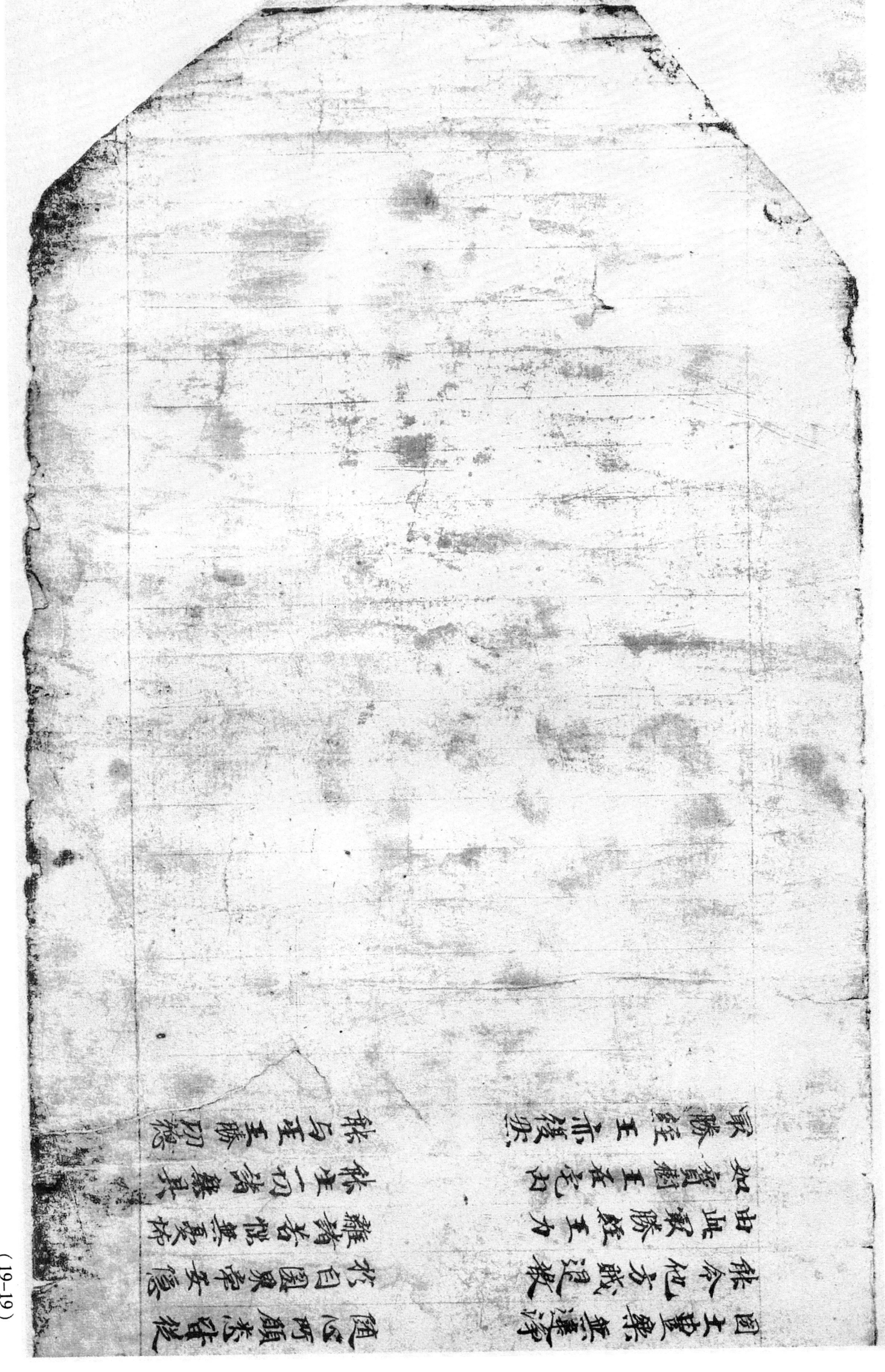
國土豐樂無違諍　隨心所願悉皆從
能令他方賊退散　於自國界常安隱
由此最勝經王力　離諸苦惱無憂怖
如寶樹王在宅内　能生一切諸樂具
最勝經王亦復然　能与王王勝功德

（19–19）

BD04905號　金光明最勝王經卷六

BD04905 號背　倉司某年破除計會歷（擬）

（1–1）

□訶娜耶十四　波唎婆嚟莎訶十五
若有自書寫教人書寫是无量壽宗要經受持讀誦當得往生西方極樂世界阿彌陀佛[illegible]
羅尼曰　南謨薄伽勃底一　阿波唎蜜多二　阿喻紇硯娜三　須毗你失指陀四　囉佐耶[illegible]
耶六　怛姪他唵七　薩婆桑悉迦囉八　波唎輸底九　達磨底十　伽迦娜十一　莎訶[illegible]
[illegible]十三　[illegible]十四　波唎婆嚟莎訶十五
[illegible]方所自書寫使人書寫是无量壽經[illegible]為是塔應恭敬作禮是[illegible]
獸得聞是經如是等類皆當不久得成一切種智陀羅尼曰
南謨薄伽勃底一　阿波唎蜜多二　阿喻紇硯娜三　須毗你失指陀四　囉佐耶五　怛他羯他耶六　怛姪
他唵七　薩婆桑悉迦囉八　波唎輸底九　達磨底十　伽迦娜十一　莎訶桑特迦底十二　薩婆婆
摩訶娜耶十四　波唎婆嚟莎訶十五
若有於是无量壽經自書寫若使人書寫畢竟不受女人之身陀羅尼曰
南謨薄伽勃底一　阿波唎蜜多二　阿喻紇硯娜三　須毗你失指陀四　囉佐耶五　怛他羯他耶六　怛
姪他唵七　薩婆桑悉迦囉八　波唎輸底九　達磨底十　伽迦娜十一　莎訶桑特迦底十二　薩婆婆毗輸
底十三　摩訶娜耶十四　波唎婆嚟莎訶十五
若有能於是經少分能惠施者於三千大千世界滿中七寶布施陀羅尼曰
南謨薄伽勃底一　阿波唎蜜多二　阿喻紇硯娜三　須毗你失指陀四　囉佐耶五　怛他羯他耶六　怛
姪他唵七　薩婆桑悉迦囉八　波唎輸底九　達磨底十　伽迦娜十一　莎訶桑特迦底十二　薩婆
婆毗輸底十三　摩訶娜耶十四　波唎婆嚟莎訶十五
若有供養是經者則是供養一切諸經等无有異陀羅尼曰
南謨薄伽勃底一　阿波唎蜜多二　阿喻紇硯娜三　須毗你失指陀四　囉佐耶五　怛他羯他耶六　怛姪他
唵七　薩婆桑悉迦囉八　波唎輸底九　達磨底十　伽迦娜十一　莎訶桑特迦底十二　薩婆婆毗輸底十三
摩訶娜耶十四　波唎婆嚟莎訶十五
如是毗婆尸佛　尸弃佛　毗舍浮佛　俱留孫佛　俱那含牟尼佛　加葉佛　釋迦牟尼佛
若有人以七寶供養如是七佛其福有限書寫受持是无量壽經所有功德不可限量陀羅尼曰
[illegible]

BD04906 號　無量壽宗要經　（2–1）

他唵七　薩婆桑悉迦囉八　波唎輸底九　達磨底十　伽迦娜十一　莎訶桑特迦底十二　薩婆婆
摩訶娜耶十四　波唎婆嚟莎訶十五
若有於是无量壽經自書寫若使人書寫畢竟不受女人之身陀羅尼曰
南謨薄伽勃底一　阿波唎蜜多二　阿喻紇硯娜三　須毗你失指陀四　囉佐耶五　怛他羯他耶六　怛
姪他唵七　薩婆桑悉迦囉八　波唎輸底九　達磨底十　伽迦娜十一　莎訶桑特迦底十二　薩婆婆毗輸
底十三　摩訶娜耶十四　波唎婆嚟莎訶十五
若有能於是經少分能惠施者於三千大千世界滿中七寶布施陀羅尼曰
南謨薄伽勃底一　阿波唎蜜多二　阿喻紇硯娜三　須毗你失指陀四　囉佐耶五　怛他羯他耶六　怛
姪他唵七　薩婆桑悉迦囉八　波唎輸底九　達磨底十　伽迦娜十一　莎訶桑特迦底十二　薩婆
婆毗輸底十三　摩訶娜耶十四　波唎婆嚟莎訶十五
若有供養是經者則是供養一切諸經等无有異陀羅尼曰
南謨薄伽勃底一　阿波唎蜜多二　阿喻紇硯娜三　須毗你失指陀四　囉佐耶五　怛他羯他耶六　怛姪他
唵七　薩婆桑悉迦囉八　波唎輸底九　達磨底十　伽迦娜十一　莎訶桑特迦底十二　薩婆婆毗輸底十三
摩訶娜耶十四　波唎婆嚟莎訶十五
如是毗婆尸佛　尸弃佛　毗舍浮佛　俱留孫佛　俱那含牟尼佛　加葉佛　釋迦牟尼佛
若有人以七寶供養如是七佛其福有限書寫受持是无量壽經所有功德不可限量陀羅尼曰
南謨薄伽勃底一　阿波唎蜜多二　阿喻紇硯娜三　須毗你失指陀五　怛他羯他耶六　怛姪他唵七　薩
婆桑悉迦囉八　波唎輸底九　達磨底十　伽迦娜十一　莎訶桑特迦底十二　薩婆婆毗輸底十三
摩訶娜耶十四　波唎婆嚟莎訶十五
若有七寶等於須弥山用布施其福上能知其限量是无量壽經典其福不可知數陀羅尼曰
南謨薄伽勃底一　阿波唎蜜多二　阿喻紇硯娜三　須毗你失指陀四　囉佐耶五　怛他羯他耶六　怛姪
他唵七　薩婆桑悉迦囉八　波唎輸底九　達磨底十　伽迦娜十一　莎訶桑特迦底十二　薩婆婆毗輸

BD04906 號　無量壽宗要經　（2–2）

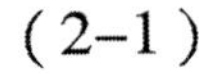

金光明最勝王經蓮華喻讚品第七 五
爾時佛告菩提樹神善女天汝今
妙幢夢見妙金鼓出大音聲讚佛
功德之因緣我為汝等廣說其
事應善思念之過去有王名金龍主
常以蓮華喻讚稱歎十方三世諸佛即為大眾
過去未來現在佛　安住
我今至誠稽首禮　一心
無上清淨牟尼尊　身
一切聲中最為上　如大梵響
髮彩喻若黑蜂王　宛轉旋文紺
齒白齊密如珂雪　平正顯現有光明
目淨无垢妙端嚴　猶如廣大青蓮葉
舌相廣長極柔耎　譬如紅蓮出水中
眉間常有白毫光　右旋宛轉頗梨色
眉細纖長類初月　其色光耀比蜂王
鼻高脩直如金鋌　淨妙光潤相无虧
一切世間殊妙香　聞時悉知其所在

BD04907號　金光明最勝王經卷五　（5–1）

舌相廣長極柔耎　譬如紅
眉間常有白毫光　右旋宛轉頗梨色
眉細纖長類初月　其色光耀比蜂王
鼻高脩直如金鋌　淨妙光潤相无虧
一切世間殊妙香　聞時悉知其所在
世尊最勝身金色　一一毛端相不殊
紺青柔耎右旋文　微妙光彩難為喻
初誕身有妙光明　普照一切十方界
能滅三有衆生苦　令彼悉蒙安隱樂
地獄傍生餓鬼道　阿蘇羅天及人趣
令彼除滅於衆苦　常受自然安隱樂
身色光明常普照　譬如鎔金妙无比
面貌圓明如滿月　脣色赤好喻頻婆
行步威儀類師子　身光朗耀同初日
臂肘纖長立過膝　狀等垂下娑羅枝
圓光一尋照无邊　赫奕猶如百千日
悉能遍至諸佛剎　隨緣所在覺群迷
淨光明網无倫比　流輝遍滿百千界
普照十方无障礙　一切冥闇悉皆除
善逝慈光能與樂　妙色暎徹等金山
流光悉至百千土　衆生遇者皆出離
佛身成就无量福　一切功德共莊嚴
超過三界獨稱尊　世間殊勝无與等
所有過去一切佛　數同大地諸微塵
未來現在十方尊　亦如大地微塵衆
我以至誠身語意　稽首歸依三世佛
讚歎无邊功德海　種種香花皆供養

BD04907號　金光明最勝王經卷五　（5–2）

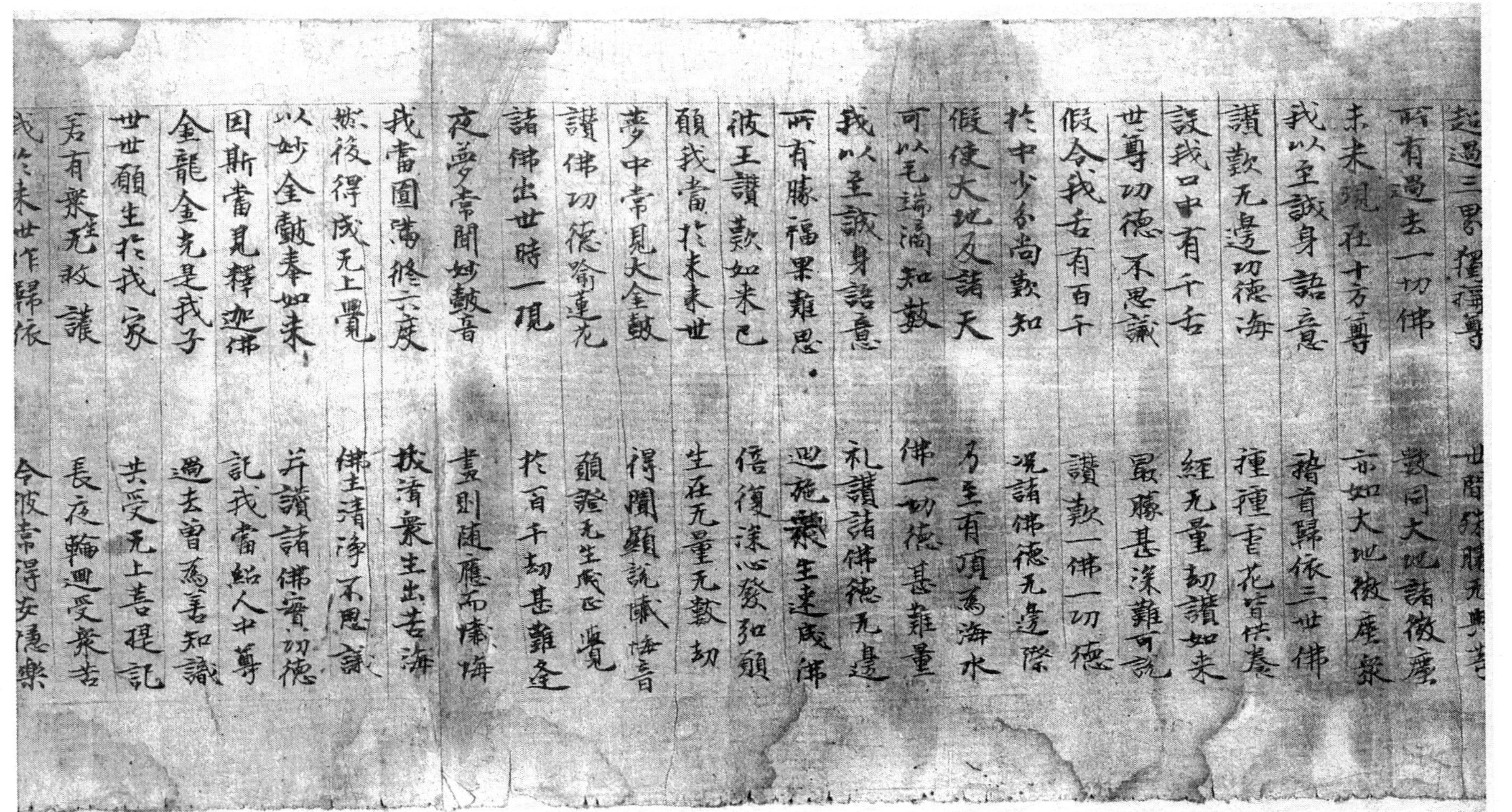
超過三界獨稱尊　世間殊勝无與等
所有過去一切佛　數同大地諸微塵
未來現在十方尊　亦如大地微塵衆
我以至誠身語意　稽首歸依三世佛
讚歎无邊功德海　種種香花皆供養
設我口中有千舌　經无量劫讚如來
世尊功德不思議　最勝甚深難可說
假令我舌有百千　讚歎一佛一功德
於中少分尚難知　況諸佛德无邊際
假使大地及諸天　乃至有頂爲海水
可以毛端滴知數　佛一功德甚難量
我以至誠身語意　礼讚諸佛德无邊
所有勝福果難思　迴施衆生速成佛
彼王讚歎如來已　倍復深心發弘願
願我當於未來世　生在无量无數劫
夢中常見大金鼓　得聞顯說懺悔音
讚佛功德喻蓮花　願證无生成正覺
諸佛出世時一現　於百千劫甚難逢
夜夢常聞妙鼓音　晝則隨應而懺悔
我當圓滿修六度　拔濟衆生出苦海
然後得成无上覺　佛土清淨不思議
以妙金鼓奉如來　并讚諸佛實功德
因斯當見釋迦佛　記我當紹人中尊
金龍金光是我子　過去曾爲善知識
世世願生於我家　共受无上菩提記
若有衆生无救護　長夜輪迴受衆苦
我於未來世作歸依　令彼常得安隱樂

BD04907 號　金光明最勝王經卷五　（5–3）

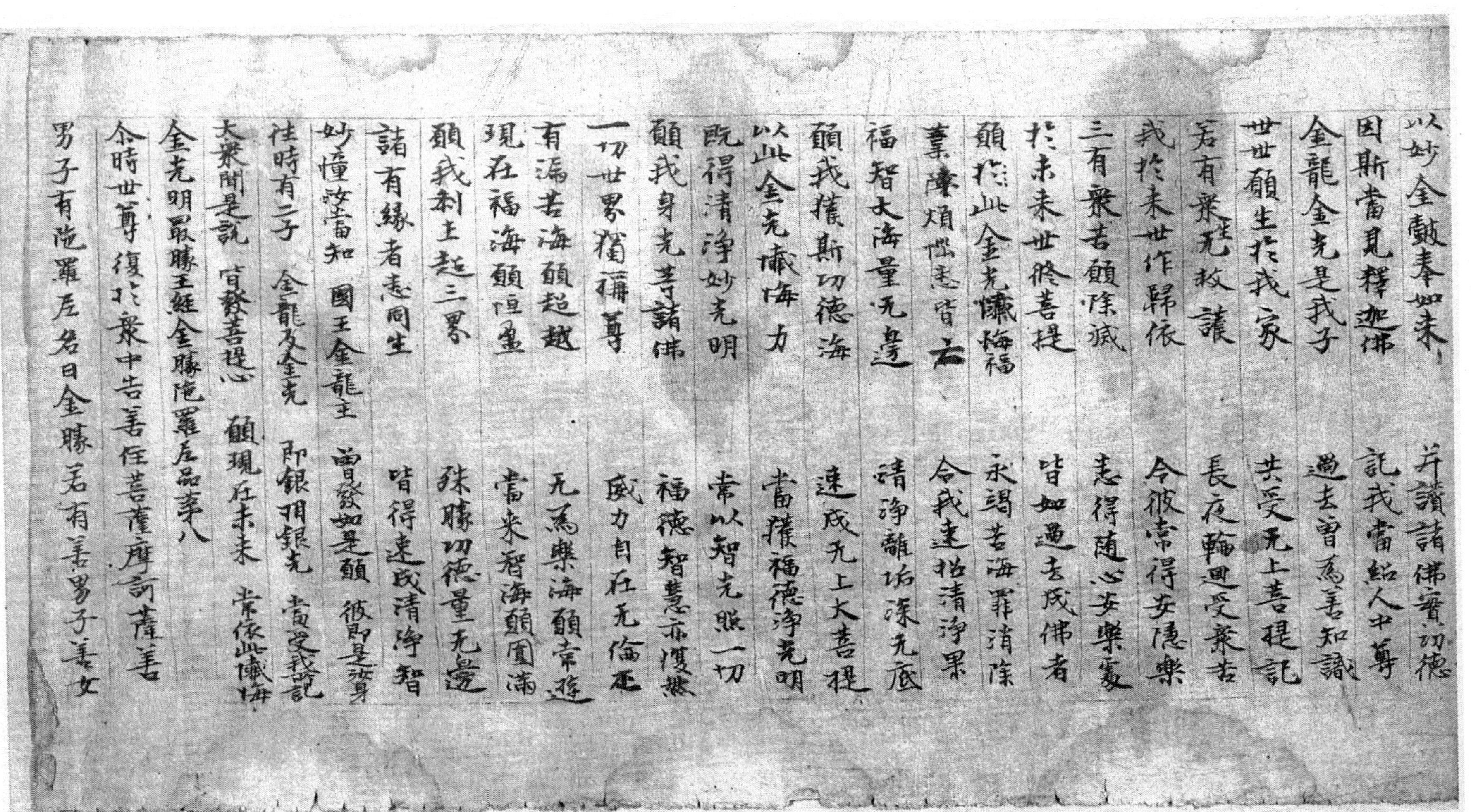
以妙金鼓奉如來　并讚諸佛實功德
因斯當見釋迦佛　記我當紹人中尊
金龍金光是我子　過去曾爲善知識
世世願生於我家　共受无上菩提記
若有衆生无救護　長夜輪迴受衆苦
我於未來世作歸依　令彼常得安隱樂
三有衆苦願除滅　悉得隨心安樂處
於未來世修菩提　皆如過去成佛者
願於此金光懺悔福　永竭苦海罪消除
業障煩惱悉皆亡　令我速招清淨果
福智大海量无邊　清淨離垢深无底
願我獲斯功德海　速成无上大菩提
以此金光懺悔力　當獲福德淨光明
既得清淨妙光明　常以智光照一切
願我身光等諸佛　福德智慧亦復然
一切世界獨稱尊　威力自在无倫匹
有漏苦海願超越　无爲樂海願常遊
現在福海願恒盈　當來智海願圓滿
願我刹土超三界　殊勝功德量无邊
諸有緣者悉同生　皆得速成清淨智
妙幢汝當知　國王金龍主　曾發如是願　彼即是汝身
往時有二子　金龍及金光　即銀相銀光　當受我記
大衆聞是說　皆發菩提心　願現在未來　常依此懺悔
金光明最勝王經金勝陁羅尼品第八
爾時世尊復於衆中告善住菩薩摩訶薩善
男子有陁羅尼名曰金勝若有善男子善女

BD04907 號　金光明最勝王經卷五　（5–4）

願於此金光懺悔福　永竭苦海罪消除
業障煩惱悉皆亡　令我速招清淨果
福智大海量无邊　清淨離垢深无底
願我獲斯功德海　速成无上大菩提
以此金光懺悔力　當獲福德淨光明
既得清淨妙光明　常以智光照一切
願我身光等諸佛　福德智慧亦復然
一切世界獨稱尊　威力自在无倫匹
有漏苦海願超越　无為樂海願常遊
現在福海願恒盈　當來智海願圓滿
願我刹土超三界　殊勝功德量无邊
諸有緣者悉同生　皆得速成清淨智
妙幢汝當知　國王金龍主　曾發如是願　彼即是汝身
往時有二子　金龍及金光　即銀相銀光　當受我記莂
大衆聞是說　皆發菩提心　願現在未來　常依此懺悔
金光明最勝王經金勝陀羅尼品第八
尒時世尊復於衆中告善住菩薩摩訶薩善
男子有陀羅尼名曰金勝若有善男子善女

BD04907號　金光明最勝王經卷五　（5-5）

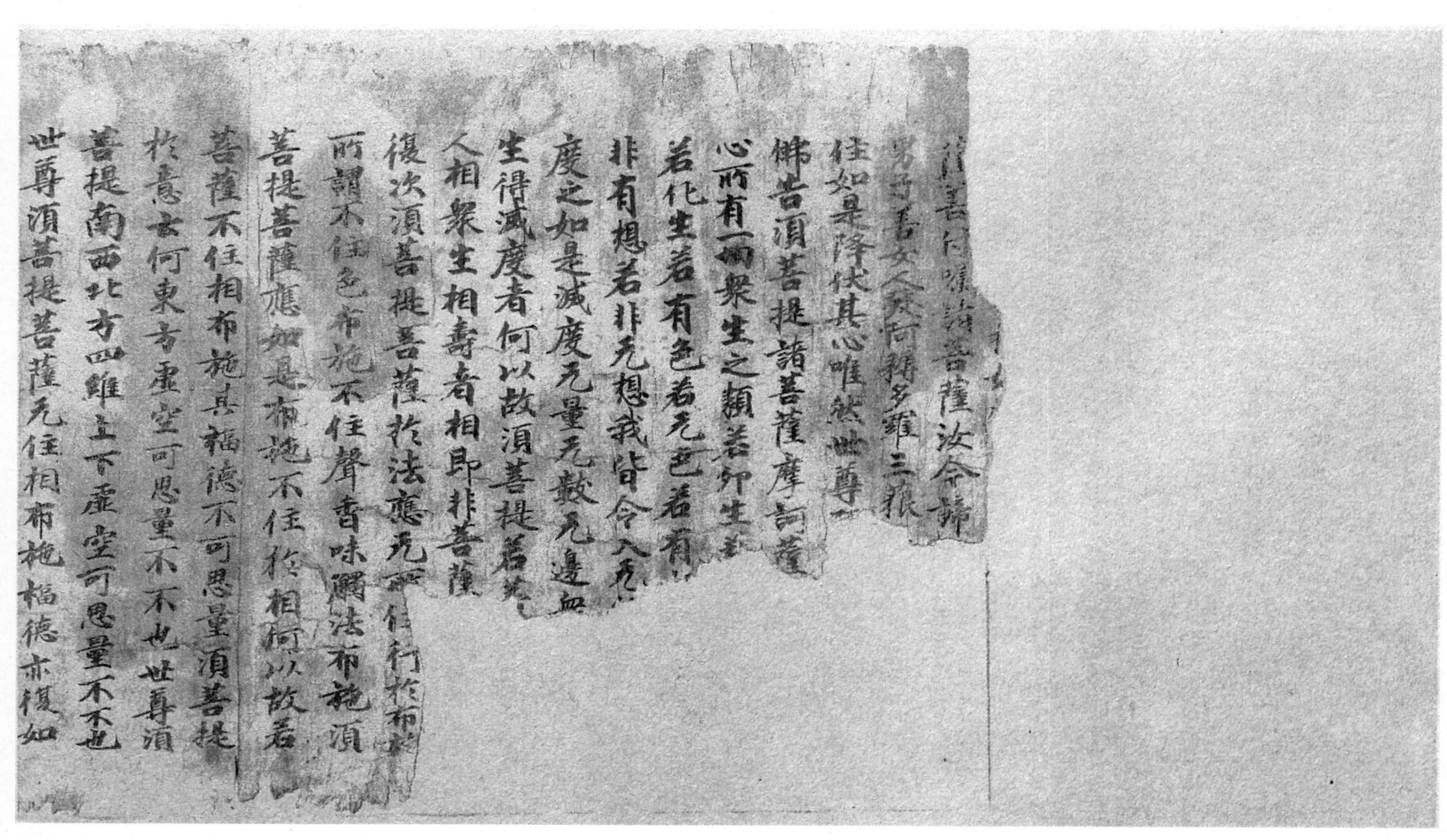
善付囑諸菩薩汝今諦
男子善女人發阿耨多羅三藐
住如是降伏其心唯然世尊
佛告須菩提諸菩薩摩訶薩
心所有一切衆生之類若卵生若
若化生若有色若无色若有
非有想若非无想我皆令入无
度之如是滅度无量无數无邊衆
生得滅度者何以故須菩提若菩
人相衆生相壽者相即非菩薩
復次須菩提菩薩於法應无所住行於布
所謂不住色布施不住聲香味觸法布施須
菩提菩薩應如是布施不住於相何以故若
菩薩不住相布施其福德不可思量須菩提
於意云何東方虛空可思量不不也世尊須
菩提南西北方四維上下虛空可思量不不也
世尊須菩提菩薩无住相布施福德亦復如

BD04908號　金剛般若波羅蜜經　（6-1）

所謂不住色布施不住聲香味觸法布施須
菩提菩薩應如是布施不住於相何以故若
菩薩不住相布施其福德不可思量須菩提
於意云何東方虛空可思量不不也世尊須
菩提南西北方四維上下虛空可思量不不也
世尊須菩提菩薩无住相布施福德亦復如
是不可思量須菩提菩薩但應如所教住
須菩提於意云何可以身相見如來不不也世
尊不可以身相得見如來何以故如來所說身相
即非身相佛告須菩提凡所有相皆是虛
妄若見諸相非相則見如來
須菩提白佛言世尊頗有衆生得聞如是
言說章句生實信不佛告須菩提莫作是
說如來滅後後五百歲有持戒脩福者於此
章句能生信心以此為實當知是人不於一佛
二佛三四五佛而種善根已於无量千万佛所
種諸善根聞是章句乃至一念生淨信者須
菩提如來悉知悉見是諸衆生得如是无量
福德何以故是諸衆生无復我相人相衆生
相壽者相无法相亦无非法相何以故是諸
衆生若心取相則為著我人衆生壽者若取
法相即著我人衆生壽者何以故若取非法
相即著我人衆生壽者是故不應取法不應
取非法以是義故如來常說汝等比丘知我
說法如筏喻者法尚應捨何況非法

相壽者相无法相亦无非法相何以故是諸
衆生若心取相則為著我人衆生壽者若取
法相即著我人衆生壽者何以故若取非法
相即著我人衆生壽者是故不應取法不應
取非法以是義故如來常說汝等比丘知我
說法如筏喻者法尚應捨何況非法
須菩提於意云何如來得阿耨多羅三藐三
菩提耶如來有所說法耶須菩提言如我
解佛所說義无有定法名阿耨多羅三藐三
菩提亦无有定法如來可說何以故如來所說
法皆不可取不可說非法非非法所以者何一
切賢聖皆以无為法而有差別
須菩提於意云何若人滿三千大千世界七寶
以用布施是人所得福德寧為多不須菩提
言甚多世尊何以故是福德即非福德性
是故如來說得福德多須菩提於意云何
若復有人於此經中受持乃至四句偈等為
他人說其福勝彼何以故須菩提一切諸佛及諸佛
阿耨多羅三藐三菩提法皆從此經出須菩
提所謂佛法者即非佛法
須菩提於意云何須陁洹能作是念我得
須陁洹果不須菩提言不也世尊何以故須陁
洹名為入流而无所入不入色聲香味觸法是
名須陁洹須菩提於意云何斯陁含能作
是念我得斯陁含果不須菩提言不也世尊
何以故斯陁含名一往來而實无往來是名斯

須陁洹果不須菩提言不也世尊何以故須陁
洹名為入流而无所入不入色聲香味觸法是
名須陁洹須菩提於意云何斯陁含能作
是念我得斯陁含果不須菩提言不也世尊
何以故斯陁含名一往來而實无往來是名斯
陁含須菩提於意云何阿那含能作是念我
得阿那含果不須菩提言不也世尊何以故
阿那含名為不來而實无來是故名阿那含
須菩提於意云何阿羅漢能作是念我得
阿羅漢道不須菩提言不也世尊何以故
實无有法名阿羅漢世尊若阿羅漢作
是念我得阿羅漢道即為著我人衆生壽
者世尊佛說我得无諍三昧人中最為第一
是第一離欲阿羅漢我不作是念我是離欲
阿羅漢世尊我若作是念我得阿羅漢
道世尊則不說須菩提是樂阿蘭那行
者以須菩提實无所行而名須菩提是
樂阿蘭那行
佛告須菩提於意云何如來昔在然燈
佛所於法有所得不世尊如來在然燈佛
所於法實无所得須菩提於意云何菩薩
莊嚴佛土不不也世尊何以故莊嚴佛土者
則非莊嚴是名莊嚴是故須菩提諸菩薩
摩訶薩應如是生清淨心不應住色生心不應
住聲香味觸法生心應无所住而生其心須菩提

BD04908號　金剛般若波羅蜜經　（6–4）

所於法實无所得須菩提於意云何菩薩
莊嚴佛土不不也世尊何以故莊嚴佛土者
則非莊嚴是名莊嚴是故須菩提諸菩薩
摩訶薩應如是生清淨心不應住色生心不應
住聲香味觸法生心應无所住而生其心須菩提
譬如有人身如須弥山王於意云何是身為大
不須菩提言甚大世尊何以故佛說非身是
名大身須菩提如恒河中所有沙數如是沙
等恒河於意云何是諸恒河沙寧為多不
須菩提言甚多世尊但諸恒河尚多无數
何況其沙須菩提我今實言告汝若有善男
子善女人以七寶滿尒所恒河沙數三千大千世
界以用布施得福多不須菩提言甚多世尊
佛告須菩提善男子善女人於此經中乃至受
持四句偈等為他人說而此福德勝前福德
復次須菩提隨說是經乃至四句偈等當
知此處一切世間天人阿脩羅皆應供養如佛
塔廟何況有人盡能受持讀誦須菩提
當知是人成就最上第一希有之法若是經
典所在之處則為有佛若尊重弟子
尒時須菩提白佛言世尊當何名此經我等
何奉持佛告須菩提是經名為金剛般若
波羅蜜以是名字汝當奉持所以者何須菩
提佛說般若波羅蜜則非般若波羅蜜須
菩提於意云何如來有所說法不須菩提白

BD04908號　金剛般若波羅蜜經　（6–5）

尒時須菩提白佛言世尊當何名此經我等
何奉持佛告須菩提是經名為金剛般若
波羅蜜以是名字汝當奉持所以者何須菩
提佛說般若波羅蜜則非般若波羅蜜須
菩提於意云何如來有所說法不須菩提白
佛言世尊如來无所說須菩提於意云何
三千大千世界所有微塵是為多不須菩提
言甚多世尊須菩提諸微塵如來說非微塵
是名微塵如來說世界非世界是名世界須
菩提於意云何可以三十二相見如來不也世
尊不可以三十二相得見如來何以故如來說
三十二相即是非相是名三十二相須菩提若
有善男子善女人以恒河沙等身命布施
若復有人於此經中乃至受持四句偈等
他為人說其福甚多
尒時須菩提聞說是經深解義趣涕淚
悲泣而白佛言希有世尊佛說如是甚深經
典我從昔來所得慧眼未曾得聞如是之經
世尊若復有人得聞是經信心清淨則生實
相當知是人成就第一希有功德世尊是實相
者則是非相是故如來說名實相世尊我今
得聞如是經典信解受持不足為難若當

BD04908號　金剛般若波羅蜜經　（6–6）

譬如有人兩目俱明者是中夫二乘
兩畔漆流者執斷執常執空執
見等是也路逢邊一人者即是諸仏如來教
離二邊兩見等是為說廿提正路者言空之与色皆是
自心妄想所變了知心境不二故言色不異空空不異色色
即是空空即是色受想行識亦復如是者心法四重翻
覆不同故言空不異色此四蔭者雖有異名總攝一心為
主如彼四大同名為色釋与色義不殊然[illegible]亦復如是此之
一四色心翻覆四種不同總明空色一如[illegible]下垢
淨推真妄无二 經曰舍利子是諸法空相不生不滅不垢
不淨不增不減 義曰此破生滅垢淨增減无有二相舍利子
是身亦名舍利因此得名故名舍利子是諸法空相者
者五蘊十二入十八界之類體性俱空故名空相心法不
一故諸 諸法不生无有法滅若見諸法有生即有法滅
法本不生无有法滅猶如翳眼人妄見空[illegible]則此空花本
无體性但為妄想翳於惠目於法體上[illegible]起妄心見
有生滅若以智惠反照心源妄相體空生滅非有故言
不生不滅不垢不淨者凡夫煩惱未除貪求現在而起
人執則名為垢二乘煩惱已盡貪嗔須離而證人空得
名為淨故經云取我是垢不取我是淨故知執我是
垢不執是淨中論云諸仏或說我或說於无我諸法實

BD04909號　般若心經疏（智詵疏）　（2–1）

一習色心翻覆四種不同愚明空色一　色下說
淨惟真無妄无外　經曰舍利子是諸法空相不生不滅不垢
不淨不增不減　義曰此破生滅垢淨增減无有二相舍利子
是身亦名舍利曰亦得名故名舍利子是諸法空相
有五蘊十二入十八界之類體性俱空故名空相心法不
一故諸　諸法不生无有法滅若見諸法有生即有法滅
法本不生无有法滅猶如翳眼人妄見空花則此空花本
无體性但為妄想翳於惠目於法上起妄心見
有生滅若以智惠反照心源妄相體空生滅非有故言
不生不滅不垢不淨者凡夫煩惱未除貪求現在而起
人執則名為垢二乘煩惱已盡貪嗔須離而證人空得
名為淨故經云取我是垢不取我是淨故知執我是
垢不執是淨中論云諸佛或說我或說於无我諸法實
相中无我无非我故知我与无我二俱不可得經云非垢
行非淨行是菩行故名不垢不淨不增不減者真如理
體流淪六道未必減少得出三界不必增多在纏名如來
藏出纏名為法身出入語言雖殊真如法體本來无
別以法性為身无有障㝵猶如虛空无有增減也
經曰是故空中无色无受想行識　此為重破色心二法前舉
五蘊皆空恐不了義為此重舉色心各无自性故言是故
空中无色无受想行識向來所說雖復多種不同愚明垢淨
王曰无限目

BD04909 號　般若心經疏（智詵疏）　（2–2）

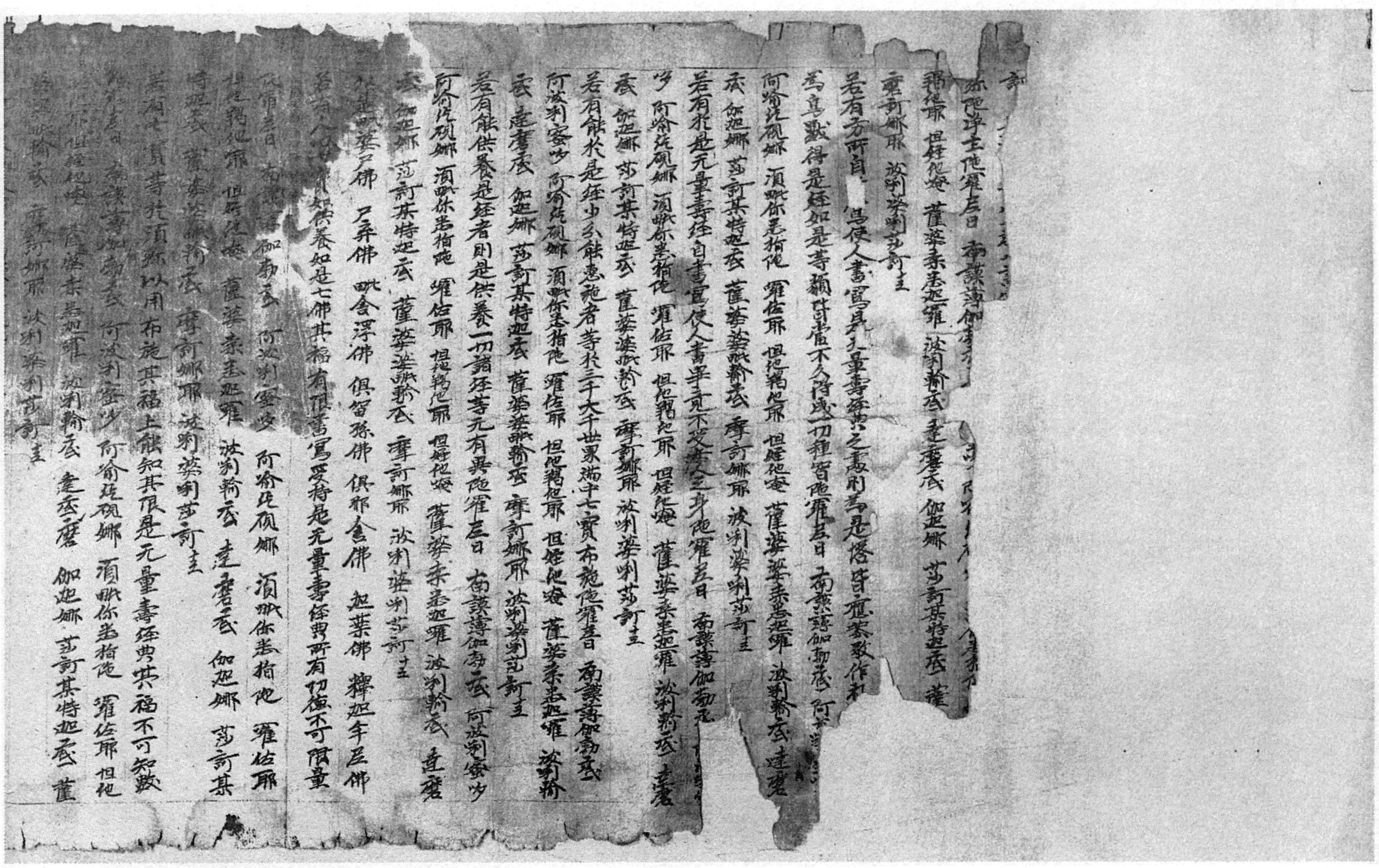

BD04910號　無量壽宗要經　（2–1）

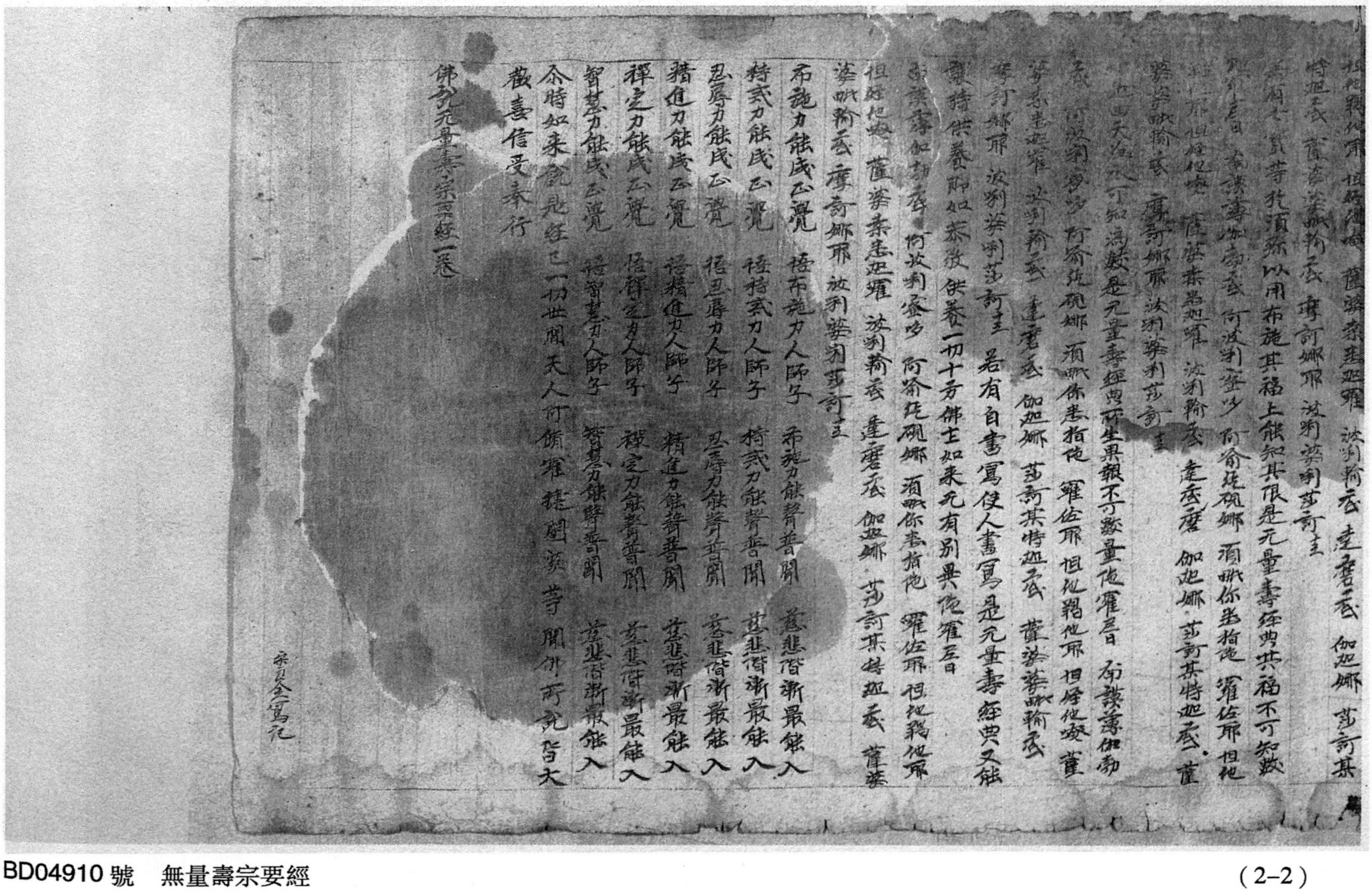

BD04910號　無量壽宗要經　（2–2）

王家或大臣舍見其倉庫種種珎財悉皆
盈滿生希有心難遭之想時彼貧人爲欲求
財廣設方便策勤無息所以者何爲捨貧窮
受安樂故善男子彼諸衆生亦復如是若見
如來入於涅槃生難遭想乃至憂苦等想復
作是念於無量劫諸佛如來出現於世如烏曇
跋花時乃一現彼諸衆生發希有心起難遭
想若遇如來心生敬信聞說正法生實想
所有經典悉皆受持不生毀謗善男子以是
因緣彼佛世尊不久住世速入涅槃善男子
是諸如來以如是等善巧方便成就衆生尒
時四佛說是語已忽然不現
尒時妙幢菩薩摩訶薩與無量百千菩薩及
無量億那庾多百千衆生俱共往詣鷲峯山
中釋迦牟尼如來正遍知所頂禮佛足在一
面立時妙幢菩薩以如上事具白世尊時四
如來亦詣鷲峯至釋迦牟尼佛所各隨本方

BD04911 號　金光明最勝王經卷一　（5–1）

尒時妙幢菩薩摩訶薩與無量百千菩薩及
無量億那庾多百千衆生俱共往詣鷲峯山
中釋迦牟尼如來正遍知所頂禮佛足在一
面立時妙幢菩薩以如上事具白世尊時四
如來亦詣鷲峯至釋迦牟尼佛所各隨本方
就座而坐告侍者菩薩言善男子汝今可詣
釋迦牟尼佛所爲我致問少病少惱起居輕
利安樂行不復作是言善哉善哉釋迦牟尼
如來今可演說金光明經甚深法要爲欲饒
益一切衆生除去飢饉令得安樂我當隨喜
時彼侍者各詣釋迦牟尼佛所頂禮雙足却
住一面俱白佛言彼天人師致問無量少病少
惱起居輕利安樂行不復作是言善哉善哉
釋迦牟尼如來今可演說金光明經甚深法
要爲欲利益一切衆生除去飢饉令得安樂
尒時釋迦牟尼如來應正等覺告彼侍者
菩薩言善哉善哉彼四如來乃能爲諸衆生
饒益安樂勸請於我宣揚正法尒時世尊
而說頌曰
我常在鷲山　宣說此經寶　成就衆生故　示現般涅槃
凡夫起邪見　不信我所說　爲成就彼故　示現般涅槃
時大會中有婆羅門姓憍陳如名曰法師授
記與無量百千婆羅門衆供養佛已聞世尊
說入般涅槃涕淚交流前禮佛足白言世尊
若實如來於諸衆生有大慈悲憐愍利益令
得安樂猶如父母餘無等者能與世間作歸

BD04911 號　金光明最勝王經卷一　（5–2）

時大會中有婆羅門姓憍陳如名曰法師授
記與无量百千婆羅門衆供養佛已聞世尊
說入般涅槃涕淚交流前礼佛足白言世尊
若實如來於諸衆生有大慈悲憐愍利益令
得安樂猶如父母餘无等者能與世間作歸
依處如淨滿月以大智慧能為照明如日初
出普觀衆生愛无偏黨如羅怙羅唯願世尊
施我一願尒時世尊默然而止佛威力故於此
衆中有梨車毗童子名一切衆生喜見語婆
羅門憍陳如言大婆羅門汝今從佛欲乞何
願我能與汝婆羅門言童子我欲供養无上
世尊今從如來求請舍利如芥子許何以故
我曾聞說若善男子善女人得佛舍利如芥
子許恭敬供養是人當生三十三天而為帝
釋是時童子語婆羅門曰若欲願生三十
三天受勝報者應當至心聽是金光明最勝
王經於諸經中最為殊勝難解難入聲聞獨
覺所不能知此經能生无量无邊福德果報
乃至成辦无上菩提我今為汝略說其事婆
羅門言善哉童子此金光明甚深最上難解
難入聲聞獨覺尚不能知何況我等邊鄙之
人智慧微淺而能解了是故我今求佛舍利
如芥子許持還本處置寶函中恭敬供養命
終之後得為帝釋常受安樂云何汝今不能
為我從明行足求斯一願作是語已尒時童
子即為婆羅門而說頌曰

BD04911 號　金光明最勝王經卷一　（5–3）

難入聲聞獨覺尚不能知何況我等邊鄙之
人智慧微淺而能解了是故我今求佛舍利
如芥子許持還本處置寶函中恭敬供養命
終之後得為帝釋常受安樂云何汝今不能
為我從明行足求斯一願作是語已尒時童
子即為婆羅門而說頌曰
恒河駛流水 可生白蓮花 黃鳥作白形 黑鳥變為赤
假使贍部樹 可生多羅果 朅樹羅枝中 能出菴羅葉
斯等希有物 或容可轉變 世尊之舍利 畢竟不可得
假使用龜毛 織成上妙服 寒時可披著 方求佛舍利
假使蚊蚋足 可使成樓觀 堅固不搖動 方求佛舍利
假使水蛭蟲 口中生白齒 長大利如鋒 方求佛舍利
假使持兔角 用成於梯蹬 可昇上天宮 方求佛舍利
鼠緣此梯上 除去阿蘇羅 能障空中月 方求佛舍利
若蠅飲酒醉 周行村邑中 廣造於舍宅 方求佛舍利
若使驢脣色 赤如頻婆果 善作於歌舞 方求佛舍利
烏與鵂鶹鳥 同共一處遊 彼此相順從 方求佛舍利
假使波羅葉 可成於傘蓋 能遮於大雨 方求佛舍利
假令大舡舶 盛滿諸財寶 能令陸地行 方求佛舍利
假使鷦鷯鳥 以嘴銜香山 隨處任遊行 方求佛舍利
尒時法師授記婆羅門聞此頌已亦以伽他
荅一切衆生喜見童子曰
善哉大童子 此衆中吉祥 善巧方便心 得佛无上記
如來大威德 能救護世間 仁可至心聽 我今次第說
諸佛境難思 世間无與等 法身性常住 修行无差別
諸佛體皆同 所說法亦尒 諸佛无作者 亦復本无生

BD04911 號　金光明最勝王經卷一　（5–4）

假使水蛭蟲 口中生白齒 長大利如鋒 方求佛舍利
假使持兔角 用成於梯蹬 可昇上天宮 方求佛舍利
鼠緣此梯上 除去阿蘇羅 能障空中月 方求佛舍利
若蠅飲酒醉 周行村邑中 廣造於舍宅 方求佛舍利
若使驢脣色 赤如頻婆果 善作於歌舞 方求佛舍利
烏與鵂鶹鳥 同共一處遊 彼此相順從 方求佛舍利
假使波羅葉 可成於傘蓋 能遮於大雨 方求佛舍利
假令大舩舶 盛滿諸財寶 能令陸地行 方求佛舍利
假使鷦鷯鳥 以觜銜香山 隨處任遊行 方求佛舍利
尒時法師授記婆羅門聞此頌已亦以伽他
荅一切眾生喜見童子曰
善哉大童子 此眾中吉祥 善巧方便心 得佛无上記
如來大威德 能救護世間 仁可至心聽 我今次第說
諸佛境難思 世間无與等 法身性常住 修行无差別
諸佛體皆同 所說法亦尒 諸佛无作者 亦復本无生
世尊金剛體 權現於化身 是故佛舍利 无如芥子許
佛非血肉身 云何有舍利 方便留身骨 為益諸眾生

BD04911 號　金光明最勝王經卷一　（5–5）

白佛言世尊我今當與說法者陀羅尼呪以
守護之即說呪曰
安尒一 曼尒二 摩祢三 摩摩祢四 旨隸五 遮
梨第六 賒咩羊鳴音七 賒履罔雉反多瑋八 羶輸千反
帝九 目帝十 目多履十一 娑履十二 阿瑋娑履十三
桑履十四 娑履十五 叉裔十六 阿叉裔十七 阿耆膩十八
羶帝十九 賒履二十 陀羅尼二十一 阿盧伽婆娑蘇奈反
簸蔗毗叉膩二十二 祢毗剃二十三 阿便哆都餓反
邏祢履剃二十四 阿亶哆波隸輸地途賣反二十五
漚究隸二十六 牟究隸二十七 阿羅隸二十八 波羅隸
二十九 首迦差初几反三十 阿三磨三履三十一 佛馱
毗吉利袠帝三十二 達磨波利差猜離反帝三十三
僧伽涅瞿沙祢三十四 婆舍婆舍輸地三十五 曼
哆邏三十六 曼哆邏叉夜多三十七 郵樓哆三十八
郵樓哆憍舍略來加反三十九 惡叉邏四十 惡叉冶多冶
四十一 阿婆盧四十二 阿摩若荏蔗反那多夜四十三
世尊是陀羅尼神呪六十二億恒河沙等諸
佛所說若有侵毀此法師者則為侵毀是諸
佛已時釋迦牟尼佛讚藥王菩薩言善哉善
哉藥王汝愍念擁護此法師故說是陀羅尼
於諸眾生多所饒益尒時勇施菩薩白佛言
世尊我亦為擁護讀誦受持法華經者說陀

BD04912 號　妙法蓮華經卷七　（14–1）

四十阿婆盧二四十阿磨若荏反那多夜四十三
世尊是陀羅尼神呪六十二億恒河沙等諸
佛所說若有侵毀此法師者則為侵毀是諸
佛已時釋迦牟尼佛讚藥王菩薩言善哉善
哉藥王汝愍念擁護此法師故說是陀羅尼
於諸眾生多所饒益尒時勇施菩薩白佛言
世尊我亦為擁護讀誦受持法華經者說陀
羅尼若此法師得是陀羅尼若夜叉若羅剎
若富單那若吉蔗若鳩槃荼若餓鬼等伺求
其短无能得便即於佛前而說呪曰
痤措娭反隸一摩訶痤隸二郁枳三目枳四阿
隸五阿羅婆第六涅隸第七涅隸多婆第八
伊緻猪履反柅九韋緻柅十旨緻柅十一涅隸墀
柅十二涅犁墀婆底十三
世尊是陀羅尼神呪恒河沙等諸佛所說亦
皆隨喜若有侵毀此法師者則為侵毀是諸
佛已尒時毗沙門天王護世者白佛言世尊
我亦為愍念眾生擁護此法師故說是陀羅
尼即說呪曰
阿梨一那梨二㝹那梨三阿那盧四那履五
拘那履六
世尊以是神呪擁護法師我亦自當擁護持
是經者令百由旬內无諸衰患尒時持國天
王在此會中與千万億那由他乾闥婆眾恭
敬圍繞前詣佛所合掌白佛言世尊我亦以
陀羅尼神呪擁護持法華經者即說呪曰
阿伽袮一伽袮二瞿利三乾陀利四旃陀利五
摩蹬耆六常求利七浮樓莎抳八頞底九

BD04912號　妙法蓮華經卷七　（14–2）

世尊以是神呪擁護法師我亦自當擁護持
是經者令百由旬內无諸衰患尒時持國天
王在此會中與千万億那由他乾闥婆眾恭
敬圍繞前詣佛所合掌白佛言世尊我亦以
陀羅尼神呪擁護持法華經者即說呪曰
阿伽袮一伽袮二瞿利三乾陀利四旃陀利五
摩蹬耆六常求利七浮樓莎抳八頞底九
世尊是陀羅尼神呪四十二億諸佛所說若
有侵毀此法師者則為侵毀是諸佛已尒時
有羅剎女等一名藍婆二名毗藍婆三名曲
齒四名華齒五名黑齒六名多髮七名无猒
足八名持瓔珞九名睪帝十名奪一切眾生
精氣是十羅剎女與鬼子母并其子及眷屬
俱詣佛所同聲白佛言世尊我等亦欲擁護
讀誦受持法華經者除其衰患若有伺求法
師短者令不得便即於佛前而說呪曰
伊提履一伊提泯二伊提履三阿提履四伊
提履五泥履六泥履七泥履八泥履九泥履
十樓醯一十樓醯二十樓醯三十樓醯四十多醯五十多醯
六十多醯七十兜醯八十㝹醯九十
寧上我頭上莫惱於法師若夜叉若羅剎若
餓鬼若富單那若吉蔗若毗陀羅若揵馱若
烏摩勒伽若阿跋摩羅若夜叉吉蔗若人吉
蔗若熱病若一日若二日若三日若四日若
至七日若常熱病若男形若女形若童男形
若童女形乃至夢中亦復莫惱即於佛前而
說偈言

BD04912號　妙法蓮華經卷七　（14–3）

餓鬼若富單那若吉蔗若毗陀羅若揵馱若
烏摩勒伽若阿跋摩羅若夜叉吉蔗若人吉
蔗若熱病若一日若二日若三日若四日若
至七日若常熱病若男形若女形若童男形
若童女形乃至夢中亦復莫惱即於佛前而
說偈言
若不順我呪　惱亂說法者　頭破作七分　如阿梨樹枝
如殺父母罪　亦如壓油殃　斗秤欺誑人　調達破僧罪
犯此法師者　當獲如是殃
諸羅刹女說此偈已白佛言世尊我等亦當
身自擁護受持讀誦脩行是經者令得安隱
離諸衰患消衆毒藥佛告諸羅刹女善哉善
哉汝等但能擁護受持法華名者福不可量
何況擁護具足受持供養經卷華香瓔珞末
香塗香燒香幡蓋伎樂然種種燈蘇燈油燈
諸香油燈蘇摩那華油燈瞻蔔華油燈婆師
迦華油燈優鉢羅華油燈如是等百千種供
養者睪帝汝等及眷屬應當擁護如是法師
說是陀羅尼品時六万八千人得无生法忍

妙法蓮華經妙莊嚴王本事品第二十七

尒時佛告諸大衆乃往古世過无量无邊不
可思議阿僧祇劫有佛名雲雷音宿王華智
多陀阿伽度阿羅呵三藐三佛陀國名光明
莊嚴劫名憙見彼佛法中有王名妙莊嚴其
王夫人名曰淨德有二子一名淨藏二名淨
眼是二子有大神力福德智慧久脩菩薩所
行之道所謂檀波羅蜜尸羅波羅蜜羼提波
羅蜜毗梨耶波羅蜜禪波羅蜜般若波羅蜜

BD04912號　妙法蓮華經卷七　（14–4）

可思議阿僧祇劫有佛名雲雷音宿王華智
多陀阿伽度阿羅呵三藐三佛陀國名光明
莊嚴劫名憙見彼佛法中有王名妙莊嚴其
王夫人名曰淨德有二子一名淨藏二名淨
眼是二子有大神力福德智慧久脩菩薩所
行之道所謂檀波羅蜜尸羅波羅蜜羼提波
羅蜜毗梨耶波羅蜜禪波羅蜜般若波羅蜜
方便波羅蜜慈悲喜捨乃至三十七助道法
皆悉明了通達又得菩薩淨三昧日星宿三
昧淨光三昧淨色三昧淨照明三昧長莊嚴
三昧大威德藏三昧於此三昧亦悉通達尒
時彼佛欲引導妙莊嚴王及愍念衆生故說
是法華經時淨藏淨眼二子到其母所合十
指爪掌白言願母往詣雲雷音宿王華智佛
所我等亦當侍從親近供養礼拜所以者何
此佛於一切天人衆中說法華經宜應聽受
母告子言汝父信受外道深著婆羅門法汝
等應往白父與共俱去淨藏淨眼合十爪指
掌白母我等是法王子而生此邪見家母告
子言汝等當憂念汝父為現神變若得見者
心必清淨或聽我等往至佛所於是二子念
其父故踊在虛空高七多羅樹現種種神變
於虛空中行住坐臥身上出水身下出火身
下出水身上出火或現大身滿虛空中而復
現小小復現大於空中滅忽然在地入地如
水履水如地現如是等種種神變令其父王
心淨信解時父見子神力如是心大歡喜得
[illegible]

BD04912號　妙法蓮華經卷七　（14–5）

於虛空中行住坐卧身上出水身下出火身
下出水身上出火或現大身滿虛空中而復
現小小復現大於空中滅忽然在地入地如
水履水如地現如是等種種神變令其父王
心淨信解時父見子神力如是心大歡喜得
未曾有合掌向子言汝等師為是誰誰之弟
子二子白言大王彼雲雷音宿王華智佛今
在七寶菩提樹下法座上坐於一切世間天
人衆中廣說法華經是我等師我是弟子父
語子言我今亦欲見汝等師可共俱往於是
二子從空中下到其母所合掌白母父王今
已信解堪任發阿耨多羅三藐三菩提心我
等為父已作佛事願母見聽於彼佛所出家
脩道尒時二子欲重宣其意以偈白母
願母放我等　出家作沙門　諸佛甚難值　我等隨佛學
如優曇波羅　值佛復難是　脫諸難亦難　願聽我出家
母即告言聽汝出家所以者何佛難值故於
是二子白父母言善哉父母願時往詣雲雷
音宿王華智佛所親近供養所以者何佛難
得值如優曇波羅華又如一眼之龜值浮木
孔而我等宿福深厚生值佛法是故父母當
聽我等令得出家所以者何諸佛難值時亦
難遇彼時妙莊嚴王後宮八万四千人皆悉
堪任受持是法華經淨眼菩薩於法華三昧
久已通達淨藏菩薩已於无量百千万億劫
通達離諸惡趣三昧欲令一切衆生離諸惡
趣故其王夫人得諸佛習三昧能知諸佛祕

BD04912 號　妙法蓮華經卷七　（14–6）

難遇彼時妙莊嚴王後宮八万四千人皆悉
堪任受持是法華經淨眼菩薩於法華三昧
久已通達淨藏菩薩已於无量百千万億劫
通達離諸惡趣三昧欲令一切衆生離諸惡
趣故其王夫人得諸佛習三昧能知諸佛祕
密之藏二子如是以方便力善化其父令心
信解好樂佛法於是妙莊嚴王與羣臣眷屬
俱淨德夫人與後宮采女眷屬俱其王二子
與四万二千人俱一時共詣佛所到已頭面
禮足繞佛三帀却住一面尒時彼佛為王說
法示教利喜王大歡喜尒時妙莊嚴王及其
夫人解頸真珠瓔珞價直百千以散佛上於
虛空中化成四柱寶臺臺中有大寶床敷百
千万天衣其上有佛結跏趺坐放大光明尒時
妙莊嚴王作是念佛身希有端嚴殊特成
就第一微妙之色時雲雷音宿王華智佛告
四衆言汝等見是妙莊嚴王於我前合掌立
不此王於我法中作比丘精勤脩習助佛道
法當得作佛号娑羅樹王國名大光劫名大
高王其娑羅樹王佛有无量菩薩衆及无量
聲聞其國平正功德如是其王即時以國付
弟與夫人二子并諸眷屬於佛法中出家脩
道王出家已於八万四千歲常勤精進脩行
妙法華經過是已後得一切淨功德莊嚴三
昧即昇虛空高七多羅樹而白佛言世尊此
我二子已作佛事以神通變化轉我邪心令
得安住於佛法中得見世尊此二子者是我

BD04912 號　妙法蓮華經卷七　（14–7）

道王出家已於八万四千歲常勤精進脩行
妙法華經過是已後得一切淨功德莊嚴三
昧即昇虛空高七多羅樹而白佛言世尊此
我二子已作佛事以神通變化轉我邪心令
得安住於佛法中得見世尊此二子者是我
善知識為欲發起宿世善根饒益我故來生
我家尒時雲雷音宿王華智佛告妙莊嚴王
言如是如是如汝所言若善男子善女人種
善根故世世得善知識其善知識能作佛事
示教利喜令入阿耨多羅三藐三菩提大王
當知善知識者是大因緣所謂化導令得見
佛發阿耨多羅三藐三菩提心大王汝見此
二子不此二子已曾供養六十五百千万億
那由他恒河沙諸佛親近恭敬於諸佛所受
持法華經愍念邪見衆生令住正見妙莊嚴
王即從虛空中下而白佛言世尊如來甚希
有以功德智慧故頂上肉髻光明顯照其眼
長廣而紺青色眉間毫相白如珂月齒白齊
密常有光明脣色赤好如頻婆果尒時妙莊
嚴王讚歎佛如是等无量百千万億功德已
於如來前一心合掌復白佛言世尊未曾有
也如來之法具足成就不可思議微妙功德
教戒所行安隱快善我從今日不復自隨心
行不生邪見憍慢瞋恚諸惡之心說是語已
礼佛而出佛告大衆於意云何妙莊嚴王豈
異人乎今華德菩薩是其淨德夫人今佛前
光照莊嚴相菩薩是哀愍妙莊嚴王及諸眷

BD04912號　妙法蓮華經卷七　（14-8）

教戒所行安隱快善我從今日不復自隨心
行不生邪見憍慢瞋恚諸惡之心說是語已
礼佛而出佛告大衆於意云何妙莊嚴王豈
異人乎今華德菩薩是其淨德夫人今佛前
光照莊嚴相菩薩是哀愍妙莊嚴王及諸眷
屬故於彼中生其二子者今藥王菩薩藥上
菩薩是是藥王藥上菩薩成就如此諸大功
德已於无量百千万億諸佛所殖衆德本成
就不可思議諸善功德若有人識是二菩薩
名字者一切世間諸天人民亦應礼拜佛說
是妙莊嚴王本事品時八万四千人遠塵離
垢於諸法中得法眼淨

妙法蓮華經普賢菩薩勸發品第二十八

尒時普賢菩薩以自在神通威德名聞與大
菩薩无量无邊不可稱數從東方來所經諸
國普皆震動雨寶蓮華作无量百千万億種
種伎樂又與无數諸天龍夜叉乾闥婆阿脩
羅迦樓羅緊那羅摩睺羅伽人非人等大衆
圍繞各現威德神通之力到娑婆世界耆闍
崛山中頭面礼釋迦牟尼佛右繞七帀白佛
言世尊我於寶威德上王佛國遙聞此娑婆
世界說法華經與无量无邊百千万億諸菩
薩衆共來聽受唯願世尊當為說之若善男
子善女人於如來滅後云何能得是法華經
佛告普賢菩薩若善男子善女人成就四法
於如來滅後當得是法華經一者為諸佛護
念二者殖衆德本三者入正定聚四者發救

BD04912號　妙法蓮華經卷七　（14-9）

世界說法華經典无量无邊百千万億諸菩
薩衆共来聽受唯願世尊當為說之若善男
子善女人於如来滅後云何能得是法華經
佛告普賢菩薩若善男子善女人成就四法
於如来滅後當得是法華經一者為諸佛護
念二者殖衆德本三者入正定聚四者發救
一切衆生之心善男子善女人如是成就四
法於如来滅後必得是經尒時普賢菩薩白
佛言世尊於後五百歲濁惡世中其有受持
是經典者我當守護除其衰患令得安隱使
无伺求得其便者若魔若魔子若魔女若魔
民若為魔所著者若夜叉若羅刹若鳩槃荼
若毗舍闍若吉蔗若富單那若韋陁羅等諸
惱人者皆不得便是人若行若立讀誦此經
我尒時乘六牙白象王與大菩薩衆俱詣其
所而自現身供養守護安慰其心亦為供養
法華經故是人若坐思惟此經尒時我復乘
白象王現其人前其人若於法華經有所忘
失一句一偈我當教之與共讀誦還令通利
尒時受持讀誦法華經者得見我身甚大歡
喜轉復精進以見我故即得三昧及陁羅尼
名為旋陁羅尼百千万億旋陁羅尼法音方
便陁羅尼得如是等陁羅尼世尊若後世後
五百歲濁惡世中比丘比丘尼優婆塞優婆
夷求索者受持者讀誦者書寫者欲脩習是
法華經於三七日中應一心精進滿三七日
已我當乘六牙白象與无量菩薩而自圍繞

BD04912號　妙法蓮華經卷七　（14–10）

名為旋陁羅尼百千万億旋陁羅尼法音方
便陁羅尼得如是等陁羅尼世尊若後世後
五百歲濁惡世中比丘比丘尼優婆塞優婆
夷求索者受持者讀誦者書寫者欲脩習是
法華經於三七日中應一心精進滿三七日
已我當乘六牙白象與无量菩薩而自圍繞
以一切衆生所憙見身現其人前而為說法
示教利喜亦復與其陁羅尼呪得是陁羅尼
故无有非人能破壞者亦不為女人之所惑
亂我身亦自常護是人唯願世尊聽我說此
陁羅尼即於佛前而說呪曰
阿檀地途賣反一檀陁婆地二檀陁婆帝三檀陁
鳩舍隸四檀陁脩陁隸五脩陁隸六脩陁羅
婆底七佛馱波羶禰八薩婆陁羅尼阿婆多
尼九薩婆婆沙阿婆多尼十脩阿婆多尼十一
僧伽婆履叉尼十二僧伽涅伽陁尼十三阿僧祇
十四僧伽波伽地十五帝隸阿惰僧伽兜略盧遮反
波羅帝十六薩婆僧伽三摩地伽蘭地十七薩婆
達磨脩波利刹帝十八薩婆薩埵樓馱憍舍
略阿㝹伽地十九辛阿毗吉利地帝二十
世尊若有菩薩得聞是陁羅尼者當知普賢
神通之力若法華經行閻浮提有受持者應
作此念皆是普賢威神之力若有受持讀誦
正憶念解其義趣如說脩行當知是人行普
賢行於无量无邊諸佛所深種善根為諸如
来手摩其頭若但書寫是人命終當生忉利
天上是時八万四千天女作衆伎樂而来迎

BD04912號　妙法蓮華經卷七　（14–11）

作此念皆是普賢威神之力若有受持讀誦
正憶念解其義趣如說脩行當知是人行普
賢行於无量无邊諸佛所深種善根為諸如
来手摩其頭若但書寫是人命終當生忉利
天上是時八万四千天女作衆伎樂而来迎
之其人即著七寶冠於婇女中娛樂快樂何
況受持讀誦正憶念解其義趣如說脩行若
有人受持讀誦解其義趣是人命終為千佛
授手令不恐怖不墮惡趣即往兜率天上弥
勒菩薩所弥勒菩薩有三十二相大菩薩衆
所共圍繞有百千万億天女眷屬而於中生
有如是等功德利益是故智者應當一心自
書若使人書受持讀誦正憶念如說脩行世
尊我今以神通力守護是經於如来滅後閻
浮提內廣令流布使不斷絕尒時釋迦牟尼
佛讚言善哉善哉普賢汝能護助是經令多
所衆生安樂利益汝已成就不可思議功德
深大慈悲從久遠来發阿耨多羅三藐三菩
提意而能作是神通之願守護是經我當以
神通力守護能受持普賢菩薩名者普賢若
有受持讀誦正憶念脩習書寫是法華經者
當知是人則見釋迦牟尼佛如從佛口聞此
經典當知是人供養釋迦牟尼佛當知是人
佛讚善哉當知是人為釋迦牟尼佛手摩其
頭當知是人為釋迦牟尼佛衣之所覆如是
之人不復貪著世樂不好外道經書手筆亦
復不憙親近其人及諸惡者若屠兒若畜猪

有受持讀誦正憶念脩習書寫是法華經者
當知是人則見釋迦牟尼佛如從佛口聞此
經典當知是人供養釋迦牟尼佛當知是人
佛讚善哉當知是人為釋迦牟尼佛手摩其
頭當知是人為釋迦牟尼佛衣之所覆如是
之人不復貪著世樂不好外道經書手筆亦
復不憙親近其人及諸惡者若屠兒若畜猪
羊雞狗若獵師若衒賣女色是人心意質直
有正憶念有福德力是人不為三毒所惱亦
有為嫉妬我慢邪慢增上慢所惱是人少欲
知足能脩普賢之行普賢若如来滅後後五
百歲若有人見受持讀誦法華經者應作是
念此人不久當詣道場破諸魔衆得阿耨多
羅三藐三菩提轉法輪擊法鼓吹法螺雨法
雨當坐天人大衆中師子法座上普賢若於
後世受持讀誦是經典者是人不復貪著衣
服卧具飲食資生之物所願不虛亦於現世
得其福報若有人輕毀之言汝狂人耳空作
是行終无所獲如是罪報當世世无眼若有
供養讚歎之者當於今世得現果報若復見
受持是經者出其過惡若實若不實此人現
世得白癩病若輕咲之者當世世牙齒踈缺
醜脣平鼻手脚繚戾眼目角睞身體臭穢惡
瘡膿血水腹短氣諸惡重病是故普賢若見
受持是經典者當起遠迎當如敬佛說是普
賢勸發品時恒河沙等无量无邊菩薩得百
千億旋陁羅尼三千大千世界微塵等諸菩
薩具普賢道佛說是經時普賢等諸菩薩舍

知是能脩普賢之行普賢若如來滅後後五
百歲若有人見受持讀誦法華經者應作是
念此人不久當詣道場破諸魔衆得阿耨多
羅三藐三菩提轉法輪擊法鼓吹法螺雨法
雨當坐天人大衆中師子法座上普賢若於
後世受持讀誦是經典者是人不復貪著衣
服卧具飲食資生之物所願不虛亦於現世
得其福報若有人輕毀之言汝狂人耳空作
是行終无所獲如是罪報當世世无眼若有
供養讚歎之者當於今世得現果報若復見
受持是經者出其過惡若實若不實此人現
世得白癩病若輕咲之者當世世牙齒踈缺
醜脣平鼻手脚繚戾眼目角睞身體臭穢惡
瘡膿血水腹短氣諸惡重病是故普賢若見
受持是經典者當起遠迎當如敬佛說是普
賢勸發品時恒河沙等无量无邊菩薩得百
千億旋陀羅尼三千大千世界微塵等諸菩
薩具普賢道佛說是經時普賢等諸菩薩舍
利弗等諸聲聞及諸天龍人非人等一切大
會皆大歡喜受持佛語作礼而去

BD04912號　妙法蓮華經卷七　（14–14）

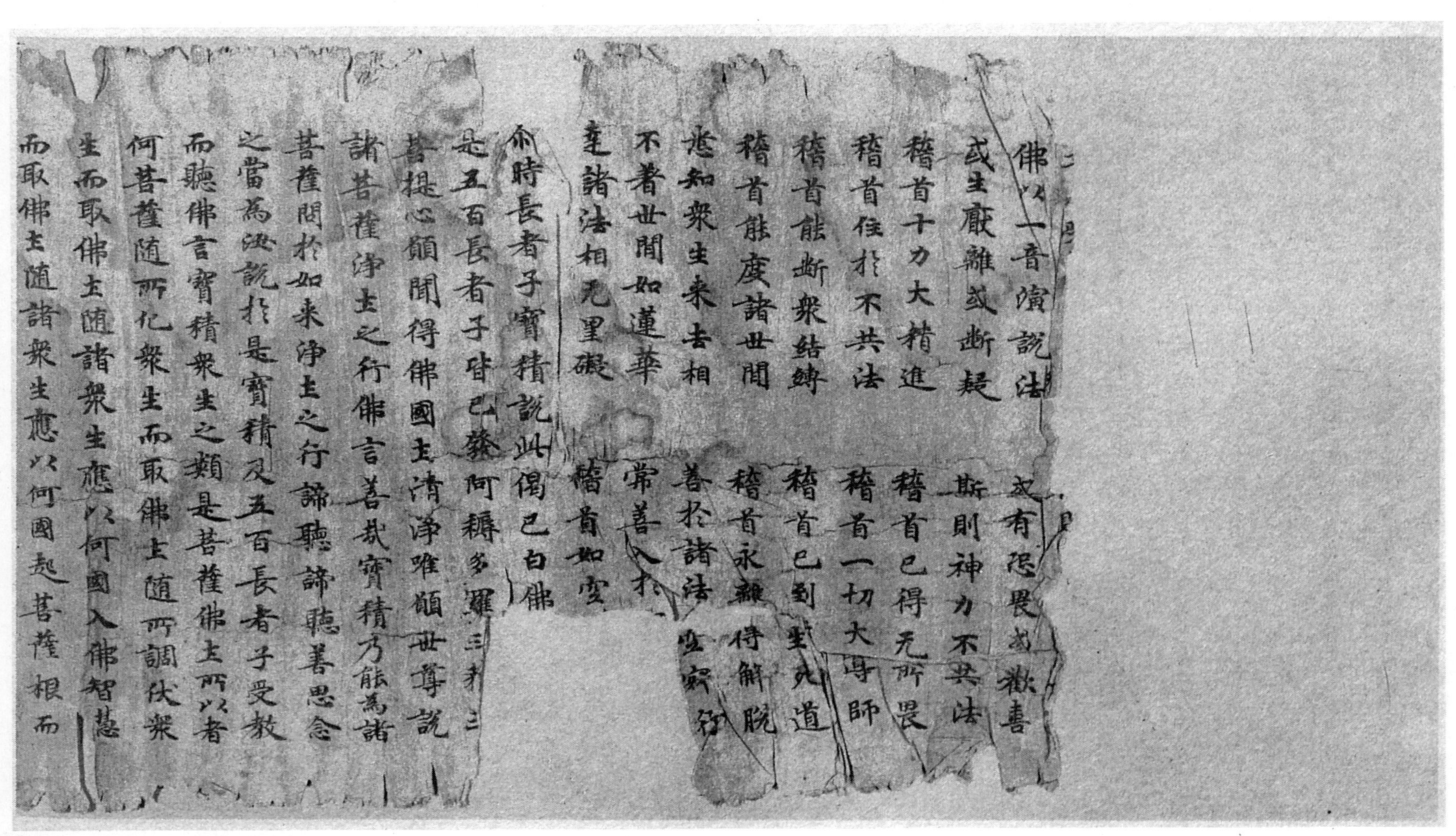

佛以一音演說法　或有恐畏或歡喜
或生猒離或斷疑　斯則神力不共法
稽首十力大精進　稽首已得无所畏
稽首住於不共法　稽首一切大導師
稽首能斷衆結縛　稽首已到於彼岸
稽首能度諸世間　稽首永離生死道
悉知衆生來去相　善於諸法得解脫
不著世間如蓮華　常善入於空寂行
達諸法相无罣礙　稽首如空无所依
爾時長者子寶積說此偈已白佛
是五百長者子皆已發阿耨多羅三藐三
菩提心願聞得佛國土清淨唯願世尊說
諸菩薩淨土之行佛言善哉寶積乃能為諸
菩薩問於如來淨土之行諦聽諦聽善思念
之當為汝說於是寶積及五百長者子受教
而聽佛言寶積衆生之類是菩薩佛土所以者
何菩薩隨所化衆生而取佛土隨所調伏衆
生而取佛土隨諸衆生應以何國入佛智慧
而取佛土隨諸衆生應以何國起菩薩根而

BD04913號　維摩詰所說經卷上　（7–1）

菩薩聞於如來淨土之行諦聽諦聽善思念
之當為汝說於是寶積及五百長者子受教
而聽佛言寶積衆生之類是菩薩佛土所以者
何菩薩隨所化衆生而取佛土隨所調伏衆
生而取佛土隨諸衆生應以何國入佛智慧
而取佛土隨諸衆生應以何國起菩薩根而
取佛土所以者何菩薩取於淨國皆為饒益
諸衆生故譬如有人欲於空地造立宮室隨
意无㝵若於虛空終不能成菩薩如是為成
就衆生故願取佛國願取佛國者非於空也
寶積當知直心是菩薩淨土菩薩成佛時不
諂衆生來生其國深心是菩薩淨土菩薩成
佛時具足功德衆生來生其國大乘心是菩
薩淨土菩薩成佛時大乘衆生來生其國
布施是菩薩淨土菩薩成佛時一切能捨衆
生來生其國持戒是菩薩淨土菩薩成佛時
行十善道滿願衆生來生其國忍辱是菩薩
淨土菩薩成佛時卅二相莊嚴衆生來生其
國精進是菩薩淨土菩薩成佛時懃脩一切
功德衆生來生其國禪定是菩薩淨土菩薩
成佛時攝心不亂衆生來生其國智慧是菩
薩淨土菩薩成佛時正定衆生來生其國四无
量心是菩薩淨土菩薩成佛時成就慈悲喜
捨衆生來生其國四攝法是菩薩淨土菩薩
成佛時解脫所攝衆生來生其國方便是菩
薩淨土菩薩成佛時一切法方便无㝵衆

BD04913 號　維摩詰所說經卷上　（7–2）

薩淨土菩薩成佛時正定衆生來生其國四无
量心是菩薩淨土菩薩成佛時成就慈悲喜
捨衆生來生其國四攝法是菩薩淨土菩薩
成佛時解脫所攝衆生來生其國方便是菩
薩淨土菩薩成佛時於一切法方便无㝵衆
生來生其國卅七道品是菩薩淨土菩薩成
佛時念處正懃神足根力覺道衆生來生其
國迴向心是菩薩淨土菩薩成佛時得一切具
足功德國土說除八難是菩薩淨土菩薩成佛
時國土无有三惡八難自守戒行不譏彼闕
是菩薩淨土菩薩成佛時國土无有犯禁之
名十善道是菩薩淨土菩薩成佛時命不中
夭大富梵行所言誠諦常以濡語眷屬不離
善和諍訟言必饒益不嫉不恚正見衆生來
生其國如是寶積菩薩隨其直心則能發行
隨其發行則得深心隨其深心則意調伏隨
意調伏則如說行隨如說行則能迴向隨其迴
向則有方便隨其方便則成就衆生隨成就
衆生則佛土淨隨佛土淨則說法淨隨說法
淨則智慧淨隨智慧淨則其心淨隨其心
淨則一切功德淨是故寶積若菩薩欲得
淨土當淨其心隨其心淨則佛土淨
尒時舍利弗承佛威神作是念若菩薩心淨
則佛土淨者我世尊本為菩薩時意豈不淨
而是佛土不淨若此佛知其念即告之言於意

BD04913 號　維摩詰所說經卷上　（7–3）

淨則智慧淨隨智慧淨則其心淨隨其心
淨則一切功德淨是故寶積若菩薩欲得
淨土當淨其心隨其心淨則佛土淨
尒時舍利弗承佛威神作是念若菩薩心淨
則佛土淨者我世尊本為菩薩時意豈不淨
而是佛土不淨若此佛知其念即告之言於意
云何日月豈不淨耶而盲者不見對曰不也世
尊是盲者過非日月咎舍利弗衆生罪故不
見如來佛國嚴淨非如來咎舍利弗我見此土
清淨而汝不見尒時螺髻梵王語舍利弗勿
作是意謂此佛土以為不淨所以者何我見釋
迦牟尼佛土清淨譬如自在天宫舍利弗言我
見此土丘陵坑坎荊棘沙礫土石諸山穢惡充
滿螺髻梵言仁者心有高下不依佛慧故見
此土為不淨耳舍利弗菩薩於一切衆生悉
皆平等深心清淨依佛智慧則能見此佛土
清淨於是佛以足指案地即時三千大千世
界若干百千珎寶嚴餝譬如寶莊嚴佛无量
功德寶莊嚴土一切大衆嘆未曾有而皆自
見坐寶蓮華佛告舍利弗汝且觀是佛土嚴
淨舍利弗言唯然世尊本所不見本所不聞
今佛國土嚴淨悉現佛語舍利弗我佛國土
常淨若此為欲度斯下劣人故示是衆惡不
淨土耳譬如諸天共寶器食隨其福德飯色
有異如是舍利弗若人心淨便見此土功德

BD04913 號　維摩詰所說經卷上

（7–4）

淨舍利弗言唯然世尊本所不見本所不聞
今佛國土嚴淨悉現佛語舍利弗我佛國土
常淨若此為欲度斯下劣人故示是衆惡不
淨土耳譬如諸天共寶器食隨其福德飯色
有異如是舍利弗若人心淨便見此土功德
莊嚴當佛現此國土嚴淨之時寶積所將五
百長者子皆得无生法忍八万四千人發阿耨
多羅三藐三菩提心佛攝神足於是世界還
復如故求聲聞乘三万二千天及人知有為
法皆悉无常遠塵離垢得法眼淨八千比丘
不受諸法漏盡意解

方便品第二

尒時毗耶離大城中有長者名維摩詰已曾
供養无量諸佛深殖善本得无生忍辯才无
礙遊戲神通逮諸摠持獲无所畏降魔勞怨
入深法門善於智度通達方便大願成就明
了衆生心之所趣又能分別諸根利鈍久於
佛道心已淳淑決定大乘諸有所作能善思
量住佛威儀心大如海諸佛咨嗟弟子釋梵
世主所敬欲度人故以善方便居毗耶離資
財无量攝諸貧民奉戒清淨攝諸毀禁以忍
調行攝諸恚怒以大精進攝諸懈怠一心禪
寂攝諸亂意以決定慧攝諸无智雖為白衣
奉持沙門清淨律行雖處居家不著三界示
有妻子常脩梵行現有眷屬常樂遠離雖服

BD04913 號　維摩詰所說經卷上

（7–5）

財无量攝諸貧民奉戒清淨攝諸毀禁以忍
調行攝諸恚怒以大精進攝諸懈怠一心禪
寂攝諸亂意以決定慧攝諸无智雖為白衣
奉持沙門清淨律行雖處居家不著三界示
有妻子常脩梵行現有眷屬常樂遠離雖服
寶飾而以相好嚴身雖復飲食而以禪悅為
味若至博弈戲處輒以度人受諸異道不毀
正信雖明世典常樂佛法一切見敬為供養
中最執持正法攝諸長幼一切治生諧偶雖
獲俗利不以喜悅遊諸四衢饒益眾生入治
政法救護一切入講論處導以大乘入諸學
堂誘開童蒙入諸婬舍示欲之過入諸酒肆
能立其志若在長者長者中尊為說勝法若
在居士居士中尊斷其貪著若在剎利剎利
中尊教以忍辱若在婆羅門婆羅門中尊除
其我慢若在大臣大臣中尊教以正法若在
王子王子中尊示以忠孝若在內官內官中
尊化政宮女若在庶民庶民中尊令興福力
若在梵天梵天中尊誨以勝慧若在帝釋帝
釋中尊示現无常若在護世護世中尊護諸
眾生長者維摩詰以如是等无量方便饒益
眾生其以方便現身有疾以其疾故國王大
臣長者居士婆羅門等及諸王子并餘官屬
无數千人皆往問疾其往者維摩詰因以身
疾廣為說法諸仁者是身无常无強无力无
堅速朽之法不可信也為苦為惱眾病所集
諸仁者如此身明智者所不怙是身如聚沫

BD04913 號　維摩詰所說經卷上　（7–6）

釋中尊示現无常若在護世護世中尊護諸
眾生長者維摩詰以如是等无量方便饒益
眾生其以方便現身有疾以其疾故國王大
臣長者居士婆羅門等及諸王子并餘官屬
无數千人皆往問疾其往者維摩詰因以身
疾廣為說法諸仁者是身无常无強无力无
堅速朽之法不可信也為苦為惱眾病所集
諸仁者如此身明智者所不怙是身如聚沫
不可撮摩是身如泡不得久立是身如炎從
渴愛生是身如芭蕉中无有堅是身如幻從
顛倒起是身如夢為虛妄見是身如影從業
緣現是身如響屬諸因緣是身如浮雲須臾
變滅是身如電念念不住是身无主為如地
是身无我為如火是身无壽為如風是身无
人為如水是身不實四大為家是身為空離
我我所是身无知如草木瓦礫是身无作風
力所轉是身不淨穢惡充滿是身為虛偽雖
假以澡浴衣食必歸磨滅是身為災百一病
惱是身如丘井為老所逼是身无定為要當
死是身如毒蛇如怨賊如空聚陰界諸入所
共合成諸仁者此可患厭當樂佛身所以者
何佛身者即法身也從无量功德智慧生從
戒定慧解脫解脫知見生從慈悲喜捨生從
布施持戒忍辱柔和懃行精進禪定解脫三
昧多聞智慧諸波羅蜜生從方便生從六通
生從三明生從卅七道品生從止觀生從十力四
无所畏十八不共法生

BD04913 號　維摩詰所說經卷上　（7–7）

BD04913 號背　裱補紙　（1–1）

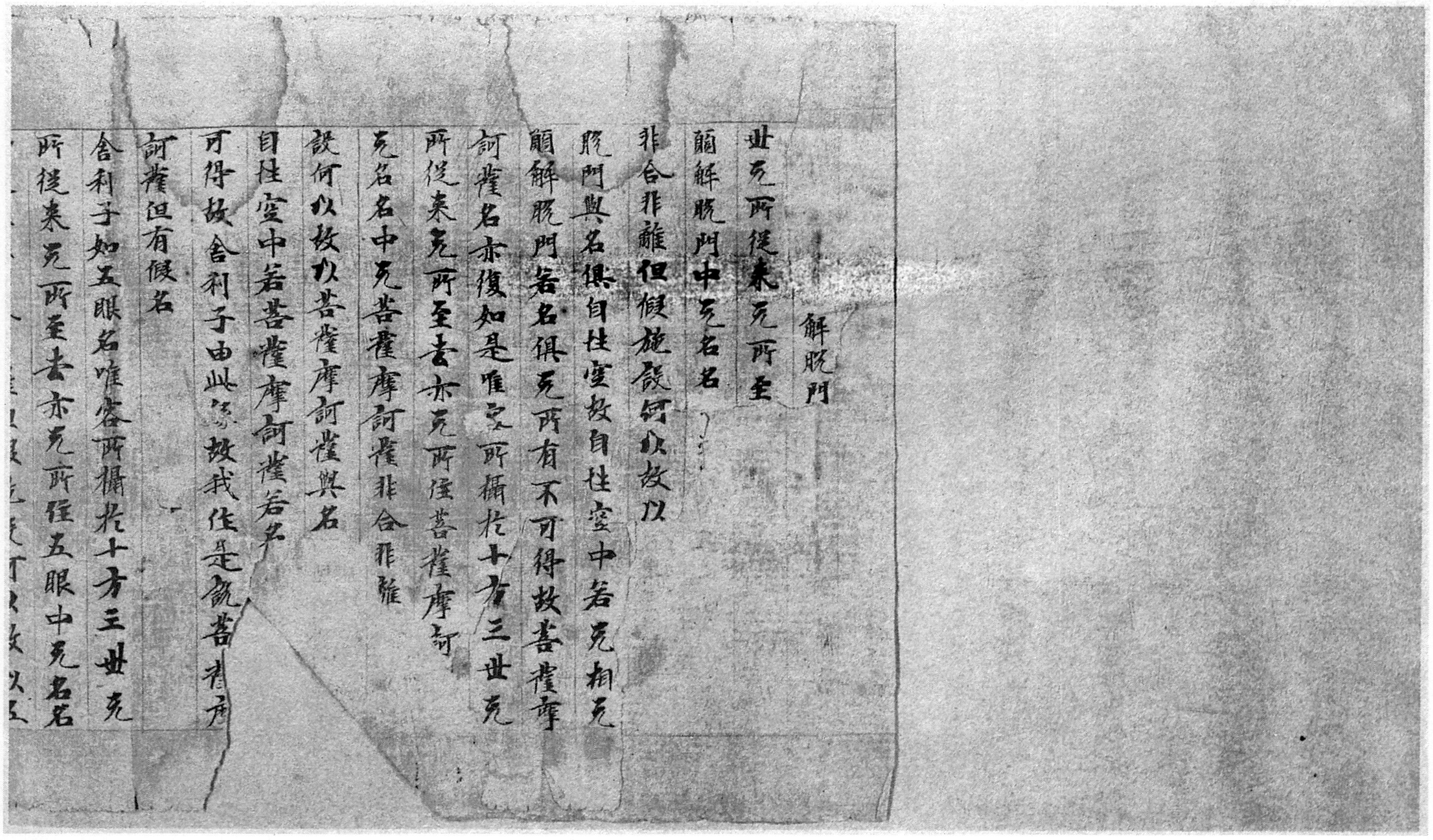

解脫門

世无所從來无所至

爾解脫門中无名名

非合非離但假施設何以故以

脫門與名俱自性空故自性空中若无相无

願解脫門若名俱无所有不可得故菩薩摩

訶薩名亦復如是唯客所攝於十方三世无

所從來无所至若亦无所住菩薩摩訶

无名名中无菩薩摩訶薩非合非離

設何以故以菩薩摩訶薩與名

自性空中若菩薩摩訶薩若名

可得故舍利子由此緣故我作是說菩薩摩

訶薩但有假名

舍利子如五眼名唯客所攝於十方三世无

所從來无所至若亦无所住五眼中无名名

BD04914 號　大般若波羅蜜多經卷六七　（24–1）

自性空中若菩薩摩訶薩若名
可得故舍利子由此緣故我作是說菩薩摩
訶薩但有假名
舍利子如五眼名唯客所攝於十方三世无
所從來无所至去亦无所住五眼中无名名
中无五眼非合非離但假施設何以故以五
眼與名俱自性空故自性空中若五眼若名
俱无所有不可得故如六通名唯客所攝於
十方三世无所從來无所至去亦无所住六
通中无名名中无六通非合非離但假施設
何以故以六通與名俱自性空故自性空中
若六通若名俱无所有不可得故菩薩摩訶
薩名亦復如是唯客所攝於十方三世无所
從來无所至去亦无所住菩薩摩訶薩中无
名名中无菩薩摩訶薩非合非離但假施設
何以故以菩薩摩訶薩與名俱自性空故自
性空中若菩薩摩訶薩若名俱无所有不可
得故舍利子由此緣故我作是說菩薩摩訶
薩但有假名
舍利子如佛十力名唯客所攝於十方三世
无所從來无所至去亦无所住佛十力中无
名名中无佛十力非合非離但假施設何以
故以佛十力與名俱自性空故自性空中若
佛十力若名俱无所有不可得故如四无所
畏四无礙解大慈大悲大喜大捨十八佛不
共法名唯客所攝於十方三世无所從來无

BD04914號　大般若波羅蜜多經卷六七　（24–2）

名名中无佛十力非合非離但假施設何以
故以佛十力與名俱自性空故自性空中若
佛十力若名俱无所有不可得故如四无所
畏四无礙解大慈大悲大喜大捨十八佛不
共法名唯客所攝於十方三世无所從來无
所至去亦无所住四无所畏四无礙解大慈
大悲大喜大捨十八佛不共法中无名名中
无四无所畏四无礙解大慈大悲大喜大捨
十八佛不共法非合非離但假施設何以故
以四无所畏四无礙解大慈大悲大喜大捨
十八佛不共法與名俱自性空故自性空中
若四无所畏四无礙解大慈大悲大喜大捨
十八佛不共法若名俱无所有不可得故菩
薩摩訶薩名亦復如是唯客所攝於十方三
世无所從來无所至去亦无所住菩薩摩訶
薩中无名名中无菩薩摩訶薩非合非離但
假施設何以故以菩薩摩訶薩與名俱自性
空故自性空中若菩薩摩訶薩若名俱无所
有不可得故舍利子由此緣故我作是說菩
薩摩訶薩但有假名
舍利子如一切智名唯客所攝於十方三世
无所從來无所至去亦无所住一切智中无
名名中无一切智非合非離但假施設何以
故以一切智與名俱自性空故自性空中若
一切智若名俱无所有不可得故如道相智
一切相智名唯客所攝於十方三世无所從

BD04914號　大般若波羅蜜多經卷六七　（24–3）

舍利子如一切智名唯容所攝於十方三世
无所從來无所至去亦无所住一切智中无
名名中无一切智非合非離但假施設何以
故以一切智與名俱自性空故自性空中若
一切智若名俱无所有不可得故如道相智
一切相智名唯容所攝於十方三世无所從
來无所至去亦无所住道相智一切相智中
无名名中无道相智一切相智非合非離但
假施設何以故以道相智一切相智與名俱
自性空故自性空中若道相智一切相智若
名俱无所有不可得故菩薩摩訶薩名亦復
如是唯容所攝於十方三世无所從來无所
至去亦无所住菩薩摩訶薩中无名名中无
菩薩摩訶薩非合非離但假施設何以故以
菩薩摩訶薩與名俱自性空故自性空中若
菩薩摩訶薩若名俱无所有不可得故舍利
子由此緣故我作是說菩薩摩訶薩但有假
名
舍利子如无忘失法名唯容所攝於十方三
世无所從來无所至去亦无所住无忘失法
中无名名中无无忘失法非合非離但假施
設何以故以无忘失法與名俱自性空故自
性空中若无忘失法若名俱无所有不可得
故如恒住捨性名唯容所攝於十方三世无
所從來无所至去亦无所住恒住捨性中无名
名中无恒住捨性非合非離但假施設何以

BD04914 號　大般若波羅蜜多經卷六七　（24–4）

中无名名中无无忘失法非合非離但假施
設何以故以无忘失法與名俱自性空故自
性空中若无忘失法若名俱无所有不可得
故如恒住捨性名唯容所攝於十方三世无
所從來无所至去亦无所住恒住捨性中无名
名中无恒住捨性非合非離但假施設何以
故以恒住捨性與名俱自性空故自性空中
若恒住捨性若名俱无所有不可得故菩
薩摩訶薩名亦復如是唯容所攝於十方三
世无所從來无所至去亦无所住菩薩摩訶
薩中无名名中无菩薩摩訶薩非合非離但
假施設何以故以菩薩摩訶薩與名俱自性
空故自性空中若菩薩摩訶薩若名俱无所
有不可得故舍利子由此緣故我作是說菩薩
摩訶薩但有假名
舍利子如一切陁羅尼門名唯容所攝於十
方三世无所從來无所至去亦无所住一切
陁羅尼門中无名名中无一切陁羅尼門非
合非離但假施設何以故以一切陁羅尼門與
名俱自性空故自性空中若一切陁羅尼門
若名俱无所有不可得故如一切三摩地
門名唯容所攝於十方三世无所從來无所
至去亦无所住一切三摩地門中无名名中
无一切三摩地門非合非離但假施設何以
故以一切三摩地門與名俱自性空故自性
空中若一切三摩地門若名俱无所有不可得

BD04914 號　大般若波羅蜜多經卷六七　（24–5）

若名俱无所有不可得故如一切三摩地
門名唯客所攝於十方三世无所從來无所
至去亦无所住一切三摩地門中无名名中
无一切三摩地門非合非離但假施設何以
故以一切三摩地門與名俱自性空故自性
空中若一切三摩地門若名俱无所有不可得
故菩薩摩訶薩名亦復如是唯客所攝於十
方三世无所從來无所至去亦无所住菩
薩摩訶薩中无名名中无菩薩摩訶薩非合
非離但假施設何以故以菩薩摩訶薩與名
俱自性空故自性空中若菩薩摩訶薩若名
俱无所有不可得故舍利子由此緣故我作是
說菩薩摩訶薩但有假名
舍利子如內空名唯客所攝於十方三世无
所從來无所至去亦无所住內空中无名名
中无內空非合非離但假施設何以故以內
空與名俱自性空故自性空中若內空若名
俱无所有不可得故如外空內外空空空大
空勝義空有為空无為空畢竟空无際空散
空无變異空本性空自相空共相空一切法
空不可得空无性空自性空无性自性空名
唯客所攝於十方三世无所從來无所至去
亦无所住外空乃至无性自性空中无名名
中无外空乃至无性自性空非合非離但
假施設何以故以外空乃至无性自性空與
名俱自性空故自性空中若外空乃至无性

BD04914號　大般若波羅蜜多經卷六七　（24–6）

空不可得空无性空自性空无性自性空名
唯客所攝於十方三世无所從來无所至去
亦无所住外空乃至无性自性空中无名名
中无外空乃至无性自性空非合非離但
假施設何以故以外空乃至无性自性空與
名俱自性空故自性空中若外空乃至无性
自性空若名俱无所有不可得故菩薩摩訶
薩名亦復如是唯客所攝於十方三世无所從
來无所至去亦无所住菩薩摩訶薩中无
名名中无菩薩摩訶薩非合非離但假施設
何以故以菩薩摩訶薩與名俱自性空故自
性空中若菩薩摩訶薩若名俱无所有不可
得故舍利子由此緣故我作是說菩薩摩訶
薩但有假名
舍利子如真如名唯客所攝於十方三世无
所從來无所至去亦无所住真如中无名名
中无真如非合非離但假施設何以故以真
如與名俱自性空故自性空中若真如若名
俱无所有不可得故如法界法性不虛妄性
不變異性不思議界虛空界斷界離界滅界
平等性離生性法定法住无性界无相界无
作界无為界安隱界寂靜界本无實際究竟
涅槃名唯客所攝於十方三世无所從來无
所至去亦无所住法界乃至究竟涅槃中无
名名中无法界乃至究竟涅槃非合非離但
假施設何以故以法界乃至究竟涅槃與名

BD04914號　大般若波羅蜜多經卷六七　（24–7）

平等性離生性法定法住无性界无相界无
作界无為界安隱界寂静界本无實際究竟
涅槃名唯客所攝於十方三世无所從来无
所至去亦无所住法界乃至究竟涅槃中无
名名中无法界乃至究竟涅槃非合非離但
假施設何以故以法界乃至究竟涅槃與名
俱自性空故自性空中若法界乃至究竟涅
槃若名俱无所有不可得故菩薩摩訶薩名
亦復如是唯客所攝於十方三世无所從来
无所至去亦无所住菩薩摩訶薩中无名名
中无菩薩摩訶薩非合非離但假施設何以故
以菩薩摩訶薩與名俱自性空故自性空中
若菩薩摩訶薩若名俱无所有不可得故
舍利子由此緣故我作是說菩薩摩訶薩但
有假名
舍利子如極喜地名唯客所攝於十方三世
无所從来无所至去亦无所住極喜地中无
名名中无極喜地非合非離但假施設何以
故以極喜地與名俱自性空故自性空中若
極喜地若名俱无所有不可得故如離垢地
發光地焰慧地極難勝地現前地遠行地不
動地善慧地法雲地名唯客所攝於十方三
世无所從来无所至去亦无所住離垢地乃
至法雲地中无名名中无離垢地乃至法雲
地非合非離但假施設何以故以離垢地乃
至法雲地與名俱自性空故自性空中若離

BD04914 號　大般若波羅蜜多經卷六七　（24–8）

極喜地若名俱无所有不可得故如離垢地
發光地焰慧地極難勝地現前地遠行地不
動地善慧地法雲地名唯客所攝於十方三
世无所從来无所至去亦无所住離垢地乃
至法雲地中无名名中无離垢地乃至法雲
地非合非離但假施設何以故以離垢地乃
至法雲地與名俱自性空故自性空中若離
垢地乃至法雲地若名俱无所有不可得故
菩薩摩訶薩名亦復如是唯客所攝於十方
三世无所從来无所至去亦无所住菩薩摩
訶薩中无名名中无菩薩摩訶薩非合非離
但假施設何以故以菩薩摩訶薩與名俱自
性空故自性空中若菩薩摩訶薩若名俱无
所有不可得故舍利子由此緣故我作是說
菩薩摩訶薩但有假名
舍利子如異生地名唯客所攝於十方三世
无所從来无所至去亦无所住異生地中无
名名中无異生地非合非離但假施設何以
故以異生地與名俱自性空故自性空中若
異生地若名俱无所有不可得故如種姓地
第八地具見地薄地離欲地已辦地獨覺地
菩薩地如来地名唯客所攝於十方三世无
所從来无所至去亦无所住種姓地乃至如
来地中无名名中无種姓地乃至如来地非
合非離但假施設何以故以種姓地乃至如
来地與名俱自性空故自性空中若種姓地

BD04914 號　大般若波羅蜜多經卷六七　（24–9）

菩薩地如來地名唯客所攝於十方三世无
所從來无所至去亦无所住種姓地乃至如
來地中无名名中无種姓地乃至如來地非
合非離但假施設何以故以種姓地乃至如
來地與名俱自性空故自性空中若種姓地
乃至如來地若名俱无所有不可得故菩薩
摩訶薩名唯客所攝於十方三世
无所從來无所至去亦无所住菩薩摩訶薩
中无名名中无菩薩摩訶薩非合非離但假
施設何以故以菩薩摩訶薩與名俱自性空
故自性空中若菩薩摩訶薩若名俱无所有
不可得故舍利子由此緣故我作是說菩薩
摩訶薩但有假名
舍利子如聲聞乘名唯客所攝於十方三世
无所從來无所至去亦无所住聲聞乘中无
名名中无聲聞乘非合非離但假施設何以
故以聲聞乘與名俱自性空故自性空中若
聲聞乘若名俱无所有不可得故如獨覺乘大
乘名唯客所攝於十方三世无所從來无
所至去亦无所住獨覺乘大乘中无名名中
无獨覺乘大乘非合非離但假施設何以故
以獨覺乘大乘與名俱自性空故自性空中
若獨覺乘大乘若名俱无所有不可得故
菩薩摩訶薩名亦復如是唯客所攝於十方三
世无所從來无所至去亦无所住菩薩摩訶

BD04914號　大般若波羅蜜多經卷六七　（24–10）

无獨覺乘大乘非合非離但假施設何以故
以獨覺乘大乘與名俱自性空故自性空中
若獨覺乘大乘若名俱无所有不可得故
菩薩摩訶薩名亦復如是唯客所攝於十方三
世无所從來无所至去亦无所住菩薩摩訶
薩中无名名中无菩薩摩訶薩非合非離但
假施設何以故以菩薩摩訶薩與名俱自性
空故自性空中若菩薩摩訶薩若名俱无所
有不可得故舍利子由此緣故我作是說菩
薩摩訶薩但有假名
尒時具壽善現復答舍利子言如尊者所云
何緣故說如說我等畢竟不生者舍利子我
畢竟都无所有既不可得云何有生有情命
者生者養者士夫補特伽羅意生儒童作者
使作者起者使起者受者使受者知者見者
畢竟都无所有既不可得云何有生舍利子
色畢竟都无所有既不可得云何有生受想
行識畢竟都无所有既不可得云何有生舍
利子眼處畢竟都无所有既不可得云何有
生耳鼻舌身意處畢竟都无所有既不可得
云何有生舍利子色處畢竟都无所有既不可
得云何有生聲香味觸法處畢竟都无所有
既不可得云何有生舍利子眼界畢竟都无
所有既不可得云何有生色界眼識界及眼
觸眼觸為緣所生諸受畢竟都无所有既不

BD04914號　大般若波羅蜜多經卷六七　（24–11）

生耳鼻舌身意處畢竟都无所有既不可得
云何有生舍利子色處畢竟都无所有既不可
得云何有生聲香味觸法處畢竟都无所有
既不可得云何有生舍利子眼界畢竟都无
所有既不可得云何有生色界眼識界及眼
觸眼觸爲緣所生諸受畢竟都无所有既不
可得云何有生舍利子耳界畢竟都无所有
既不可得云何有生聲界耳識界及耳觸耳
觸爲緣所生諸受畢竟都无所有既不可得
云何有生舍利子鼻界畢竟都无所有既不
可得云何有生香界鼻識界及鼻觸鼻觸
爲緣所生諸受畢竟都无所有既不可得云
何有生舍利子舌界畢竟都无所有既不可
得云何有生味界舌識界及舌觸舌觸爲緣
所生諸受畢竟都无所有既不可得云何有
生舍利子身界畢竟都无所有既不可得云
何有生觸界身識界及身觸身觸爲緣所生
諸受畢竟都无所有既不可得云何有生
舍利子意界畢竟都无所有既不可得云何
有生法界意識界及意觸意觸爲緣所生諸
受畢竟都无所有既不可得云何有生舍利
子地界畢竟都无所有既不可得云何有生
水火風空識界畢竟都无所有既不可得云
何有生舍利子无明畢竟都无所有既不可
得云何有生行識名色六處觸受愛取有生
老死愁歎苦憂惱畢竟都无所有既不可得

BD04914 號　大般若波羅蜜多經卷六七　（24–12）

受畢竟都无所有既不可得云何有生舍利
子地界畢竟都无所有既不可得云何有生
水火風空識界畢竟都无所有既不可得云
何有生舍利子无明畢竟都无所有既不可
得云何有生行識名色六處觸受愛取有生
老死愁歎苦憂惱畢竟都无所有既不可得
云何有生舍利子內空畢竟都无所有既不
可得云何有生外空內外空空空大空勝義
空有爲空无爲空畢竟空无際空散空无變
異空本性空自相空共相空一切法空不可得
空无性空自性空无性自性空畢竟都无
所有既不可得云何有生
舍利子布施波羅蜜多畢竟都无所有既不
可得云何有生淨戒安忍精進靜慮般若波
羅蜜多畢竟都无所有既不可得云何有生
舍利子四靜慮畢竟都无所有既不可得云
何有生四无量四无色定畢竟都无所有既
不可得云何有生舍利子八解脫畢竟都无
所有既不可得云何有生八勝處九次第定
十遍處畢竟都无所有既不可得云何有生
舍利子四念住畢竟都无所有既不可得云
何有生四正斷四神足五根五力七等覺支
八聖道支畢竟都无所有既不可得云何有
生舍利子空解脫門畢竟都无所有既不可
得云何有生无相无願解脫門畢竟都无所
有既不可得云何有生舍利子五眼畢竟都

BD04914 號　大般若波羅蜜多經卷六七　（24–13）

何有生四正斷四神足五根五力七等覺支
八聖道支畢竟都無所有既不可得云何有
生舍利子空解脫門畢竟都無所有既不可
得云何有生無相無願解脫門畢竟都無所
有既不可得云何有生舍利子五眼畢竟都
無所有既不可得云何有生六神通畢竟都
無所有既不可得云何有生舍利子佛十力
畢竟都無所有既不可得云何有生四無所
畏四無礙解大慈大悲大喜大捨十八佛不
共法畢竟都無所有既不可得云何有生舍
利子一切智畢竟都無所有既不可得云何
有生道相智一切相智畢竟都無所有既不
可得云何有生舍利子無忘失法畢竟都無
所有既不可得云何有生恒住捨性畢竟都
無所有既不可得云何有生舍利子一切陁
羅尼門畢竟都無所有既不可得云何有生
一切三摩地門畢竟都無所有既不可得云
何有生舍利子極喜地畢竟都無所有既不
可得云何有生離垢地發光地焰慧地極難
勝地現前地遠行地不動地善慧地法雲地
畢竟都無所有既不可得云何有生舍利子
異生地畢竟都無所有既不可得云何有生
種姓地第八地具見地薄地離欲地已辦地
獨覺地菩薩地如來地畢竟都無所有既不
可得云何有生舍利子聲聞乘畢竟都無所

畢竟都無所有既不可得云何有生舍利子
異生地畢竟都無所有既不可得云何有生
種姓地第八地具見地薄地離欲地已辦地
獨覺地菩薩地如來地畢竟都無所有既不
可得云何有生舍利子聲聞乘畢竟都無所
有既不可得云何有生獨覺乘大乘畢竟都
無所有既不可得云何有生舍利子由此緣
故我作是說如說我等畢竟不生
爾時具壽善現復答舍利子言如尊者所云
何緣故說諸法亦爾都無自性者舍利子諸
法都無和合自性何以故和合有法自性空
故時舍利子問善現言何法都無和合自性
善現答言舍利子色都無和合自性受想行
識都無和合自性舍利子眼處都無和合自
性耳鼻舌身意處都無和合自性舍利子色
處都無和合自性聲香味觸法處都無和合
自性舍利子眼界都無和合自性色界眼識
界及眼觸眼觸為緣所生諸受都無和合自
性舍利子耳界都無和合自性聲界耳識界
及耳觸耳觸為緣所生諸受都無和合自性
舍利子鼻界都無和合自性香界鼻識界及
鼻觸鼻觸為緣所生諸受都無和合自性舍
利子舌界都無和合自性味界舌識界及舌
觸舌觸為緣所生諸受都無和合自性舍利
子身界都無和合自性觸界身識界及身觸

舍利子鼻界都无和合自性香界鼻識界及
鼻觸鼻觸為緣所生諸受都无和合自性舍
利子舌界都无和合自性味界舌識界及舌
觸舌觸為緣所生諸受都无和合自性舍利
子身界都无和合自性觸界身識界及身觸
身觸為緣所生諸受都无和合自性舍利子
意界都无和合自性法界意識界及意觸意
觸為緣所生諸受都无和合自性舍利子地界
都无和合自性水火風空識界都无和合
自性舍利子无明都无和合自性行識名色
六處觸受愛取有生老死愁歎苦憂惱都无
和合自性舍利子內空都无和合自性外空
內外空空空大空勝義空有為空无為空畢
竟空无際空散空无變異空本性空自相空
共相空一切法空不可得空无性空自性空
无性自性空都无和合自性
舍利子布施波羅蜜多都无和合自性淨戒
安忍精進靜慮般若波羅蜜多都无和合自
性舍利子四靜慮都无和合自性四无量四无
色定都无和合自性舍利子八解脫都无和
合自性八勝處九次第定十遍處都无和合
自性舍利子四念住都无和合自性四正斷
四神足五根五力七等覺支八聖道支都
无和合自性舍利子空解脫門都无和合自
性无相无願解脫門都无和合自性舍利子
五眼都无和合自性六神通都无和合自性

BD04914號　大般若波羅蜜多經卷六七　　（24–16）

合自性八勝處九次第定十遍處都无和合
自性舍利子四念住都无和合自性四正斷
四神足五根五力七等覺支八聖道支都
无和合自性舍利子空解脫門都无和合自
性无相无願解脫門都无和合自性舍利子
五眼都无和合自性六神通都无和合自性
舍利子佛十力都无和合自性四无所畏四
无礙解大慈大悲大喜大捨十八佛不共法都
无和合自性舍利子一切智都无和合自
性道相智一切相智都无和合自性舍利子
无忘失法都无和合自性恒住捨性都无和
合自性舍利子一切陀羅尼門都无和合自
性一切三摩地門都无和合自性舍利子極
喜地都无和合自性離垢地發光地焰慧地
極難勝地現前地遠行地不動地善慧地法
雲地都无和合自性舍利子異生地都无和
合自性種姓地第八地具見地薄地離欲地
已辦地獨覺地菩薩地如來地都无和合自
性舍利子聲聞乘都无和合自性獨覺乘大
乘都无和合自性舍利子由此緣故我作是
說諸法亦尒都无自性
復次舍利子諸法非常亦无散失何以故若
法非常无盡性故時舍利子問善現言何法
非常亦无散失善現答言舍利子色非常亦
无散失受想行識非常亦无散失舍利子眼
處非常亦无散失耳鼻舌身意處非常亦无

BD04914號　大般若波羅蜜多經卷六七　　（24–17）

復次舍利子諸法非常亦无散失何以故若
法非常无盡住故時舍利子問善現言何法
非常亦无散失善現荅言舍利子色非常亦
无散失受想行識非常亦无散失舍利子眼
處非常亦无散失耳鼻舌身意處非常亦无
散失舍利子色處非常亦无散失聲香味觸
法處非常亦无散失舍利子眼界非常亦无
散失色界眼識界及眼觸眼觸為緣所生諸
受非常亦无散失舍利子耳界非常亦无散
失聲界耳識界及耳觸耳觸為緣所生諸受
非常亦无散失舍利子鼻界非常亦无散失
香界鼻識界及鼻觸鼻觸為緣所生諸受非
常亦无散失舍利子舌界非常亦无散失味
界舌識界及舌觸舌觸為緣所生諸受非常
亦无散失舍利子身界非常亦无散失觸界
身識界及身觸身觸為緣所生諸受非常亦
无散失舍利子意界非常亦无散失法界意
識界及意觸意觸為緣所生諸受非常亦无
散失舍利子地界非常亦无散失水火風空
識界非常亦无散失舍利子苦聖諦非常亦
无散失集滅道聖諦非常亦无散失舍利子
无明非常亦无散失行識名色六處觸受愛
取有生老死愁歎苦憂惱非常亦无散失舍
利子內空非常亦无散失外空內外空空空
大空勝義空有為空无為空畢竟空无際空

BD04914號　大般若波羅蜜多經卷六七　（24–18）

无散失集滅道聖諦非常亦无散失舍利子
无明非常亦无散失行識名色六處觸受愛
取有生老死愁歎苦憂惱非常亦无散失舍
利子內空非常亦无散失外空內外空空空
大空勝義空有為空无為空畢竟空无際空
散空无變異空本性空自相空共相空一切
法空不可得空无性空自性空无性自性空
非常亦无散失
舍利子布施波羅蜜多非常亦无散失淨戒
安忍精進靜慮般若波羅蜜多非常亦无散
失舍利子四靜慮非常亦无散失四无量四
无色定非常亦无散失舍利子八解脫非常
亦无散失八勝處九次第定十遍處非常亦
无散失舍利子四念住非常亦无散失四正
斷四神足五根五力七等覺支八聖道支非
常亦无散失舍利子空解脫門非常亦无散
失无相无願解脫門非常亦无散失舍利子
五眼非常亦无散失六神通非常亦无散失
舍利子佛十力非常亦无散失四无所畏四
无礙解大慈大悲大喜大捨十八佛不共法
非常亦无散失舍利子一切智非常亦无散
失道相智一切相智非常亦无散失舍利子
无忘失法非常亦无散失恒住捨性非常亦
无散失舍利子一切陀羅尼門非常亦无散
失一切三摩地門非常亦无散失舍利子極
喜地非常亦无散失離垢地發光地焰慧地

BD04914號　大般若波羅蜜多經卷六七　（24–19）

失道相智一切相智非常亦无散失舍利子
无忘失法非常亦无散失恒住捨性非常亦
无散失舍利子一切陀羅尼門非常亦无散
失一切三摩地門非常亦无散失舍利子極
喜地非常亦无散失離垢地發光地焰慧地
極難勝地現前地遠行地不動地善慧地法
雲地非常亦无散失舍利子異生地非常亦
无散失種姓地第八地具見地薄地離欲地
已辦地獨覺地菩薩地如來地非常亦无散
失舍利子聲聞乘非常亦无散失獨覺乘大
乘非常亦无散失舍利子由此緣故我作是
說諸法亦尒都无自性
復次舍利子諸法非樂亦无散失何以故若
法非樂无盡性故時舍利子問善現言何法
非樂亦无散失善現答言舍利子色非樂亦
无散失受想行識非樂亦无散失舍利子眼
處非樂亦无散失耳鼻舌身意處非樂亦无
散失舍利子色處非樂亦无散失聲香味觸
法處非樂亦无散失舍利子眼界非樂亦无
散失色界眼識界及眼觸眼觸為緣所生諸受
非樂亦无散失舍利子耳界非樂亦无散
失聲界耳識界及耳觸耳觸為緣所生諸受
非樂亦无散失舍利子鼻界非樂亦无散失
香界鼻識界及鼻觸鼻觸為緣所生諸受非
樂亦无散失舍利子舌界非樂亦无散失味
界舌識界及舌觸舌觸為緣所生諸受非樂

失聲界耳識界及耳觸耳觸為緣所生諸受
非樂亦无散失舍利子鼻界非樂亦无散失
香界鼻識界及鼻觸鼻觸為緣所生諸受非
樂亦无散失舍利子舌界非樂亦无散失味
界舌識界及舌觸舌觸為緣所生諸受非樂
亦无散失舍利子身界非樂亦无散失觸界
身識界及身觸身觸為緣所生諸受非樂亦
无散失舍利子意界非樂亦无散失法界意
識界及意觸意觸為緣所生諸受非樂亦无
散失舍利子地界非樂亦无散失水火風空
識界非樂亦无散失舍利子苦聖諦非樂亦
无散失集滅道聖諦非樂亦无散失舍利子
无明非樂亦无散失行識名色六處觸受愛
取有生老死愁歎苦憂惱非樂亦无散失舍
利子內空非樂亦无散失外空內外空空空
大空勝義空有為空无為空畢竟空无際空
散空无變異空本性空自相空共相空一切
法空不可得空无性空自性空无性自性空
非樂亦无散失
舍利子布施波羅蜜多非樂亦无散失淨戒
安忍精進靜慮般若波羅蜜多非樂亦无散
失舍利子四靜慮非樂亦无散失四无量四无
色定非樂亦无散失舍利子八解脫非樂
亦无散失八勝處九次第定十遍處非樂亦
无散失舍利子四念住非樂亦无散失四正

舍利子布施波羅蜜多非樂亦无散失淨戒
安忍精進靜慮般若波羅蜜多非樂亦无散
失舍利子四靜慮非樂亦无散失四无量四无
色定非樂亦无散失舍利子八解脫非樂
亦无散失八勝處九次第定十遍處非樂亦
无散失舍利子四念住非樂亦无散失四正
斷四神足五根五力七等覺支八聖道支非
樂亦无散失舍利子空解脫門非樂亦无散
失无相无願解脫門非樂亦无散失舍利子
五眼非樂亦无散失六神通非樂亦无散失
舍利子佛十力非樂亦无散失四无所畏四
无礙解大慈大悲大喜大捨十八佛不共法
非樂亦无散失舍利子一切智非樂亦无散
失道相智一切相智非樂亦无散失舍利子
无忘失法非樂亦无散失恒住捨性非樂亦
无散失舍利子一切陁羅尼門非樂亦无散
失一切三摩地門非樂亦无散失舍利子極
喜地非樂亦无散失離垢地發光地焰慧地
極難勝地現前地遠行地不動地善慧地法
雲地非樂亦无散失舍利子異生地非樂亦
无散失種姓地第八地具見地薄地離欲地
已辦地獨覺地菩薩地如來地非樂亦无散
失舍利子聲聞乘非樂亦无散失獨覺乘大
乘非樂亦无散失舍利子由此緣故我作是
說諸法亦尒都无自性
復次舍利子諸法非我亦无散失何以故若法

BD04914 號　大般若波羅蜜多經卷六七　（24–22）

雲地非樂亦无散失舍利子異生地非樂亦
无散失種姓地第八地具見地薄地離欲地
已辦地獨覺地菩薩地如來地非樂亦无散
失舍利子聲聞乘非樂亦无散失獨覺乘大
乘非樂亦无散失舍利子由此緣故我作是
說諸法亦尒都无自性
復次舍利子諸法非我亦无散失何以故若法
非我无盡性故時舍利子聞善現言何法非
我亦无散失善現荅言舍利子色非我亦无
散失受想行識非我亦无散失舍利子眼
處非我亦无散失耳鼻舌身意處非我亦无
散失舍利子色處非我亦无散失聲香味觸
法處非我亦无散失舍利子眼界非我亦无
散失色界眼識界及眼觸眼觸為緣所生諸
受非我亦无散失舍利子耳界非我亦无散
失聲界耳識界及耳觸耳觸為緣所生諸受
非我亦无散失舍利子鼻界非我亦无散失
香界鼻識界及鼻觸鼻觸為緣所生諸受非
我亦无散失舍利子舌界非我亦无散失味界
舌識界及舌觸舌觸為緣所生諸受非我
亦无散失舍利子身界非我亦无散失觸界
身識界及身觸身觸為緣所生諸受非我亦
无散失舍利子意界非我亦无散失法界意
識界及意觸意觸為緣所生諸受非我亦无
散失舍利子地界非我亦无散失水火風空
識界非我亦无散失舍利子苦聖諦非我亦

BD04914 號　大般若波羅蜜多經卷六七　（24–23）

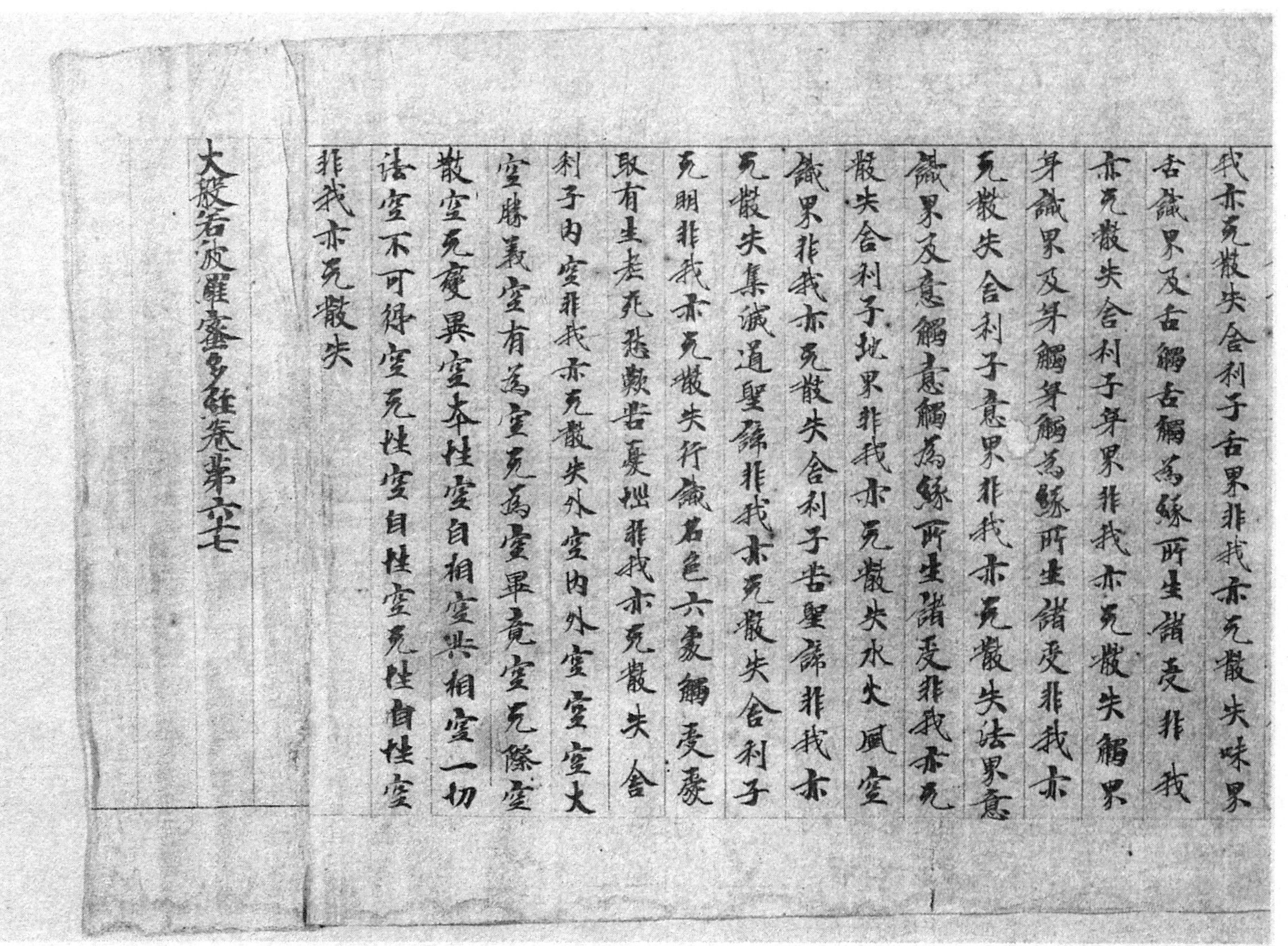

我亦无散失舍利子舌界非我亦无散失味界
舌識界及舌觸舌觸為緣所生諸受非我
亦无散失舍利子身界非我亦无散失觸界
身識界及身觸身觸為緣所生諸受非我亦
无散失舍利子意界非我亦无散失法界意
識界及意觸意觸為緣所生諸受非我亦无
散失舍利子地界非我亦无散失水火風空
識界非我亦无散失舍利子苦聖諦非我亦
无散失集滅道聖諦非我亦无散失舍利子
无明非我亦无散失行識名色六處觸受愛
取有生老死愁歎苦憂惱非我亦无散失舍
利子內空非我亦无散失外空內外空空空大
空勝義空有為空无為空畢竟空无際空
散空无變異空本性空自相空共相空一切
法空不可得空无性空自性空无性自性空
非我亦无散失

大般若波羅蜜多經卷第六十七

BD04914號　大般若波羅蜜多經卷六七　（24–24）

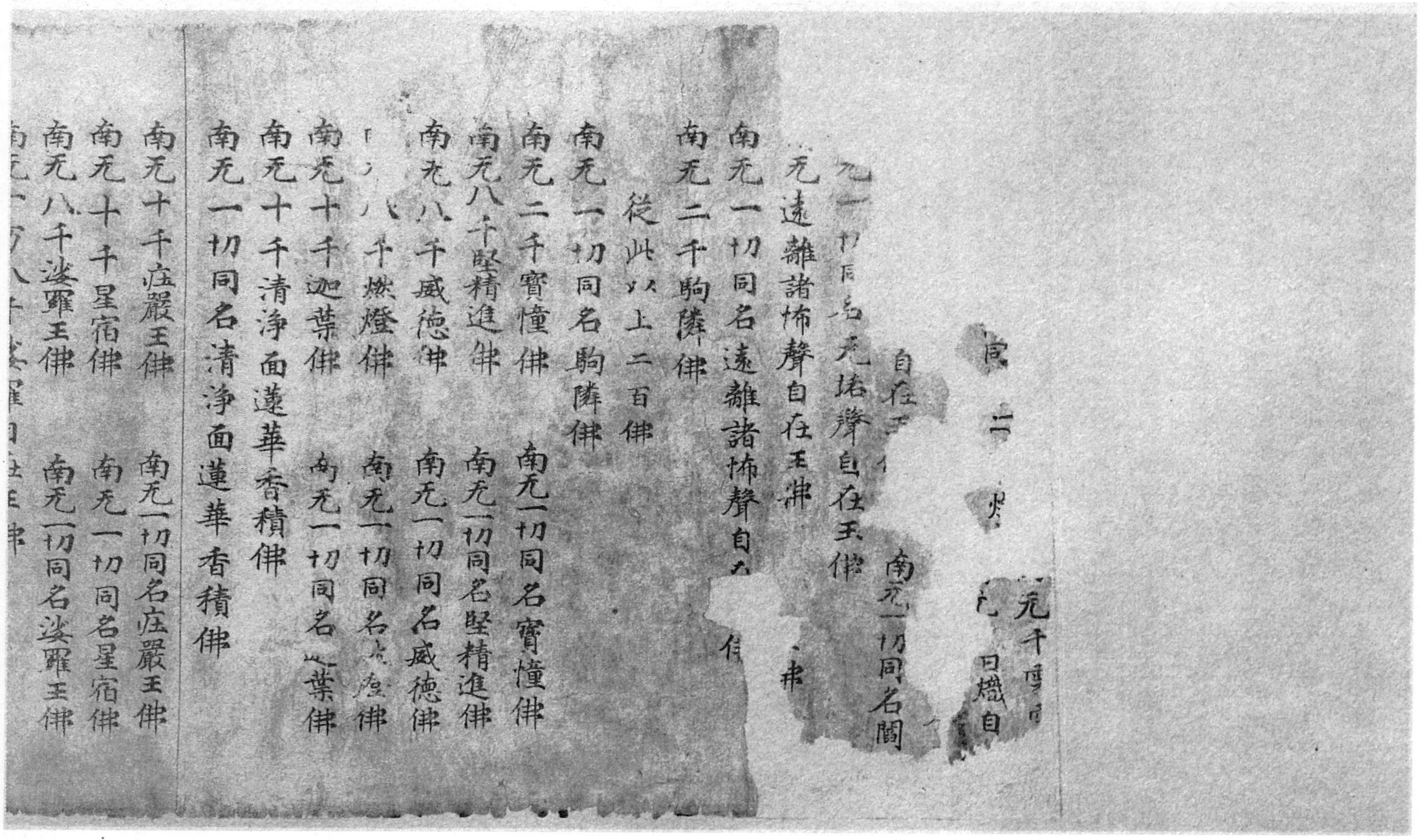

南无二千駒隣佛
從此以上二百佛
南无一切同名駒隣佛
南无二千寶幢佛　南无一切同名寶幢佛
南无八千堅精進佛　南无一切同名堅精進佛
南无八千威德佛　南无一切同名威德佛
南无八千燃燈佛　南无一切同名燃燈佛
南无十千迦葉佛　南无一切同名迦葉佛
南无十千清淨面蓮華香積佛
南无一切同名清淨面蓮華香積佛
南无十千莊嚴王佛　南无一切同名莊嚴王佛
南无十千星宿佛　南无一切同名星宿佛
南无八千娑羅王佛　南无一切同名娑羅王佛
南无十方八千娑羅自在王佛

BD04915號　佛名經（十六卷本）卷一　（3–1）

南无一切同名清淨面蓮華香積佛
南无十千莊嚴王佛　南无一切同名莊嚴王佛
南无十千星宿佛　南无一切同名星宿佛
南无八千娑羅王佛　南无一切同名娑羅王佛
南无一万八千娑羅自在王佛
南无一切同名娑羅自在王佛
南无八千普護佛　南无一切同名普護佛
南无四万顛莊嚴佛　南无一切同名顛莊嚴佛
南无三千毗盧舍那佛　南无一切同名毗盧舍那佛
南无三千放光佛　南无一切同名放光佛
南无三千釋迦牟尼佛　南无一切同名釋迦牟尼佛
南无三万日月太白佛　南无一切同名日月太白佛
南无六万波頭摩上王佛
南无一切同名波頭摩上王佛
南无六万能令衆生離諸見佛
南无一切同名能令衆生離諸見佛
南无十百千万成就義見佛
南无一切同名成就義見佛
南无无量百千万名不可勝佛
南无一切同名不可勝佛
南无二億拘隣佛　南无一切同名拘隣佛
南无三億弗沙佛　南无一切同名弗沙佛
南无六十億大莊嚴佛　南无一切同名大莊嚴佛
南无八十億寶體法決定佛
南无一切同名寶體法決定佛
億娑羅自在王佛
一切同名娑羅自在王佛

BD04915 號　佛名經（十六卷本）卷一　（3--2）

南无三万日月太白佛　南无一切同名日月太白佛
南无六万波頭摩上王佛
南无一切同名波頭摩上王佛
南无六万能令衆生離諸見佛
南无一切同名能令衆生離諸見佛
南无十百千万成就義見佛
南无一切同名成就義見佛
南无无量百千万名不可勝佛
南无一切同名不可勝佛
南无二億拘隣佛　南无一切同名拘隣佛
南无三億弗沙佛　南无一切同名弗沙佛
南无六十億大莊嚴佛　南无一切同名大莊嚴佛
南无八十億寶體法決定佛
南无一切同名寶體法決定佛
億娑羅自在王佛
一切同名娑羅自在王佛
八億寶體決定佛
一切同名寶體法決定佛
燈明佛
佛

BD04915 號　佛名經（十六卷本）卷一　（3–3）

復作是說行安忍者應求色處若常若無常
應求聲香味觸法處若常若無常應求色處
若樂若苦應求聲香味觸法處若樂若苦應
求色處若我若無我應求聲香味觸法
我若無我應求色處若淨若不淨應求聲
味觸法處若淨若不淨若有能求如是等
脩行安忍是行安忍波羅蜜多憍尸迦若善
男子善女人等如是求色處若常若無常求
聲香味觸法處若常若無常求色處若樂若
苦求聲香味觸法處若樂若苦求色處若我
若無我求聲香味觸法處若我若無我求色
處若淨若不淨求聲香味觸法處若淨若不
淨依此等法行安忍者我說名為行有所得
相似安忍波羅蜜多憍尸迦如前所說當知
皆是說有所得相似安忍波羅蜜多
復次憍尸迦若善男子善女人等為發無上
菩提心者說眼界若常若無常說色界眼識
界及眼觸眼觸為緣所生諸受若常若無常
說眼界若樂若苦說色界眼識界及眼觸眼
觸為緣所生諸受若樂若苦說眼界若我若
無我說色界眼識界及眼觸眼觸為緣所生

復次憍尸迦若善男子善女人等為發無上
菩提心者說眼界若常若無常說色界眼識
界及眼觸眼觸為緣所生諸受若常若無常
說眼界若樂若苦說色界眼識界及眼觸眼
觸為緣所生諸受若樂若苦說眼界若我若
無我說色界眼識界及眼觸眼觸為緣所生
諸受若我若無我說眼界若淨若不淨說色
界眼識界及眼觸眼觸為緣所生諸受若淨
若不淨若有能依如是等法脩行安忍是行
安忍波羅蜜多復作是說行安忍者應求眼
界若常若無常應求色界乃至眼觸為緣所
生諸受若常若無常應求眼界若樂若苦應
求色界乃至眼觸為緣所生諸受若樂若苦
應求眼界若我若無我應求色界乃至眼觸
為緣所生諸受若我若無我應求眼界若淨
若不淨應求色界乃至眼觸為緣所生諸受
若淨若不淨若有能求如是等法脩行安忍
是行安忍波羅蜜多憍尸迦若善男子善女
人等如是求眼界若常若無常求色界乃至
眼觸為緣所生諸受若常若無常求眼界若
樂若苦求色界乃至眼觸為緣所生諸受若
樂若苦求眼界若我若無我求色界乃至眼
觸為緣所生諸受若我若無我求眼界若淨
若不淨求色界乃至眼觸為緣所生諸受若
淨若不淨依此等法行安忍者我說名為行

眼觸為緣所生諸受若常若無常求眼界若
樂若苦求色界乃至眼觸為緣所生諸受若
樂若苦求眼界若我若無我求色界乃至眼
觸為緣所生諸受若我若無我求眼界若淨
若不淨求色界乃至眼觸為緣所生諸受若
淨若不淨依此等法行安忍者我說名為行
有所得相似安忍波羅蜜多憍尸迦如前所
說當知皆是說有所得相似安忍波羅蜜多
復次憍尸迦若善男子善女人等為發無上
菩提心者說耳界若常若無常說聲界耳識
界及耳觸耳觸為緣所生諸受若常若無常
說耳界若樂若苦說聲界耳識界及耳觸耳
觸為緣所生諸受若樂若苦說耳界若我若
無我說聲界耳識界及耳觸耳觸為緣所生
諸受若我若無我說耳界若淨若不淨說聲
界耳識界及耳觸耳觸為緣所生諸受若淨
若不淨若有能依如是等法脩行安忍是行
安忍波羅蜜多復作是說行安忍者應求耳
界若常若無常應求聲界乃至耳觸為緣所
生諸受若常若無常應求耳界若樂若苦應
求聲界乃至耳觸為緣所生諸受若樂若苦
應求耳界若我若無我應求聲界乃至耳觸
為緣所生諸受若我若無我應求耳界若淨
若不淨應求聲界乃至耳觸為緣所生諸受
若淨若不淨若有能求如是等法脩行安忍
是行安忍波羅蜜多憍尸迦若善男子善女

BD04916號　大般若波羅蜜多經卷一四一　（19–3）

求聲界乃至耳觸為緣所生諸受若樂若苦
應求耳界若我若無我應求聲界乃至耳觸
為緣所生諸受若我若無我應求耳界若淨
若不淨應求聲界乃至耳觸為緣所生諸受
若淨若不淨若有能求如是等法脩行安忍
是行安忍波羅蜜多憍尸迦若善男子善女
人等如是求耳界若常若無常求聲界乃至
耳觸為緣所生諸受若常若無常求耳界若
樂若苦求聲界乃至耳觸為緣所生諸受若
樂若苦求耳界若我若無我求聲界乃至耳
觸為緣所生諸受若我若無我求耳界若淨
若不淨求聲界乃至耳觸為緣所生諸受若
淨若不淨依此等法行安忍者我說名為行
有所得相似安忍波羅蜜多憍尸迦如前所
說當知皆是說有所得相似安忍波羅蜜多
復次憍尸迦若善男子善女人等為發無上
菩提心者說鼻界若常若無常說香界鼻識
界及鼻觸鼻觸為緣所生諸受若常若無常
說鼻界若樂若苦說香界鼻識界及鼻觸鼻
觸為緣所生諸受若樂若苦說鼻界若我若
無我說香界鼻識界及鼻觸鼻觸為緣所生
諸受若我若無我說鼻界若淨若不淨說香
界鼻識界及鼻觸鼻觸為緣所生諸受若淨
若不淨若有能依如是等法脩行安忍是行
安忍波羅蜜多復作是說行安忍者應求鼻
界若常若無常應求香界乃至鼻觸為緣所

BD04916號　大般若波羅蜜多經卷一四一　（19–4）

無我說香界鼻識界及鼻觸鼻觸為緣所生
諸受若我若無我說鼻界若淨若不淨說香
界鼻識界及鼻觸鼻觸為緣所生諸受若淨
若不淨若有能依如是等法脩行安忍是行
安忍波羅蜜多復作是說行安忍者應求鼻
界若常若無常應求香界乃至鼻觸為緣所
生諸受若常若無常應求鼻界若樂若苦應
求香界乃至鼻觸為緣所生諸受若樂若苦
應求鼻界若我若無我應求香界乃至鼻觸
為緣所生諸受若我若無我應求鼻界若淨
若不淨應求香界乃至鼻觸為緣所生諸受
若淨若不淨若有能求如是等法脩行安忍
是行安忍波羅蜜多憍尸迦若善男子善女
人等如是求鼻界若常若無常求香界乃至
鼻觸為緣所生諸受若常若無常求鼻界若
樂若苦求香界乃至鼻觸為緣所生諸受若
樂若苦求鼻界若我若無我求香界乃至鼻
觸為緣所生諸受若我若無我求鼻界若淨
若不淨求香界乃至鼻觸為緣所生諸受若
淨若不淨依此等法行安忍者我說名為行
有所得相似安忍波羅蜜多憍尸迦如前所
說當知皆是說有所得相似安忍波羅蜜多
復次憍尸迦若善男子善女人等為發無上
菩提心者說舌界若常若無常說味界舌識
界及舌觸舌觸為緣所生諸受若常若無常
說舌界若樂若苦說味界舌識界及舌觸舌

說當知皆是說有所得相似安忍波羅蜜多
復次憍尸迦若善男子善女人等為發無上
菩提心者說舌界若常若無常說味界舌識
界及舌觸舌觸為緣所生諸受若常若無常
說舌界若樂若苦說味界舌識界及舌觸舌
觸為緣所生諸受若樂若苦說舌界若我若
無我說味界舌識界及舌觸舌觸為緣所生
諸受若我若無我說舌界若淨若不淨說味
界舌識界及舌觸舌觸為緣所生諸受若淨
若不淨若有能依如是等法脩行安忍是行
安忍波羅蜜多復作是說行安忍者應求
舌界若常若無常應求味界乃至舌觸為緣
所生諸受若常若無常應求舌界若樂若苦應
求味界乃至舌觸為緣所生諸受若樂若苦
應求舌界若我若无我應求味界乃至舌觸
為緣所生諸受若我若無我應求舌界若
淨若不淨應求味界乃至舌觸為緣所生諸
受若淨若不淨若有能求如是等法脩行安忍
是行安忍波羅蜜多憍尸迦若善男子善女
人等如是求舌界若常若無常求味界乃至
舌觸為緣所生諸受若常若無常求舌界若
樂若苦求味界乃至舌觸為緣所生諸受若
樂若苦求舌界若我若無我求味界乃至舌
觸為緣所生諸受若我若無我求舌界若淨
若不淨求味界乃至舌觸為緣所生諸受若
淨若不淨依此等法行安忍者我說名為行

人等如是求舌界若常若無常求味界乃至
舌觸為緣所生諸受若常若無常求舌界若
樂若苦求味界乃至舌觸為緣所生諸受若
樂若苦求舌界若我若無我求味界乃至舌
觸為緣所生諸受若我若無我求舌界若淨
若不淨求味界乃至舌觸為緣所生諸受若
淨若不淨依此等法行安忍者我說名為行
有所得相似安忍波羅蜜多憍尸迦如前所
說當知皆是說有所得相似安忍波羅蜜多
復次憍尸迦若善男子善女人等為發無上
菩提心者說身界若常若無常說觸界身
識界及身觸身觸為緣所生諸受若常若無
常說身界若樂若苦說觸界身識界及身觸身
觸為緣所生諸受若樂若苦說身界若我若
無我說觸界身識界及身觸身觸為緣所生
諸受若我若無我說身界若淨若不淨說觸
界身識界及身觸身觸為緣所生諸受若淨
若不淨若有能依如是等法脩行安忍是行
安忍波羅蜜多復作是說行安忍者應求身
界若常若無常應求觸界乃至身觸為緣所
生諸受若常若無常應求身界若樂若苦應
求觸界乃至身觸為緣所生諸受若樂若苦
應求身界若我若無我應求觸界乃至身觸
為緣所生諸受若我若無我應求身界若淨
若不淨應求觸界乃至身觸為緣所生諸受
若淨若不淨若有能求如是等法脩行安忍

BD04916 號　大般若波羅蜜多經卷一四一　（19–7）

生諸受若常若無常應求身界若樂若苦應
求觸界乃至身觸為緣所生諸受若樂若苦
應求身界若我若無我應求觸界乃至身觸
為緣所生諸受若我若無我應求身界若淨
若不淨應求觸界乃至身觸為緣所生諸受
若淨若不淨若有能求如是等法脩行安忍
是行安忍波羅蜜多憍尸迦若善男子善女
人等如是求身界若常若無常求觸界乃至
身觸為緣所生諸受若常若無常求身界若
樂若苦求觸界乃至身觸為緣所生諸受若
樂若苦求身界若我若無我求觸界乃至身
觸為緣所生諸受若我若無我求身界若淨
若不淨求觸界乃至身觸為緣所生諸受若
淨若不淨依此等法行安忍者我說名為行
有所得相似安忍波羅蜜多憍尸迦如前所
說當知皆是說有所得相似安忍波羅蜜多
復次憍尸迦若善男子善女人等為發無上
菩提心者說意界若常若無常說法界意識
界及意觸意觸為緣所生諸受若常若無常
說意界若樂若苦說法界意識界及意觸意
觸為緣所生諸受若樂若苦說意界若我若
無我說法界意識界及意觸意觸為緣所生
諸受若我若無我說意界若淨若不淨說法
界意識界及意觸意觸為緣所生諸受若淨
若不淨若有能依如是等法脩行安忍是行
安忍波羅蜜多復作是說行安忍者應求意

BD04916 號　大般若波羅蜜多經卷一四一　（19–8）

觸為緣所生諸受若樂若苦說意界若我若
無我說法界意識界及意觸意觸為緣所生
諸受若我若無我說意界若淨若不淨說法
界意識界及意觸意觸為緣所生諸受若淨
若不淨若有能依如是等法脩行安忍是行
安忍波羅蜜多復作是說行安忍者應求意
界若常若無常應求法界乃至意觸為緣所
生諸受若常若無常應求意界若樂若苦應
求法界乃至意觸為緣所生諸受若樂若苦
應求意界若我若無我應求法界乃至意觸
為緣所生諸受若我若無我應求意界若淨
若不淨應求法界乃至意觸為緣所生諸受
若淨若不淨若有能求如是等法脩行安忍
是行安忍波羅蜜多憍尸迦若善男子善女
人等如是求意界若常若無常求法界乃至
意觸為緣所生諸受若常若無常求意界若
樂若苦求法界乃至意觸為緣所生諸受若
樂若苦求意界若我若無我求法界乃至意
觸為緣所生諸受若我若無我求意界若淨
若不淨求法界乃至意觸為緣所生諸受若
淨若不淨依此等法行安忍者我說名為行
有所得相似安忍波羅蜜多憍尸迦如前所
說當知皆是說有所得相似安忍波羅蜜多
復次憍尸迦若善男子善女人等為發無上
菩提心者說地界若常若無常說水大風空
識界若常若無常說地界若樂若苦說水大

BD04916號　大般若波羅蜜多經卷一四一　（19–9）

淨若不淨依此等法行安忍者我說名為行
有所得相似安忍波羅蜜多憍尸迦如前所
說當知皆是說有所得相似安忍波羅蜜多
復次憍尸迦若善男子善女人等為發無上
菩提心者說地界若常若無常說水大風空
識界若常若無常說地界若樂若苦說水大
風空識界若樂若苦說地界若我若無我說
水火風空識界若我若無我說地界若淨若
不淨說水火風空識界若淨若不淨若有能
依如是等法脩行安忍是行安忍波羅蜜多
復作是說行安忍者應求地界若常若無常
應求水火風空識界若常若無常應求地界
若樂若苦應求水火風空識界若樂若苦應
求地界若我若無我應求水火風空識界若
我若無我應求地界若淨若不淨應求水火
風空識界若淨若不淨若有能求如是等法
脩行安忍是行安忍波羅蜜多憍尸迦若善
男子善女人等如是求地界若常若無常求
水火風空識界若常若無常求地界若樂若
苦求水火風空識界若樂若苦求地界若我
若無我求水火風空識界若我若無我求地
界若淨若不淨求水火風空識界若淨若不
淨依此等法行安忍者我說名為行有所得
相似安忍波羅蜜多憍尸迦如前所說當知
皆是說有所得相似安忍波羅蜜多
復次憍尸迦若善男子善女人等為發無上

BD04916號　大般若波羅蜜多經卷一四一　（19–10）

若無我求水火風空識界若我若無我求地
界若淨若不淨求水火風空識界若淨若不
淨依此等法行安忍者我說名為行有所得
相似安忍波羅蜜多憍尸迦如前所說當知
皆是說有所得相似安忍波羅蜜多
復次憍尸迦若善男子善女人等為發無上
菩提心者說無明若常若無常說行識名色
六處觸受愛取有生老死愁歎苦憂惱若常
若無常說無明若樂若苦說行識名色六處
觸受愛取有生老死愁歎苦憂惱若樂若苦
說無明若我若無我說行識名色六處觸受
愛取有生老死愁歎苦憂惱若我若無我說
無明若淨若不淨說行識名色六處觸受愛
取有生老死愁歎苦憂惱若淨若不淨若有
能依如是等法脩行安忍是行安忍波羅蜜
多復作是說行安忍者應求無明若常若無
常應求行乃至老死愁歎苦憂惱若常若無
常應求無明若樂若苦應求行乃至老死愁
歎苦憂惱若樂若苦應求無明若我若無我
應求行乃至老死愁歎苦憂惱若我若無我
應求無明若淨若不淨應求行乃至老死愁
歎苦憂惱若淨若不淨若有能求如是等法
脩行安忍是行安忍波羅蜜多憍尸迦若善
男子善女人等如是求無明若常若無常求
行乃至老死愁歎苦憂惱若常若無常求無
明若樂若苦求行乃至老死愁歎苦憂惱若

BD04916 號　大般若波羅蜜多經卷一四一　（19–11）

應求無明若淨若不淨應求行乃至老死愁
歎苦憂惱若淨若不淨若有能求如是等法
脩行安忍是行安忍波羅蜜多憍尸迦若善
男子善女人等如是求無明若常若無常求
行乃至老死愁歎苦憂惱若常若無常求無
明若樂若苦求行乃至老死愁歎苦憂惱若
樂若苦求無明若我若無我求行乃至老死
愁歎苦憂惱若我若無我求無明若淨若不
淨求行乃至老死愁歎苦憂惱若淨若不淨
依此等法行安忍者我說名為行有所得相
似安忍波羅蜜多憍尸迦如前所說當知皆
是說有所得相似安忍波羅蜜多
復次憍尸迦若善男子善女人等為發無上
菩提心者說布施波羅蜜多若常若無常說
淨戒安忍精進靜慮般若波羅蜜多若常若
無常說布施波羅蜜多若樂若苦說淨戒安
忍精進靜慮般若波羅蜜多若樂若苦說布
施波羅蜜多若我若無我說淨戒安忍精進
靜慮般若波羅蜜多若我若無我說布施波
羅蜜多若淨若不淨說淨戒安忍精進靜慮
般若波羅蜜多若淨若不淨若有能依如是
等法脩行安忍是行安忍波羅蜜多復作是
說行安忍者應求布施波羅蜜多若常若無
常應求淨戒乃至般若波羅蜜多若常若無
常應求布施波羅蜜多若樂若苦應求淨戒

BD04916 號　大般若波羅蜜多經卷一四一　（19–12）

羅蜜多若淨若不淨說淨戒安忍精進靜慮
般若波羅蜜多若淨若不淨若有能依如是
等法脩行安忍是行安忍波羅蜜多復作是
說行安忍者應求布施波羅蜜多若常若無
常應求淨戒乃至般若波羅蜜多若常若無
常應求布施波羅蜜多若樂若苦應求淨戒
乃至般若波羅蜜多若樂若苦應求布施波
羅蜜多若我若無我應求淨戒乃至般若波
羅蜜多若我若無我應求布施波羅蜜多若
淨若不淨應求淨戒乃至般若波羅蜜多若
淨若不淨若有能求如是等法脩行安忍是
行安忍波羅蜜多憍尸迦若善男子善女人
等如是求布施波羅蜜多若常若無常求淨
戒乃至般若波羅蜜多若常若無常求布施
波羅蜜多若樂若苦求淨戒乃至般若波羅
蜜多若樂若苦求布施波羅蜜多若我若無
我求淨戒乃至般若波羅蜜多若我若無我
求布施波羅蜜多若淨若不淨求淨戒乃至
般若波羅蜜多若淨若不淨依此等法行安
忍者我說名為行有所得相似安忍波羅蜜
多憍尸迦如前所說當知皆是說有所得相
似安忍波羅蜜多
復次憍尸迦若善男子善女人等為發無上
菩提心者說內空若常若無常說外空內外
空空空大空勝義空有為空無為空畢竟空
無際空散空無變異空本性空自相空共相

BD04916號　大般若波羅蜜多經卷一四一　（19–13）

似安忍波羅蜜多
復次憍尸迦若善男子善女人等為發無上
菩提心者說內空若常若無常說外空內外
空空空大空勝義空有為空無為空畢竟空
無際空散空無變異空本性空自相空共相
空一切法空不可得空無性空自性空無性
自性空若常若無常說內空若樂若苦說外
空內外空空空大空勝義空有為空無為空
畢竟空無際空散空無變異空本性空自相
空共相空一切法空不可得空無性空自性
空無性自性空若樂若苦說內空若我若無
我說外空內外空空空大空勝義空有為空
無為空畢竟空無際空散空無變異空本性
空自相空共相空一切法空不可得空無性
空自性空無性自性空若我若無我說內空
若淨若不淨說外空內外空空空大空勝義
空有為空無為空畢竟空無際空散空無變
異空本性空自相空共相空一切法空不可
得空無性空自性空無性自性空若淨若不
淨若有能依如是等法脩行安忍是行安忍
波羅蜜多復作是說行安忍者應求內空若
常若無常應求外空乃至無性自性空若常
若無常應求內空若樂若苦應求外空乃至
無性自性空若樂若苦應求內空若我若無
我應求外空乃至無性自性空若我若無我
應求內空若淨若不淨應求外空乃至無性

BD04916號　大般若波羅蜜多經卷一四一　（19–14）

波羅蜜多復作是說行安忍者應求內空若
常若無常應求外空乃至無性自性空若常
若無常應求內空若樂若苦應求外空乃至
無性自性空若樂若苦應求內空若我若無
我應求外空乃至無性自性空若我若無我
應求內空若淨若不淨應求外空乃至無性
自性空若淨若不淨若有能求如是等法脩
行安忍是行安忍波羅蜜多憍尸迦若善男
子善女人等如是求內空若常若無常求外
空乃至無性自性空若常若無常求內空若
樂若苦求外空乃至無性自性空若樂若苦
求內空若我若無我求外空乃至無性自性
空若我若無我求內空若淨若不淨求外空
乃至無性自性空若淨若不淨依此等法行
安忍者我說名為行有所得相似安忍波羅
蜜多憍尸迦如前所說當知皆是說有所得
相似安忍波羅蜜多
復次憍尸迦若善男子善女人等為發無上
菩提心者說真如若常若無常說法界法
性不虛妄性不變異性平等性離生性法定
法住實際虛空界不思議界若常若無常說
真如若樂若苦說法界法性不虛妄性不變異
性平等性離生性法定法住實際虛空界不
思議界若樂若苦說真如若我若無我說法
界法性不虛妄性不變異性平等性離生性
法定法住實際虛空界不思議界若我若無

法住實際虛空界不思議界若常若無常說
真如若樂若苦說法界法性不虛妄性不變異
性平等性離生性法定法住實際虛空界不
思議界若樂若苦說真如若我若無我說法
界法性不虛妄性不變異性平等性離生性
法定法住實際虛空界不思議界若我若無
我說真如若淨若不淨說法界法性不虛妄
性不變異性平等性離生性法定法住實際
虛空界不思議界若淨若不淨若有能依如
是等法脩行安忍是行安忍波羅蜜多復作
是說行安忍者應求真如若常若無常應求
法界乃至不思議界若常若無常應求真如
若樂若苦應求法界乃至不思議界若樂若
苦應求真如若我若無我應求法界乃至不
思議界若我若無我應求真如若淨若不淨
應求法界乃至不思議界若淨若不淨若有
能求如是等法脩行安忍是行安忍波羅蜜
多憍尸迦若善男子善女人等如是求真如
若常若無常求法界乃至不思議界若常若
無常求真如若樂若苦求法界乃至不思議
界若樂若苦求真如若我若無我求法界乃
至不思議界若我若無我求真如若淨若不
淨求法界乃至不思議界若淨若不淨依此
等法行安忍者我說名為行有所得相似安
忍波羅蜜多憍尸迦如前所說當知皆是說
有所得相似安忍波羅蜜多

至不思議界若我若無我求真如若淨若不
淨求法界乃至不思議界若淨若不淨依此
等法行安忍者我說名為行有所得相似安
忍波羅蜜多憍尸迦如前所說當知皆是說
有所得相似安忍波羅蜜多
復次憍尸迦若善男子善女人等為發無上
菩提心者說苦聖諦若常若無常說集滅道
聖諦若常若無常說苦聖諦若樂若苦說集
滅道聖諦若樂若苦說苦聖諦若我若無我
說集滅道聖諦若我若無我說苦聖諦若淨
若不淨說集滅道聖諦若淨若不淨若有能
依如是等法脩行安忍是行安忍波羅蜜多
復作是說行安忍者應求苦聖諦若常若無
常應求集滅道聖諦若常若無常應求苦聖
諦若樂若苦應求集滅道聖諦若樂若苦應
求苦聖諦若我若無我應求集滅道聖諦若
我若無我應求苦聖諦若淨若不淨應求集
滅道聖諦若淨若不淨若有能求如是等法
脩行安忍是行安忍波羅蜜多憍尸迦若善
男子善女人等如是求苦聖諦若常若無常
求集滅道聖諦若常若無常求苦聖諦若
樂若苦求集滅道聖諦若樂若苦求苦聖諦
若我若無我求集滅道聖諦若我若無我求
苦聖諦若淨若不淨求集滅道聖諦若淨若
不淨依此等法行安忍者我說名為行有所

BD04916號　大般若波羅蜜多經卷一四一　（19–17）

男子善女人等如是求苦聖諦若常若無常
求集滅道聖諦若常若無常求苦聖諦若
樂若苦求集滅道聖諦若樂若苦求苦聖諦
若我若無我求集滅道聖諦若我若無我求
苦聖諦若淨若不淨求集滅道聖諦若淨若
不淨依此等法行安忍者我說名為行有所
得相似安忍波羅蜜多憍尸迦如前所說當知
皆是說有所得相似安忍波羅蜜多
復次憍尸迦若善男子善女人等為發無上
菩提心者說四靜慮若常若無常說四無量
四無色定若常若無常說四靜慮若樂若苦
說四無量四無色定若樂若苦說四靜慮若
我若無我說四無量四無色定若我若無我
說四靜慮若淨若不淨說四無量四無色定
若淨若不淨若有能依如是等法脩行安忍
是行安忍波羅蜜多復作是說行安忍者應
求四靜慮若常若無常應求四無量四無色
定若常若無常應求四靜慮若樂若苦應求
四無量四無色定若樂若苦應求四靜慮若
我若無我應求四無量四無色定若我若無
我應求四靜慮若淨若不淨應求四無量四
無色定若淨若不淨若有能求如是等法脩
行安忍是行安忍波羅蜜多憍尸迦若善男
子善女人等如是求四靜慮若常若無常求
四無量四無色定若常若無常求四靜慮若
樂若苦求四無量四無色定若樂若苦求四靜

BD04916號　大般若波羅蜜多經卷一四一　（19–18）

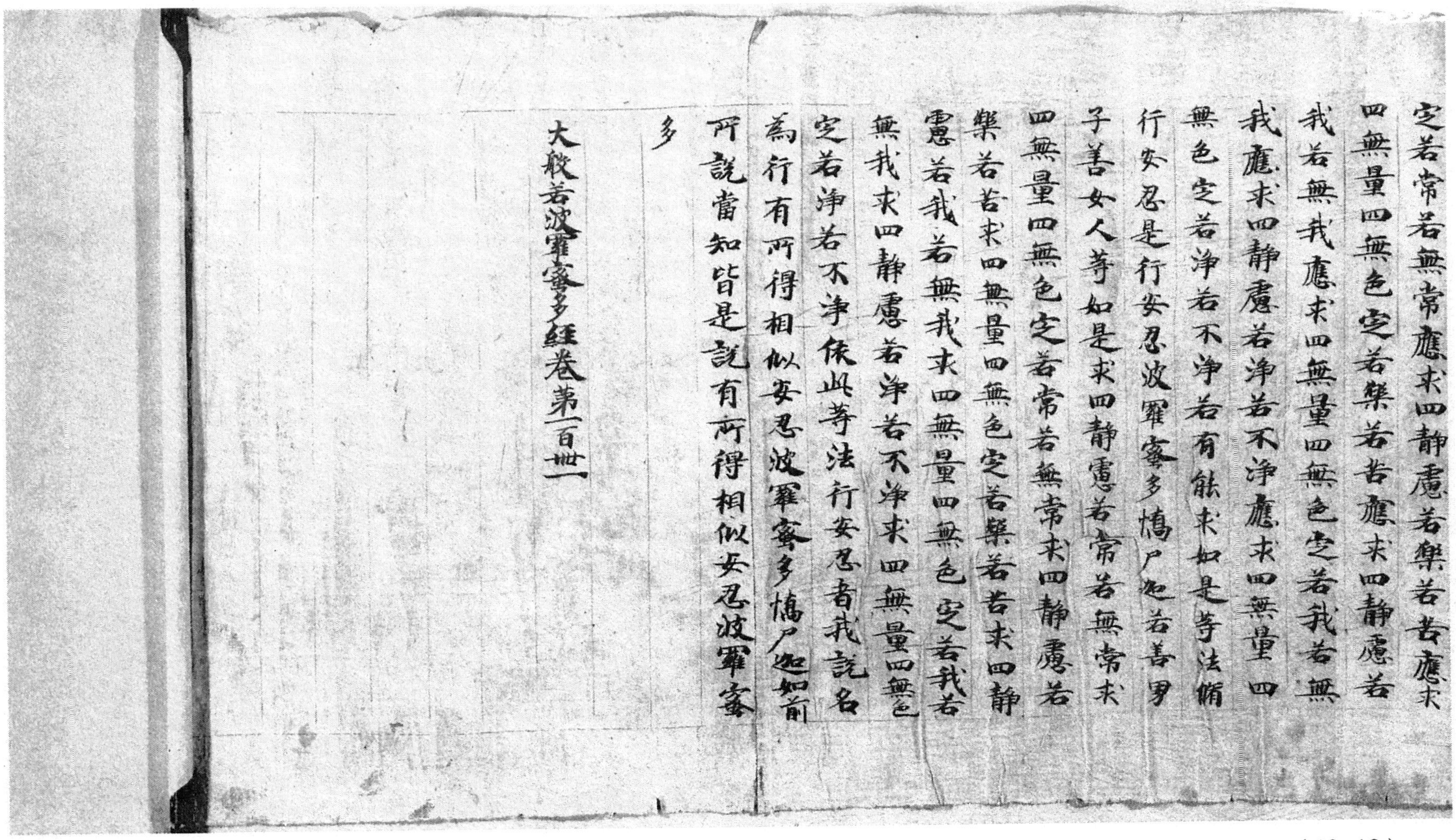

定若常若無常應求四靜慮若樂若苦應求
四無量四無色定若樂若苦應求四靜慮若
我若無我應求四無量四無色定若我若無
我應求四靜慮若淨若不淨應求四無量四
無色定若淨若不淨若有能求如是等法脩
行安忍是行安忍波羅蜜多憍尸迦若善男
子善女人等如是求四靜慮若常若無常求
四無量四無色定若常若無常求四靜慮若
樂若苦求四無量四無色定若樂若苦求四靜
慮若我若無我求四無量四無色定若我若
無我求四靜慮若淨若不淨求四無量四無色
定若淨若不淨依此等法行安忍者我說名
為行有所得相似安忍波羅蜜多憍尸迦如前
所說當知皆是說有所得相似安忍波羅蜜
多

大般若波羅蜜多經卷第一百卌一

BD04916號　大般若波羅蜜多經卷一四一　（19–19）

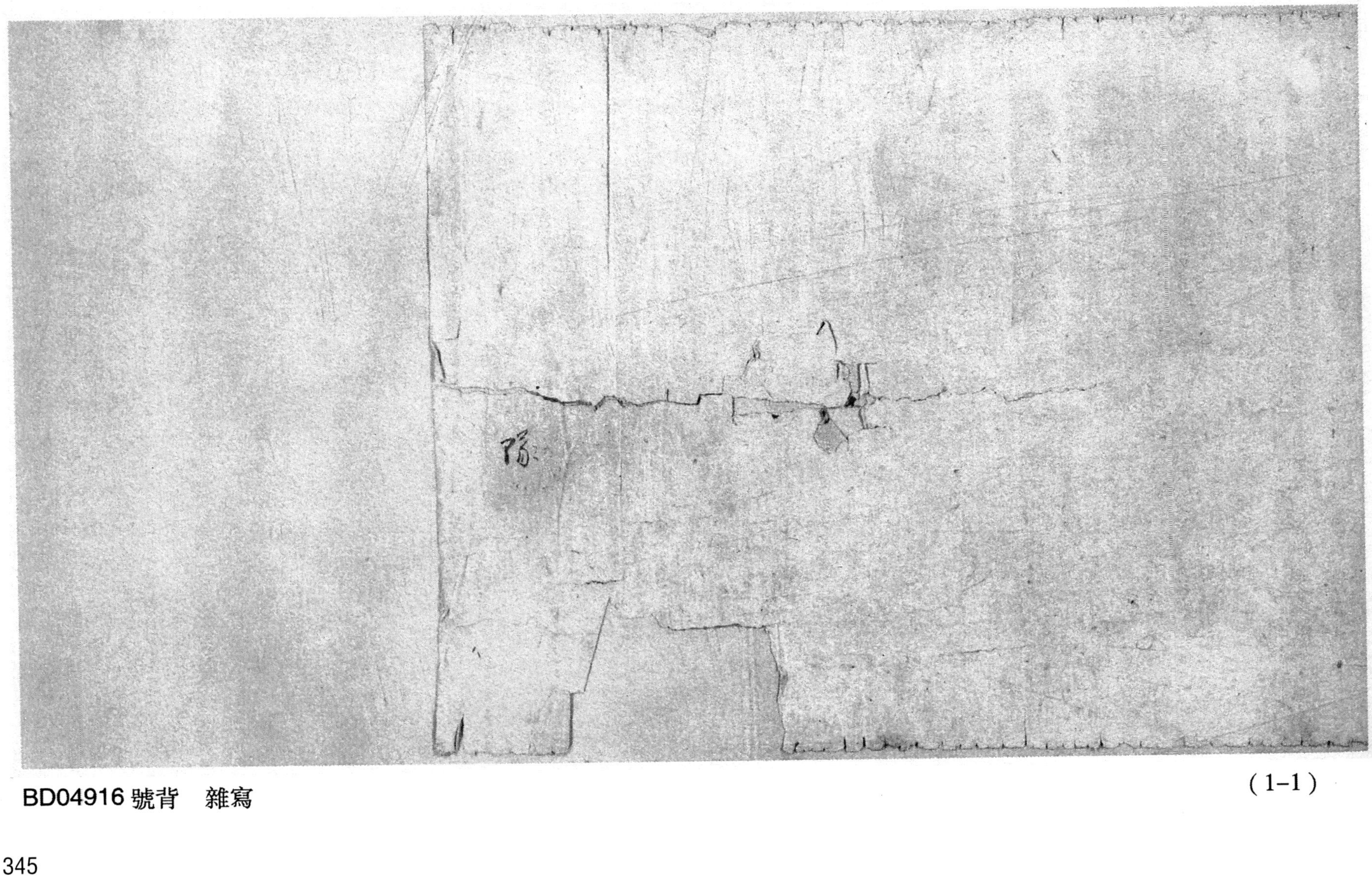

BD04916號背　雜寫　（1–1）

第六

BD04917 號背　護首　（1–1）

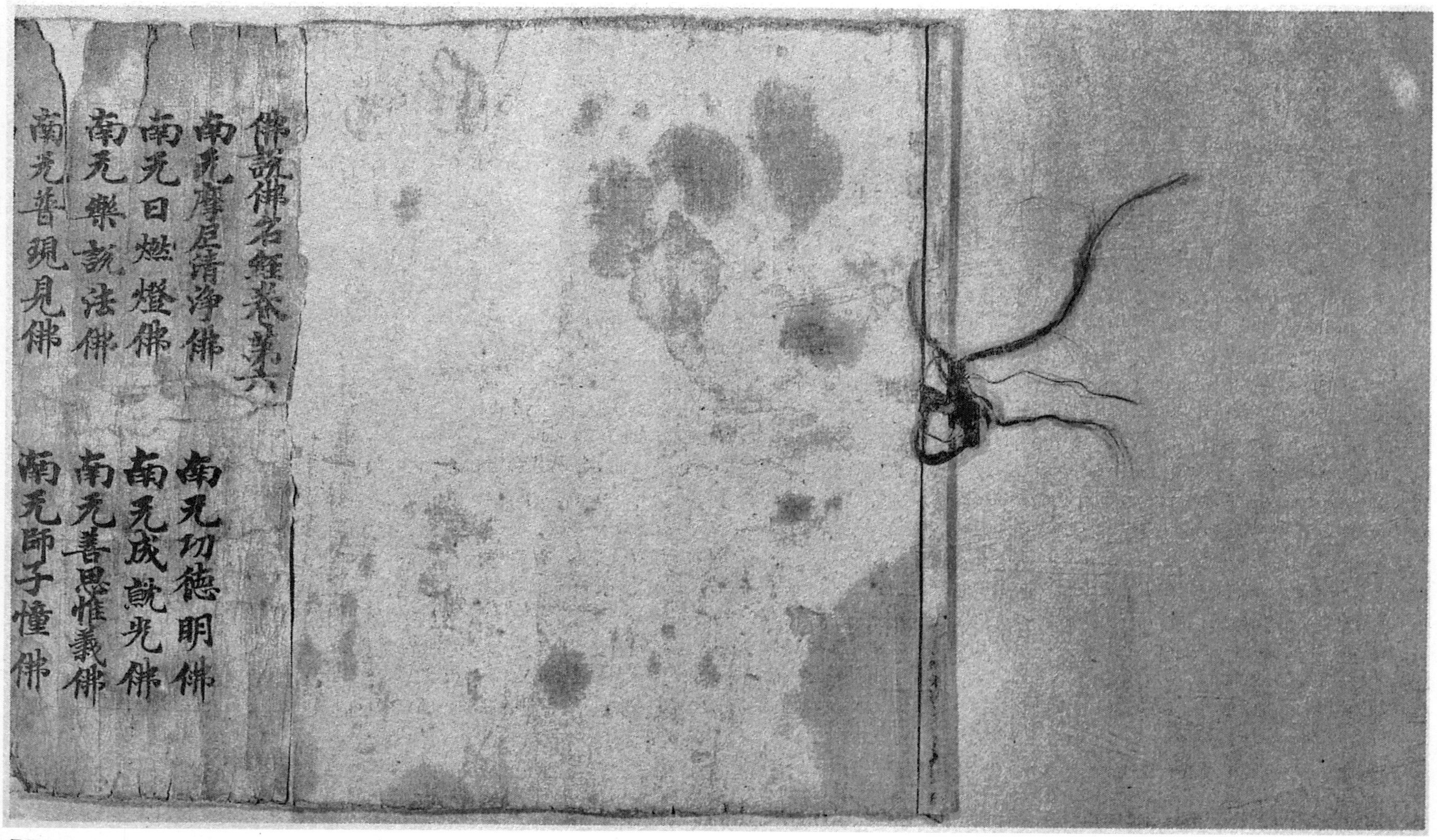

佛說佛名經卷第六

南无摩尼清淨佛　南无功德明佛

南无日燃燈佛　南无成就光佛

南无樂說法佛　南无善思惟義佛

南无普現見佛　南无師子幢佛

BD04917 號　佛名經（十六卷本）卷六　（3–1）

佛說佛名經卷第六
南无摩尼清淨佛　南无一切德明佛
南无日燃燈佛　南无成就光佛
南无樂說法佛　南无善思惟義佛
南无普現見佛　南无師子幢佛
南无苦行佛　南无大步佛
南无蓮華眼佛　南无照光佛
南无信无量佛　南无无量色佛
南无蓋天佛　南无寶光明佛
南无上首佛　南无善見佛
南无說味佛　南无德味佛
南无日南佛　南无无障导眼佛
南无師子步佛　南无大燈佛
南无生佛　南无信一切德佛
從此以上四千五百佛十二部經一切賢聖
南无福德藏佛　南无法佛
南无天愛佛　南无无畏佛
南无愛佛　南无智勝佛
南无威德光佛　南无月德佛
南无一切德聚佛　南无无邊光佛
南无安樂佛　南无稱幢佛
南无光明吼佛　南无普一切德佛

BD04917號　佛名經（十六卷本）卷六　（3–2）

南无信无量佛　南无无量色佛
南无蓋天佛　南无寶光明佛
南无上首佛　南无善見佛
南无說味佛　南无德味佛
南无日南佛　南无无障导眼佛
南无師子步佛　南无大燈佛
南无生佛　南无信一切德佛
從此以上四千五百佛十二部經一切賢聖
南无福德藏佛　南无法佛
南无天愛佛　南无无畏佛
南无愛佛　南无智勝佛
南无威德光佛　南无月德佛
南无一切德聚佛　南无无邊光佛
南无安樂佛　南无稱幢佛
南无光明吼佛　南无普一切德佛
南无上幢佛　南无那羅延佛
南无寶信佛　南无普思惟佛
南无善思惟佛　南无善智佛
南无不可量威德佛　南无師子辟佛

BD04917號　佛名經（十六卷本）卷六　（3–3）

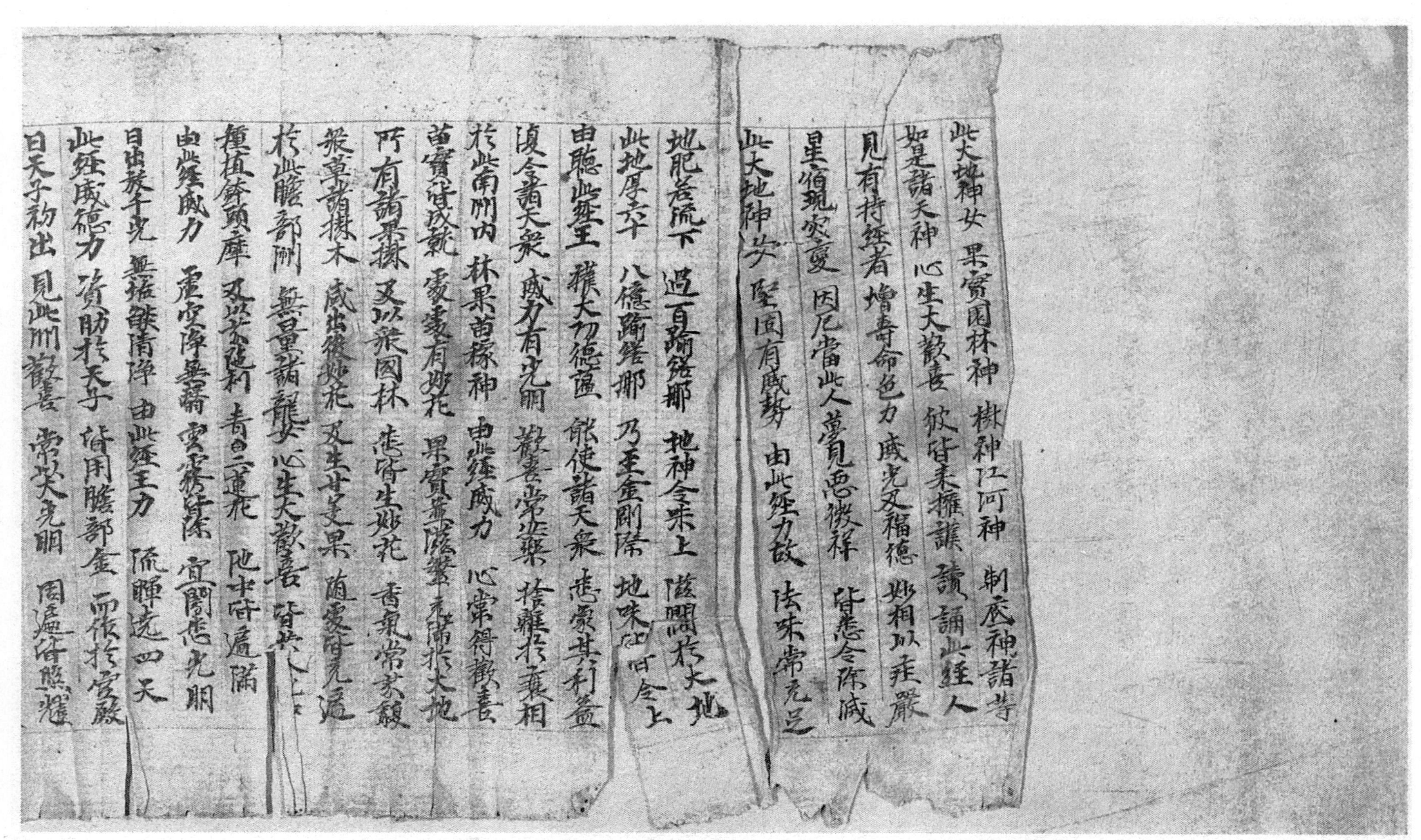

此大地神女　果實園林神　樹神江河神　制底神諸等
如是諸天神　心生大歡喜　彼皆來擁護　讀誦此經人
見有持經者　增壽命色力　威光及福德　妙相以莊嚴
星宿現災變　困厄當此人　夢見惡徵祥　皆悉令除滅
此大地神女　堅固有威勢　由此經力故　法味常充足
地肥若流下　過百踰繕那　地神令來上　滋潤於大地
此地厚六十　八億踰繕那　乃至金剛際　地味皆令上
由聽此經王　獲大功德蘊　能使諸天衆　悉蒙其利益
復令諸天衆　威力有光明　歡喜常安樂　捨離於衰相
於此南洲內　林果苗稼神　由此經威力　心常得歡喜
苗實皆成就　處處有妙花　果實並滋繁　充滿於大地
所有諸果樹　及以衆園林　悉皆生妙花　香氣常芬馥
衆草諸樹木　咸出微妙花　及生甘美果　隨處皆充遍
於此贍部洲　無量諸龍女　心生大歡喜　皆共入池中
種植鉢頭摩　及以分陀利　青白二蓮花　池中皆遍滿
由此經威力　虛空淨無翳　雲霧皆除遣　暗冥悉光明
日出放千光　無垢焰清淨　由此經王力　流暉遶四天
此經威德力　資助於天子　皆用贍部金　而作於宮殿
日天子初出　見此洲歡喜　常以大光明　周遍皆照耀

BD04918號　金光明最勝王經卷九　（3–1）

衆草諸樹木　咸出微妙花　及生甘美果　隨處皆充遍
於此贍部洲　無量諸龍女　心生大歡喜　皆共入池中
種植鉢頭摩　及以分陀利　青白二蓮花　池中皆遍滿
由此經威力　虛空淨無翳　雲霧皆除遣　暗冥悉光明
日出放千光　無垢焰清淨　由此經王力　流暉遶四天
此經威德力　資助於天子　皆用贍部金　而作於宮殿
日天子初出　見此洲歡喜　常以大光明　周遍皆照耀
於斯大地內　所有蓮花池　日光照及時　無不盡開發
於此贍部洲　田疇諸果藥　悉皆令善熟　充滿於大地
由此經威力　日月所照處　星辰不失度　風雨皆順時
遍此贍部洲　國土咸豐樂　隨有此經處　殊勝倍餘方
若此金光明　經典流布處　有能講誦者　悉得如上福
尒時大吉祥天女及諸天等聞佛所說皆大
歡喜於此經王及受持者一心擁護令無憂
惱常得安樂
金光明最勝王經授記品第廿三
尒時如來於大衆中廣說法已欲為妙幢菩
薩及其二子銀幢銀光授阿耨多羅三藐三
菩提記時有十千天子最勝光明而為上首
俱從三十三天來至佛所頂禮佛足却坐一
面聽佛說法尒時佛告妙幢菩薩言汝於來
世過無量無數百千万億那庾多劫已於金
光明世界當成阿耨多羅三藐三菩提号金
寶山王如來應正遍知明行足善逝世間
解無上士調御丈夫天人師佛世尊出現於
世時此如來般涅槃後所有教法亦皆滅盡
時彼長子名曰銀幢即於此界次補佛處世
界尒時轉名淨幢當得作佛名曰金幢光如

BD04918號　金光明最勝王經卷九　（3–2）

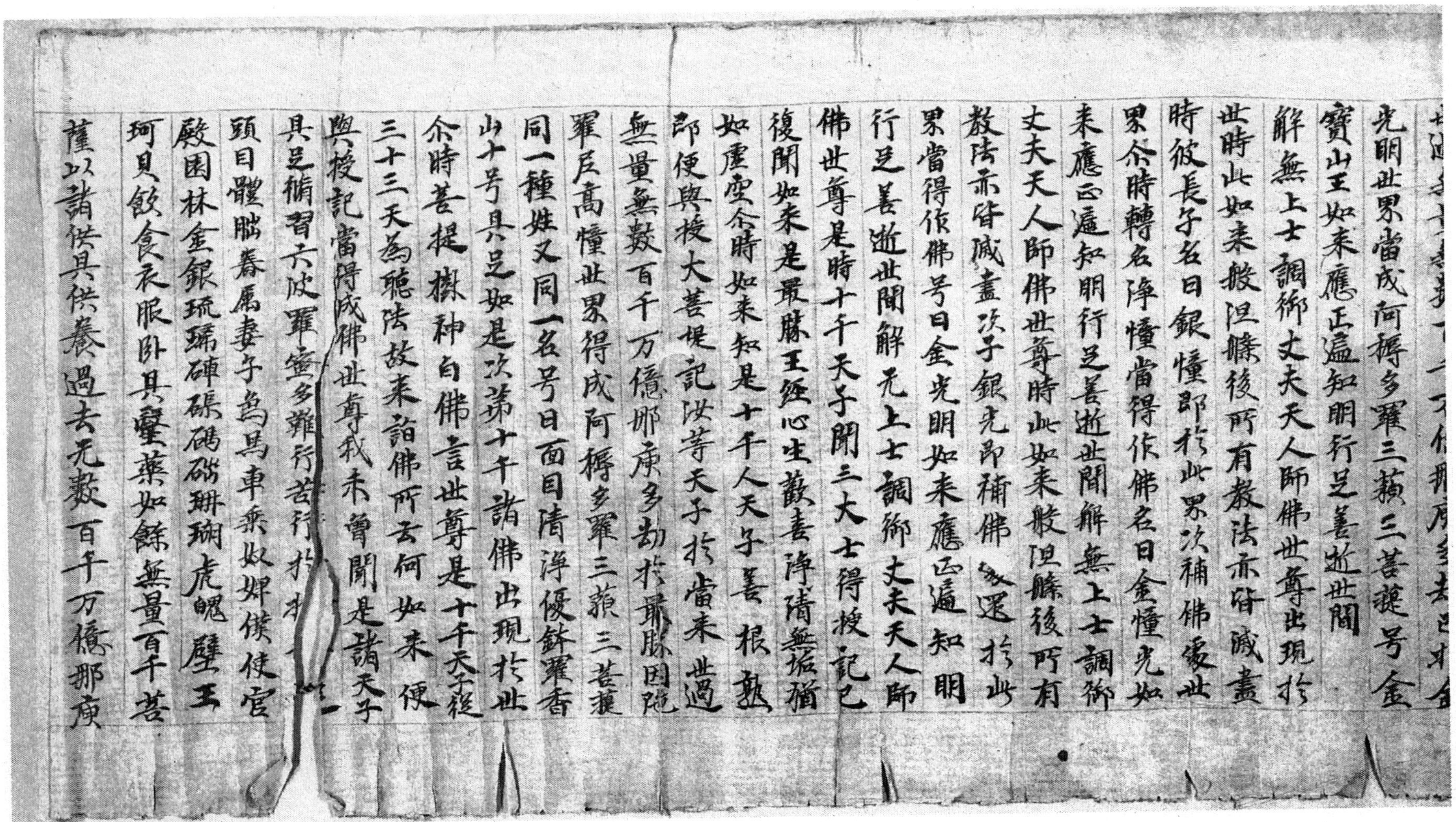

光明世界當成阿耨多羅三藐三菩提号金
寶山王如來應正遍知明行足善逝世間
解無上士調御丈夫天人師佛世尊出現於
世時此如來般涅槃後所有教法亦皆滅盡
時彼長子名曰銀幢即於此界次補佛處世
界尒時轉名淨幢當得作佛名曰金幢光如
來應正遍知明行足善逝世間解無上士調御
丈夫天人師佛世尊時此如來般涅槃後所有
教法亦皆滅盡次子銀光即補佛處還於此
界當得作佛号曰金光明如來應正遍知明
行足善逝世間解无上士調御丈夫天人師
佛世尊是時十千天子聞三大士得授記已
復聞如來是最勝王經心生歡喜清淨無垢猶
如虛空尒時如來知是十千人天子善根成熟
即便與授大菩提記汝等天子於當來世過
無量無數百千万億那庾多劫於最勝因陁
羅底高幢世界得成阿耨多羅三藐三菩提
同一種姓又同一名号曰面目清淨優鉢羅香
山十号具足如是次第十千諸佛出現於世
尒時菩提樹神白佛言世尊是十千天子從
三十三天為聽法故來詣佛所云何如來便
與授記當得成佛世尊我未曾聞是諸天子
具足脩習六波羅蜜多難行苦行於…
頭目髓腦眷屬妻子象馬車乘奴婢僕使宮
殿園林金銀琉璃硨磲碼碯珊瑚虎魄璧玉
珂貝飲食衣服臥具醫藥如餘無量百千菩
薩以諸供具供養過去无數百千万億那庾

BD04918號　金光明最勝王經卷九

（3–3）

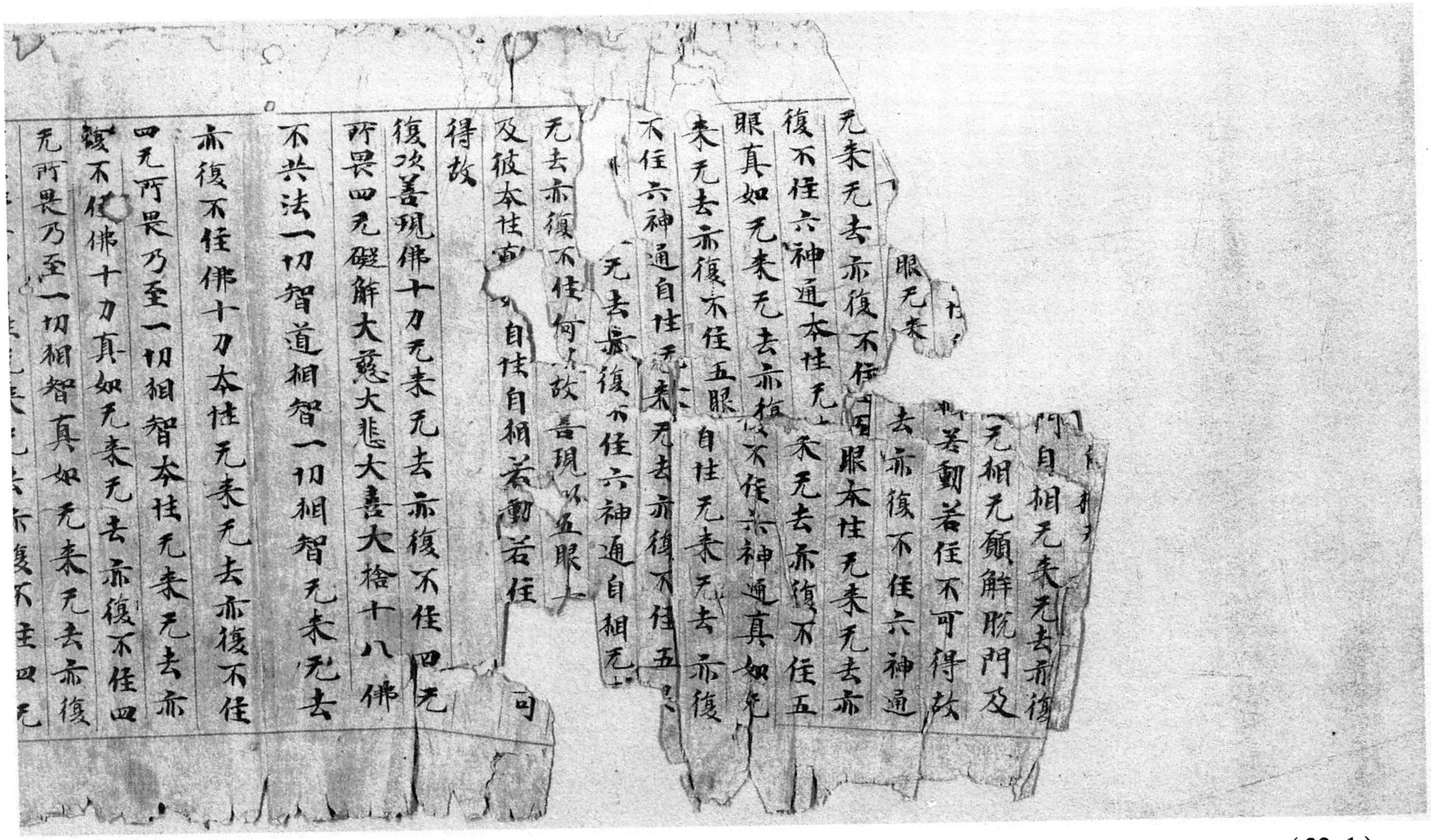

眼无来
无来无去亦復不住
復不住六神通本性无
眼真如无来无去亦復
来无去亦復不住五眼
不住六神通自性无
无去亦復不住何以故善現以五眼
及彼本性
得故
門自相无来无去亦復
无相无願解脫門及
若動若住不可得故
去亦復不住六神通
眼本性无来无去亦
来无去亦復不住五
不住六神通真如
自性无来无去亦復
无来无去亦復不住五
无去亦復不住六神通自相无
自性自相若動若住
可
復次善現佛十力无来无去亦復不住四无
所畏四无礙解大慈大悲大喜大捨十八佛
不共法一切智道相智一切相智无来无去
亦復不住佛十力本性无来无去亦復不住
四无所畏乃至一切相智本性无来无去亦
復不住佛十力真如无来无去亦復不住四
无所畏乃至一切相智真如无来无去亦復

BD04919號　大般若波羅蜜多經卷五九

（22–1）

不共法一切智道相智一切相智无來无去
亦復不住佛十力本性无來无去亦復不住
四无所畏乃至一切相智本性无來无去亦
復不住佛十力真如无來无去亦復不住四
无所畏乃至一切相智真如无來无去亦復
不住佛十力自性无來无去亦復不住四无
所畏乃至一切相智自性无來无去亦復不
住佛十力自相无來无去亦復不住四无所
畏乃至一切相智自相无來无去亦復不住
何以故善現以佛十力四无所畏四无礙解
大慈大悲大喜大捨十八佛不共法一切智
道相智一切相智及彼本性真如自性自相
若動若住不可得故
復次善現菩薩无來无去亦復不住菩提佛
陁无來无去亦復不住菩薩本性无來无去
亦復不住菩提佛陁本性无來无去亦復不
住菩薩真如无來无去亦復不住菩提佛陁
真如无來无去亦復不住菩薩自性无來无
去亦復不住菩提佛陁自性无來无去亦復
不住菩薩自相无來无去亦復不住菩提佛
陁自相无來无去亦復不住何以故善現以
菩薩菩提佛陁及彼本性真如自性自相若
動若住不可得故
復次善現有為无來无去亦復不住无為无
來无去亦復不住有為本性无來无去亦復
不住无為本性无來无去亦復不住有為真
如无來无去亦復不住无為真如无來无去

BD04919 號　大般若波羅蜜多經卷五九　（22–2）

菩薩菩提佛陁及彼本性真如自性自相若
動若住不可得故
復次善現有為无來无去亦復不住无為无
來无去亦復不住有為本性无來无去亦復
不住无為本性无來无去亦復不住有為真
如无來无去亦復不住无為真如无來无去
亦復不住有為自性无來无去亦復不住无
為自性无來无去亦復不有為自相无來
无去亦復不住无為自相无來无去亦復不
住何以故善現以有為无為及彼本性真如
自性自相若動若住不可得故善現故說大
乘无來无去无住可見辟如虗空
復次善現汝言又如虗空前後中際皆不可
得大乘亦尒前後中際皆不可得三世平等
故名大乘者如是如是如汝所說所以者何
善現過去世過去世空未來世未來世空現
在世現在世空三世平等性三世平等性空
大乘性大乘性空菩薩菩薩摩訶薩摩訶
薩空何以故善現空无一二三四五六七八九
十別異之相是故大乘三世平等善現如是
大乘中平等不平等相俱不可得貪不貪
相俱不可得瞋不瞋相俱不可得癡不癡相俱
不可得慢不慢相俱不可得如是乃至善非
善相俱不可得有記无記相俱不可得有漏
无漏相俱不可得有罪无罪相俱不可得有
染離染相俱不可得世間出世間相俱不可
得雜染清淨相俱不可得生死涅槃相俱不
可得常无常相俱不可得樂及苦相俱不可

BD04919 號　大般若波羅蜜多經卷五九　（22–3）

相俱不可得瞋不瞋相俱不可得癡不癡相俱
不可得慢不慢相俱不可得如是乃至善非
善相俱不可得有記无記相俱不可得有漏
无漏相俱不可得有罪无罪相俱不可得有
染離染相俱不可得世間出世間相俱不可
得雜染清淨相俱不可得生死涅槃相俱不
可得常无常相俱不可得樂及苦相俱不可
得我无我相俱不可得淨不淨相俱不可得
寂靜不寂靜相俱不可得遠離不遠離相俱
不可得欲界出欲界相俱不可得色界出色
界相俱不可得无色界出无色界相俱不可
得何以故善現以大乘中諸法自性不可得
故善現過去色過去色空未來色未來色空
現在色現在色空過去受想行識過去受想
行識空未來受想行識未來受想行識空現
在受想行識現在受想行識空所以者何善
現空中過去色不可得何以故過去色即是
空空性亦空空中空尚不可得何況空中有
過去色可得善現空中未來色不可得何以
故未來色即是空空性亦空空中空尚不可
得何況空中有未來色可得善現空中現在
色不可得何以故現在色即是空空性亦空
空中空尚不可得何況空中有現在色可得
善現空中過去未來現在色不可得何以故
過去未來現在色即是空空性亦空空中空
尚不可得何況空中有過去未來現在色可
得善現空中過去受想行識不可得何以故

BD04919號　大般若波羅蜜多經卷五九　（22–4）

色不可得何以故現在色即是空空性亦空
空中空尚不可得何況空中有現在色可得
善現空中過去未來現在色不可得何以故
過去未來現在色即是空空性亦空空中空
尚不可得何況空中有過去未來現在色可
得善現空中過去受想行識不可得何以故
過去受想行識即是空空性亦空空中空尚
不可得何況空中有過去受想行識可得善
現空中未來受想行識不可得何以故未來
受想行識即是空空性亦空空中空尚不可得
何況空中有未來受想行識可得善現空中
現在受想行識不可得何以故現在受想行
識即是空空性亦空空中空尚不可得何
況空中有現在受想行識可得善現空中過
去未來現在受想行識不可得何以故過去
未來現在受想行識即是空空性亦空空中
空尚不可得何況空中有過去未來現在受
想行識可得
善現過去眼處過去眼處空未來眼處未來
眼處空現在眼處現在眼處空過去耳鼻舌
身意處過去耳鼻舌身意處空未來耳鼻舌
身意處未來耳鼻舌身意處空現在耳鼻舌
身意處現在耳鼻舌身意處空何以者何善
現空中過去眼處不可得何以故過去眼處
即是空空性亦空空中空尚不可得何況空
中有過去眼處可得善現空中未來眼處不
可得何以故未來眼處即是空空性亦空空

BD04919號　大般若波羅蜜多經卷五九　（22–5）

身意處未來耳鼻舌身意處空現在耳鼻舌
身意處現在耳鼻舌身意處空何以者何善
現空中過去眼處不可得何以故過去眼　處
即是空空性亦空空中空尚不可得何況空
中有過去眼處可得善現空中未來眼處不
可得何以故未來眼處即是空空性亦空空
中空尚不可得何況空中有未來眼處可得
善現空中現在眼處不可得何以故現在眼
處即是空空性亦空空中空尚不可得何況
空中有現在眼處可得善現空中過去未來
現在眼處不可得何以故過去未來現　在眼
處即是空空性亦空空中空尚不可得何況
空中有過去未來現在眼處可得善現空中
過去耳鼻舌身意處不可得何以故過去耳
鼻舌身意處即是空空性亦空空中空尚不
可得何況空中有過去耳鼻舌身意處可得
善現空中未來耳鼻舌身意處不可得何以
故未來耳鼻舌身意處即是空空性亦空空
中空尚不可得何況空中有未來耳鼻舌身
意處可得善現空中現在耳鼻舌身意處不
可得何以故現在耳鼻舌身意處即是空空
性亦空空中空尚不可得何況空中有現在
耳鼻舌身意處可得善現空中過去未來現
在耳鼻舌身意處不可得何以故過去未來
現在耳鼻舌身意處即是空空性亦空空中
空尚不可得何況空中有過去未來現在耳
鼻舌身意處可得

BD04919 號　大般若波羅蜜多經卷五九　（22–6）

性亦空空中空尚不可得何況空中有現在
耳鼻舌身意處可得善現空中過去未來現
在耳鼻舌身意處不可得何以故過去未來
現在耳鼻舌身意處即是空空性亦空空中
空尚不可得何況空中有過去未來現在耳
鼻舌身意處可得
善現過去色處過去色處空未來色處未來
色處空現在色處現在色處空過去聲香味
觸法處過去聲香味觸法處空未來聲香味
觸法處未來聲香味觸法處空現在聲香味
觸法處現在聲香味觸法處空所以者何善
現空中過去色處不可得何以故過去色處
即是空空性亦空空中空尚不可得何況空
中有過去色處可得善現空中未來色處不
可得何以故未來色處即是空空性亦空空
中空尚不可得何況空中有未來色處可得
善現空中現在色處不可得何以故現在
色處即是空空性亦空空中空尚不可得何況
空中有現在色處可得善現空中過去未來
現在色處不可得何以故過去未來現在色
處即是空空性亦空空中空尚不可得何況
空中有過去未來現在色處可得善現空中
過去聲香味觸法處不可得何以故過去聲
香味觸法處即是空空性亦空空中空尚不
可得何況空中有過去聲香味觸法處可得
善現空中未來聲香味觸法處不可得何以
故未來聲香味觸法處即是空空性亦空空

BD04919 號　大般若波羅蜜多經卷五九　（22–7）

空中有過去未來現在色處可得善現空中
過去聲香味觸法處不可得何以故過去聲
香味觸法處即是空空性亦空空中空尚不
可得何況空中有過去聲香味觸法處可得
善現空中未來聲香味觸法處不可得何以
故未來聲香味觸法處即是空空性亦空空
中空尚不可得何況空中有未來聲香味觸
法處可得善現空中現在聲香味觸法處不
可得何以故現在聲香味觸法處即是空空
性亦空空中空尚不可得何況空中有現在
聲香味觸法處可得善現空中過去未來現
在聲香味觸法處不可得何以故過去未來
現在聲香味觸法處即是空空性亦空空中
空尚不可得何況空中有過去未來現在聲
香味觸法處可得

善現過去眼界過去眼界空未來眼界未來
眼界空現在眼界現在眼界空過去色界眼
識界及眼觸眼觸為緣所生諸受過去色界
乃至眼觸為緣所生諸受空未來色界眼識
界及眼觸眼觸為緣所生諸受未來色界乃
至眼觸為緣所生諸受空現在色界眼識界
及眼觸眼觸為緣所生諸受現在色界乃至
眼觸為緣所生諸受空所以者何善現空中
過去眼界不可得何以故過去眼界即是空
空性亦空空中空尚不可得何況空中有過
去眼界可得善現空中未來眼界不可得何

BD04919號　大般若波羅蜜多經卷五九　（22–8）

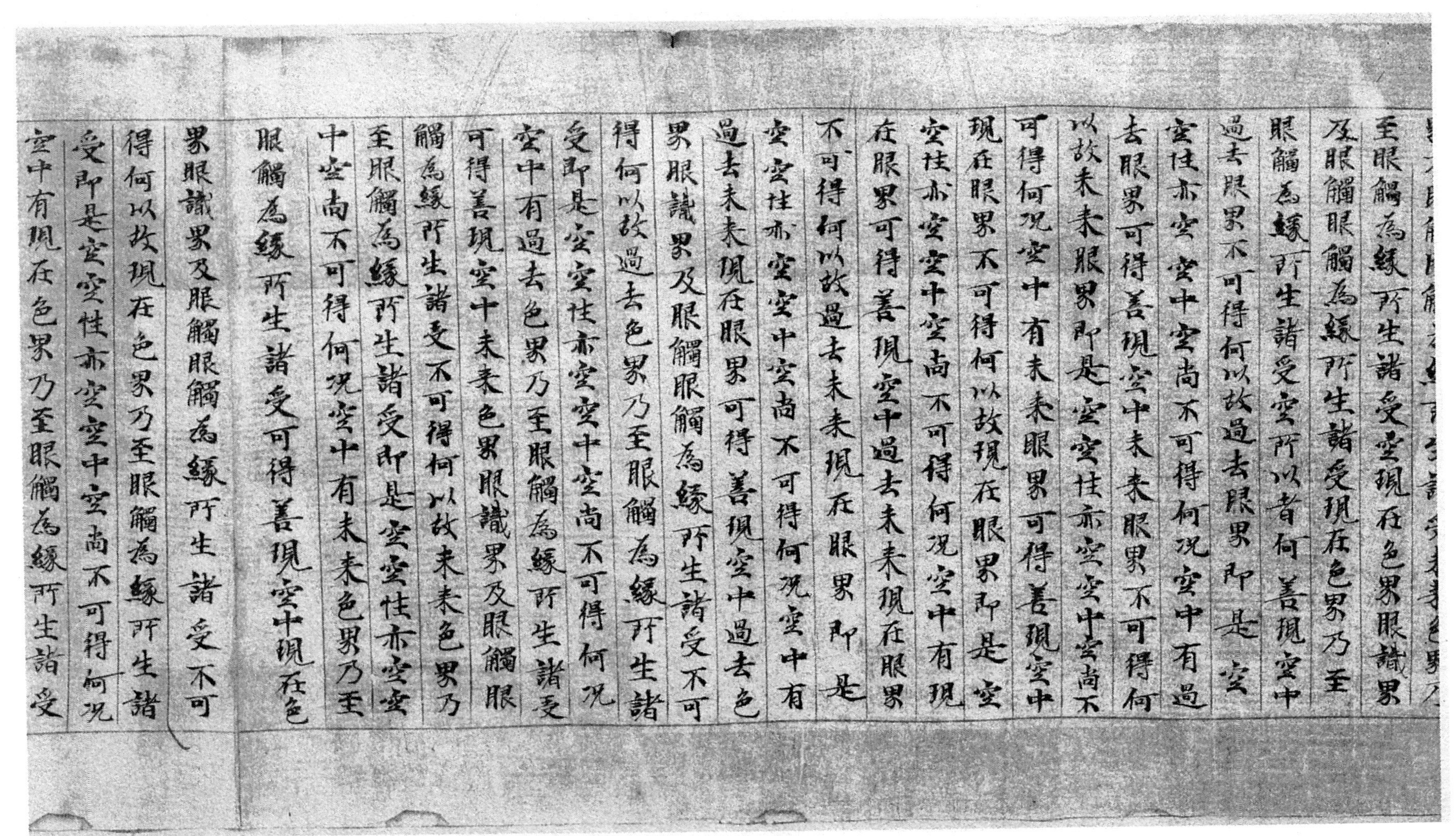
至眼觸為緣所生諸受空現在色界眼識界
及眼觸眼觸為緣所生諸受現在色界乃至
眼觸為緣所生諸受空所以者何善現空中
過去眼界不可得何以故過去眼界即是空
空性亦空空中空尚不可得何況空中有過
去眼界可得善現空中未來眼界不可得何
以故未來眼界即是空空性亦空空中空尚不
可得何況空中有未來眼界可得善現空中
現在眼界不可得何以故現在眼界即是空
空性亦空空中空尚不可得何況空中有現
在眼界可得善現空中過去未來現在眼界
不可得何以故過去未來現在眼界即是
空空性亦空空中空尚不可得何況空中有
過去未來現在眼界可得善現空中過去色
界眼識界及眼觸眼觸為緣所生諸受不可
得何以故過去色界乃至眼觸為緣所生諸
受即是空空性亦空空中空尚不可得何況
空中有過去色界乃至眼觸為緣所生諸受
可得善現空中未來色界眼識界及眼觸眼
觸為緣所生諸受不可得何以故未來色界乃
至眼觸為緣所生諸受即是空空性亦空空
中空尚不可得何況空中有未來色界乃至
眼觸為緣所生諸受可得善現空中現在色
界眼識界及眼觸眼觸為緣所生諸受不可
得何以故現在色界乃至眼觸為緣所生諸
受即是空空性亦空空中空尚不可得何況
空中有現在色界乃至眼觸為緣所生諸受

BD04919號　大般若波羅蜜多經卷五九　（22–9）

眼觸為緣所生諸受可得善現空中現在色
界眼識界及眼觸眼觸為緣所生諸受不可
得何以故現在色界乃至眼觸為緣所生諸
受即是空空性亦空空中空尚不可得何況
空中有現在色界乃至眼觸為緣所生諸受
受可得善現空中過去未來現在色界眼識
界及眼觸眼觸為緣所生諸受不可得何以
故過去未來現在色界乃至眼觸為緣所生
諸受即是空空性亦空空中空尚不可得何
況空中有過去未來現在色界乃至眼觸為
緣所生諸受可得
善現過去耳界過去耳界空未來耳界未來
耳界空現在耳界現在耳界空過去聲界耳
識界及耳觸耳觸為緣所生諸受過去聲界
乃至耳觸為緣所生諸受空未來聲界耳識
界及耳觸耳觸為緣所生諸受未來聲界乃
至耳觸為緣所生諸受空現在聲界耳識界
及耳觸耳觸為緣所生諸受現在聲界乃至
耳觸為緣所生諸受空所以者何善現空中
過去耳界不可得何以故過去耳界即是空
空性亦空空中空尚不可得何況空中有過
去耳界可得善現空中未來耳界不可得何
以故未來耳界即是空空性亦空空中空尚
不可得何況空中有未來耳界可得善現空中
現在耳界不可得何以故現在耳界即是空
空性亦空空中空尚不可得何況空中有現

去耳界可得善現空中未來耳界不可得何
以故未來耳界即是空空性亦空空中空尚
不可得何況空中有未來耳界可得善現空中
現在耳界不可得何以故現在耳界即是空
空性亦空空中空尚不可得何況空中有現
在耳界可得善現空中過去未來現在耳界
不可得何以故過去未來現在耳界即是空
空性亦空空中空尚不可得何況空中有過
去未來現在耳界可得善現空中過去聲界
耳識界及耳觸耳觸為緣所生諸受不可得
何以故過去聲界乃至耳觸為緣所生諸受即
是空空性亦空空中空尚不可得何況空中
有過去聲界乃至耳觸為緣所生諸受可得
善現空中未來聲界耳識界及耳觸耳觸為
緣所有生諸受不可得何以故未來聲界乃至
耳觸為緣所生諸受即是空空性亦空空中
空尚不可得何況空中有未來聲界乃至耳
觸為緣所生諸受可得善現空中現在聲
界耳識界及耳觸耳觸為緣所生諸受不可
得何以故現在聲界乃至耳觸為緣所生諸
受即是空空性亦空空中空尚不可得何況
空中有現在聲界乃至耳觸為緣所生諸受
可得善現空中過去未來現在聲界耳識界及
耳觸耳觸為緣所生諸受不可得何以故過去
未來現在聲界乃至耳觸為緣所生諸受即
是空空性亦空空中空尚不可得何況空中

空中有現在聲界乃至耳觸為緣所生諸受
可得善現空中過去未來現在聲界耳識界及
耳觸耳觸為緣所生諸受不可得何以故過去
未來現在聲界乃至耳觸為緣所生諸受即
是空空性亦空空中空尚不可得何況空中
有過去未來現在聲界乃至耳觸為緣所
生諸受可得
善現過去鼻界過去鼻界空未來鼻界未來
鼻界空現在鼻界現在鼻界空過去香界鼻
識界及鼻觸鼻觸為緣所生諸受過去香界
乃至鼻觸為緣所生諸受空未來香界鼻識
界及鼻觸鼻觸為緣所生諸受未來香界乃
至鼻觸為緣所生諸受空現在香界鼻識界
及鼻觸鼻觸為緣所生諸受現在香界乃至
鼻觸為緣所生諸受空所以者何善現空中
過去鼻界不可得何以故過去鼻界即是空空
性亦空空中空尚不可得何況空中有過去
鼻界可得善現空中未來鼻界不可得何以
故未來鼻界即是空空性亦空空中空尚
不可得何況空中有未來鼻界可得善現空
中現在鼻界不可得何以故現在鼻界即是
空空性亦空空中空尚不可得何況空中有
現在鼻界可得善現空中過去未來現在鼻
界不可得何以故過去未來現在鼻界即是空
空性亦空空中空尚不可得何況空中有過
去未來現在鼻界可得善現空中過去香界鼻
識界及鼻觸鼻觸為緣所生諸受不可得何

BD04919號　大般若波羅蜜多經卷五九　（22-12）

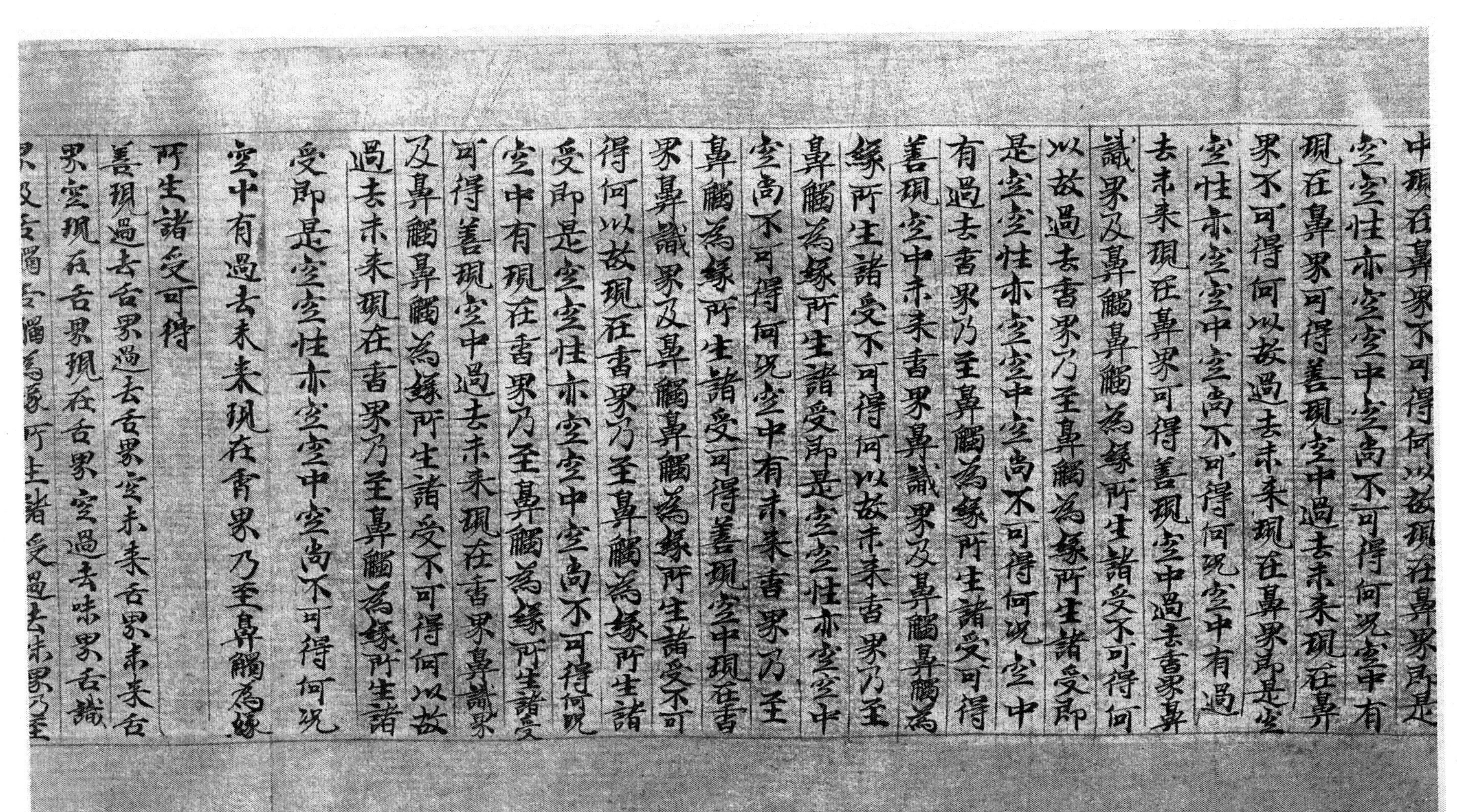
中現在鼻界不可得何以故現在鼻界即是
空空性亦空空中空尚不可得何況空中有
現在鼻界可得善現空中過去未來現在鼻
界不可得何以故過去未來現在鼻界即是空
空性亦空空中空尚不可得何況空中有過
去未來現在鼻界可得善現空中過去香界鼻
識界及鼻觸鼻觸為緣所生諸受不可得何
以故過去香界乃至鼻觸為緣所生諸受即
是空空性亦空空中空尚不可得何況空中
有過去香界乃至鼻觸為緣所生諸受可得
善現空中未來香界鼻識界及鼻觸鼻觸為
緣所生諸受不可得何以故未來香界乃至
鼻觸為緣所生諸受即是空空性亦空空中
空尚不可得何況空中有未來香界乃至
鼻觸為緣所生諸受可得善現空中現在香
界鼻識界及鼻觸鼻觸為緣所生諸受不可
得何以故現在香界乃至鼻觸為緣所生諸
受即是空空性亦空空中空尚不可得何況
空中有現在香界乃至鼻觸為緣所生諸受
可得善現空中過去未來現在香界鼻識界
及鼻觸鼻觸為緣所生諸受不可得何以故
過去未來現在香界乃至鼻觸為緣所生諸
受即是空空性亦空空中空尚不可得何況
空中有過去未來現在香界乃至鼻觸為緣
所生諸受可得
善現過去舌界過去舌界空未來舌界未來舌
界空現在舌界現在舌界空過去味界舌識
界及舌觸舌觸為緣所生諸受過去味界乃至

BD04919號　大般若波羅蜜多經卷五九　（22-13）

受即是空空性亦空空中空尚不可得何況
空中有過去未來現在香界乃至鼻觸為緣
所生諸受可得
善現過去舌界過去舌界空未來舌
界空現在舌界現在舌界空過去舌識
界及舌觸舌觸為緣所生諸受過去味界乃至
舌觸舌觸為緣所生諸受空未來味界舌識界及
舌觸舌觸為緣所生諸受未來味界乃至舌
觸舌觸為緣所生諸受空現在味界舌識界及舌
觸舌觸為緣所生諸受現在味界乃至舌觸
為緣所生諸受空所以者何善現空中過去
舌界不可得何以故過去舌界即是空空
性亦空空中空尚不可得何況空中有過
去舌界可得善現空中未來舌界不可得何
以故未來舌界即是空空性亦空空中空尚
不可得何況空中有未來舌界可得善現空
中現在舌界不可得何以故現在舌界即是
空空性亦空空中空尚不可得何況空中有
現在舌界可得善現空中過去未來現在舌
界不可得何以故過去未來現在舌界即是
空空性亦空空中空尚不可得何況空中有
過去未來現在舌界可得善現空中過去味
界舌識界及舌觸舌觸為緣所生諸受不可
得何以故過去味界乃至舌觸為緣所生諸
受即是空空性亦空空中空尚不可得何況空
中有過去味界乃至舌觸為緣所生諸受可
得善現空中未來味界舌識界及舌觸舌觸

BD04919號　大般若波羅蜜多經卷五九　（22–14）

過去未來現在舌界可得善現空中過去味
界舌識界及舌觸舌觸為緣所生諸受不可
得何以故過去味界乃至舌觸為緣所生諸
受即是空空性亦空空中空尚不可得何況空
中有過去味界乃至舌觸為緣所生諸受可
得善現空中未來味界舌識界及舌觸舌觸
為緣所生諸受不可得何以故未來味界乃
至舌觸為緣所生諸受即是空空性亦空空
中空尚不可得何況空中有未來味界乃至
舌觸為緣所生諸受可得善現空中現在味界
舌識界及舌觸舌觸為緣所生諸受不可得
何以故現在味界乃至舌觸為緣所生諸受
即是空空性亦空空中空尚不可得何況空
中有現在味界乃至舌觸為緣所生諸受可
得善現空中過去未來現在味界舌識界及
舌觸舌觸為緣所生諸受不可得何以故過
去未來現在味界乃至舌觸為緣所生諸受
即是空空性亦空空中空尚不可得何況
空中有過去未來現在味界乃至舌觸為緣
所生諸受可得
善現過去身界過去身界空未來身界未來
身界空現在身界現在身界空過去觸界
身識界及身觸身觸為緣所生諸受過去觸界
乃至身觸為緣所生諸受空未來觸界身識
界及身觸身觸為緣所生諸受未來觸界乃
至身觸為緣所生諸受空現在觸界身識界
及身觸身觸為緣所生諸受現在觸界乃至

BD04919號　大般若波羅蜜多經卷五九　（22–15）

身界空現在身界現在身界空過去觸界
身識界及身觸身觸為緣所生諸受過去觸界
乃至身觸為緣所生諸受空未來觸界身識
界及身觸身觸為緣所生諸受未來觸界乃
至身觸為緣所生諸受空現在觸界身識界
及身觸身觸為緣所生諸受現在觸界乃至
身觸為緣所生諸受空所以者何善現空中
過去身界不可得何以故過去身界即是空
空性亦空空中空尚不可得何況空中有過
去身界可得善現空中未來身界不可得何
以故未來身界即是空空性亦空空中空尚
不可得何況空中有未來身界可得善現空
中現在身界不可得何以故現在身界即是
空空性亦空空中空尚不可得何況空中
有現在身界可得善現空中過去未來現在
身界不可得何以故過去未來現在身界即
是空空性亦空空中空尚不可得何況空中有
過去未來現在身界可得善現空中過去觸界
身識界及身觸身觸為緣所生諸受不可得
何以故過去觸界乃至身觸為緣所生諸受
即是空空性亦空空中空尚不可得何況空
中有過去觸界乃至身觸為緣所生諸受
可得善現空中未來觸界身識界及身觸身
觸為緣所生諸受不可得何以故未來觸界
乃至身觸為緣所生諸受即是空空性亦空
空中空尚不可得何況空中有未來觸界乃
至身觸為緣所生諸受可得善現空中現在

中有過去觸界乃至身觸為緣所生諸受
可得善現空中未來觸界身識界及身觸身
觸為緣所生諸受不可得何以故未來觸界
乃至身觸為緣所生諸受即是空空性亦空
空中空尚不可得何況空中有未來觸界乃
至身觸為緣所生諸受可得善現空中現在
觸界身識界及身觸身觸為緣所生諸受不
可得何以故現在觸界乃至身觸為緣所生
諸受即是空空性亦空空中空尚不可得何
況空中有現在觸界乃至身觸為緣所生諸
受可得善現空中過去未來現在觸界身識
界及身觸身觸為緣所生諸受不可得何以
故過去未來現在觸界乃至身觸為緣所生
諸受即是空空性亦空空中空尚不可得何
況空中有過去未來現在觸界乃至身觸為
緣所生諸受可得
善現過去意界過去意界空未來意界未來
意界空現在意界現在意界空過去法界意
識界及意觸意觸為緣所生諸受過去法界
乃至意觸為緣所生諸受空未來法界意識
界及意觸意觸為緣所生諸受未來法界乃
至意觸為緣所生諸受空現在法界意識界
及意觸意觸為緣所生諸受現在法界乃至
意觸為緣所生諸受空所以者何善現空中
過去意界不可得何以故過去意界即是空空
性亦空空中空尚不可得何況空中有過去
意界可得善現空中未來意界不可得何以

及意觸意觸為緣所生諸受現在法界乃至
意觸為緣所生諸受空所以者何善現空中
過去意界不可得何以故過去意界即是空空
性亦空空中空尚不可得何况空中有過去
意界可得善現空中未來意界不可得何以
故未來意界即是空空性亦空空中空尚
不可得何况空中有未來意界可得善現空
中現在意界不可得何以故現在意界即是
空空性亦空空中空尚不可得何况空中有
現在意界可得善現空中過去未來現在意
界不可得何以故過去未來現在意界即是
空空性亦空空中空尚不可得何况空中有
過去未來現在意界可得善現空中過去法
界意識界及意觸意觸為緣所生諸受不可
得何以故過去法界乃至意觸為緣所生諸
受即是空空性亦空空中空尚不可得何况
空中有過去法界乃至意觸為緣所生諸受
可得善現空中未來法界意識界及意觸意
觸為緣所生諸受不可得何以故未來法界
乃至意觸為緣所生諸受即是空空性亦空空
中空尚不可得何况空中有未來法界乃至
意觸為緣所生諸受可得善現空中現在法
界意識界及意觸意觸為緣所生諸受不
可得何以故現在法界乃至意觸為緣所生
諸受即是空空性亦空空中空尚不可得何
况空中有現在法界乃至意觸為緣所生諸
受可得善現空中過去未來現在法界意識

BD04919 號　大般若波羅蜜多經卷五九　（22–18）

意觸為緣所生諸受可得善現空中現在法
界意識界及意觸意觸為緣所生諸受不
可得何以故現在法界乃至意觸為緣所生
諸受即是空空性亦空空中空尚不可得何
况空中有現在法界乃至意觸為緣所生諸
受可得善現空中過去未來現在法界意識
界及意觸意觸為緣所生諸受不可得何以故
過去未來現在法界乃至意觸為緣所生
諸受即是空空性亦空空中空尚不可得何
况空中有過去未來現在法界乃至意觸為
緣所生諸受可得
善現過去地界過去地界空未來地界未來
地界空現在地界現在地界空過去水火風
空識界過去水火風空識界空未來水火風
空識界未來水火風空識界空現在水火風
空識界現在水火風空識界空所以者何善
現空中過去地界不可得何以故過去地界
即是空空性亦空空中空尚不可得何况空
中有過去地界可得善現空中未來地界不
可得何以故未來地界即是空空性亦空空
中空尚不可得何况空中有未來地界可得
善現空中現在地界不可得何以故現在地
界即是空空性亦空空中空尚不可得何况空
中有現在地界可得善現空中過去未來現
在地界不可得何以故過去未來現在地
界即是空空性亦空空中空尚不可得何况
空中有過去未來現在地界可得善現空中

BD04919 號　大般若波羅蜜多經卷五九　（22–19）

善現空中現在地界不可得何以故現在地
界即是空空性亦空空中空尚不可得何況空
中有現在地界可得善現空中過去未來現
在地界不可得何以故過去未來現在地
界即是空空性亦空空中空尚不可得何況
空中有過去未來現在地界可得善現空中
過去水火風空識界不可得何以故過去水
火風空識界即是空空性亦空空中空尚不
可得何況空中有過去水火風空識界可得
善現空中未來水火風空識界不可得何以
故未來水火風空識界即是空空性亦空空
中空尚不可得何況空中有未來水火風空
識界可得善現空中現在水火風空識界不
可得何以故現在水火風空識界即是空空
性亦空空中空尚不可得何況空中有現在
水火風空識界可得善現空中過去未來現
在水火風空識界不可得何以故過去未來
現在水火風空識界即是空空性亦空空中
空尚不可得何況空中有過去未來現在水
火風空識界可得
善現過去无明過去无明空未來无明未來
无明空現在无明現在无明空過去行識名
色六處觸受愛取有生老死愁歎苦憂惱過
去行乃至老死愁歎苦憂惱空未來行識名
色六處觸受愛取有生老死愁歎苦憂惱未
來行乃至老死愁歎苦憂惱空現在行識名
色六處觸受愛取有生老死愁歎苦憂惱現
在行乃至老死愁歎苦憂惱空所以者何善

BD04919號　大般若波羅蜜多經卷五九　（22–20）

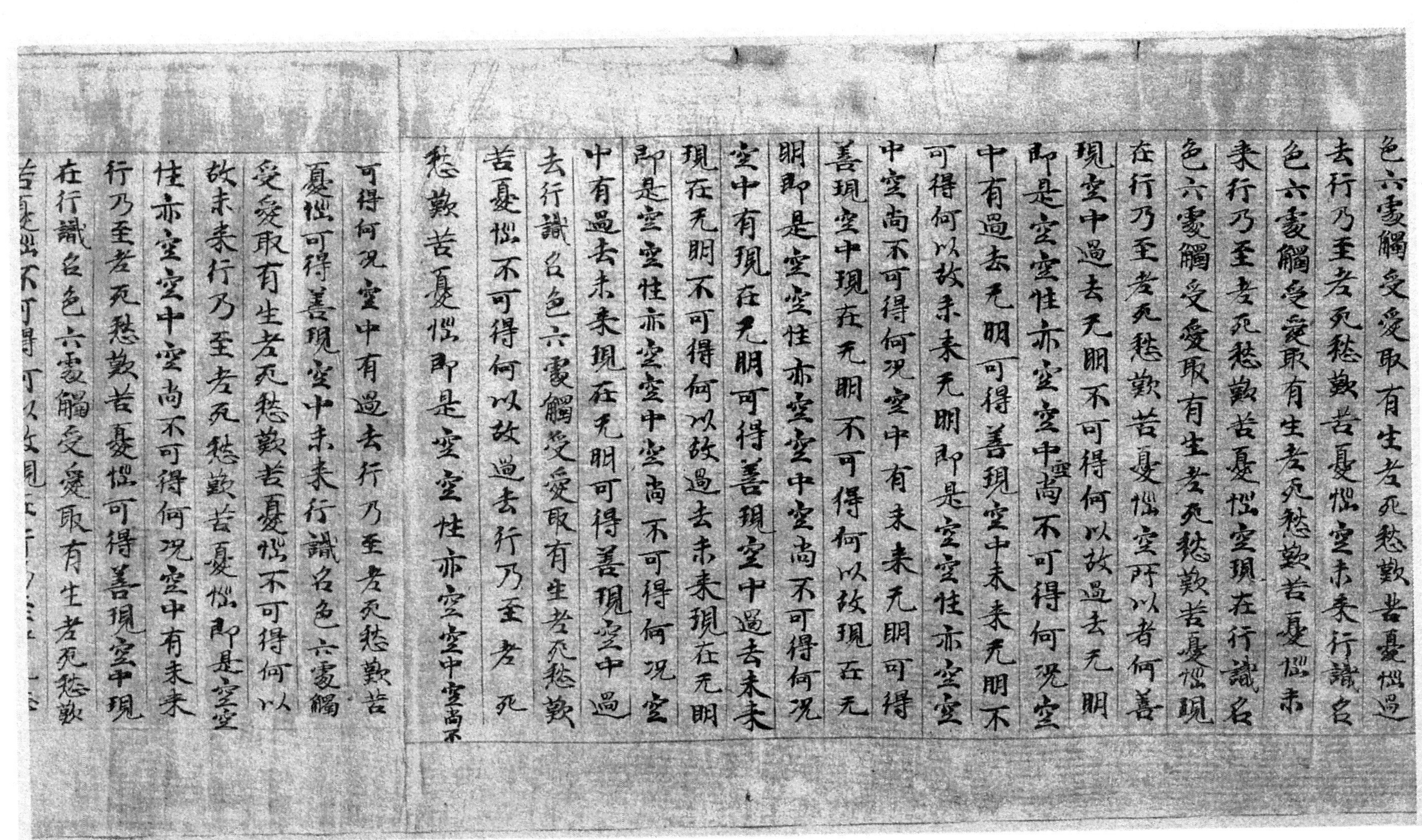
色六處觸受愛取有生老死愁歎苦憂惱過
去行乃至老死愁歎苦憂惱空未來行識名
色六處觸受愛取有生老死愁歎苦憂惱未
來行乃至老死愁歎苦憂惱空現在行識名
色六處觸受愛取有生老死愁歎苦憂惱現
在行乃至老死愁歎苦憂惱空所以者何善
現空中過去无明不可得何以故過去无明
即是空空性亦空空中空尚不可得何況空
中有過去无明可得善現空中未來无明不
可得何以故未來无明即是空空性亦空空
中空尚不可得何況空中有未來无明可得
善現空中現在无明不可得何以故現在无
明即是空空性亦空空中空尚不可得何況
空中有現在无明可得善現空中過去未來
現在无明不可得何以故過去未來現在无明
即是空空性亦空空中空尚不可得何況空
中有過去未來現在无明可得善現空中過
去行識名色六處觸受愛取有生老死愁歎
苦憂惱不可得何以故過去行乃至老死
愁歎苦憂惱即是空空性亦空空中空尚不
可得何況空中有過去行乃至老死愁歎苦
憂惱可得善現空中未來行識名色六處觸
受愛取有生老死愁歎苦憂惱不可得何以
故未來行乃至老死愁歎苦憂惱即是空空
性亦空空中空尚不可得何況空中有未來
行乃至老死愁歎苦憂惱可得善現空中現
在行識名色六處觸受愛取有生老死愁歎
苦憂惱不可得何以故現在行乃至老

BD04919號　大般若波羅蜜多經卷五九　（22–21）

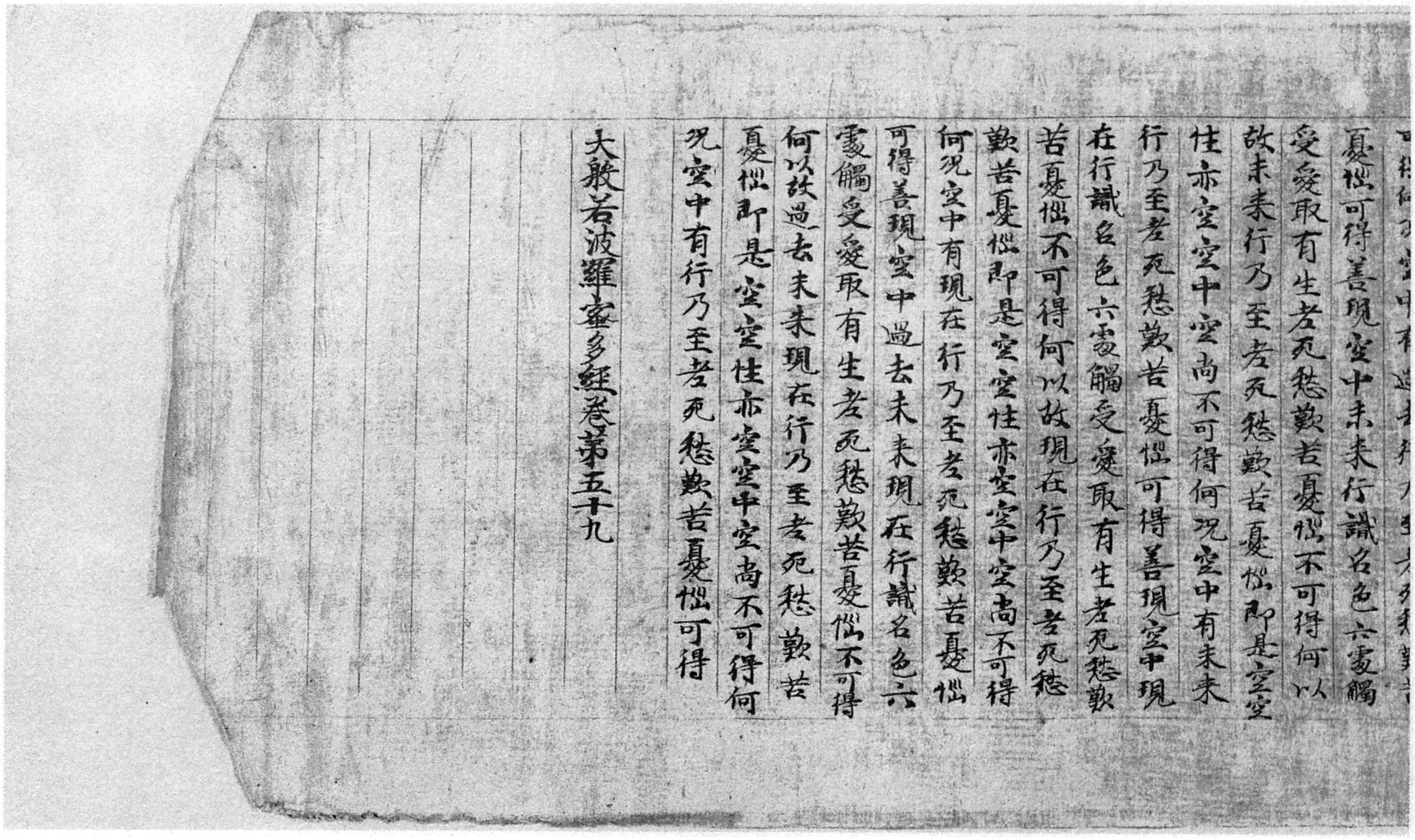

可得何以故空中有過去行乃至老死愁歎苦
憂惱可得善現空中未來行識名色六處觸
受愛取有生老死愁歎苦憂惱不可得何以
故未來行乃至老死愁歎苦憂惱即是空空
性亦空空中空尚不可得何况空中有未來
行乃至老死愁歎苦憂惱可得善現空中現
在行識名色六處觸受愛取有生老死愁歎
苦憂惱不可得何以故現在行乃至老死愁
歎苦憂惱即是空空性亦空空中空尚不可得
何况空中有現在行乃至老死愁歎苦憂惱
可得善現空中過去未來現在行識名色六
處觸受愛取有生老死愁歎苦憂惱不可得
何以故過去未來現在行乃至老死愁歎苦
憂惱即是空空性亦空空中空尚不可得何
况空中有行乃至老死愁歎苦憂惱可得

大般若波羅蜜多經卷第五十九

BD04919 號　大般若波羅蜜多經卷五九　（22–22）

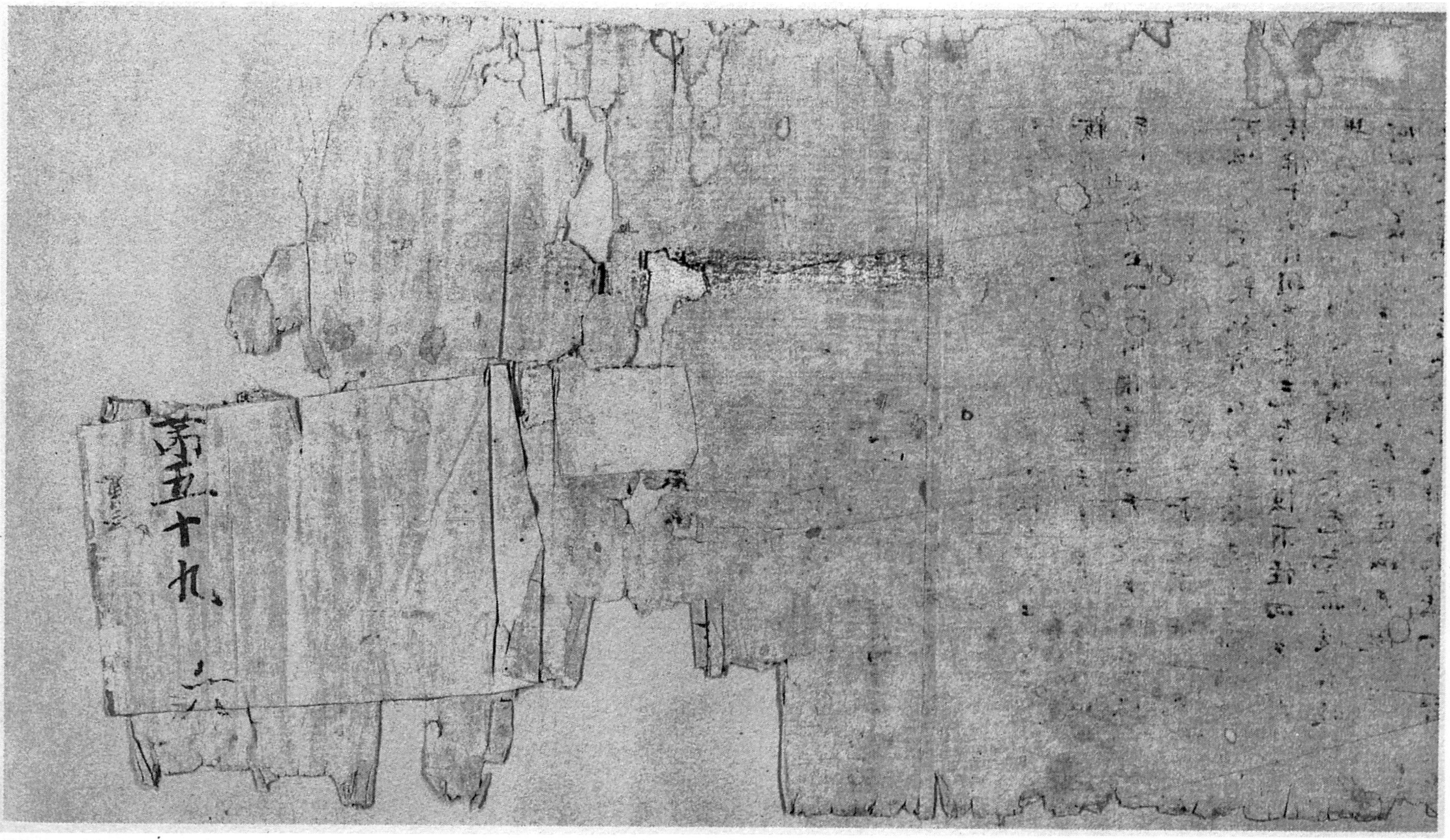

第五十九

BD04919 號背　勘記、雜寫　（1–1）

如日照世幽冥衆生悉蒙開曉
第三願者使我來世智慧廣大如海无窮閏
澤枯涸无量衆生普使蒙益悉令飽滿无飢
渴想甘食美饍悉持施與
第四願者使我來世佛道成就巍巍堂堂
如星中之月消除生死之雲令无有翳明
照世界行者見道熱得清涼解除垢穢
第五願者使我來世發大精進淨持戒地令
无濁穢慎護所受令无缺犯亦令一切戒行
具足堅持不犯至无為道
第六願者使我來世若有衆生諸根毀敗盲
者使視聾者能聽瘂者得語僂者能申跛者
能行如是不完具者悉令具足
第七願者使我來世十方世界若有苦惱无
救護者我為此等設大法藥令諸疾病皆得
除愈无復苦患至得
第八願者使我來世以善業因緣為諸愚冥

BD04920 號　灌頂章句拔除過罪生死得度經　（3–1）

第六願者使我來世若有衆生諸根毀敗盲
者使視聾者能聽瘂者得語僂者能申跛者
能行如是不完具者悉令具足
第七願者使我來世十方世界若有苦惱无
救護者我為此等設大法藥令諸疾病皆得
除愈无復苦患至得
第八願者使我來世以善業因緣為諸愚冥
无量衆生講宣妙法令得度脫入智慧門普
使明了无諸疑惑
第九願者使我來世摧伏惡魔及諸外道顯
揚清淨无上道法使入正真无諸邪僻迴向
菩提八正覺路
第十願者使我來世若有衆生王法所加臨
當刑戮无量怖畏愁憂苦惱若復鞭撻枷鎖
其體種種恐懼逼切其身如是无邊諸苦惱
等悉令解脫无有衆難
第十一願者使我來世若有衆生飢火所惱
令得種種甘美飲食天諸餚饍種種无數悉
持施與令身充足
第十二願者使我來世若有貧凍裸露衆
生即得衣服窮乏之者施與珍寶倉庫盈
溢无所乏少一切皆受无量快樂乃至无有一人
受苦使諸衆生和顏悅色形貌端嚴人所喜
見琴瑟鼓吹如是无量最上音聲施與一切
无量衆生是為十二微妙上願

BD04920 號　灌頂章句拔除過罪生死得度經　（3–2）

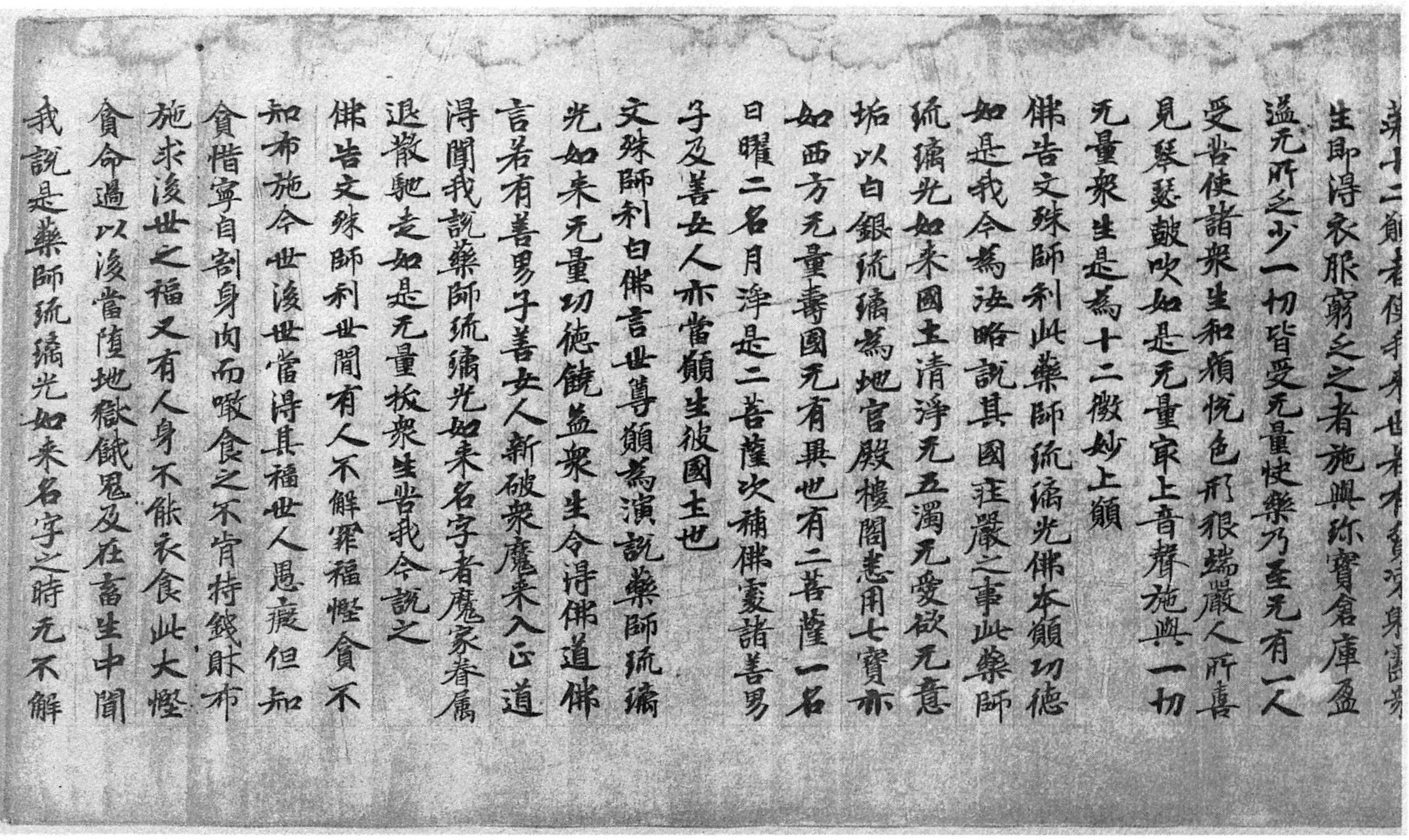

第十二願者使我來世若有貧[illegible]

生即得衣服窮乏之者施與珎寶倉庫盈
溢无所乏少一切皆受无量快樂乃至无有一人
受苦使諸衆生和顔悅色形狠端嚴人所喜
見琴瑟皷吹如是无量最上音聲施與一切
无量衆生是爲十二微妙上願
佛告文殊師利此藥師琉璃光佛本願功德
如是我今爲汝略說其國莊嚴之事此藥師
琉璃光如来國土清淨无五濁无愛欲无意
垢以白銀琉璃爲地宫殿樓閣悉用七寶亦
如西方无量壽國无有異也有二菩薩一名
日曜二名月淨是二菩薩次補佛處諸善男
子及善女人亦當願生彼國土也
文殊師利白佛言世尊願爲演說藥師琉璃
光如来无量功德饒益衆生令得佛道佛
言若有善男子善女人新破衆魔来入正道
得聞我說藥師琉璃光如来名字者魔家眷屬
退散馳走如是无量拔衆生苦我今說之
佛告文殊師利世間有人不解罪福慳貪不
知布施令世後世當得其福世人愚癡但知
貪惜寧自割身肉而噉食之不肯持錢財布
施求後世之福又有人身不能衣食此大慳
貪命過以後當墮地獄餓鬼及在畜生中聞
我說是藥師琉璃光如来名字之時无不解

BD04920 號　灌頂章句拔除過罪生死得度經　（3–3）

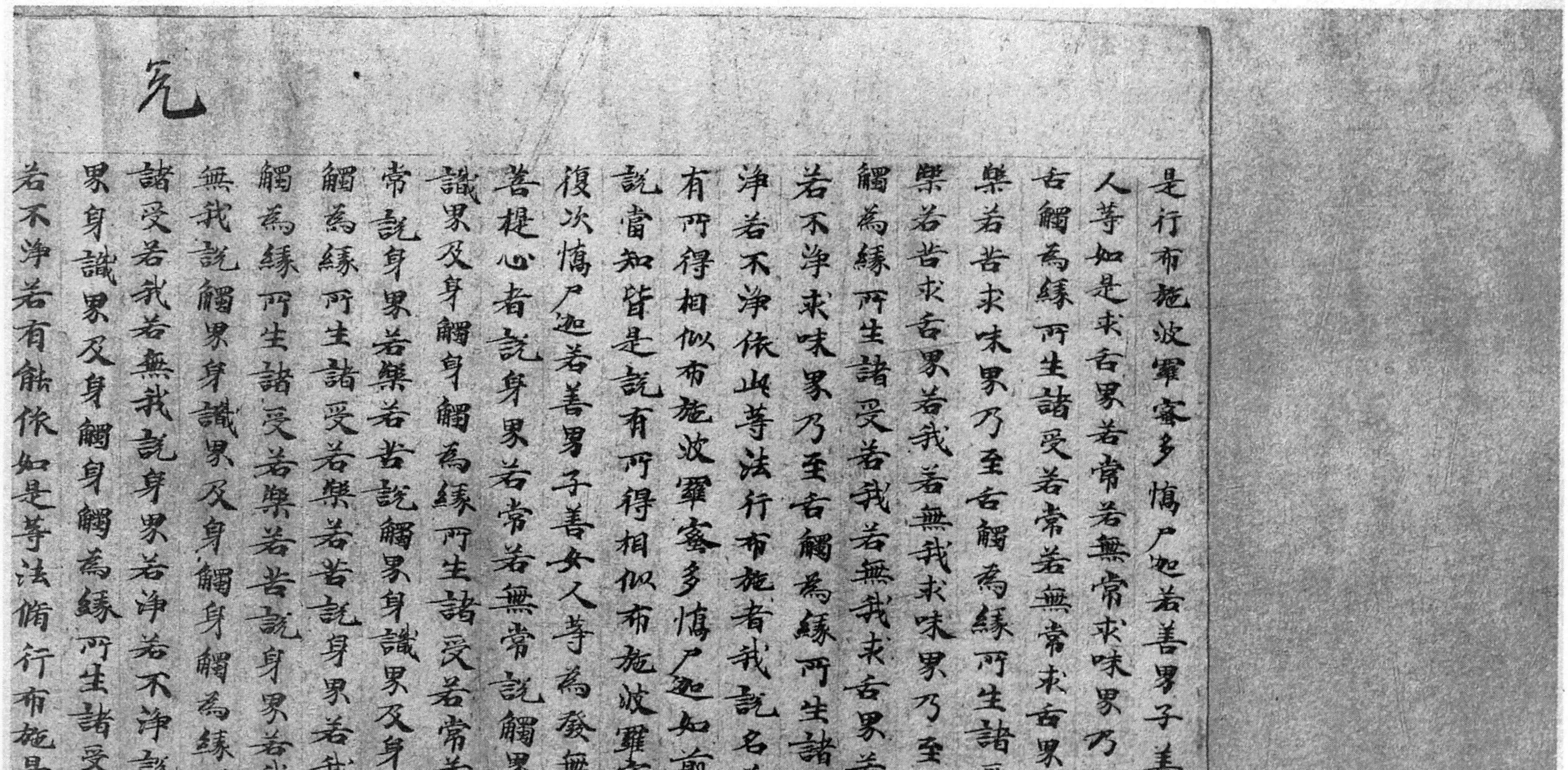

是行布施波羅蜜多憍尸迦若善男子善女
人等如是求舌界若常若無常求味界乃至
舌觸爲緣所生諸受若常若無常求舌界若
樂若苦求味界乃至舌觸爲緣所生諸受若
樂若苦求舌界若我若無我求味界乃至舌
觸爲緣所生諸受若我若無我求舌界若淨
若不淨求味界乃至舌觸爲緣所生諸受若
淨若不淨依此等法行布施者我說名爲行
有所得相似布施波羅蜜多憍尸迦如前所
說當知皆是說有所得相似布施波羅蜜多
復次憍尸迦若善男子善女人等爲發無上
菩提心者說身界若常若無常說觸界身
識界及身觸身觸爲緣所生諸受若常若無
常說身界若樂若苦說觸界身識界及身觸身
觸爲緣所生諸受若樂若苦說身界若我若
觸爲緣所生諸受若樂若苦說身界若我若
無我說觸界身識界及身觸身觸爲緣所生
諸受若我若無我說身界若淨若不淨說觸
界身識界及身觸身觸爲緣所生諸受若淨
若不淨若有能依如是等法脩行布施是行

BD04921 號　大般若波羅蜜多經（兑廢稿）卷一四四　（2–1）

兊

復次憍尸迦若善男子善女人等爲發無上
菩提心者說身界若常若無常說觸界身
識界及身觸身觸爲緣所生諸受若常若無
常說身界若樂若苦說觸界身識界及身觸身
觸爲緣所生諸受若樂若苦說身界若我若
無我說觸界身識界及身觸身觸爲緣所生
諸受若我若無我說身界若淨若不淨說觸
界身識界及身觸身觸爲緣所生諸受若淨
若不淨若有能依如是等法脩行布施是行
布施波羅蜜多復作是說行布施者應求身
界若常若無常應求觸界乃至身觸爲緣所
生諸受若常若無常應求身界若樂若苦應
求觸界乃至身觸爲緣所生諸受若樂若苦

BD04921 號　大般若波羅蜜多經（兊廢稿）卷一四四　　（2–2）

南无西北方須彌相佛　南无東北方寶家高德佛
南无下方寶宴錦花佛　南无上方廣衆德佛
如是等十方盡虛空界一切三寶
弟子等自從无始以來至於今日常以无明
覆心煩惱障意見佛形像不能盡心恭敬讚
議衆僧殘害善友破塔毀寺焚燒形像出
佛身血或自處華堂安置尊像卑猥之處使
烟熏日暴風吹雨露塵土汙坌雀鼠殘毀共
住共宿曾无礼敬或裸露像身初不嚴飾或
遮掩燈燭開閉殿宇障佛光明如是等罪今
日至誠皆悉懺悔
又復无始以來至于今日或於法間有障不
淨手爪把捉經卷或臨經書非法俗語或安
置床頭坐起不敬或開閉箱篋虫嚙朽爛或
首軸脫落部黨失次或譔脫漏誤紙墨破裂
自不脩理不肯流轉如是等罪今悉懺悔
或眠地聽經仰卧讀誦高聲語笑亂他聽法
或邪解佛語錯說聖意非法說法法說非法

BD04922 號　佛名經（十六卷本）卷一一　　（4–1）

又復无始以来至于今日或於法閒有障不
淨手爪把捉經卷或臨經書非法俗語或安
置床頭坐起不敬或開閉箱篋垂墮巧爛或
首軸脫落部黨失次或謗脫漏誤紙墨破裂
自不修理不肯流轉如是等罪今悉懺悔
或眠地聽經仰卧讀誦高聲語笑乱他聽法
或邪解佛語僻說聖意非法說法法說非法
非犯說犯犯說非犯輕罪說重重罪說輕
或抄前著後抄後著前前後著中中著
前後綺飾文辭安置己典或爲利養名譽
恭敬爲人說法无道德心求法師過而爲論
議非理彈擊不爲長解求出世法或輕慢
佛語尊重邪教毀呰大乘讚聲聞道如是
等罪无量无邊今日至到皆悉懺悔
又復无始以来至于今日或於僧閒有障殺
害阿羅漢破和合僧害發无上菩提心人斷
滅佛種使聖道不行或罷脫人道鞭考沙門
楚撻駈使苦言加謗或破淨戒毀於威儀或
勸他人捨於八正受行五法或假託形儀闞
竊賊住如是等罪今悉懺悔
或裸形輕衣在經像前不淨脚履踏上殿塔
或著屧屐入僧伽藍涕唾堂房汙佛僧地乘
車策馬排突寺舍今如是等罪及於三寶閒

BD04922號　佛名經（十六卷本）卷一一　（4–2）

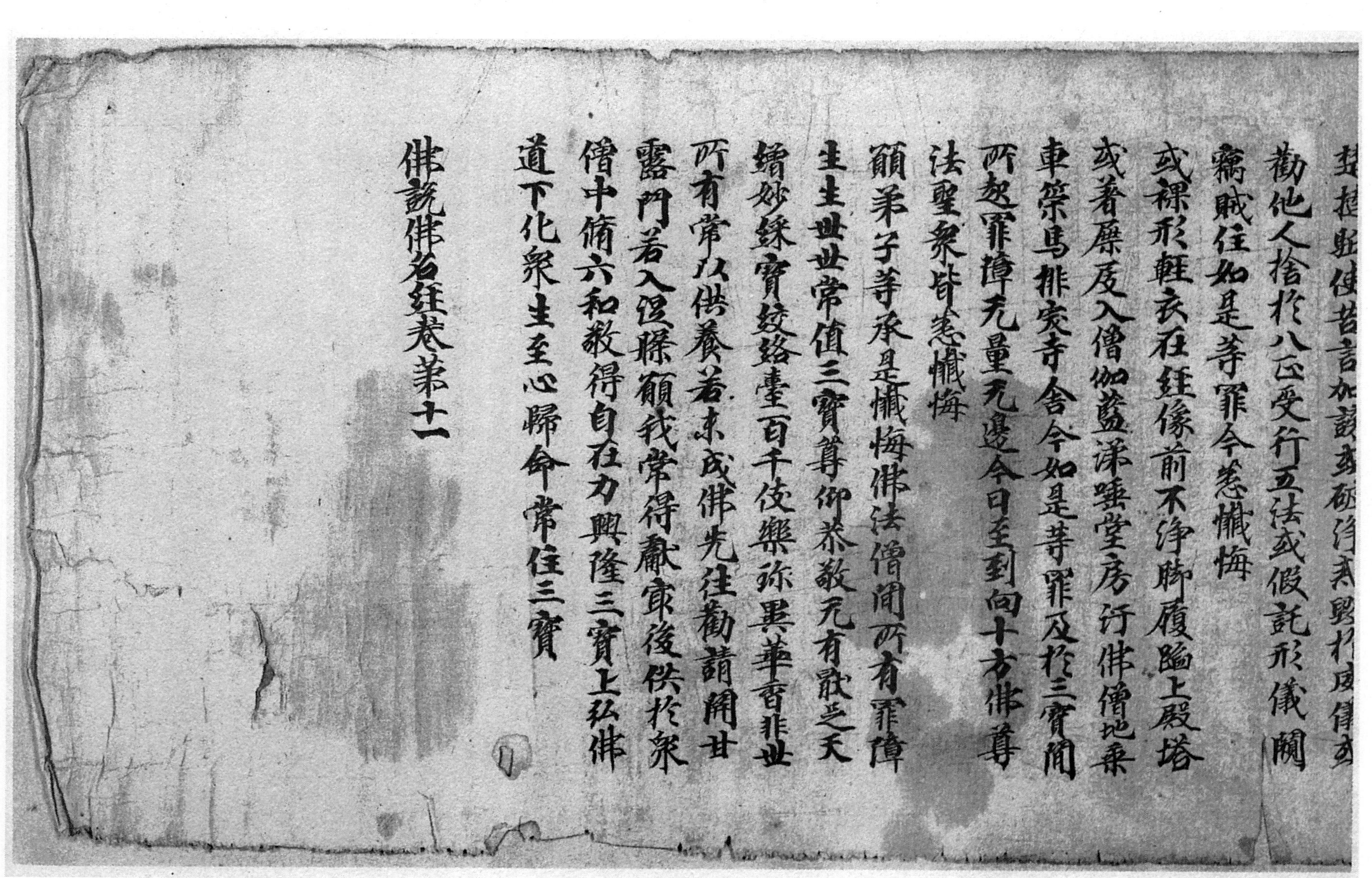
楚撻駈使苦言加謗或破淨戒毀於威儀或
勸他人捨於八正受行五法或假託形儀闞
竊賊住如是等罪今悉懺悔
或裸形輕衣在經像前不淨脚履踏上殿塔
或著屧屐入僧伽藍涕唾堂房汙佛僧地乘
車策馬排突寺舍今如是等罪及於三寶閒
所起罪障无量无邊今日至到向十方佛尊
法聖衆皆悉懺悔
願弟子等承是懺悔佛法僧閒所有罪障
生生世世常值三寶尊仰恭敬无有猒足天
繒妙綵寶絞絡臺百千伎樂珎異華香非世
所有常以供養若未成佛先往勸請開甘
露門若入涅槃願我常得獻最後供於衆
僧中修六和敬得自在力興隆三寶上弘佛
道下化衆生至心歸命常住三寶

佛說佛名經卷第十一

BD04922號　佛名經（十六卷本）卷一一　（4–3）

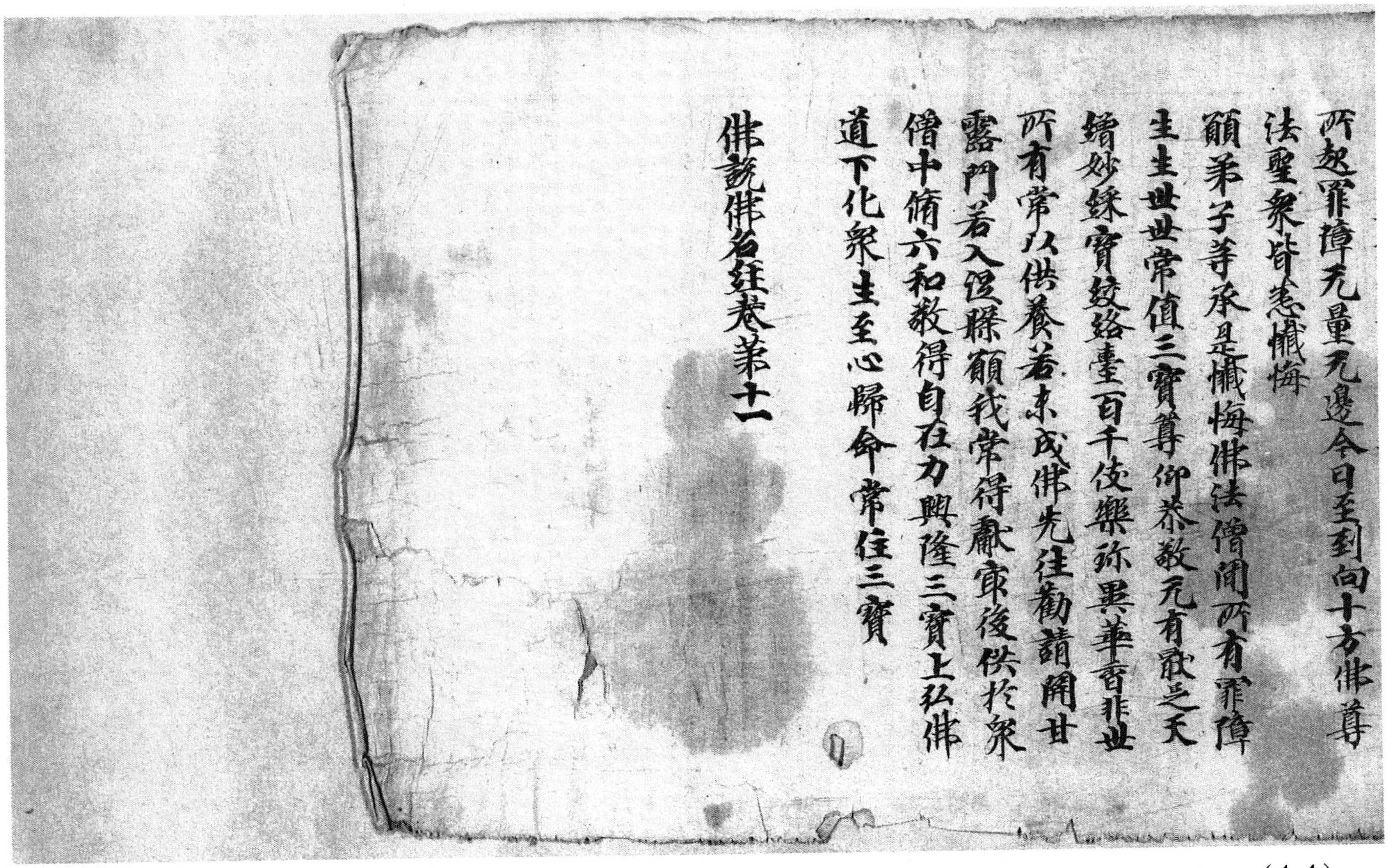

所起罪障无量无邊今日至到向十方佛尊
法聖衆皆悉懺悔
願弟子等承是懺悔佛法僧閒所有罪障
生生世世常值三寶尊仰恭敬无有猒乏天
繒妙綵寶鉸路臺百千伎樂𢴃異華香非世
所有常以供養若未成佛先往勸請開甘
露門若入涅槃願我常得獻冣後供於衆
僧中脩六和敬得自在力興隆三寶上弘佛
道下化衆生至心歸命常住三寶

佛說佛名經卷第十一

BD04922號　佛名經（十六卷本）卷一一　（4–4）

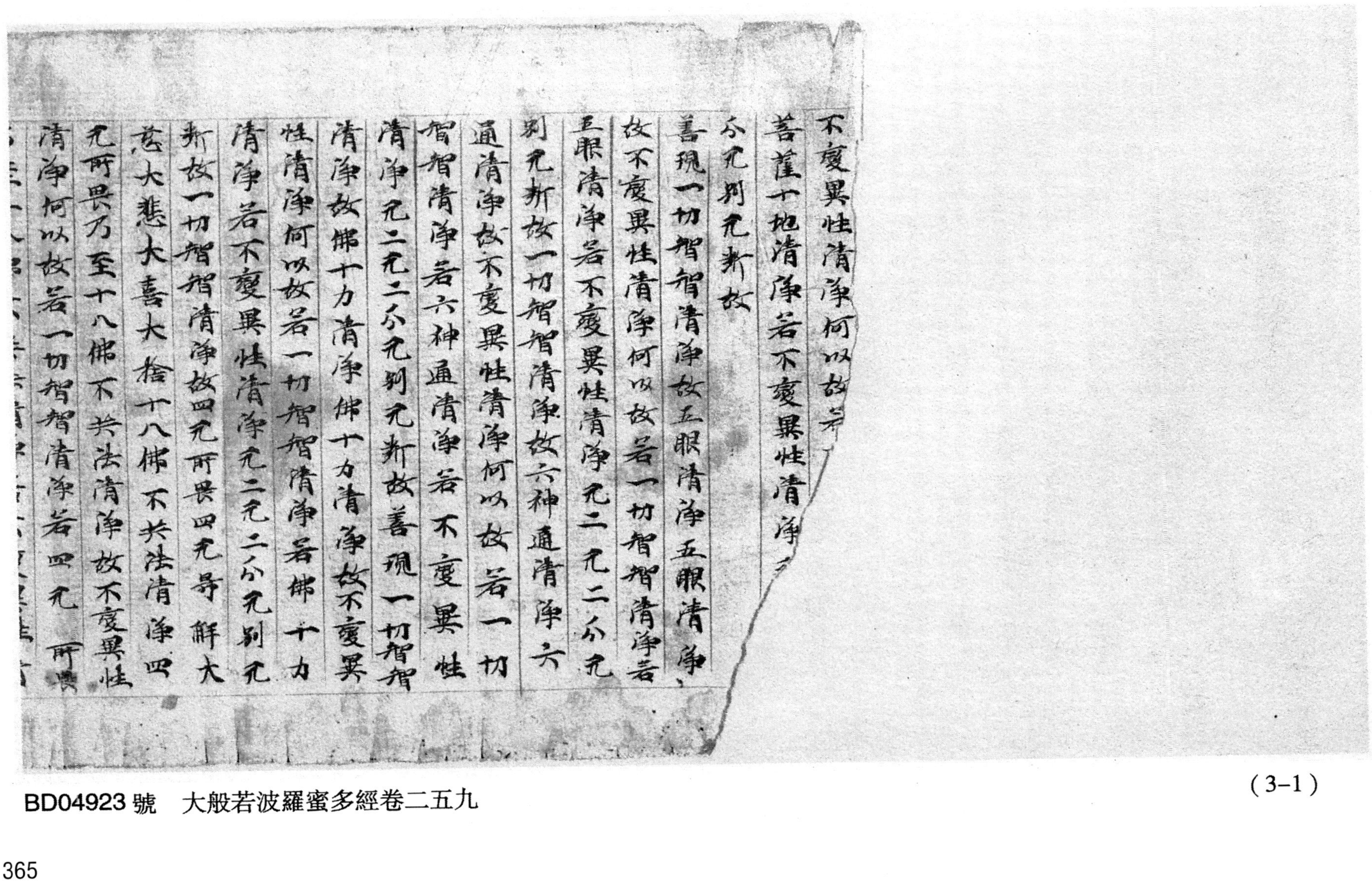

不變異性清淨何以故若
菩薩十地清淨若不變異性清淨
分无別无斷故
善現一切智智清淨故五眼清淨、
故不變異性清淨何以故若一切智智清淨若
五眼清淨若不變異性清淨无二无二分无
別无斷故一切智智清淨故六神通清淨六
通清淨故不變異性清淨何以故若一切
智智清淨若六神通清淨若不變異性
清淨无二无二分无別无斷故善現一切智智
清淨故佛十力清淨佛十力清淨故不變異
性清淨何以故若一切智智清淨若佛十力
清淨若不變異性清淨无二无二分无別无
斷故一切智智清淨故四无所畏四无导解大
慈大悲大喜大捨十八佛不共法清淨四
无所畏乃至十八佛不共法清淨故不變異性
清淨何以故若一切智智清淨若四无所畏

BD04923號　大般若波羅蜜多經卷二五九　（3–1）

淨故佛十力清淨佛十力清淨故不變異
性清淨何以故若一切智智清淨若佛十力
清淨若不變異性清淨无二无二分无別无
斷故一切智智清淨故四无所畏四无㝵解大
慈大悲大喜大捨十八佛不共法清淨四
无所畏乃至十八佛不共法清淨故不變異性
清淨何以故若一切智智清淨若四无所畏
乃至十八佛不共法清淨若不變異性清
淨无二无二分无別无斷故善現一切智智
清淨故无忘失法清淨无忘失法清淨故不變
異性清淨何以故若一切智智清淨若无
忘失法清淨若不變異性清淨无二无二分
无別无斷故一切智智清淨故恒住捨性清
淨恒住捨性清淨故不變異性清淨何以故
若一切智智清淨若恒住捨性清淨若不變
異性清淨无二无二分无別无斷故善現一切
智智清淨故一切智清淨一切智清淨故不
變異性清淨何以故若一切智智清淨若
一切智清淨若不變異性清淨无二无二分
无別无斷故一切智智清淨故道相智一切
相智清淨道相智一切相智清淨故不變異
性清淨何以故若一切智智清淨若道相智
一切相智清淨若不變異性清淨无二无二
分无別无斷故善現一切智智清淨一切陁
羅尼門清淨一切陁羅尼門清淨故不變
異性清淨何以故若一切智智清淨若一切
陁羅尼門清淨若不變異性清淨无二无二
分无別无斷故一切智智清淨故一切三摩

BD04923 號　大般若波羅蜜多經卷二五九　（3–2）

一切相智清淨若不變異性清淨无二无二
分无別无斷故善現一切智智清淨一切陁
羅尼門清淨一切陁羅尼門清淨故不變
異性清淨何以故若一切智智清淨若一切
陁羅尼門清淨若不變異性清淨无二无二
分无別无斷故一切智智清淨故一切三摩
地門清淨一切三摩地門清淨故不變異性
清淨何以故若一切智智清淨若一切三摩
地門清淨若不變異性清淨无二无二分无
別无斷故
善現一切智智清淨故預流果清淨預流果
清淨故不變異性清淨何以故若一切智智
清淨若預流果清淨若不變異性清淨无二
无二分无別无斷故一切智智清淨故一來
不還阿羅漢果清淨一來不還阿羅漢果清
淨故不變異性清淨何以故若一切智智清
淨若一來不還阿羅漢果清淨若不變異性
清淨无二无二分无別无斷故善現一切智
智清淨故獨覺菩提清淨獨覺菩提清淨
故不變異性清淨何以故若一切智智清淨若
獨覺菩提清淨若不變異性清淨无二无二
分无別无斷故善現一切智智清淨故一切
菩薩摩訶薩行清淨一切菩薩摩訶薩行清
淨故不變異性清淨何以故若一切智智清

BD04923 號　大般若波羅蜜多經卷二五九　（3–3）

所化六百万億那由他恒沙等衆生世世所
生與菩薩俱從其聞法悉皆信解以此因
緣得值四万億諸佛世尊于今不盡諸比
丘我今語汝彼佛弟子十六沙弥今皆得阿耨
多羅三藐三菩提於十方國土現在說法有
无量百千万億菩薩聲聞以為眷屬其二沙
弥東方作佛一名阿閦在歡喜國二名須弥
頂東南方二佛一名師子音二名師子相南
方二佛一名虛空住二名常滅西南方二佛
一名帝相二名梵相西方二佛一名阿弥陁二
名度一切世間苦惱西北方二佛一名多摩
羅跋栴檀香神通二名須弥相北方二佛
一名雲自在二名雲自在王東北方佛名
壞一切世間怖畏第十六我釋迦牟尼佛於娑
婆國土成阿耨多羅三藐三菩提諸比丘我
等為沙弥時各各教化无量百千万億恒河
沙等衆生從我聞法為阿耨多羅三藐三菩
提此諸衆生于今有住聲聞地者我常教
化阿耨多羅三藐三菩提是諸人等應以
是法漸入佛道所以者何如来智慧難

BD04924號　妙法蓮華經卷三　(6-1)

壞一切世間怖畏第十六我釋迦牟尼佛於娑
婆國土成阿耨多羅三藐三菩提諸比丘我
等為沙弥時各各教化无量百千万億恒河
沙等衆生從我聞法為阿耨多羅三藐三菩
提此諸衆生于今有住聲聞地者我常教
化阿耨多羅三藐三菩提是諸人等應以
是法漸入佛道所以者何如来智慧難信難
解尒時所化无量恒河沙等衆生者汝等諸比
丘及我滅度後未来世中聲聞弟子是也我滅
度後復有弟子不聞是經不知不覺菩薩所
行自於所得功德生滅度想當入涅槃我於
餘國作佛更有異名是人雖生滅度之想入
於涅槃而於彼土求佛智慧得聞是經唯以
佛乘而得滅度更无餘乘除諸如来方便說
法諸比丘若如来自知涅槃時到衆又清淨
信解堅固了達空法深入禪定便集諸菩薩
及聲聞衆為說是經世間无有二乘而得滅
度唯一佛乘得滅度耳比丘當知如来方便深
入衆生之性知其志樂小法深著五欲為是
等故說於涅槃是人若聞則便信受譬如五
百由旬險難惡道曠絕无人怖畏之處若
有多衆欲過此道至珍寶處有一導師聰慧
明達善知險道通塞之相將導衆人欲過
此難所將人衆中路懈退白導師言我等疲
極而復怖畏不能復進前路猶遠今欲退還導

BD04924號　妙法蓮華經卷三　(6-2)

等故說於涅槃是人若聞則便信受譬如五
百由旬險難惡道曠絕无人怖畏之處若
有多衆欲過此道至珎寶處有一導師聰慧
明達善知險道通塞之相將導衆人欲過
此難所將人衆中路懈退白導師言我等疲
極而復怖畏不能復進前路猶遠今欲退還導
師多諸方便而作是念此等可愍云何捨大
珎寶而欲退還作是念已以方便力於險道
中過三百由旬化作一城告諸人言汝等勿
怖莫得退還今此大城可於中止隨意所作
若入是城快得安隱若能前至寶所亦可得
去是時疲極之衆心大歡喜歎未曾有我等
今者免斯惡道快得安隱於是衆人前入化
城生已度想生安隱想尒時導師知此人衆
既得止息无復疲惓即滅化城語衆人言汝
等去來寶處在近向者大城我所化作為止
息耳諸比丘如來亦復如是今為汝等作大
導師知諸生死煩惱惡道險難長遠應去應
度若衆生但聞一佛乘者則不欲見佛不欲
親近便作是念佛道長遠久受懃苦乃可得
成佛知是心怯弱下劣以方便力而於中道
為止息故說二涅槃若衆生住於二地如來尒
時即便為說汝等所作未辦汝所住地近於
佛慧當觀察籌量所得涅槃非真實也但
是如來方便之力於一佛乘分別說三如彼

BD04924號　妙法蓮華經卷三　（6–3）

親近便作是念佛道長遠久受懃苦乃可得
成佛知是心怯弱下劣以方便力而於中道
為止息故說二涅槃若衆生住於二地如來尒
時即便為說汝等所作未辦汝所住地近於
佛慧當觀察籌量所得涅槃非真實也但
是如來方便之力於一佛乘分別說三如彼
導師為止息故化作大城既知息已而告之
言寶處在近此城非實我化作耳尒時世尊
欲重宣此義而說偈言
大通智勝佛　十劫坐道場　佛法不現前　不得成佛道
諸天神龍王　阿脩羅衆等　常雨於天華　以供養彼佛
諸天擊天鼓　并作衆伎樂　香風吹萎華　更雨新好者
過十小劫已　乃得成佛道　諸天及世人　心皆懷踊躍
彼佛十六子　皆與其眷屬　千万億圍繞　俱行至佛所
頭面禮佛足　而請轉法輪　聖師子法雨　充我及一切
世尊甚希有　久遠時一現　為覺悟群生　震動於一切
東方諸世界　五百万億國　梵宮殿光曜　昔所未曾有
諸梵見此相　尋來至佛所　散華以供養　并奉上宮殿
請佛轉法輪　以偈而讚歎　佛知時未至　受請嘿然坐
三方及四維　上下亦復尒　散華奉宮殿　請佛轉法輪
世尊甚難值　願以大慈悲　廣開甘露門　轉无上法輪
无量慧世尊　受彼衆人請　為宣種種法　四諦十二緣
无明至老死　皆從生緣有　如是衆過患　汝等應當知
宣暢是法時　六百万億姟　得盡諸苦際　皆成阿羅漢
第二說法時　千万恒沙衆　於諸法不受　亦得阿羅漢

BD04924號　妙法蓮華經卷三　（6–4）

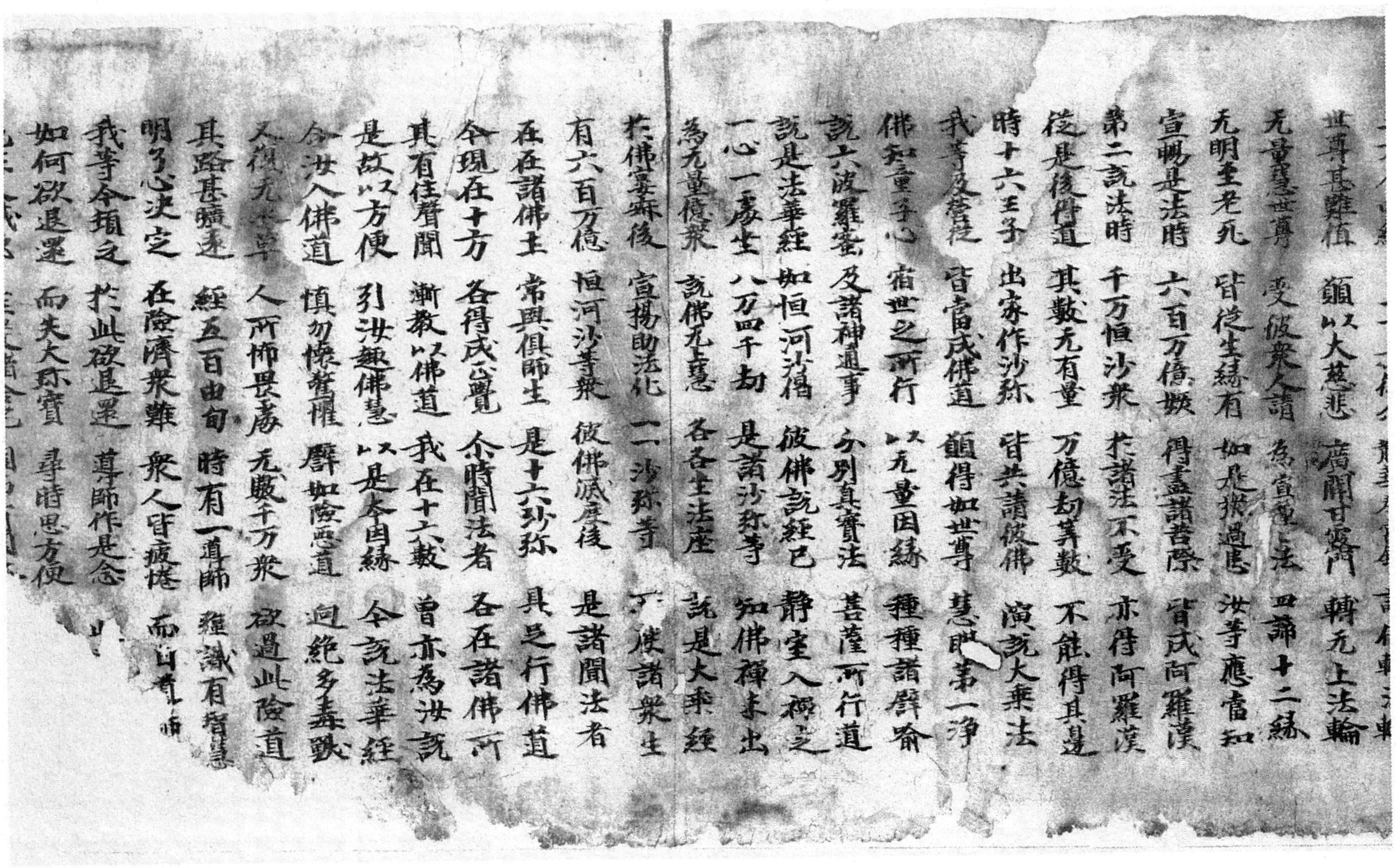

世尊甚難值　願以大慈悲　廣開甘露門　轉无上法輪
无量慧世尊　受彼衆人請　為宣種々法　四諦十二緣
无明至老死　皆從生緣有　如是衆過患　汝等應當知
宣暢是法時　六百万億姟　得盡諸苦際　皆成阿羅漢
第二說法時　千万恒沙衆　於諸法不受　亦得阿羅漢
從是後得道　其數无有量　万億劫算數　不能得其邊
時十六王子　出家作沙彌　皆共請彼佛　演說大乘法
我等及營從　皆當成佛道　願得如世尊　慧眼第一淨
佛知童子心　宿世之所行　以无量因緣　種種諸譬喻
說六波羅蜜　及諸神通事　分別真實法　菩薩所行道
說是法華經　如恒河沙偈　彼佛說經已　靜室入禪定
一心一處坐　八万四千劫　是諸沙彌等　知佛禪未出
為无量億衆　說佛无上慧　各各坐法座　說是大乘經
於佛宴寂後　宣揚助法化　一一沙彌等　所度諸衆生
有六百万億　恒河沙等衆　彼佛滅度後　是諸聞法者
在在諸佛土　常與師俱生　是十六沙彌　具足行佛道
今現在十方　各得成正覺　尒時聞法者　各在諸佛所
其有住聲聞　漸教以佛道　我在十六數　曾亦為汝說
是故以方便　引汝趣佛慧　以是本因緣　今說法華經
令汝入佛道　慎勿懷驚懼　譬如險惡道　迥絕多毒獸
又復无水草　人所怖畏處　无數千万衆　欲過此險道
其路甚曠遠　經五百由旬　時有一導師　強識有智慧
明了心決定　在險濟衆難　衆人皆疲惓　而白導師
我等今頓乏　於此欲退還　導師作是念　此
如何欲退還　而失大珍寶　尋時思方便

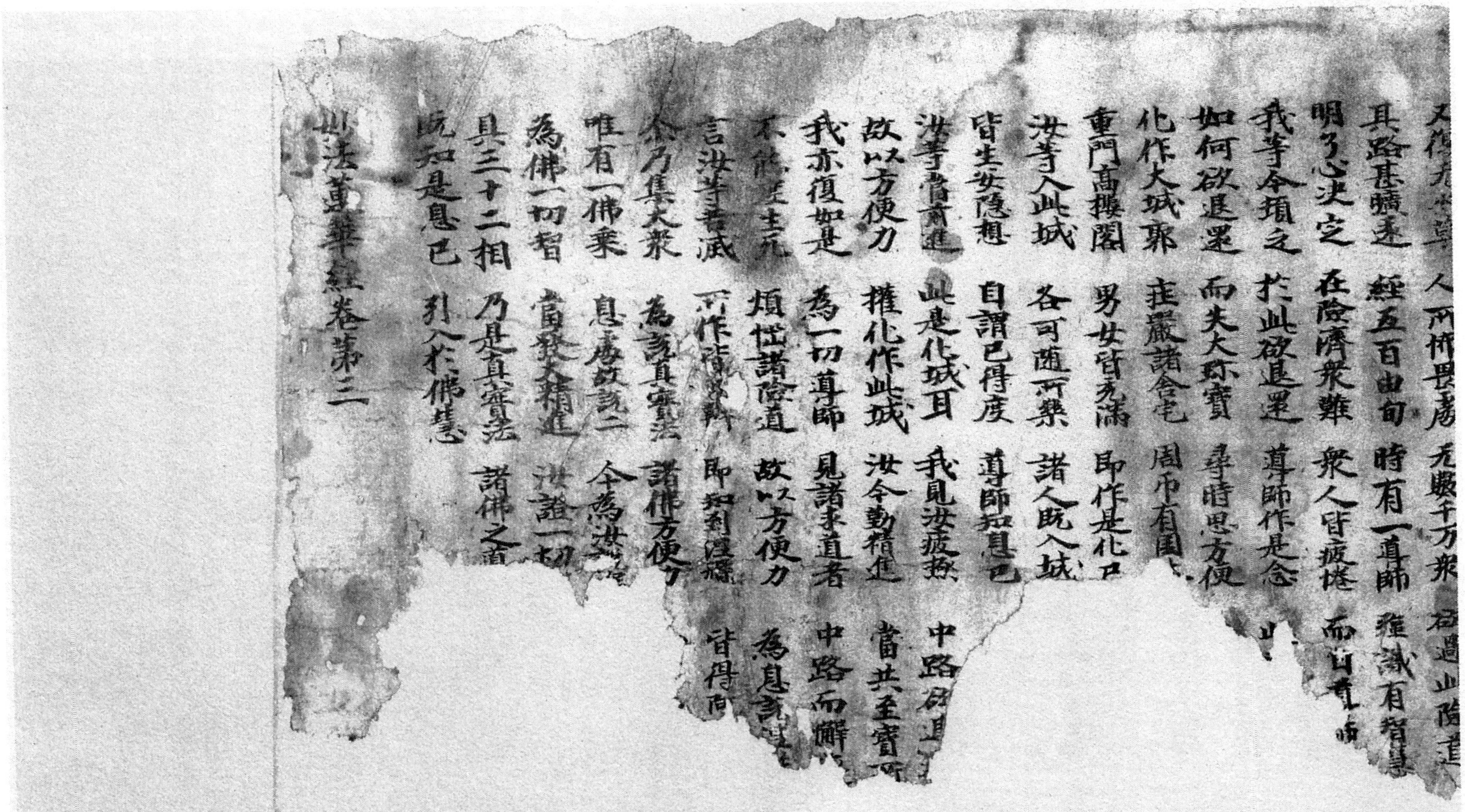

又復无水草　人所怖畏處　无數千万衆　欲過此險道
其路甚曠遠　經五百由旬　時有一導師　強識有智慧
明了心決定　在險濟衆難　衆人皆疲惓　而白導師
我等今頓乏　於此欲退還　導師作是念　此
如何欲退還　而失大珍寶　尋時思方便
化作大城郭　莊嚴諸舍宅　周匝有園
重門高樓閣　男女皆充滿　即作是化已
汝等入此城　各可隨所樂　諸人既入城
皆生安隱想　自謂已得度　導師知息已
汝等當前進　此是化城耳　我見汝疲極　中路欲退
故以方便力　權化作此城　汝今勤精進　當共至寶所
我亦復如是　為一切導師　見諸求道者　中路而懈
不能度生死　煩惱諸險道　故以方便力　為息說
言汝等苦滅　所作皆已辦　既知到涅槃　皆得阿
尒乃集大衆　為說真實法　諸佛方便力
唯有一佛乘　息處故說二　今為汝說
為佛一切智　當發大精進　汝證一切
具三十二相　乃是真實滅　諸佛之導
既知是息已　引入於佛慧
妙法蓮華經卷第三

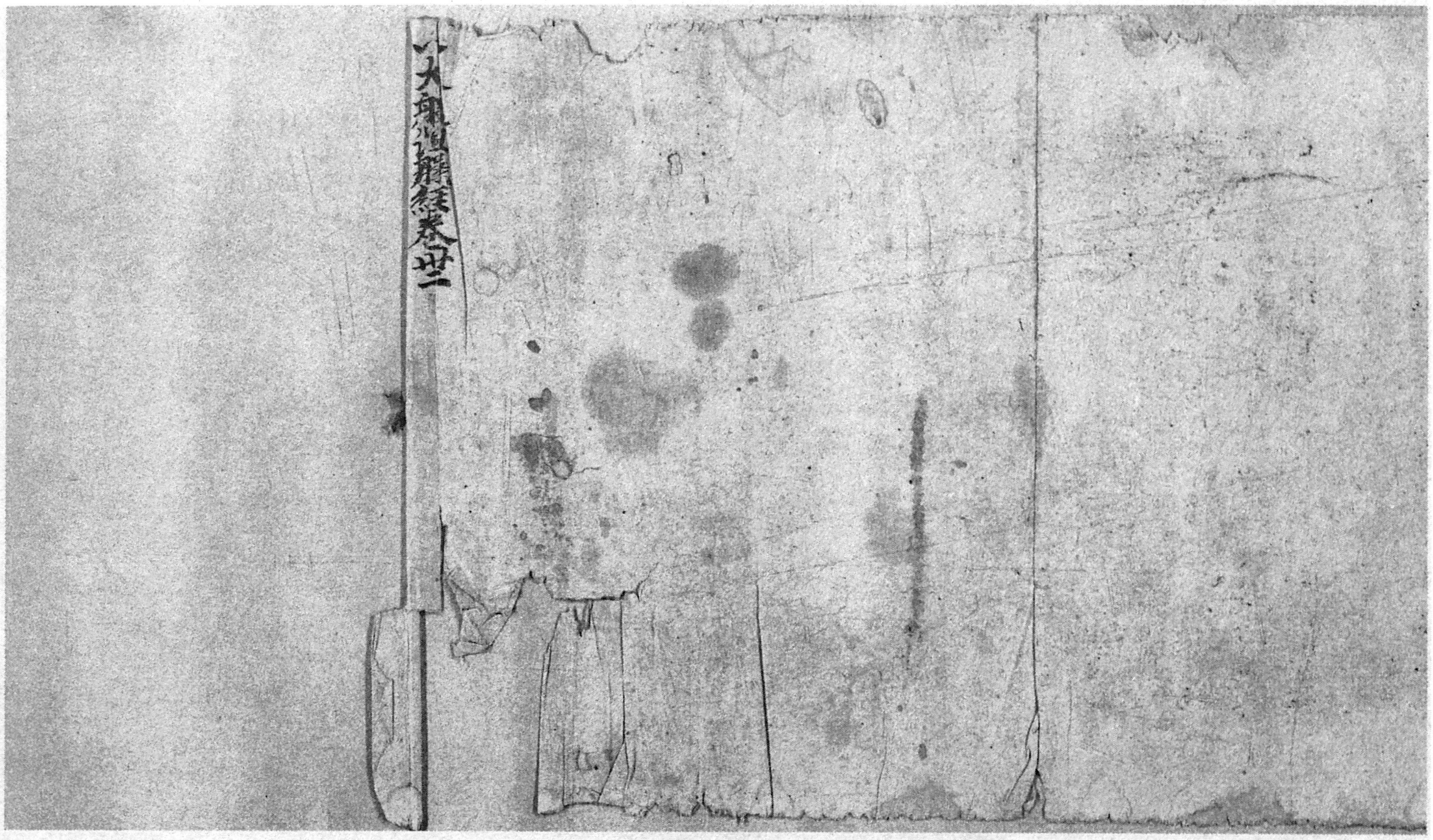

大般涅槃經卷卅二

BD04925 號背　護首　　　　（1–1）

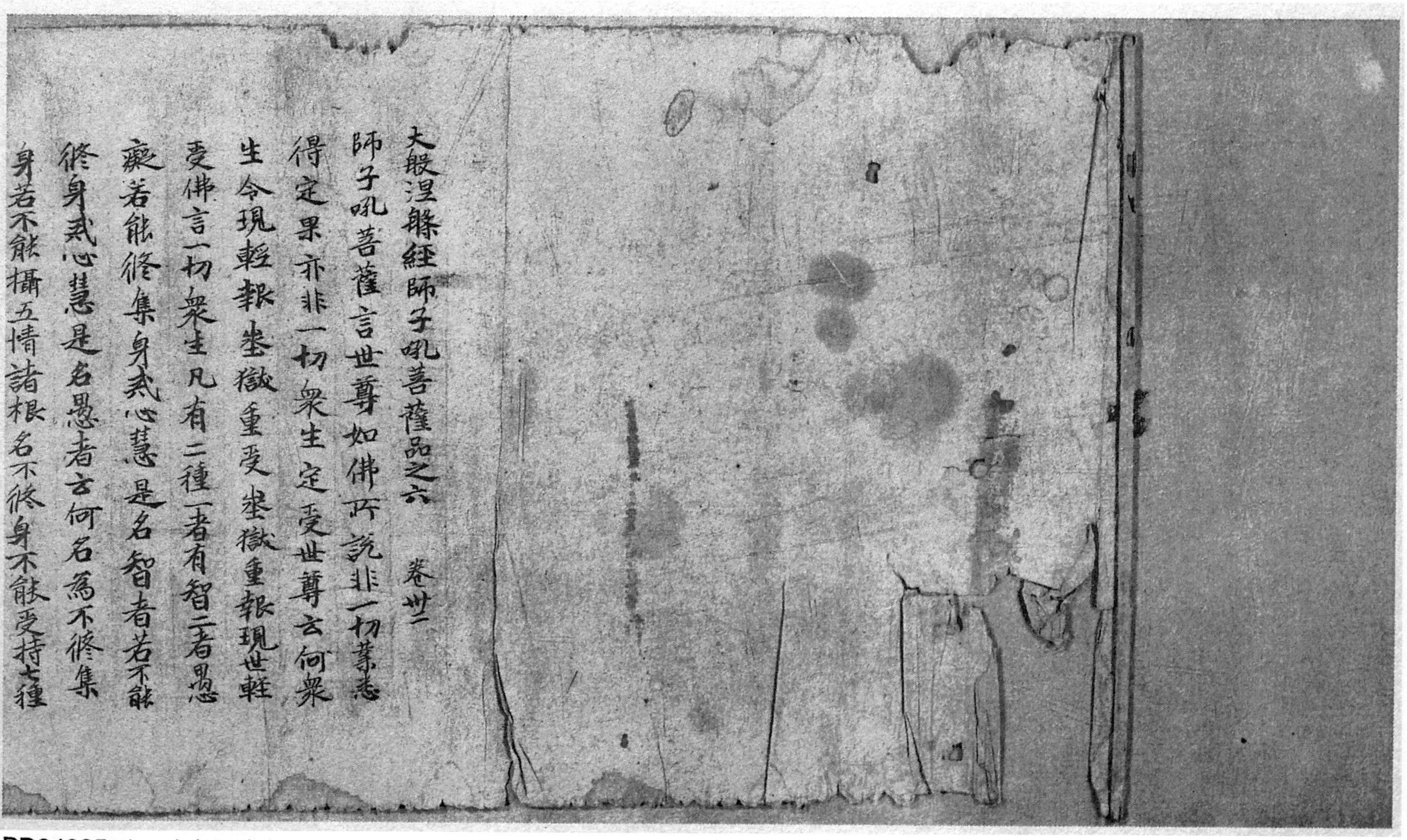

大般涅槃經師子吼菩薩品之六　　卷卅二

師子吼菩薩言世尊如佛所說非一切菩薩

得定果亦非一切衆生定受世尊云何衆

生令現輕報地獄重受地獄重報現世輕

受佛言一切衆生凡有二種一者有智二者愚

癡若能修集身戒心慧是名智者若不能

修身戒心慧是名愚者云何名爲不修集

身若不能攝五情諸根名不修身不能受持七種

BD04925 號　大般涅槃經（北本　宮本）卷三二　　　　（25–1）

得定果亦非一切衆生定受世尊云何衆
生令現輕報受地獄重受地獄重報現世輕
受佛言一切衆生凡有二種一者有智二者愚
癡若能修集身戒心慧是名智者若不能
修身戒心慧是名愚者云何名爲不修集
身若不能攝五情諸根名不修身不能受持七種
淨戒名不修戒不調心故名不修心不修聖行
名不修慧復次不修身者不能具足清淨戒
體不修戒者受畜八種不淨之物不修心者
不能修習三種相故不修慧者不修梵行故
復次不修身者不能觀身不能觀色及觀色
相不觀身相不知身數不知是身從此到彼
於非身中而生身相於非色中而作色相是
故貪着我身身數名不修身不修戒者若
受下戒不名修戒受持邊戒爲自利戒爲自
調戒不能普爲安樂衆生非爲護持無上正
法爲生天上受五欲樂不名修戒不修心者
若心散亂不能專一守自境界自境界者謂
四念處他境界者所謂五欲若不能修四念處
者名不修心於惡業中不善護心名不修慧復
次不修身者不能淨觀是身無常無住危脆
念念滅壞是魔境界不修戒者不能具足尸
波羅蜜不修心者不能具足禪波羅蜜不修
慧者不能具足般若波羅蜜復次不修身者
貪着我身及我所身我身常恒无有變易不

BD04925號　大般涅槃經（北本　宮本）卷三二　（25–2）

次不修身者不能淨觀是身無常無住危脆
念念滅壞是魔境界不修戒者不能具足尸
波羅蜜不修心者不能具足禪波羅蜜不修
慧者不能具足般若波羅蜜復次不修身者
貪着我身及我所身我身常恒无有變易不
循戒者爲自身故作十惡業不循心者於
業中不能攝心不循慧者以不攝心不能分
別善惡等法復次不循身者不斷我見不循
戒者不斷戒取不循心者作貪瞋業趣向地
獄不循慧者不斷癡心復次不循身者不能
觀身雖无過咎而常是怨善男子譬如□□
有怨常逐伺求其便智者覺已繫心慎護若
不慎護則爲其害一切衆生身之如是常以
漿水飲食冷暖調適將養若不如是將護守
慎即當散壞善男子如婆羅門奉事火天常
以香華讚嘆礼拜供養承事足滿百□若一
觸時尋燒人手是火雖得如是供養終无一
念報事者恩一切衆生身之如是雖於多年
以好香華瓔珞衣服飲食卧具病瘦醫藥而
供給之若遇内外諸惡因緣即時散壞都不
憶念往日供給衣食之恩善男子譬如有王
畜四毒蛇置之一篋以付一人仰令瞻養是
四蛇中設一生瞋則能害人是人恐怖常求
飲食隨時守護一切衆生四大毒蛇亦復如

BD04925號　大般涅槃經（北本　宮本）卷三二　（25–3）

供給之若遇内外諸惡因緣即時滅壞都不
憶念往日供給衣食之恩善男子譬如有王
畜四毒蛇置之一篋以付一人仰令瞻養是
四蛇中設一生瞋則能害人是人恐怖常求
飲食隨時守護一切衆生四大毒蛇亦復如
是若一大瞋則能壞身善男子如人久病應
當至心求醫療治若不懃救必死不疑一切
衆生身亦如是常應攝心不令放逸若放逸
者則便滅壞善男子譬如坏瓶不耐風雨打
擲拍押一切衆生身亦如是不耐飢渴寒熱
風雨打擊惡罵善男子如癰未熟常當善護
不令人觸設有觸者則大苦惱一切衆生身
亦如是善男子如騾懷妊自害其軀一切衆
生身亦如是内有風冷身則受害善男子譬
如芭蕉生實則枯一切衆生身亦如是善男
子亦如芭蕉内無堅實一切衆生身亦如是
善男子如蛇鼠狼各各相於常生惡心衆生
四大亦復如是善男子譬如鵝王不樂冢墓
菩薩亦爾於身冢墓亦不貪樂善男子如旃
陀羅七世相繼不捨其業是故為人之所輕
賤是身種子亦復如是種子精血究竟不淨
以不淨故諸佛菩薩之所輕呵善男子是身
不如摩羅耶山生於旃檀亦不能生優鉢羅
華分陀利華瞻婆華摩利迦華婆師迦華九

陀羅七世相繼不捨其業是故為人之所輕
賤是身種子亦復如是種子精血究竟不淨
以不淨故諸佛菩薩之所輕呵善男子是身
不如摩羅耶山生於旃檀亦不能生優鉢羅
華分陀利華瞻婆華摩利迦華婆師迦華九
孔常流膿血不淨生處臭穢醜陋可惡常與
諸虫共在一處善男子譬如世間雖有上妙
清淨園林死屍在中則為不淨衆共捨之不
生愛著色界亦爾雖復淨妙以有身故諸佛
菩薩悉共捨之善男子若有不能作如是觀
不名脩身不脩戒者善男子若不能觀戒是
一切善法梯橙亦是一切善法根本如地悉
是一切樹木所生之本是諸善根之導首也
如彼商主導衆商人戒是一切善法勝幢如
天帝釋所立勝幢戒能永斷一切惡業及三
惡道能療惡病猶如藥樹戒是生死嶮道資
粮戒是摧結惡賊鎧仗戒是滅結毒蛇良呪
戒是度惡業行橋梁若有不能如是觀者名
不脩戒不脩心者不能觀心輕躁動轉難捉
難調馳騁奔逸如大惡象念念迅速如彼電
光躁擾不住猶如獮猴如幻如炎乃是一切
諸惡根本五欲難滿如火獲薪亦如大海吞
受衆流如漫陀山草木滋多不能觀察生死
虛妄耽惑致患如魚吞鉤常先引導諸業隨

難調馳騁逸如大惡象念念迁速如彼電
光騰㨻不住猶如獼猴如幻如炎乃是一切
諸惡根本五欲難滿如火獲薪亦如大海吞
受衆流如溤陁山草木滋多不能觀察生死
處妄耽戒致患如魚吞鉤常先引導諸業隨
從猶如目母引導諸子貪著五欲不樂涅槃
如駝食蜜乃至於死不顧莠草深著現樂不
觀後過如牛貪苗不懼杖楚馳騁周遍二十
五有猶如疾風吹兜羅毦所不應求求无猒
足如无智人求无熱火常樂生死不樂解脫
如緂婆虫樂緂婆樹迷戒愛著生死見獄猶
如獄囚樂獄卒女亦如廁豬樂處不淨若有
不能如是觀者名不脩心不脩慧者不觀智
慧有大勢力如金翅鳥能壞惡業壞无明闇
猶如日光能拔陰樹如水㶕物焚燒耶見猶
如猛火慧是一切善法根本佛菩薩母之種
子也若有不能如是觀者不名脩慧善男子
第一義中若見身身相身因身果身聚身一
身二此身彼身身滅身等身脩脩者若有如
是見者名不脩身善男子若見戒戒相戒因
戒果上戒下戒戒聚戒一戒二此戒彼戒戒滅
戒等戒脩脩者戒波羅蜜若有如是見者名
不脩戒若見心心相心因心果心聚心及心
數心一心二此心彼心心滅心等心脩脩者

身二此身彼身身滅身等身脩脩者若有如
是見者名不脩身善男子若見戒戒相戒因
戒果上戒下戒戒聚戒一戒二此戒彼戒戒滅
戒等戒脩脩者戒波羅蜜若有如是見者名
不脩戒若見心心相心因心果心聚心及心
數心一心二此心彼心心滅心等心脩脩者
上中下心善心惡心若有如是見者名不脩
心善男子若見慧慧相慧因慧果慧聚慧一
慧二此慧彼慧慧滅慧等上中下慧鈍慧利慧
慧脩脩者若有如是見者名不脩慧善男子若
有不脩身戒心慧如是之人於小惡業得大
惡報以恐怖故常生是念我屬地獄作地獄
行雖聞智者說地獄苦常作是念如鐵打鐵
石還打石木自打木火虫樂火地獄之身還
似地獄若似地獄有何苦事譬如倉蠅為唾所
粘不能得出是人亦尒於小罪中不能自出
心初无悔不能脩善覆藏瑕疵雖有過去一
切善業悉為是罪之所垢汙是人所有現受
輕報轉為地獄極重惡果善男子如小器水
置鹽一升其味醎苦難可得飲是人罪業亦
復如是善男子譬如有人負他人錢不能得
償故身被繫縛多受衆苦是人罪業亦復如
是師子吼菩薩言世尊是人何故令現輕報
轉地獄受佛言善男子一切衆生若具五事

置鹽一升其味醎苦難可得飲是人罪業之
須如是善男子譬如有人負他人錢不能得
償故身被繫縛多受衆苦是人罪業之須如
是師子吼菩薩言世尊是人何故令現輕報
轉地獄受佛言善男子一切衆生若具五事
令現輕報轉地獄受何等爲五一者愚癡故
二者善根微少故三者惡業深重故四者不
懺悔故五者不脩本善業故復有五事一者
脩集惡業故二者无戒財故三者遠離善根
故四者不脩身戒心慧故五者親近惡知識
故善男子是故能令現世輕報地獄重受師
子吼言世尊何等人能轉地獄報現世輕受
善男子若有脩集身戒心慧如先所說能觀
諸法同如虛空不見智慧不見智者不見愚
癡不見愚者不見脩集及脩習者是名智者
如是之人則能脩集身戒心慧是人能令地
獄果報現世輕受是人設作極重惡業思惟
觀察能令輕微作是念言我業雖重不如善
業譬如疊華雖復百斤終不能敵真金一兩
如恒河中投一升鹽水无醎味飲者不覺如
巨富者雖多負人千万寶物无能繫縛令其
受苦如大香象能壞鐵鏁自在而去智慧之
人亦復如是常思惟言我善力多惡業羸弱
我能發露懺悔除惡能脩智慧智慧力多无

如恒河中投一升鹽水无醎味飲者不覺如
巨富者雖多負人千万寶物无能繫縛令其
受苦如大香象能壞鐵鏁自在而去智慧之
人亦復如是常思惟言我善力多惡業羸弱
我能發露懺悔除惡能脩智慧智慧力多无
明力少如是念已親近善友脩集正見受持
讀誦書寫解說十二部經見有受持讀誦書
寫解說之者心生恭敬兼以衣食房舍卧具
病藥華香而供養之讚嘆尊重所至到處稱
說其善不訟其短供養三寶敬信方等大涅
槃經如來常恒无有變易一切衆生悉有佛
性是人能令地獄重報現世輕受善男子以
是義故非一切業悉有定果亦非一切衆生
定受師子吼菩薩言世尊若一切業不定得
果一切衆生悉有佛性應當脩集八聖道者
何因緣故一切衆生悉不得是大般涅槃世
尊若一切衆生有佛性者即當定得阿耨多
羅三藐三菩提何須脩集八聖道耶世尊如
此經中說有病人若得醫藥及瞻病人隨病
飲食若使不得皆悉除差一切衆生亦復如
是若遇聲聞及辟支佛諸佛菩薩諸善知識
若聞說法脩集聖道若不遇不聞不脩集道
悉當得成阿耨多羅三藐三菩提何以故以
佛性故世尊譬如日月无有能遮令不得至

飲食若使不得皆悉除差一切眾生亦復如
是若遇聲聞及辟支佛諸佛菩薩諸善知識
若聞說法修集聖道若不遇不聞不修集道
悉當得成阿耨多羅三藐三菩提何以故以
佛性故世尊辟如日月无有能遮令不得至
頞多山邊四大河水不至大海一闡提等不
至地獄一切眾生亦復如是无有能遮令不
得至阿耨多羅三藐三菩提何以故以佛性
故世尊以是義故一切眾生不須修道以佛
性力故應得阿耨多羅三藐三菩提不以修
集聖道力故世尊若一闡提犯四重禁五逆
罪等不得阿耨多羅三藐三菩提者應須修
集以因佛性定當得故非因修集然後得也
世尊辟如慈石去鐵雖遠以其力故鐵則隨
著眾生佛性亦復如是是故不須懃修集道
佛言善哉善哉善男子如恒河邊有七種人
若為洗浴恐畏寇賊或為採華則入河中第
一人者入水則沉何以故羸无勢力不習浮
故第二人者雖沒還出出已復沒何以故身
力大故則能還出不習浮故出已還沒第三
人者沒已即出出更不沒何以故身重故沒
力大故出先習浮故出已即住第四人者入
已便沒沒已還出出已即住遍觀四方何以
故重故則沉力大故出習浮故則住不知出

故第二人者雖沒還出出已復沒何以故身
力大故則能還出不習浮故出已還沒第三
人者沒已即出出更不沒何以故身重故沒
力大故出先習浮故出已即住第四人者入
已便沒沒已還出出已即住遍觀四方何以
故重故則沉力大故出習浮故則住不知出
處故觀四方第五人者入已即沉沉已便出
出已即住住已觀方觀已即去何以故為怖
畏故第六人者入已即去淺處則住何以故
觀賊近遠故第七人者既至彼岸登上大山
无復恐怖離諸怨賊受大快樂善男子生死
大河亦復如是有七種人畏煩惱賊故發意
欲度生死大河出家剃鬚身被法服既出家
已親近惡友隨順其教聽受耶法所謂眾生
身者即是五陰五陰者即名五大眾生若死
永斷五大斷五大故何須修集善惡諸業是
故當知无有善惡及善惡報如是則名一闡
提也一闡提者名斷善根斷善根故沒生死
河不能得出何以故惡業重故无信力故如
恒河邊第一人也善男子一闡提輩有六因
緣沒三惡道不能得出何等為六一者惡心
熾盛故二者不見後世故三者樂習煩惱故
四者遠離善根故五者惡業鄣隔故六者親
近惡知識故復有五事沒三惡道何等為五

恒河邊第一人也善男子一闡提輩有六因
緣沒三惡道不能得出何等爲六一者惡心
熾盛故二者不見後世故三者樂習煩惱故
四者遠離善根故五者惡業鄣隔故六者親
近惡知識故復有五事沒三惡道何等爲五
一者於比丘邊作非法故二者比丘尼邊作
非法故三者自在用僧鬘物故四者母邊作
非法故五者於五部僧互生是非故復有五
事沒三惡道何等爲五一者常說无善惡果
故二者殺發菩提心衆生故三者憙說法師
過失故四者法說非法非法說法故五者爲
求法過而聽受故復有三事沒三惡道何等
爲三一謂如來无常永滅二謂正法无常遷
變三謂僧寶可滅壞故是故常沒三惡道中
第二人者發意欲度生死大河斷善根故沒
不能出所言出者親近善友則得信心是信
心者信施施果信善善果信惡惡果信生死
苦无常敗壞是名爲信以得信心脩集淨戒
受持讀誦書寫解說常樂惠施善脩智慧以
鈍根故復遇惡友不能脩集身戒心慧聽受
耶法或值惡時處惡國土斷諸善根斷善根
故常沒生死如恒河邊第二人也第三人者
發意欲度生死大河斷善根故於中沉沒親
近善友得名爲出信於如來是一切智常恒

BD04925號　大般涅槃經（北本　宮本）卷三二　（25–12）

耶法或值惡時處惡國土斷諸善根斷
故常沒生死如恒河邊第二人也第三人者
發意欲度生死大河斷善根故於中沉沒親
近善友得名爲出信於如來是一切智常恒
无變爲衆生故說无上道一切衆生悉有佛
性如來非滅法僧亦介无有滅壞一闡提等
不斷其法終不能得阿耨多羅三藐三菩提
要當遠離然後乃得以信心故脩集淨戒脩
淨戒已受持讀誦書寫解說十二部經爲諸
衆生廣宣流布樂於惠施脩集智慧以利根
故堅住信慧心无退轉如恒河邊第三人也
第四人者發意欲度生死大河斷善根故於中
沉沒親近善友故得信心是名爲出得信心
故受持讀誦書寫解說十二部經爲衆生故
廣宣流布樂於惠施脩集智慧以利根故堅
住信慧心无退轉遍觀四方觀四方者四沙
門果如恒河邊第四人也第五人者發意欲
度生死大河斷善根故於中沉沒親近善友
故得信心是名爲出以信心故受持讀誦書
寫解說十二部經爲衆生故廣宣流布樂於
惠施脩集智慧以利根故堅住信慧心无退
轉无退轉已即便前進前進者謂辟支佛雖
能自度不及衆生是名爲去如恒河邊第五人
也第六人者發意欲度生死大河斷善根故

BD04925號　大般涅槃經（北本　宮本）卷三二　（25–13）

寫解說十二部經為衆生故廣宣流布樂於
惠施脩集智慧以利根故堅住信慧心无退
轉无退轉已即便前進前進者謂辟支佛雖
能自度不及衆生是名為去如恒河邊第五人
也第六人者發意欲度生死大河斷善根故
於中沉沒親近善友獲得信心得信心故名
之為出以信心故受持讀誦書寫解說十二
部經為衆生故廣宣流布樂於惠施脩集智
慧以利根故堅住信慧心无退轉无退轉已
即復前進遂到淺處到淺處已即住不去住
不去者所謂菩薩為欲度脫諸衆生故住觀
煩惱如恒河邊第六人也第七人者發意欲
度生死大河斷善根故於中沉沒親近善友
獲得信心得信心已是名為出以信心故受
持讀誦書寫解說十二部經為衆生故廣宣
流布樂於惠施脩集智慧以利根故堅住信
慧心无退轉无退轉已即便前進既前進已
得到彼岸登涉高山離諸恐怖多受安樂善
男子彼岸山者喻於如來受安樂者喻佛常
住大高山者喻大涅槃善男子是恒河邊如
是諸人悉具足手而不能度一切衆生亦復
如是實有佛寶法寶僧寶如來常說諸法要
義有八聖道大般涅槃而諸衆生悉不能得
此非我咎亦非聖道衆生等過當知悉是煩

住大高山者喻大涅槃善男子是恒河邊如
是諸人悉具足手而不能度一切衆生亦復
如是實有佛寶法寶僧寶如來常說諸法要
義有八聖道大般涅槃而諸衆生悉不能得
此非我咎亦非聖道衆生等過當知悉是煩
惱過惡以是義故一切衆生不得涅槃善男
子譬如良醫知病說藥病者不服非醫咎也
善男子如有施主以其所有施一切人有不
受者非施主咎善男子譬如日出幽冥皆明
盲聾之人不見道路非日過也善男子如恒
河水能除渴乏渴者不飲非水咎也善男子
譬如大地普生果實平等无二農夫不種非
地過也善男子如來普為一切衆生廣開分
別十二部經衆生不受非如來咎善男子若
脩道者即得阿耨多羅三藐三菩提善男子
汝言衆生悉有佛性得阿耨多羅三藐三菩
提如慈石者善哉善哉以有佛性因緣力故
得阿耨多羅三藐三菩提若言不須脩聖道
者是義不然善男子譬如有人行於曠野渴
乏遇井其井幽深雖不見水當知必有是人
方便求覓罐綆汲取則見佛性亦尒一切衆
生雖復有之要須脩集无漏聖道然後得見
善男子如有胡麻則得見油離諸方便則不
得見菩薩亦尒善男子如三十三天北鬱單

之遇井其井幽深雖不見水當知必有是人
方便求覓罐綆汲取則見佛性亦尒一切衆
生雖復有之要須修集无漏聖道然後得見
善男子如有胡麻則得見油離諸方便則不
得見甘蔗亦尒善男子如三十三天北欝單
曰雖是有法若无善業神通道力則不能見
地中草根及地下水以地覆故衆生不見佛
性亦尒不修聖道故不得見善男子如汝所
說世有病人若遇瞻病良醫好藥隨病飲食
及以不遇悉得差者善男子我為六住諸菩
薩等說如是義善男子譬如虛空於諸衆生
非內非外非內外故亦无罣㝵衆生佛性亦
復如是善男子譬如有人財在異方雖不現
前隨意受用有人問之則言我許何以故以
定有故衆生佛性亦復如是非此非彼以定
得故言一切有善男子譬如衆生造作諸業
若善若惡非內非外如是業性非有非无亦
復非是本无今有非无因出非此作此受此
作彼受彼作彼受无作无受時節和合而得
果報衆生佛性亦復如是亦復非是本无今
有非內非外非有非无非此非彼非餘處來
非无因緣亦非一切衆生不見有諸菩薩時
節因緣和合得見時節者所謂十住菩薩摩
訶薩修八聖道於諸衆生得平等心尒時得

果報衆生佛性亦復如是亦復非是本无今
有非內非外非有非无非此非彼非餘處來
非无因緣亦非一切衆生不見有諸菩薩時
節因緣和合得見時節者所謂十住菩薩摩
訶薩修八聖道於諸衆生得平等心尒時得
見不名為作善男子汝言如慈石者是義不
然何以故石不吸鐵所以者何无心業故善
男子異法有故異法出生異法无故異法滅
壞无有作者无有壞者善男子猶如猛火不
能焚薪火出薪壞名為焚薪善男子譬如葵
藿隨日而轉而是葵藿亦无敬心无識无業
異法性故而自迴轉善男子如芭蕉樹因雷
增長是樹无耳无心意識異法有故異法增
長異法无故異法滅壞善男子如阿叔迦樹
女人摩觸華之為出是樹无心亦无覺觸異
法有故異法出生異法无故異法滅壞善男
子如橘得屍菓則滋多而是橘樹无心无觸
異法有故異法滋多異法无故異法滅壞善
男子如安石留塼骨糞故菓實繁茂安石留
樹亦无心觸異法有故異法出生異法无故
異法滅壞善男子慈石吸鐵亦復如是異法
有故異法出生異法无故異法滅壞衆生佛
性亦復如是不能吸得阿耨多羅三藐三菩
提善男子无明不能吸取諸行行亦不能吸

樹亦无心觸異法有故異法出生異法无故
異法滅壞善男子慈石吸鐵亦復如是異法
有故異法出生異法无故異法滅壞衆生佛
性亦復如是不能吸得阿耨多羅三藐三菩
提善男子无明不能吸取諸行行亦不能吸
取識也亦得名爲无明緣行行緣於識有佛
无佛法界常住善男子若言佛性住衆生中
住者善男子常法无住若有住處即是无常善
男子如十二因緣无定住處若有住處十二
因緣不得名常如來法身亦无住處法界法
入法陰虚空悉无住處佛性亦尒都无住處
善男子譬如四大力雖均等有堅有熱有溼
有動有重有輕有赤有白有黄有黑而是四
大亦无有業異法界故各不相似佛性亦尒
異法界故時至則現善男子一切衆生不退
佛性故名之爲有阿毗跋致故以當有故決
定得故定當見故是故名爲一切衆生悉有
佛性善男子譬如有王告一大臣汝牽一象
以示盲者尒時大臣受王勑已多集衆盲以
象示之時彼衆盲各以手觸大臣即還而白
王言臣已示竟尒時大王即喚衆盲各各問
言汝見象耶衆盲各言我已得見王言象爲
何類其觸牙者即言象形如莱菔根其觸耳
者言象如箕其觸頭者言象如石其觸鼻者

BD04925號　大般涅槃經（北本　宮本）卷三二　（25–18）

象示之時彼衆盲各以手觸大臣即還而白
王言臣已示竟尒時大王即喚衆盲各各問
言汝見象耶衆盲各言我已得見王言象爲
何類其觸牙者即言象形如莱菔根其觸耳
者言象如箕其觸頭者言象如石其觸鼻者
言象如杵其觸脚者言象如木臼其觸脊者
言象如牀其觸腹者言象如甕其觸尾者言
言象如繩善男子如彼衆盲不說象體亦非不
說若是衆相悉非象者離是之外更无別象
善男子王喻如來正遍知也臣喻方等大涅
槃經象喻佛性盲喻一切无明衆生是諸衆
生聞佛說已或作是言色是佛性何以故是
色雖滅次第相續是故獲得无上如來三十
二相如來常色如來色者常不斷故是故說
色名爲佛性譬如真金質雖遷變色常不異
或時作釧作鋋作槃然其黄色初无改易衆
生佛性亦復如是質雖无常而色是常以是
故說色爲佛性或有說言受是佛性何以故
受因緣故獲得如來真實之樂如來受者謂
畢竟受第一義受衆生受性雖復无常然其
次第相續不斷是故獲得如來常受譬如有
人姓憍尸迦人雖无常而姓是常經千万世
无有改易衆生佛性亦復如是以是故說受
爲佛性又有說言想是佛性何以故想因緣

BD04925號　大般涅槃經（北本　宮本）卷三二　（25–19）

畢竟受第一義受衆生受性雖復无常然其
次第相續不斷是故獲得如來常受譬如有
人姓憍尸迦人雖无常而姓是常經千万世
无有改易衆生佛性亦復如是是以故說受
為佛性又有說言想是佛性何以故想因緣
故獲得如來真實之想如來想者名无想想
无想想者非衆生想非男女想亦非色受想
行識想非想斷想衆生之想雖復无常以想
次第相續不斷故得如來常恒之想善男子
譬如衆生十二因緣衆生雖滅而因緣常衆
生佛性亦復如是是以是故說想為佛性又有
說言行為佛性何以故行名壽命壽命因緣
故得如來常住壽命衆生壽命雖復无常而
壽次第相續不斷故得如來真實常壽善男
子譬如十二部經聽者說者雖復无常而是
經典常存不變衆生佛性亦復如是以是故
說行為佛性又有說言識為佛性識因緣故
獲得如來平等之心衆生意識雖復无常而
識次第相續不斷故得如來真實常心如火
熱性火雖无常熱非无常衆生佛性亦復如
是以是故說識為佛性又有說言離陰有我
我是佛性何以故我因緣故獲得如來八自
在我有諸外道說言去來見聞悲喜語說為
我如是我相雖復无常而如來我真實是常

熱性火雖无常熱非无常衆生佛性亦復如
是以是故說識為佛性又有說言離陰有我
我是佛性何以故我因緣故獲得如來八自
在我有諸外道說言去來見聞悲喜語說為
我如是我相雖復无常而如來我真實是常
善男子如陰入界雖復无常而名是常衆生
佛性亦復如是善男子如彼盲人各各說象
雖不得實非不說象說佛性者亦復如是非
即六法不離六法善男子是故我說衆生佛
性非色不離色乃至非我不離我善男子有
諸外道雖說有我而實无我衆生我者即是
五陰離陰之外更无別我善男子譬如莖葉
鬚臺合為蓮華離是之外更无別華衆生我
者亦復如是善男子譬如牆壁草木和合名
之為舍離是之外更无別舍如佉陀羅樹波
羅奢樹尼拘陀樹欝曇鉢樹和合為林離是
之外更无別林譬如車兵象馬步兵和合為
軍離是之外更无別軍譬如五色綖和合
名之為綺離是之外更无別綺如四姓和合
名為大衆離是之外更无別衆衆生我者亦
復如是離五陰外更无別我善男子如來常
住則名為我如來法身无邊无㝵不生不滅
得八自在是名為我衆生真實无如是我及
以我所但以畢定當得畢竟第一義空故名
佛性善男子大慈大悲名為佛性何以故大

[illegible]
須如是離五陰外更无別我善男子如來常
住則名為我如來法身无邊无㝵不生不滅
得八自在是名為我衆生真實无如是我及
以我所但以畢定當得畢竟第一義空故名
佛性善男子大慈大悲名為佛性何以故大
慈大悲常隨菩薩如影隨形一切衆生畢定
當得大慈大悲是故說言一切衆生悉有佛
性大慈大悲者名為佛性佛性者名為如來
大喜大捨名為佛性何以故菩薩摩訶薩若
不能捨廿五有則不能得阿耨多羅三藐三
菩提以諸衆生畢當得故是故說言一切衆
生悉有佛性大喜大捨者即是佛性佛性者即
是如來佛性者名大信心何以故以信心故
菩薩摩訶薩則能具足檀波羅蜜乃至般若
波羅蜜一切衆生畢定當得大信心故是故
說言一切衆生悉有佛性大信心者即是佛
性佛性者即是如來佛性者名一子地何以
故以一子地因緣故菩薩則於一切衆生得
平等心一切衆生畢定當得一子地故是故
說言一切衆生悉有佛性一子地者即是佛
性佛性者即是如來佛性者名第四地力何
以故以第四地力因緣故菩薩則能教化衆
生一切衆生畢定當得第四力故是故說言
一切衆生悉有佛性第四力者即是佛性佛

BD04925號　大般涅槃經（北本　宮本）卷三二　（25–22）

平等心一切衆生畢定當得一子地故是故
說言一切衆生悉有佛性一子地者即是佛
性佛性者即是如來佛性者名第四地力何
以故以第四地力因緣故菩薩則能教化衆
生一切衆生畢定當得第四力故是故說言
一切衆生悉有佛性第四力者即是佛性佛
性者即是如來佛性者名十二因緣何以故
以因緣故如來常住一切衆生定有如是十
二因緣是故說言一切衆生悉有佛性十二
因緣即是佛性佛性者即是如來佛性者名
四无㝵智以四无㝵因緣故說字義无㝵字
義无㝵故能化衆生四无㝵者即是佛性佛
性者即是如來佛性者名頂三昧以脩如是
頂三昧故則能惣攝一切佛法是故說言頂
三昧者名為佛性十住菩薩脩是三昧未得
具足雖見佛性而不明了一切衆生畢定得
故是故說言一切衆生悉有佛性善男子如
上所說種種諸法一切衆生定當得故是故
說言一切衆生悉有佛性善男子我若說色
是佛性者衆生聞已則生耶倒以耶倒故命
終則生阿鼻地獄如來說法為斷地獄是故
不說色是佛性乃至說識亦復如是善男子
若諸衆生了佛性者則不須脩道十住菩薩
脩八聖道少見佛性況不脩者而得見也善

BD04925號　大般涅槃經（北本　宮本）卷三二　（25–23）

說言一切衆生悉有佛性善男子若說色
是佛性者衆生聞已則生耶倒以耶倒故命
終則生阿鼻地獄如來說法爲斷地獄是故
不說色是佛性乃至說識亦復如是善男子
若諸衆生了佛性者則不須脩道十住菩薩
脩八聖道少見佛性況不脩者而得見也善
男子如文殊師利諸菩薩等已无量世脩集
聖道了知佛性云何聲聞辟支佛等能知佛
性若諸衆生欲得了了知佛性者應當一心
受持讀誦書寫解說供養恭敬尊重讚嘆是
涅槃經見有受持乃至讚嘆如是經者應當
以好房舍衣服飲食卧具病瘦醫藥而供給
之兼復讚嘆礼拜問訊善男子若有已於過
去无量无邊世中親近供養无量諸佛深種
善根然後乃得聞是經名善男子佛性不可
思議佛法僧寶亦不可思議一切衆生悉有
佛性而不能知是亦不可思議如來常樂我
淨之法亦不可思議一切衆生能信如是大
涅槃經亦不可思議師子吼菩薩言世尊如
佛所說一切衆生能信如是大涅槃經不可
思議者世尊是大衆中有八万五千億人於
是經中不生信心是故有能信是經者名不
可思議善男子如是諸人於未來世亦當定
得信是經典見於佛性得阿耨多羅三藐三
菩提

BD04925號　大般涅槃經（北本　宮本）卷三二　（25-24）

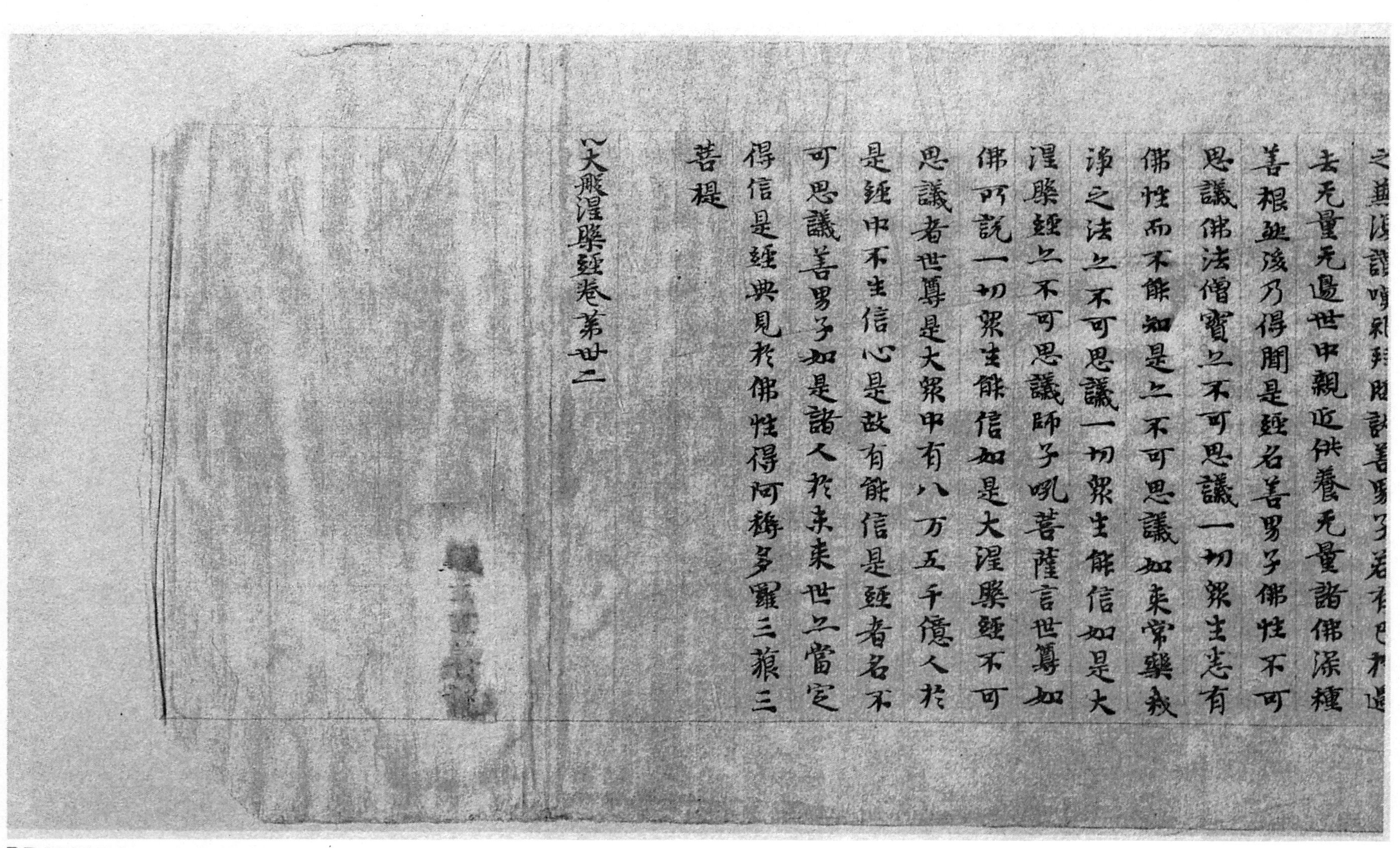
之兼復讚嘆礼拜問訊善男子若有已於過
去无量无邊世中親近供養无量諸佛深種
善根然後乃得聞是經名善男子佛性不可
思議佛法僧寶亦不可思議一切衆生悉有
佛性而不能知是亦不可思議如來常樂我
淨之法亦不可思議一切衆生能信如是大
涅槃經亦不可思議師子吼菩薩言世尊如
佛所說一切衆生能信如是大涅槃經不可
思議者世尊是大衆中有八万五千億人於
是經中不生信心是故有能信是經者名不
可思議善男子如是諸人於未來世亦當定
得信是經典見於佛性得阿耨多羅三藐三
菩提

大般涅槃經卷第卅二

BD04925號　大般涅槃經（北本　宮本）卷三二　（25-25）

求真如若我若无

不思議界若我若无我求真如若淨若不淨
求法界乃至不思議界若淨若不淨依此等
法行淨戒者我說名為行有所得相似淨戒
波羅蜜多憍尸迦如前所說當知皆是說有
所得相似淨戒波羅蜜多
復次憍尸迦善男子善女人等為發无上菩
提心者說苦聖諦若常若无常說集滅
道聖諦若常若无常說苦聖諦若樂
若苦說集滅道聖諦若樂若苦說苦聖諦若我
若无我說集滅道聖諦若我若无我說苦聖諦
若淨若不淨說集滅道聖諦若淨若不淨若有能
依如是等法脩行淨戒是行淨戒波羅蜜多
復作是說行淨戒者應求苦聖諦若常若无
常應求集滅道聖諦若常若无常應求苦聖
諦若樂若苦應求集滅道聖諦若樂若苦應求
苦聖諦若我若无我應求集滅道聖諦若
我若无我應求苦聖諦若淨若不淨應求集
滅道聖諦若淨若不淨若有能求是等法
脩行淨戒是行淨戒波羅蜜多憍尸迦若善

BD04926號　大般若波羅蜜多經卷一四三　（5–1）

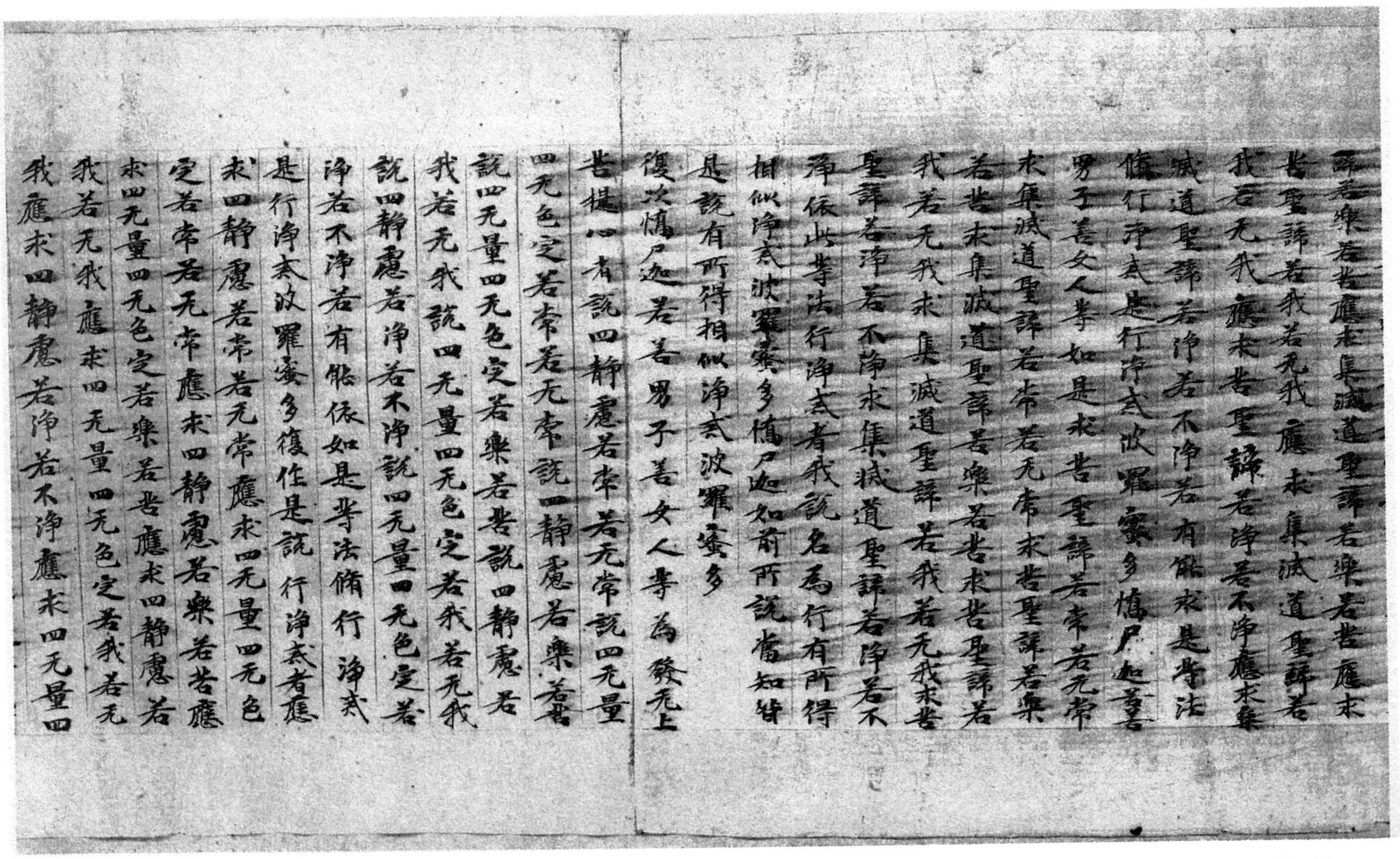

諦若樂若苦應求集滅道聖諦若樂若苦應求
苦聖諦若我若无我應求集滅道聖諦若
我若无我應求苦聖諦若淨若不淨應求集
滅道聖諦若淨若不淨若有能求是等法
脩行淨戒是行淨戒波羅蜜多憍尸迦若善
男子善女人等如是求苦聖諦若常若无常
求集滅道聖諦若常若无常求苦聖諦若樂
若苦求集滅道聖諦若樂若苦求苦聖諦若
我若无我求集滅道聖諦若我若无我求苦
聖諦若淨若不淨求集滅道聖諦若淨若不
淨依此等法行淨戒者我說名為行有所得
相似淨戒波羅蜜多憍尸迦如前所說當知皆
是說有所得相似淨戒波羅蜜多
復次憍尸迦若善男子善女人等為發无上
菩提心者說四靜慮若常若无常說四无量
四无色定若常若无常說四靜慮若樂若苦
說四无量四无色定若樂若苦說四靜慮若
我若无我說四无量四无色定若我若无我
說四靜慮若淨若不淨說四无量四无色定若
淨若不淨若有能依如是等法脩行淨戒
是行淨戒波羅蜜多復作是說行淨戒者應
求四靜慮若常若无常應求四无量四无色
定若常若无常應求四靜慮若樂若苦應
求四无量四无色定若樂若苦應求四靜慮若
我若无我應求四无量四无色定若我若无
我應求四靜慮若淨若不淨應求四无量四

BD04926號　大般若波羅蜜多經卷一四三　（5–2）

淨若不淨若有能依如是等法脩行淨戒
是行淨戒波羅蜜多復作是說行淨戒者應
求四靜慮若常若无常應求四无量四无色
定若常若无常應求四靜慮若樂若苦應
求四无量四无色定若樂若苦應求四靜慮若
我若无我應求四无量四无色定若我若无
我應求四靜慮若淨若不淨應求四无量四
无色定若淨若不淨若有能求如是等法脩
行淨戒是行淨戒波羅蜜多憍尸迦若善男子
善女人等如是求四靜慮若常若无常求
四无量四无色定若常若无常求四靜慮若
樂若苦求四无量四无色定若樂若苦求四靜
慮若我若无我求四无量四无色定若我
若无我求四靜慮若淨若不淨求四无量四
无色定若淨若不淨依此等法行淨戒者我
說名為行有所得相似淨戒波羅蜜多憍尸
迦如前所說當知皆是說有所得相似淨戒
波羅蜜多
復次憍尸迦若善男子善女人等為發无上
菩提心者說八解脫若常若无常說八勝處
九次第定十遍處若常若无常說八解脫若
樂若苦說八勝處九次第定十遍處若樂若
苦說八解脫若我若无我說八勝處九次第
定十遍處若我若无我說八解脫若淨若不
淨說八勝處九次第定十遍處若淨若不淨
若有能依如是等法脩行淨戒是行淨戒波

BD04926號　大般若波羅蜜多經卷一四三　（5–3）

樂若苦說八勝處九次第定十遍處若樂若
苦說八解脫若我若无我說八勝處九次第
定十遍處若我若无我說八解脫若淨若不
淨說八勝處九次第定十遍處若淨若不淨
若有能依如是等法脩行淨戒是行淨戒波
羅蜜多復作是說行淨戒者應求八解脫若
常若无常應求八勝處九次第定十遍處若
常若无常應求八解脫若樂若苦應求八勝
處九次第定十遍處若樂若苦應求八解脫
若我若无我應求八勝處九次第定十遍處
若我若无我應求八解脫若淨若不淨應求
八勝處九次第定十遍處若淨若不淨若有
能求如是等法脩行淨戒是行淨戒波羅蜜
多憍尸迦若善男子善女人等如是求八解
脫若常若无常求八勝處九次第定十遍處
若常若无常求八解脫若樂若苦求八勝處
九次第定十遍處若樂若苦求八解脫若我
若无我求八勝處九次第定十遍處若我若
无我求八解脫若淨若不淨求八勝處九次
第定十遍處若淨若不淨依此等法行淨戒
者我說名為行有所得相似淨戒波羅蜜多
憍尸迦如前所說當知皆是說有所得相似
淨戒波羅蜜多
復次憍尸迦若善男子善女人等為發无上
菩提心者說四念住若常若无常說四正斷
四神足五根五力七等覺支八聖道支若常

BD04926號　大般若波羅蜜多經卷一四三　（5–4）

若我若无我應求八勝處若淨若不淨應[illegible]
若我若无我應求八解脫若淨若不淨應求
八勝處九次第定十遍處若淨若不淨若有
能求如是等法脩行淨戒是行淨戒波羅蜜
多憍尸迦若善男子善女人等如是求八解
脫若常若无常求八勝處九次第定十遍處
若常若无常求八解脫若樂若苦求八勝處
九次第定十遍處若樂若苦求八解脫若我
若无我求八勝處九次第定十遍處若我若
无我求八解脫若淨若不淨求八勝處九次
第定十遍處若淨若不淨依此等法行淨戒
者我說名為行有所得相似淨戒波羅蜜多
憍尸迦如前所說當知皆是說有所得相似
淨戒波羅蜜多
復次憍尸迦若善男子善女人等為發无上
菩提心者說四念住若常若无常說四正斷
四神足五根五力七等覺支八聖道支若常

BD04926號　大般若波羅蜜多經卷一四三　（5–5）

此經有墨寫黃時流去

BD04926號背　勘記　（1–1）

屬万二千天子俱有八
陁龍王娑伽羅龍王和
王阿那婆達多龍王摩
王等各與若千百千眷
法緊那羅王妙法緊那羅
持法緊那羅王各與若千百千
乾闥婆王樂乾闥婆王樂音乾
闥婆王美音乾闥婆王各與若千
俱有四阿脩羅王婆稚阿脩羅
阿脩羅王毗摩質多羅阿脩
羅王各與若千百千眷屬俱
大威德迦樓羅王大身迦樓羅
羅王如意迦樓羅王各與若千百
韋[illegible]子阿闍世王與若千百千眷
礼佛足退坐一面尒時世尊四衆圍繞
恭敬尊重讚歎為諸菩薩說大乘經名无
義教菩薩法佛所護念佛說此經已結加趺

BD04927號　妙法蓮華經卷一　（22–1）

大威德迦樓羅王大身迦樓羅
羅王如意迦樓羅王各與若千百
韋[illegible]子阿闍世王與若千百千眷
礼佛足退坐一面尒時世尊四衆圍繞
恭敬尊重讚歎為諸菩薩說大乘經名无
義教菩薩法佛所護念佛說此經已結跏趺
坐入於无量義處三昧身心不動是時天雨
曼陁羅華摩訶曼陁羅華曼殊沙華摩訶曼
殊沙華而散佛上及諸大衆普佛世界六種
震動尒時會中比丘比丘尼優婆塞優婆夷
天龍夜叉乾闥婆阿脩羅迦樓羅緊那羅摩
睺羅伽人非人及諸小王轉輪聖王是
衆得未曾有歡喜合掌一心觀佛尒時佛
眉間白毫相光照東方万八千世界靡不
遍下至阿鼻地獄上至阿迦尼吒天於此世
界盡見彼土六趣衆生又見彼土現在諸佛
及聞諸佛所說經法并見彼諸比丘比丘尼
優婆塞優婆夷諸脩行得道者復見諸菩薩
摩訶薩種種因緣種種信解種種相貌行菩
薩道復見諸佛般涅槃者復見諸佛般涅槃
後以佛舍利起七寶塔尒時弥勒菩薩作是
念今者世尊現神變相以何因緣而有此瑞
今佛世尊入于三昧是不可思議現希有事
當以問誰誰能答者復作此念是文殊師利
法王之子已曾親近供養過去无量諸佛必

BD04927號　妙法蓮華經卷一　（22–2）

後以佛舍利起七寶塔尒時弥勒菩薩作是
念今者世尊現神變相以何因緣而有此瑞
今佛世尊入于三昧是不可思議現希有事
當以問誰誰能答者復作此念是文殊師利
法王之子已曾親近供養過去无量諸佛必
應見此希有之相我今當問尒時比丘比丘
尼優婆塞優婆夷及諸天龍鬼神等咸作此
念是佛光明神通之相今當問誰尒時弥勒
菩薩欲自決疑又觀四衆比丘比丘尼優婆
塞優婆夷及諸天龍鬼神等衆會之心而問文
殊師利言以何因緣而有此瑞神通之相放
大光明照于東方万八千土悉見彼佛國界
莊嚴於是弥勒菩薩欲重宣此義以偈問曰
文殊師利 導師何故 眉間白毫 大光普照
雨曼陁羅 曼殊沙華 栴檀香風 悅可衆心
以是因緣 地皆嚴淨 而此世界 六種震動
時四部衆 咸皆歡喜 身意快然 得未曾有
眉間光明 照于東方 万八千土 皆如金色
從阿鼻獄 上至有頂 諸世界中 六道衆生
生死所趣 善惡業緣 受報好醜 於此悉見
又覩諸佛 聖主師子 演說經典 微妙第一
其聲清淨 出柔軟音 教諸菩薩 无數億万
梵音深妙 令人樂聞 各於世界 講說正法
種種因緣 以无量喻 照明佛法 開悟衆生
若人遭苦 猒老病死 為說涅槃 盡諸苦際

BD04927號　妙法蓮華經卷一　（22–3）

又覩諸佛 聖主師子 演說經典 微妙第一
其聲清淨 出柔軟音 教諸菩薩 无數億万
梵音深妙 令人樂聞 各於世界 講說正法
種種因緣 以无量喻 照明佛法 開悟衆生
若人遭苦 猒老病死 為說涅槃 盡諸苦際
若人有福 曾供養佛 志求勝法 為說緣覺
若有佛子 脩種種行 求无上慧 為說淨道
文殊師利 我住於此 見聞若斯 及千億事
如是衆多 今當略說 我見彼土 恒沙菩薩
種種因緣 而求佛道 或有行施 金銀珊瑚
真珠摩尼 車𤦲馬瑙 金剛諸珎 奴婢車乘
寶飾輦轝 歡喜布施 迴向佛道 願得是乘
三界第一 諸佛所歎 或有菩薩 駟馬寶車
欄楯華蓋 軒飾布施 復見菩薩 身肉手足
及妻子施 求无上道 又見菩薩 頭目身體
欣樂施與 求佛智慧 文殊師利 我見諸王
往詣佛所 問无上道 便捨樂土 宮殿臣妾
剃除鬚髮 而被法服 或見菩薩 而作比丘
獨處閑靜 樂誦經典 又見菩薩 勇猛精進
入於深山 思惟佛道 又見離欲 常處空閑
深脩禪定 得五神通 又見菩薩 安禪合掌
以千万偈 讚諸法王 復見菩薩 智深志固
能問諸佛 聞悉受持 又見佛子 定慧具足
以无量喻 為衆講法 欣樂說法 化諸菩薩
破魔兵衆 而擊法鼓 又見菩薩 寂然宴默

BD04927號　妙法蓮華經卷一　（22–4）

又見離欲　常處空閑
深脩禪定　得五神通　又見菩薩　安禪合掌
以千万偈　讚諸法王　復見菩薩　智深志固
能問諸佛　聞悉受持　又見佛子　定慧具足
以无量喻　為眾講法　欣樂說法　化諸菩薩
破魔兵眾　而擊法鼓　又見菩薩　寂然宴嘿
天龍恭敬　不以為喜　又見菩薩　處林放光
濟地獄苦　令入佛道　又見佛子　未嘗睡眠
經行林中　勤求佛道　又見具戒　威儀无缺
淨如寶珠　以求佛道　又見佛子　住忍辱力
增上慢人　惡罵捶打　皆悉能忍　以求佛道
又見菩薩　離諸戲咲　及癡眷屬　親近智者
一心除乱　攝念山林　億千万歲　以求佛道
或見菩薩　餚饍飲食　百種湯藥　施佛及僧
名衣上服　價直千万　或无價衣　施佛及僧
千万億種　栴檀寶舍　眾妙卧具　施佛及僧
清淨園林　華菓茂盛　流泉浴池　施佛及僧
如是等施　種種微妙　歡喜无猒　求无上道
或有菩薩　說寂滅法　種種教詔　无數眾生
或見菩薩　觀諸法性　无有二相　猶如虛空
又見佛子　心无所著　以此妙慧　求无上道
文殊師利　又有菩薩　佛滅度後　供養舍利
又見佛子　造諸塔廟　无數恒沙　嚴飾國界
寶塔高妙　五千由旬　縱廣正等　二千由旬
一一塔廟　各千幢幡　珠交露幔　寶鈴和鳴
諸天龍神　人及非人　香華伎樂　常以供養

BD04927號　妙法蓮華經卷一　（22–5）

又見佛子　心无所著　以此妙慧　求无上道
文殊師利　又有菩薩　佛滅度後　供養舍利
又見佛子　造諸塔廟　无數恒沙　嚴飾國界
寶塔高妙　五千由旬　縱廣正等　二千由旬
一一塔廟　各千幢幡　珠交露幔　寶鈴和鳴
諸天龍神　人及非人　香華伎樂　常以供養
文殊師利　諸佛子等　為供舍利　嚴飾塔廟
國界自然　殊特妙好　如天樹王　其華開敷
佛放一光　我及眾會　見此國界　種種殊妙
諸佛神力　智慧希有　放一淨光　照无量國
我等見此　得未曾有　佛子文殊　願決眾疑
四眾欣仰　瞻仁及我　世尊何故　放斯光明
佛子時答　決疑令喜　何所饒益　演斯光明
佛坐道場　所得妙法　為欲說此　為當授記
示諸佛土　眾寶嚴淨　及見諸佛　此非小緣
文殊當知　四眾龍神　瞻察仁者　為說何等
尒時文殊師利語彌勒菩薩摩訶薩及諸大
士善男子等如我惟忖今佛世尊欲說大法
雨大法雨吹大法螺擊大法鼓演大法義諸
善男子我於過去諸佛曾見此瑞放斯光已
即說大法是故當知今佛現光亦復如是欲
令眾生咸得聞知一切世間難信之法故現
斯瑞諸善男子如過去无量无邊不可思議
阿僧祇劫尒時有佛号日月燈明如來應供
正遍知明行足善逝世間解无上士調御丈

BD04927號　妙法蓮華經卷一　（22–6）

善男子我於過去諸佛曾見此瑞放斯光已
即說大法是故當知今佛現光亦復如是欲
令衆生咸得聞知一切世間難信之法故現
斯瑞諸善男子如過去无量无邊不可思議
阿僧祇劫尒時有佛号日月燈明如來應供
正遍知明行足善逝世間解无上士調御丈
夫天人師佛世尊演說正法初善中善後善
其義深遠其語巧妙純一无雜具足清白梵
行之相為求聲聞者說應四諦法度生老病
死究竟涅槃為求辟支佛者說應十二因緣
法為諸菩薩說應六波羅蜜令得阿耨多羅
三藐三菩提成一切種智次復有佛亦名日
月燈明次復有佛亦名日月燈明如是二万
佛皆同一字号日月燈明又同一姓姓頗羅
墮弥勒當知初佛後佛皆同一字名日月燈
明十号具足所可說法初中後善其最後佛
未出家時有八王子一名有意二名善意三名
无量意四名寶意五名增意六名除疑意七
名響意八名法意是八王子威德自在各領
四天下是諸王子聞父出家得阿耨多羅三
藐三菩提悉捨王位亦隨出家發大乘意常
脩梵行皆為法師已於千万佛所殖諸善本
是時日月燈明佛說大乘經名无量義教菩
薩法佛所護念說是經已即於大衆中結加
趺坐入於无量義處三昧身心不動是時天
雨曼陀羅華摩訶曼陀羅華曼殊沙華摩訶

BD04927號　妙法蓮華經卷一　（22–7）

藐三菩提悉捨王位亦隨出家發大乘意常
脩梵行皆為法師已於千万佛所殖諸善本
是時日月燈明佛說大乘經名无量義教菩
薩法佛所護念說是經已即於大衆中結加
趺坐入於无量義處三昧身心不動是時天
雨曼陀羅華摩訶曼陀羅華曼殊沙華摩訶
曼殊沙華而散佛上及諸大衆普佛世界六
種震動尒時會中比丘比丘尼優婆塞優婆
夷天龍夜叉乾闥婆阿脩羅迦樓羅緊那羅
摩睺羅伽人非人及諸小王轉輪聖王等是
諸大衆得未曾有歡喜合掌一心觀佛尒時
如來放眉間白毫相光照東方万八千佛土
靡不周遍如今所見是諸佛土弥勒當知尒
時會中有二十億菩薩樂欲聽法是諸菩薩
見此光明普照佛土得未曾有欲知此光所
為因緣時有菩薩名曰妙光有八百弟子是
時日月燈明佛從三昧起因妙光菩薩說大
乘經名妙法蓮華教菩薩法佛所護念六十
小劫不起于座時會聽者亦坐一處六十小
劫身心不動聽佛所說謂如食頃是時衆中
无有一人若身若心而生懈惓日月燈明佛
於六十小劫說是經已即於梵魔沙門婆羅
門及天人阿脩羅衆中而宣此言如來於今
日中夜當入无餘涅槃時有菩薩名曰德藏
日月燈明佛即授其記告諸比丘是德藏菩

BD04927號　妙法蓮華經卷一　（22–8）

劫身心不動聽佛所說謂如食頃是時衆中
无有一人若身若心而生懈惓日月燈明佛
於六十小劫說是經已即於梵魔沙門婆羅
門及天人阿脩羅衆中而宣此言如來於今
日中夜當入无餘涅槃時有菩薩名曰徳藏
日月燈明佛即授其記告諸比丘是徳藏菩
薩次當作佛号曰淨身多陀阿伽度阿羅訶
三藐三佛陁佛授記已便於中夜入无餘涅
槃佛滅度後妙光菩薩持妙法蓮華經滿八
十小劫為人演說日月燈明佛八子皆師妙
光妙光教化令其堅固阿耨多羅三藐三菩
提是諸王子供養无量百千万億佛已皆成
佛道其最後成佛者名曰然燈八百弟子中
有一人号曰求名貪著利養雖復讀誦衆經
而不通利多所忘失故号求名是人亦以種
諸善根因緣故得值无量百千万億諸佛供
養恭敬尊重讚歎彌勒當知尒時妙光菩薩
豈異人乎我身是也求名菩薩汝身是也今
見此瑞與本无異是故惟忖今日如來當說
大乘經名妙法蓮華教菩薩法佛所護念尒
時文殊師利於大衆中欲重宣此義而說偈
言

我念過去世　无量无數劫　有佛人中尊　号日月燈明
世尊演說法　度无量衆生　无數億菩薩　令入佛智慧
佛未出家時　所生八王子　見大聖出家　亦隨脩梵行

BD04927號　妙法蓮華經卷一　（22–9）

大乘經名妙法蓮華教菩薩法佛所護念尒
時文殊師利於大衆中欲重宣此義而說偈
言

我念過去世　无量无數劫　有佛人中尊　号日月燈明
世尊演說法　度无量衆生　无數億菩薩　令入佛智慧
佛未出家時　所生八王子　見大聖出家　亦隨脩梵行
時佛說大乘　經名无量義　於諸大衆中　而為廣分別
佛說此經已　即於法座上　跏趺坐三昧　名无量義處
天雨曼陁華　天鼓自然鳴　諸天龍鬼神　供養人中尊
一切諸佛土　即時大震動　佛放眉間光　現諸希有事
此光照東方　万八千佛土　示一切衆生　生死業報處
有見諸佛土　以衆寶莊嚴　瑠璃頗梨色　斯由佛光照
及見諸天人　龍神夜叉衆　乹闥緊那羅　各供養其佛
又見諸如來　自然成佛道　身色如金山　端嚴甚微妙
如淨瑠璃中　内現真金像　世尊在大衆　敷演深法義
一一諸佛土　聲聞衆无數　因佛光所照　悉見彼大衆
或有諸比丘　在於山林中　精進持淨戒　猶如護明珠
又見諸菩薩　行施忍辱等　其數如恒沙　斯由佛光照
又見諸菩薩　深入諸禪定　身心寂不動　以求无上道
又見諸菩薩　知法寂滅相　各於其國土　說法求佛道
尒時四部衆　見日月燈佛　現大神通力　其心皆歡喜
各各自相問　是事何因緣　天人所奉尊　適從三昧起
讚妙光菩薩　汝為世間眼　一切所歸信　能奉持法藏
如我所說法　唯汝能證知　世尊既讚歎　令妙光歡喜
說是法華經　滿六十小劫　不起於此座　所說上妙法

BD04927號　妙法蓮華經卷一　（22–10）

尒時四部衆　見日月燈佛　現大神通力　其心皆歡喜
各各自相問　是事何因緣　天人所奉尊　適從三昧起
讚妙光菩薩　汝為世間眼　一切所歸信　能奉持法藏
如我所說法　唯汝能證知　世尊既讚歎　令妙光歡喜
說是法華經　滿六十小劫　不起於此座　所說上妙法
是妙光法師　悉皆能受持　佛說是法華　令衆歡喜已
尋即於是日　告於天人衆　諸法實相義　已為汝等說
我今於中夜　當入於涅槃　汝一心精進　當離於放逸
諸佛甚難值　億劫時一遇　世尊諸子等　聞佛入涅槃
各各懷悲惱　佛滅一何速　聖主法之王　安慰无量衆
我若滅度時　汝等勿憂怖　是德藏菩薩　於无漏實相
心已得通達　其次當作佛　号曰為淨身　亦度无量衆
佛此夜滅度　如薪盡火滅　分布諸舍利　而起无量塔
比丘比丘尼　其數如恒沙　倍復加精進　以求无上道
是妙光法師　奉持佛法藏　八十小劫中　廣宣法華經
是諸八王子　妙光所開化　堅固无上道　當見无數佛
供養諸佛已　隨順行大道　相繼得成佛　轉次而授記
最後天中天　号曰燃燈佛　諸仙之導師　度脫无量衆
是妙光法師　時有一弟子　心常懷懈怠　貪著於名利
求名利无猒　多遊族姓家　棄捨所習誦　廢忘不通利
以是因緣故　号之為求名　亦行衆善業　得見无數佛
供養於諸佛　隨順行大道　具六波羅蜜　今見釋師子
其後當作佛　号名曰弥勒　廣度諸衆生　其數无有量
彼佛滅度後　懈怠者汝是　妙光法師者　今則我身是
我見燈明佛　本光瑞如此　以是知今佛　欲說法華經

以是因緣故　号之為求名　亦行衆善業　得見无數佛
供養於諸佛　隨順行大道　具六波羅蜜　今見釋師子
其後當作佛　号名曰弥勒　廣度諸衆生　其數无有量
彼佛滅度後　懈怠者汝是　妙光法師者　今則我身是
我見燈明佛　本光瑞如此　以是知今佛　欲說法華經
今相如本瑞　是諸佛方便　今佛放光明　助發實相義
諸人今當知　合掌一心待　佛當雨法雨　充足求道者
諸求三乘人　若有疑悔者　佛當為除斷　令盡无有餘

妙法蓮華經方便品第二

尒時世尊從三昧安詳而起告舍利弗諸佛
智慧甚深无量其智慧門難解難入一切聲
聞辟支佛所不能知所以者何佛曾親近百
千万億无數諸佛盡行諸佛无量道法勇猛
精進名稱普聞成就甚深未曾有法隨宜所
說意趣難解舍利弗吾從成佛已來種種因
緣種種譬喻廣演言教无數方便引導衆生
令離諸著所以者何如來方便知見波羅蜜
皆已具足舍利弗如來知見廣大深遠无量
无礙力无所畏禪定解脫三昧深入无際成
就一切未曾有法舍利弗如來能種種分別
巧說諸法言辭柔軟悅可衆心舍利弗取要言
之无量无邊未曾有法佛悉成就止舍利弗
不須復說所以者何佛所成就第一希有難
解之法唯佛與佛乃能究盡諸法實相所謂
諸法如是相如是性如是體如是力如是作

說一切未曾有法舍利弗如來能種種分別
巧說諸法言辭柔軟悅可衆心舍利弗取要言
之无量无邊未曾有法佛悉成就止舍利弗
不須復說所以者何佛所成就第一希有難
解之法唯佛與佛乃能究盡諸法實相所謂
諸法如是相如是性如是體如是力如是作
如是因如是緣如是果如是報如是本末究
竟等尒時世尊欲重宣此義而說偈言
世雄不可量　諸天及世人　一切衆生類　无能知佛者
佛力无所畏　解脫諸三昧　及佛諸餘法　无能測量者
本從无數佛　具足行諸道　甚深微妙法　難見難可了
於无量億劫　行此諸道已　道場得成果　我已悉知見
如是大果報　種種性相義　我及十方佛　乃能知是事
是法不可示　言辭相寂滅　諸餘衆生類　无有能得解
除諸菩薩衆　信力堅固者　諸佛弟子衆　曾供養諸佛
一切漏已盡　住是最後身　如是諸人等　其力所不堪
假使滿世間　皆如舍利弗　盡思共度量　不能測佛智
正使滿十方　皆如舍利弗　及餘諸弟子　亦滿十方剎
盡思共度量　亦復不能知　辟支佛利智　无漏最後身
亦滿十方界　其數如竹林　斯等共一心　於億无量劫
欲思佛實智　莫能知少分　新發意菩薩　供養无數佛
了達諸義趣　又能善說法　如稻麻竹葦　充滿十方剎
一心以妙智　於恒河沙劫　咸皆共思量　不能知佛智
不退諸菩薩　其數如恒沙　一心共思求　亦復不能知
又告舍利弗　无漏不思議　甚深微妙法　我今已具得

BD04927號　妙法蓮華經卷一　（22–13）

欲思佛實智　莫能知少分　新發意菩薩　供養无數佛
了達諸義趣　又能善說法　如稻麻竹葦　充滿十方剎
一心以妙智　於恒河沙劫　咸皆共思量　不能知佛智
不退諸菩薩　其數如恒沙　一心共思求　亦復不能知
又告舍利弗　无漏不思議　甚深微妙法　我今已具得
唯我知是相　十方佛亦然　舍利弗當知　諸佛語无異
於佛所說法　當生大信力　世尊法久後　要當說真實
告諸聲聞衆　及求緣覺乘　我令脫苦縛　逮得涅槃者
佛以方便力　示以三乘教　衆生處處著　引之令得出
尒時大衆中有諸聲聞漏盡阿羅漢阿若憍
陳如等千二百人及發聲聞辟支佛心比丘比
丘尼優婆塞優婆夷各作是念今者世尊
何故慇懃稱歎方便而作是言佛所得法甚
深難解有所言說意趣難知一切聲聞辟支
佛所不能及佛說一解脫義我等亦得此法
到於涅槃而今不知是義所趣尒時舍利弗
知四衆心疑自亦未了而白佛言世尊何因
何緣慇懃稱歎諸佛第一方便甚深微妙難
解之法我自昔來未曾從佛聞如是說今者
四衆咸皆有疑唯願世尊敷演斯事世尊何
故慇懃稱歎甚深微妙難解之法尒時舍利
弗欲重宣此義而說偈言
慧日大聖尊　久乃說是法　自說得如是　力无畏三昧
禪定解脫等　不可思議法　道場所得法　无能發問者

BD04927號　妙法蓮華經卷一　（22–14）

故慇懃稱歎甚深微妙難解之法尒時舍利
弗欲重宣此義而説偈言
慧日大聖尊 久乃説是法 自説得如是 力无畏三昧
禪定解脱等 不可思議法 道場所得法 无能發問者
我意難可測 亦无能問者 无問而自説 稱歎所行道
智慧甚微妙 諸佛之所得 无漏諸羅漢 及求涅槃者
今皆墮疑網 佛何故説是 其求緣覺者 比丘比丘尼
諸天龍鬼神 及乾闥婆等 相視懷猶豫 瞻仰兩足尊
是事爲云何 願佛爲解説 於諸聲聞衆 佛説我第一
我今自於智 疑惑不能了 爲是究竟法 爲是所行道
佛口所生子 合掌瞻仰待 願出微妙音 時爲如實説
諸天龍神等 其數如恒沙 求佛諸菩薩 大數有八万
又諸万億國 轉輪聖王至 合掌以敬心 欲聞具足道
尒時佛告舍利弗止止不須復説若説是事
一切世間諸天及人皆當驚疑舍利弗重白
佛言世尊唯願説之唯願説之所以者何是
會无數百千万億阿僧祇衆生曾見諸佛諸
根猛利智慧明了聞佛所説則能敬信尒時
舍利弗欲重宣此義而説偈言
法王无上尊 唯説願勿慮 是會无量衆 有能敬信者
佛復止舍利弗若説是事一切世間天人阿
脩羅皆當驚疑增上慢比丘將墜於大坑尒
時世尊重説偈言
止止不須説 我法妙難思 諸增上慢者 聞必不敬信

BD04927號　妙法蓮華經卷一　（22–15）

佛復止舍利弗若説是事一切世間天人阿
脩羅皆當驚疑增上慢比丘將墜於大坑尒
時世尊重説偈言
止止不須説 我法妙難思 諸增上慢者 聞必不敬信
尒時舍利弗重白佛言世尊唯願説之唯願
説之今此會中如我等比百千万億世世已
曾從佛受化如此人等必能敬信長夜安隱
多所饒益尒時舍利弗欲重宣此義而説偈
言
无上兩足尊 願説第一法 我爲佛長子 唯垂分別説
是會无量衆 能敬信此法 佛已曾世世 教化如是等
皆一心合掌 欲聽受佛語 我等千二百 及餘求佛者
願爲此衆故 唯垂分別説 是等聞此法 則生大歡喜
尒時世尊告舍利弗汝已慇懃三請豈得不
説汝今諦聽善思念之吾當爲汝分別解説
説此語時會中有比丘比丘尼優婆塞優婆
夷五千人等即從座起禮佛而退所以者何
此輩罪根深重及增上慢未得謂得未證謂
證有如此失是以不住世尊嘿然而不制止
尒時佛告舍利弗我今此衆无復枝葉純有
貞實舍利弗如是增上慢人退亦佳矣汝今
善聽當爲汝説舍利弗言唯然世尊願樂欲
聞佛告舍利弗如是妙法諸佛如來時乃説
之如優曇鉢華時一現耳舍利弗汝等當信

BD04927號　妙法蓮華經卷一　（22–16）

尒時佛告舍利弗我今此衆无復枝葉純有
貞實舍利弗如是增上慢人退亦佳矣汝今
善聽當為汝說舍利弗言唯然世尊願樂欲
聞佛告舍利弗如是妙法諸佛如來時乃說
之如優曇鉢華時一現耳舍利弗汝等當信
佛之所說言不虛妄舍利弗諸佛隨宜說法
意趣難解所以者何我以无數方便種種因
緣譬喻言辝演說諸法是法非思量分別之
所能解唯有諸佛乃能知之所以者何諸佛
世尊唯以一大事因緣故出現於世舍利弗
云何名諸佛世尊唯以一大事因緣故出現
於世諸佛世尊欲令衆生開佛知見使得清
淨故出現於世欲示衆生佛之知見故出現於
世欲令衆生悟佛知見故出現於世欲令衆
生入佛知見道故出現於世舍利弗是為諸
佛以一大事因緣故出現於世佛告舍利弗
諸佛如來但教化菩薩諸有所作常為一事
唯以佛之知見示悟衆生舍利弗如來但以
一佛乘故為衆生說法无有餘乘若二若三
舍利弗一切十方諸佛法亦如是舍利弗過
去諸佛以无量无數方便種種因緣譬喻言
辝而為衆生演說諸法是法皆為一佛乘故是
諸衆生從諸佛聞法究竟皆得一切種智
舍利弗未來諸佛當出於世亦以无量无數方
便種種因緣譬喻言辝而為衆生演說諸法

BD04927號　妙法蓮華經卷一　（22–17）

舍利弗一切十方諸佛法亦如是舍利弗過
去諸佛以无量无數方便種種因緣譬喻言
辝而為衆生演說諸法是法皆為一佛乘故是
諸衆生從諸佛聞法究竟皆得一切種智
舍利弗未來諸佛當出於世亦以无量无數方
便種種因緣譬喻言辝而為衆生演說諸法
是法皆為一佛乘故是諸衆生從佛聞法
究竟皆得一切種智舍利弗現在十方无量
百千万億佛土中諸佛世尊多所饒益安樂
衆生是諸佛亦以无量无數方便種種因緣
譬喻言辝而為衆生演說諸法是法皆為一
佛乘故是諸衆生從佛聞法究竟皆得一切
種智舍利弗是諸佛但教化菩薩欲以佛之
知見示衆生故欲以佛之知見悟衆生故欲
令衆生入佛之知見故舍利弗我今亦復如
是知諸衆生有種種欲深心所著隨其本性
以種種因緣譬喻言辝方便力故而為說法
舍利弗如此皆為得一佛乘一切種智故舍
利弗十方世界中尚无二乘何況有三舍利
弗諸佛出於五濁惡世所謂劫濁煩惱濁衆
生濁見濁命濁如是舍利弗劫濁亂時衆生
垢重慳貪嫉妬成就諸不善根故諸佛以方
便力於一佛乘分別說三舍利弗若我弟子
自謂阿羅漢辟支佛者不聞不知諸佛如來
但教化菩薩事此非佛弟子非阿羅漢非辟

BD04927號　妙法蓮華經卷一　（22–18）

弗諸佛出於五濁惡世所謂劫濁煩惱濁衆
生濁見濁命濁如是舍利弗劫濁亂時衆生
垢重慳貪嫉妬成就諸不善根故諸佛以方
便力於一佛乘分別說三舍利弗若我弟子
自謂阿羅漢辟支佛者不聞不知諸佛如來
但教化菩薩事此非佛弟子非阿羅漢非辟
支佛又舍利弗是諸比丘比丘尼自謂已得
阿羅漢是最後身究竟涅槃便不復志求阿
耨多羅三藐三菩提當知此輩皆是增上慢
人所以者何若有比丘實得阿羅漢若不信
此法无有是處除佛滅度後現前无佛所以
者何佛滅度後如是等經受持讀誦解義者
是人難得若遇餘佛於此法中便得決了舍
利弗汝等當一心信解受持佛語諸佛如來言
无虛妄无有餘乘唯一佛乘尒時世尊欲重
宣此義而說偈言
比丘比丘尼　有懷增上慢　優婆塞我慢　優婆夷不信
如是四衆等　其數有五千　不自見其過　於戒有缺漏
護惜其瑕疵　是小智已出　衆中之糟糠　佛威德故去
斯人尠福德　不堪受是法　此衆无枝葉　唯有諸貞實
舍利弗善聽　諸佛所得法　无量方便力　而為衆生說
衆生心所念　種種所行道　若干諸欲性　先世善惡業
佛悉知是已　以諸緣譬喻　言辭方便力　令一切歡喜
或說脩多羅　伽陁及本事　本生未曾有　亦說於因緣

BD04927號　妙法蓮華經卷一　(22–19)

護惜其瑕疵　是小智已出　衆中之糟糠　佛威德故去
斯人尠福德　不堪受是法　此衆无枝葉　唯有諸貞實
舍利弗善聽　諸佛所得法　无量方便力　而為衆生說
衆生心所念　種種所行道　若干諸欲性　先世善惡業
佛悉知是已　以諸緣譬喻　言辭方便力　令一切歡喜
或說脩多羅　伽陁及本事　本生未曾有　亦說於因緣
譬喻并祇夜　優波提舍經　鈍根樂小法　貪著於生死
於諸无量佛　不行深妙道　衆苦所惱亂　為是說涅槃
我設是方便　令得入佛慧　未曾說汝等　當得成佛道
所以未曾說　說時未至故　今正是其時　決定說大乘
我此九部法　隨順衆生說　入大乘為本　以故說是經
有佛子心淨　柔軟亦利根　无量諸佛所　而行深妙道
為此諸佛子　說是大乘經　我記如是人　來世成佛道
以深心念佛　脩持淨戒故　此等聞得佛　大喜充遍身
佛知彼心行　故為說大乘　聲聞若菩薩　聞我所說法
乃至於一偈　皆成佛无疑　十方佛土中　唯有一乘法
无二亦无三　除佛方便說　但以假名字　引導於衆生
說佛智慧故　諸佛出於世　唯此一事實　餘二則非真
終不以小乘　濟度於衆生　佛自住大乘　如其所得法
定慧力莊嚴　以此度衆生　自證无上道　大乘平等法
若以小乘化　乃至於一人　我則墮慳貪　此事為不可
若人信歸佛　如來不欺誑　亦无貪嫉意　斷諸法中惡
故佛於十方　而獨无所畏　我以相嚴身　光明照世間
无量衆所尊　為說實相印　舍利弗當知　我本立誓願
欲令一切衆　如我等无異　如我昔所願　今者已滿足

BD04927號　妙法蓮華經卷一　(22–20)

若以小乘化　乃至於一人　我則墮慳貪　此事為不可
若人信歸佛　如來不欺誑　亦无貪嫉意　斷諸法中惡
故佛於十方　而獨无所畏　我以相嚴身　光明照世間
无量眾所尊　為說實相印　舍利弗當知　我本立誓願
欲令一切眾　如我等无異　如我昔所願　今者已滿足
化一切眾生　皆令入佛道　若我遇眾生　盡教以佛道
无智者錯亂　迷惑不受教　我知此眾生　未曾脩善本
堅著於五欲　癡愛故生惱　以諸欲因緣　墜墮三惡道
輪迴六趣中　備受諸苦毒　受胎之微形　世世常增長
薄德少福人　眾苦所逼迫　入邪見稠林　若有若无等
依止此諸見　具足六十二　深著虛妄法　堅受不可捨
我慢自矜高　諂曲心不實　於千万億劫　不聞佛名字
亦不聞正法　如是人難度　是故舍利弗　我為設方便
說諸盡苦道　示之以涅槃　我雖說涅槃　是亦非真滅
諸法從本來　常自寂滅相　佛子行道已　來世得作佛
我有方便力　開示三乘法　一切諸世尊　皆說一乘道
今此諸大眾　皆應除疑惑　諸佛語无異　唯一无二乘
過去无數劫　无量滅度佛　百千万億眾　其數不可量
如是諸世尊　種種緣譬喻　无數方便力　演說諸法相
是諸世尊等　皆說一乘法　化无量眾生　令入於佛道
又諸大聖主　知一切世間　天人群生類　深心之所欲
更以異方便　助顯第一義　若有眾生類　值諸過去佛
若聞法布施　或持戒忍辱　精進禪智等　種種脩福德
如是諸人等　皆已成佛道　諸佛滅度已　若人善軟心
如是諸眾生　皆已成佛道　諸佛滅度已　供養舍利者

BD04927 號　妙法蓮華經卷一　（22–21）

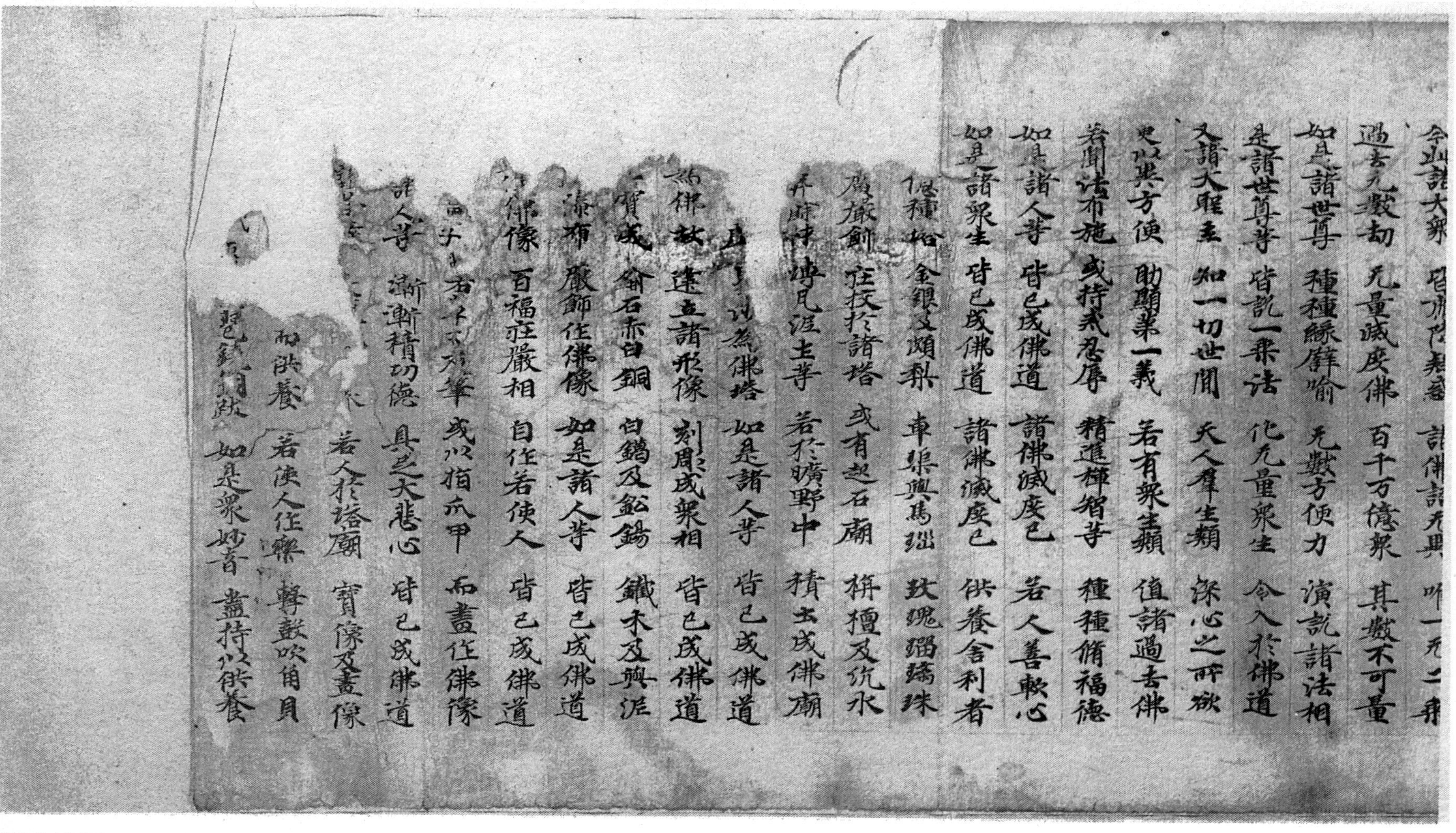
今此諸大眾　皆應除疑惑　諸佛語无異　唯一无二乘
過去无數劫　无量滅度佛　百千万億眾　其數不可量
如是諸世尊　種種緣譬喻　无數方便力　演說諸法相
是諸世尊等　皆說一乘法　化无量眾生　令入於佛道
又諸大聖主　知一切世間　天人群生類　深心之所欲
更以異方便　助顯第一義　若有眾生類　值諸過去佛
若聞法布施　或持戒忍辱　精進禪智等　種種脩福德
如是諸人等　皆已成佛道　諸佛滅度已　若人善軟心
如是諸眾生　皆已成佛道　諸佛滅度已　供養舍利者
[illegible]種塔　金銀及頗梨　車磲與馬瑙　玫瑰琉璃珠
[illegible]廣嚴飾　莊校於諸塔　或有起石廟　栴檀及沈水
木櫁并[illegible]泥土等　若於曠野中　積土成佛廟
[illegible]為佛塔　如是諸人等　皆已成佛道
[illegible]佛故　建立諸形像　刻彫成眾相　皆已成佛道
[illegible]七寶成　鍮石赤白銅　白鑞及鉛錫　鐵木及與泥
[illegible]漆布　嚴飾作佛像　如是諸人等　皆已成佛道
[illegible]佛像　百福莊嚴相　自作若使人　皆已成佛道
[illegible]子戲　若草木及筆　或以指爪甲　而畫作佛像
[illegible]人等　漸漸積功德　具足大悲心　皆已成佛道
[illegible]　若人於塔廟　寶像及畫像
[illegible]而供養　若使人作樂　擊鼓吹角貝
[illegible]銅鈸　如是眾妙音　盡持以供養

BD04927 號　妙法蓮華經卷一　（22–22）

南无三山王佛

BD04927 號背　雜寫　　　　　　　　　　（1–1）

方千國土乃下一點大如微塵又過千國土
復下一點如是展轉盡地種墨於汝等意云
何是諸國土若筭師若筭師弟子能得邊
知其數不不也世尊諸比丘是人所經國土若
點不點盡末為塵一塵一劫彼佛滅度已
來復過是數无量无邊百千万億阿僧祇
劫我以如來知見力故觀彼久遠猶若今日
尒時世尊欲重宣此義而說偈言
我念過去世　无量无數劫　有佛兩足尊　名大通智勝
如人以力磨　三千大千土　盡此諸地種　皆悉以為墨
過於千國土　乃下一塵點　如是展轉點　盡此諸塵墨
如是諸國土　點與不點等　復盡末為塵　一塵為一劫
此諸微塵數　其劫復過是　彼佛滅度來　如是无量劫
如來无礙智　智彼佛滅度　及聲聞菩薩　如見今滅度
諸比丘當知　佛智淨微妙　无漏无所礙　通達无量劫
佛告諸比丘大通智勝佛壽五百四十万億那
由他劫其佛本坐道場破魔軍已垂得阿耨
多羅三藐三菩提而諸佛法不現在前如是
一小劫乃至十劫結加趺坐身心不動而
諸佛法猶不在前尒時忉利諸天先為彼佛
於菩提樹下敷師子座高一由旬佛於此座當

BD04928 號　妙法蓮華經卷三　　　　　　　　（5–1）

諸比丘當知　佛智淨微妙　无漏无所礙　通達无量劫
佛告諸比丘大通智勝佛壽五百四十万億那
由他劫其佛本坐道場破魔軍已垂得阿耨
多羅三藐三菩提而諸佛法不現在前如是
一小劫乃至十劫結加趺坐身心不動而
諸佛法猶不在前尒時忉利諸天先為彼佛
於菩提樹下敷師子座高一由旬佛於此座當
得阿耨多羅三藐三菩提適坐此座時諸梵
天王雨衆天華面百由旬香風時來吹去萎
華更雨新者如是不絕滿十小劫供養於佛
乃至滅度常雨此華四王諸天為供養佛常
擊天鼓其餘諸天作天伎樂滿十小劫至于
滅度亦復如是諸比丘大通智勝佛過十小
劫諸佛之法乃現在前成阿耨多羅三
藐三菩提其佛未出家時有十六子其第一
者名曰智積諸子各有種種珎異玩好之具
聞父得成阿耨多羅三藐三菩提皆捨所珎
往詣佛所諸母涕泣而隨送之其祖轉輪聖
王與一百大臣及餘百千万億人民皆共圍
繞隨至道場咸欲親近大通智勝如來供養
恭敬尊重讚歎到已頭面礼足繞佛畢已一心
合掌瞻仰世尊以偈頌曰
大威德世尊　為度衆生故　於无量億劫　尒乃得成佛
諸願已具足　善哉吉无上　世尊甚希有　一坐十小劫
身體及手足　靜然安不動　其心常惔怕　未曾有散亂

繞隨至道場咸欲親近大通智勝如來供養
恭敬尊重讚歎到已頭面礼足繞佛畢已一心
合掌瞻仰世尊以偈頌曰
大威德世尊　為度衆生故　於无量億劫　尒乃得成佛
諸願已具足　善哉吉无上　世尊甚希有　一坐十小劫
身體及手足　靜然安不動　其心常惔怕　未曾有散亂
究竟永寂滅　安住无漏法　今者見世尊　安隱成佛道
我等得善利　稱慶大歡喜　衆生常苦惱　盲瞑无導師
不識苦盡道　不知求解脫　長夜增惡趣　減損諸天衆
從瞑入於瞑　永不聞佛名　今佛得最上　安隱无漏法
我等及天人　為得最大利　是故咸稽首　歸命无上尊
尒時十六王子偈讚佛已勸請世尊轉於法
輪咸作是言世尊說法多所安隱憐愍饒益
諸天人民重說偈言
世雄无等倫　百福自莊嚴　得无上智慧　願為世間說
度脫於我等　及諸衆生類　為分別顯示　令得是智慧
若我等得佛　衆生亦復然　世尊[illegible]
亦知所行道　又知智慧力　欲樂及修[illegible]
世尊悉知已　當轉无上輪
佛告諸比丘大通智勝佛得阿耨多羅三藐
三菩提時十方各五百万億諸佛世界六種
震動其國中間幽瞑之處日月威光所不能
照而皆大明其中衆生各得相見咸作是
言此中云何忽生衆生又其國界諸天宮殿乃
至梵宮六種震動大光普照遍滿世界勝諸
天光尒時東方五百万億諸國土中梵天宮

三菩提時十方各五百万億諸佛世界六種
震動其國中間幽冥之處日月威光所不能
照而皆大明其中衆生各得相見咸作是
言此中云何忽生衆生又其國界諸天宮殿乃
至梵宮六種震動大光普照遍滿世界勝諸
天光尒時東方五百万億諸國土中梵天宮
殿光明照曜倍於常明諸梵天王各作是念
今者宮殿光明昔所未有以何因緣而現此
相是時諸梵天王即各相詣共議此事而彼
衆中有一大梵天王名救一切為諸梵衆而説
偈言
我等諸宮殿　光明昔未有　此是何因緣　宜各共求之
為大德天生　為佛出世間　而此大光明　遍照於十方
尒時五百万億國土諸梵天王與宮殿俱各
以衣裓盛諸天華共詣西方推尋是相見大
通智勝如來處于道場菩提樹下坐師子
座諸天龍王乾闥婆緊那羅摩睺羅伽人
非人等恭敬圍繞及見十六王子請佛轉法輪
即時諸梵天王頭面礼佛繞百千帀即以天華
而散佛上其所散華如須弥山并以供養佛
菩提樹其菩提樹高十由旬華供養已各以
宮殿奉上彼佛而作是言唯見哀愍饒益我
等所獻宮殿願垂納處時諸梵天王即於
佛前一心同聲以偈頌曰
世尊甚希有　難可得值遇　具无量功德　能救護一切
天人之大師　哀愍於世間　十方諸衆生　普皆蒙饒益

BD04928號　妙法蓮華經卷三　（5–4）

為大德天生　為佛出世間　而此大光明　遍照於十方
尒時五百万億國土諸梵天王與宮殿俱各
以衣裓盛諸天華共詣西方推尋是相見大
通智勝如來處于道場菩提樹下坐師子
座諸天龍王乾闥婆緊那羅摩睺羅伽人
非人等恭敬圍繞及見十六王子請佛轉法輪
即時諸梵天王頭面礼佛繞百千帀即以天華
而散佛上其所散華如須弥山并以供養佛
菩提樹其菩提樹高十由旬華供養已各以
宮殿奉上彼佛而作是言唯見哀愍饒益我
等所獻宮殿願垂納處時諸梵天王即於
佛前一心同聲以偈頌曰
世尊甚希有　難可得值遇　具无量功德　能救護一切
天人之大師　哀愍於世間　十方諸衆生　普皆蒙饒益
我等所從来　五百万億國　捨深禪定樂　為供養佛故
我等先世福　宮殿甚嚴飾　今以奉世尊　唯垂哀納受
尒時諸梵天王偈讃佛已各作是言唯願世
尊轉於法輪度脫衆生開涅槃道時諸梵天
王一心同聲而説偈言

BD04928號　妙法蓮華經卷三　（5–5）

……寳達菩薩……

伏□□白言大智尊王云何因入此苦處而□

在伊蘭而生寳達答言我聞如來三界人尊說

言東方有鐵圍山其山日月之光所不能及我故

聞之故來詣汝諸王前入地獄行諸人罪汝等諸王

誰能共我往詣大王前見罪人受苦之者尒時共伽

嘍王即便与寳達菩薩往詣大王尒時大鬼王遥

見寳達菩薩從門而來光顔琁璨即便下坐往前

礼敬白言大王今此惡處云何佉哉伊蘭林中忽生

旃檀尒時寳達便龍就以問鬼王曰今此東方地獄

可有幾獄鬼王答言此山之中有无量地獄今此一

方有卅二破戒人地獄寳達問曰卅二地獄其名云何鬼

王答曰鐵車鐵馬鐵牛鐵驢地獄鐵衣地獄鐵銖洋

銅灌口地獄流火地獄鐵林地獄鐵田地獄斫首地獄

燒脚地獄鐵鏘地獄飲鐵鐵地獄飛刀地獄火箭

地獄䏶肉地獄身然地獄大丸卻口地獄論諍地獄雨

大地獄流火地獄壹屎地獄鉤膽地獄火爲地獄咩聲

咬叩地獄諸鏁鏁地獄崩埋獄然手脚地獄銅狗鋸

牙地獄剥皮飲血地獄解身地獄鐵屋地獄鐵山地

BD04929號 1　賢劫千佛名經（異本）　（12–1）

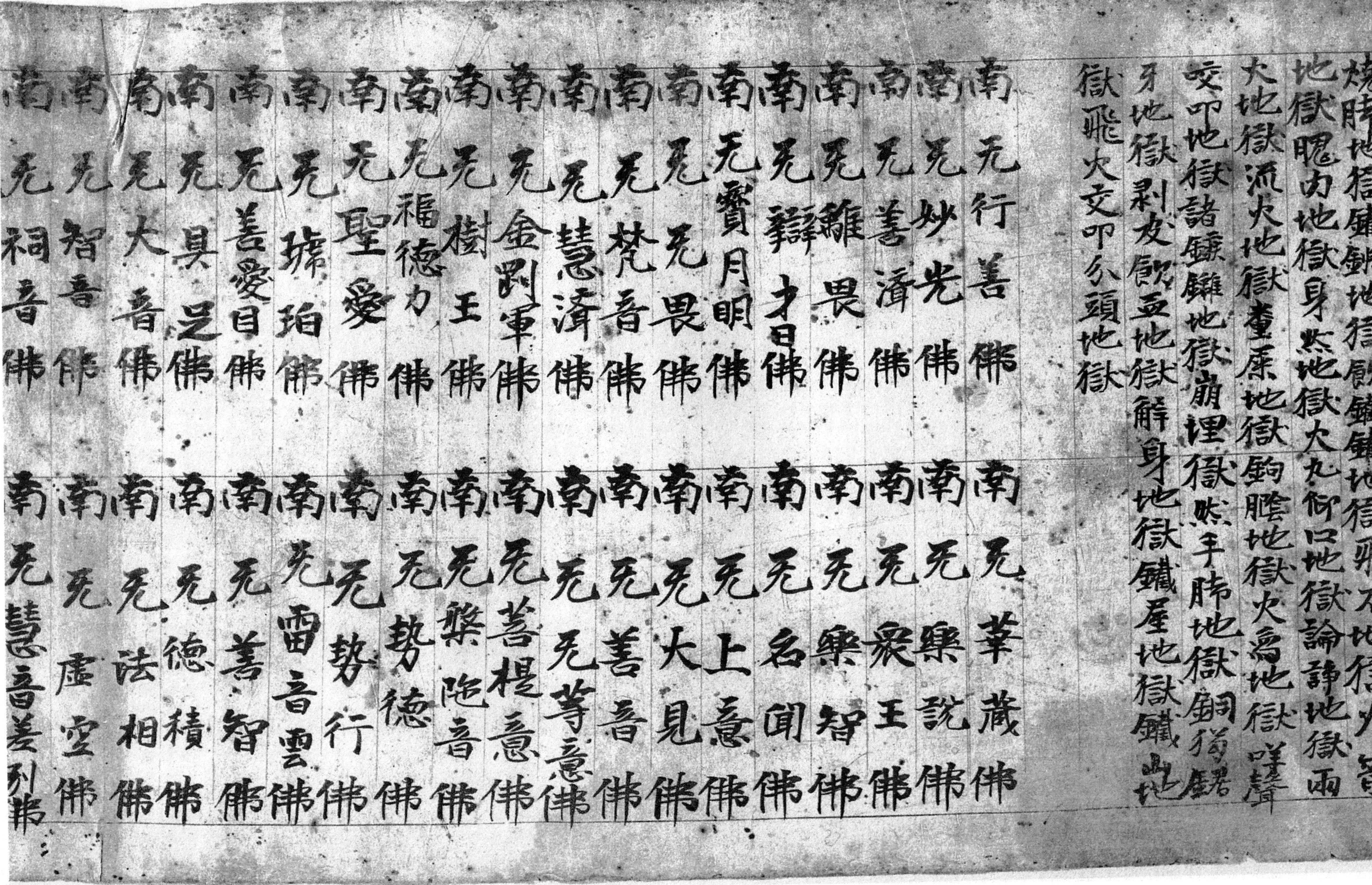
燒脚地獄鐵鈐地獄飲鐵鑊地獄飛刀地獄火箭
地獄膿血地獄身然地獄火丸飲口地獄論諍地獄雨
大地獄流火地獄壓磨地獄鉤瞻地獄火烏地獄咩聲
交叩地獄諸鎌鏁地獄崩埋獄然手脚地獄銅獨鑼
牙地獄剥皮飲血地獄解身地獄鐵屋地獄鐵山地
獄飛火交叩分頭地獄

南无行善佛　南无華藏佛
南无妙光佛　南无樂說佛
南无善濟佛　南无衆王佛
南无離畏佛　南无樂智佛
南无辯才日佛　南无名聞佛
南无寶月明佛　南无上意佛
南无无畏佛　南无大見佛
南无梵音佛　南无善音佛
南无慧濟佛　南无无等意佛
南无金剛軍佛　南无菩提意佛
南无樹王佛　南无槃陀音佛
南无福德力佛　南无勢德佛
南无聖愛佛　南无勢行佛
南无琥珀佛　南无雷音雲佛
南无善愛目佛　南无善智佛
南无具足佛　南无德積佛
南无大音佛　南无法相佛
南无智音佛　南无虛空佛
南无祠音佛　南无慧音差別佛

BD04929號 1　賢劫千佛名經（異本）

（12–2）

南无善愛目佛
南无具足佛
南无大音佛
南无智音佛
南无祠音佛
南无切德光佛
南无衆意佛
南无善雲佛
南无日名佛
南无切德集佛
南无辯才國佛
南无愛月佛
南无師子力佛
南无量淨佛
南无不壞佛
南无不失方佛
南无妙面佛
南无法師王佛
南无深意佛
南无法力佛
南无華光佛
南无應日藏佛
南无上智人佛
南无信甘露佛
南无堅固佛
南无[illegible]佛

南无善智佛
南无德積佛
南无法相佛
南无虛空佛
南无慧音差別佛
南无聖王佛
南无辯才論佛
南无月面佛
南无无諍佛
南无華德相佛
南无寶施佛
南无不高佛
南无自在王佛
南无等定佛
南无滅諍佛
南无无燒佛
南无智制住佛
南无大夫佛
南无无量佛
南无世供養佛
南无三世供佛
南无天供養佛
南无真髻佛
南无金剛佛
南无寶肩明佛
南无[illegible]佛

BD04929號1　賢劫千佛名經（異本）　（12–3）

南無華光佛
南無應日藏佛
南無上智人佛
南無信甘露佛
南無堅固佛
南無梨陁步佛
南無清淨佛
南無德聚佛
南無切德聚佛
南無愛智佛
南無不虛行佛
南無相相佛
南無樂解脫佛
南無多聞海佛
南無不隨世佛
南無孔雀音佛
南無斷有愛佛
南無諸天流布佛
南無華手佛
南無破惡賊佛
南

南無三世供佛
南無天供養佛
南無真髻佛
南無金剛佛
南無寶肩明佛
南無隨日佛
南無明力佛
南無具足德佛
南無具足德佛
南無師子行佛
南無高出佛
南無華施佛
南無珠明佛
南無蓮華佛
南無槃陁嚴佛
南無生法佛
南無思惟樂佛
南無知道理佛
南無特華佛
南無喜衆佛
南無不退沒佛
南無威儀濟佛
南無寶步佛
南無威德佛
南無富多聞佛

南无孔雀音佛　南无不退没佛
南无断有愛佛　南无威儀濟佛
南无諸天流布佛　南无寶步佛
南无華手佛　南无威德佛
南无破惡賊佛　南无富多聞佛
南无妙国佛　南无華明佛
南无師子智佛　南无月出佛
南无滅闇佛　南无无動佛
南无次第行佛　南无福燈佛
南无音聲治佛　南无槁曇佛
南无勢力佛　南无身心住佛
南无善月佛　南无覺意華佛
南无上吉佛　南无善威德佛
南无智力德佛　南无善燈佛
南无堅行佛　南无天音佛
南无樂安佛　南无日面佛
南无樂解脫佛　南无戒明佛
南无住戒佛　南无无垢佛
南无堅出佛
尒時鬼王答寶達曰地獄受罪其名如是寶達即
便入地獄中上高樓頭四顧望視見罪人等各從四
門吹叫而入寶達前入鐵車鐵馬鐵牛鐵驢此
四小獄并為一地獄云何名曰鐵車鐵馬鐵牛鐵驢
地獄此地獄方圓縱廣十五由旬其中鐵城高一由
旬猛火燀赫烟然其車鐵往爲赫熾然中有鐵牛其

尒時鬼王答寶達曰地獄受罪其名如是寶達即
便入地獄中上高樓頭四顧望視見罪人等各從四
門唆叫而入寶達前入鐵車鐵馬鐵牛鐵驢此
四小獄并為一地獄云何名曰鐵車鐵馬鐵牛鐵驢
地獄此地獄方圓縱廣十五由旬其中鐵城高一由
旬猛火熚赫烟然其車鐵作猛赫熾然中有鐵牛其
身亦然頭角毛尾皆如鋒鋋火然烟炎俱出其鐵
馬者身毛豪尾裂釜如鋒鋋毛尾火然烟炎俱出其
鐵驢者亦復如是其地獄中有鐵鋒鏃鏟裂釜如鋒鋋
鐵鋒遶亂遍布其地其觜火然猛盛於前尒時
此門之中有五百破戒人㖃聲咬叫口眼火出喝如
是言去何我今受如是苦獄卒夜叉馬頭羅剎
手捉鐵叉已皆而驅向前而出復有鐵索來繫
其脚其鐵火然罪人脚復有鐵鉤罪人咽其鉤
方釜而鋒鋋烟火猛熾來燒罪人頸尒時罪人宛轉
倒地而不肯前馬頭羅剎手捉鐵鋒已頭而打罪人身
體碎而微塵復有鹹鬼來唇其肉復有鹹蔔來
嚴其血馬頭羅剎踏地言活罪人即活尒時鐵牛吼
嗥蹴地其牛吼嗥來向罪人罪人迫逐宛轉於地
馬頭羅剎手捉鐵叉叉著車上罪人跳踉復墮牛上
牛毛御剎從腹而入背上而出牛復跳踉復墮馬上
馬毛御剎赤如鋒鋋馬尾遶之身即斫爛須臾還活

尒時鐵馬舉蹄連踏身碎如塵須臾還活復騎鐵驢
即跳踉罪人墮地驢便大瞋舉蹄連踏須臾還活一日一
夜受罪無量皆寶達問馬頭羅剎曰此諸沙門云何如是
羅剎答曰此者……

BD04929號1　賢劫千佛名經（異本）

（12–6）

馬毛節剗赤如鋒鉞馬尾鞘之身即破爛須臾還活
尒時鐵馬嚼肺連踏身碎如塵須臾還活復騎鐵驢
即跳踉罪人墮地驢便大瞋嚼肺連踏須臾還活一日一
夜受罪无量皆賓達問馬頭羅剎曰此諸沙門云何如是
羅剎答曰此諸破戒人受佛禁戒不惜將來但取現在違
犯淨戒故作惡業畜不淨物乘連騎馬乏驢治生
心无慈善不讓威儀受人信施惡因緣故墮此地獄
百千万劫若得為人身不具足聾盲闇塞不見三寶
不聞正法賓達悲泣歎曰云何沙門應為出三界云
何惡業受如是罪賓達即去
已識三塗等報今當次復稽顙懺悔人天餘報相與窮此
閻浮壽命雖曰百年滿者无幾於其中間威年夭枉
其數无量但有衆苦煎迫形心愁憂怨怯未曾暫
捨如此皆是善根微薄惡業滋多致使現在心有所
為皆不稱意當知悉是過去已來惡業餘報是故
弟子今日至誠歸依佛

南无安闍那佛　南无增益佛
南无香明佛　南无達藍明佛
南无念王佛　南无蜜鉢佛
南无尊相佛　南无信戒佛
南无至妙道佛　南无樂實佛
南无明法佛　南无具威德佛
南无大慈佛　南无上慈佛
南无至富威佛　南无甘露王佛
南无弥樓明佛　南无聖讚佛
南无[illegible]佛　南无[illegible]威[illegible]

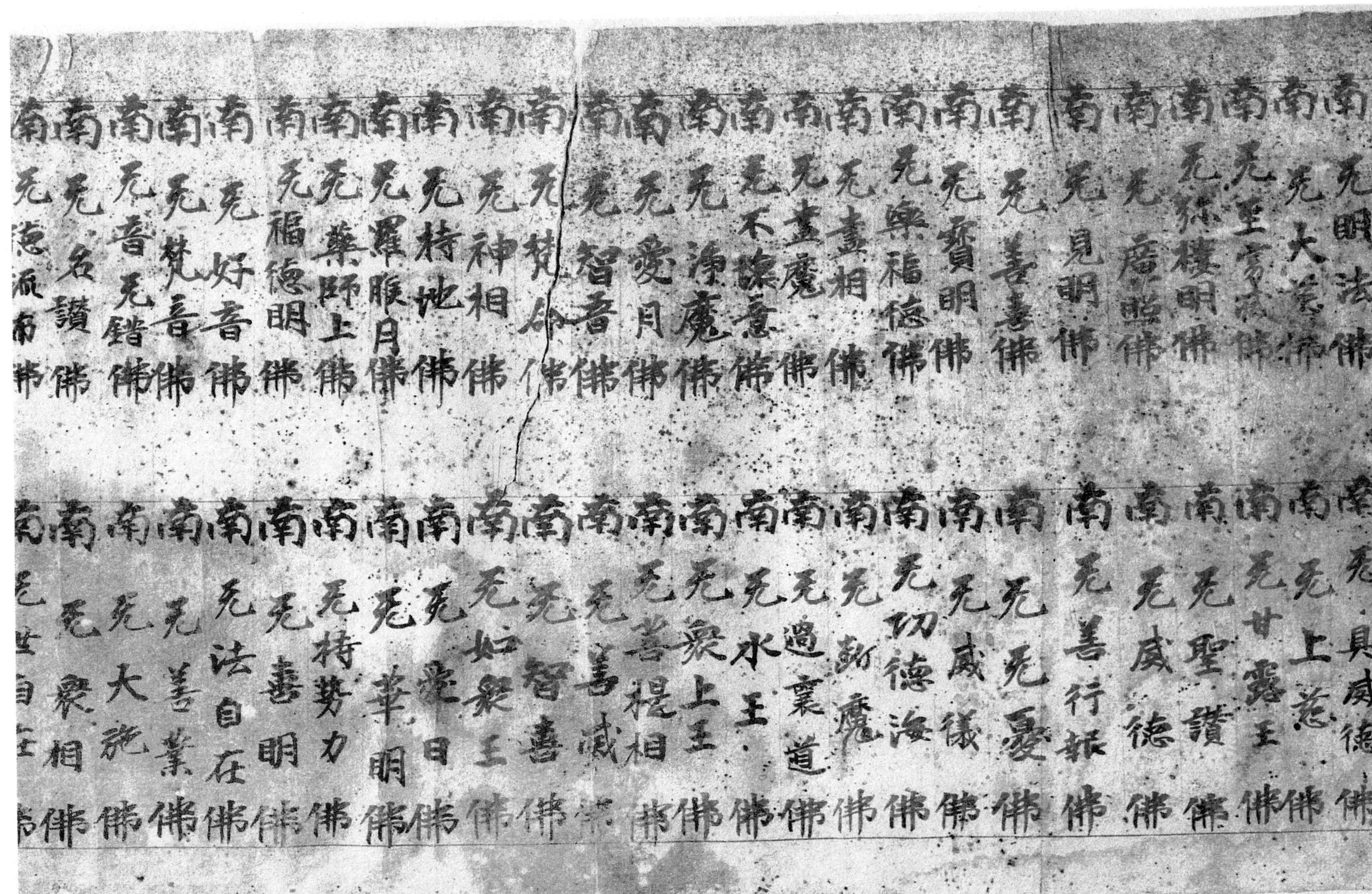

（12–8）

BD04929號1　賢劫千佛名經（異本）

BD04929 號 1　賢劫千佛名經（異本）

南无龍音佛
南无財成佛
南无法名佛
南无雲相佛
南无妙香佛
南无虛空佛
南无珠淨佛
南无燈炎佛
南无人主王佛
南无安隱佛
南无寶名聞佛
南无遍見佛
南无高頂佛
南无善利知見佛
南无梨陁步佛
南无法燈蓋佛
南无无憂國佛
南无樂菩提佛
南无斷勢力佛
南无慧華佛
南无安樂佛
南无受淨佛
南无妙髮佛
南无樓至佛

南无村輪佛
南无世愛佛
南无无量寶名佛
南无慧道佛
南无雲空音佛
南无天王佛
南无善財佛
南无寶音聲佛
南无羅睺守佛
南无師子意佛
南无得利佛
南无世華佛
南无无偏辯才佛
南无師子牙佛
南无福德佛
南无目揵連佛
南无意思佛
南无法天敬佛
南无極勢力佛
南无堅音佛
南无妙義佛
南无慚愧顏佛
南无欲樂佛

南无安樂佛　南无妙義佛
南无受淨佛　南无慙愧顏佛
南无妙髻佛　南无欲樂佛
南无樓至佛

賢劫千佛名一卷

弟子等无始以來至於今日所有現在及以未來人
之中无量餘報流殃宿對瘂殘百疾六根不具
罪報懺悔人間邊地邪見三塗八難罪報懺悔人間
多病消瘦從命夭枉罪報懺悔人間六親眷屬
不能得常相保守罪報懺悔人間親友朋喪愛別
離苦罪報懺悔人間怨家聚會愁憂怖畏罪報
懺悔人間水火盜賊刀兵危嶮怖畏罪報懺悔人
間孤獨困苦流離波迸亡失國土罪報懺悔人間
牢獄繫閉幽執倒懸鞭撻栲楚罪報懺悔人間
公私口舌迭相羅染更相謹謗罪報懺悔人間惡病
連年累月不差枕困床席不能起居罪報懺悔人
間冬溫夏凍毒蠚傷寒罪報懺悔人間賊風腫滿
否塞罪報懺悔人間為諸惡神伺求其便欲作禍祟
罪報懺悔人間有鳥鳴百怪飛屍耶鬼為作妖異
罪報懺悔人間為虎豹豺狼水陸一切諸惡禽獸
所傷罪報懺悔人間自縊自刺自煞罪報懺悔人
間投坑赴水自沉自墜罪報懺悔人間衣服資
生不稱心罪報懺悔人間行來出入有所去為值惡知
識為作留難

不能得常相保守罪報懺悔人間親友睽喪愛別
離苦罪報懺悔人間怨家聚會愁憂怖畏罪報
懺悔人間水火盜賊刀兵危嶮怖畏罪報懺悔人
間孤獨困苦流離波迸亡失國土罪報懺悔人間
牢獄繫閉幽執側立鞭撻榜楚罪報懺悔人間
公私口舌迭相羅染更相證誘罪報懺悔人間惡病
連年累月不差枕卧床席不能起居罪報懺悔人
間冬温夏處毒腐傷寒罪報懺悔人間賊風腫滿
否塞罪報懺悔人間為諸惡神伺求其便欲作禍祟
罪報懺悔人間有鳥鳴吉恠飛屍耶鬼為作妖異
罪報懺悔人間為虎豹豺狼水陸一切諸惡禽獸
所傷罪報懺悔人間自經自刺自煞罪報懺悔人
間投岸赴水自沉自墜罪報懺悔人間衣服資
生不稱心罪報懺悔人間行來出入有所去為值惡知
識為作留難罪如是現在未來人天之中无量禍殃
疫厄難衆苦罪報弟子今日向十方佛尊法聖衆
求哀懺悔　作礼一拜

馬頭羅剎懺悔文

著 錄 凡 例

本目錄採用條目式著錄法。諸條目意義如下：

1.1　著錄編號。用漢語拼音首字“BD”表示，意為“北京圖書館藏敦煌遺書”，簡稱“北敦號”。文獻寫在背面者，標註為“背”。一件遺書上抄有多個文獻者，用數字1、2、3等標示小號。一號中包括幾件遺書，且遺書形態各自獨立者，用字母A、B、C等區別。

1.2　著錄分類號。本條記目錄暫不分類，該項空缺。

1.3　著錄文獻的名稱、卷本、卷次。

1.4　著錄千字文編號。

1.5　著錄縮微膠卷號。

2.1　著錄遺書的總體數據。包括長度、寬度、紙數、正面抄寫總行數與每行字數、背面抄寫總行數與每行字數。如該遺書首尾有殘破，則對殘破部分單獨度量，用加號加在總長度上。凡屬這種情況，長度用括弧標註。

2.2　著錄每紙數據。包括每紙長度及抄寫行數或界欄數。

2.3　著錄遺書的外觀。包括：（1）裝幀形式。（2）首尾存況。（3）護首、軸、軸頭、天竿、縹帶，經名是書寫還是貼簽，有無經名號，扉頁、扉畫。（4）卷面殘破情況及其位置。（5）尾部情況。（6）有無附加物（蟲繭、油污、線繩及其他）。（7）有無裱補及其年代。（8）界欄。（9）修整。（10）其他需要交待的問題。

2.4　著錄一件遺書抄寫多個文獻的情況。

3.1　著錄文獻首部文字與對照本核對的結果。

3.2　著錄文獻尾部文字與對照本核對的結果。

3.3　著錄錄文。

3.4　著錄對文獻的說明。

4.1　著錄文獻首題。

4.2　著錄文獻尾題。

5　著錄本文獻與對照本的不同之處。

6.1　著錄本遺書首部可與另一遺書綴接的編號。

6.2　著錄本遺書尾部可與另一遺書綴接的編號。

7.1　著錄題記、題名、勘記等。

7.2　著錄印章。

7.3　著錄雜寫。

7.4　著錄護首及扉頁的內容。

8　著錄年代。

9.1　著錄字體。如有武周新字、合體字、避諱字等，予以說明。

9.2　著錄卷面二次加工的情況。包括句讀、點標、科分、間隔號、行間加行、行間加字、硃筆、墨塗、倒乙、刪除、兌廢等。

10　著錄敦煌遺書發現後，近現代人所加內容，裝裱、題記、印章等。

11　備註。著錄揭裱互見、圖版本出處及其他需要說明的問題。

上述諸條，有則著錄，無則空缺。

為避文繁，上述著錄中出現的各種參考、對照文獻，暫且不列版本說明。全目結束時，將統一編制本條記目錄出現的各種參考書目。

本條記目錄為農曆年份標註其公曆紀年時，未進行歲頭年末之換算，請讀者使用時注意自行換算。

條　記　目　錄

BD04850—BD04929

1.1　BD04850 號
1.3　大般若波羅蜜多經卷五五〇
1.4　巨 050
1.5　084:3326
2.1　792.3×26.2 厘米；17 紙；471 行，行 17 字。
2.2　01：47.1，28；　02：47.0，28；　03：46.9，28；
04：47.0，28；　05：46.9，28；　06：47.2，28；
07：46.9，28；　08：46.8，28；　09：46.2，28；
10：46.6，28；　11：46.6，28；　12：46.5，28；
13：46.5，28；　14：46.5，28；　15：46.4，28；
16：45.6，28；　17：45.6，23。
2.3　卷軸裝。首脫尾全。有烏絲欄。
3.1　首殘→大正 220，7/830B10。
3.2　尾全→7/835C18。
4.2　大般若波羅蜜多經卷第五百五十（尾）。
7.1　尾端背面下有勘記"五十五"，為本文獻袟次。
8　8～9 世紀。吐蕃統治時期寫本。
9.1　楷書。
9.2　有校改。
11　圖版：《敦煌寶藏》，77/264A～274A。

1.1　BD04851 號
1.3　金剛般若波羅蜜經
1.4　巨 051
1.5　094:4306
2.1　167.1×25.5 厘米；4 紙；94 行，行 17～19 字。
2.2　01：44.5，28；　02：44.2，28；　03：44.4，28；
04：34.0，10。
2.3　卷軸裝。首脫尾全。卷面有水漬。有烏絲欄。
3.1　首殘→大正 235，8/751B22。
3.2　尾全→8/752C3。
4.2　金剛般若波羅蜜經（尾）。
5　與《大正藏》本對照，本卷經文無冥司偈，參見《大正藏》，8/751C16～19。
8　7～8 世紀。唐寫本。
9.1　楷書。
11　圖版：《敦煌寶藏》，82/623A～625A。

1.1　BD04852 號
1.3　大般若波羅蜜多經卷二七五
1.4　巨 052
1.5　084:2744
2.1　(3.8+681.1)×25.5 厘米；15 紙；415 行，行 17 字。
2.2　01：3.8+39.8，26；　02：45.8，28；　03：45.9，28；
04：46.1，28；　05：46.0，28；　06：45.9，28；
07：45.6，28；　08：46.0，28；　09：46.1，28；
10：45.9，28；　11：45.9，28；　12：46.0，28；
13：45.9，28；　14：45.7，28；　15：44.5，25。
2.3　卷軸裝。首殘尾全。尾有原軸，兩端塗黑漆。卷首殘破，通卷下部有水漬、黴爛。有烏絲欄。已修整。
3.1　首 2 行上下殘→大正 220，6/392B4～5。
3.2　尾全→6/397A14。
4.2　大般若波羅蜜多經卷第二百七十五（尾）。
8　8～9 世紀。吐蕃統治時期寫本。
9.1　楷書。
11　圖版：《敦煌寶藏》，74/607A～615B。

1.1　BD04853 號
1.3　大般若波羅蜜多經卷五三一
1.4　巨 053
1.5　084:3296
2.1　(7.7+168.8+11)×26.6 厘米；5 紙；110 行，行 17 字。
2.2　01：07.7，04；　02：45.4，28；　03：45.1；28；
04：45.2，28；　05：33.1+11，22。
2.3　卷軸裝。首尾均殘。卷面有破裂，接縫處有開裂，尾紙後部殘破嚴重，有 1 塊殘片脫落，已綴接。尾有餘空。有烏絲欄。

已修整。
3.1　首殘→大正 220，7/727B5。
3.2　尾缺→7/728B28。
8　8～9 世紀。吐蕃統治時期寫本。
9.1　楷書。
11　圖版：《敦煌寶藏》，77/148A～150A。

1.1　BD04854 號
1.3　大般若波羅蜜多經卷一六七
1.4　巨 054
1.5　084:2425
2.1　（10.3＋178.5）×25.8 厘米；4 紙；112 行，行 17 字。
2.2　01：10.3＋36.8，28；　02：47.3，28；　03：47.2，28；
04：47.2，28。
2.3　卷軸裝。首殘尾脫。通卷油污變色，有破裂及殘缺。有烏絲欄。
3.1　首 6 行下殘→大正 220，5/897B14～20。
3.2　尾殘→5/898C10。
8　8～9 世紀。吐蕃統治時期寫本。
9.1　楷書。有武周新字"證"，使用不周遍。
11　圖版：《敦煌寶藏》，73/273B～275B。

1.1　BD04855 號
1.3　妙法蓮華經卷二
1.4　巨 055
1.5　105:4792
2.1　423.2×26.2 厘米；9 紙；231 行，行 17 字。
2.2　01：50.5，28；　02：50.4，28；　03：50.3，28；
04：50.2，28；　05：50.3，28；　06：50.2，28；
07：50.2，28；　08：50.3，28；　09：20.8，07。
2.3　卷軸裝。首脫尾全。經黄紙。首紙有 1 個殘洞，第 1、2 紙接縫處上開裂，卷中有破裂，卷尾有殘損。有燕尾。有烏絲欄。
3.1　首殘→大正 262，9/15C23。
3.2　尾全→9/19A12。
4.2　妙法蓮華經卷第二（尾）。
8　7～8 世紀。唐寫本。
9.1　楷書。
9.2　有刮改。
11　圖版：《敦煌寶藏》，86/599A～604B。

1.1　BD04856 號
1.3　佛名經（十六卷本　兑廢稿）卷四
1.4　巨 056
1.5　063:0630
2.1　50.2×28 厘米；1 紙；18 行，行 17 字。
2.3　卷軸裝。首全尾缺。有烏絲欄。尾有餘空。紙厚 0.24～0.31 毫米。
3.1　首全→《七寺古逸經典研究叢書》，3/166 頁第 1 行。
3.2　尾殘→《七寺古逸經典研究叢書》，3/167 頁第 17 行。
4.1　佛說佛名經卷第四（首）。
7.3　卷面有雜寫"佛說佛名經卷第四"。
8　9～10 世紀。歸義軍時期寫本。
9.1　楷書。
9.2　有行間校加字。
11　圖版：《敦煌寶藏》，60/511B～511B。

1.1　BD04857 號
1.3　維摩詰所說經卷下
1.4　巨 057
1.5　070:1295
2.1　（4＋140）×26.5 厘米；5 紙；86 行，行 17 字。
2.2　01：04.0，01；　02：39.5，25；　03：40.0，26；
04：39.5，25；　05：21.0，09。
2.3　卷軸裝。首殘尾全。第 5 紙尾有横向破裂。有燕尾。有烏絲欄。
3.1　首行中下殘→大正 475，14/556B23～24。
3.2　尾全→14/557B26。
4.2　維摩詰經卷下（尾）。
8　7～8 世紀。唐寫本。
9.1　楷書。
9.2　有硃筆校改及行間校加字。
11　圖版：《敦煌寶藏》，66/437B～439A。

1.1　BD04858 號
1.3　金剛般若波羅蜜經
1.4　巨 058
1.5　094:3740
2.1　（51.5＋467.2）×26.5 厘米；11 紙；293 行，行 17 字。
2.2　01：27.5，16；　02：24＋31.7，28；　03：48.5，28；
04：48.5，28；　05：48.5，28；　06：48.5，28；
07：48.5，28；　08：48.5，28；　09：48.5，28；
10：48.0，28；　11：48.0，25。
2.3　卷軸裝。首殘尾全。經黄打紙，研光上蠟。卷首脫落一殘片。背有古代裱補。有烏絲欄。
3.1　首 25 行下殘→大正 235，8/749A1～29。
3.2　尾全→8/752C2。
4.2　佛說金剛般若波羅蜜經（尾）。
5　與《大正藏》本對照，本卷經文無冥司偈，參見《大正藏》，8/751C16～19。
8　7～8 世紀。唐寫本。
9.1　楷書。
9.2　有行間加行、行間校加字。
11　圖版：《敦煌寶藏》，80/113B～120A。

1.1　BD04859 號
1.3　大般若波羅蜜多經卷五三一
1.4　巨 059
1.5　084:3294
2.1　44.3×26.2 厘米；1 紙；26 行，行 17 字。
2.3　卷軸裝。首全尾殘。有烏絲欄。
3.1　首全→大正 220，7/724A14。
3.2　尾行殘→7/724B14。
4.1　大般若波羅蜜多經卷第五百卅一，/第三分妙相品第廿八之四，三藏法師玄奘奉詔譯/（首）。
8　8～9 世紀。吐蕃統治時期寫本。
9.1　楷書。
11　圖版：《敦煌寶藏》，77/143A。

1.1　BD04860 號
1.3　佛名經（十二卷本）卷五
1.4　巨 060
1.5　060:0501
2.1　376×27.4 厘米；8 紙；208 行，行 13 字。
2.2　01：47.0，26；　02：47.0，26；　03：47.0，26；
04：47.0，26；　05：47.0，26；　06：47.0，26；
07：47.0，26；　08：47.0，26。
2.3　卷軸裝。首尾均脫。卷面多水漬、變色。有烏絲欄。
3.1　首殘→大正 440，14/140A8。
3.2　尾殘→14/142A9。
8　7～8 世紀。唐寫本。
9.1　楷書。
11　圖版：《敦煌寶藏》，59/373A～378A。

1.1　BD04861 號
1.3　大般若波羅蜜多經卷九一
1.4　巨 061
1.5　084:2259
2.1　141.5×25.8 厘米；3 紙；84 行，行 17 字。
2.2　01：47.5，28；　02：47.0，28；　03：47.0，28。
2.3　卷軸裝。首尾均脫。有烏絲欄。
3.1　首殘→大正 220，5/508B17。
3.2　尾殘→5/509B12。
6.1　首→BD05214 號。
7.3　第 1 紙背面有硃書雜寫人名“索海全”。
8　8～9 世紀。吐蕃統治時期寫本。
9.1　楷書。
9.2　有校改。有刮改。
11　圖版：《敦煌寶藏》，72/469A～470B。

1.1　BD04862 號
1.3　金剛般若波羅蜜經
1.4　巨 062
1.5　094:4022
2.1　（1.8＋340）×26.6 厘米；9 紙；196 行，行 17 字。
2.2　01：01.8，01；　02：47.4，28；　03：47.5，28；
04：47.4，28；　05：47.4，28；　06：47.4，28；
07：47.4，28；　08：46.5，27；　09：09.0，拖尾。
2.3　卷軸裝。首殘尾全。卷面上下多水漬。接縫處有開裂，一處接縫脫開。有燕尾。有蟲繭。有烏絲欄。
3.1　首行上殘→大正 235，8/750A20。
3.2　尾全→8/752C2。
5　與《大正藏》本對照，本卷經文無冥司偈，參見《大正藏》，8/751C16～19。
8　7～8 世紀。唐寫本。
9.1　楷書。
11　圖版：《敦煌寶藏》，81/526A～530A。

1.1　BD04863 號
1.3　妙法蓮華經卷六
1.4　巨 063
1.5　105:5811
2.1　153.8×26 厘米；3 紙；正面 84 行，背面 19 行，行 17 字。
2.2　01：51.5，28；　02：51.3，28；　03：51.0，28。
2.3　卷軸裝。首尾均脫。經黃打紙。第 2 紙下邊有破裂。有烏絲欄。
2.4　本遺書包括 2 個文獻：（一）《妙法蓮華經》卷六，84 行，抄寫在正面，今編為 BD04863 號。（二）《施諸餓鬼飲食及水法並手印》（擬），19 行，抄寫在背面，今編為 BD04863 號背。
3.1　首殘→大正 262，9/50B28。
3.2　尾殘→9/51C5。
8　7～8 世紀。唐寫本。
9.1　楷書。
11　圖版：《敦煌寶藏》，95/218A～221A。

1.1　BD04863 號背
1.3　施諸餓鬼飲食及水法並手印（擬）
1.4　巨 063
1.5　105:5811
2.4　本遺書由 2 個文獻組成，本號為第 2 個，19 行。餘參見 BD04863 號之第 2 項、第 11 項。
3.4　說明：
本件內容大致相當於大正 1315，21/467B28～468A23。未為我國歷代大藏經所收。
8　9～10 世紀。歸義軍時期寫本。
9.1　行書。

1.1　BD04864 號
1.3　金剛般若波羅蜜經

1.4　巨 064
1.5　094:3672
2.1　483×25 厘米；12 紙；279 行，行 17 字。
2.2　01：42.2，28；　02：44.2，28；　03：33.0，20；
04：43.5，23；　05：42.5，25；　06：44.0，26；
07：44.0，26；　08：44.5，26；　09：44.1，26；
10：44.0，26；　11：43.0，25；　12：14.0，拖尾。
2.3　卷軸裝。首斷尾全。卷前部多水漬、黴爛，脱落 2 截；上邊下邊多有殘裂，接縫處有開裂；自第 3 紙起與前邊紙、字不同，爲 2 卷經文粘接，其中相接處經文有一行重複。背有古代裱補。有烏絲欄。
3.1　首殘→大正 235，8/749A18。
3.2　尾全→8/752C3。
4.2　金剛般若波羅蜜經（尾）。
5　與《大正藏》本對照，本卷經文無冥司偈，參見《大正藏》，8/751C16～19。
7.1　卷尾有題記“靈◇寫”（倒寫）。
8　7～8 世紀。唐寫本。
9.1　楷書。
11　圖版：《敦煌寶藏》，79/443A～449A。

1.1　BD04865 號
1.3　佛名經（十六卷本）卷三
1.4　巨 065
1.5　063:0624
2.1　(3.5+791.4)×24.8 厘米；19 紙；448 行，行 16 字。
2.2　01：3.5+36.5，23；　02：44.0，25；　03：43.8，25；
04：43.8，25；　05：43.8，25；　06：44.0，25；
07：43.8，25；　08：44.0，25；　09：44.0，25；
10：43.8，25；　11：43.8，25；　12：43.8，25；
13：43.8，25；　14：43.8，25；　15：43.8，25；
16：43.8，25；　17：43.8，25；　18：43.3，25；
19：10.0，拖尾。
2.3　卷軸裝。首殘尾全。經黄打紙。第 2 紙上部有一長條殘洞，第 17 紙下方破裂，下邊有黴斑。首紙背有近代裱補。有燕尾。有烏絲欄。
3.1　首 2 行上殘→《七寺古逸經典研究叢書》，3/129 頁第 173～174 行。
3.2　尾全→《七寺古逸經典研究叢書》，/129 頁第 175～176 行。
4.2　佛名經卷第三（尾）。
5　與《七寺古逸經典研究叢書》本對照，兩佛名錯爲“南無沈水香世界種種花佛”。有缺文：3/160 頁第 579 行。
8　7～8 世紀。唐寫本。
9.1　楷書。
11　圖版：《敦煌寶藏》，60/455B～466B。

1.1　BD04866 號
1.3　妙法蓮華經卷一
1.4　巨 066
1.5　105:4571
2.1　(9.5+580.2+5.1)×26.4 厘米；13 紙；329 行，行 17 字。
2.2　01：9.5+23.8，18；　02：50.5，28；　03：50.5，28；
04：50.7，28；　05：50.5，28；　06：50.6，28；
07：50.6，28；　08：50.5，28；　09：50.6，28；
10：50.5，28；　11：50.6，28；　12：50.8，28；
13：05.1，03。
2.3　卷軸裝。首尾均殘。經黄打紙。卷首殘破嚴重，接縫處多有開裂，第 11、12 紙接縫處脱開。背有古代裱補。有烏絲欄。
3.1　首 5 行下殘→大正 262，9/3C21～26。
3.2　尾 3 行中下殘→9/9C3～7。
8　7～8 世紀。唐寫本。
9.1　楷書。
11　圖版：《敦煌寶藏》，84/542B～550B。

1.1　BD04867 號
1.3　大般若波羅蜜多經卷一六
1.4　巨 067
1.5　084:2047
2.1　91×25 厘米；2 紙；54 行，行 17 字。
2.2　01：44.5，26；　02：46.5，28。
2.3　卷軸裝。首全尾脱。全卷破損嚴重。有烏絲欄。已修整。
3.1　首全→大正 220，5/85A11。
3.2　尾殘→5/85C8。
4.1　大般若波羅蜜多經卷第十六，/初分教誡教授品第七之六，三藏法師□……□/（首）。
6.2　尾→BD05123 號。
7.1　第 2 紙背有勘記“十六”。
8　8～9 世紀。吐蕃統治時期寫本。
9.1　楷書。
11　圖版：《敦煌寶藏》，71/472A～473A。

1.1　BD04868 號
1.3　金光明最勝王經卷六
1.4　巨 068
1.5　083:1783
2.1　(7.5+412.4+1.3)×25.4 厘米；10 紙；264 行，行 17 字。
2.2　01：7.5+31.5，24；　02：44.6，28；　03：44.9，28；
04：44.8，28；　05：44.6，28；　06：44.5，28；
07：44.8，28；　08：44.7，28；　09：44.5，28；
10：23.5+1.3，16。
2.3　卷軸裝。首尾均殘。卷首殘破嚴重，卷面有殘洞。背有鳥糞。有烏絲欄。
3.1　首 4 行下殘→大正 665，16/428C22～26。

3.2 尾行下殘→16/432A19。
8 8～9世紀。吐蕃統治時期寫本。
9.1 楷書。
9.2 有行間校加字。有刮改。
11 圖版：《敦煌寶藏》，70/71B～77A。

1.1 BD04869號
1.3 大般若波羅蜜多經卷七七
1.4 巨069
1.5 084：2220
2.1 138.7×26.8厘米；3紙；84行，行17字。
2.2 01：46.5，28； 02：46.0，28； 03：46.2，28。
2.3 卷軸裝。首尾均脱。第1紙下有破裂。有烏絲欄。
3.1 首殘→大正220，5/431C29。
3.2 尾殘→5/432C27。
7.1 第1紙背面有勘記“八”，為本文獻袟次；並有硃筆“七”，為本文獻袟内卷次。
8 8～9世紀。吐蕃統治時期寫本。
9.1 楷書。
11 圖版：《敦煌寶藏》，72/318A～319B。

1.1 BD04870號
1.3 大般若波羅蜜多經卷三三一
1.4 巨070
1.5 084：2905
2.1 71×26.2厘米；2紙；38行，行17字。
2.2 01：48.2，28； 02：22.8，10。
2.3 卷軸裝。首脱尾全。第1紙上邊殘破，通卷下邊殘破。有燕尾。有烏絲欄。
3.1 首殘→大正220，6/699B13。
3.2 尾全→6/699C21。
4.2 大般若波羅蜜多經卷第三百卅一（尾）。
6.1 首→BD04801號。
8 8～9世紀。吐蕃統治時期寫本。
9.1 楷書。
11 圖版：《敦煌寶藏》，75/431B～432A。

1.1 BD04871號
1.3 維摩詰所說經卷上
1.4 巨071
1.5 070：1045
2.1 93×25.5厘米；2紙；56行，行17字。
2.2 01：46.5，28； 02：46.5，28。
2.3 卷軸裝。首尾均脱。卷背有鳥糞。有烏絲欄。
3.1 首殘→大正475，14/542B12。
3.2 尾脱→14/543A13。
6.2 尾→BD05171號。
8 8～9世紀。吐蕃統治時期寫本。
9.1 楷書。
9.2 有行間校加字。
11 圖版：《敦煌寶藏》，64/460B～461B。

1.1 BD04872號
1.3 妙法蓮華經卷七
1.4 巨072
1.5 105：5893
2.1 （122.8+5）×2.7厘米；4紙；75行，行17字。
2.2 01：23.2，14； 02：43.5，26； 03：43.1，26； 04：13+1.5，09。
2.3 卷軸裝。首尾均殘。卷首右下油污，通卷有水漬、變色，接縫處有開裂，第3紙下邊有破裂。卷背有蟲繭。背有古代裱補。有烏絲欄。
3.1 首殘→大正262，9/56B22～23。
3.2 尾行下殘→9/57B14～15。
8 7～8世紀。唐寫本。
9.1 楷書。
11 圖版：《敦煌寶藏》，95/649A～650B。

1.1 BD04873號
1.3 金光明最勝王經卷七
1.4 巨073
1.5 083：1836
2.1 417.9×26.4厘米；10紙；227行，行17字。
2.2 01：20.5，11； 02：44.3，24； 03：44.3，24； 04：44.3，24； 05：44.3，24； 06：44.3，24； 07：44.0，24； 08：44.2，24； 09：44.2，24； 10：43.5，24。
2.3 卷軸裝。首尾均脱。卷面有殘洞。有烏絲欄。
3.1 首殘→大正665，16/433B17。
3.2 尾殘→16/436B10。
8 8世紀。唐寫本。
9.1 楷書。
9.2 有刮改。
11 圖版：《敦煌寶藏》，70/277B～282B。

1.1 BD04874號
1.3 金光明最勝王經卷三
1.4 巨074
1.5 083：1643
2.1 71.2×25.5厘米；2紙；26行，行17字。
2.2 01：48.2，26； 02：23.0，拖尾。
2.3 卷軸裝。首脱尾全。卷尾上下有蟲繭。有烏絲欄。
3.1 首殘→大正665，16/417B17。
3.2 尾全→16/417C16。

4.2　金光明經卷第三（尾）。
8　9～10 世紀。歸義軍時期寫本。
9.1　楷書。
11　圖版：《敦煌寶藏》，69/66A～66B。

1.1　BD04875 號
1.3　妙法蓮華經卷六
1.4　巨 075
1.5　105:5735
2.1　(19 +705.6) ×26 厘米；18 紙；416 行，行 17 字。
2.2　01：19.0，12；　02：41.1，24；　03：41.2，24；
04：41.5，24；　05：41.3，24；　06：41.7，24；
07：41.7，24；　08：41.7，24；　09：41.6，24；
10：41.5，24；　11：41.6，24；　12：41.6，24；
13：41.8，24；　14：41.7，24；　15：41.5，24；
16：41.7，24；　17：41.4，25；　18；41.0，19。
2.3　卷軸裝。首殘尾全。卷面多水漬，第 2、3 紙接縫處下部有殘損，卷前部下邊有多處殘洞。有燕尾。有烏絲欄。已修整。
3.1　首 12 行上下殘→大正 262，9/49B16～28。
3.2　尾全→9/55A9。
4.2　妙法蓮華經卷第六（尾）。
8　7～8 世紀。唐寫本。
9.1　楷書。
11　圖版：《敦煌寶藏》，94/512B～522A。

1.1　BD04876 號
1.3　大般若波羅蜜多經卷一三
1.4　巨 076
1.5　084:2042
2.1　(2.6 +109) ×25 厘米；3 紙；67 行，行 17 字。
2.2　01：2.6 +16.2，11；　02：46.3，28；　03：46.5，28。
2.3　卷軸裝。首殘尾脱。卷面有破裂，第 2 紙有殘洞，第 1、2 紙接縫處下開裂。有烏絲欄。
3.1　首行上下殘→大正 220，5/68A13。
3.2　尾殘→5/68C21。
7.1　第 1 紙背面有勘記“十三”，為本文獻卷次。
8　8～9 世紀。吐蕃統治時期寫本。
9.1　楷書。
11　圖版：《敦煌寶藏》，71/465B～466B。

1.1　BD04877 號
1.3　大般若波羅蜜多經卷二八〇
1.4　巨 077
1.5　084:2759
2.1　(587.2 +6.4) ×26 厘米；14 紙；352 行，行 17 字。
2.2　01：46.5，28；　02：46.0，28；　03：46.5，28；
04：46.5，28；　05：46.5，28；　06：46.3，28；
07：46.5，28；　08：46.5，28；　09：46.3，28；
10：46.3，28；　11：46.2，28；　12：46.3，28；
13：28.0，15；　14：2.8 +6.4，1。
2.3　卷軸裝。首脱尾殘。第 10、11 紙接縫處下開裂，第 11、12 紙接縫處脱開。尾有蟲繭。有烏絲欄。
3.1　首殘→大正 220，6/420A28。
3.2　尾全→6/424B4。
4.2　大般若波羅蜜多經卷第二百八十（尾）。
7.1　第 14 紙有題記“法瘵，第一勘”。
8　8～9 世紀。吐蕃統治時期寫本。
9.1　楷書。
11　圖版：《敦煌寶藏》，75/9A～16B。

1.1　BD04878 號
1.3　妙法蓮華經卷五
1.4　巨 078
1.5　105:5457
2.1　(1.5 +1033.1) ×26.9 厘米；22 紙；592 行，行 17 字。
2.2　01：01.5，01；　02：49.8，29；　03：50.1，29；
04：50.4，29；　05：50.2，29；　06：50.3，29；
07：50.2，29；　08：50.2，29；　09：50.2，29；
10：50.3，29；　11：50.2，29；　12：50.3。29；
13：50.2，29；　14：50.2，29；　15：50.4，29；
16：50.2，29；　17：50.2，29；　18：50.2，29；
19：50.2，29；　20：50.2，29；　21：50.1，29；
22：29.0，11。
2.3　卷軸裝。首殘尾全。第 2 紙前有殘洞，下有殘缺。卷上下有水漬。有烏絲欄。
3.1　首行殘→大正 262，9/37B9。
3.2　尾全→9/46B14。
4.2　妙法蓮華經卷第五（尾）。
8　8 世紀。唐寫本。
9.1　楷書。
9.2　有校改。有行間校加字。有刮改。
11　圖版：《敦煌寶藏》，92/95A～110B。

1.1　BD04879 號
1.3　大般若波羅蜜多經卷二五九
1.4　巨 079
1.5　084:2684
2.1　181.7 ×25 厘米；4 紙；112 行，行 17 字。
2.2　01：45.5，28；　02：45.5，28；　03：45.3，28；
04：45.4，28。
2.3　卷軸裝。首尾均脱。第 2 紙有殘洞，第 3 紙有破裂，通卷下邊殘破。背有古代裱補。有烏絲欄。
3.1　首殘→大正 220，6/311A6。
3.2　尾殘→6/312B1。

6.1 首→BD05138 號。
6.2 尾→BD05203 號。
8 8~9 世紀。吐蕃統治時期寫本。
9.1 楷書。
11 圖版:《敦煌寶藏》,74/418A~420A。

1.1 BD04880 號
1.3 金剛般若波羅蜜經
1.4 巨 080
1.5 094:4242
2.1 199.7×25.6 厘米;5 紙;115 行,行? 字。
2.2 01:47.0,28; 02:46.8,28; 03:44.7,27; 4:47.7,28; 05:13.5,04。
2.3 卷軸裝。首脫尾全。卷面多水漬。有烏絲欄。
3.1 首殘→大正 235,8/751A20。
3.2 尾全→8/752C3。
4.2 金剛般若波羅蜜經一卷(尾)。
5 與《大正藏》本對照,本卷經文無冥司偈,參見《大正藏》,8/751C16~19。
8 8 世紀。唐寫本。
9.1 楷書。
11 圖版:《敦煌寶藏》,82/486A~488B。

1.1 BD04881 號
1.3 妙法蓮華經卷一
1.4 巨 081
1.5 105:4561
2.1 636.3×26.2 厘米;15 紙;387 行,行 17 字。
2.2 01:42.5,26; 02:42.3,26; 03:42.0,26; 04:42.4,26; 05:42.2,26; 06:42.2,26; 07:42.3,26; 08:42.5,26; 09:42.8,26; 10:42.2,26; 11:42.2,26; 12:42.5,26; 13:43.1,26; 14:42.8,26; 15:42.3,23。
2.3 卷軸裝。首殘尾全。上邊有殘缺破裂,下邊多水漬。卷首背有鳥糞。背有古代裱補。有烏絲欄。
3.1 首殘→大正 262,9/3B27~28。
3.2 尾全→9/10B21。
4.2 妙法蓮華經卷第一(尾)。
8 8 世紀。唐寫本。
9.1 楷書。
11 圖版:《敦煌寶藏》,84/464A~473B。

1.1 BD04882 號
1.3 金剛般若波羅蜜經
1.4 巨 082
1.5 094:3649
2.1 (13.5+183.7)×27 厘米;3 紙;108 行,行 17 字。
2.2 01:13.5+29.5,23; 02:77.5,43; 03:76.7,42。
2.3 卷軸裝。首殘尾脫。卷首殘破嚴重,第 2 紙下邊有破裂,卷面多水漬。有烏絲欄。
3.1 首 6 行上殘→大正 235,8/749A10~15。
3.2 尾殘→8/750B8。
8 8~9 世紀。吐蕃統治時期寫本。
9.1 楷書。
11 圖版:《敦煌寶藏》,79/343A~345B。

1.1 BD04883 號
1.3 大般若波羅蜜多經卷二七四
1.4 巨 083
1.5 084:2743
2.1 (1+159.4)×25.7 厘米;4 紙;96 行,行 17 字。
2.2 01:1+28.9,18; 02:46.6,28; 03:46.9,28; 04:37.0,22。
2.3 卷軸裝。首殘尾斷。砑光上蠟。有烏絲欄。
3.1 首行下殘→大正 220,6/389C14~15。
3.2 尾殘→6/390C22。
6.1 首→BD05091 號。
8 8~9 世紀。吐蕃統治時期寫本。
9.1 楷書。
11 圖版:《敦煌寶藏》,74/604B~606B。

1.1 BD04884 號
1.3 大般若波羅蜜多經卷二九三
1.4 巨 084
1.5 084:2801
2.1 (109.2+4.8)×27 厘米;3 紙;70 行,行 17 字。
2.2 01:45.5,28; 02:45.9,28; 03:17.8+4.8,14。
2.3 卷軸裝。首脫尾殘。第 1 紙卷面污穢、上邊下邊殘缺、有殘洞,第 2、3 紙接縫處上開裂,第 3 紙上邊殘破。有烏絲欄。
3.1 首殘→大正 220,6/491C8。
3.2 尾 3 行上下殘→6/492B16~19。
8 8~9 世紀。吐蕃統治時期寫本。
9.1 楷書。
11 圖版:《敦煌寶藏》,75/145B~146B。

1.1 BD04885 號
1.3 金剛般若波羅蜜經
1.4 巨 085
1.5 094:3723
2.1 (8+476.6)×27 厘米;12 紙;274 行,行 17 字。
2.2 01:8+16.3,13; 02:41.8,23; 03:42.0,23; 04:42.2,23; 05:42.0,23; 06:41.8,23; 07:46.5,28; 08:46.2,29; 09:46.0,28; 10:46.2,28; 11:46.6,28; 12:19.0,05。

2.3 卷軸裝。首殘尾全。卷面有水漬、黴爛，第7、8、9紙下半部殘缺破損嚴重。尾有原軸，兩端塗棕色漆。有烏絲欄，已修整。
3.1 首4行上殘→大正235，8/749A25～28。
3.2 尾全→8/752C3。
4.2 金剛般若波羅蜜經（尾）。
5 與《大正藏》本對照，本卷經文無冥司偈，參見《大正藏》，8/751C16～19。
8 7～8世紀。唐寫本。
9.1 楷書。
11 圖版：《敦煌寶藏》，80/32B～38B。

1.1 BD04886號
1.3 金剛般若波羅蜜經
1.4 巨086
1.5 094:4021
2.1 (2+45)×26厘米；1紙；28行，行17字。
2.3 卷軸裝。首殘尾脱。經黄紙。卷中部有1個小殘洞。有烏絲欄。
3.1 首行上殘→大正235，8/750A20～21。
3.2 尾殘→8/750B20。
8 7～8世紀。唐寫本。
9.1 楷書。
11 圖版：《敦煌寶藏》，81/525B。

1.1 BD04887號
1.3 大般若波羅蜜多經（兑廢稿）卷三五九
1.4 巨087
1.5 084:2989
2.1 46.9×25.1厘米；1紙；23行，行17字。
2.3 卷軸裝。首殘尾缺。有殘洞。有烏絲欄。尾有餘空。
3.1 首殘→大正220，6/850C27。
3.2 尾殘→6/851A22。
8 8～9世紀。吐蕃統治時期寫本。
9.1 楷書。
11 圖版：《敦煌寶藏》，76/36B。

1.1 BD04888號
1.3 觀世音經
1.4 巨088
1.5 111:6228
2.1 (7+174.5)×25.5厘米；5紙；100行，行17字。
2.2 01：7+3，07；　02：46.0，28；　03：49.2，29；
04：49.3，29；　05：27.0，07。
2.3 卷軸裝。首殘尾全。卷面多水漬。第1、2紙接縫處碎損嚴重。尾有蟲繭。有烏絲欄。已修整。
3.1 首殘→大正262，9/56C23。
3.2 尾全→9/58B7。
4.2 觀音經（尾）。
8 7～8世紀。唐寫本。
9.1 楷書。
11 圖版：《敦煌寶藏》，97/412A～414B。

1.1 BD04889號
1.3 金剛般若波羅蜜經
1.4 巨089
1.5 094:3851
2.1 366×27.5厘米；9紙；212行，行20字。
2.2 01：43.0，25；　02：43.5，25；　03：43.8，26；
04：43.6，25；　05：43.5，26；　06：43.4，26；
07：43.6，26；　08：43.6，26；　09：18.0，07。
2.3 卷軸裝。首殘尾全。首紙多殘洞、殘裂。尾有蟲繭。背有古代裱補。有烏絲欄，上下雙邊欄，竪欄頂天立地。
3.1 首殘→大正235，8/749B26。
3.2 尾全→8/752C3。
4.2 金剛般若波羅蜜經（尾）。
5 與《大正藏》本對照，本卷經文無冥司偈，參見《大正藏》，8/751C16～19。
8 7～8世紀。唐寫本。
9.1 楷書。
11 圖版：《敦煌寶藏》，80/592A～596B。

1.1 BD04890號
1.3 金光明最勝王經卷八
1.4 巨090
1.5 083:1858
2.1 (5.5+775.8)×26.4厘米；18紙；409行，行17字。
2.2 01：5.5+30.8，19；　02：45.5，24；　03：46.0，24；
04：46.0，24；　05：46.0，23；　06：46.2，23；
07：46.0，23；　08：46.0，23；　09：46.0，24；
10：46.1，23；　11：46.1，24；　12：46.1，24；
13：46.2，24；　14：46.2，24；　15：41.0，21；
16：42.3，28；　17：41.5，27；　18：21.8，07。
2.3 卷軸裝。首殘尾全。紙未入潢。卷面有水漬。有烏絲欄。
3.1 首3行下殘→大正665，16/437C23～26。
3.2 尾全→16/444A9。
4.2 金光明最勝王經卷第八（尾）。
5 尾附音義。
8 9～10世紀。歸義軍時期寫本。
9.1 楷書。
11 圖版：《敦煌寶藏》，70/351B～361B。

1.1 BD04891號
1.3 無量壽宗要經

1.4 巨 091
1.5 275:7828
2.1 215.5×31.5 厘米；5 紙；138 行，行 30 餘字。
2.2 01：43.5，27；　02：43.0，28；　03：43.0，28；
04：43.0，28；　05：43.0，27。
2.3 卷軸裝。首尾均全。接縫處有開裂，第 2 紙下邊殘缺。有烏絲欄。
3.1 首全→大正 936，19/82A3。
3.2 尾全→19/84C29。
4.1 大乘無量壽經（首）。
4.2 佛說無量壽宗要經一卷（尾）。
7.1 第 1 紙首背面有寺院題名“永安”。第 5 紙末有題名“王瀚”。
8 8～9 世紀。吐蕃統治時期寫本。
9.1 行楷。
11 圖版：《敦煌寶藏》，108/60B～63A。

1.1 BD04892 號
1.3 大般若波羅蜜多經（兌廢稿）卷三二五
1.4 巨 092
1.5 084:2883
2.1 46×26.5 厘米；1 紙；27 行，行 17 字。
2.3 卷軸裝。首脫尾缺。下邊殘破，卷面有一蟲繭。有烏絲欄。尾有餘空。
3.1 首殘→大正 220，6/661B24。
3.2 尾殘→6/661C21。
8 8～9 世紀。吐蕃統治時期寫本。
9.1 楷書。上邊有一“兌”字。
11 圖版：《敦煌寶藏》，75/343B。

1.1 BD04893 號
1.3 大般若波羅蜜多經卷八
1.4 巨 093
1.5 084:2024
2.1 (4.5+779.7)×25.8 厘米；17 紙；455 行，行 17 字。
2.2 01：4.5+45.7，29；　02：47.1，28；　03：47.2，28；
04：47.1，28；　05：47.8，28；　06：47.6，28；
07：47.5，28；　08：47.8，28；　09：47.8，28；
10：47.6，28；　11：47.7，28；　12：47.5，28；
13：47.9，28；　14：47.5，28；　15：47.6，28；
16：47.3，28；　17：21.0，06。
2.3 卷軸裝。首殘尾全。上邊有破裂，下邊有殘破，第 16 紙有殘洞。有燕尾。有烏絲欄。
3.1 首 2 行上殘→大正 220，5/39C22～23。
3.2 尾全→5/45A13。
4.2 大般若波羅蜜多經卷第八（尾）。
7.1 卷尾經名之後有題記“勘了”。
8 8～9 世紀。吐蕃統治時期寫本。
9.1 楷書。
9.2 有行間校加字。
11 圖版：《敦煌寶藏》，71/381A～391A。

1.1 BD04894 號
1.3 金剛般若波羅蜜經
1.4 巨 094
1.5 094:4389
2.1 48.9×25.4 厘米；1 紙；28 行，行 17 字。
2.3 卷軸裝。首脫尾斷。經黄紙。有烏絲欄。
3.1 首殘→大正 235，8/752A25。
3.2 尾殘→8/752B25。
8 7～8 世紀。唐寫本。
9.1 楷書。
11 圖版：《敦煌寶藏》，83/93B～94A。

1.1 BD04895 號
1.3 大般若波羅蜜多經卷三五〇
1.4 巨 095
1.5 084:2948
2.1 599.8×25.8 厘米；13 紙；341 行，行 17 字。
2.2 01：48.4，28；　02：48.0，28；　03：48.2，28；
04：48.1，28；　05：48.2，28；　06：48.2，28；
07：48.0，28；　08：48.1，28；　09：48.2，28；
10：48.2，28；　11：48.0，28；　12：48.0，28；
13：22.2，05。
2.3 卷軸裝。首脫尾全。第 1 紙下邊殘破，第 2、3 紙接縫上開裂，第 9 紙有殘洞。有燕尾。有烏絲欄。
3.1 首殘→大正 220，6/797C29。
3.2 尾全→6/801C20。
4.2 大般若波羅蜜多經卷第三百五十（尾）。
7.1 第 1 紙背面有勘記“三百五十”、“三十五袟”，分別是本文獻卷次與所屬袟次。
8 8～9 世紀。吐蕃統治時期寫本。
9.1 楷書。
9.2 有行間校加字。
11 圖版：《敦煌寶藏》，75/582B～590A。

1.1 BD04896 號
1.3 無量壽宗要經
1.4 巨 096
1.5 275:8029
2.1 170×31 厘米；4 紙；109 行，行 30 餘字。
2.2 01：42.5，29；　02：42.5，29；　03：42.5，29；
04：42.5，22。
2.3 卷軸裝。首脫尾全。第 3、4 紙接縫處上部開裂。背有烏

糞。有烏絲欄。

3.1　首殘→大正 936，19/82B27。

3.2　尾全→19/84C29。

7.1　第 4 紙尾有題記“僧志崇寫記”。

8　8~9 世紀。吐蕃統治時期寫本。

9.1　楷書。

11　圖版:《敦煌寶藏》，108/556A~558A。

1.1　BD04897 號

1.3　大般涅槃經（北本）卷二四

1.4　巨 097

1.5　115:6428

2.1　910.2×25.8 厘米；20 紙；533 行，行 17 字。

2.2　01：45.0，26；　02：47.5，28；　03：47.5，28；
04：47.5，28；　05：47.5，28；　06：47.5，28；
07：47.5，28；　08：47.5，28；　09：47.5，28；
10：47.5，28；　11：47.5，28；　12：47.5，28；
13：47.7，28；　14：47.7，28；　15：47.5，28；
16：47.5，28；　17：47.5，28；　18：47.7，28；
19：47.7，28；　20：09.4，03。

2.3　卷軸裝。首尾均全。經黄打紙。首紙上部有殘缺。背有古代裱補。有烏絲欄。

3.1　首全→大正 374，12/504A3。

3.2　尾全→12/510B6。

4.1　大般涅槃經卷第廿四（首）。

4.2　大般涅槃經卷第廿四（尾）。

8　7~8 世紀。唐寫本。

9.1　楷書。

9.2　有硃筆校改。

11　圖版:《敦煌寶藏》，99/170A~182B。

1.1　BD04898 號

1.3　大般若波羅蜜多經卷三六一

1.4　巨 098

1.5　084:2997

2.1　(2.5+522.4)×25.7 厘米；11 紙；290 行，行 17 字。

2.2　01：2.5+28.6，17；　02：50.1，28；　03：50.2，28；
04：50.2，28；　05：50.2，28；　06：50.2，28；
07：50.1，28；　08：50.1，28；　09：50.0，28；
10：46.6，29；　11：46.1，20。

2.3　卷軸裝。首殘尾全。經黄打紙，研光上蠟。卷首有殘破，接縫處多有開裂，後半卷黴爛。有燕尾。有烏絲欄。

3.1　首行中殘→大正 220，6/860C18。

3.2　尾全→6/864A17。

4.2　大般若波羅蜜多經卷第三百六十一（尾）。

8　7~8 世紀。唐寫本。

9.1　楷書。

11　圖版:《敦煌寶藏》，76/56B~63A。

1.1　BD04899 號

1.3　金剛般若波羅蜜經

1.4　巨 099

1.5　094:3563

2.1　(1.8+58.4+2.4)×28.5 厘米；3 紙；30 行，行 17 字。

2.2　01：1.8+17.1，9；　02：41.3，20；　03：02.4，01。

2.3　卷軸裝。首尾均殘。第 1、2 紙上下多處開裂，破損嚴重，有烏絲欄。已修整。

3.1　首行下殘→大正 235，8/748C29~749A1。

3.2　尾行上殘→8/749B3~4。

8　9~10 世紀。歸義軍時期寫本。

9.1　楷書。

11　圖版:《敦煌寶藏》，78/568B~569A。

1.1　BD04900 號

1.3　金光明最勝王經卷一

1.4　巨 100

1.5　083:1457

2.1　563.2×26 厘米；13 紙；309 行，行 17 字。

2.2　01：44.3，25；　02：44.0，25；　03：44.1，25；
04：44.3，25；　05：44.0，25；　06：44.3，25；
07：44.2，25；　08：44.2，25；　09：44.2，25；
10：44.1，25；　11：44.3，25；　12：44.2，25；
13：33.0，09。

2.3　卷軸裝。首殘尾全。卷面有水漬。有燕尾。有烏絲欄。已修整。

3.1　首殘→大正 665，16/403C24。

3.2　尾全→16/408A28。

4.2　金光明最勝王經卷第一（尾）。

5　尾有音義。

8　8 世紀。唐寫本。

9.1　楷書。

11　圖版:《敦煌寶藏》，67/586A~593A。
顯微膠卷誤將此卷拍成官 81（縮微膠卷編號：1441）。

1.1　BD04901 號

1.3　妙法蓮華經卷七

1.4　闕 001

1.5　105:6168

2.1　(5.5+108)×23 厘米；3 紙；59 行，行 17 字。

2.2　01：5.5+9，19；　02：43.0，24；　03：56.0，16。

2.3　卷軸裝。首尾均殘。紙變色。第 1、2 紙上邊有破損，通卷下邊殘缺。有烏絲欄。

3.1　首殘→大正 262，9/56C6。

3.2　尾行中下殘→9/57B6。

8　7～8 世紀。唐寫本。
9.1　楷書。
11　圖版:《敦煌寶藏》，97/170A～171A。

1.1　BD04902 號
1.3　無量壽宗要經
1.4　闕 002
1.5　275:8166
2.1　(5+31.5+5.5)×31 厘米；1 紙；28 行，行 30 餘字。
2.3　卷軸裝。首尾均殘。卷面殘破嚴重。有烏絲欄。已修整。
3.1　首 3 行上下殘→大正 936，19/83A16～22。
3.2　尾 3 行上下殘→19/83C27～84A5。
8　8～9 世紀。吐蕃統治時期寫本。
9.1　行楷。
11　圖版:《敦煌寶藏》，109/170A。

1.1　BD04903 號
1.3　金光明最勝王經卷三
1.4　闕 003
1.5　083:1585
2.1　(8.5+332.2)×26.5 厘米；7 紙；193 行，行 17 字。
2.2　01：8.5+39，26；　02：49.3，28；　03：48.8，28；
04：48.9，27；　05：48.7，28；　06：49.0，28；
07：48.5，28。
2.3　卷軸裝。首全尾脫。卷首上下殘缺，卷面多水漬，尾紙有 2 個大殘洞。有烏絲欄。
3.1　首 4 行上下殘→大正 665，16/413C9～16。
3.2　尾殘→16/416B7。
4.1　金光明最勝王經滅業障品第五，卷三，□…□（首)。
8　9～10 世紀。歸義軍時期寫本。
9.1　楷書。
11　圖版:《敦煌寶藏》，68/447A～451B。

1.1　BD04904 號
1.3　維摩詰所說經卷上
1.4　闕 004
1.5　070:0996
2.1　141×26 厘米；3 紙；84 行，行 17 字。
2.2　01：47.5，28；　02：47.0，28；　03：46.5，28。
2.3　卷軸裝。首殘尾脫。有烏絲欄。
3.1　首殘→大正 475，14/541B10。
3.2　尾殘→14/542B12。
8　8～9 世紀。吐蕃統治時期寫本。
9.1　楷書。
11　圖版:《敦煌寶藏》，64/318A～319B。

1.1　BD04905 號
1.3　金光明最勝王經卷六
1.4　闕 005
1.5　083:1765
2.1　(7+674.2)×27 厘米；15 紙；正面 387 行，行 17 字；背面 7 行，行字不等。
2.2　01：7+21.5，17；　02：46.6，28；　03：46.5，28；
04：46.5，28；　05：46.5，28；　06：46.5，28；
07：46.5，28；　08：46.5，28；　09：46.6，28；
10：46.6，28；　11：46.6，28；　12：46.6，28；
13：46.3，28；　14：46.4，28；　15：48.0，06。
2.3　卷軸裝。首殘尾全。卷首多油污。有 1 塊殘片，文可與卷端第 5 行綴接。背有古代裱補。有燕尾。尾有空餘。有烏絲欄。
2.4　本遺書包括 2 個文獻：(一)《金光明最勝王經》卷六，387 行，抄寫在正面，今編為 BD04905 號。(二)《倉司某年破除計會歷》(擬)，7 行，抄寫在背面，今編為 BD04905 號背。
3.1　首 4 行下殘→大正 665，16/427B29～C4。
3.2　尾缺→16/432B9。
8　8 世紀。唐寫本。
9.1　楷書。有武周新字“人”、“月”、“日”、“証”、“地”、“國”、“天”，使用不周遍。
11　圖版:《敦煌寶藏》，69/649A～658A。

1.1　BD04905 號背
1.3　倉司某年破除計會歷（擬)
1.4　闕 005
1.5　083:1765
2.4　本遺書由 2 個文獻組成，本號為第 2 個，7 行。餘參見 BD04905 號之第 2 項、第 11 項。
3.3　錄文：
(首殘)
□…□取豆麥共玖拾壹碩陸□…□/
□…□今（?）及寺家貸。又除豆□…□/
□…□伍碩。又除麥兩碩半，油壹□…□/
□…□破除及閣（?）見存豆麥外□…□/
□…□柒碩玖斗，餘欠豆麥共玖□…□/
□…□柒拾碩肆斗，內柒碩陸斗□…□/
□…□人，至秋加五納利，餘見在倉□…□/
(錄文完)
8　8～9 世紀。吐蕃統治時期寫本。
9.1　楷書。

1.1　BD04906 號
1.3　無量壽宗要經
1.4　闕 006
1.5　275:8167
2.1　(9.5+35)×30 厘米；1 紙；30 行，行 30 餘字。
2.3　卷軸裝。首殘尾脫。上下邊有破裂殘損。有烏絲欄。

3.1 首6行上下殘→大正936，19/0083C29。
3.2 尾殘→19/0084B28。
8 8~9世紀。吐蕃統治時期寫本。
9.1 行楷。
11 圖版：《敦煌寶藏》，109/170B。

1.1 BD04907號
1.3 金光明最勝王經卷五
1.4 闕007
1.5 083:1729
2.1 (23.7+120)×25.3厘米；3紙；82行，行17字。
2.2 01：23.7+23，26； 02：48.5，28； 03：48.5，28。
2.3 卷軸裝。首全尾脫。第1紙碎裂嚴重。有烏絲欄。
3.1 首13行下殘→大正665，16/422B22~C11。
3.2 尾殘→16/423B26。
4.1 □…□王經蓮花喻讚品第七，五，三□…□（首）。
8 9~10世紀。歸義軍時期寫本。
9.1 楷書。
9.2 有行間校加字。有刮改。
11 圖版：《敦煌寶藏》，69/492A~493B。

1.1 BD04908號
1.3 金剛般若波羅蜜經
1.4 闕008
1.5 094:3634
2.1 (18+183.7)×26厘米；5紙；113行，行17字。
2.2 01：18+5.7，13； 02：44.5，25； 03：44.5，25；
04：44.5，25； 05：44.5，25。
2.3 卷軸裝。首殘尾脫。第1紙殘破嚴重，第2紙有殘洞和橫裂。有烏絲欄。已修整。
3.1 首11行下殘→大正235，8/749A1~12。
3.2 尾殘→8/750B5。
6.2 尾→BD04966號。
8 8世紀。唐寫本。
9.1 楷書。
11 圖版：《敦煌寶藏》，79/261B~264A。

1.1 BD04909號
1.3 般若心經疏（智詵疏）
1.4 闕009
1.5 104:4491
2.1 (5+43+2.5)×27.5厘米；2紙；30行，行20字。
2.2 01：5+32.5，22； 02：10.5+2.5，08。
2.3 卷軸裝。首尾均殘。卷面有等距殘洞多個。有烏絲欄。
3.1 首3行下殘→《般若心經譯註集成》，第247頁第13行~14行。
3.2 尾2行上殘→《般若心經譯註集成》，第247頁第19行~第249頁第1行。
8 9~10世紀。歸義軍時期寫本。
9.1 楷書。
9.2 有硃筆塗改、點標。
11 圖版：《敦煌寶藏》，83/331B~332A。

1.1 BD04910號
1.3 無量壽宗要經
1.4 闕010
1.5 275:8030
2.1 (10+59)×31.5厘米；2紙；43行，行30餘字。
2.2 01：10+16，18； 02：43.0，25。
2.3 卷軸裝。首殘尾全。卷面油污。有2片殘片已綴接。有烏絲欄。
3.1 首7行中下殘→大正936，19/84A02~10。
3.2 尾全→19/84C29。
4.2 佛說無量壽宗要經一卷（尾）。
7.1 尾有題記“宋良金寫記”。
8 8~9世紀。吐蕃統治時期寫本。
9.1 行楷。
11 圖版：《敦煌寶藏》，108/558B~559A。

1.1 BD04911號
1.3 金光明最勝王經卷一
1.4 闕011
1.5 083:1497
2.1 139.6×25.5厘米；3紙；81行，行17字。
2.2 01：46.6，27； 02：46.5，27； 03：46.5，27。
2.3 卷軸裝。首尾均脫。卷面殘碎。有烏絲欄。
3.1 首殘→大正665，16/405B22。
3.2 尾殘→16/406C12。
8 9~10世紀。歸義軍時期寫本。
9.1 楷書。
11 圖版：《敦煌寶藏》，68/110B~112A。

1.1 BD04912號
1.3 妙法蓮華經卷七
1.4 闕012
1.5 105:6068
2.1 460×25.5厘米；10紙；280行，行17字。
2.2 01：46.0，28； 02：46.0，28； 03：46.0，28；
04：46.0，28； 05：46.0，28； 06：46.0，28；
07：46.0，28； 08：46.0，28； 09：46.0，28；
10：46.0，28。
2.3 卷軸裝。首脫尾全。經黃打紙。第1紙上邊有1個殘洞，第2、3、10紙下邊有殘損破裂。有烏絲欄。
3.1 首殘→大正262，9/58B17。

3.2　尾全→9/62A29。
8　7～8世紀。唐寫本。
9.1　楷書。
11　圖版：《敦煌寶藏》，96/488A～494A。

1.1　BD04913號
1.3　維摩詰所說經卷上
1.4　闕013
1.5　070:0913
2.1　(240+1.5)×25厘米；5紙；139行，行17字。
2.2　01：44.5，25；　02：49.0，28；　03：49.0，28；
04：49.0，28；　05：48.5+1.5，30。
2.3　卷軸裝。首尾均殘。卷首殘破嚴重，通卷有水漬。卷面有蟲繭。背有古代裱補，上面有字，朝内粘貼，難以辨認。有烏絲欄。
3.1　首殘→大正475，14/538A6。
3.2　尾行殘→14/539C7。
8　7～8世紀。唐寫本。
9.1　楷書。
11　圖版：《敦煌寶藏》，64/13A～16A。
背面裱補紙上有文字，向内粘貼，難以辨認。其中似有"開元十（廿?）九"字樣。錄以備考。

1.1　BD04914號
1.3　大般若波羅蜜多經卷六七
1.4　闕014
1.5　084:2185
2.1　(7+810.9)×26.1厘米；18紙；467行，行17字。
2.2　01：7+26，19；　02：48.9，28；　03：48.8，28；
04：48.7，28；　05：48.8，28；　06：48.7，28；
07：48.8，28；　08：48.7，28；　09：49.1，28；
10：48.9，28；　11：48.8，28；　12：48.8，28；
13：48.8，28；　14：48.8，28；　15：48.8，28；
16：48.8，28；　17：46.5，27；　18：06.2，01。
2.3　卷軸裝。首殘尾全。卷面刷黄。第1紙下邊有殘缺，第2、7紙有破裂。背有古代裱補。有烏絲欄。
3.1　首4行上下殘→大正220，5/376C15～19。
3.2　尾全→5/382B5。
4.2　大般若波羅蜜多經卷第六十七（尾）。
8　8～9世紀。吐蕃統治時期寫本。
9.1　楷書。
11　圖版：《敦煌寶藏》，72/200B～211A。

1.1　BD04915號
1.3　佛名經（十六卷本）卷一
1.4　闕015
1.5　061:0529
2.1　(3+53+12)×26厘米；3紙；41行，行19字。
2.2　01：3+15，11；　02：38+9，28；　03：03.0，02。
2.3　卷軸裝。首尾均殘。通卷殘破，多殘洞，脱落一塊殘片，已綴接。
3.1　首2行上下殘→《七寺古逸經典研究叢書》，3/15頁第123～124行。
3.2　尾7行上下殘→《七寺古逸經典研究叢書》，3/18頁第160～164行。
5　與七寺本對照，佛名有顛倒。
8　7～8世紀。唐寫本。
9.1　楷書。
11　圖版：《敦煌寶藏》，59/604B～605B。
《佛名經》（十二卷本）卷一亦可見大體相同的經文，首部參見大正440，14/115B4～7，尾部參見14/115C8～12。

1.1　BD04916號
1.3　大般若波羅蜜多經卷一四一
1.4　闕016
1.5　084:2373
2.1　650×25.5厘米；14紙；367行，行17字。
2.2　01：49.0，28；　02：48.5，28；　03：48.5，28；
04：48.3，28；　05：48.7，28；　06：48.5，28；
07：48.5，28；　08：48.5，28；　09：48.7，28；
10：48.5，28；　11：48.5，28；　12：48.5，28；
13：48.3，28；　14：19.0，03。
2.3　卷軸裝。首脱尾全。尾有原軸，兩端塗黑漆。首紙殘破，第6紙有破裂。背有古代裱補。有烏絲欄。
3.1　首殘→大正220，5/763C12。
3.2　尾全→5/768A3。
4.2　大般若波羅蜜多經卷第一百卌一（尾）。
7.3　第1紙背面有雜寫"隊"。
8　8～9世紀。吐蕃統治時期寫本。
9.1　楷書。
11　圖版：《敦煌寶藏》，73/96A～104A。

1.1　BD04917號
1.3　佛名經（十六卷本）卷六
1.4　闕017
1.5　063:0656
2.1　65.5×25.5厘米；2紙；26行，行13字。
2.2　01：20.5，護首；　02：45.0，26。
2.3　卷軸裝。首全尾脱。經黄打紙。有護首，有竹製天竿，中部繫有青蓮色縹帶。第2紙有破裂。背有古代裱補。有烏絲欄。
3.1　首全→《七寺古逸經典研究叢書》，3/270頁第1行。
3.2　尾殘→《七寺古逸經典研究叢書》，3/271頁第25行。
4.1　佛說佛名經卷第六（首）。
7.4　護首有經名"第六"2字。

8　7~8 世紀。唐寫本。
9.1　楷書。
11　圖版:《敦煌寶藏》,61/30A~30B。

1.1　BD04918 號
1.3　金光明最勝王經卷九
1.4　闕 018
1.5　083:1927
2.1　99.5×25.5 厘米;3 紙;61 行,行 17 字。
2.2　01:09.0,05;　02:45.0,28;　03:45.5,28。
2.3　卷軸裝。首斷尾脱。通卷碎裂,脱落一殘片。背有古代裱補。有烏絲欄。
3.1　首殘→大正 665,16/446B2。
3.2　尾殘→16/447B8。
6.2　尾→BD04991 號。
8　8~9 世紀。吐蕃統治時期寫本。
9.1　楷書。
11　圖版:《敦煌寶藏》,71/24B~25B。

1.1　BD04919 號
1.3　大般若波羅蜜多經卷五九
1.4　闕 019
1.5　084:2164
2.1　(8.5+747.4)×26 厘米;17 紙;452 行,行 17 字。
2.2　01:8.5+18.3,16;　02:45.3,28;　03:46.0,28;
04:46.0,28;　05:46.1,28;　06:46.0,28;
07:45.9,28;　08:46.0,28;　09:46.0,28;
10:46.0,28;　11:46.0,28;　12:45.9,28;
13:46.0,28;　14:45.9,28;　15:46.0,28;
16:46.0,28;　17:40.0,16。
2.3　卷軸裝。首殘尾全。卷首殘破,下有殘缺。前 2 紙有殘洞,第 8 紙有破裂。有燕尾。背有古代裱補。有烏絲欄。
3.1　首 5 行上殘→大正 220,5/332A14~18。
3.2　尾全→5/337B4。
4.2　大般若波羅蜜多經卷第五十九(尾)。
7.1　第 1 紙背有本文獻卷次及所屬袟次勘記"第五十九,六"。
7.3　紙邊有雜寫"言(?)惠"。
8　8~9 世紀。吐蕃統治時期寫本。
9.1　楷書。
11　圖版:《敦煌寶藏》,72/147B~157B。

1.1　BD04920 號
1.3　灌頂章句拔除過罪生死得度經
1.4　闕 020
1.5　250:7480
2.1　98×25.7 厘米;2 紙;53 行,行 17 字。
2.2　01:46.6,25;　02:51.4,28。
2.3　卷軸裝。首尾均脱。經黄打紙,研光上蠟。卷背有鳥糞。有烏絲欄。
3.1　首殘→大正 1331,21/532C8。
3.2　尾殘→21/533B2。
8　7~8 世紀。唐寫本。
9.1　楷書。
11　圖版:《敦煌寶藏》,106/407B~408B。

1.1　BD04921 號
1.3　大般若波羅蜜多經(兑廢稿)卷一四四
1.4　闕 021
1.5　084:2383
2.1　48.8×27.8 厘米;1 紙;24 行,行 17 字。
2.3　卷軸裝。首脱尾缺。尾有餘空。有烏絲欄。
3.1　首殘→大正 220,5/781B14。
3.2　尾缺→5/781C8。
8　8~9 世紀。吐蕃統治時期寫本。
9.1　楷書。
9.2　上邊有一"兑"字。
11　圖版:《敦煌寶藏》,73/126B。

1.1　BD04922 號
1.3　佛名經(十六卷本)卷一一
1.4　闕 022
1.5　063:0726
2.1　99×27.7 厘米;2 紙;44 行,行 17 字。
2.2　01:50.0,26;　02:49.0,18。
2.3　卷軸裝。首脱尾全。卷下方破裂。背有古代裱補。有烏絲欄。
3.1　首殘→《七寺古逸經典研究叢書》,3/581 頁第 559 行。
3.2　尾全→《七寺古逸經典研究叢書》,3/584 頁第 602 行。
4.2　佛說佛名經卷第十一(尾)。
8　8 世紀。唐寫本。
9.1　楷書。
11　圖版:《敦煌寶藏》,61/560A~561A。

1.1　BD04923 號
1.3　大般若波羅蜜多經卷二五九
1.4　闕 023
1.5　084:1686
2.1　(3.5+87.3)×25 厘米;2 紙;56 行,行 17 字。
2.2　01:3.5+42.3,28;　02:45.0,28。
2.3　卷軸裝。首殘尾脱。研光上蠟。通卷下邊殘破。有烏絲欄。
3.1　首 2 行下殘→大正 220,6/312C27~29。
3.2　尾殘→6/313B24。
6.1　首→BD05203 號。
6.2　尾→BD05084 號。

8　8～9 世紀。吐蕃統治時期寫本。
9.1　楷書。
11　圖版：《敦煌寶藏》，74/422B～423B。

1.1　BD04924 號
1.3　妙法蓮華經卷三
1.4　闕 024
1.5　105:5194
2.1　(162.4+35.3)×27.9 厘米；4 紙；111 行，行 16～18 字。
2.2　01：49.7，28；　02：49.3，28；　03：49.2，28；
04：14.2+35.3，27。
2.3　卷軸裝。首脫尾殘。卷面有水漬、黴爛，首紙下邊破裂殘損，卷後部殘破、殘缺嚴重。尾有蟲繭。有烏絲欄。已修整。
3.1　首殘→大正 262，9/25B20。
3.2　尾 18 行下殘→9/27A4～B9。
4.2　妙法蓮華經卷第三（尾）。
8　9～10 世紀。歸義軍時期寫本。
9.1　楷書。
11　圖版：《敦煌寶藏》，89/387A～389B。
有一殘片夾在卷中，並非本文獻。今取出，另編為 BD16415 號。

1.1　BD04925 號
1.3　大般涅槃經（北本　宮本）卷三二
1.4　闕 025
1.5　115:6487
2.1　863.5×26 厘米；18 紙；445 行，行 17 字。
2.2　01：20.0 護首；　02：50.5，26；　03：52.0，28；
04：52.0，28；　05：52.0，28；　06：52.0，28；
07：52.0，28；　08：52.0，28；　09：52.0，28；
10：52.0，28；　11：52.0，28；　12：52.0，28；
13：52.0，28；　14：52.0，28；　15：52.0，28；
16：52.0，28；　17：52.0，27；　18：13.0，拖尾。
2.3　卷軸裝。首尾均全。有護首，有竹質天竿和縹帶殘根。護首紙接縫下部開裂，首紙和護首係後補。第 2 紙有殘洞。尾題上有經名號。有烏絲欄。
3.1　首全→大正 374，12/552A21。
3.2　尾全→12/557B12。
4.1　大般涅槃經師子吼菩薩品之六，卷卅二（首）。
4.2　大般涅槃經卷第卅二（尾）。
5　與《大正藏》本對照，分卷不同，經文相當於《大正藏》卷第三十一師子吼菩薩品第十一之五至卷第三十二師子吼菩薩品第十一之六。分卷與宮內寮本相同。
7.1　卷尾有題記，但被刮去，難以辨認。隱約可見“善記”2 字。
7.4　護首有經名“大般涅槃經卷卅二”，上有經名號。
8　5～6 世紀。南北朝寫本。
9.1　楷書。
11　圖版：《敦煌寶藏》，99/488A～499B。

1.1　BD04926 號
1.3　大般若波羅蜜多經卷一四三
1.4　闕 026
1.5　084:2378
2.1　(2.2+135.4)×27.4 厘米；4 紙；81 行，行 17 字。
2.2　01：02.2，01；　02：48.0，28；　03：48.0，28；
04：39.4+1.2，24。
2.3　卷軸裝。首殘尾斷。卷面字刷潢時被洇開，墨色淋漓。有烏絲欄。
3.1　首行上下殘→大正 220，5/775C2。
3.2　尾殘→5/776B24。
6.1　首→BD04845 號。
7.1　第 4 紙背端寫有勘記“此經宿墨寫，黃（潢）時流去”。
8　8～9 世紀。吐蕃統治時期寫本。
9.1　楷書。
11　圖版：《敦煌寶藏》，73/110A～112A。

1.1　BD04927 號
1.3　妙法蓮華經卷一
1.4　闕 027
1.5　105:4529
2.1　(28.5+706.5+23.2)×25.4 厘米；15 紙；419 行，行 17 字。
2.2　01：28.5+19.9，27；　02：50.5，28；　03：50.5，28；
04：50.7，28；　05：50.7，28；　06：50.8，28；
07：50.7，28；　08：50.8，28；　09：50.8，28；
10：50.8，28；　11：50.7，28；　12：50.8，28；
13：50.8，28；　14：50.8，28；
15：27.2+23.2，28。
2.3　卷軸裝。首尾均殘。經黃紙。卷面有黴爛，前 2 紙多處殘損，第 14 紙有破裂。有烏絲欄。已修整。
3.1　首 16 行下殘→大正 262，9/2A20～B8。
3.2　尾 13 行上殘→9/8C18～9A14。
7.3　卷首背有雜寫“南無三山王佛”。
8　7～8 世紀。唐寫本。
9.1　楷書。
11　圖版：《敦煌寶藏》，84/128A～140B。

1.1　BD04928 號
1.3　妙法蓮華經卷三
1.4　闕 028
1.5　105:5129
2.1　149.1×27.5 厘米；3 紙；84 行，行 17 字。
2.2　01：49.9，28；　02：49.6，28；　03：49.6，28。

2.3 卷軸裝。首尾均脫。卷面多水漬，通卷上下多有破裂殘損。有烏絲欄。

3.1 首殘→大正 262，9/22A25。

3.2 尾殘→9/23B19。

8 9～10 世紀。歸義軍時期寫本。

9.1 楷書。

11 圖版：《敦煌寶藏》，89/108A～109B。

1.1 BD04929 號 1

1.3 賢劫千佛名經（異本）

1.4 闕 029

1.5 068:0851

2.1 (5+396.8)×31.7 厘米；10 紙；244 行，行 19 字。

2.2 01：5+14.5，11； 02：47.0，27； 03：46.5，26；
04：46.2，26； 05：46.0，26； 06：46.2，26；
07：46.0，26； 08：46.2，26； 09：46.2，24；
10：12.0，06。

2.3 卷軸裝。首殘尾斷。接縫處多有開裂，卷面有黴斑、油污及破裂，第 9 紙上方殘缺。有烏絲欄。除上下邊邊欄外，中間還有一道橫欄，以寫下排佛名。

2.4 本遺書包括 2 個文獻：（一）《賢劫千佛名經》（異本），224 行，今編為 BD04929 號 1。（二）《馬頭羅刹懺悔文》，22 行，今編為 BD04929 號 2。

3.4 說明：

本文獻首 3 行上下殘，尾全。與《大正藏》本相比，本文獻於諸佛名號前、諸佛名號中部加入《馬頭羅刹經》及懺悔文等。其文字出處大體如下：

諸佛名號部分，參見大正 447a，14/381B6～383A20。

加在諸佛名號前面的文字，參見大正 441，14/190B21～C15。

夾在諸佛名號中間的文字，參見大正 441，14/190C15～16；14/195A21～B17；14/235C5～11。

4.2 賢劫千佛名一卷（尾）。

8 9～10 世紀。歸義軍時期寫本。

9.1 楷書。

9.2 有倒乙。

11 圖版：《敦煌寶藏》，63/81A～85B。

1.1 BD04929 號 2

1.3 馬頭羅刹懺悔文

1.4 闕 029

1.5 068:0851

2.4 本遺書由 2 個文獻組成，本號為第 2 個，22 行。餘參見 BD04929 號 1 之第 2 項、第 11 項。

3.4 說明：

本文獻內容大致相當於大正 441，14/235C19～236A15。未為我國歷代大藏經所收。

4.2 馬頭羅刹懺悔文（尾）。

8 9～10 世紀。歸義軍時期寫本。

9.1 楷書。

新舊編號對照表

一、千字文號與北敦號、縮微膠卷號對照表

千字文號	北敦號	縮微膠卷號
巨 050	BD04850 號	084：3326
巨 051	BD04851 號	094：4306
巨 052	BD04852 號	084：2744
巨 053	BD04853 號	084：3296
巨 054	BD04854 號	084：2425
巨 055	BD04855 號	105：4792
巨 056	BD04856 號	063：0630
巨 057	BD04857 號	070：1295
巨 058	BD04858 號	094：3740
巨 059	BD04859 號	084：3294
巨 060	BD04860 號	060：0501
巨 061	BD04861 號	084：2259
巨 062	BD04862 號	094：4022
巨 063	BD04863 號	105：5811
巨 063	BD04863 號背	105：5811
巨 064	BD04864 號	094：3672
巨 065	BD04865 號	063：0624
巨 066	BD04866 號	105：4571
巨 067	BD04867 號	084：2047
巨 068	BD04868 號	083：1783
巨 069	BD04869 號	084：2220
巨 070	BD04870 號	084：2905
巨 071	BD04871 號	070：1045
巨 072	BD04872 號	105：5893
巨 073	BD04873 號	083：1836
巨 074	BD04874 號	083：1643
巨 075	BD04875 號	105：5735
巨 076	BD04876 號	084：2042
巨 077	BD04877 號	084：2759
巨 078	BD04878 號	105：5457
巨 079	BD04879 號	084：2684
巨 080	BD04880 號	094：4242
巨 081	BD04881 號	105：4561
巨 082	BD04882 號	094：3649
巨 083	BD04883 號	084：2743
巨 084	BD04884 號	084：2801
巨 085	BD04885 號	094：3723
巨 086	BD04886 號	094：4021
巨 087	BD04887 號	084：2989
巨 088	BD04888 號	111：6228
巨 089	BD04889 號	094：3851
巨 090	BD04890 號	083：1858
巨 091	BD04891 號	275：7828
巨 092	BD04892 號	084：2883
巨 093	BD04893 號	084：2024
巨 094	BD04894 號	094：4389
巨 095	BD04895 號	084：2948
巨 096	BD04896 號	275：8029
巨 097	BD04897 號	115：6428
巨 098	BD04898 號	084：2997
巨 099	BD04899 號	094：3563
巨 100	BD04900 號	083：1457
闕 001	BD04901 號	105：6168
闕 002	BD04902 號	275：8166
闕 003	BD04903 號	083：1585
闕 004	BD04904 號	070：0996
闕 005	BD04905 號	083：1765
闕 005	BD04905 號背	083：1765
闕 006	BD04906 號	275：8167
闕 007	BD04907 號	083：1729
闕 008	BD04908 號	094：3634
闕 009	BD04909 號	104：4491
闕 010	BD04910 號	275：8030
闕 011	BD04911 號	083：1497
闕 012	BD04912 號	105：6068
闕 013	BD04913 號	070：0913
闕 014	BD04914 號	084：2185
闕 015	BD04915 號	061：0529

闕 016	BD04916 號	084：2373
闕 017	BD04917 號	063：0656
闕 018	BD04918 號	083：1927
闕 019	BD04919 號	084：2164
闕 020	BD04920 號	250：7480
闕 021	BD04921 號	084：2383
闕 022	BD04922 號	063：0726
闕 023	BD04923 號	084：2686
闕 024	BD04924 號	105：5194
闕 025	BD04925 號	115：6487
闕 026	BD04926 號	084：2378
闕 027	BD04927 號	105：4529
闕 028	BD04928 號	105：5129
闕 029	BD04929 號 1	068：0851
闕 029	BD04929 號 2	068：0851

二、縮微膠卷號與北敦號、千字文號對照表

縮微膠卷號	北敦號	千字文號
060：0501	BD04860 號	巨 060
061：0529	BD04915 號	闕 015
063：0624	BD04865 號	巨 065
063：0630	BD04856 號	巨 056
063：0656	BD04917 號	闕 017
063：0726	BD04922 號	闕 022
068：0851	BD04929 號 1	闕 029
068：0851	BD04929 號 2	闕 029
070：0913	BD04913 號	闕 013
070：0996	BD04904 號	闕 004
070：1045	BD04871 號	巨 071
070：1295	BD04857 號	巨 057
083：1457	BD04900 號	巨 100
083：1497	BD04911 號	闕 011
083：1585	BD04903 號	闕 003
083：1643	BD04874 號	巨 074
083：1729	BD04907 號	闕 007
083：1765	BD04905 號	闕 005
083：1765	BD04905 號背	闕 005
083：1783	BD04868 號	巨 068
083：1836	BD04873 號	巨 073
083：1858	BD04890 號	巨 090
083：1927	BD04918 號	闕 018
084：2024	BD04893 號	巨 093
084：2042	BD04876 號	巨 076
084：2047	BD04867 號	巨 067
084：2164	BD04919 號	闕 019
084：2185	BD04914 號	闕 014
084：2220	BD04869 號	巨 069
084：2259	BD04861 號	巨 061
084：2373	BD04916 號	闕 016
084：2378	BD04926 號	闕 026
084：2383	BD04921 號	闕 021
084：2425	BD04854 號	巨 054
084：2684	BD04879 號	巨 079
084：2686	BD04923 號	闕 023
084：2743	BD04883 號	巨 083
084：2744	BD04852 號	巨 052
084：2759	BD04877 號	巨 077
084：2801	BD04884 號	巨 084
084：2883	BD04892 號	巨 092
084：2905	BD04870 號	巨 070
084：2948	BD04895 號	巨 095
084：2989	BD04887 號	巨 087
084：2997	BD04898 號	巨 098
084：3294	BD04859 號	巨 059
084：3296	BD04853 號	巨 053
084：3326	BD04850 號	巨 050
094：3563	BD04899 號	巨 099
094：3634	BD04908 號	闕 008
094：3649	BD04882 號	巨 082
094：3672	BD04864 號	巨 064
094：3723	BD04885 號	巨 085
094：3740	BD04858 號	巨 058
094：3851	BD04889 號	巨 089
094：4021	BD04886 號	巨 086
094：4022	BD04862 號	巨 062
094：4242	BD04880 號	巨 080
094：4306	BD04851 號	巨 051
094：4389	BD04894 號	巨 094
104：4491	BD04909 號	闕 009
105：4529	BD04927 號	闕 027
105：4561	BD04881 號	巨 081
105：4571	BD04866 號	巨 066
105：4792	BD04855 號	巨 055
105：5129	BD04928 號	闕 028

105：5194	BD04924 號	闕 024
105：5457	BD04878 號	巨 078
105：5735	BD04875 號	巨 075
105：5811	BD04863 號	巨 063
105：5811	BD04863 號背	巨 063
105：5893	BD04872 號	巨 072
105：6068	BD04912 號	闕 012
105：6168	BD04901 號	闕 001
111：6228	BD04888 號	巨 088
115：6428	BD04897 號	巨 097
115：6487	BD04925 號	闕 025
250：7480	BD04920 號	闕 020
275：7828	BD04891 號	巨 091
275：8029	BD04896 號	巨 096
275：8030	BD04910 號	闕 010
275：8166	BD04902 號	闕 002
275：8167	BD04906 號	闕 006